Das Lexikon der Entdecker

DIE BEDEUTENDSTEN PIONIERE ALLER ZEITEN

NATIONAL GEOGRAPHIC

Das Lexikon der Entdecker

DIE BEDEUTENDSTEN PIONIERE ALLER ZEITEN

NATIONAL GEOGRAPHIC

Inhalt

Frankreich schickt Jacques Cartier nach Kanada, um dort nach Erzvorkommen zu suchen. Doch er wird nicht fündig.

Gerhard Rohlfs auf einer seiner Saharaexpeditionen. Er durchquert als Erster Westafrika von Norden nach Süden.

Als Verbannter segelt Erik der Rote nach Grönland und gründet Wikingersiedlungen.

Vorwort

Es waren Reisen, wie es sie heute nicht mehr gibt. Oft begannen sie so, dass andere sich an die Stirn tippten oder in Gelächter ausbrachen. «Ihr kommt nie wieder!», schrien Einheimische dem Schweden Sven Hedin und seinen Begleitern hinterher, als diese in die Wüste Taklamakan aufbrachen. Mit solchen Sätzen fertig zu werden, bedurfte es schon einer inneren Stärke. Es hieß, gegen die Strömung zu denken, Grenzen zu missachten, das Undenkbare zu wagen. Nur so war es möglich, in neue Welten vorzustoßen.

Es waren Reisende, wie es sie heute nicht mehr gibt. Sie brachen auf und wussten nicht, wann, wie und ob sie überhaupt jemals zurückkehren würden. Fernando Magellan segelte vom Atlantik aus durch die Inselwirrungen an der Spitze Südamerikas, ohne eine Ahnung zu haben, was ihn auf der anderen Seite erwartete. Alexander Mackenzie setzte sich in ein Kanu, um von Kanada aus den Pazifik zu erreichen, und kam stattdessen im nördlichen Eismeer an. Mal jagten sie Legenden hinterher, mal folgten sie ihrem eigenen Glauben. Was trieb sie dazu, sich ins Ungewisse zu stürzen, ihre Gesundheit, ja ihr Leben zu riskieren?

Es waren Entdeckungen, wie es sie heute nicht mehr gibt. Länder, deren Existenz, Meere, deren Größe, Flüsse, deren Richtung man nicht kannte. Völker, deren Sprache man nicht verstand. Die Welt war noch voller Rätsel.

Unter den großen Entdeckern gab es Eroberer. Ein neues Land bedeutete für sie mehr Macht und Reichtum. Die Spanier nahmen einen halben Kontinent in Besitz, die Portugiesen das Riesenland Brasilien, England und Frankreich fast das gesamte Afrika. Die neu entdeckten Völker hatten sich zu unterwerfen, als sei es eine gottgegebene Selbstverständlichkeit. Die Aussicht auf Schätze und Sklaven verlieh diesem Entdeckertyp ungeheure Kräfte, die – im Verbund mit überlegenen Waffen – ganze Kulturen zerstörten: die Reiche der Azteken und Inka, das Stammesleben der Indianer, die Traditionen der Afrikaner, die Urgesellschaft der Aborigines in Australien.

Oft genug waren Entdecker die Vorhut imperialistischer Mächte. Christoph Kolumbus lockte die Konquistadoren nach Amerika, Henry M. Stanley bahnte Belgien den Weg in den Kongo, Francis Garnier erschloss große Teile Indochinas für Frankreich. Ihr privater Entdeckerdrang verband sich mit politischen, strategischen und kommerziellen Interessen ihrer Auftraggeber. Wer sich entschloss, ganze Flottenverbände zu finanzieren, der tat es mit hohen Erwartungen. Es war stets eine Investition mit enormen Risiken, Totalverlust mit eingeschlossen.

Es gab Entdecker, die sich wahre Wettrennen lieferten. Ruhm winkte dem Sieger, Schmach dem Verlierer. Robert E. Peary und Frederick A. Cook trugen jahrelang in aller Öffentlichkeit einen hässlichen Streit darüber aus, wer als Erster am Nordpol gewesen sei. Robert F. Scott und Roald Amundsen, die zur gleichen Zeit zum Südpol vordrangen, entfachten in ihren Heimatländern ein patriotisches Fieber, so als sei es nicht nur ein Duell zweier Männer, sondern zweier Nationen.

Doch gab es unter den Entdeckern auch Menschen, die anderes suchten, wenn sie zu ihren Expeditionen aufbrachen. Sie waren fasziniert von dem Fremden und näherten sich ihm gerade deswegen mit Respekt. Knud Rasmussen lebte bei den arktischen Inuit, Mary Kingsley bei westafrikanischen Eingeborenen, um Sprache, Religion und Sitten zu studieren. Forschen war für sie nicht Mittel zum Zweck, sondern ebenso Selbstzweck. Wer forscht, erschließt sich neue Tiefen, auch in der eigenen Seele.

Dieser neue Typ von Entdeckern tauchte auf, als die weißen Flecken von den Landkarten schon fast verschwunden waren. Der extensiven folgte die intensive Forschung. Deutsche Wissenschaftler spielten dabei eine herausragende Rolle. Georg Schweinfurth studierte die Pflanzenwelt in Afrika, Alfred Wegener die Gletscher der Arktis. Alexander von Humboldt gelang es, all die vielen Spezialgebiete zu einer universalen

Wissenschaft zu bündeln. Er entdeckte keine Länder, sondern die Zusammenhänge der Natur – auf eine bis dahin nicht gekannte Weise. Scharen von anderen Forschern ließen sich von seinem ganzheitlichen Denken leiten.

Natürlich hatten Entdecker egomanische Züge. Wer wäre sonst bereit, mörderische Wege zu gehen, Malaria, Skorbut und Schneeblindheit zu riskieren, den Körper bis an die Grenze der Leidensfähigkeit zu fordern? Doch die ganz großen Entdeckungen sind durch Menschen zustande gekommen, die wussten, dass ihr Vorhaben nur gelingen würde, wenn sie andere mitreißen könnten. Sie waren nicht nur Führer, sondern auch Integratoren. Alleine, das wussten sie, würden sie scheitern.

Es waren fast ausschließlich Europäer, die die Geschichte der Entdeckungen schrieben. Nur in Europa verbanden sich der „faustische Drang" des Menschen, in neue, unbekannte Sphären vorzustoßen, ein aggressiver Händlergeist, der nach neuen Rohstoffen, Luxusgütern und Märkten suchte, und eine Überlegenheit der Waffen, die dem Expansionswillen zur Durchsetzung verhalf. Noch bevor die ersten Seefahrer aus Spanien und Portugal aufbrachen, gab es riesige Hochseeflotten in China, blühende Städte in Indien, hervorragende Straßenbauer im Hochland der Anden. Doch kein Chinese wollte nach Europa segeln, kein Inder in den Westen marschieren, kein Azteke, Maya oder Inka einen Seeweg nach Osten finden. Es waren Kulturen, die nicht den Drang zur Globalisierung hatten. Die meisten von ihnen hielten Europas Ansturm, der auf die Entdeckungen folgte, nicht stand.

Die Entdecker brechen in Welten ein, die bis dahin nach eigenen Regeln funktioniert hatten. Nun standen all diese Traditionen auf einmal in Frage. Die Europäer, so schien es, hatten den Fortschritt gepachtet. Sie hielten sich für auserkoren, ihre Zivilisation zu exportieren – das Christentum und das Bildungswesen, die Wirtschafts- und Regierungsform. Vielen Ländern, die neu entdeckt wurden, zwangen sie diesen Fortschritt auf – und sahen lange Zeit nicht, was sie dadurch vernichteten.

In diesem Lexikon der 100 bedeutendsten Entdecker steht der geniale Zoologe Alfred R. Wallace, der die Welt in tiergeographische Regionen einteilte, neben dem Analphabeten Francisco Pizarro, der sich den Weg mit dem Schwert freischlug. Der Geograph Ferdinand von Richthofen, der Chinas Landschaften mit dem scharfen Blick des Wissenschaftlers sezierte, steht neben dem Trapper Peter Skene Ogden, der Amerikas Wilden Westen durchstreifte, um die Biber auszurotten. Der zu allem entschlossene Vasco da Gama, der den Seeweg nach Indien fand, neben dem Zauderer Vitus Bering, der unentschlossen zwischen Alaska und Kamtschatka umherirrte. Der chinesische Mönch Hsüan Tsang, der quer durch Indien pilgerte, um die Quellen des Buddhismus zu studieren, neben dem Briten Francis Drake, der seine Erkundungsfahrten zu Piratenüberfällen auf feindliche Schiffe nutzte. Der Weltumsegler James Cook neben dem vielleicht größten aller Verlierer: Henry Hudson, der viermal erfolglos eine Passage durch das Polarmeer suchte und am Ende von der meuternden Mannschaft in einem Boot ausgesetzt wurde. Jeder von ihnen hat, aus welchen Motiven auch immer, ein Stück dieser Welt entdeckt.

Sie, lieber Leser, können ihnen allen noch einmal nachreisen. Die beschriebenen Entdeckungsexpeditionen waren das Abenteuer in einer Zeit, als der Globus noch seine großen Geheimnisse hatte.

Hans-Joachim Löwer
Gerald Sammet
Alexandra Schlüter

Roald Amundsen

1872–1928

In der Arktis lernt der Norweger Überlebensstrategien von den Inuit, überwintert dreimal im Packeis und durchfährt die Nordwestpassage. In der Antarktis krönt er seine Forscherkarriere durch den Sieg im Wettlauf zum Südpol.

Lebensdaten
1872 Geburt in Borge bei Oslo.
1897–99 Expedition zum Grahamland in der Antarktis unter Adrien de Gerlache de Gomery.
1903–06 Erste Durchfahrt der Nordwestpassage.
1910–11 Expedition in die Antarktis. Als erster Mensch am Südpol.
1918–20 Durch die Nordostpassage nach Alaska.
1925 Gescheiterter Flug zum Nordpol mit Lincoln Ellsworth.
1926 Überflug des Nordpols mit einem Luftschiff, gemeinsam mit Ellsworth und Umberto Nobile
1928 Verschollen auf der Suchexpedition mit einem Flugzeug nach Nobile.

Schnee und Eis bis zum Horizont, klirrende Kälte, eisige Winde. Keine Pflanzen mehr, keine Menschen, nur neblige, endlose Weite. Die Arktis und die Antarktis gehören zu den lebensfeindlichsten Gebieten der Welt. Doch einen bestimmten Entdeckertyp zieht diese Polarwelt immer wieder magisch an. Es sind die größten – im wahrsten Sinn des Wortes – weißen Flecken, die es auf den Landkarten noch gibt.

Der Norweger Roald Amundsen träumt schon als Jugendlicher davon, Polarforscher zu werden. ▶ John Franklin und ▶ Fridtjof Nansen sind seine Vorbilder. So zieht es den Reedersohn – nach einem zweijährigen Intermezzo als Medizinstudent – zur See. Mit 20 Jahren fährt er als Matrose auf norwegischen Robbenfangbooten zum ersten Mal in die arktischen Gewässer.

Im Juni 1897 nimmt er an einer Expedition in die Antarktis teil – als Steuermann unter dem Belgier Baron de Gerlache de Gomery. Es ist eine abenteuerliche Fahrt. Die Karten der antarktischen Gewässer sind lückenhaft, oft wissen sie nicht genau, wohin sie fahren – nur dass es nach Süden geht. Kurz bevor sie die Antarktis erreichen, geht bei Sturm ein Mann über Bord und ertrinkt. Die Stimmung der Mannschaft ist gedrückt, als die Küste des Kontinents vor ihnen auftaucht – die Westküste von Grahamland.

De Gerlache entdeckt eine Meerenge, die auf den Karten noch nicht existiert und nach ihm benannt werden wird. An Land führen er und seine Leute Messungen durch – die erste wissenschaftliche Expedition hat ihren Fuß auf den Südkontinent gesetzt. Amundsen schreibt alles auf, was er sieht. Er überlegt, wie eine optimale Polarausrüstung beschaffen sein müsste. Zelte zum Beispiel hält er für ungeeignet, weil sie dem Wind zu große Angriffsflächen bieten. Und er probiert seine Ski aus – er ist wohl der erste Mensch, der sich in der Antarktis auf Holzbrettern vorwärts bewegt.

Im antarktischen Winter friert de Gerlaches Expeditionsschiff im Packeis ein. Viele seiner Leute erkranken an Skorbut. Mit dem körperlichen Verfall geht der psychische einher. Noch nie zuvor haben Menschen in der Antarktis überwintert. Die Mannschaft ist der monatelangen Dunkelheit nicht gewachsen. Zwei Männer verlieren den Verstand. ▶ Frederick Cook ist als Bordarzt dabei. Er überredet die Besatzung, statt Konserven frisches Robbenfleisch zu essen – und rettet ihr dadurch das Leben. Als das Schiff im Sommer nicht freikommt, hacken und sprengen die Männer eine

Schneise bis zur nächsten Wasserrinne ins Eis. So schaffen sie es, die Rückfahrt anzutreten.

Amundsen hat auf der Expedition einen reichen Erfahrungsschatz gesammelt, den er sobald wie möglich einsetzen will. 1901 lässt er sich in Deutschland von Georg Neumeyer erklären, wie man erdmagnetische Messungen durchführt. Später im Jahr kauft er sich in Norwegen das erste eigene Schiff – den 47-Tonnen-Fischkutter „Gjöa". Amundsen lässt einen starken Motor in den Segler einbauen und startet 1903 mit sechs Mann Besatzung und Vorräten für fünf Jahre. Ziel ist die Nordwestpassage.

Durch den Lancaster und Peel Sound erreicht er King William Island. Er überwintert zweimal in der Arktis, lokalisiert den magnetischen Nordpol und stellt als Erster fest, dass dieser kein fixer Punkt ist, sondern ständig wandert. Die Norweger kommen in Kontakt mit den Inuit. Amundsen lässt sich zeigen, wie sie Iglus bauen und ihre Hunde vor die Schlitten spannen. Zum Schluss kleidet er sich wie ein Inuit.

Im August 1905 fährt er am kanadischen Festland entlang in die Beaufortsee. In der Nähe der Mackenzie-Mündung überwintert er ein drittes Mal. Ein Jahr später gelangt er in das Beringmeer und erreicht den Ort Nome in Alaska. Mehr als 300 Jahre haben Seefahrer nach der Nordwestpassage gesucht – Amundsen hat sie endlich gefunden.

In Norwegen kauft er Nansens berühmtes Schiff, die „Fram". Im September 1909 bereitet er eine Expedition mit ihr zum Nordpol vor. Doch da erhält er die Nachricht, dass ▶ Robert E. Peary diesen bereits erreicht hat. Amundsen ändert sofort seine Pläne – zunächst heimlich. Neun Monate später, bereits auf hoher See, lässt er sein Schiff nach Süden wenden, um dort den Pol zu erobern. Die „Fram" durchdringt mit Motorkraft das Packeis im Rossmeer. Am 13. Januar 1911 kommt sie mit 110 grönländischen Schlittenhunden in der Walbucht an der großen Eisbarriere an.

Amundsen hat sein Unternehmen bis ins kleinste Detail geplant. Sein Trupp errichtet ein Lager – Framheim –, legt in den folgenden Monaten Vorratsdepots im Landesinneren an. Im September kündigt sich der Frühling auf der Südhalbkugel an. Amundsen lässt sich zu einem verfrühten Aufbruch verleiten. Das Team gerät in einen Schneesturm, muss umkehren und erreicht mit knapper Not das rettende Basiscamp. Am 20. Oktober ziehen sie erneut los: Amundsen und vier weitere Männer auf Skiern, 52 Hunde, vier Schlitten, die mit jeweils 400 Kilo beladen sind. Menschen und Tiere sind hervorragend trainiert. Sie legen im Durchschnitt 30 Kilometer am Tag zurück. Ungefähr 3000 Kilometer müssen sie schaffen – hin und zurück. «Alle sind entschlossen durchzukommen, koste es, was es wolle», schreibt der Expeditionsleiter in sein Tagebuch. Nebel, Gletscherspalten, Schneestürme – der Norweger setzt seinen Weg unbeirrt fort. Ohne zu hetzen versucht er, ein gleichmäßiges Tempo zu halten. Er hat von den Inuit gelernt, die Kräfte nicht zu überfordern. Am 4. November erreichen sie 82 Grad südlicher Breite. Noch etwas weiter, und sie haben den Rekord von ▶ Ernest Shackleton gebrochen.

Helmer Hanssen, der beste Hundeführer der Gruppe, fährt voran. Auf seinem nicht magnetischen Schlitten ist der Kompass angebracht. Noch wissen die Norweger nicht, ob sich der Pol auf dem Eis oder auf dem Polarplateau befindet. Dann kommen sie an den

Erste Gehversuche auf einem fremden Kontinent: Am 13. Januar 1911 landet die „Fram" an der Walbucht der Ross-Eisbarriere. Der Ausgangspunkt von Amundsens Expedition liegt damit 100 Kilometer näher am Südpol als Scotts Basiscamp, das am Kap Evans an der Südostküste von Victorialand liegt.

Am 14. Dezember 1911 erreicht Amundsen als erster Mensch den Südpol. Er steckt die norwegische Flagge in den Schnee, nimmt das Land für Norwegen in Besitz und tauft es zu Ehren seines Monarchen „König-Haakon-VII.-Plateau". Sein Team führt astronomische Messungen durch und macht sich nach drei Tagen auf den Rückweg. In der Heimat wird sein Sieg im Wettlauf zum Südpol gegen das mächtige England als besonderer Triumph gefeiert.

Übergang vom Eis zum Land, das Transantarktische Gebirge ragt vor ihnen auf – ungefähr bis zu 3000 Meter Höhe. Sie überwinden die Bergkette in einer Rekordzeit von vier Tagen. Der Schnee bremst die Skier wie Sand, die Männer haben Frostbeulen. Aber am 14. Dezember 1911 stehen sie am südlichsten Punkt der Erde – vier Wochen vor ▶ Robert F. Scott. Nach insgesamt 99 Tagen kommen sie wieder im Basislager an. In Norwegen wird Roald Amundsen als Nationalheld gefeiert – Scott aber wird seine Heimat nie wieder sehen.

Im Jahr 1918 fährt Amundsen mit der „Maud" die Nordostpassage entlang. Er überwintert zweimal an der sibirischen Küste und gelangt 1920 nach Alaska. Von dort versucht er, Richtung Nordpol vorzustoßen. Doch die ungünstigen Eisverhältnisse zwingen ihn zur Umkehr.

Die Zeit der klassischen Expeditionen ist fast vorbei. Autos und Flugzeuge sind auf dem Vormarsch. Auch Amundsen ist sehr an der Luftfahrt interessiert. Mit dem Amerikaner Lincoln Ellsworth und vier Begleitern startet er am 21. Mai 1925 von Spitzbergen mit zwei Dornier-Wasserflugzeugen zum Nordpol. Die Maschinen sind schwerfällig, völlig überladen. 200 Kilometer vom Pol entfernt müssen sie notlanden. Erst nach knapp einem Monat gelingt es ihnen, mit einem Flugzeug zurückzufliegen.

Ein Jahr später brechen Amundsen, Ellsworth und der Italiener Umberto Nobile mit dem Luftschiff „Norge" von Spitzbergen auf. Sie überqueren den Nordpol und landen zwei Tage später in Alaska. Doch ▶ Richard E. Byrd ist ihnen wenige Tage zuvorgekommen: Er hat nach eigenen Aussagen als erster Mensch den Nordpol überflogen.

Amundsen überwirft sich mit Nobile, der die „Norge" konstruiert hat. Doch als dieser im Juni 1928 auf einer neuerlichen Polfahrt mit dem Luftschiff „Italia" verunglückt, beteiligt sich der Norweger an der Suchaktion. Er startet am 18. Juni mit zwei französischen Piloten. Sie kehren nie zurück. In der Barentssee werden nur noch Reste ihres Flugzeugs gefunden.

□ **Artikel in National Geographic: „A Modern Viking" (Januar 1906), „Amundsen's Attainment of the South Pole" (Februar 1912).**

Vasco Nuñez de Balboa

1475–1519

Der Spanier schafft es wie nur wenige, besiegte Indianer zu Verbündeten zu machen. Mit deren Hilfe entdeckt er in Amerika „das andere Meer“: den Pazifik. Nach Intrigen gegen ihn am Königshof wird er öffentlich enthauptet.

Lebensdaten
1475 Geburt in Jerez de los Caballeros (Spanien).
1501–02 Fahrten mit Rodrigo de Bastidas entlang der Atlantikküste Panamas und Kolumbiens.
1502 Pflanzer auf der Insel Hispaniola.
1510 Gründung der Siedlung Santa María de la Antigua an der Atlantikküste Panamas.
1511 Ernennung zum Statthalter von Castilla del Oro (Isthmus von Panama).
1513 Vorstoß über die Landenge zum Pazifik.
1516 Zweite Pazifikexpedition. Landung auf den Perleninseln.
1519 Hinrichtung in Acla am Atlantik.

Es gibt nur eine Rettung vor den gierigen Weißen, vor ihren fürchterlichen Waffen und den unheimlichen Tieren, auf denen sie daherspringen. Panquiaco, der älteste Sohn von Häuptling Comogre, setzt seine Hoffnung auf dieses Rezept wie so viele Indianer seiner Zeit. «Ich zeige euch eine Gegend», sagt er, «wo sich eure Wünsche erfüllen.» Sie sollen weiterziehen, irgendwohin, nur weg von hier. Er deutet mit dem Finger nach Süden und spricht von Gold. Dort, hinter den Bergen, liege ein anderes Meer. An dessen Küste lebe ein mächtiges Volk, das aus goldenen Gefäßen esse und trinke. Er sei bereit, als Führer mitzugehen, und sollten seine Worte sich als unwahr erweisen, so könne man ihn am nächsten Baum aufhängen.

Die Augen der Weißen beginnen zu glänzen. Es ist das erste Mal, dass sie von diesem Volk und diesem Meer hören. Sie kommen aus der neu gegründeten Siedlung Santa María de la Antigua, 20 Kilometer entfernt an der Küste des Atlantiks gelegen. Von dort sind sie aufgebrochen, um im Hinterland nach Nahrung und neuen Schätzen zu suchen. Jetzt, so scheint es, sind sie ihnen so nah wie nie zuvor.

Ihr Anführer ist Vasco Nuñez de Balboa. Einer dieser Abenteurer aus der spanischen Extremadura, die nach den Entdeckungen des ▶ CHRISTOPH KOLUMBUS das große Glück im Westen suchen. 1502 ist er mit einer großen Flotte unter Rodrigo de Bastidas zum ersten Mal an diese Küste gekommen, die später zu Kolumbien und Panama gehören wird. Schon damals suchten sie nach Schätzen, mussten die Reise aber abbrechen, weil Würmer ihre Schiffe so zernagt hatten, dass sie an allen Ecken und Enden leckten. In einem Hurrikan gingen der größte Teil der Flotte und rund 500 Seeleute unter. Balboa war einer der wenigen, die sich auf die Insel Hispaniola retteten.

Als Plantagenbesitzer wurde er dort auch nicht reich – im Gegenteil. 1510 war er so verschuldet, dass er nur noch den Ausweg sah, sich als blinder Passagier auf einem Schiff zu den neu kolonisierten Küsten wegzustehlen. Er versteckte sich beim Beladen in einem leeren Fass, rollte so an Bord und kroch dort unter ein Segel. Erst auf offener See meldete er sich bei Martín Fernández de Enciso, dem Leiter der Expedition. Der war über den ungebetenen Fahrgast nicht begeistert, weil er fürchtete, für dessen Schulden geradestehen zu müssen. Doch Freunde von Balboa an Bord, die eingeweiht waren, brachten ihn dazu, den Mann weiter mitfahren zu lassen.

Die alte Siedlung San Sebastián, von Bastidas'

Leuten gegründet, war verlassen. So führte Balboa, der die Gegend schon kannte, die 150 Kolonisten von Encisos Schiff an die Westseite des Golfs von Urabá. Dort gründeten sie Santa María de la Antigua, die erste Siedlung von Europäern auf dem amerikanischen Festland, die dauerhaften Bestand haben sollte. Es gab die üblichen Streitereien um die Macht, Balboa setzte sich schließlich gegen Diego de Nicuesa und Alonso de Ojeda durch. Spaniens König Ferdinand II. ernannte ihn 1511 zum Interimsgouverneur und Generalkapitän von Castilla del Oro, wie die Region damals hieß.

Spanier streiten sich um goldene Gefäße und Halsbänder, die der Häuptlingssohn Panquiaco vor ihnen ausgebreitet hat – eine Darstellung des Kupferstechers Theodor de Bry. Daraufhin verspricht der Indianer, sie zu noch viel größeren Schätzen zu führen. Die Aussicht darauf treibt Balboa und seine Leute auf den mühsamen Marsch vom Atlantik über den Isthmus von Panama zum „anderen Meer“.

Nun hat ihm das Schicksal durch den Sohn des Häuptlings den großen Wink gegeben. Ein neues Meer, ein neues Reich – das ist der Lohn für all die Qualen, die das feucht-heiße Klima hier bereitet. Balboa, der mit Indianern schon halbwegs radebrechen kann, lässt sich von Panquiaco die Route beschreiben. Er lässt dessen Vater Comogre und die ganze Familie taufen. Panquiaco erhält den christlichen Vornamen Carlos, so heißt zu dieser Zeit der spanische Kronprinz. Balboa, staunen seine Leute, versteht sich nicht nur aufs Kämpfen. Er kann auch aus Besiegten Freunde machen.

Im September 1513 bricht er von Santa María de la Antigua mit 190 Spaniern und rund 800 Indianern – Helfern und Sklaven – zum Marsch über die Berge der Landenge auf. Ureinwohner, die sich feindselig verhalten, werden niedergemacht. Häuptlinge aber, die kooperieren, werden mit Hemden, Beilen und Glaskügelchen beschenkt. Am 25. September führen ihn Mitglieder des Stamms der Quarequá auf einen Berggipfel. Dort erblickt er als erster Europäer vom amerikanischen Kontinent aus „das andere Meer“: den Pazifischen Ozean. Balboa sinkt auf die Knie, streckt die Arme zum Wasser hin aus, dankt Gott und allen Heiligen, dann ruft er seine Leute hoch. Weithin schallen ihre Begeisterungsschreie: «Das Meer! Das Meer!»

Es müssen, daran haben sie keinen Zweifel, die Gewässer von Cipangu (Japan) sein. Also geht es hier zu Asiens Küsten, nach Cathay (China) und zu den Molukken, wo es die kostbaren Gewürze gibt. Sie knien nun alle auf dem Gipfel. Der Priester Andrés de Vera stimmt das *Te Deum* an, andere Kirchenlieder folgen. Balboa nimmt alles Land, das er sieht, für seine Krone in Besitz. Die Spanier fällen ein junges Bäumchen, bauen aus dem Stamm ein Kreuz, rammen es in den Boden, festigen es mit einem Haufen aus Steinen.

Häuptling Chiapes versucht sich Balboa in den Weg zu stellen. Seine Krieger erleiden das gleiche Schicksal wie die anderen Indianer, die sich wehren wollten. Die Feuerwaffen der Spanier stürzen sie in Panik, die meisten fliehen, ein paar werden gefangen. Balboa wendet noch einmal sein Erfolgsrezept an: Er behandelt die Gefangenen gut, schickt sie dann zu dem flüchtigen Häuptling mit der Botschaft, ihm werde nichts geschehen, wenn er in sein Dorf zurückkehre und die Spanier unterstütze. Der Häuptling geht darauf ein, beschenkt Balboa mit Gold und Perlen, bekommt dafür Messer, Glaskugeln und Glöckchen.

Am 29. September steht Balboa am Meer. Er nennt es die große „Südsee“. In voller Rüstung watet er ins Wasser, in einer Hand das gezogene Schwert, in der anderen eine Fahne, auf der die Jungfrau Maria mit dem Jesuskind auf dem Arm und darunter das Wappen des Herrscherhauses von Kastilien und León dargestellt sind. Er spricht nochmals die feierlichen Formeln, mit denen Spaniens Konquistadoren neue Länder für ihren König in Besitz nehmen.

Trotz der Warnung von Häuptling Chiapes vor den

häufigen Stürmen zu dieser Jahreszeit wollen die Spanier in Kanus zu den Perleninseln (Archipiélago de las Perlas) paddeln, von denen die Indianer erzählen. Wind und Wellen aber werfen sie auf ein kleines, perlenloses Eiland. Sie stopfen die aufgerissenen Boote notdürftig mit Seepflanzen, gelangen so gerade noch ans Festland zurück.

Häuptling Tumaco, in dessen Gebiet sie landen, erzählt von einem großen Reich weiter im Süden. Dort besäßen die Menschen Segelschiffe und außerdem Tiere zum Tragen von Lasten. Die Spanier werden neugierig, lassen Tumaco so ein Tier aus Lehm kneten. Es sieht aus wie ein Schaf, doch sein Hals ähnelt dem eines Kamels. Es ist die erste Kunde von den Lamas in den Anden, die Europäer erhalten. Froh, erst einmal mit dem Leben davongekommen zu sein, machen sich die Spanier auf den Rückweg.

Doch die Perleninseln lassen Balboa nicht ruhen. Drei Jahre später zieht er von Acla, einer neu gegründeten Siedlung am Atlantik, noch einmal hinüber zum Pazifik. Diesmal bringen die Spanier zwei stabilere Brigantinen aus eigenen Beständen mit. Sie schaffen sie, in Einzelteile zerlegt, über die Berge und bauen sie an der Pazifikküste zusammen. Balboa macht den qualvollen Weg insgesamt 20-mal hin und her. 500 indianische Helfer verlieren ihr Leben. Der Lohn für die Überlebenden: reiche Beute von den Perleninseln.

Aber die alten Rechnungen aus der Anfangszeit sind immer noch offen. Seine Feinde von damals und deren Anhänger haben seit Jahren gegen ihn intrigiert. Das hatte schon zur Folge, dass ihm 1514 mit Pedro Arias de Avila ein neuer Statthalter vor die Nase gesetzt wurde. Avila, der Balboa seine Erfolge von jeher neidet, schwärzt ihn zusätzlich bei Hofe an. Er beschuldigt ihn, sich mit seiner Kolonie vom Mutterland lossagen zu wollen. Schließlich lässt er Balboa eigenmächtig durch Leutnant ▶ Francisco Pizarro, einen alten Mitstreiter, verhaften. In einem Prozess mit gekauften Zeugen wird Balboa wegen Hochverrats zum Tod verurteilt. An einem Januartag 1519 schreitet der Pazifikentdecker zusammen mit vier seiner Anhänger in Acla zum Schafott. Sein abgeschlagenes Haupt, aufgespießt auf einem Pfahl, wird noch mehrere Tage am Hauptplatz zur Schau gestellt. Der König in Spanien erfährt erst Monate später von der Exekution.

Das Schwert in der Rechten, den Schild in der Linken – so stellt ein zeitgenössischer Kupferstich Balboas Ankunft 1513 an der amerikanischen Pazifikküste dar. Nach anderen Quellen trägt der Konquistador statt des Schilds eine Fahne, die das Wappen des spanischen Herrscherhauses und die Jungfrau Maria mit dem kleinen Jesus auf dem Arm zeigt. Balboa nennt das neu entdeckte Meer die große „Südsee".

Willem Barents

1550 (?)–1597

Er sucht die Nordostpassage nach Indien und China. Kämpft gegen Packeis und Polarbären, trotzt Schneestürmen – und verliert seine Schiffe und sein Leben. Der Holländer ist dennoch der größte Arktisfahrer des 16. Jahrhunderts.

Lebensdaten
Um 1550 Geburt auf der Insel Terschelling (Holland).
1594 Erste Expedition: Erkundung der Westküste der russischen Insel Nowaja Semlja. Vorstoß durch die Jugorstraße in die Karasee.
1595 Zweite Expedition: Insel Waigatsch. Umkehr wegen Packeis.
1596 Dritte Expedition: Entdeckung der Båreninsel und Spitzbergens. Umsegelung Nowaja Semljas im Norden. Überwinterung auf der Insel.
1597 Aufbruch in zwei Schaluppen zum Festland. Tod Barents. Rest der Mannschaft gelangt an die Küste und zurück nach Holland.

Portugal und Spanien sind bis Mitte des 16. Jahrhunderts die großen seefahrenden Nationen. Sie haben ferne Länder entdeckt und erobert, unermessliche Reichtümer mit nach Hause gebracht. Ihre Besitzungen in Übersee sind so groß, dass sie die Waren nicht mehr allein übers Meer transportieren können. Holland ist ein Volk der Seefahrer, noch nicht der Entdecker und Eroberer. So fahren die Frachtschiffe des Nordseelands unter portugiesischer Flagge – bis Portugal sich mit Spanien vereinigen muss und Holland sich 1581 von Spanien unabhängig erklärt. 1588 wird die spanische Kriegsflotte von England und Holland besiegt. Spanien und somit auch Portugal haben ihren Status als seefahrende Großmächte verloren. Den Holländern bricht der Handel mit der Iberischen Halbinsel weg, ihre Schiffe haben Kapazitäten frei. Und ein weit gereister Landsmann – Jan Huygen van Linschoten – kehrt 1592 aus Indien zurück. Mit Karten, Seebeschreibungen und einer kühnen Vision, deren Verwirklichung er vorantreibt: die Suche nach einer Nordostpassage, auf der in Zukunft Handelsschiffe nach Indien und China fahren können – unter holländischer Flagge.

Hier kreuzen sich die Lebenswege von van Linschoten und Willem Barents. Über die Jugend von Barents ist so gut wie nichts bekannt. Vermutlich wird er um 1550 auf der friesischen Insel Terschelling geboren. Als Erwachsener erwirbt er sich einen ausgezeichneten Ruf als Navigator und Seemann. Er ist genau der Richtige für eine Fahrt, wie sie van Linschoten vorschwebt. Dessen Vaterstadt Enkhuizen finanziert das Vorhaben – eine Investition in die zukünftige Handelsroute.

Im Juni 1594 bricht die Expedition mit drei Schiffen nach Norden auf. Barents kommandiert die „Gesandte“, die Kapitäne Nai und Tetgales befehligen die beiden anderen Schiffe. Auch van Linschoten ist mit an Bord. Sie umrunden Norwegens Nordkap und halten sich ostwärts. Im Polarmeer trennen sich die beiden Schiffe, um die Expedition auf verschiedenen Routen fortzusetzen. Barents segelt nach Nowaja Semlja – „neues Land“ heißt die riesige, lang gestreckte Insel vor der Küste des europäischen Russlands. Er segelt die Westküste bis zum nördlichsten Punkt, den er „Eiskap“ nennt. Der seinerzeit berühmte Amsterdamer Geograph Petrus Plancius hat eine Route um das Kap vorgeschlagen, um von dort in die Nordostpassage zu gelangen. Doch die Weiterfahrt ist durch Packeis blockiert. Dem Holländer bleibt nichts anderes übrig, als nach Süden umzukehren. Auf dem Rückweg kartiert er die Buchten, die die Küste von Nowaja Semlja säumen.

Kapitän Nai segelt mittlerweile entlang der russischen Festlandküste nach Osten. Er erreicht die Insel Waigatsch – zwischen Russland und Nowaja Semlja gelegen – und gelangt durch die Jugorstraße – zwischen Waigatsch und dem Festland hindurch – in die Karasee. Dort sieht er tatsächlich offenes Meer. Er glaubt, er habe die Nordostpassage gefunden. Van Linschoten notiert begeistert: «Jetzt gibt es absolut keinen Zweifel mehr, dass die Route nach China frei und offen ist.» Die Männer sind sich des Erfolgs der Expedition sicher und kehren um. Sie treffen Barents bei einer

Inselgruppe westlich von Nowaja Semlja wieder, die dieser zu Ehren des holländischen Herrscherhauses „Oranje-Inseln“ nennt. Nach insgesamt drei Monaten kommen sie wieder im Heimathafen an.

Die Neuigkeiten der Polarfahrer sind so viel versprechend, dass die holländische Regierung schon ein Jahr später eine zweite Expedition ausrüstet, diesmal mit sieben Schiffen. Barents ist wieder Kapitän, auch van Linschoten ist als Kapitän dabei. Sie sollen die eisfreie Seeroute nach China und in den Fernen Osten genau bestimmen. Die Reise endet mit einer großen Enttäuschung. Barents erreicht die Insel Waigatsch, wird aber bereits an der Durchfahrt zur Karasee von den Eismassen gestoppt. Es ist der 27. August, viel zu spät im Jahr, um das Nordmeer zu befahren. Sie kehren nach Holland zurück. Doch Barents gibt nicht auf.

Im Jahr 1596 startet er als Obersteuermann zu seiner dritten Polarexpedition. Sie wird von einer Gruppe Amsterdamer Kaufleute unterstützt. Barents will sich an die nördliche Route des Geographen Plancius halten. In Forscherkreisen jener Zeit hält sich hartnäckig die Vermutung, dass es jenseits des arktischen Eisgürtels ein eisfreies Polarmeer geben könne. Anfang Mai wird die Mannschaft für die beiden Schiffe zusammengestellt, die Heuer ausgehandelt. Bei Erfolg der Reise soll es eine Sonderzahlung geben. Mit an Bord ist der junge Handelsvolontär Gerrit de Veer, der während der Reise Tagebuch schreibt.

Mitte Mai sticht Barents in See. Er segelt zu den Shetland-Inseln. Anfang Juni erreicht er 71 Grad nördlicher Breite. «Voraus schwimmen weiße Schwäne», meldet ein Matrose, als sie auf den ersten Eisberg stoßen. Schon bald sehen sie das erste riesige Eisfeld – eine gefährlich kompakte Masse. Barents weiß, dass sie sich jederzeit schließen kann. Sie entdecken ein Eiland, das er Bäreninsel tauft: Die Männer erlegen dort ihren ersten Polarbären.

Weiter geht es nach Nordosten, im Nebel durch immer neue Eisfelder. Die Holländer sind fast auf Höhe des 80. Breitengrads, als Land in Sicht kommt. Barents vermutet, dass es sich um Grönland handelt, es ist aber Spitzbergen. Die Holländer wundern sich, dass so hoch

Mehrere Männer mit Speeren, Äxten und Gewehren sind nötig, um einen einzelnen Eisbär zu töten. Auf ihrer Fahrt durchs Polarmeer erlegen die Holländer zahlreiche Bären. Einen wollen sie später ausstopfen und mit zurück nach Amsterdam nehmen. Der Kupferstich der russischen Insel Nowaja Semlja wurde nach Barents' letzter Fahrt angefertigt (unten). Der Holländer füllte durch seine Expeditionen viele weiße Flecken auf den Karten und galt selber als hervorragender Kartograph.

im Norden noch Gras wächst, und staunen, als sie heimatliche Rottgänse sehen. Jetzt wissen sie, wo diese Zugvögel brüten! Barents zeichnet die geographischen Merkmale der Küste auf, nimmt Land für die holländische Krone in Besitz und segelt weiter nach Nordosten. Wegen Meinungsverschiedenheiten über die Route segelt Jan Cornelizoon Rijp, Kapitän des zweiten Schiffs, zurück nach Holland.

Am 14. Juli stößt Barents das erste Mal auf Packeis. Sie sehen Bären auf den Schollen, vermuten Land in der Nähe. Nowaja Semlja taucht am Horizont auf. Barents folgt der Küste mit östlichem Kurs. Nebel, Schnee und Eis machen das Vorankommen immer schwerer. «Es wurden Segel beigesetzt, und wir rammten die Schollen, dass es nur so krachte», so de Veer. Unter Lebensgefahr hackt die Besatzung eine Fahrrinne in die weiße Masse, dann ist es trotzdem so weit: Eis treibt auf das Schiff zu, hebt den Bug hoch – sie sitzen fest. Sie müssen auf Nowaja Semlja überwintern.

Aus Treibholz und Schiffsplanken bauen die Holländer eine Blockhütte. Immer wieder werden sie von Bären angegriffen. Die Kälte ist kaum auszuhalten, an manchen Tagen können sie wegen der Schneestürme das Holzhaus nicht verlassen. Sie werden eingeschneit, können dann drinnen kein Feuer machen und bleiben tagelang in der Koje. Sie stellen Fuchsfallen, müssen Holz heranschaffen, werden immer schwächer. Im Mai sitzt das Boot immer noch fest. Die Vorräte gehen zu Ende. Sie haben nur eine Chance: die 500 Kilometer zum Festland in den beiden Schaluppen zurückzulegen. Am 1. Juni brechen die 16 Männer auf. Am 14. Juni stirbt Barents an Skorbut.

Der Rest der Mannschaft erreicht die Küste. Mit Hilfe russischer Fischer legen die Männer 2400 Kilometer nach Westen zurück, bis zur Halbinsel Kola. Dort treffen sie Kapitän Rijp auf einem Handelsschiff. Er nimmt sie mit zurück nach Holland, wo sie im November 1597 ankommen.

Es werden noch fast 200 Jahre vergehen, bis ▶ Adolf Erik Nordenskiöld die Nordostpassage schafft. Dennoch geht auch Barents als einer der Großen in die Arktisforschung ein. Seit den Wikingern war niemand mehr so hoch nach Norden vorgedrungen wie er. Der Klimawandel in der Polarregion machte solche Unternehmen zu seiner Zeit noch schwieriger. Nach der kleinen Eiszeit von 1550 bis 1850 reichte das Eis viel weiter nach Süden als zuvor.

Durch Barents wurde aber auch Spitzbergen wieder entdeckt, das seit der Wikingerzeit in Vergessenheit geraten war. Es wurde später ein wichtiger Stützpunkt für Walfänger – und damit für das große Geld.

Die Hütte, in der die Mannschaft überwinterte, wurde 1871 von einem norwegischen Waljäger gefunden. Die Zeichnung entstand vermutlich nach Angaben eines Bewohners (links im Bild). Sie erschien 1598 in der deutschen Ausgabe des Reiseberichts von Gerrit de Veer. Das Buch wurde in viele Sprachen übersetzt und sofort nach Erscheinen zum Bestseller.

Heinrich Barth

1821–1865

Er durchquert Wüsten, Gebirge und Urwälder, erkundet den Tschadsee, den Niger und Timbuktu. In fünf Jahren streift er 20000 Kilometer durch die Sahara. Der akribische Deutsche gilt als Vater der klassischen Afrikaforschung.

Schon als Kind ist er anders als seine Altersgenossen. Ein bisschen frühreif, strebsam in der Schule. Wenn die Klassenkameraden spielen, liest er die alten Griechen und Römer. Der Sohn eines reichen Hamburger Kaufmanns spricht schon mit 14 Jahren Englisch, danach beginnt er Arabisch zu lernen.

Im Jahr 1839 geht er nach Berlin. Barth studiert Philologie, das klassische Altertum, Archäologie, hört auch geographische Vorlesungen. 1844 promoviert er über die Handelsbeziehungen des alten Korinths. Ein Jahr später unternimmt er seine erste größere Forschungsreise, großzügig unterstützt von seinem Vater.

Es zieht ihn an die Schauplätze der Antike. Er bereist die nordafrikanischen Küstenländer, bestaunt die punischen Ruinen. Er besucht Ägypten, Kleinasien, Südosteuropa. An der Küste Nordafrikas wird er 1846 überfallen, überlebt schwer verletzt. Die Banditen rauben seine gesamten Aufzeichnungen, die er später aus dem Gedächtnis niederschreibt. Schon zu dieser Zeit notiert er alles, was er sieht. Zurück in Berlin habilitiert er sich mit seinen „Wanderungen durch die Küstenländer des Mittelmeers“. Für kurze Zeit Privatdozent, erhält er durch Vermittlung des Geographen Carl Ritter ein Angebot, das seine große Chance ist.

Die englische Regierung bereitet unter der Leitung von James Richardson eine Expedition nach Zentralafrika vor. Der ehemalige Missionar ist bereits 1845 dorthin gereist. Seine Berichte über den grausamen Sklavenhandel haben England aufgerüttelt. Seither gibt es auf der Insel eine starke Bewegung gegen die Sklaverei. Ein Ziel der Expedition ist daher, noch mehr über die Machenschaften der Menschenhändler herauszufinden. Außerdem sollen Handelskontakte zu den Anführern der islamischen Stämme des Sudan geknüpft werden – nicht zuletzt, um Alternativen zum Sklavenhandel zu eröffnen. Auch ein Wissenschaftler soll die Expedition begleiten. Heinrich Barth – reiseerfahren, mit Arabischkenntnissen – bekommt das Angebot, auch wenn er kein Engländer ist. Er stimmt zu «unter der Bedingung, dass der Erforschung des Innern eine größere Bedeutung und Ausdehnung gegeben würde, als ursprünglich geplant». Noch ein zweiter Deutscher, der Hamburger Geologe Adolf Overweg, ist mit von der Partie. Barth bereitet sich durch gezieltes Training auf die bevorstehenden Strapazen vor.

Am 25. März 1849 startet die Karawane reichlich ausgestattet von Tripolis aus. Zehn Kamele – zwei davon sind Reittiere für Barth und Overweg – tragen die Ausrüstung: Tauschwaren, Geschenke, Messinstrumente, Medizin, Zelte, Proviant, Wasserschläuche, Waffen und Munition. Außerdem ein Mahagoni-Boot, das in zwei Teilen transportiert wird. Es sorgt bei den Sahara-Stämmen für ungläubiges Staunen und soll bei der Erforschung des Tschadsees von Nutzen sein. Ein Seemann wird eigens dafür mitgenommen, erweist sich später aber als untauglich und wird zurückgeschickt.

Zunächst geht es nach Mursuk. Die Entdecker nehmen nicht die gängige Karawanenroute, sondern

Lebensdaten
1821 Geburt in Hamburg.
1845–47 Forschungsreise durch Spanien, Nordafrika, Ägypten, Kleinasien, Südosteuropa.
1849–55 Expedition nach Zentralafrika. Nord-Süd-Durchquerung der Sahara. Agades, Kano, Kanem. Erkundungen am Tschadsee, Entdeckung des Flusses Benue. Timbuktu.
1857 Veröffentlichung des fünfbändigen Reiseberichts.
1863 Professur für Geographie in Berlin.
1865 Tod in Berlin.

Nach einem anstrengenden Marsch durch die Wüste rastet Barths Expedition im April 1850 in der Nähe von Edéré. Der Deutsche fertigt auf seiner Reise viele Skizzen an – so auch von dieser Stadt. Nach der Rückkehr lässt er einen Künstler nach seinen Vorlagen Bilder für Bücher zeichnen.

den Weg über die Oasenstadt Ghat ins Bergland Aïr nach Tin Telloust. Barth macht einen Abstecher in die Handelsstadt Agades, wo er Einblicke in die Geschichte der Tuareg erhält.

Die Europäer treffen auf wilde Stämme in der Wüste. Sie werden bedroht, überfallen, erkaufen sich die Weiterreise mit einem Drittel ihrer Habe. Durch unsicheres Gebiet reisen sie manchmal 30 Stunden am Stück. Sie brechen morgens um sieben Uhr auf, die Kamele schaffen um die vier Kilometer in der Stunde. Der Trupp hängt sich an eine Salzkarawane. Weiter geht es durch die Sahara in den Süden. Im Damerghu (an der Nordgrenze von Bornu, dem heutigen Nordnigeria) trennen sich Deutsche und Engländer. Richardson nimmt den direkten Weg nach Kukawa, der

Residenz des Herrschers Omar von Bornu. Barth reist über Katsina nach Kano (im heutigen Nigeria), trennt sich unterwegs auch von Overweg. Die reiche Stadt mit ihren 50000 Einwohnern lebt vom Handel mit Baumwolle.

Am 7. Mai 1851 trifft er verabredungsgemäß in Kukawa ein. Richardson aber ist auf dem Weg dorthin gestorben. Die Engländer übertragen dem Hamburger die Führung der Expedition. Kukawa wird zum Ausgangspunkt verschiedener Erkundungsreisen. Overweg bleibt am Tschadsee, von dem man in Europa noch nicht viel weiß. Barth reist weiter nach Süden, ins Land Adamaua (nördliches Kamerun).

Schon zu Beginn der Reise hat er einen arabischen Namen angenommen: Abd el-Kerim, „Diener des Allerhöchsten". Er kleidet sich halb sudanesisch, halb arabisch, lebt wie ein Einheimischer. Großzügig verteilt er Almosen. Er ist bewaffnet und umsichtig, so wird er respektiert. Eingeborene erzählen ihm von einem großen Strom: Bei Jola entdeckt er den Benue.

Die Luft ist schwül und stickig, Barth leidet unter schweren Fieberanfällen. Trotzdem will er weiterforschen. Er macht sich auf den Rückweg nach Kukawa, gelangt mit Overweg ins Land Kanem. Sie sind dort die ersten Europäer.

Ende 1851 schließen sich die beiden Deutschen dem Heer der Bornu an. Es zieht südwärts ins Land der Musgu, um Sklaven zu erbeuten. In London wird sich Barth später deshalb Vorwürfe gefallen lassen müssen. Doch der Wissenschaftler ist pragmatisch. Ohne die Bornu käme er nicht in das unbekannte Land. Nachts versucht er am Lagerfeuer, dem Anführer sein grausames Vorhaben auszureden – vergeblich.

Im März 1852 reist Abd el-Kerim alias Barth durch das Land Bagirmi im Süden des Tschadsees. Er setzt über den Schari und gelangt nach Massénya, die Hauptstadt des Reichs. Von der Bevölkerung schlägt ihm Misstrauen entgegen. Er treibt keinen Handel, möchte alles wissen. Ein Spion vielleicht?

Zurück im Tschad trifft er auf den sterbenden

Adolf Overweg, der Opfer der Malaria wird. Nun ist Barth der einzige überlebende Europäer der Expedition. Doch er denkt noch immer nicht an die Heimreise. Er ist getrieben von unersättlicher Neugier. Noch steht ein großes Reiseziel aus: Timbuktu. ▶ Alexander G. Laing und ▶ René Caillié sind die einzigen Europäer, die die legendäre Stadt bisher erreicht haben.

Im Juni 1853 kommt Barth an den Niger bei Sinder. «Nach ruhelos durchträumter Nacht und gehoben von den erhabensten Gefühlen brach ich mit meinem rüstigen Reisetross in früher Morgenstunde auf», notiert er in sein Tagebuch, «und nach einem Marsche von etwas weniger als zwei Stunden und durch felsige, mit dichtem Buschwerk bedeckte Wildnis traf der erste Schimmer der silbernen Wasserfläche des Niger mein Gesicht. Bald lag der mächtige Strom ganz vor mir.» Es werden Boote angeheuert, um die Expedition ans andere Ufer überzusetzen. Ins größte passen drei Kamele. Barth wartet, bis alle heil auf der anderen Seite sind. Dann lässt er sich ebenfalls hinüberfahren. Der Hafenbeamte bekommt 1 000 Muscheln.

Der Deutsche betritt den Nigerbogen: die Gebiete Gurma, Libtaka, Dalla. Am 7. September kommt er in Timbuktu an. Sechs Monate verbringt der Wissenschaftler in der Stadt. Er sammelt völkerkundliches und geschichtliches Material, macht Sprachstudien und schreibt und schreibt. Am 8. April 1854 bricht er zurück nach Kukawa auf. Kurz vor der Stadt trifft er den Geologen Eduard Vogel. Die Engländer haben ihn der Expedition hinterhergeschickt. Sie hatten die Befürchtung, dass auch Heinrich Barth nicht mehr am Leben sei. Von Kuka aus macht er sich endlich auf den Heimweg. In der heißesten Zeit des Jahres durchquert er erneut die Sahara. Am 27. August 1855 – nach mehr als fünf Jahren – kommt der Afrikaforscher völlig erschöpft wieder in Tripolis an. Er hat 20 000 Kilometer zurückgelegt, unbekannte Länder durchquert, viele weiße Flecken auf der Karte Afrikas gefüllt. Aber vor allem ging es ihm darum, herauszufinden, wie eine Landschaft Menschen prägt, die seit Jahrhunderten in ihr leben. Er interessierte sich dafür, was die Menschen anbauen, wie sie sich ernähren, ihre Häuser errichten, ihre Waren bezahlen.

Barth ist ein Sprachgenie. Er beherrscht Haussa, mehrere Tuareg-Dialekte, Kanuri, Songhai und Fulani. Von mehr als 40 afrikanischen Sprachen legt er Wort- und Grammatikverzeichnisse an, untersucht die Verwandtschaft der einzelnen Dialekte – zu seiner Zeit ein einmaliges linguistisches Unterfangen. Er ist überzeugt, dass die afrikanischen Völker eine reiche Geschichte besitzen – eine Meinung, die viele seiner Zeitgenossen in der Wissenschaft nicht teilen.

In London macht er sich daran, sein penibel aufgezeichnetes Material auf Englisch und Deutsch herauszugeben. Seine „Reisen und Entdeckungen in Nord- und Zentral-Afrika" erscheinen in fünf Bänden. Sie gehören bis heute zu den wichtigsten Quellen der europäischen Afrikaforschung.

Im Jahr 1863 tritt Barth in Berlin eine Professur für Geographie an. Er nimmt seine Forschungen über die Mittelmeerländer wieder auf, reist auf den Balkan und nach Kleinasien. 1865 stirbt der weit Gereiste einen frühen Tod in Berlin.

Sagenumwobenes Timbuktu: Im September 1853 gelangt Heinrich Barth in die ehemals reiche Handelsstadt. Im 16. Jahrhundert ein Zentrum der islamischen Kultur, ist ihr Glanz zu Barths Zeit schon verblasst. Doch der Forscher ist fasziniert von ihrer Geschichte. Mit Scheich El Bakay – seinem Beschützer in der für ihn nicht ungefährlichen Stadt – diskutiert er über die Unterschiede ihrer Religionen.

Vitus Bering

1681–1741

Lebensdaten
1681 Geburt in Horsens (Dänemark).
1703 Eintritt in die russische Marine.
1725–30 Kamtschatka-Expedition: Erforschung der sibirischen Pazifikküste.
1728 Durchfahrung der Meerenge zwischen Asien und Amerika (Beringstraße).
1733–40 Vorbereitung der Großen Nordischen Expedition.
1740 Überwinterung auf Kamtschatka. Gründung von Petropawlowsk.
1741 Aufbruch Richtung Amerika. Ankunft in Alaska und auf den Aleuten. Seenot durch schwere Stürme. Landung auf einer unbewohnten Insel (Beringinsel). Tod durch Skorbut.

Ein Däne im Dienst des Zaren findet die Meerenge zwischen Asien und Amerika. Die Russen schicken ihn noch weiter nach Osten. Doch er wird zermürbt von Bürokraten zu Land und den Strapazen zu Wasser.

Wo ist das Ende meines riesigen Reichs? Es gibt wenige Herrscher in der neueren Geschichte, die auf diese Frage keine Antwort wissen. Peter der Große ist in so einer Situation. Noch nie hat ihm jemand genau berichten können, wie Russlands Grenzen im fernsten Osten verlaufen. Werden sie durch Wasser gesetzt? Oder gibt es eine Landbrücke? Und wie weit ist es eigentlich nach Amerika?

Der Zar weiß nicht, dass ein Kosake namens Semjon Deschnew schon 1648 eine Pionierfahrt in dieser Region unternommen hat. Er segelte vom Fluss Kolyma um Asiens Nordostspitze bis in den Pazifik hinein. Doch niemand hat das seinerzeit so richtig wahrgenommen. Die dünnen Berichte darüber verstauben in Archiven, erst drei Jahrhunderte später werden Forscher sie ausgraben. So kennt man am Hof, was Ostsibirien betrifft, nur riesige weiße Flecken.

Peter der Große aber ist ein Mann der Aufklärung. Der Kosmopolit hat schon viele Geistesgrößen aus Westeuropa in sein Reich geholt. Nun sucht er auch Männer, die im wahrsten Wortsinn bereit sind, zu neuen Ufern aufzubrechen. Der Däne Vitus Bering, 1681 auf Jütland geboren, könnte der Richtige sein. Er steht schon seit 1704 im Dienst der russischen Marine, hat es in den folgenden 20 Jahren bis zum Kapitän ersten Ranges gebracht – ein Seemann im besten Alter.

Die Admiralität des Zaren wählt ihn für eine Reise aus, die im Osten die Wahrheit von der Dichtung trennen soll. Seit 1649 ist auf Karten ein mysteriöses „Gamaland" eingezeichnet, das der Portugiese João da Gama auf einer Fahrt von Macau nach Mexiko entdeckt haben wollte. Bering verlässt St. Petersburg 1725, fast zeitgleich mit dem Tod des Zaren, der ihm genaue Instruktionen gab. Bis er in See stechen kann, vergehen drei Jahre. So groß ist das Reich, das er zu Land durchqueren muss, um überhaupt erst mal an die richtige Küste zu kommen.

Über Tobolsk, Tomsk, Jenisseisk und Jakutsk kommt er nach Ochotsk. Im Sommer 1727 setzt er mit seiner Truppe nach Bolscherezk über, dann geht es mit Hundeschlitten quer über die Halbinsel Kamtschatka. Im Frühjahr 1728 lässt er in Nischne-Kamtschatsk (Ust-Kamtschatsk) die „St. Gabriel" bauen. Am 13. Juli bricht Bering nach Norden ins Ungewisse auf. Dichter Nebel hüllt sein Schiff ein, er sieht Land nur zur Linken, nicht aber zur Rechten, und keine Spur vom „Gamaland". Plötzlich wendet sich die Küste nach Westen, im Norden ist weit und breit kein Land mehr auszumachen. Bering segelt bis 67 Grad 18 Minuten nördlicher Breite – und weiß, dass er eine Meeresstraße passiert hat.

Sein ehrgeiziger Leutnant Alexej Iljitsch Tschirikow drängt noch weiter. Er will bis zum Kolyma, um den endgültigen Beweis für die Landtrennung zu liefern.

Doch Bering ist ein vorsichtiger Mann. Er befürchtet, dass es dann zu spät für eine sichere Rückkehr wird. Er glaubt, seine Mission erfüllt zu haben, auch wenn er nichts von Amerika gesehen hat. So kehrt er um, überwintert noch einmal auf Kamtschatka und begibt sich auf den langen Landweg zurück.

Die Begeisterung am Hof, wo inzwischen die Zarin Anna regiert, hält sich in Grenzen. Nichts Neues zum Thema Amerika? Bering fängt die Enttäuschung auf, indem er neue, kühne Pläne unterbreitet: die Suche nach einem Weg zum anderen Kontinent, nach einem Weg zur Amur-Mündung, zu den Kurilen und nach Japan, die Kartierung der ganzen nordsibirischen Küste. 1732 gibt ihm die Zarin noch einmal die Chance. Die Große Nordische Expedition ist unterteilt in sieben Unternehmungen. Sie ist das größte Forschungsabenteuer, das es bis dahin gegeben hat.

Bering ahnt nicht, was ihm bevorsteht. 610 Menschen, dazu Proviant und wissenschaftliche Geräte, müssen von 1733 an mit Pferden, Wagen und Schlitten über eine unwegsame Strecke gebracht werden, deren Luftlinie schon 6600 Kilometer misst. Von Jakutsk aus ist nur noch der Wasserweg möglich, der aber ist das halbe Jahr zugefroren. Seine Bootsleute laufen davon oder werden von Wölfen zerrissen. Die lokalen Beamten «tun nicht den kleinsten Schritt, um den Erlassen Ihrer Majestät zu entsprechen», wie er wütend nach St. Petersburg schreibt. In Jakutsk dauert es zwei Jahre, bis ein Transportaufseher bestimmt ist. In Ochotsk dauert es drei Jahre, bis seine Expedition ausgerüstet ist. Und die ungeduldige Admiralität macht ihn nun auch noch zum Sündenbock für das Schneckentempo – und entzieht ihm einen Teil des Soldes.

Es vergehen sage und schreibe sieben Jahre, bis Bering mit seinem Team aufbrechen kann. Im September 1740 trifft er mit den Schiffen „St. Peter" (unter seinem Kommando) und „St. Paul" (unter Tschirikows Kommando) von Ochotsk aus in der Awatscha-Bucht auf Kamtschatka ein. Bering lässt dort als Basislager eine kleine Siedlung errichten – die „Peter- und Pauls-Stadt", auf Russisch: Petropawlowsk. Am 4. Juni 1741 laufen die zwei Schiffe endlich aus.

Bering ist in diesen sieben Jahren nicht nur älter geworden, sondern alt. Die ständigen Schikanen vor Ort, das ewige Theater mit der Admiralität – all das hat ihn demotiviert und zermürbt. Der Kapitän, der da in See sticht, ist nicht mehr in Aufbruchstimmung. Er ist nicht mehr der Pionier früherer Tage. Er scheint ohnehin «zu geschwinden Entschließungen und hurtigen Unternehmungen nicht geboren», wie ein Mitglied seines Teams, der deutsche Naturforscher Georg Wilhelm Steller, kritisch notiert.

So steht die Expedition von Beginn an unter einem unglücklichen Stern. Schon am 20. Juni verlieren sich die beiden Schiffe in einem Sturm. Bering gibt die „St. Paul" verloren und segelt allein weiter. Am 16. Juli werden schneebedeckte Berge und ein Vulkankegel gesichtet, es ist die Südküste Alaskas. Alle an Bord brechen in Jubel aus. Nur der Kapitän zuckt stumm die Schultern. In der Kabine hört Steller ihn

Mächtige Vulkane steigen hinter einer Bucht auf (oben), in der Bering die Siedlung Petropawlowsk („Peter- und Pauls-Stadt") als Standquartier für seine Expedition gründet. Zwischen den Eskimos auf der Halbinsel Kamtschatka – hier ein Wohnhaus (unten) – und denen auf den Aleuten gibt es deutliche Ähnlichkeiten.

Vor den Aleuten geraten Berings Schiffe 1741 in einen heftigen Sturm. Nur mit Mühe können sie sich auf eine unbewohnte Insel retten. Doch ein großer Teil der Mannschaft ist schon todkrank. Nur 46 von 77 Leuten schaffen nach einer Überwinterung die Rückfahrt nach Kamtschatka. Bering aber stirbt auf der Insel.

sagen: «Unsere Leute denken, wir hätten jetzt alles erreicht. Aber sie begreifen nicht, wo wir Land gefunden haben, wie weit wir von zu Hause entfernt sind und was noch passieren kann.»

Die „St. Peter" landet auf einer vorgelagerten Insel. Bering hat nicht einmal Lust, seinen Fuß auf amerikanische Erde zu setzen. Er schickt 15 Mann, unter ihnen Steller, zur Erkundung los. Sie finden keine Menschen, aber menschliche Spuren – eine Hütte mit Feuerstelle, eine Schaufel, einen Korb mit Schalentieren. Bering gibt ihnen einen einzigen Tag, dann will er schon wieder die Anker lichten. «Zehn Jahre währete die Vorbereitung zu diesem großen Endzweck», schreibt der Deutsche resigniert, «zehn Stunden wurden zur Sache selbst gewidmet.»

Einen Monat lang kreuzt die „St. Peter" vor der Küste Alaskas und den Aleuten, die sich über mehr als 2000 Kilometer in Richtung Kamtschatka hinziehen. Zwei Seehundfellboote kommen ihnen entgegen. Die Russen tauschen Geschenke mit den Einheimischen, ein paar folgen ihnen an den Strand einer Insel. Die Bewohner der Aleuten sind zwar wie die Kamtschadalen mit den Eskimos verwandt. Trotzdem gibt es große Verständigungsprobleme. Als die Ureinwohner den Dolmetscher der Crew festhalten, müssen die Russen mit ihrer Bordkanone feuern, um den Mann wieder frei zu bekommen.

Die Weiterreise wird immer schwieriger. Westwinde werfen das Schiff zurück, die Vorräte gehen zur Neige. Leutnant Sven Waxel versucht Bering zu überreden, zurück ans amerikanische Festland zu fahren, um dort zu überwintern. Bering aber lehnt ab. Er ist, wie viele seiner Leute, von Fieber und Skorbut befallen – und nur noch ein Schatten seiner selber.

Der Schiffszwieback ist verrottet, Brot und Trinkwasser gehen zu Ende. Das Großsegel reißt, die ganze Takelage droht zusammenzubrechen. Die Ersten sterben an Skorbut. Am 5. November ist Land in Sicht, die Mannschaft jubelt und glaubt sich nahe der Awatscha-Bucht. Doch sie landen auf einer einsamen, unbewohnten Insel. In der Brandung bricht die Ankerkette, der Sturm wirft das Schiff auf den Strand.

Wer noch Kraft hat, gräbt sich ein Loch in den Sand, baut halb unter der Erde eine Behausung aus Treibholz und Stofffetzen. Die Skorbutkranken liegen mit geschwollenem Zahnfleisch einfach auf dem Boden. Für den totgeweihten Bering bauen die Männer eine Hütte. Sie decken seine Beine mit Sand zu, um sie so vor Erfrierungen zu schützen. Der Däne stirbt am 8. Dezember «an Hunger, Durst, Kälte, Erschöpfung und Gram», wie Steller notiert, der bis zuletzt bei ihm ist.

Von den anfangs 77 Expeditionsteilnehmern kommen nur 46, darunter auch Steller, über den Winter. Sie zimmern im Frühjahr aus dem Holz ihres zerschmetterten Schiffs eine neue Schaluppe. Mit ihr erreichen sie Petropawlowsk. Die „St. Paul", so erfahren sie dort, ist nicht verschollen, sondern schon im Vorjahr zurückgekommen, mit immerhin noch 55 von ursprünglich 76 Mann.

Steller resümiert in seinen Notizen: «Der einzige Vorwurf, den man diesem vortrefflichen Mann machen kann, ist der, dass er durch seine milde Art zu befehlen ebenso viel Schaden anrichtete wie seine Untergebenen durch ihr impulsives und oft unbedachtes Tun.»

Die Überreste Berings und fünf anderer Seeleute werden erst 250 Jahre später, 1991, entdeckt und zur Untersuchung nach Moskau transportiert. 1992 bringen die Russen die Skelette zurück. Im Inseldorf Nikolskoje steht ein Denkmal für den Dänen. Das Eiland trägt den Namen Beringinsel.

□ **Artikel in NATIONAL GEOGRAPHIC: „A Critical Review of Bering's Expedition, 1725–30" (Mai 1890), „The Cartography and Observations of Bering's First Voyage" (Februar 1892).**

William Bligh

1754–1817

Er hat James Cook als Steuermann auf dessen dritter Fahrt in den Pazifik gedient. Als Kommandant einer späteren Expedition nach Tahiti verliert er sein Schiff wegen einer Meuterei, die in die Geschichte eingehen wird.

Lebensdaten
1754 Geburt in Plymouth (England).
1762 Eintritt in die Royal Navy.
1776–80 Steuermann auf der dritten Reise von James Cook.
1787–89 Reise mit der „Bounty" nach Tahiti. Meuterei auf dem Schiff und Rückkehr nach London.
1791–93 Zweite Reise über Tahiti nach Westindien.
1797 Zweite Meuterei gegen Bligh.
1806–08 Gouverneur von Neusüdwales (Australien).
1811 Ernennung zum Konteradmiral.
1817 Tod in London.

Ein Schiff wie die „Bounty" hat es unter englischer Flagge zuvor nicht gegeben. Ihr Deck überzieht ein undurchdringlicher Mantel aus Blei. Kein Tropfen Wasser soll, wenn die kostbare Fracht, nach der man sucht, erst einmal aufgenommen ist, zu dem darunter gelegenen Zwischenboden vordringen. 629 Vertiefungen in der Art von Pflanzlöchern haben die Zimmerleute dort in die Planken geschnitten. Tatsächlich dienen sie genau diesem Zweck. Sie sind für Schösslinge des polynesischen Brotfruchtbaums bestimmt, eine Spezies aus der Familie der Maulbeergewächse. Die einem botanischen Laboratorium nicht unähnliche Kammer unter dem Hauptdeck wird durch zwei Luken mit Frischluft versorgt. An den Seiten liegen Rohre. Durch sie fließt das Kondenswasser ab, das von den Blättern der aus Tontöpfen wachsenden Pflanzen tropft.

Mit dem polynesischen Brotfruchtbaum hat es eine eigene Bewandtnis. Die Pflanze zeichnet sich durch Anspruchslosigkeit aus. Ihre geschmacklosen Früchte ähneln Melonen oder Kürbissen, überzogen von einer rissigen Haut. Ihrem hohen Nährwert verdankt sie ihren populären Namen: Brotfrüchte sind auf Bäumen wachsendes Brot. Für Europäer verkörpern sie die Sorglosigkeit, mit der die Polynesier, von der Natur reichhaltig mit Gaben bedacht, in den Tag hineinleben. Jenseits solcher Fantasien vom Schlaraffenland im Pazifik sind aber auch ökonomische Interessen im Spiel. Sollte es gelingen, die Brotfrucht im ebenfalls tropischen Westindien heimisch zu machen, wäre damit eine einfache und preiswerte Ernährungsgrundlage für die dort auf den Plantagen arbeitenden Sklaven gefunden.

William Bligh wird am 16. August 1787 zum Kommandanten der „Bounty" gemacht. Sein Auftrag lautet, um Kap Hoorn in den Südpazifik nach Tahiti zu segeln. Dort gilt es, die 629 Tontöpfe im Zwischendeck mit den Ablegern der Brotfrucht zu füllen. Für die gewissenhafte Pflege der Pflanzen hat man als Erstes, noch vor der Rekrutierung der Mannschaft, zwei Experten verpflichtet: den Botaniker David Nelson und den Gärtner William Brown aus den Royal Botanic Gardens in Kew. Ziel der Reise sind, nach Aufnahme der Fracht, die britischen Besitzungen in der Karibik. Wegen ihrer technischen Besonderheiten ist die „Bounty" eines der ersten planvoll gestalteten Forschungsschiffe in der Entdeckungsgeschichte.

Bligh hat das Meer schon dort, wo er geboren und aufgewachsen ist, praktisch zu Füßen gelegen. An der Felsenküste von Cornwall ist man vertraut mit den Tücken und den Verheißungen der See. Blighs Eintritt in den Dienst der Britischen Admiralität ist die logische Konsequenz seiner Herkunft. Er verfügt über organisatorisches Talent, ausgezeichnete navigatorische Fähigkeiten und eine gute physische Konstitution. Man sagt ihm auch eine gewisse Selbstherrlichkeit nach. In der Admiralität geht man aber davon aus, dass dies zu den Grundvoraussetzungen gehört, um den Beruf eines Seeoffiziers auszuüben.

28. April 1789: Kapitän William Bligh und seine loyalen Gefolgsleute werden von den Meuterern auf der „Bounty" in ein Boot ausgesetzt. Bligh gelingt mit bescheidensten Mitteln die Fahrt über 3 818 Seemeilen von Tofua nach Timor.

1776 wird Bligh von ▶ James Cook als Steuermann für dessen dritte Reise in den Pazifik verpflichtet. Sie segeln zunächst nach Tahiti. Unterwegs werden 61 der noch wenig erforschten Tongainseln kartographiert. Nach der Entdeckung von Hawaii und verschiedenen Vorstößen an die Nordwestküste Nordamerikas scheitert der Versuch, mit der „Resolution" und der „Discovery" über die Beringstraße hinaus vorzudringen. Packeis versperrt die gesuchte Durchfahrt zum Nordosten des Kontinents. Am 16. Januar 1778 liegt die „Resolution" in der Kealakekua Bay vor Big Island. William Bligh geht an Land, um die Gegebenheiten zu erkunden. Sie scheinen recht günstig, bis zu dem Augenblick, an dem die Briten wegen verschiedener Diebstähle mit großer Härte gegen die Hawaiianer vorgingen. An die Lektion, die folgt, wird sich Bligh elf Jahre später als Kommandant der „Bounty" erinnern. Am 22. Februar steht er salutierend an Deck der „Resolution", als der Leichnam des von Eingeborenen in einem Handgemenge erschlagenen James Cook in den Fluten des Pazifiks versinkt. Vier Jahre und drei Monate nach Antritt der Reise, am 4. Oktober 1780, enden die Lehrjahre des Steuermanns und Entdeckungsreisenden William Bligh.

Insgesamt zwei überaus erfolgreiche Jahrzehnte bei der Royal Navy liegen hinter Bligh, als er im Sommer 1787 seine Mannschaft für die „Bounty" aussucht. Zum Kapitänsoffizier macht er einen Freund der Familie. Fletcher Christian, 23 Jahre alt, ist bereits zweimal unter seinem Kommando nach Westindien gereist. Auch bei den anderen Besatzungsmitgliedern lässt Bligh jede erdenkliche Sorgfalt walten. Er ist ein außerordentlich gewissenhafter Mann, für den es keine Zufälle gibt.

Nach einer wenig ermutigenden Fahrt von Deptford zum Kap der Guten Hoffnung wird Kurs auf Tahiti genommen. Dort bessern sich sprunghaft die Lage und die Laune aller Beteiligten. Die Insel erweist sich als exakt der paradiesische Ort, nach dem man sich auf der stürmischen Überfahrt gesehnt hat. Fünf Monate benötigen die Gärtner Nelson und Brown für das Heranziehen und Stauen ihrer lebendigen Fracht.

Der 28. April 1789 wäre, hätte es Fletcher Christian nicht gegeben, ein Tag wie jeder andere in der an vielen Tagen eines Jahres ereignislosen Südsee geworden. Kurz vor Sonnenaufgang betritt Christian, von drei

Begrüßung von William Bligh und seiner Gefolgschaft durch den Gouverneur von Timor.

Mitgliedern der Besatzung begleitet, die Kabine des Kapitäns der „Bounty". Sie fesseln ihren Befehlshaber und übernehmen das Schiff. Bligh und 18 loyale Angehörige der Besatzung werden in einer offenen, 23 Fuß langen Barkasse in der Nähe der Tongainsel Tofua auf offener See ausgesetzt. Die Meuterer von der „Bounty" verbrennen ihr Schiff nach einer längeren Irrfahrt vor der 1767 von Philipp Carteret entdeckten Insel Pitcairn.

Eine Entdeckungsreise wie die, die sich an diesen Vorfall anschließen wird, hat es zuvor so wenig wie das Schiff „Bounty" gegeben. Bligh steuert die Barkasse zunächst zum ihm von seiner Fahrt mit Cook bekannten, 30 Meilen entfernten Tofua. Bei Zwischenfällen mit Eingeborenen verliert dort einer seiner Matrosen das Leben. Der Kapitän entschließt sich daraufhin, mit der offenen Barkasse und Proviant für gerade fünf Tage durch die Torresstraße nach dem unter portugiesischem und niederländischem Einfluss stehenden Timor zu segeln. Es gelingt ihm, mit dem winzigen, kaum navigationstauglichen Boot die Distanz von 3618 Seemeilen zu überbrücken. Über Batavia und Kapstadt erreicht er am 14. März 1790 London. Man feiert ihn als Nationalhelden. Ein Gericht spricht ihn von jeder Schuld an der Meuterei frei. Sein in eine literarische Form gebrachtes Logbuch, *A Narrative of the Mutiny on Board His Majesty's Ship The „Bounty"*, verkauft sich glänzend.

1791 erhält er erneut das Kommando über eine Expedition nach Tahiti. Diesmal gelingt es ihm, die Brotfrucht nach Westindien zu bringen. Im weiteren Verlauf seiner Karriere kommt es aber zu zwei weiteren Meutereien gegen ihn. Er gilt als rehabilitiert, muss aber stets um seinen Ruf fürchten. Seine schwierigste Entdeckungsreise führt ihn in das eigene Selbst. Bligh sieht sich mit Lesarten seiner Geschichte konfrontiert, bei denen es nicht um sein Handeln als Offizier geht, sondern um dessen vieldeutige Folgen. Nach inzwischen mehr als 200 Büchern über die Meuterei, fünf Verfilmungen des Stoffs und endlosen Interpretationen ist von dem außergewöhnlichen Seemann William Bligh daher kaum etwas übrig geblieben.

□ **Artikel in NATIONAL GEOGRAPHIC: „Pitcairn Island" (Oktober 1983), „I Found the Bones of the Bounty" (Dezember 1957).**

L.-A. de Bougainville

1729–1811

Keiner versteht es wie er, der alten, von Schuld beladenen Welt den Zauber eines in Unschuld lebenden Traumreichs im Pazifik zu übermitteln. Seine Berichte aus der Südsee machen ihn zum Star in den europäischen Salons.

Lebensdaten
1729 Geburt in Paris.
1756 Armeeeinsatz in Kanada unter General Montcalm.
1763 Wechsel von der Armee zur Marine. Reise zu den Malwinen.
1766–69 Reise in den Pazifik. Landung auf Tahiti.
1772 Sekretär Ludwigs XV.
1779–82 Als Kommodore zur Unterstützung der amerikanischen Revolution vor Nordamerika tätig.
1792 Rückzug auf sein Landgut in der Normandie.
1811 Tod in Paris.

Hier also lag das Paradies, unberührt wie zu den Zeiten von Adam und Eva. Bis hierher war der Engel des Herrn mit seinem Schwert nicht gekommen, und wie es aussah, würde das auch so bleiben bis zum jüngsten Gericht. Hier, wo alles Liebe war, hatte die Erbsünde, unter deren Last die europäischen Christen ihr Leben fristeten, endlich verspielt. Tahiti, die glücklichste der glücklichen Inseln, von denen man aus dem Südmeer Kunde erhielt, war ein Ort der Freiheit und Schönheit. Gott hatte an einer einzigen Stelle auf dem Erdball mit den von ihm geschaffenen Menschen ein Einsehen gehabt und ihnen diese Botschaft geschickt: Lebt einfach, bescheiden und euren natürlichen Verhältnissen gemäß, und ihr werdet das Himmelreich schon auf Erden erlangen.

Der Mann, der im Mai 1770 in London von einer Schwärmerei in die nächste verfällt, hat sein Arkadien gefunden. Seine Schiffe, die „Boudeuse" und die „Etoile", haben vor den Gestaden der Aphrodite gelegen. „La Nouvelle Cythère", die neue Insel der Venus, tauft er das Eiland, das in der Sprache der Eingeborenen unter dem nicht weniger wohlklingenden Namen Otahiti firmiert. «Die Weiber», schreibt Louis-Antoine de Bougainville, «bringen ihre Tage in Muße und Ruhe zu, und ihre größte Beschäftigung ist die Sorge zu gefallen... Die Einwilligung zur Liebe mit anderen ist aber nicht schwer zu erhalten, weil man gar keine Eifersucht kennt und die Männer die Ersten sind, welche die Weiber nötigen, sich einem anderen in die Arme zu werfen.» Manche der Zuhörer in London erinnern sich an andere Botschaften. 1767, wenige Monate vor der Ankunft des Franzosen, hat ein Engländer, Samuel Wallis, auf Tahiti ein launisches, zu Streitereien, Diebstählen und trügerischen Versöhnungsfesten aufgelegtes Völkchen vorgefunden. Wallis hatte aber nicht nach Arkadien, sondern nur nach einer erstmals 1606 von dem Spanier Pedro Fernandez de Quiroz angelaufenen Insel gesucht.

Das Pariser Publikum, vor dem Bougainville seine Erlebnisse im Südmeer bezeugt, ist weit mehr entzückt. In den galanten Schäferspielen des französischen Rokoko, die ein ländliches Utopia beschwören, dauert das Glück immer nur ein paar Stunden. Auf Tahiti, erfährt man jetzt, ist es von Dauer. Alles Streben nach Vollkommenheit, alle Sehnsüchte, alle Hoffnungen haben einen greifbaren, auf dem Globus verzeichneten Ort. Außerdem kennen ein paar aus der Damenwelt ihren Comtes de Bougainville nur zu genau. Der Galan lässt auch dann, wenn er nicht in Utopia weilt, keine

amouröse Gelegenheit aus. Wegen der Verwicklungen, die außerhalb von Tahiti aus solchen Affären manchmal entstehen, protokolliert die Polizei, ohne dass er es ahnt, jeden seiner Schritte. Einer, der zu viel vom Paradies weiß, muss damit rechnen, dass die Staatsgewalt ihn unter Beobachtung stellt. Es könnten sonst ja alle dem Gedanken anhängen, man müsse nur nach den Früchten des Himmels greifen, um schon im Diesseits sein Auskommen zu finden.

Weil Bougainville das Vertrauen seines Königs genießt, muss er solche Nachstellungen im Geheimen nicht wirklich fürchten. Er gibt sich als Mann von Adel, daher richtet man keine Fragen an ihn. Er ist außerdem einer, der mit seinen Erzählungen vom Paradies tief in der Gesellschaft schlummernde Bedürfnisse bedient. Bougainvilles talentiert erzählte Schwärmereien machen die Nöte im von Zerwürfnissen und Kriegen geplagten Europa vergessen. Johann Reinhold Forster schreibt 1772, während sein Sohn Georg Bougainvilles Reisebericht ins Deutsche überträgt, mit lakonischer Ruhe: «Weltumsegelungen sind seit kurzem das Thema aller Gesellschaften.» Die Forsters werden sich, von Bougainvilles Wundern inspiriert, aber nicht geblendet, noch im selben Jahr mit ▶ James Cook auf die nächste Fahrt nach Tahiti begeben.

Dass der Franzose kein Lügner gewesen sein kann, steht in Georg Forsters eigenem Reisebericht: «Sobald wir ausgestiegen waren, eilten wir nach den Plantagen, und wir fanden bald, dass Bougainville nicht zu weit gegangen sei, wenn er dies Land als Paradies beschrieben hatte.» Vater und Sohn Forster hatten beim Studium der Aufzeichnungen von Bougainville freilich auch registriert, dass dessen Expedition jenseits von publikumswirksamen Schwärmereien als wissenschaftlich fundiertes und systematisch geplantes Unternehmen angelegt war. Zwei der Begleiter Bougainvilles, der Naturforscher Philibert Commerson und der Astronom Pierre-Antoine Veron, waren weit über die Grenzen Frankreichs hinaus bekannt und geachtet.

Bougainville, ein Kind der Pariser Gesellschaft mit glänzenden Aussichten für jede denkbare Karriere, ist spät unter die Seefahrer gegangen. Er hat den Beruf eines Rechtsanwalts ausgeübt und danach als Generaladjudant militärische und als Botschaftssekretär diplomatische Erfahrungen gesammelt. 1756 führt ihn sein Weg unter General Montcalm nach Kanada. Auf dieser Reise wird er mit seemännischen Praktiken bekannt und findet Gefallen an ihnen. Im Siebenjährigen Krieg befindet sich, bei den Auseinandersetzungen um Quebec, auf der Gegenseite ein fast gleichaltriger Engländer im Rang eines Oberbootsmanns: James Cook. Beider Wege werden sich danach noch häufiger kreuzen, ohne dass sie einander auch nur einmal wirklich begegnen. Der aus besten Kreisen stammende, jeder Galanterie aufgeschlossene Franzose und der spröde, aus bescheidenen Verhältnissen aufgestiegene Engländer stehen, nimmt man die Spielregeln für das gesellschaftliche Leben an Land zum Maßstab, in einem kaum überbietbaren Gegensatz zueinander. Auf See und in Übersee hätten solche Fragen, wäre es zu einem Zusammentreffen gekommen, wahrscheinlich eine weitaus geringere Rolle gespielt.

1767 befindet sich Bougainville erneut im Seegebiet der Malwinen (Falklandinseln). Sein Auftrag ist, wiewohl ziviler Natur, gegen die Bestrebungen der

Der Oktant, mit dem im 18. Jahrhundert die Position von Schiffen ermittelt wurde, stammt aus Bougainvilles persönlichem Besitz (oben). Auf einem Felsen in der Magellanstraße weht die französische Flagge (links unten). Für die Passage durch die Meerenge von Dezember 1767 bis Januar 1768 benötigt Bougainville 52 Tage.

Bougainvilles Landung auf Tahiti 1768 (rechts). Sein 1771 in Paris publizierter Bericht von seiner Weltumsegelung wurde in ganz Europa zu einem sensationellen Erfolg (ganz rechts).

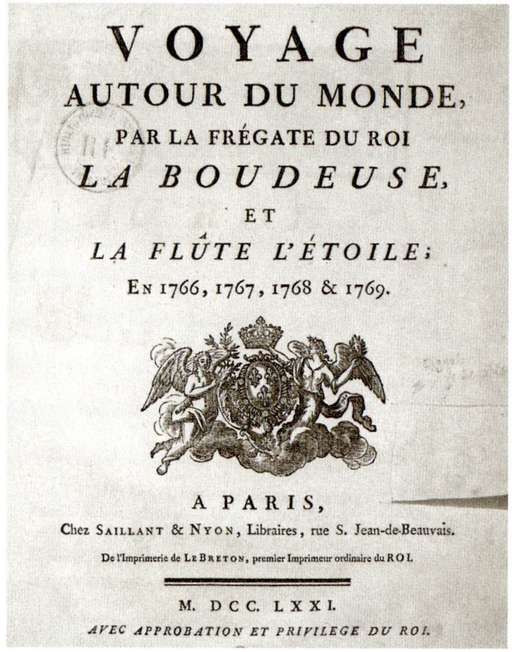

VOYAGE
AUTOUR DU MONDE,
PAR LA FRÉGATE DU ROI
LA BOUDEUSE,
ET
LA FLÛTE L'ÉTOILE;
EN 1766, 1767, 1768 & 1769.

A PARIS,
Chez SAILLANT & NYON, Libraires, rue S. Jean-de-Beauvais.
De l'Imprimerie de LE BRETON, premier Imprimeur ordinaire du ROI.

M. DCC. LXXI.
AVEC APPROBATION ET PRIVILEGE DU ROI.

Engländer im Pazifik gerichtet. Mit der „Boudeuse" und der „Etoile" fährt er sich zunächst in der Magellanstraße fest. Er benötigt für die Durchfahrt 52 Tage. ▶ Fernando Magellan hat dafür 1520 ohne jede Ortskenntnis 28 Tage gebraucht. Die Durchquerung des Pazifiks gelingt problemlos. Tahiti erweist sich als das Paradies, nach dem die Europäer gesucht haben. Das hat, wie man später erfahren wird, mehr mit ihren Wünschen und weniger mit ihrer Beobachtungsgabe zu tun.

Bougainville wird zum Charmeur im Kreis der Entdeckungsreisenden. Er ist der Aufklärer, der den Romantikern ihr Utopia schenkt. Sein Unglück, bei all seinem Glück, besteht darin, dass er auch noch über die für die Verbreitung einer solchen Botschaft unabdingbaren literarischen Talente verfügt. Von keinem, und von ihm am wenigsten bemerkt, sickert die Nachricht vom pazifischen Zauberreich ein in das Verlangen nach Freiheit, Gleichheit und Brüderlichkeit. Nur die Polizei von Paris begreift, welche Energien der Libertin Bougainville zu mobilisieren vermag.

Alles, was sich nach Tahiti ereignet, wird an Tahiti gemessen. Bougainville ist keineswegs entgangen, dass Mord und Totschlag, strikte Rassentrennung und Menschenopfer im Pazifik so verbreitet sind wie auf dem europäischen Kontinent, wo man dabei ist, dem ein Ende zu machen. Von diesem Ende her definiert er seine Mission. Seine Darstellung enthält keine Zerrbilder, es sei denn, man wäre umstandslos bereit, Bilder der Hoffnung für Zerrbilder zu halten. Ein solcher Gedanke aber wäre in der zweiten Hälfte des 18. Jahrhunderts unzeitgemäß. Bougainville ist ein Kind seiner Zeit. Er glaubt mit Recht an die Segnungen der Wissenschaften, und sei es nur, weil sie ihm, über das Kap der Guten Hoffnung, Ascensión, die Kapverden und die Azoren, die Rückkehr nach Frankreich ermöglichen. Am 16. Januar 1769 ist er zurück in St.-Malo. Bougainville glaubt aber auch an das Gute im Menschen, an dessen Möglichkeiten, mit der äußeren Natur und mit der eigenen Natur in Einklang zu leben. Diese Botschaft wird von allen, denen er sie übermittelt, am besten verstanden. Als er im Jahr 1811 in Paris stirbt, ist von ihr nur noch wenig zu spüren. Tahiti, wie er es sah, hat den Europäern nicht als Maßstab, sondern nur als Mittel zu ihrer Zerstreuung gedient. Umso mehr ist das Tahiti, das Bougainville nicht sehen wollte, nach wie vor Teil ihrer Welt.

Louise Arner Boyd

1887–1972

Sie wandelt sich von einer Abenteurerin, die Eisbären jagt, zur erfolgreichen Polarforscherin. Sie erkundet die Fjorde an Grönlands Ostküste, entdeckt ein Gebirge in der arktischen Tiefsee und überfliegt als erste Frau den Nordpol.

Spitzbergen mit der Väreninsel, Grönland und Franz-Joseph-Land – wer weiß schon genau, wo diese unbekannten Länder liegen, wie weit sie nach Norden reichen? Die Wikinger gelangten mit ▶ Erik dem Roten im zehnten Jahrhundert von Island aus in das „grüne Land“. Doch als das Klima im Lauf der Jahrhunderte immer kälter wurde, verließen es die Nordmänner wieder. Erst im 18. Jahrhundert wurde Grönland erneut von Europäern besiedelt.

Auch Spitzbergen wurde von den Wikingern entdeckt. Sie nannten es *Svalbard* – kalte Küste. Heute weiß man, dass der Boden dort bis in 300 Meter Tiefe gefroren ist und nur im Sommer an der Oberfläche auftaut. Die Inselgruppe wurde im 16. Jahrhundert von dem niederländischen Seefahrer ▶ Willem Barents auf seiner Suche nach der Nordostpassage wiederentdeckt. Er taufte sie „Bäreninsel“, ein anderes Eiland des Archipels trägt heute seinen Namen. Seit 1920 gehört Spitzbergen zu Norwegen.

Franz-Joseph-Land besteht aus ungefähr 60 eisbedeckten Inseln. Es wurde im August 1873 von Karl Weyprecht und Julius Payer auf der Österreichischen Nordpolarexpedition entdeckt. Sie waren ein Jahr vorher im Eis eingefroren und nach Norden gedriftet – bis 79,7 Grad. «Es war um die Mittagszeit, da wir über die Bordwand gelehnt, in die flüchtigen Nebel starrten, als eine vorüberziehende Dunstwand plötzlich raue Felszüge fern in Nordwest enthüllte, die sich binnen wenigen Minuten zu dem Anblick eines strahlenden Alpenlandes entwickelten», heißt es später im Reisebericht.

Es sollte noch lange dauern, bis diese fernen Länder am Polarkreis durch die Wissenschaft erschlossen wurden. Zu hart ist ihr Klima, zu unberechenbar das Eis. Fahrten dorthin sind ohnehin nur im Sommer möglich – und der ist kurz in diesen nördlichen Breiten. Eine Männerwelt, so scheint es. Doch Anfang der zwanziger Jahre des 20. Jahrhunderts schlägt die Arktis eine Amerikanerin in ihren Bann.

«Weit oben im Norden, versteckt hinter einer abweisenden Barriere aus Packeis, liegen Länder, die einen verzaubern… eine Welt, in der Menschen unwichtig sind inmitten der ehrfurchtgebietenden Größe einsamer Berge, Fjorde und Gletscher», schreibt Louise A. Boyd über die Polargebiete, denen sie ihr Leben widmet.

Sie ist jung, reich und schön, als sie 1920 das riesige Vermögen ihrer Eltern erbt. Der Urgroßvater mütterlicherseits hatte den Grundstock dafür im kalifornischen Goldrausch gelegt. Er ließ „Maple Lawn“ bauen,

Lebensdaten

1887 Geburt in San Rafael, Kalifornien.
1926 Jagdexpedition nach Franz-Joseph-Land.
1928 Suchexpedition nach Roald Amundsen zwischen Franz-Joseph-Land und der Grönlandsee.
1931 Expedition an die Ostküste Grönlands. Erforschung des De-Geer-Gletschers und der Inuit am Scoresby-Sund.
1933 Expedition an Grönlands Ostküste nördlich des Scoresby-Sunds. Erforschung des Kaiser-Franz-Josef- und König-Oscar-Fjords.
1937–38 Expeditionen ins Polarmeer zwischen Spitzbergen und der Insel Jan Mayen. Entdeckung eines unterseeischen Gebirges mit dem Sonargerät.
1941 Arktisexpedition im Auftrag der amerikanischen Regierung. Erforschung der erdmagnetischen Wirkung auf Funkwellen.
1955 Als erste Frau Flug über den Nordpol.
1972 Tod in San Francisco.

den herrschaftlichen Sitz der Familie, in dem Louise A. Boyd aufwächst. Sie lernt jagen und schießen auf der Familienranch, wird auf Privatschulen erzogen, ist eine umschwärmte Persönlichkeit der Gesellschaft von San Francisco. 1910 begleitet die junge Frau ihre Eltern auf einer einjährigen Reise durch Europa und Ägypten. Nach deren Tod tritt sie die Nachfolge ihres Vaters in der Boyd Investment Company an.

Im Jahr 1924 reist sie auf einem norwegischen Touristenschiff das erste Mal in die Arktis. Die Fahrt verändert ihr Leben. «Eines Tages möchte ich aus der Landschaft hinausblicken, nicht in sie hinein», schreibt sie später.

Sie beschafft sich Karten, eine Fotoausrüstung und chartert den norwegischen Robbenfänger „Hobby". Das Schiff hat kurz vorher Vorräte für ▶ Roald Amundsen und Lincoln Ellsworth nach Spitzbergen gebracht, die von dort ihren ersten Flug zum Nordpol unternehmen wollen. Boyd bricht im Sommer 1926 mit ein paar Freunden nach Franz-Joseph-Land auf – zur Eisbärenjagd. «Eine der interessantesten Sportarten, der ich jemals nachgegangen bin», wie sie sagt. Sie beschreibt Blumen, die an geschützten Stellen wachsen. Ansonsten zeigt sie noch kein wissenschaftliches Interesse. Doch das Arktisfieber hat sie endgültig gepackt.

Zwei Jahre später mietet die Amerikanerin die „Hobby" ein zweites Mal für einen Jagdausflug. Da hört sie von den Expeditionen, die nach dem Verbleib von Amundsen forschen. Der norwegische Nationalheld ist von einem Flug übers Polarmeer nicht zurückgekehrt, auf dem er nach dem verschollenen italienischen Polarforscher Umberto Nobile suchte. Boyd bietet der norwegischen Regierung ihr Schiff und ihre Ausrüstung an. Gemeinsam mit einem Suchtrupp durchkreuzt sie das Meer zwischen Franz-Joseph-Land und Grönlandsee. Sie legen mehr als 16000 Kilometer zurück. An Bord sind „echte" Polarfahrer: Kapitän Riiser Larsen ist mit Amundsen nach Alaska geflogen. Kapitän Lutzow Holm gilt als der beste Pilot Norwegens – sie haben für ihre Suche zwei Flugzeuge dabei. Boyd gewinnt durch ihre zupackende Art die Anerkennung der Männer. Auch wenn das Unternehmen nach vier Monaten erfolglos abgebrochen wird, verleiht ihr die norwegische Regierung als erster Ausländerin den St.-Olaf-Orden. Boyds Leben erhält durch die Fahrt eine andere Richtung. In Zukunft wird sie nicht mehr zum Freizeitvergnügen in die Arktis reisen, sondern um wissenschaftliche Beobachtungen zu machen.

Im Jahr 1931 stellt die zukünftige Polarforscherin

Mehr als einmal muss die „Veslekari" ihren Weg durchs Eis erkämpfen. Auf vier der sieben Arktisfahrten ist sie Boyds Expeditionsschiff. 1933 wird sie fast im Packeis eingeschlossen. Die Besatzung setzt Dynamit ein und zieht das Schiff mit Eisankern und Winden in Richtung offenes Meer. Nach zwei Wochen können sie sich befreien.

1926 fährt Boyd das erste Mal nach Franz-Joseph-Land – zur Eisbärenjagd (links). Später besucht sie die arktischen Inseln als Wissenschaftlerin. Auf ihren Fahrten trägt Boyd Breeches und derbe Stiefel. Manchmal ist sie so erschöpft, dass sie sogar in ihnen schläft. Dennoch legt sie Wert auf ihr Äußeres. «Bevor ich an Deck gehe, pudere ich meine Nase, egal wie rau die See ist», sagt sie in einem Interview.

erneut eine Expedition zusammen. Sie chartert die „Veslekari" und bricht gemeinsam mit einem Botaniker, einem Jäger und dem Schriftsteller Winifred Menzies an die Ostküste Grönlands auf. Sie sammeln geologische und geographische Daten, fotografieren und studieren die arktische Flora und Fauna. Boyd beobachtet das Leben der Inuit in der Nähe des Scoresby-Sunds, veröffentlicht später Artikel darüber. Die Amerikanerin erforscht den bis dahin unkartierten De-Geer-Gletscher. Später wird das angrenzende Gebiet bis zum Jaette-Gletscher nach ihr benannt, ohne dass sie etwas davon weiß. Es liegt auf 73 Grad nördlicher Breite und ist durch eine Reihe *nunatak* – so nennen die Inuit Felsen, die aus dem Eis ragen – vom Binneneisschild getrennt.

Im Sommer 1933 bricht Boyd zu ihrer dritten Arktisexpedition auf. Diesmal wird sie von der American Geographical Society gesponsert. An der Expedition nehmen auch zwei Landvermesser und ein Geologe teil. Als der Botaniker wegen einer Blinddarmentzündung ausfällt, sammelt die Amerikanerin an seiner Stelle Planzen. Sie erforschen die Gletscherformationen an Grönlands Nordostküste, erkunden den Kaiser-Franz-Josef- und den König-Oscar-Fjord nördlich des Scoresby-Sunds. Mit einem Sonargerät untersuchen sie die Tiefenverhältnisse vor der Küste. Boyd kehrt mit einer Unmenge wissenschaftlicher Daten zurück. 1935 erscheint ihr Buch „The Fjord Region of East Greenland".

Sie ist mittlerweile eine anerkannte Polarforscherin. Für ihre Unternehmen werden ihr die modernsten wissenschaftlichen Geräte zur Verfügung gestellt. 1937 und 1938 unternimmt sie zwei weitere Expeditionen. Sie fährt ins Polarmeer nordöstlich von Norwegen zwischen der Bäreninsel und der Insel Jan Mayen. Bei Tiefseeforschungen mit dem Sonargerät entdeckt sie ein unterseeisches Gebirge zwischen den arktischen Inseln. Sie studiert das Wildleben auf Jan Mayen, beobachtet Moschusochsen, Schneehasen, Polarfüchse. Auf Eis- und Geröllfeldern läuft sie in einem Sommer zwei Paar Stiefel durch. Sie fotografiert und kartiert die Fjordgegend an Grönlands Ostküste, macht erdmagnetische Beobachtungen. Ihre Fotos und Aufzeichnungen sind so hervorragend, dass die amerikanische Regierung sie bittet, mit der Veröffentlichung zu warten: Der Zweite Weltkrieg ist ausgebrochen. Das erforschte Gebiet hat strategische Bedeutung bekommen. Boyds Information soll nicht in deutsche Hände gelangen.

1941 führt sie eine Expedition für die amerikanische Regierung durch. Sie studiert den Erdmagnetismus in der Polarregion und seine Auswirkungen auf die Radiokommunikation. Nach Amerikas Kriegseintritt wird sie Beraterin der Regierung in strategischen Fragen, die die Arktis betreffen.

Boyds Buch „The Coast of Northeast Greenland" erscheint 1948. Es ist ein Wissenschaftsbericht, kein Abenteuerbuch. Sie schreibt wenig über die Gefahren und Strapazen ihrer Arktisfahrten. Sie hat mittlerweile die Ehrendoktorwürde von zwei angesehenen Universitäten. Als Forscherin hat sie alles erreicht. Nun erfüllt sie sich einen Kindheitstraum: Mit 68 Jahren fliegt sie als erste Frau über den Nordpol.

Pierre de Brazza

1852–1905

Ihn lockt das dunkle Herz von Afrika. Er verhandelt mit Häuptlingen, glaubt an die friedliche Erschließung einer französischen Kolonie am Kongo. Doch letztlich sind die Politiker stärker, die das Gebiet nur ausbeuten wollen.

Lebensdaten
1852 Geburt in Rom.
1868 Französische Marineschule.
1872 Mit der französischen Südatlantikflotte vor Gabun. Erste Erkundungen am Ogowe.
1875–78 Expedition auf dem Ogowe bis zu den Poubara-Fällen. Entdeckung des Alima und anderer Flüsse.
1879–80 Erneute Expedition am Ogowe. Gründung von Franceville am Passa-Fluss. Ankunft am Kongo. Gründung von Brazzaville am Stanleypool.
1880 Gründung von Französisch-Kongo.
1880–85 Erforschung des Gebiets zwischen Ogowe und Kongo.
1886–98 Generalkommissar von Französisch-Kongo.
1905 Inspektionsreise nach Französisch-Kongo. Tod in Dakar (Senegal).

Das Land ist nicht für Europäer gemacht. Die grelle Sonne, die feuchte Hitze, Malaria – jeder Weiße wird hier früher oder später krank. Oder von den Eingeborenen getötet, die zum Teil noch Kannibalen sind.

Doch Pierre Savorgnan de Brazza fühlt sich angezogen von diesem noch dunklen Teil des afrikanischen Kontinents. Er wird alles daransetzen, ins tropische Landesinnere zu gelangen.

De Brazza, Spross eines italienischen Adelsgeschlechts, wurde in Rom geboren. Er schaffte es – für einen Ausländer sehr ungewöhnlich –, in die französische Marineschule aufgenommen zu werden. 1870 bis 1871 kämpfte er für Frankreich gegen Deutschland. Nach Kriegsende wird er mit der Marine an der Küste Westafrikas stationiert. Dort fasst er das erste Mal den Plan, Zentralafrika für Frankreich zu erkunden. De Brazza überzeugt die Pariser Regierung, ihn mit einer Expedition zu beauftragen.

Im August 1875 sticht er in Bordeaux in See. Mittlerweile hat er die französische Staatsbürgerschaft erhalten. Im Senegal nimmt er 13 Schützen an Bord, die ihn, einen französischen Arzt, einen Naturwissenschaftler und zwei Dolmetscher in den Urwald begleiten sollen. Einen Monat später erreicht er Gabun.

Der Fluss Ogowe ist sein Ausgangspunkt. Mit einem Dampfer fährt die Expedition bis Lambaréné hinauf – zur letzten europäischen Niederlassung am Strom. Von dort geht es mit Pirogen weiter nach Samkita im Bakalé-Gebiet. In Stromschnellen geht ein Großteil der Waren und Vorräte verloren. Die Expedition ist nach diesem Unglück noch kleiner geworden. Sie führt zwar Stoffe und Glasperlen für die Häuptlinge mit, aber nur wenige Waffen. De Brazza will sich den Weg durchs Unbekannte nicht mit Gewalt bahnen – anders als ▶ Henry M. Stanley, der zur gleichen Zeit den Kontinent aus der entgegengesetzten Richtung durchquert.

De Brazza tritt in Verhandlungen mit den Stammesoberhäuptern flussaufwärts. Meist kommt er friedlich mit ihnen aus. Er zieht weiter ins Sébé-Gebiet, das vor ihm noch kein Europäer betreten hat. Im April 1877 schlägt die Gruppe im Land der Adoma ihr Hauptlager auf. Im Juli stößt sie zu den Poubara-Fällen vor. Hier teilt sich der Ogowe in zwei Arme. Stromschnellen und Wasserfälle versperren die Weiterfahrt. De Brazzas Hoffnung, dass der Fluss ein günstiger Verkehrsweg ins Landesinnere sei, hat sich nicht erfüllt. Zwei Jahre Arbeit – für nichts?

Er lässt sich nicht entmutigen. Es gibt noch riesige unerforsche Gebiete in Richtung Tanganjikasee. Er marschiert 20 Tage nach Osten. Seine Kleider sind zerfetzt, der Körper ist ausgezehrt vom unvermeidlichen Fieber, als er den Alima entdeckt. 100 Meter breit, fünf

De Brazza nimmt Huldigungen von Afrikanern entgegen. Im Oktober 1880 gründet er am Nordufer des Kongo eine Siedlung: Brazzaville, benannt nach ihm selber. Der Franzose schließt mit Häuptling Makoko zwei Verträge, in denen dieser die Herrschaft Frankreichs anerkennt. Das Stammesoberhaupt erhofft sich davon Vorteile beim Handel und Schutz vor rivalisierenden Völkern.

Meter tief, strömt er wer weiß wohin. Die Ufer sind so sumpfig, dass sie nur schwer zu passieren sind. Eingeborene erzählen de Brazza, dass der Fluss nach sechs Tagesreisen in einen Strom münde, über den «Gewehre und Schießpulver kämen». Da Brazza ahnt nicht, dass es sich dabei um den Kongo handelt. Er weiß nichts von Stanleys Reise. Erst nach seiner Rückkehr wird er von dessen Entdeckung erfahren.

Brazza und seine Männer dringen auf dem Alima weiter ins Landesinnere ein. Sie schaffen 100 Kilometer in zwei Tagen, dann wird ihnen die Weiterfahrt von feindlichen Eingeborenen verwehrt, die – was für eine Überraschung – mit Gewehren ausgerüstet sind. De Brazza zieht nach Norden bis zum Äquator, überquert etliche unbekannte Flüsse. Am 11. August 1878 macht sich der Trupp auf den Rückweg.

In Paris ist man beeindruckt von den geographischen Erkenntnissen, die der Wahlfranzose mit nach Hause bringt. Aber die Regierung zögert mit einer Erschließung des Schwarzen Kontinents. Niemand glaubt so recht, dass es sich wirtschaftlich lohne. De Brazza ist anderer Meinung. Er hält Vorträge vor der feinen Pariser Gesellschaft. Alle sind fasziniert von seinen Abenteuern. Für sie ist de Brazza ein romantischer Held. Bald gibt es Zigaretten, die nach ihm benannt sind. So viel Öffentlichkeit verfehlt ihre Wirkung nicht. Aber erst, als sich England für die Gebiete am Niger interessiert, entschließt sich Frankreich zu einem Engagement in Zentralafrika.

Im Jahr 1879 schickt die Regierung de Brazza los, um vor der Konkurrenzmacht die französische Flagge an dem „Schwarzen Fluss" zu hissen. De Brazza ist schon unterwegs, als das Unternehmen von Paris aus wieder abgeblasen wird. Der Pionier beschließt, auf eigene Faust zu handeln. Der Schlüssel zum Erfolg in Afrika liegt seiner Meinung nach am Kongo. Er möchte, wenn schon nicht den Engländern, dann wenigstens Stanley und den Belgiern zuvorkommen.

Ende 1879 fährt er erneut den Ogowe hinauf. Ein halbes Jahr später gründet er Franceville am Passa-Fluss. Auf einer neuen Route zieht er von dort zum Kongo. Im Oktober erreicht er ihn am Stanley-Pool. Am Ufer steckt er die Fläche für eine Siedlung ab – Brazzaville – und nimmt das Nordufer für Frankreich in Besitz. Mit Häuptling Makoko vom Stamm der Batéké trifft er ein Abkommen, das große Gebiete der Kongoregion unter Frankreichs Obhut stellt. Dann reist de Brazza das rechte Ufer hinab Richtung Küste. In Isangila trifft er seinen großen Konkurrenten Stanley, der für den belgischen König unterwegs ist. Leopold II.

hatte schon auf das gesamte Gebiet zwischen dem 14. und 26. Längengrad – südlich und nördlich des Äquators – Anspruch erhoben. Doch das Gebiet um Brazzaville – ungefähr 500 Kilometer am Nordufer entlang – muss er nun Frankreich überlassen. Der Vertrag wird im September 1880 vom französischen Parlament verabschiedet. De Brazza unternimmt weitere Expeditionen durch das riesige Kongobecken. Er erforscht die Gebiete zwischen den Flüssen Ogowe, Alima und Lékéti, um sie für Frankreich zu erschließen.

Das Geschacher der europäischen Mächte um Afrika ist nun in vollem Gang. Jeder will ein Stück vom Kuchen, vom Kautschuk und vom Elfenbein. Europa ahnt, dass der afrikanische Boden reich an Mineralien ist. Die Portugiesen erinnern sich an ihre alten Handelsstationen am Kongo – immerhin hat ihr Landsmann Diego Cão 1484 die Mündung des Flusses entdeckt – und beanspruchen das Land an der Küste. England steht auf ihrer Seite. Dagegen sind vor allem die Belgier. Sie fürchten um ihren freien Zugang zum Meer. Auch Frankreich und Deutschland wehren sich gegen den portugiesischen Anspruch. Unter Leopold II. ist der Raum am Unterlauf des Kongo für den Handel offen.

Zur Klärung der Streitfragen beruft der deutsche Reichskanzler Bismarck für den 15. November 1884 in Berlin die Kongo-Konferenz ein. Zwölf Staaten – darunter Norwegen und Österreich – nehmen daran teil. Sie beschließen, dass bestimmte Formalitäten einzuhalten seien, wenn eine Nation ein neues Gebiet in Besitz nimmt. Die Flüsse sollen jedem Land frei zugänglich sein, wogegen sich vor allem die Engländer wehren. Und Belgien setzt sich im Streit gegen Portugal durch. Die Kongo-Kolonie des belgischen Königs wird anerkannt – mit Zugang zum Atlantik.

Im Jahr 1886 wird de Brazza Generalkommissar von Französisch-Kongo. Er verbessert die Infrastruktur im Land, gründet Krankenhäuser und Schulen, setzt sich für faire Löhne der schwarzen Arbeiter ein. Sein Kolonialreich gilt als vorbildlich – im Gegensatz zur belgischen Herrschaft am anderen Flussufer. Dort werden die Afrikaner als Sklaven gehalten und zu Tode geschunden. Dem belgischen König ist de Brazza ein Dorn im Auge. Aber auch im eigenen Land hat der gebürtige Italiener Feinde. Er sei ein „Negerfreund" und eigentlich ja Ausländer. Nach zwölf Jahren Amtszeit, im Januar 1898, erfährt er aus der Zeitung von seiner Entlassung als Generalkommissar. Schon bald gleichen sich die Kolonien auf beiden Seiten des Flusses.

Im Jahr 1905 erfährt die französische Regierung von den skandalösen Verhältnissen in der Kolonie. Sie schickt de Brazza noch einmal an den Kongo, um einen Lagebericht zu erstellen. Er ist schockiert über die Zustände in dem Land, das er immer geliebt hat. Korrupte Kolonialbeamte, hungernde Afrikaner, Sklavencamps. «Das äquatoriale Afrika stimmt tieftraurig», schreibt sein Begleiter Félicien Challaye. De Brazzas Gesundheit wird durch den Aufenthalt so stark angegriffen, dass er auf dem Rückweg nach Frankreich stirbt. Der Gründer von Französisch-Kongo erhält in Paris ein Staatsbegräbnis. Sein Bericht über den Zustand der Kolonie wird totgeschwiegen – er wäre zu peinlich für die *Grande Nation*. Sein Name aber lebt am Kongo fort. Brazzaville ist eine der wenigen afrikanischen Hauptstädte, die auch nach der Entlassung des Landes in die Unabhängigkeit nicht anders heißen werden.

Häuptling Makoko hält im Beisein de Brazzas (sitzend, links im Bild) eine Zeremonie ab, um die künftige Souveränität Frankreichs über sein Land zu bekräftigen. Er lässt zwei Männer seines Volks niederknien und sagt: «Nehmt diese Erde und bringt sie dem großen Chef der Weißen. Sie soll ihn daran erinnern, dass wir ihm gehören.»

Alfred Brehm

1829–1884

Er fährt den Nil hoch, durchquert Wüsten, Steppen und Urwälder – immer auf der Suche nach Tieren, die in Deutschland noch niemand kennt. Mit einer reichen Sammlung kehrt er nach fünf Jahren in seine Heimat zurück.

Lebensdaten
1829 Geburt in Renthendorf (Thüringen).
1846–47 Architekturstudium in Dresden.
1847–49 Expedition mit Baron Johann von Müller nach Nordostafrika. Nilaufwärts bis Khartum. Durch die Steppe Kordofans bis El Obeid.
1850–51 Jagdexpedition an den Oberlauf des Blauen Nil.
1851–52 Sinai-Expedition mit Theodor von Heuglin und Theodor Bilharz.
1855 „Reiseskizzen aus Nordostafrika". Anerkennung als Dissertation.
1856 Reise nach Spanien. Arbeit als freier Schriftsteller.
1860 Reise zum Nordkap.
1863 Erster Direktor des Hamburger Zoos und Reise nach Habesch (heute Äthiopien).
1864 Erster Band von „Brehms Tierleben".
1876 Reise nach Sibirien.
1884 Tod in Renthendorf.

Das 19. Jahrhundert ist das Jahrhundert der klassischen Afrikaforschung. Vielen Entdeckern geht es um Berge, Flüsse, Seen, die möglichst noch kein Europäer vor ihnen gesehen hat; um Gebiete, die vielleicht einmal einen wirtschaftlichen Vorteil versprechen oder die sich fürs Vaterland in Besitz nehmen lassen. Es gibt aber auch Männer – und ein paar Frauen –, die nach weniger spektakulären Dingen suchen. ▶ Georg Schweinfurth zum Beispiel richtet sein Augenmerk auf Pflanzen. Alfred Edmund Brehm ist einer, den vor allem die Tiere interessieren. Dass die Entdecker dabei in undurchdringliche, gefährliche Gebiete geraten, ist eher ein Nebenprodukt ihrer wissenschaftlichen Tätigkeit.

Brehm bekommt die Liebe zur Natur in die Wiege gelegt. Sein Vater ist Pastor und ein berühmter Ornithologe seiner Zeit. Er nimmt den Sohn schon als kleinen Jungen mit auf die Jagd, lässt ihn Vögel und Tiere bestimmen. Nach der Schule macht Brehm junior zunächst eine Maurerlehre, 1846 beginnt er, in Dresden Architektur zu studieren. Sein Studium bricht er jedoch ab, als er die Chance hat, Baron Johann Wilhelm von Müller als Jagd- und Sammelgehilfe nach Nordostafrika zu begleiten.

Am 28. September 1847 besteigen Brehm, der Baron und fünf Jesuiten in Kairo eine Nilbarke und segeln flussaufwärts. Sie ziehen an Saatfeldern vorbei, die gerade zu sprießen beginnen, an Dattelpalmen, kahlen Gebirgen und Trümmern altägyptischer Tempel. Die Europäer stehen vor Sonnenaufgang auf, wandern dem Schiff voraus, um Tiere für ihre Sammlung zu erlegen. Sie erreichen Assuan und den ersten Katarakt, gelangen nach Nubien.

Hier sind die Ufer zu hoch, als dass sie überflutet werden können. Schöpfräder schaufeln Tag und Nacht das Wasser auf die Felder. Ein Nordwind behindert ihr Vorankommen. Die Deutschen lassen ihre Barke ziehen, überwinden den zweiten Katarakt. Der Nil führt sie durch die Battn el Hadjar, „den Bauch der Steine", die „wüsteste" Provinz Nubiens. Hier haben die Eingeborenen kaum etwas zu essen.

Die Forscher gelangen nach Dongola und Ambukol. Träger verschnüren ihr Gepäck mit Stricken aus Dattelbast auf Kamelen. Von dort aus geht es mit einer kleinen Karawane in die Wüste. «Es ist Nacht. Die Luft der Wüste ist wie immer, rein und hell, über uns leuchten die Sterne in ihrer ewigen Klarheit… Mit zusammengekoppelten Beinen liegen wiederkäuende Kamele in einem weiten Halbkreise außerhalb des Lagers;

Das Buch „Vom Nordpol zum Äquator“ (rechts das Titelbild) enthält Vorträge von Alfred Brehm. Sie wurden nach seinem Tod von seinem Sohn Horst 1890 herausgegeben. In dem Band findet sich unter anderem eine Abbildung der Vogelberge in Lappland (unten), die zu dem Bericht über Brehms Norwegenreise gehört. Der Zoologe hielt viele Vorträge. Von 1883 bis 1884 unternahm er eine ausgedehnte Vortragsreise nach Nordamerika.

manchmal leuchten ihre Augen hell auf im Widerscheine der Flammen», schreibt Brehm später in seinen Reiseskizzen. Tagsüber trägt er das Baumwolltuch der Beduinen gegen die Hitze. Am Wegesrand liegen Sandmumien verdursteter Reisender und Kamele. Aber er sieht – und jagt – auch Gazellen, arabische Antilopen, den isabellenfarbenen Luchs und Hyänen.

Anfang 1848 erreichen sie den Sudan, «eine neue Welt», wie Brehm schreibt. Die Menschen wohnen in runden Strohhütten mit kegelförmigem Dach, *tokhul* genannt. Brehm geht in Mimosenwäldern auf die Pirsch. Vor Khartum fließen der Weiße und der Blaue Nil zusammen, «dessen helles Wasser in jetziger Zeit gegen das trübe, grauweiße des weißen Flusses merklich absticht.» Brehm bleibt in einem Eingeborenendorf, um dort seine Vogelsammlung zu erweitern. Er bekommt Fieber, reitet zehn Stunden auf einem Esel in die Hauptstadt, um Medizin zu besorgen, kehrt dann zurück in den Busch. Erst am 8. Februar kommt er mit 130 präparierten Vogelbälgern endgültig nach Khartum.

Brehm interessiert sich für die Geschichte des Landes. Der Reisende sieht immer noch die Verwüstungen, die der Krieg der Türken 1820/21 im Sudan hinterlassen hat. Khartum wurde erst 1830 zur Hauptstadt erklärt – wegen der guten Wasserqualität des Blauen Nil. Doch für einen Weißen ist die Stadt auf Dauer die Hölle. «Man hat berechnet, dass 80 Prozent

aller Europäer, welche gezwungen sind, mehrere Jahre nacheinander in Khartum zu leben, während dieser Zeit sterben», schreibt Brehm. Auch er und sein Gefährte leiden sehr unter dem Klima, haben immer wieder mit Fieberanfällen zu kämpfen. Sie bleiben drei Wochen in der Gegend.

Brehm interessiert sich für alle Bereiche des sudanesischen Lebens. Wie die Menschen ihre Waffen schmieden, wie sie ihre Felder bestellen. Und er verurteilt den Menschenhandel: Der Afrikareisende sieht «erst im Sudan ... die Sklaverei in ihrer ganzen Abscheulichkeit, denn dort begegnet er der Sklavenjagd», notiert er in sein Tagebuch.

Den anstrengendsten Teil ihrer Reise haben die Forscher noch vor sich. «Südlich Khartums kann der Europäer nicht mehr als zivilisierter Reisender: er muss als Halbwilder die Steppen und Wälder durchziehen.» Ende Februar 1848 brechen sie mit dem Briten John Petherick in die Steppe von Kordofan auf. Erst auf dem Weißen Nil, dann über Land. Das Wildleben in der Steppe ist reich, aber die Männer leiden vier Monate lang fast ununterbrochen an Fieber. Sie gelangen nach El Obeid, die Hauptstadt von Kordofan. 20000 Einwohner verständigen sich dort in mehr als fünf verschiedenen Sprachen. Es geht nach Melbek, wo Brehm interessante Vögel erlegt, bevor ihn das Fieber zum wiederholten Mal ans Bett fesselt. «Heiße Südwinde warfen uns Wolken von Staub und Sand über den Hals, erschwerten uns das Atmen und wirkten bei ihrer starken elektrischen Spannung lähmend auf den Körper.» Da auch ihre Reisekasse langsam zu Ende geht, machen sie sich am 25. Mai auf den Rückweg.

Doch aller Strapazen zum Trotz – als von Müller am 10. Februar 1849 zurück nach Deutschland fährt, bleibt Brehm in Ägypten. Er studiert die arabische Sprache, den Koran, legt die Landeskleidung an. Im Februar des folgenden Jahres fährt er – im Auftrag des gleichen Händen zu erwürgen, er greift den Elefanten nicht an und schlägt ihn mit Stöcken zu Tode, er schleppt keine Weiber aus den Dörfern der Eingeborenen weg.» Später werden seine Reiseskizzen als Dissertation anerkannt.

Brehm gelangt bis Sennar und Er Roseires. Weiter südlich wird der Fluss zu seicht, um darauf weiterzufahren. Anfang März 1851 ist die Expedition wieder in Khartum, acht Monate später kommt Brehm in Kairo an.

Von dort unternimmt er mit den Wissenschaftlern Theodor von Heuglin und Theodor Bilharz eine Ex-

Dromedare in Abessinien – gezeichnet von Robert Kretschmer für den zweiten Band des „Illustrierten Tierlebens". Der Künstler begleitete Brehm und Herzog Ernst II. von Sachsen-Coburg-Gotha 1862 auf einer Reise nach Habesch (Abessinien, heute Äthiopien). Die Expedition galt dem Studium der dortigen Fauna. Brehm litt dabei allerdings unter heftigen Fieberanfällen.

Barons – wieder den Nil hinauf. Diesmal dringt er zum Oberlauf des Blauen Nil vor. Er jagt und sammelt mit einer kleinen Expedition in den Urwäldern, die sich am Ufer des Stroms entlangziehen. Der Wald ist an vielen Stellen undurchdringlich, unzählige Tierstimmen schwirren durch die Luft. An einem Tag sieht Brehm mehr als 30 Krokodile. Er beschreibt Leoparden, Termiten und Gorillas. Über Gorillas notiert er: «Es tut mir Leid, dass ich der Zerstörer vieler anmutiger Träumereien sein muss. Aber der Gorilla lauert nicht auf den Bäumen über dem Wege, um einen unvorsichtig Vorübergehenden zu ergreifen und in seinen zangen-

pedition an den Sinai, bevor er im Mai 1852 zurück nach Deutschland aufbricht.

Von 1853 bis 1855 studiert er in Jena Naturwissenschaften und schließt mit dem Doktortitel ab. In den folgenden Jahren reist er nach Spanien, Skandinavien, Westsibirien und nach Habesch (heute Äthiopien), später auch nach Westsibirien. 1863 wird er der erste Direktor des Hamburger Zoos. Ein Jahr später erscheint der erste Band von „Brehms illustriertes Tierleben". Es umfasst nach Abschluss sechs Bände und macht den Zoologen zum berühmten Mann. Die Wurzeln des Werks liegen in Afrika.

James Bruce

1730–1794

Lebensdaten
1730 Geburt in Kinnaird House (Schottland).
1757 Reise nach Südeuropa. In Andalusien erste Begegnung mit der arabischen Kultur.
1763–65 Britischer Konsul in Algier.
1766–68 Reisen durch die Küstenländer Nordostafrikas und nach Palästina.
1768–74 Expedition zur Quelle des Blauen Nil: von Alexandria nach Assuan. Durch die Wüste zum Roten Meer. Mit dem Schiff nach Dschidda. Über Massaua in die Berge Abessiniens. Aufenthalt in der Hauptstadt Gondar. Erkundung der Tisiatfälle und des Tanasees.
1794 Tod in Kinnaird.

Ein Schotte zieht durch das unbekannte Bergland Abessiniens, um die Nilquelle zu finden. Er begleitet den Herrscher des Reichs auf dessen Kriegszügen. Zum Schluss steht er am Ziel seiner Träume – und hat sich doch geirrt.

Die ersten 25 Jahre seines Lebens sind nicht sehr dramatisch. James Bruce entstammt dem Klan der Kinnaird, einem alten, schottischen Adelsgeschlecht. Nach einem abgebrochenen Jurastudium in Edinburgh zieht er um 1750 nach London. Dort arbeitet er bei einem reichen Weinhändler, dessen Tochter er heiratet. Doch seine Frau stirbt schon nach nur neun Monaten Ehe. Dadurch nimmt sein Leben eine ganz neue Wendung.

Er widmet sich mathematischen und astronomischen Studien, reist dann nach Südeuropa. In Andalusien kommt er das erste Mal mit der orientalischen Kultur in Kontakt. Er beginnt, die arabische Sprache zu lernen. Als ihm der Posten als britischer Konsul in Algier angeboten wird, sagt er zu. Im März 1763 kommt er in Nordafrika an. Er vertieft sich in die arabische Sprache und Lebensweise, unternimmt Reisen zu den römischen Ruinen, die er mit seinem Assistenten, dem italienischen Künstler Luigi Balugani, zeichnet und beschreibt. Nach zwei Jahren bittet er in London um Ablösung von dem Posten. Denn mittlerweile hat sich ein Traum in ihm festgesetzt: Er will die Quellen des Nil finden.

Gemeinsam mit Balugani segelt er zunächst an der nordafrikanischen Mittelmeerküste entlang. Sie erleiden Schiffbruch, werden von libyschen Räubern bis aufs letzte Hemd ausgeraubt. Nur noch in Fetzen gekleidet, ziehen sie durch die Libysche Wüste und geben sie sich als Derwische aus. Sie erreichen Palästina, besuchen Jerusalem. Anfang Juli 1768 kommen sie in Kairo an.

Hier bereiten Bruce und Balugani ihr eigentliches Unternehmen vor. Von Alexandria aus fahren sie den Nil hinauf. Wenn sie am Ufer anlegen, versuchen die Bewohner der umliegenden Dörfer, an Bord zu gelangen, um mitzufahren. Einmal bringen sie sogar einen toten Heiligen mit. In Assuan erzählt der Kapitän ihrer Barke, weiter im Süden lebten feindliche Völker. Es sei lebensgefährlich, durch deren Gebiete zu ziehen. Bruce beschließt, seine Flussreise zu beenden. Er plant, den Ursprung des Nil auf einem anderen Weg zu erreichen.

Zusammen mit Balugani schließt er sich einer Karawane an. Sie durchqueren die Wüste zum Roten Meer, setzen über nach Dschidda auf der Arabischen Halbinsel. Dort rüstet Bruce eine neue Expedition aus. Er schifft sich wieder zur afrikanischen Seite, nach Massaua, ein. Von dort bricht er im November 1769 ins Bergland von Abessinien (Äthiopien) auf. Er ist sicher, dort das „Haupt des Nils“ zu finden. Zunächst möchte er Gondar, die Hauptstadt des Landes, erreichen. Proviant, astronomische Instrumente, kiloweise Glasmurmeln für die Eingeborenen – Bruce benötigt 20 Träger, um seine Ladung zu transportieren.

Der Aufstieg in die Berge ist mühsam. Die Expedition kommt langsam voran, im Durchschnitt fünf Kilometer am Tag. Sie quälen sich über schlüpfrige Waldpfade, müssen Bäume fällen, um mit Hilfe der Stämme Flüsse zu überqueren. Nachts fressen Hyänen mehrere Maultiere, die Lasten für die verbliebenen Tiere werden immer schwerer. Einmal wird Bruce Zeuge, wie Eingeborene aus einer lebenden Kuh ein Stück Fleisch herausschneiden und es roh essen. In England wird ihm diese Geschichte niemand glauben. Die Gerüchte, die sie hören, stimmen auch nicht froher. In Abessiniens Hauptstadt herrsche ein gewalttätiger König, hören sie von Eingeborenen. Hunderte von Gefangenen säßen dort in Käfigen und warteten auf den sicheren Tod.

Immer wieder werden sie in Kämpfe zwischen verfeindeten Völkern verwickelt. Die beiden Europäer sind schockiert von der Brutalität, mit der diese ihre besiegten Gegner behandeln. Augen ausstechen, Haut abziehen, steinigen – die Foltermethoden sind bestialisch. Dabei hat Bruce nirgendwo sonst auf der Welt so viele Kirchen gesehen wie im christlichen Abessinien.

Die Häuptlinge laden den Schotten zum Essen ein und lassen sich demonstrieren, wie ein Sextant funktioniert. Die Glasmurmeln interessieren sie weniger – sie haben die falsche Farbe.

Nach 95 Tagen Marsch erreichen Bruce und sein Begleiter im Februar 1770 Gondar. Was für ein

In der heiligen Stadt Aksum entdeckt Bruce diese Steintafel mit Hieroglyphen (oben). Der schottische Forscher segelte zuvor auf dem Roten Meer an der Arabischen Halbinsel entlang (ganz links) und setzte von Dschidda aus zur afrikanischen Küste über. In der Wildnis Abessiniens trifft er auf Nashörner und Hyänen (links). Die Bilder erscheinen 1790 in seinem Reisewerk „Zu den Quellen des Blauen Nils“.

Auf seiner Expedition durch die abessinischen Berge trägt Bruce das Gepäck zeitweilig selber, um den Esel zu schonen. Die Abenteuer des Entdeckers inspirieren in dessen Heimat viele Künstler und Schriftsteller – wie etwa Dudley Tennant zu seinem Buch „The Romance of Famous Lives".

entrücktes Reich! Am Hof des Königs gibt es barbarische Strafen für Menschen, die in Ungnade gefallen sind. Die Sitten stehen denen der „wilden" Untertanen in nichts nach. Das Christentum, das im 4. Jahrhundert eingeführt wurde, wirkt wie eine Insel. Die umliegenden Länder werden seit dem 16. Jahrhundert alle von Muslimen regiert. Der Herrscher Tekle Haimanot II. ist begeistert, sich mit einem europäischen Glaubensbruder unterhalten zu können. Er lässt sich von Bruce in allen Einzelheiten erzählen, wie es in Jerusalem aussieht.

Haimanot ist so begeistert von Bruce, dass er ihn zum Kommandant seiner Reitertruppe ernennt. Schon bald muss sich der Schotte am Kampf des Königs gegen Rebellen im Süden des Tanasees beteiligen. Für ihn ist das eine gute Gelegenheit, seinem eigentlichen Ziel wieder näher zu kommen. Bruce stößt auf den Blauen Nil unterhalb der Stelle, an der er aus dem Tanasee fließt. Der Schotte zieht flussaufwärts und gelangt an die Tisiatfälle. Bruce ist sich sicher, dass der Nil nördlich des Tanasees entspringt, aber er kann der Sache noch nicht auf den Grund gehen. Der Herrscher besteht darauf, dass sein Günstling mit zurück in die Hauptstadt kommt.

Der Forscher wird zum Gouverneur der Provinz Ras al-Fil ernannt. Dadurch erhält er eine neue Chance, den Tanasee zu erkunden. Woher kommt sein Wasser? Weder am Nord- noch am Westufer findet Bruce einen bedeutenden Strom. Erst im Süden, ganz in der Nähe des Nil, entdeckt er den gesuchten Zufluss. Nun muss er nur noch dessen Anfang finden.

Mit sieben Abessiniern macht er sich auf die Suche. Am 4. November 1770 erreicht er das Tal von Gische, in dem der Fluss unterirdisch entspringt. «Ich riss mir die Schuhe von den Füßen und rannte den Hügel hinunter auf ein Stück Rasen zu, das etwa 200 Meter entfernt lag. Der Abhang war mit Blumenbüschen bewachsen. ...Einige Male stürzte ich schwer. Mühsam watete ich durch den Sumpf und erreichte den Rasenfleck. Da stand ich dann in Verzückung. Ich hatte den Platz erreicht, der 3000 Jahre lang die Fantasie der berühmtesten Männer beschäftigt hatte», schreibt Bruce später.

Zwar haben zwei andere Männer, die portugiesischen Missionare Pedro Paez und Jeronimo Lobo, die Entdeckung schon ungefähr 150 Jahre vorher gemacht. Doch sie hatten keine Messinstrumente dabei. So behauptet der Schotte später, sie wären Lügner und hätten die Quelle nie erreicht. Vielleicht glaubt er das im Lauf der Zeit auch selber.

Nach seiner Entdeckung bleibt Bruce noch ein Jahr in Gondar. Dann macht er sich entlang des Blauen Nil auf die Heimreise. Als er den Zusammenfluss vom Blauen und Weißen Nil erreicht, fällt ihm auf, dass letzterer der breitere Strom ist. Trotzdem besteht für ihn kein Zweifel, dass der Blaue Fluss der Hauptarm des Nil ist. Erst ▶ John H. Speke wird diese Frage fast 90 Jahre später klären.

Bruce gibt 1790 ein umfangreiches Reisewerk heraus. Seine Schilderungen über das undurchdringliche abessinische Bergland und das Leben seiner Bewohner behalten bis ins 20. Jahrhundert ihre Gültigkeit.

Johann L. Burckhardt

1784–1817

Der Schweizer verkleidet sich als „Scheich Ibrahim". Er zitiert den Koran wie ein arabischer Gelehrter. Als erster Europäer sieht er die heiligen Stätten des Islams: Mekka und Medina. Doch schon mit knapp 33 ist sein Leben zu Ende.

Nur nichts überstürzen lautet seine Devise. Das Leben ist lang, gut Ding muss Weile haben. Wer Großes leisten will, braucht eine solide Vorbereitung. Johann Ludwig Burckhardt, Spross einer Schweizer Patrizierfamilie, hat schon als Kind durch seinen Hauslehrer eine ordentliche Bildung bekommen. Nun legt er sich, Schritt für Schritt, das Rüstzeug für eine Diplomatenkarriere zu. 1800 bis 1804 Studium in Leipzig und Göttingen, Jura und Statistik, alte und neue Sprachen. 1806 Umzug nach London, wo ausländische Akademiker zu dieser Zeit stets gute Aufstiegschancen in Regierungsdiensten haben.

Das Fernweh und die Neugier treiben ihn in die African Association, eine britische Organisation zur Erforschung des Schwarzen Kontinents. Diese ist auf der Suche nach guten Wissenschaftlern und hilft ihm, seine Kenntnisse noch zu erweitern. 1808 studiert Burckhardt in Cambridge Arabisch und Astronomie, Medizin und Mineralogie. Er wird all dies brauchen für eine kühne Mission, mit der Sir John Banks, der Gründer der African Association, ihn betrauen will: Burckhardt soll als erster Europäer die legendäre, für Christen verbotene Stadt Timbuktu am Niger betreten.

Ein gesunder Geist braucht einen gesunden Körper. Staunend verfolgen Burckhardts Kommilitonen, wie der Schweizer sich für die große Reise abhärtet. Er läuft bei brütender Sommerhitze lange Strecken barfuß. Schläft nachts, nur in eine Decke gewickelt, auf dem nackten Boden. Und ernährt sich nur noch von Früchten, Gemüse und Wasser.

Die Reise beginnt 1809 mit einer sorgfältig ausgeklügelten Tarnung. Auf Malta verwandelt sich der Schweizer in einen indischen Kaufmann muslimischen Glaubens, der angeblich in London aufgewachsen ist und daher nur gebrochen Arabisch spricht. Ibrahim ibn Abdallah ist sein neuer Name. So begibt er sich erst einmal für zwei Jahre nach Aleppo, um seine Sprachkenntnisse zu vertiefen.

„Scheich Ibrahim" lernt, seine Rolle perfekt zu spielen. Als Reisegefährten von ihm ein paar Worte Hindustani hören wollen, plappert er ihnen etwas in astreinem Schweizerdeutsch vor – sie finden es eine barbarische Sprache. Und als einer durch Zupfen die Echtheit seines Barts testen will, schlägt Burckhardt geistesgegenwärtig zu – kein echter Orientale lässt sich eine solche Beleidigung bieten.

Der junge Forscher wächst so gut in seine Rolle hinein, dass er immer weniger schauspielern muss. Seine

Lebensdaten

1784 Geburt in Lausanne.
1809–12 Mit Beduinen durch die syrische Wüste.
1812 Von Aleppo nach Kairo. Entdeckung der Ruinenstadt Petra.
1813 Von Kairo nach Nubien. Entdeckung der Tempel von Abu Simbel.
1814 Über das Rote Meer nach Arabien. Aufenthalt in Mekka und Medina. Als erster Europäer an den heiligen Stätten des Islams.
1815 Rückkehr nach Kairo.
1817 Tod in Kairo.

Auf seiner Reise von Damaskus nach Kairo entdeckt Burckhardt 1812 im Gebiet des späteren Jordanien die antike Ruinenstadt Petra. Das Aquarell zeigt das „Schatzhaus des Pharao", das vermutlich im 1. Jahrhundert n. Chr. errichtet wurde.

Sympathie für den Islam wächst in dem Maße, wie er in die Schriften dieser Religion eindringt. Er lernt die orientalischen Gebote von Treue, Ehre und Gastfreundschaft kennen. Er liefert ein linguistisches Meisterstück ab, indem er „Robinson Crusoe" ins Arabische übersetzt. Er besucht den Oberemir der Drusen und liefert die ersten genauen Informationen über diese Volksgruppe, die sich in wichtigen Punkten von der Hauptströmung des Islams abgesetzt hat. Dann macht er sich zum ersten Mal auf in die Wüste. Mit Beduinen zieht er durch die Sandmeere bis zum Euphrat und fertigt heimlich die erste ethnographische Studie über dieses Nomadenvolk an. Es ist wie eine Generalprobe für das ganz große Stück.

Im Juni 1812 bricht Burckhardt nach Kairo auf. Er zieht durch die Gebiete am Jordan, entdeckt fast nebenbei die in Felsen gehauene, antike Ruinenstadt Petra. Als er im September in der ägyptischen Hauptstadt ankommt, erfährt er, dass die nächste Karawane nach Westafrika wahrscheinlich erst im Juni des folgenden Jahres abgehe. Kein Problem für Burckhardt, alles braucht seine Zeit.

Er macht einen Abstecher nach Nubien, das bis dahin kein europäischer Forscher bereist hat. Mit nur einem Führer und einem Esel zieht er den Nil hinauf. Auch hier macht er eine Zufallsentdeckung, die Tempel von Abu Simbel. Als er nach Kairo zurückkehrt, sieht es so aus, als sei die Abreise seiner Karawane auf den Sankt Nimmerleinstag verschoben. Burckhardt bleibt nichts anderes übrig, als sich erst einmal anderen Zielen zuzuwenden.

Vom afrikanischen Hafen Sawakin aus segelt er im Juli 1814 über das Rote Meer nach Dschidda. Eine Krankheit, vermutlich Malaria, hält ihn dort länger als geplant fest. Er nutzt die Zeit, um 100 Seiten über den Handel und die Zölle sowie die Tabaksorten auf dem Markt zu Papier zu bringen. In Taif macht „Scheich Ibrahim" die Bekanntschaft mit Mehmed Ali, dem osmanischen Statthalter in Kairo, der hier gerade einen Feldzug gegen die militante Religionsbewegung der Wahhabiten vorbereitet.

Ali merkt zwar schnell, dass er einen Europäer vor sich hat – allerdings einen, der Koran und Scharia besser zitieren und auslegen kann als viele arabische Gelehrte. Ali ist auch beeindruckt davon, dass „Scheich Ibrahim" inzwischen sogar zum Islam konvertiert ist und eine Pilgerreise nach Mekka unternehmen will. Für Burckhardt ist der Nachweis dieser *hadsch* wie ein Visum zum Eintritt in eine Welt, die einem Ungläubigen ansonsten verschlossen bleibt. „Scheich Ibrahim" bekommt zwar Empfehlungsschreiben, die ihm die Türen öffnen. Allerdings wird Ali den Verdacht nie ganz los, dass dieser ungewöhnliche Reisende vielleicht doch ein Spion ist. Daher sorgt er dafür, dass der Schweizer sich nicht nur der Gastfreundschaft, sondern auch einer guten Bewachung erfreut.

So gelangt Burckhardt als erster Europäer zu den heiligen Stätten des Islams. Als das Heer der Pilger in Mekka im November 1814 eintrifft, fragt er sie nach ihren Reiserouten aus und schreibt alles auf. Dann mischt er sich verkleidet unter die *hadschi* – ein Wagnis, das mit dem Tod enden kann – und nimmt an allen vorgeschriebenen Ritualen teil.

Bei der fast drei Stunden langen Predigt am Berg Arafat «sah man den Kadi beständig seine Augen mit einem Tuche wischen; denn das Gesetz verpflichtet den *chatib* oder Prediger, von Gefühl und Zerknirschung bewegt zu sein, und setzt hinzu, dass Tränen in seinem Gesichte ein Zeichen seien, dass der Allmächtige ihn erleuchte und bereit sei, seine Gebete zu erhören». Einige Pilger «schrien laut und weinten, schlugen an ihre Brust und bekannten sich selbst als große Sünder vor dem Herrn», während Einheimische und türkische Soldaten zur selben Zeit «schwatzten und scherzten» und gestikulierten, «als wenn sie die Zeremonie lächerlich machen wollten».

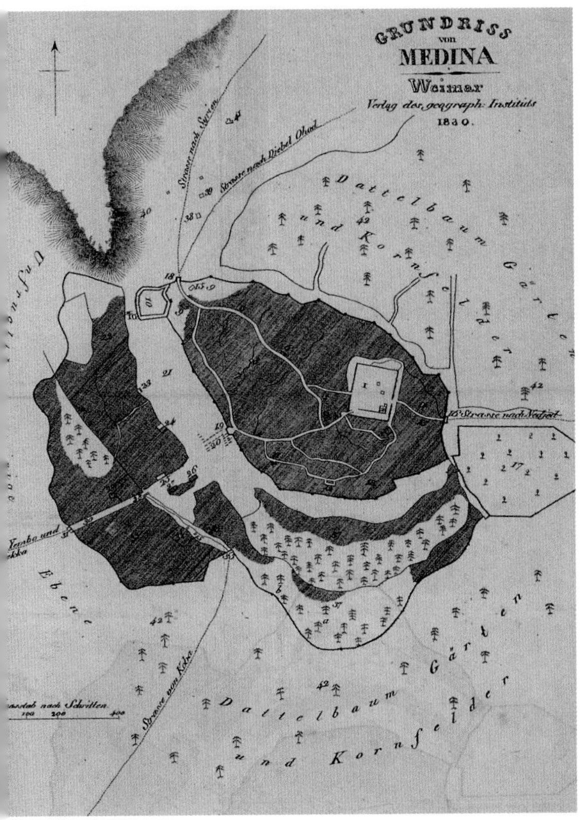

Ein Grundriss der heiligen Stadt Medina, gezeichnet von Burckhardt. Der Schweizer muss bei seinen Erkundungen stets große Vorsicht walten lassen. Der für Arabien zuständige türkische Statthalter gibt ihm zwar Empfehlungsschreiben mit, weil er ihn für einen guten Muslim hält. Er sorgt aber auch für ständige Bewachung. Der ungewöhnliche Reisende, so sein Verdacht, könnte auch ein Spion sein.

Im Schein nächtlichen Kerzenlichts notiert er auf seinem Zimmer unbemerkt alles, was er tagsüber in der Stadt sieht: die schönen und die schmutzigen Wohnviertel, die Kaffeeläden, die Briefpost, die auf Eseln transportiert wird, und die «öffentlichen Weibspersonen», die den *hadschi* aus anderen als religiösen Gründen folgen. «Nichts ist schwieriger», schreibt Burckhardt, «als die Bevölkerung der orientalischen Städte genau anzugeben, wo niemals Register gehalten werden und wo kaum die Anzahl der Häuser genau bekannt ist.» Dennoch sind seine Aufzeichnungen, zusammen mit denen des deutschen Forschers ▶ Carsten Niebuhr, für lange Zeit die genauesten Informationen, die Europa über diesen Teil der Welt erhält. Allein die Beschreibung Mekkas nimmt 350 Seiten ein.

Mit dem Kamel reitet Burckhardt in 14 Tagen nach Medina. Dort wirft ein Fieber ihn wieder aufs Krankenlager, so dass er seine Arbeit nicht so gründlich wie sonst verrichten kann. Im April 1815 reist er in nächtlichen Etappen nach Janbo. Dort ist die Pest ausgebrochen. Die verzweifelten Menschen führen ein Kamel mit Zierdecken durch die Straßen, damit das Tier alle Keime aufsammle. Dann wird es geschlachtet und sein Fleisch den Hunden und Geiern überlassen. Burckhardt besteigt ein Schiff nach Kap Muhammad, dann zieht er zu Lande nach Kairo.

Eine letzte Reise führt ihn 1816 auf die Halbinsel Sinai. Wegen der ständigen Gefahr, von Beduinen überfallen zu werden, schafft er es aber nicht, bis zum Golf von Akaba vorzudringen. So kehrt er wieder nach Kairo zurück. Noch immer hat er die Hoffnung, eine Karawane nach Timbuktu zu finden. Schließlich ist er erst Anfang 30, ein Forscher im besten Alter.

Doch die Krankheiten lassen von ihm nicht mehr ab. Im Oktober 1817 erleidet Burckhardt eine Fischvergiftung, die so schwer ist, dass er daran stirbt. Das Leben war doch viel kürzer, als der Schweizer einmal glaubte. Sein Leichnam wird auf einem muslimischen Friedhof nahe dem alten Stadttor Bab el Nasr begraben. Die Karawane nach Timbuktu, die erste seit vier Jahren, geht zwei Monate später ab.

Robert O'Hara Burke

1820–1861

Lebensdaten
1820 Geburt in Saint Cleran's County (Irland).
1840 Dienst in der österreichisch-ungarischen Armee.
1853 Auswanderung nach Australien. Polizeiinspektor in Melbourne.
1860 Überlandexpedition von Melbourne zur Nordküste Australiens.
1861 Nördlichster Punkt nahe des Carpentariagolfs. Tod am Cooper Creek.

Bessere Bedingungen für eine Reise ins Unbekannte gibt es nur selten. Robert O'Hara Burke nutzt sie nicht. Am Ende kostet ihn die erste Durchquerung Australiens vom Süden nach dem Norden das eigene Leben.

Ein treffenderer Name ließe sich kaum finden für einen Berg, auf den sich an diesem 21. April 1861 alle Zuversicht richtet. Der Mount Hopeless muss irgendwo im Süden liegen – zwei, drei Wochen, vielleicht auch fünf oder doch nur eine Tagesreise entfernt. Doch Robert O'Hara Burke, John King und William John Wills haben entschieden zu wenig Wasser und Nahrung auf ihrem Weg zu einer Erhebung, die, obwohl ihr Name für das Gegenteil spricht, ihre ganze Hoffnung verkörpert. Hätten sie noch die Kraft, würden sie jetzt, von Luftspiegelungen getäuscht und von Halluzinationen gejagt, Berge versetzen. Am liebsten den Mount Hopeless, weil dort eine Handelsstation liegt. Aber zwischen ihnen und diesem Ort, der ihr Überleben sichern könnte, gibt es nichts als vegetationslose Trockenheit.

Einer, Charles Gray, ist schon vor Wochen an Entkräftung gestorben. Da hatte es noch wirkliche Hoffnung gegeben, an einem Fluss, der eine Verbindung zum Meer aufweisen musste. Es war, wie sich später herausstellte, die Mündung des Flinders River gewesen. Vor ihrem Ziel, dem Carpentariagolf, waren sie aber auf einen unüberwindbaren, vom Auf und Ab der Gezeiten bewegten Mangrovensumpf gestoßen. Bitterer hätte, nach den Strapazen ihrer siebenmonatigen Reise von Melbourne an diesen letztlich unerreichbaren Ort, ihre Niederlage nicht ausfallen können. Ein paar hundert Meter, die ihnen für immer fehlen würden an der ersten vollständigen Durchquerung des australischen Kontinents von Süden nach Norden. Wie zum Hohn hatte sie das Rauschen des Meeres begleitet, als sie zu ihrem Basislager am Cooper Creek nördlich der Sturt Desert zurückgekehrt waren.

Gray, schreibt Burke in einer Notiz, die er am Cooper Creek deponiert, habe der Erschöpfung nicht standhalten können. Das ist nicht gelogen, aber auf wenig überzeugende Weise geschönt. Das Unternehmen, großzügig aus öffentlichen Mitteln finanziert und bestens ausgerüstet, gleicht seit langem einem Desaster. 2000 englische Pfund hatte die Kolonie Victoria für die erste Süd-Nord-Querung des Kontinents ausgelobt. Aber Burke, ein Polizeioffizier irischer Abstammung, war bis dahin nicht als Hasardeur in Erscheinung getreten. Seine Ausbildung hatte er in Belgien erhalten. Danach war er in den Dienst der österreichisch-ungarischen Armee getreten. Auf keiner der weiteren Stationen seiner Karriere findet sich ein Hinweis darauf, dass er einmal in den Kreis der großen Entdeckungsreisenden eintreten würde. Er diente als Kommandant einer Konstabler-Brigade in Dublin. 1853 verließ er, wie viele Iren in diesen Jahren, das Land, um sein Glück in Australien zu suchen. Er erhält den Posten eines Polizeiinspektors in Melbourne. 1858 befördert man ihn zum Polizeichef des Distrikts Castlemaine. Als die Kolonie daran geht, eine

Burkes Begleiter William J. Wills in zeitgenössischer Darstellung.

Expedition auszurüsten, fällt die Wahl des Anführers auf ihn. Nennenswerten Widerstand gegen diese Entscheidung leistet er nicht.

Selten sind Erfolg und Scheitern eines Vorhabens so ununterscheidbar ineinander verwoben. Einerseits ist es Burke tatsächlich gelungen, einen Landweg an Australiens nördliche Küste zu finden. Das ist auch deswegen von Bedeutung, weil aus dem Kontinent in diesen Jahren ein klassisches Einwanderungsland wird. Der Siedlungsdruck, der von der prosperierenden Kolonie Victoria ausgeht, richtet sich auf die entweder unbekannten oder unbewohnten Regionen des Erdteils. Burke kehrt aus dem Norden mit der Botschaft zurück, dass die Sturt Desert sich jenseits vom Wendekreis des Steinbocks in ein wasserreiches Grasland verwandelt. Den Kolonisten, in deren Auftrag er handelt, kommt diese Nachricht gelegen.

Andererseits bleiben Fragen über Fragen. Das Unternehmen beginnt, am 20. August 1860, als öffentliches Spektakel. Aus Peshawar sind 25 eigens herbeigeschaffte Kamele und die dazugehörigen Treiber gekommen. Man zieht, einem Festzug ähnlicher als einer Überlandexpedition, durch die von Schaulustigen gesäumten Straßen der Siedlungen Victorias nach Menindee am Darling River. Dort entsteht das erste Depot. Aus unerfindlichen Gründen teilt Burke danach die Expedition. Am 11. November erreicht das von ihm geführte Vorauskommando den Cooper Creek. Die Zurückgebliebenen haben die Anweisung, in angemessenem Abstand zu folgen. Seltsam an dieser Entscheidung ist, dass Burke bei seinem isolierten Vorstoß ausgerechnet auf einen wesentlichen Teil des qualifizierten wissenschaftlichen Personals in seinen Reihen verzichtet. Als die Nachhut sich verspätet, zieht Burke weiter durch die Rinne des Cooper Creek bis zu der Stelle, an der er am 20. November das später für ihn so schicksalhafte Basislager anlegen lässt. Von dem von ihm abgetrennten Teil der Expedition fehlt immer noch jede Spur.

Burke ist kein geduldiger Mann. Er hat, vom Cooper Creek ausgehend, ein paar Vorstöße nach Norden unternommen, aber keine brauchbare Route gefunden. Probeläufe sozusagen, denen er jetzt, im Zustand einer

Archaische Landschaften, archaische Menschen. Begegnungen mit australischen Ureinwohnern gehören zum Alltag bei Burkes Expedition.

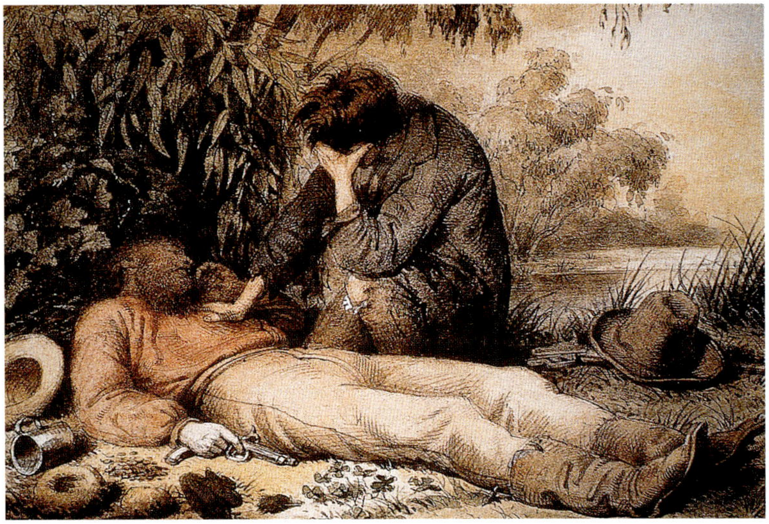

Tod am Cooper Creek. Nach Burkes erfolgreichem Vorstoß an den Carpentariagolf verlieren drei der vier Teilnehmer des Expeditionskorps auf dem Rückmarsch ihr Leben.

wenig produktiven Unruhe, das Meisterstück nachfolgen lässt. Dafür trennt er sich noch einmal von einem Teil seiner Männer und Ausrüstung. Nur er, Wills, King und Gray bleiben für den Marsch zum Carpentariagolf übrig. Mit sechs Kamelen, zwei Pferden und Vorräten für drei Monate macht man sich auf den Weg. Die zweite Nachhut soll wenigstens drei Monate oder, sollten genügend Vorräte vorhanden sein, auch länger am Cooper Creek ausharren. Ihr Befehlshaber, William Brahe, dürfte sich das Pionierleben eines Landreisenden in Australien deutlich anders vorgestellt haben. Ratlos schaut er den vier Auserwählten nach, deren Umrisse sich nach und nach in der zerklüfteten Landschaft am Cooper Creek verlieren.

Irgendwie nach vorn, erst in Richtung Nordwesten, dann dem 140. Längengrad folgend, kämpfen sich Burke, King, Wills und Gray durch noch nie von Europäern betretenes Gebiet. Wills hat als Assistent für Georg von Neumayer gearbeitet. Der, ein Deutscher aus dem pfälzischen Kirchheimbolanden, leitet in Melbourne das 1857 dort gegründete Observatorium für Geophysik. Später wird er als Direktor der Deutschen Seewarte in Hamburg Weltruhm erwerben. Auf Wills, seinen einstigen Assistenten, der von Astronomie und Geodäsie mehr versteht als sein Anführer, wartet am Cooper Creek schon der Tod. Burke, in der Rolle des entdeckenden Autodidakten durch nichts zu beeindrucken, betreibt Navigation nach einem simplen Prinzip: Immer dem eigenen Kopf folgen, in annähernd nördlicher Richtung, denn dort liegt das Meer. Dass sich in diesem Kopf auch die Routen einiger Vorläufer befinden, vereinfacht die Sache nicht. Es kompliziert sie noch mehr, weil Burke kein Systematiker ist. Er entscheidet intuitiv.

Das Naturell des irischen Polizisten, der seinem Dickschädel folgt, treibt die Gruppe tatsächlich bis an den Flinders River. Da Burke glaubt, am über 100 Meilen entfernten Albert River zu sein, befiehlt er die Umkehr. Für die Operation, die in Melbourne als Festzug begann, wird der Flinders River zum Point of no return. Die Vorräte, für drei Monate kalkuliert, sind nach dem dreimonatigen Marsch in der Tat aufgebraucht. Proviant für den nicht ins Kalkül gezogenen Rückweg ist so gut wie keiner vorhanden. Auf dem Hungermarsch vom Flinders River zum Depot am Coopers Creek verliert Gray als Erster sein Leben.

Am Ende fehlen Burke fürs eigene Überleben und das seiner ihm verbliebenen Männer nur wenige Stunden. Am Abend des 21. April 1861 treffen er, Wills und King am Cooper Creek ein. Die Nachricht, die sie dort vorfinden, könnte schlechter nicht sein: Brahe hat das Lager am Morgen dieses Tages, wie von Burke angewiesen, nach mehr als dreimonatigem Warten verlassen. Die Vorräte, die noch im Depot lagern, könnten den Weitermarsch der Rückkehrer durchaus sichern. Nur befinden sich die Kamele und Pferde in keinem besseren Zustand als die Mannschaft, der sie als Transportmittel dienen. Als Burke sich für den Marsch zum Mount Hopeless entscheidet, ist sein Schicksal besiegelt. Er verspielt die letzte Chance, der Logistik des von ihm selbst geleiteten Unternehmens habhaft zu werden. Der Durchbruch misslingt. Es hätte der bitteren Pointe wahrlich nicht bedurft, die darin besteht, dass am 28. Mai 1861 noch einmal eine Abordnung aus der zurückgelassenen Nachhut das Depot am Cooper Creek inspiziert und wieder verlässt. Burke, Wills und King treffen erneut nur wenige Stunden später dort ein. Wills ist der Nächste, der stirbt. Burke, der sich mit King auf die Suche nach Aborigines macht, um von diesen Nahrung zu erhalten, folgt ihm nach wenigen Tagen. John King überlebt in der Obhut von hilfsbereiten Eingeborenen, in deren Lager ihn eine Hilfsexpedition, der auch William Brahe angehört, am 15. September 1861 aufspürt.

☐ **Artikel in NATIONAL GEOGRAPHIC: „The Journey of Burke and Wills" (Februar 1979).**

Richard F. Burton

1821–1890

Er führt ein Leben wie aus einem Abenteuerroman. Verkleidet dringt der Engländer in die für Christen verbotene Stadt Harar ein. In Somaliland verliert er fast sein Leben. Als erster Europäer entdeckt er den Tanganjikasee.

England ist ihm zu eng. Schon früh zieht es ihn weg aus diesem Land. Nur auf Wunsch seines Vaters, eines britischen Obersten, studiert er 1840 in Oxford Theologie. Nebenher beginnt er, Arabisch zu lernen. Nach zwei Jahren wird er von der Universität verwiesen, weil er sich duelliert hat. Der junge Draufgänger tritt in die Armee ein. Auf diese Weise kommt er nach Indien, zunächst nach Gudscharat. Dort fängt er sofort an, Gudscharati und Hindustani zu lernen. So wird er zum Dolmetscher der Truppe. Dann geht er nach Sind ins Industal, das die Engländer gerade erobert haben. Verkleidet als arabischer Kaufmann zieht Burton durch das Land, das ein Jahrhundert später Pakistan heißen wird. Ein scharfer Beobachter, der alles aufschreibt, was er sieht. Er lernt Persisch, Afghanisch und verbessert immer weiter sein Arabisch.

Im Jahr 1849 kehrt Burton nach England zurück und fragt bei der Royal Geographical Society an, ob sie eine Reise nach Mekka und Medina unterstützen würde. Die Gesellschaft sagt zu. Die heiligen islamischen Städte sind für Christen streng verboten. Burton weiß, dass ihm im Fall einer Entdeckung der Tod durch Steinigung droht. Verkleidet als afghanischer Arzt mit Namen Mirza Abdullah besteigt er im Juli 1853 in Suez ein arabisches Pilgerschiff. Von Janbo macht er sich auf den Weg nach Medina, wo er am 25. Juli ankommt. Nach fünf Wochen zieht er weiter nach Mekka, gelangt auch unerkannt in diese Stadt.

Die Geographen-Gesellschaft ist zufrieden mit den ausführlichen Berichten des Abenteurers. Sie schickt Burton 1854 auf die nächste Erkundungsreise. Er soll das Horn von Afrika durchqueren, das Innere des so gut wie unbekannten Somalilands. Burton organisiert die Expedition von Aden aus. Eine kleine Gruppe englischer Offiziere, darunter ▶ John H. Speke, soll ihn begleiten. Vorher will Burton noch in eine andere für Christen verbotene Stadt: nach Harar, ins „Timbuktu des Ostens", ein Zentrum islamischer Gelehrsamkeit und des Sklavenhandels. Noch nie hat ein Europäer die reiche Stadt betreten. Wieder verkleidet gelingt es Burton sogar, Zugang zum Emir zu erlangen. Dem kann er ungestraft seine Identität offenbaren. In der Hafenstadt Berbera trifft er danach mit Speke und den anderen Männern zusammen, um ins Somaliland zu ziehen. Doch die Expedition wird schon bald von Eingeborenen angegriffen. Einer der Engländer wird getötet, Burton und Speke schwer verletzt. Sie brechen die Reise ab.

1855 kämpft Burton im Krim-Krieg. Dann begibt

Lebensdaten

1821 Geburt in Torquay.
1842–49 Bei der britischen Armee in Indien. Erkundungen der Sind-Region im heutigen Pakistan.
1853 Reisen nach Mekka und Medina.
1854–55 Von Aden nach Harar (Äthiopien); Expedition nach Somaliland.
1857–58 Expedition mit John H. Speke ins Innere Ostafrikas. Entdeckung des Tanganjikasees.
1861–65 Britischer Konsul in Westafrika.
1865 Britischer Konsul in Brasilien. Durchquerung Südamerikas.
1877–78 Expedition nach Arabien.
1881/82 Expedition nach Ghana.
1890 Tod in Triest (damals Österreich-Ungarn).

Am 25. Juli 1853 betritt Burton Medina. Er ist als afghanischer Kaufmann verkleidet, um in die für Christen verbotene Stadt zu gelangen. Damit seine wahre Identität nicht entdeckt wird, hat er sich für seine Reise zu den heiligen Stätten des Islams sogar beschneiden lassen.

er sich mit Unterstützung der Royal Geographical Society auf seine bisher größte Expedition. Er will die Quelle des Nil finden.

Das Zeitalter der Entdeckungen ist schon weit fortgeschritten. Die Europäer haben Amerika erkundet, sind um die Welt gesegelt, bis China und Australien vorgedrungen. Doch im Herzen Afrikas liegt immer noch ein großes Geheimnis verborgen, das die Menschen seit mehr als 2000 Jahren beschäftigt. Woher bekommt der Nil sein Wasser? 1500 Kilometer fließt er ohne einen einzigen Zufluss durch die ägyptische Wüste, überschwemmt einmal im Jahr die Ufer – und niemand weiß warum. Auf Ptolemäus' Weltkarte sind Mitte des zweiten Jahrhunderts im Zentrum von Afrika zwei große Seen eingezeichnet, aus denen der Nilzufluss stammt. Jetzt, Mitte des 19. Jahrhunderts, weiß man immer noch nicht, ob das stimmt.

Burton soll mit seiner Expedition die Antwort finden. Bereits 1855 hat er von den deutschen Missionaren Johann Ludwig Krapf und Johannes Rebmann das Gerücht gehört, dass im Inneren Ostafrikas ein riesiger See existiere, der die Quelle des Nil sein könnte. 1856 zeichnet der deutsche Missionar Jakob Erhardt eine Karte, die in Zentralafrika den „See von Uniamesi" zeigt. Burton rüstet die Expedition in Sansibar vor der ostafrikanischen Küste aus. Speke soll ihn begleiten. Burton erkundigt sich bei arabischen Sklavenhändlern, was er auf seiner Reise benötige. Gemüse könne er von den Eingeborenen kaufen, erfährt er. Doch sei es nicht möglich, in den Dörfern zu übernachten. Seine Leute kaufen ein großes Zelt, Feldbetten, ein aufblasbares Kissen. Außerdem nehmen sie zwei Sextanten, ein Teleskop, drei Kompasse, zwei Uhren und etliche andere Instrumente mit, um geographische Beobachtungen durchzuführen. Dazu 2000 Angelhaken, vier Regenschirme. Und Glasmurmeln, Messingdraht und Stoffe als Geschenke für die Häuptlinge.

Im Juni 1857 brechen sie von Bagamoyo am Indischen Ozean auf. Mit mehr als 100 einheimischen Trägern, 30 Lasttieren, Vorräten für zwei Jahre. «Mir scheint einer der schönsten Augenblicke im menschlichen Leben ist der Moment des Aufbruchs zur Reise in ein fernes, unbekanntes Land», schreibt Burton in sein Tagebuch. Die Expedition nimmt die Route der Sklavenkarawanen. Ein Mann hinter dem anderen ziehen sie auf geschlängelten Pfaden durch den Busch. Schon bald beginnen die Strapazen. Unerträgliche Hitze ab elf Uhr vormittags. Myriaden von Stechmücken. Träger, die nachts auf Nimmerwiedersehen verschwinden. Viereinhalb Monate benötigt seine Truppe bis Kase, das heute Tabora heißt. Dort erholen sie sich etwas, bevor sie weiter nach Osten ziehen.

Die Regenzeit setzt ein, verwandelt das Gebiet in eine Schlammwüste. Die beiden Engländer erkranken schwer an Malaria. Burton hat Lähmungserscheinungen, Speke kann immer weniger sehen – bis er fast blind ist. Große Strecken müssen sie in Hängematten getragen werden. Aber am 13. Februar 1858 erreicht Burton sein Ziel. Als erster Europäer steht er bei Ujiji am Tanganjikasee: «Da liegt die Wasserfläche im Schoß der Hügel und glitzert im wunderbaren tropischen Sonnenschein. Die Oberfläche ist sanft blau gefärbt, im Ostwind kräuseln sich Wellen, auf denen schneeweiße Kämme reiten.»

Bald ist Speke so weit genesen, dass er in den Dörfern am Ufer nach einem Boot zur Erkundung des Sees suchen kann. Er findet jedoch kein geeignetes Fahrzeug, so müssen sie mit Kanus vorlieb nehmen. Burton ist sicher, dass er mit dem Tanganjikasee den Ursprung des Weißen Nil gefunden hat. Er lässt sich nicht davon abbringen, als sie bei ihren Erkundungen den Abfluss nicht finden. Allerdings können sie mit ihren Kanus auch nicht den ganzen See erkunden. Am Nordufer, das sie nur aus der Ferne sehen, erblicken sie zwar einen Fluss, den Rusisi, der aber fließt in den See hinein. Tief enttäuscht macht sich Burton mit seinen Leuten auf den Rückweg. In Kase legen sie eine Pause ein, ihre Gesundheit ist immer noch schwer angeschlagen.

Burton ordnet seine Aufzeichnungen. Speke beschließt, mit einer kleinen Gruppe nach Norden zu ziehen. Er hat Gerüchte gehört, dass es dort einen noch größeren See geben solle. Sieben Wochen später kehrt er zurück. Er hat den 300 Kilometer nördlich liegenden Victoriasee entdeckt – und ist nunmehr felsenfest davon überzeugt, dass der Nil dort seinen Ursprung hat. Burton wirft ihm vor, dafür keine Beweise zu haben, was auch stimmt. Zwischen den beiden Männern kommt es zu ernsthaften Spannungen. Keiner lässt von seiner Meinung ab. Sie reden kaum mehr miteinander.

Speke kehrt zwei Wochen vor seinem Partner nach London zurück. Dort teilt er sofort – entgegen vorheriger Absprachen, so Burton – der Royal Geographical Society die sensationelle Entdeckung des Victoriasees und der vermuteten Nilquelle mit. Er wird prompt mit einer zweiten Expedition beauftragt, um den endgültigen Beweis zu erbringen. Als Burton in London eintrifft, hat Speke den ganzen Triumph der Expedition eingeheimst. Es folgt ein erbitterter Streit, bei dem es bald nicht mehr nur um den richtigen Ursprung des Nil geht. Spekes Vermutung wird erst 1876 von ▶ Henry M. Stanley endgültig bestätigt.

Burton reist 1860/61 nach Salt Lake City in Utah und schreibt anschließend ein Buch über die Mormonenstadt. 1861 geht er als britischer Konsul auf die Insel Fernando Po im Golf von Guinea. Auf dem Festland besteigt er als erster Europäer den Kamerunberg. Vier Jahre später zieht er als britischer Konsul ins brasilianische Santos. Nie verliert er seine Lust am Reisen und Entdecken. Er durchquert den südamerikanischen Kontinent, geht als Diplomat nach Damaskus (1869) und Triest (1872). 1872 nimmt er an einer Expediton auf die Arabische Halbinsel teil, die nach Gold sucht. 1881/82 begleitet er eine Expedition nach Ghana – ebenfalls auf der Suche nach Gold.

Als Entdecker ist sein Stern schon gesunken. Da erntet er noch Lorbeeren auf einem völlig anderen Gebiet. 30 Jahre lang hat das Sprachgenie an einer Übersetzung von „Tausendundeine Nacht" gearbeitet. Von 1883 an erscheint das Werk in 16 Bänden – und macht Burton reich.

Auf der Rückreise vom Tanganjikasee rastet Burton in der arabischen Handelsniederlassung Kase. Er wohnt in einem *tembe.* Die traditionellen Häuser der Eingeborenen wurden von den Arabern in verbesserter Form übernommen. Burton ist zu krank, um weiterzuziehen. Sein Begleiter Speke nutzt die Pause, um zum Victoriasee zu reisen.

Richard E. Byrd

1888–1957

Lebensdaten
1888 Geburt in Winchester, Virginia.
1924–25 Kommandeur der „McMillan"-Expedition nach Grönland. Flüge über das Inlandeis.
1926 Erster Flug zum Nordpol (mit Floyd Bennett).
1928–30 Erste Antarktisexpedition. Entdeckung der Rockefeller Mountains. Erster Flug zum Nordpol.
1933–35 Zweite Antarktisexpedition. Überwinterung im Inlandeis.
1939–41 „Antarctic-Service"-Expedition der amerikanischen Regierung.
1947–48 Operation „High Jump" der amerikanischen Marine in der Antarktis. Zweiter Flug zum Südpol.
1956–57 Operation „Deep Freeze" in der Antarktis zur Vorbereitung für das Internationale Geophysikalische Jahr.
1957 Tod in Boston.

Der Amerikaner überfliegt als Erster den Nord- und den Südpol. Er leitet vier Expeditionen in die Antarktis und überwintert allein im Inlandeis. Als er dort krank zusammenbricht, kann er nur mit Mühe gerettet werden.

Die Zeit der großen Polarexpeditionen über Land ist vorbei. ▶ Robert E. Peary, ▶ Roald Amundsen, ▶ Robert F. Scott und ▶ Ernest Shackleton haben sich Anfang des 20. Jahrhunderts noch zu Fuß oder mit Hundeschlitten durch Schnee und Eis gekämpft. Zwei Jahrzehnte später stehen für Expeditionen ganz neue, bislang unbekannte Mittel zur Verfügung. Das technische Zeitalter ist angebrochen, mit Autos und Flugzeugen, Radios und Kameras. Die Expeditionen sind dadurch aber nicht weniger riskant – die Natur bleibt unberechenbar.

Richard E. Byrd ist fasziniert von den Polargebieten. Seine Familie ist eine der reichsten Virginias. Dem jungen Mann stehen alle Möglichkeiten offen. Er entscheidet sich für eine Laufbahn als Offizier, besucht die Militärschule in Virginia, dann die Schiffsakademie der Vereinigten Staaten in Annapolis, an der er 1912 graduiert. 1917 beginnt er mit dem Flugtraining. Das Fliegen nimmt nach dem Ersten Weltkrieg eine rasante Entwicklung. Es wird ihn sein Leben lang nicht loslassen.

Im Jahr 1925 kommt er als Leiter der „McMillan"-Expedition das erste Mal in die Arktis. Die Truppe errichtet ihr Camp in Etah an der Nordwestküste Grönlands. Byrd unternimmt mehrere Flüge über das Inlandeis der Insel. Die Amerikaner kartieren knapp 78 000 Quadratkilometer.

Byrd findet Gefallen an den arktischen Flügen, genießt die unendliche Weite, das Glitzern der Schneeflächen. Ein Flug zum Nordpol sei möglich, so glaubt er, wenn man ihn im Mai unternehme. Dann herrschen die günstigsten Wetterbedingungen – die immer noch hart genug sein können. Byrd ist bei der Marine in den Rang eines *commander* aufgestiegen. Für seinen Traum vom Nordpol gewinnt er in den Vereinigten Staaten die finanzielle Unterstützung des Autokönigs Edsel Ford.

Im April 1926 gelangt Byrd per Schiff nach Spitzbergen – an Bord eine Eindecker-Fokker mit drei Motoren. Zur selben Zeit bereiten auch Roald Amundsen und Lincoln Ellsworth auf Spitzbergen ihren Flug zum Nordpol vor. Zwei Tage vor ihnen, am 9. Mai, starten Byrd – er hat das Kommando und navigiert – und Floyd Bennett – er ist der Pilot. Unterwegs gibt es Probleme mit dem Motor, Byrd weigert sich notzulanden, zum Glück löst sich das Problem von selber. Nach sieben Stunden Flugzeit erreichen sie nach eigenen Angaben den Pol und sehen den nördlichsten Punkt der Erde als erste Menschen aus der Luft.

Im Jahr 1928 bricht der Flugpionier mit einer Expedition in die Antarktis auf. Gut zwei Jahre hat er das

Unternehmen vorbereitet, hat Proviant und Ausrüstung für 45 Menschen, die auf dem Südkontinent überwintern sollen, zusammengestellt – unter anderem fünf Tonnen Rindfleisch, 500 Kartons Eier und eine Tonne Marmelade. Eine logistische Meisterleistung. Byrd plant Nahrung für drei, statt für zwei Jahre ein. Man kann nie wissen, was dazwischenkommt. Er kauft die „City of New York", die die Männer in die Antarktis bringt. An Bord sind 80 Hunde und drei Flugzeuge.

Sie brechen von Neuseeland auf, erreichen am ersten Weihnachtstag 1928 die Schelfeiskante in der Walbucht. Dort gründen die Männer ihr Basislager „Little America". Sie errichten eine Radiostation und Fertighäuser – ohne einen einzigen Nagel, der die Kälte von außen nach innen transportieren könnte. Byrd unternimmt einen Probeflug mit der „Stars and Stripes". An den Steuerflächen bilden sich Eiszapfen, aber der Start gelingt. Aus der Luft entdeckt er ein Gebirge, das er „Rockefeller Mountains" tauft.

Das zweite Flugzeug, die „Virginia", fällt einem Orkan mit Spitzengeschwindigkeiten von 200 Stundenkilometern zum Opfer. Bei dem Versuch, die Maschine mit Seilen am Boden zu verankern, werden die Männer umgeblasen. Die „Virginia" wird in die Luft gehoben, anderthalb Kilometer weit getragen – und zerschellt schließlich auf dem Eis eines Gletschers.

Im April geht die Sonne für vier Wintermonate unter. «Wir wurden zu einer Familie von Maulwürfen, die mit Laternen und Taschenlampen durch glitzernde Schneeröhren huschten», schreibt Byrd später. Das Thermometer fällt auf minus 57 Grad. Sogar das Petroleum friert in den Kanistern vor der Tür.

Im antarktischen Frühjahr, am 28. November, wagt Byrd mit drei weiteren Männern den großen Flug zum Pol. Einer von ihnen fotografiert die 2570 Kilometer lange Strecke, auf dem Hinweg das Gebiet im Osten, auf dem Rückweg das im Westen. Sie fliegen zum Queen Maud Range. Nur mit knapper Not gelingt es ihnen, das Transantarktische Gebirge zu überfliegen. Die Maschine ist zu schwer, sie müssen 140 Kilogramm Notproviant abwerfen. Dann haben sie freien Flug zum südlichsten Punkt der Erde. Byrd ist der erste Mensch, der beide Pole überquert hat.

Mit unzähligen meteorologischen und geographischen Daten tritt die Expedition im Februar 1930 die Heimreise an. Doch zu viele Fragen sind noch offen. Byrd möchte so schnell wie möglich in die Antarktis zurück. Es ist zwar die Zeit der Weltwirtschaftskrise.

Byrd fliegt mit der „William Horlick" über ein Eisfeld, das vor ihm noch kein Mensch gesehen hat. Er wird von einer Maschine begleitet, aus der das Bild aufgenommen wird. «Wir spürten den Zauber, der von einer unbekannten Welt ausgeht», schreibt er später darüber. Das Foto stammt von der zweiten Antarktisexpedition.

Dieses Bild schießt ein Fotograf 1956 durch eine zerbrochene Fensterscheibe. Es zeigt die Hütte am Kap Evans, von der aus Robert F. Scott 1911 zum Südpol aufgebrochen ist. Die Mitglieder der amerikanischen Expedition Operation „Deep Freeze" dürfen das historische, von Scott errichtete Holzhaus nicht betreten.

Dennoch gelingt es ihm, 300 000 Dollar aufzutreiben – die Erforschung der Antarktis scheint ein nationales Anliegen zu sein. Im Januar 1934 ist der Polarforscher mit 120 Männern, sechs Traktoren und vier Flugzeugen wieder in „Little America". Wissenschaftler, zwei Schreiner und ein Künstler sind mit von der Partie. 200 Kilometer landeinwärts lässt Byrd eine Wetterstation errichten, die das ganze Jahr über Daten sammeln soll. Die Hütte wird im März gebaut. Es ist so kalt, dass die Männer Erfrierungen an den Händen erleiden. Byrd bleibt allein in der Station zurück. Zweimal am Tag erhebt er meteorologische Daten, dreimal pro Woche hat er Funkkontakt übers Radio mit dem Basiscamp.

Er wird schwächer und schwächer, weiß aber nicht warum. Er merkt nicht, dass die Ventilation in der Hütte nicht richtig funktioniert. So erleidet er eine Kohlenmonoxidvergiftung. Er versucht seinen Zustand vor den Männern in „Little Amerika II" geheim zu halten. Doch irgendwann merken sie, dass er krank ist. Sie unternehmen zwei Vorstöße, um zu ihm zu gelangen. Jedes Mal treiben Schneestürme sie zurück. Endlich, am 10. August, erreichen sie Byrds Lager. Die Hütte ist komplett eingeschneit, er selber dem Tod nahe. Sein Zustand ist so labil, dass an einen Rücktransport nicht zu denken ist. Die Männer bleiben bis Oktober bei ihm, dann kann er ausgeflogen werden.

Kaum genesen startet Byrd zu Flügen in der „William Horlick". Er entdeckt die Edsel-Ford-Ketten und das Marie-Byrd-Land. Riesige Gebiete noch unerforschten Landes werden fotografiert. Die Geologen führen unterdessen erdmagnetische Beobachtungen durch.

Byrd unternimmt zwei weitere Expeditionen auf den Südkontinent. Von 1939 bis 1941 richtet er im Auftrag der amerikanischen Regierung zwei neue Stützpunkte ein. Sie liegen 3 000 Kilometer voneinander entfernt: einer im Westen in der Nähe von „Little America", der andere im Osten auf der Antarktischen Halbinsel. Byrd erkundet das Land zwischen Ross- und Weddellmeer, entdeckt mehrere neue Gebirge.

Im Jahr 1946 erhält er gemeinsam mit Admiral Richard H. Cruzen von der Marine das Kommando über die Operation „High Jump". 4 500 Menschen, 19 Flugzeuge, vier Hubschrauber und 13 Schiffe – die größte Expedition, die jemals in die Antarktis aufgebrochen ist. Byrd fliegt auf einer unbekannten Route ein zweites Mal zum Südpol. Nach dem Zweiten Weltkrieg geht es vor allem darum, die amerikanische Macht auf dem sechsten Kontinent zu festigen. Immer noch ist nicht bekannt, ob unter dem Eis Mineralien liegen.

In seinen letzten Jahren setzt sich Byrd für eine gemeinsame Erforschung der Antarktis ein. 1957 und 1958 schließen sich 67 Länder zusammen, um im Rahmen des Internationalen Geophysikalischen Jahres ihre Untersuchungen zu koordinieren. Bereits 1956 beginnt Byrd, die amerikanische Marine bei der Operation „Deep Freeze" zu beraten, die das Forschungsprojekt in der Antarktis vorbereitet. Im Januar fliegt er ein drittes und letztes Mal über den Südpol. Er stirbt 1957.

Artikel in NATIONAL GEOGRAPHIC: „The Conquest of Antarctica by Air", Autor: Richard E. Byrd (August 1930), „Admiral of the Ends of the Earth" (Juli 1957).

Cabeza de Vaca

1490 (?)–1557 (?)

Nach einer gescheiterten Florida-Expedition lebt ein gestrandeter Konquistador sechs Jahre lang unter Indianern. Erst halten sie ihn als Sklaven. Dann bewundern sie ihn als Heiler – und hoffen, dass er sie vor den Spaniern beschützt.

Es ist das Schlimmste, was passieren konnte. Alle fünf Schiffe sind weg, wohl gekentert im Sturm. Alvar Nuñez Cabeza de Vaca war von Anfang an dagegen, einfach so ins Land zu marschieren und die ganze Flotte ohne genaues Ziel an der Küste weiterfahren zu lassen. Nun stehen 300 spanische Konquistadoren bleich, abgemagert und hungrig in Florida an einer Lagune.

Sie sind im Juni 1527 vom spanischen Hafen Sanlúcar de Barrameda aufgebrochen, um das Land an der Küste des Golfs von Mexiko zu erkunden. Pedro de Narváez ist der Kommandant, Cabeza de Vaca der Schatzmeister. Drei Monate haben sie in Florida nach Reichtümern gesucht, von denen ihnen Indianer erzählt hatten. Stattdessen haben sie nur Sümpfe und Schilfhütten, Wälder und ab und zu ein paar Maisfelder gefunden.

Jetzt, im August 1528, geht es nicht mehr um Gold, sondern um das nackte Leben. Mit ihren 40 Pferden, das wissen sie, werden sie hier nicht weit kommen. So nehmen sie ihre Steigbügel, Sporen und Armbrüste, um daraus Nägel, Sägen und Beile zu fabrizieren. Mit diesen Werkzeugen bauen sie fünf neue Barken, jede gut sieben Meter lang. Einer von ihnen gewinnt aus Kiefern Pech zum Abdichten, Schwanz- und Mähnenhaare der Pferde werden zu Tauen und Takelwerk, Hemden zu Segeln, Rotzedern zu Rudern. Zehn Spanier werden bei Indianerüberfällen getötet, 40 weitere sterben an Krankheiten und Hunger. Der Rest pfercht sich im September in die neuen Boote.

Sie fahren sieben Tage durch Lagunen, dann einen Monat Richtung Westen über das offene Meer. Gebeutelt von Stürmen, treiben sie an der Mündung des Mississippi vorbei. Sie beginnen, sich aus den Augen zu verlieren. Narváez sagt, jeder solle nun selber sehen, wie er sich retten könne, und macht sich mit seiner Barke davon. Ein Boot sinkt. Eine mächtige Woge wirft das Schiff mit Cabeza de Vaca und das mit den Hauptleuten Andrés Dorantes und Alonso del Castillo auf eine Insel. Sie liegt vor der Südküste des späteren US-Staats Louisiana.

Hier beginnt eine Odyssee, die sechs Jahre dauern wird. Cabeza de Vaca wird sie später detailliert beschreiben. Eine Hand voll versprengter Spanier lebt in der Welt von Indianern, die sie bislang nur als Beutegut gekannt haben. Sie werden selber wie Sklaven behandelt, bekommen kaum etwas zu essen, sterben wie die Fliegen, einige essen aus Verzweiflung das Fleisch der Toten. Nach kurzer Zeit sind von den 80 Gestrandeten nur noch 15 am Leben.

Nach etwa einem Jahr gelingt es Cabeza de Vaca,

Lebensdaten

Um 1490 Geburt in Spanien (Ort unbekannt).
1527 Einschiffung nach Westindien. Teilnahme an der Expedition von Pedro de Narváez.
1528 Landung in Florida. Vorstoß ins Landesinnere. Verlust der Flotte. Bau neuer Schiffe. Fahrt entlang der amerikanischen Golfküste bis über die Mississippi-Mündung hinaus. Strandung auf einer Insel.
1529 Als Sklave unter Indianern.
1530 Flucht aufs Festland. Als freier Händler unter Indianern.
1535 Erneute Flucht. Fußmarsch durch Texas in den Norden Mexikos.
1536 Eintreffen in der Siedlung San Miguel Culiacán.
1537 Rückkehr nach Spanien.
1540 Gouverneur der südamerikanischen Provinz La Plata.
1541 Erforschung des Río Paraná.
1542 Ankunft in Asunción.
1543–44 Vergeblicher Vorstoß in Richtung Peru.
1545 Rückkehr nach Spanien.
Um 1557 Tod in Sevilla.

Verzweifelte Spanier am Meer (oben): Alle Schiffe ihrer Flotte, mit der sie von Havanna nach Florida aufbrachen, sind verschwunden, vermutlich im Sturm gekentert. Auf einer dreimonatigen Expedition ins Landesinnere haben sie auf der Suche nach Gold wie üblich Indianerdörfer überfallen (rechts unten).

sich allein mit einem Boot auf das Festland abzusetzen. Er lebt von Wurzeln in den Wäldern und beginnt ein Dasein als Händler. «Es gab mir die Freiheit hinzugehen, wo ich wollte», schreibt er später. «Ich war nicht mehr zur Arbeit gezwungen und nicht länger ein Sklave.» Der Spanier tauscht Muschelschalen, die er an der Küste sammelt, gegen Tierfelle und roten Ocker, mit dem die Ureinwohner sich Gesicht und Haare färben. Er verkauft Feuerstein für Pfeilspitzen, Klebstoff von Pflanzen und Quasten aus Tierhaar.

Cabeza de Vaca wird Zeuge indianischer Sitten, die noch völlig unberührt vom Einfluss der Weißen sind. Die Ureinwohner rechnen weder in Tagen und Jahren noch nach Sonne und Mond, sondern nach der Konstellation von Sternen und den Zeiten, in denen die Kaktusfrüchte – das wichtigste Nahrungsmittel – reifen. Die Frauen, so beobachtet er, müssen hart und ohne Unterlass arbeiten. Am Tag graben sie nach Wurzeln, suchen Feuerholz und schleppen Trinkwasser nach Hause. In der Nacht trocknen sie die Wurzeln über offenen Feuern.

Neugeborene Mädchen, das sieht er schockiert, werden oft ausgesetzt und von Hunden gefressen. Die Eltern sagen ihm, das sei besser, als sie mit einem Feind zu verheiraten, denn mit allen Stämmen der Umgebung lägen sie im Krieg. «So töten sie lieber die Mädchen, als mit anzusehen, wie sie neue Feinde gebären.» Eine Heirat innerhalb des eigenen Klans, erfährt der Spanier, ist bei ihnen nicht üblich. Wenn ein Mann heiraten will, kauft er sich eine Frau von den Feinden, der Preis ist ein Bogen mit zwei Pfeilen.

Dorantes, del Castillo und der Schwarze Estebanico haben sich ebenfalls in diese Gegend geflüchtet. Nach einiger Zeit treffen sie mit Cabeza de Vaca zusammen. Die Spanier machen sich bei den Indianern einen Namen als Medizinmänner. Gebannt verfolgen die Ureinwohner, wie die Christen über Kranken das Kreuzzeichen in der Luft ziehen und Fürbitten murmeln. Stets sagen die Patienten tags darauf, die Schmerzen seien verschwunden. Der Ruhm der weißen Heiler wird so groß, dass Indianer in Scharen selbst von weit entfernten Orten kommen, um sich von ihnen behandeln zu lassen. Fast alle bringen sie als Gegenleistung Wild mit. «Wir wussten gar nicht mehr, wo wir das alles lagern sollten.»

Im Jahr 1535 wagen die Spanier, nach langer Vorbereitung, den Aufbruch zurück in ihre Welt. Sie streifen durch Texas, queren zweimal den Rio Grande, wenden sich erst nach Norden, dann wieder nach Süden, Richtung Mexiko. Die Angaben in Cabeza de Vacas Reisebericht sind so ungenau, dass die Route sich später nur schwer rekonstruieren lässt. Ihr Ruf als Heiler, der

ihnen vorauseilt, beschert ihnen nicht nur viele Patienten, sondern auch ein wachsendes Gefolge. Cabeza de Vaca schneidet mit seinem Messer einem Mann eine Pfeilspitze aus der Brust – der Operierte ist so dankbar, dass er das entfernte Stück als Souvenir mit nach Hause nimmt.

Cabeza de Vaca sieht die Folgen der *conquista*, die sich in Mexiko nach der Zerstörung des Aztekenreichs durch ▶ Hernán Cortés gen Norden ausbreitet. Ganze Dörfer sind verlassen, die Einwohner in die Berge und Wälder geflüchtet. Angst vor den Schusswaffen verbreitet sich im Land, Angst vor der Sklaverei. Die Indianer beginnen, de Vaca und seine Begleiter als ihre Beschützer zu betrachten. So haben diese keinen Mangel an Führern, immer mehr Einheimische schließen sich ihnen an. Wenn sie in neue Dörfer kommen, laufen die Menschen zusammen, um sie zu berühren, und die ganze folgende Nacht wird gefeiert und getanzt. «Oft waren drei- bis viertausend Leute um uns herum», schreibt der Chronist später.

Im Hochland der Sierra Madre treffen die Spanier 1536 auf einen Indianer, an dessen Hals die Schnalle eines Schwertgürtels hängt. Er habe sie von bärtigen Männern erhalten, sagt er. Sie seien vom Himmel her mit Pferden, Lanzen und Schwertern gekommen und dann über das Wasser wieder entschwunden, «wir sahen sie auf den Wellen, wie sie in die Richtung der untergehenden Sonne schwammen». Für Cabeza de Vaca und seine Begleiter ist es seit Jahren die erste Spur von anderen Spaniern.

Bald darauf stehen sie vier Reitern gegenüber, die sie fassungslos anstarren. Die Geschichte, die sie erzählen, klingt so unglaublich, dass ihren Landsleuten lange die Worte fehlen. Sie werden nach San Miguel Culiacán zum zuständigen Statthalter Melchior Díaz gebracht. Die Indianer, die ihnen gefolgt sind, müssen deprimiert zur Kenntnis nehmen, dass sie ihre Beschützer verloren haben. Im Auftrag von Díaz sagt ihnen Cabeza de Vaca, sie sollten wieder in ihre Dörfer zurückkehren, ihre Felder bestellen und gute Christen werden – dann werde ihnen nichts passieren. Sie sagen, dass sie darauf vertrauen. Was sollen sie auch sonst tun?

Cabeza de Vaca kehrt 1537 nach Spanien zurück. 1540 wird er als Gouverneur der neuen Provinz La Plata nach Südamerika geschickt. Von 1543 bis 1544 unternimmt er eine neue – wenig erfolgreiche – Expedition in Richtung der Silberminen, die in den Anden gefunden wurden. Er regiert eine Zeit lang in Asunción. Dann wird er von politischen Gegnern abgesetzt, nach Spanien geschafft, verurteilt und wieder freigesprochen – ein Lebenslauf, den er zu jener Zeit mit vielen Eroberern teilt.

In einem Punkt aber hat Cabeza de Vaca eine Erfahrung wie kaum ein anderer Konquistador gemacht. Er hat von der anderen Seite her gesehen, was seine Landsleute in den Kolonien anrichten. Die ersten vier Weißen, die er in Mexiko nach sechs Jahren Nomadentum traf, waren wütend darüber, dass er mit „seinen" Indianern Freundschaft geschlossen hat. Sie erklärten den Ureinwohnern, de Vaca und seine Begleiter seien nichts als Herumtreiber, die keine Macht in diesem Land hätten. Die Indianer glaubten ihnen kein Wort. «Die Christen lügen», hörte er sie in ihrer Sprache zueinander sagen. «Diese Männer kamen von da, wo die Sonne aufgeht – die anderen von da, wo die Sonne untergeht. Sie heilten die Kranken – die anderen töten die Gesunden. Sie gingen nackt und ohne Schuhe – die anderen haben Kleider, Pferde und Lanzen. Sie haben nichts gefordert und immer gegeben – andere geben nie, sondern stehlen nur immerzu.» Es gibt nicht viele Konquistadoren, über die Indianer so geredet haben.

Eine Indianerin bittet ihren Stammesgenossen um Gnade für einen Spanier, der kampfunfähig am Boden liegt – fantasievolle Darstellung einer Szene, die sich auf der missglückten Floridaexpedition ereignet haben soll. Nach seiner Strandung gerät Cabeza de Vaca zunächst in Gefangenschaft der Ureinwohner. Später wird er von ihnen als Medizinmann verehrt.

Giovanni Caboto

1450 (?)–1498

Lebensdaten
Um 1450 Geburt in Italien, vermutlich Genua.
1476 Einbürgerung in Venedig.
1494 Umzug nach England.
1497 Erste Fahrt nach Nordamerika. Landung in Neufundland oder auf dem kanadischen Festland.
1498 Zweite Fahrt nach Nordamerika. Seither verschollen.

Ein italienischer Landsmann will Kolumbus ausstechen. Er sucht einen Weg nach Asien auf einer kürzeren, nördlicheren Route – und erreicht tatsächlich neues Land. Von seiner zweiten Atlantikfahrt aber kehrt er nie mehr zurück.

Die einen stehen im Brennpunkt der Geschichte, die anderen in deren Schatten. Giovanni Caboto, ein Zeitgenosse des großen ▶ Christoph Kolumbus, mag es öfter so empfunden haben – erst recht aber alle Historiker, die sich nach seinem Tod mit ihm beschäftigten.

Es ist denkbar, dass er zur selben Zeit in Genua, derselben Stadt wie Kolumbus, aufgewachsen ist. Es ist wahrscheinlich, dass er wie Kolumbus zu Europas mächtigsten Herrschern gepilgert ist, um sie für seinen kühnen Plan zu gewinnen. Es ist sicher, dass er Land betreten hat, das seit den Wikingern kein Europäer mehr gesehen hatte. Dennoch bleibt sein Leben für die Chronisten großenteils im Dunkeln. Kein Dokument über die ersten 25 Jahre. Kein Tagebuch, kein Augenzeugenbericht über seine erste Reise. Kein Brief von ihm, keine Notiz, nicht einmal eine Unterschrift. Keine Spur mehr von ihm, nachdem er zum zweiten Mal aufgebrochen war. Und nur spärliche Dokumente über den Triumph und die Tragödie, die bei ihm so nahe beieinander liegen.

Dabei stehen im Grunde alle Zeichen gut für einen kühnen Segler wie ihn. In allen europäischen Ländern wächst der Unmut über die arabischen Händler und Zwischenhändler, die das Monopol über den Gewürzhandel haben und die Preise nach oben treiben. Jeder Weg, der an ihnen vorbeiführt, wäre den Mächtigen des Abendlandes, Königen wie Kaufleuten, hochwillkommen. Die achtbändige „Geographia“ des alexandrinischen Astronomen und Mathematikers Claudius Ptolemäus ist gerade ins Lateinische übersetzt worden. Sie stimuliert, mit der Vorstellung einer runden Welt, die Fantasie aller Entdecker und Erforscher dieser Zeit.

Der Weg zu den Gewürzen lässt dem jungen Seefahrer keine Ruhe. 1476 in Venedig eingebürgert, segelt er im Auftrag von Händlern über das Mittelmeer bis zu den Gestaden des Libanon. Er kommt vermutlich sogar nach Mekka, wie später Raimondo Soncino, Mailands Gesandter in London, notieren wird. Dort fragt er, so Soncinos Bericht, die eintreffenden Karawanenführer, woher denn die riesigen Mengen an Pfeffer, Nelken und Muskat kämen, die sie auf ihren Kamelen transportierten – und erhält eine Antwort, die seine Neugier nur noch weiter anstachelt: Sie wüssten es selber nicht, sie hätten die Ladung ja von Mittelsleuten übernommen.

Caboto geht wahrscheinlich nach Spanien, just in den Jahren, da sich die Nachrichten von neuen

Entdeckungen geradezu überschlagen. In den Archiven von Valencia findet sich später ein Hinweis auf einen „Johan Cabot Montecalunya", der von 1490 bis 1493 in dem Seehafen lebt. Dieser Mann wird Zeuge der Sensationsnachricht, mit der Kolumbus von seiner ersten Fahrt nach Westen zurückkehrt. Caboto versucht verzweifelt, erst den spanischen, dann den portugiesischen König zu überzeugen, dass es einen kürzeren, schnelleren Weg nach Asien geben müsse – weiter im Norden, wo der Erdumfang laut Ptolemäus ja deutlich geringer sei als am Äquator. Doch auf der Iberischen Halbinsel geht Caboto unter im Jubel, der um seinen Genueser Landsmann herum aufbrandet.

Mit seiner Frau und seinen drei Söhnen zieht der Italiener 1494 nach England. Ein Jahr darauf wird er in Bristol, der zweitgrößten Hafenstadt, zwölf Kilometer landeinwärts am Fluss Avon gelegen, sesshaft. Dort kommt Caboto wie gerufen. Die englischen Kaufleute zahlen die höchsten Gewürzpreise in ganz Europa, weil an ihrer Ware außer den Arabern auch noch die Venezianer verdienen. Seit Jahren schon schicken sie zudem von Bristol aus Expeditionen in den Atlantik, die nach neuen Fischgründen und der legendären Insel Brasil suchen sollen. Und der englische König Heinrich VII. ist außer sich über den Vertrag von Tordesillas, geschlossen in eben diesem Jahr, in dem Spanien und Portugal die gesamte neu zu entdeckende Welt untereinander aufteilen. In England findet Giovanni Caboto, der nun den englischen Namen John Cabot führt, endlich offene Türen und offene Ohren.

König Heinrich VII. sichert ihm 1496 in einem Vertrag das Recht zu, «zu allen Gegenden, Ländern und Meeren im Osten, Westen und Norden unter unserem Banner und mit unseren Insignien zu segeln». Er erlaubt ihm und seinen Söhnen, allerdings auf eigene Kosten, alle «Inseln, Länder, Regionen und Provinzen von Heiden und Ungläubigen» in Besitz zu nehmen, «was immer und wo immer auf der Welt sie auch seien, sofern sie bis dahin unbekannt für alle Christen gewesen sind» – ein offener Affront gegen den Vertrag von Tordesillas.

Mit nur einem einzigen Schiff, der „Mathew", sticht Cabot am 20. Mai 1497 in See. Er hat insgesamt 18 Männer an Bord, seine drei Söhne sind vermutlich auch dabei. Ein Mann aus Burgund und ein Friseur aus Castiglione bei Genua sind mit von der Partie, der Rest sind Engländer. Bei Dursey Head, ein Kap im Südwesten von Irland, lässt der Kapitän Europa hinter sich. Er hält sich stets auf der Höhe von Bristol, auf gut 51 Grad nördlicher Breite. Nach 33 Tagen Richtung Westen, am 24. Juni 1497, sichtet er morgens um fünf Uhr Land. So wenigstens geht es aus einem Eintrag auf einer Karte seines Sohns Sebastian aus dem Jahr 1544 hervor. Cabot sieht Gras und Büsche, aber keine Menschen. Dies ist Asien, das steht für ihn fest. Er hat gefunden, was er suchte.

Er tastet sich die klippenreiche Küste entlang. Cape

Die Ankunft Cabotos in Kanada, wie ein Zeichner sie sich vorstellt (oben). Aus den wenigen Dokumenten wird nicht klar, ob er in Neufundland oder an der Südküste Labradors den neuen Kontinent betrat. Nach dem Aufbruch (unten) fährt Caboto an der von ihm gesichteten Küste entlang, segelt den gleichen Weg zurück und eilt triumphierend nach Hause – wie Kolumbus in dem Glauben, nach Asien vorgestoßen zu sein.

Freels, Cape Bonavista, Cape Broyle – so versuchen Historiker später die Fahrt zu rekonstruieren. Bei Cape Pine, 46 Grad 37 Minuten nördliche Breite, erreicht er vermutlich seinen südlichsten Punkt. Dann fährt er, um seine Erkenntnisse zu festigen, dieselbe Route nach Norden zurück, bis zur Stelle, wo er das erste Land gesichtet hat. Nichts wird von ihm über Nebel, nichts über Eisberge berichtet, die in dieser Region allen künftigen Seefahrern zu schaffen machen werden. Doch vielleicht tut er es nur deswegen nicht, weil er – wie viele andere Entdecker auch – „sein" neues Land nicht schlecht machen will.

Cabot segelt nach Hause, so schnell es geht. Günstige Winde bringen ihn in einer Rekordzeit von ganzen 15 Tagen nach Europa zurück, zuerst an die bretonische Küste, zwei Tage später, am 6. August, nach Bristol. Die ganze Stadt jubelt, ihr Sohn ist in Asien gewesen.

Der Seefahrer macht sich gleich auf den Weg nach London, am 9. August ist er beim König. Die Karte, die er für ihn mitgebracht hat, wird später verloren gehen. Doch Urkunden belegen, dass der Herrscher ihn mit zehn Pfund dafür belohnt, dass er «die neue Insel gefunden hat». Cabot hat zwar auch, so zeitgenössische Berichte, von *terra firma*, also Festland, gesprochen. Das könnte bedeuten, dass er an der Südküste Labradors war. Heinrich VII. aber glaubt nur an ein neu gefundenes Eiland. Es wird als „Neufundland" in den Sprachschatz eingehen.

Der englische König Heinrich VII. fördert die Expeditionen von Cabot, weil er das Monopol der Spanier und Portugiesen auf neu entdeckte Länder brechen will. Ein Gemälde des Venezianers Francesco Grisellini aus dem 18. Jahrhundert zeigt Caboto vor einer Karte von Nordamerika, wo der Italiener im Dienst der Engländer landete.

Cabot fühlt sich nun selber wie ein König. Er spaziert in kostbarer Seide durch die Londoner Lombard Street. Die Leute, so Soncino, rennen «wie Verrückte hinter ihm her». Großzügig verspricht er seinen Leuten ganze Inseln, sobald er zu den neu entdeckten Gestaden zurückgekehrt sei.

Schon im Jahr darauf, Anfang Mai 1498, ist Cabot wieder auf dem Wasser. Diesmal kommandiert er fünf Schiffe, davon eines vom König und vier von Bristols Kaufleuten ausgerüstet. 200 Leute an Bord sind voller Erwartung. Sie segeln die Mündung des Avon hinaus – und werden nie wieder gesehen. Ein Schiff läuft wegen Problemen einen irischen Hafen an. Die anderen vier, und mit ihnen Cabot, bleiben für immer verschollen. Sind sie im Sturm gekentert? Sind sie an einer Klippe zerschellt? Oder haben sie einen Eisberg gerammt? Es bleibt für immer ein Rätsel.

Drei Jahre später, 1501, bringen portugiesische Schiffe 57 Indianer vom Stamm der Beothuk mit nach Hause, die auf Neufundland gefangen wurden. Sie haben ein zerbrochenes goldenes Schwert und silberne Ohrringe in ihrem Besitz – alles hergestellt in Italien. Diese Gegenstände können nur von Cabot stammen, sei es von der ersten, sei es von der zweiten Reise. Es sind die einzigen Spuren, die er in Nordamerika hinterlassen hat.

Pedro Álvares Cabral

1468 (?)–1520 (?)

Eigentlich ist er auf dem Weg nach Indien. Doch starke Winde treiben seine Flotte im Atlantik so weit nach Westen, dass er plötzlich unbekanntes Land sichtet. So wird der Portugiese durch einen Zufall zum Entdecker Brasiliens.

Nicht immer ist der direkte Weg auch der beste. Der große ▶ Vasco da Gama hat diese Erfahrung schon gemacht, als er 1497 zum ersten Mal das Kap der Guten Hoffnung umsegelte. Er fand damals von den Kapverdischen Inseln noch nicht den richtigen Bogen zur Südspitze Afrikas und brauchte endlos lange. Mal waren es Stürme, mal Flauten, mal ungünstige Meeresströmungen – es war alles andere als die ideale Route. Nach seiner Rückkehr wusste da Gama, dass es eine bessere gab.

Nun, drei Jahre später, gibt er sein Wissen weiter. Ein junger Landsmann, Anfang 30, hat den Auftrag erhalten, das Tor zu Indiens Gewürzmärkten, das da Gama mühsam geöffnet hat, für Portugal vollends aufzustoßen. Pedro Álvares Cabral soll nach Calicut segeln und möglichst viele Gewürze mit nach Hause bringen.

Die Aufzeichnungen aus dieser Zeit sagen nichts darüber aus, was Cabral für diese Fahrt qualifiziert hat. Zwar ist er schon in jungen Jahren als Page an den Königshof gekommen. Zwar ist er Mitglied des Kronrats geworden und hat in dieser Eigenschaft sicher gute Beziehungen. Aber das allein kann es nicht gewesen sein. War er ein Verlegenheitskandidat, weil da Gama es abgelehnt hatte, das Kommando über diese Flotte zu übernehmen? Oder hat der Entdecker des Seewegs nach Indien ihn selber dafür empfohlen?

Wie auch immer, da Gama gibt ihm genaue Anweisungen für den Weg: Von den Kapverden aus nicht nach Südost, sondern erst mal nach Süden, um die nordöstlichen Winde auszunutzen. Dann, wenn die Winde auf Südost drehen, so hart wie möglich gegen sie kreuzen. Und erst dann, schon auf Höhe des Kaps, bei 34 Grad südlicher Breite, voll auf Ostkurs gehen.

Cabral nimmt sich die Instruktionen zu Herzen. Seine Verantwortung ist schließlich nicht gering. Mit einer stolzen Flotte – 13 Schiffe und 1 200 Mann Besatzung – sticht er am 9. März 1500 von der Tejo-Mündung aus in See. Er hat mehrere Priester und Mönche dabei, dazu Kapitäne und Steuerleute, die sich schon einen Namen gemacht haben: etwa ▶ Bartolomeu Diaz, der 1488 als Erster das Kap der Guten Hoffnung umsegelte, und Nicolau Coelho, der da Gama nach Indien begleitete. Cabral spürt, welcher Erwartungsdruck auf ihm lastet. Zu Hause sind alle schon trunken, wenn der Name Indien nur fällt.

Aber auf See läuft nicht immer alles nach Plan. Kaum hat Cabral die Kapverden hinter sich gelassen, gerät eines der Schiffe aus seinem Blickfeld; trotz zweitägiger Suche wird es nicht wieder gefunden. Die verbliebenen zwölf Karavellen werden zwar wie erwartet vom Nordostpassat erfasst, aber auch von der starken Äquatorialströmung. Statt nach Süden zu steuern, treiben sie eher nach Westen. Am 21. April, nach 43 Tagen auf dem Wasser, schwimmen große Mengen Seetangs an ihnen vorbei, das sind Anzeichen von Land. Am Morgen des folgenden Tages nahen die ersten Vögel. Und am Abend erblicken die Portugiesen einen Berg, zu dessen Füßen einen Fluss und eine flache, baumbestandene Küste. Es ist die Osterwoche, so

Lebensdaten
Um 1468 Geburt in Belmonte (Portugal).
1500 Aufbruch zu ersten Handelsreisen der Portugiesen nach Indien. Abweichung vom Kurs durch starke Winde. Landung an der Küste Südamerikas. Nach zehn Tagen Weiterfahrt gen Indien.
1501 Rückkehr nach Lissabon mit Gewürzladungen.
1502 Vorbereitung der zweiten Handelsreise nach Indien. Kommandowechsel zu Vasco da Gama.
Um 1520 Tod in Santarém (Portugal).

Cabrals Flotte auf hoher See – eine Buchmalerei. Vasco da Gama, der Entdecker des Seewegs nach Indien, hatte ihm Instruktionen für den Kurs zum Kap der Guten Hoffnung gegeben. Doch durch die starke Äquatorialströmung kommen die Schiffe weit vom Kurs ab.

nennen sie den Hügel *Monte Pascoal*, „Osterberg".

Da es schon dämmert, lässt Cabral erst mal die Anker werfen. Tags darauf schickt er Coelho mit einem Boot zur Flussmündung. 20 splitternackte, langhaarige Menschen erwarten ihn dort voller Neugier. Einer von ihnen bietet den Ankömmlingen seinen bunten Kopfschmuck, ein anderer eine Kette aus kleinen, weißen Perlen an. Zwei weitere steigen ins Boot der Portugiesen und lassen sich an Bord eines der Schiffe bringen. Es sind Indianer vom Stamm der Tupinambá, Gestalten von «dunkler Farbe, etwas rötlich, mit angenehmen Gesichtern und Nasen, wohlgeformt», wie der Reiseberichterstatter Pedro Vaz de Caminha aufschreibt. Durch ihre Unterlippen sind weiße Knochen getrieben, so lang wie eine Handbreit, so dick wie eine Baumwollspindel und an den Enden «so spitz wie eine Ahle».

Cabral sucht für seine Schiffe einen sicheren Hafen. 65 Kilometer weiter nördlich findet er eine geschützte Bucht, die später Baia Cabrália genannt werden wird. Dort geht er mit seinen Leuten an Land. Er lässt einen Altar bauen und eine Messe feiern. Alle Segel der portugiesischen Schiffe haben ein rotes Kreuz auf weißem Grund. So ein Christusbanner wird nun auch in den Boden gepflanzt. Cabral nennt das neue Land *Terra da Vera Cruz*, das „Land des wahren Kreuzes" – womöglich auch, weil es unter dem Südlichen Kreuz am Sternenhimmel liegt und just in der Woche entdeckt worden ist, in der die Christen der Kreuzigung Christi gedenken.

Aber eigentlich weiß Cabral gar nicht so recht, was er mit dem Neuland anfangen soll. Sein Fahrtziel lautet Calicut, sein Auftrag Gewürzgeschäfte – was soll er mit diesen nackten Wilden? Er lässt Meister João, seinen Astronomen, die Polhöhe des Orts bestimmen, es sind 17 Grad südliche Breite. Er setzt Sträflinge an Land aus, die eigens für solche Gelegenheiten auf Expeditionen mitgenommen werden; sie sollen die Sprache und Sitten der Eingeborenen kennen lernen und irgendwann wieder abgeholt werden. Aber ihn selber drängt es nicht, das Landesinnere zu erkunden. Ist es Festland oder eine Insel? Cabral scheint es nicht zu interessieren. Er rammt nur – der übliche Akt der Besitzergreifung – ein großes Holzkreuz mit dem Wappen des Königs Emanuel I. in den Boden.

Er schickt ein inzwischen leeres Versorgungsschiff unter dem Befehl von Gaspar de Lemos zurück nach Portugal. Es hat zwei Briefe für den König an Bord, die von der Entdeckung berichten. Der eine, aus Caminhas Feder, spricht von einer „Insel Vera Cruz", der andere, geschrieben von Meister João, nur von „Vera

Cruz“. Der König entscheidet sich für das „Land Santa Cruz“. So meldet er nach Erhalt der Nachricht gleich seinen Anspruch beim Papst an – gemäß dem Vertrag von Tordesillas aus dem Jahr 1494, in dem Spanien und Portugal alle noch neu zu entdeckenden Länder schon vorab untereinander aufgeteilt haben.

Am 2. Mai brechen die verbliebenen elf Schiffe nach Osten auf. Am 12. Mai erscheint den Portugiesen am Himmel ein Komet, der zehn Tage lang nicht verschwinden wird. Ein böses Vorzeichen, unken die Matrosen. Und in der Tat, am 24. Mai bricht ein Orkan über die Flotte herein. Vier Karavellen sinken, darunter auch die von Bartolomeu Diaz. Sein Bruder Diogo wird mit seinem Schiff vom Kap der Guten Hoffnung so weit abgetrieben, dass er ungewollt als erster Europäer an der Küste Madagaskars landet. Mit den verbliebenen sechs Schiffen aber schafft es Cabral nach Calicut. Am 13. September läuft er in den indischen Hafen ein.

Die dort tätigen arabischen Händler sind wütend über die Faktorei, die Cabral auftragsgemäß einrichtet. Sie stürmen sie, Cabral beschießt als Vergeltung die Stadt. Er gründet eine zweite Faktorei im friedlicheren Cochin und lädt fünf Schiffe mit Gewürzen voll. Im Dezember 1500 tritt er die Rückreise an.

Im Hafen Beseguiche auf den Kapverdischen Inseln sieht er wieder Diogo Diaz, der sich allein bis hierher durchgeschlagen hat – und trifft die Flotte von Gonçalo Coelho und ▶ Amerigo Vespucci, die der König zu weiteren Erkundungen an die neu entdeckte südamerikanische Küste geschickt hat. Doch bei der Ankunft in Lissabon im Juni 1501 wird Cabral nicht für seinen Zufallsfund gefeiert, sondern – Verluste hin, Verluste her – für die fünf Gewürzladungen.

Danach wird es wieder still um ihn. Die nächste Indienexpedition bereitet er zwar noch vor, doch am Ende übernimmt Vasco da Gama das Kommando. Cabral zieht sich auf ein Landgut bei Santarém am Tejo zurück, heiratet Doña Izabel de Castro vermutlich 1503, wird Vater von sechs Kindern. Er stirbt um das Jahr 1520. Kein einziges Monument wird in Santarém an seine Entdeckung erinnern.

Die Überlebenden der Reise, die herrlich bunte, laut krächzende Vögel mitgebracht haben, erzählen zu Hause, sie seien im „Papageienland“ gewesen. Es dauert noch eine ganze Zeit, bis sich ein völlig neuer Name durchsetzt. Er ist von einem roten Farbholz abgeleitet, das die Schiffe bald aus den dortigen Wäldern mitbringen, auch ▶ Christoph Kolumbus hat es nach seiner zweiten Atlantikfahrt erwähnt. *Brasil* ist sein Name. *Brasil*? Europas Geographen haben das doch schon auf der Karte von Paolo dal Pozzo Toscanelli aus dem Jahr 1484 gelesen. Auf ihr taucht unter dieser Bezeichnung eine Insel westlich von Irland auf. Eine Legende machte damals die Runde, wonach ihr Sand mit einer Schicht aus goldenem Staub überzogen sei. Die Realität hat das alles von der Karte gefegt. Doch zumindest der Name des Mythos überlebt die Revolutionen, die zu dieser Zeit in den Atlanten stattfinden.

Illustration zum ersten gedruckten Bericht über die Entdeckung Brasiliens, der um 1505 erschien (oben). Cabral bleibt aber nur zehn Tage an der Küste von Südamerika. Wichtiger erscheint ihm sein Auftrag, den Gewürzhandel mit Indien zu eröffnen. In Calicut führt er entsprechende Verhandlungen mit dem regierenden Samorin (unten). Fünf voll beladene Schiffe kehren nach Portugal zurück. Dafür wird Cabral gefeiert – nicht für die Entdeckung des neuen Landes.

René Caillié

1799–1838

Lebensdaten
1799 Geburt in Mauzé (Frankreich).
1816–19 Reise nach Senegal. Teilnahme an der Suchexpedition nach dem verschollenen Mungo Park. Erkundung des Senegal-Unterlaufs.
1824–27 Zweite Reise nach Senegal. Einjähriger Aufenthalt bei den Brakna in Mauretanien. Arbeit auf einer Indigo-Plantage in Sierra Leone.
1827–28 Reise nach Timbuktu am Niger. Rückkehr durch die Sahara nach Marokko.
1838 Tod in La Baderre (Frankreich).

Schon in seiner Jugend träumt der Franzose davon, als erster Europäer das sagenumwobene Timbuktu zu betreten. Unter größten Strapazen kämpft er sich in die Stadt am Niger vor. Doch deren Glanzzeit ist schon lange vorbei.

Timbuktu ist die „Königin Afrikas", eine Zauberstadt wie aus „Tausendundeine Nacht". Ein Knotenpunkt der Handelsrouten, ein Zentrum der arabischen Kultur. Hier residieren mächtige Scheichs, tätigen reiche Kaufleute ihre Geschäfte. Kostbare Stoffe und duftende Gewürze füllen die Basare. Prächtige Paläste mit schattigen Innenhöfen säumen die Straßen. Mosaike, Marmor und Moscheen – an allen Orten zeigt sich der Reichtum der Stadt. Und über allem tönt der Ruf der Muezzin, der die Menschen fünfmal am Tag zu ihren Gebeten ruft. So jedenfalls stellt man sich im Europa des 18. Jahrhunderts die geheimnisvolle Stadt am Niger vor. ▶ Ibn Battuta und Leo Africanus haben durch ihre Berichte viel zu diesem Mythos beigetragen. Doch das ist Jahrhunderte her.

Nach den napoleonischen Feldzügen 1798/99 in Ägypten dringt verstärkt Kunde von der orientalischen Welt nach Frankreich. Vielleicht inspirieren diese Nachrichten den jungen René Caillié zu seinem Lebenstraum. Er möchte der erste Europäer sein, der die sagenhafte, für Christen streng verbotene Stadt in der Wüste betritt.

Die Voraussetzungen, die er dafür mitbringt, sind denkbar schlecht. Sein Vater ist der Bäcker eines französischen Provinznests. Er kommt wegen Diebstahls ins Gefängnis, als der Sohn noch sehr jung ist. Als die Mutter stirbt, ist Caillié gerade zwölf. Er geht bei einem Schuster in die Lehre. Eine weiter gehende Schulbildung erhält er nicht, geschweige denn eine wissenschaftliche Ausbildung, die ihn auf zukünftige Forschungsreisen in Afrika vorbereitet. Er hat kein Geld, keine Ausrüstung, nur seinen Willen.

Mit 17 läuft Caillié von zu Hause weg. Er heuert als Kabinenjunge auf einem Schiff an, das an die westafrikanische Küste fährt. Er geht im Senegal an Land. Dort ist unter Major Gray eine britische Expedition aufgebrochen, um ▶ Mungo Park zu suchen, der seit zehn Jahren am Niger verschollen ist. Caillié folgt den Engländern zu Fuß, doch als er sie erreicht, steht das Unternehmen bereits kurz vor dem Scheitern. Er unternimmt einige Exkursionen zwischen den Küstensiedlungen Dakar und Saint Louis und erkundet den Unterlauf des Senegal. Dann fordert das afrikanische Klima seinen Tribut. Der junge Franzose erkrankt so schwer an tropischem Fieber, dass er 1819 zur Genesung in seine Heimat zurückkehren muss. Doch seinen Plan gibt er deswegen noch lange nicht auf. Er bleibt fünf Jahre in Frankreich. Arbeitet, spart Geld, bereitet seine nächste Afrikareise vor.

Im Jahr 1824 kehrt er in den Senegal zurück. Er weiß mittlerweile, dass er nur eine Chance hat, Timbuktu zu erreichen, wenn er eine arabische Identität annimmt. Er reist in die Wüste Mauretaniens und lebt dort ein Jahr beim Volk der Brakna. Er lernt bei ihnen Arabisch und die islamischen Bräuche. Das Leben ist karg, das Essen knapp. Caillié weiß längst, dass Afrika nicht so romantisch ist, wie er es sich vorgestellt hat.

1825 fragt er beim französischen Gouverneur des

Senegal nach finanzieller Unterstützung für seine Reisepläne an den Niger und nach Timbuktu. Er wird als Aufschneider und Abenteurer abgetan. Caillié reist nach Sierra Leone, das unter englischer Kolonialherrschaft steht. Dort findet er Arbeit als Oberaufseher einer Indigo-Plantage und kann so weiteres Geld für sein Vorhaben verdienen. Er erfährt, dass die Französische Geographische Gesellschaft einen Preis von 10000 Francs für den Europäer ausgesetzt hat, der als Erster Timbuktu erreicht und Nachricht von der Stadt mit nach Hause bringt. Ein weiterer Anreiz, das Unmögliche zu wagen.

Caillíés Plan ist, verkleidet als ägyptischer Muslim zu reisen. Den misstrauischen arabischen Händlern und fremdenfeindlichen Völkern, durch deren Gebiete er zieht, wird er erzählen, er sei in Ägypten von Napoleons Truppen nach Frankreich entführt worden. Dort habe er einige Jahre als Sklave gelebt – daher seine helle Haut –, bis er mit seinem Herrn nach Senegambien gefahren und wegen guter Dienste freigelassen worden sei. Nun befände er sich auf dem Heimweg nach Ägypten.

Caillié bricht im März 1827 von Freetown in Sierra Leone auf. Seine Ausrüstung ist mehr als dürftig. Zwei Kompasse, einige wenige Waren, um sie bei den Eingeborenen zu tauschen, 300 Francs trägt er gut versteckt an seinem Körper. Er reist allein. Erst geht es ein kurzes Stück an der Küste entlang bis Conakry. Von dort dringt er ins Landesinnere vor. Er quert die Wüste bis zum Bergland von Fouta-Djalon, zieht durch das Gebiet der friedlichen Fulahs, dann über das Land der gefährlichen Manding. Er kämpft sich durch tiefen Sand, über steinige Geröllfelder, kein Schatten schützt ihn vor der sengenden Sonne. Eine eiternde Fußverletzung quält ihn bei jedem Schritt.

Gewissenhaft führt er Tagebuch, notiert seine Route, jedes Volk, jede Beobachtung. Vor der Geographischen Gesellschaft in Paris wird es später der einzige Beweis dafür sein, dass er Timbuktu erreicht

Diese Ansicht von Timbuktu stammt von Caillié. Sie erscheint 1830 in seinem Buch. Von der Stadt seiner Träume ist der Franzose tief enttäuscht. Sie hat keine Paläste, sogar nur wenige zweistöckige Gebäude. «Da lagen lauter schlecht gebaute Häuser zwischen weißem Flugsand bis hin zum Horizont», schreibt er in seinem Reisebericht.

Die große Moschee von Timbuktu. Caillié zeichnet diese Ansicht und den Grundriss während seines zweiwöchigen Aufenthalts. Er fertigt auch einen Plan der gesamten Stadt an, deren Einwohnerzahl er auf 10 000 bis 12 000 Menschen schätzt. Der Deutsche Heinrich Barth stellt 1853 in Timbuktu fest, dass der „freigelassene ägyptische Sklave", als der sich Caillié ausgab, niemandem aufgefallen ist.

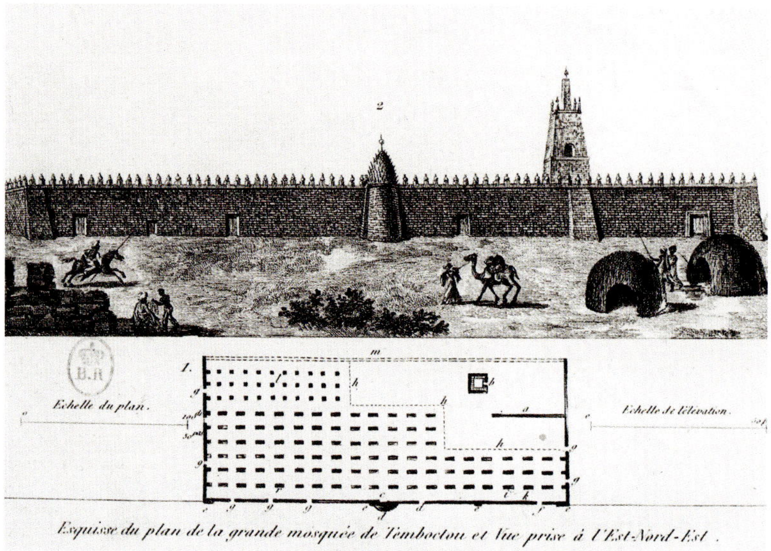

hat. Doch er muss heimlich schreiben. Es wäre sein Tod, wenn er dabei entdeckt würde. Denn einen freigelassenen Sklaven, der in einer fremden Sprache Tagebuch schreibt, kann es nicht geben.

Caillié leidet an Skorbut, an Fieberschüben, die immer stärker werden. Im August 1827 erreicht er Tieme – und bricht zusammen. Allein dämmert er in einer Schilfhütte vor sich hin, vier Monate lang. Dann zwingt er sich wieder auf die Beine, gesund ist er noch nicht. Er schließt sich einer Karawane an, murmelt Koranverse vor sich hin, sobald sich ihm jemand nähert. Weiter geht es nach Osten.

Im Januar 1828 gelangt er an den Niger bei Kouroussa. In Djenné nimmt ihn ein Kaufmann auf seiner Piroge mit. Vier Wochen reist er mit ihm den Niger hinab. Eine beschwerliche Fahrt, aber besser als zu Fuß. Am 20. April 1828 erreicht er Kabara, den Hafen von Timbuktu. «Im Lichte der untergehenden Sonne lag die Hauptstadt des Sudans, die schon so lange der Gegenstand meiner Sehnsucht gewesen war, vor meinen Augen. Ein nie gekanntes Gefühl der Befriedigung erfüllte mich, als ich endlich diese geheimnisvolle Stadt betrat», schreibt er später.

Doch die Enttäuschung folgt auf den Fuß. Keine Pracht, kein Reichtum weit und breit. Das legendäre Timbuktu wirkt armselig. «Einige Bewohner hockten auf Matten und unterhielten sich, andere lagen vor der Tür und schliefen», so lauten seine Notizen. «Kurzum, alles atmete tiefe Traurigkeit.» Caillié bleibt zwei Wochen, es ist unerträglich heiß. Er wohnt bei dem Kaufmann Sidi Abdahallahi. Und erfährt, dass zwei Jahre vor ihm schon ein Schotte in die Stadt vorgedrungen ist: ▶ Alexander G. Laing. Doch der wurde, wie die Leute erzählen, auf der Heimreise ermordet.

Caillié kauft sich vom letzten Geld ein Kamel. Er schließt sich einer Karawane mit 1 000 Kamelen nach Marokko an. Am 4. Mai 1828 brechen sie auf. Es wird eine Reise unter unmenschlichen Bedingungen. Die Treiber laden dem Franzosen die schwerste Arbeit auf, lassen ihn fast verhungern. Sie ziehen durch die Sahara, überqueren den Hohen Atlas. Bis auf die Knochen abgemagert kommt Caillié Anfang September in Tanger an.

In Frankreich wird er als „Besieger von Timbuktu" gefeiert. Die Geographische Gelsellschaft überreicht ihm den Geldpreis, verleiht ihm die goldene Entdeckermedaille. Doch in England gibt es Kritiker, die nicht glauben, dass er die legendäre Stadt erreicht hat. Zu sehr weichen seine Schilderungen vom alten Mythos ab.

Endgültig ausgeräumt werden alle Zweifel erst Jahrzehnte später von dem deutschen Saharaforscher ▶ Heinrich Barth: «Es war mir recht interessant, hier die vom wohlverdienten französischen Reisenden René Caillié auf seiner mühevollen und gefährlichen Reise durch den ganzen westlichen Teil von Nordafrika verfolgte Straße zu erreichen, und es ist mir eine angenehme Pflicht, die allgemeine Richtigkeit seiner Beschreibung zu bestätigen.»

Caillié wird nach seiner Rückkehr Bürgermeister in seinem Heimatort, stirbt jedoch jung an Tuberkulose, die er sich auf seiner Afrikareise zugezogen hat.

Giovanni Carpini

1182 (?)–1252

Mit 63 Jahren geht ein Franziskanermönch auf eine zweieinhalbjährige Reise zu Pferd durch die Steppen im Innern von Asien. Er soll den Herrscher der eroberungswütigen Mongolen für ein Bündnis mit dem Papst gewinnen.

Lähmendes Entsetzen liegt über dem Abendland. Ein Sturm aus dem Osten rast über Europa, wie es ihn seit der Hunnenzeit nicht mehr gegeben hat. 1236 sind ihm die Reiche Bulgur und Perm am Schwarzen Meer zum Opfer gefallen, 1240 Kiew, danach ganz Russland und Polen, Galizien, Mähren und Ungarn. 1241 werden die Heere der christlichen Fürsten auch bei Liegnitz von den Reiterhorden geschlagen. 1242 ziehen die Mongolen mordend und brandschatzend die Donau hoch, erste Spähtrupps werden gar schon bei Regensburg gesichtet. Und der Stauferkaiser Friedrich II. tut so, als ginge ihn das alles nichts an. Er schickt seine Truppen nach Italien, kämpft weiter seine ewige Schlacht gegen die Päpste.

Da plötzlich tritt, mitten in diesem Sturm, eine unerwartete Stille ein. Die Mongolen, im Westen als „Tataren" bezeichnet, halten inne. Ganz Europa rätselt über die Gründe. Gerüchte machen die Runde, Wunschdenken und Illusionen nähren die Hoffnung. Wollen die wilden Horden nun vielleicht gute Christen werden?

Papst Innozenz IV., 1243 gewählt, will die Gunst der Stunde nutzen. Erzbischof Peter, vor den Mongolen aus dem Osten Europas geflüchtet, hat ihm aus seiner größeren Nähe heraus Informationen über das gefürchtete Volk gegeben, die zunächst gar nicht zum weit verbreiteten Horrorbild passen. Das Reich der wilden Reiter, so der Kirchenmann, sei straff organisiert, habe ein hervorragendes Kurierwesen, und diplomatische Gesandte hätten ein freies, ehrenvolles Geleit. Innozenz IV. will dem Großkhan als mächtiger Mann Gottes entgegentreten. Gleichzeitig aber möchte er mehr über diesen Gegner erfahren, will ihn mit Wissen statt mit Mythen bekämpfen. Aber es treibt ihn auch die heimliche Hoffnung, mit den in Religionsfragen ziemlich toleranten Mongolen am Ende gar ein Bündnis gegen fanatische Muslime zu schmieden, vor denen sich das Abendland nicht minder fürchtet. So fasst er den kühnen Plan, eine Gesandtschaft in die Höhle des Löwen zu schicken.

Er wählt einen Franziskaner aus, der sich in dem Orden einen Namen gemacht hat. Giovanni del Pian del Carpini, um 1182 bei Perugia geboren, ist zwar schon in den Sechzigern, aber ein weit gereister Mann, der sich in der Fremde bewegen kann. 1221 zog er für die Franziskaner als Prediger durch das Rheinland. 1223 wurde er Kustos für Sachsen, 1228 Vorsteher der Provinz Teutonia in Köln, 1230 Provinzial in Spanien, 1232 Leiter der neu geschaffenen Provinz Saxonia. Er hat den Schülern des Franz von Assisi viele neue Gebiete erschlossen: in Böhmen und Ungarn, in Dakien, Lothringen und Norwegen. Dies ist der Mann, den Innozenz IV. braucht.

Carpini wird nach Lyon gerufen, wohin sich der Papst geflüchtet hat, seit die Truppen Friedrichs II. in Italien eingefallen sind. Am 16. April 1245, dem

Lebensdaten

Um 1182 Geburt in Pian del Carpine, Nähe Perugia (Italien).
1221 Prediger im Rheinland.
1228 Leiter der Franziskanerprovinz Teutonia.
1230 Provinzial in Spanien.
1232 Leiter der Franziskanerprovinz Saxonia.
1245 Päpstlicher Gesandter. Aufbruch von Lyon ins Mongolenreich.
1246 Ankunft am Hof des Großkhans.
1247 Rückkehr nach Lyon.
1248 Ernennung zum Erzbischof von Antivari (Dalmatien).
1252 Tod in Italien.

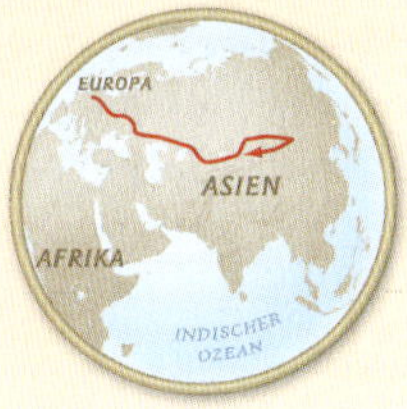

Ostersonntag, bricht er mit einem päpstlichen Schreiben, verfasst in lateinischer Sprache, nach Osten auf. In Breslau schließt sich ihm Pater Benedikt an, ein gebürtiger Pole, der als Dolmetscher dienen soll. In Krakau helfen Herzog Konrad und der russische Großfürst Wassilij, der gerade zu Besuch weilt, mit ihren Kontakten weiter. In Kiew besteigen die beiden Mönche erstmals die legendären mongolischen Pferde, wahre Ausgeburten an Zähigkeit. An Dnjepr, Don und Wolga entlang geht es nach Sarai, in die Hauptstadt des mongolischen Teilreichs der Goldenen Horde, wo der Herrscher Batu regiert. Dort treffen die Gesandten in der Karwoche 1246 ein.

In Sarai finden sich zwar Sprach- und Schriftkundige, die das päpstliche Dokument übersetzen können. Der Vorgang aber erscheint Batu eine Nummer zu groß. So lässt er den Mönchen mitteilen, sie müssten sich schon zum Großkhan selber begeben, und dazu sei allerhöchste Eile geboten.

Die Mongolen haben größtes Interesse, die Delegation noch bis zum Sommer ins Zentrum ihrer Macht zu bringen. Denn dort steht Anfang August eine pompöse Versammlung an, die den neuen Großkhan küren soll. Er und nur er ist der Mann, der ein Schreiben dieses Ranges beantworten kann. Carpini und Benedikt beginnen zu ahnen, weshalb der Mongolensturm in Europa abgeflaut ist: Der Herrscher Ögädäi ist 1241 gestorben, sein Nachfolger aber erst jetzt gefunden.

Im Heerlager Sira-Ordu, eine halbe Tagesreise von der Hauptstadt Karakorum entfernt, wird im Jahr 1246 Güyük zum neuen Großkhan gewählt und gekrönt. Carpini nimmt an der glanzvollen Feier teil – zusammen mit 4000 Gesandten aus dem ganzen Reich der Mongolen.

Am 17. Mai 1246 brechen sie mit ihren Führern auf. Carpini, nun schon 64 und etwas beleibt, wagt sich auf eine Reise, die auch für einen Jüngeren unglaublich strapaziös wäre. Er und sein Begleiter wüssten nicht, notiert der Franziskaner, ob sie «dem Leben oder dem Tod entgegengingen». Sie reiten bis zur Erschöpfung, manchmal die halbe Nacht hindurch, im Durchschnitt 60 Kilometer pro Tag. Sie ziehen über schier endlose Steppen, über sandigen Boden und Kieselsteine sowie ausgedorrtes Land, geplagt von Hunger und gepeitscht von Stürmen. Sie fühlen sich «so matt», schreibt der Mönch, «dass wir uns kaum im Sattel halten» können. Schon «in der ganzen 40-tägigen Fastenzeit hatte unsere Nahrung bloß aus Hirse, die mit Salz und Wasser gekocht war, bestanden», und «zu trinken hatten wir nichts als Schnee, den wir erst im Kessel schmelzen mussten».

Sie durchqueren Kumanien, die Länder der Kangiten, Biserminen und schwarzen Kitaier, schließlich der Naiman, das «außerordentlich gebirgig und kalt» ist und noch Ende Juni Schneefall erlebt. In 67 Tagen zu Pferd legen sie 4000 Kilometer zurück. Kein Europäer des Mittelalters ist vor ihnen so tief nach Asien vorgedrungen. Am 22. Juli, noch rechtzeitig zur Wahl, treffen sie in Sira-Ordu ein, dem Heerlager des neuen Herrschers Güyük, eine halbe Tagesreise von seiner Hauptstadt Karakorum entfernt.

Sie lernen, das ist die Absicht ihrer Gastgeber, die ganze Pracht des Hofes kennen. In der Umgebung des Lagers sehen sie ein Zelt aus rotem Purpurstoff und eines auf Säulen, die «mit goldenen Platten bekleidet und durch goldene Nägel mit dem übrigen Holzwerk fest zusammengefügt» sind, wie Carpini notiert. Rund 4000 Repräsentanten von unterworfenen Völkern, so wird ihm gesagt, sind aus dem ganzen Mongolenreich angereist, um dem neuen Großkhan zu huldigen. Rund ein Dutzend Sultane sind gekommen, aus Bagdad ein Gesandter des Kalifen, aus Georgien zwei Söhne des dortigen Königs, aus Russland Großfürst Jaroslaw von Susdal. Güyük nimmt das päpstliche Schreiben zwar umgehend entgegen, lässt die Gesandten dann aber warten, bis er den Thron bestiegen hat.

Die Mission der Mönche ist sicher ein Meister-

Der Palast der Mongolenherrscher in Karakorum. Bis zur päpstlichen Mission des Franziskaners haben nur Schreckensmeldungen von Schlachtfeldern das Bild der „Tataren" im Abendland bestimmt. Nun schreibt Carpini in einer sachlichen Sprache über ihre Kultur und die von ihnen dominierten Regionen Zentralasiens.

stück der Diplomatie – nicht aber das, was der Papst zu Papier bringen ließ. Der «Knecht der Knechte Gottes», wie er sich bezeichnet, zeigt sich «aufs Höchste darüber erstaunt, dass ihr, wie wir hörten, viele Länder sowohl der Christen wie auch anderer Völker überfallen und schrecklich verwüstet habt». Noch immer, so fährt er fort, «streckt ihr eure mordgierigen Hände nach den weiter entfernt liegenden Ländern aus, und ohne auf das natürliche Band der Verwandtschaft zu achten, das alle Menschen umschlingt...»

«Daher bitten, flehen und ermahnen wir euch inbrünstig», schreibt Innozenz IV., «ihr möget von derartigen Einfällen und vor allem von der Verfolgung der Christen ganz und gar absehen, und ihr möget Gottes schweren Zorn, den ihr durch sie ohne Zweifel auf euch geladen habt... durch die Leistung einer entsprechenden Buße sühnen. Darum dürft ihr euch nicht anmaßen, noch weiter zu toben und zu rasen.»

Die Antwort des neuen Mongolenherrschers ist so hochmütig, drohend und schroff wie die Moralpredigt des Papstes. «Woher wisst ihr denn, wer in Gottes Augen würdig ist, seine Gnade zu empfangen? Wir beten Gott an, und in seiner Kraft werden wir die ganze Erde vom Osten bis zum Westen verwüsten.» Die Geschenke, die Carpini und Benedikt mitgebracht haben, sieht er als nichts anderes denn als Geste der Unterwerfung an. Doch damit ist er noch keineswegs zufrieden. «Drum müsst ihr in eigener Person an der Spitze der Könige ohne Ausnahme kommen und uns eure Dienstleistung und Huldigung anbieten... Wenn ihr diesen Befehl Gottes nicht beachtet und unseren Befehlen ungehorsam seid, werden wir euch alle als unsere Feinde ansehen.»

Carpinis diplomatische Mission ist damit gescheitert. Am 13. November 1246 bricht er mit dem barschen Brief zur Rückreise auf. Wieder geht es durch Steppen, wieder durch Stürme, noch dazu im Winter. «Häufig fanden wir uns am Morgen, wenn wir aufwachten, ganz mit Schnee bedeckt, den der Wind auf uns geweht hatte.» Zehn Monate später, im Juni 1247, ist Carpini wieder in Kiew. Im November trifft er in Lyon ein – nach zweieinhalb Jahren Abwesenheit.

Europa wird noch eine Zeit lang vor den Mongolen zittern. Doch zum ersten Mal gibt es nun im Westen detaillierte Informationen über ihre Kultur, über die von ihnen beherrschten Völker, über die Struktur ihres Reichs. Die „Historia Mongalorum", die Carpini verfasste, ist ein lebendiger und dennoch sachlicher, großenteils vorurteilsfreier Bericht. Er wird an den Höfen im Westen zu einem Standardwerk.

Der Papst belohnt ihn für seine Dienste, trotz der wenig tröstlichen Antwort, die er aus dem Osten mitbringt. Zuerst schickt er ihn als Legaten an den Hof des französischen Königs Ludwig IX., dann macht er ihn zum Erzbischof von Antivari in Dalmatien. Für diese Aufgaben bleiben Carpini aber nur noch vier Jahre. 1252 stirbt er in Italien. Zwei weitere große Chronisten, ▶ Wilhelm von Rubruck und ▶ Marco Polo, werden bald auf seinen Spuren im Mongolenreich wandeln.

Jacques Cartier

1491–1557

Lebensdaten
1491 Geburt in St.-Malo (Frankreich).
1524–27 Erste Atlantikfahrten, möglicherweise mit Giovanni da Verrazzano.
1534 Erste Kanadaexpedition: Neufundland, Südküste von Labrador, Inseln in der Bai of Fundy.
1535–36 Zweite Kanadaexpedition: Erforschung des St.-Lorenz-Stroms.
1541–42 Dritte Kanadaexpedition: Siedlungsgründung bei Cap Rouge.
1557 Tod in St.-Malo.

Er sucht als erster Franzose eine Passage durch Nordamerika. Zwar findet er weder die Durchfahrt noch die erhofften Schätze, doch dafür den St.-Lorenz-Strom. Mit seinen Expeditionen beginnt Kanadas Besiedelung durch Europäer.

Anfangs wollen die Europäer nur Fische, nichts als Fische. Die kühlen Gewässer am nordwestlichen Ende des Atlantiks, gelegen vor geheimnisvollen, unergründlichen Ländern, wimmeln davon wie nur wenige andere Meeresgegenden. Kaum hat ▶ Christoph Kolumbus bewiesen, dass sich die Fahrt über die raue See lohnt, brechen Fischer in Scharen aus der Alten Welt dorthin auf. Sie kommen aus der Bretagne, dem Baskenland, Portugal. *Terra de Bacallaos* nennen die Portugiesen die Gegend, „Land der Kabeljaue". Ein gewisser João Alvares Fagundes hat, davon zeugt eine Urkunde, schon 1521 vom portugiesischen König einen Rechtstitel auf die Länder am Rand dieser Gewässer erhalten. Er bricht mit anderen Fischern dorthin auf, setzt sich für ein oder anderthalb Jahre auf Cape Breton Island an den geschützten Hafenbuchten von Ingonish fest. Aber länger halten sie an Land nicht durch. Feindliche Indianer, Schwärme von Kriebelmücken, der Fluch der Region, und ein Winter mit einer Brutalität, die sie in Europa noch nie erlebt haben, vertreiben sie schon bald.

Sie sind Fischer, keine Forscher. Was an Land ist, interessiert sie nicht. Sie werden auch einen Teufel tun, ihrer Konkurrenz die besten Fanggründe zu verraten. So wird von ihnen nichts aufgeschrieben, keine Karte skizziert. Jeder behält seinen Fischgrund im Kopf und für sich.

Dies alles ändert sich im zweiten Drittel des 16. Jahrhunderts. Mit wachsender Unruhe sieht Frankreich, wie Spanien und Portugal die Neue Welt unter sich aufteilen. König Franz I. sinnt auf eigene Expeditionen,

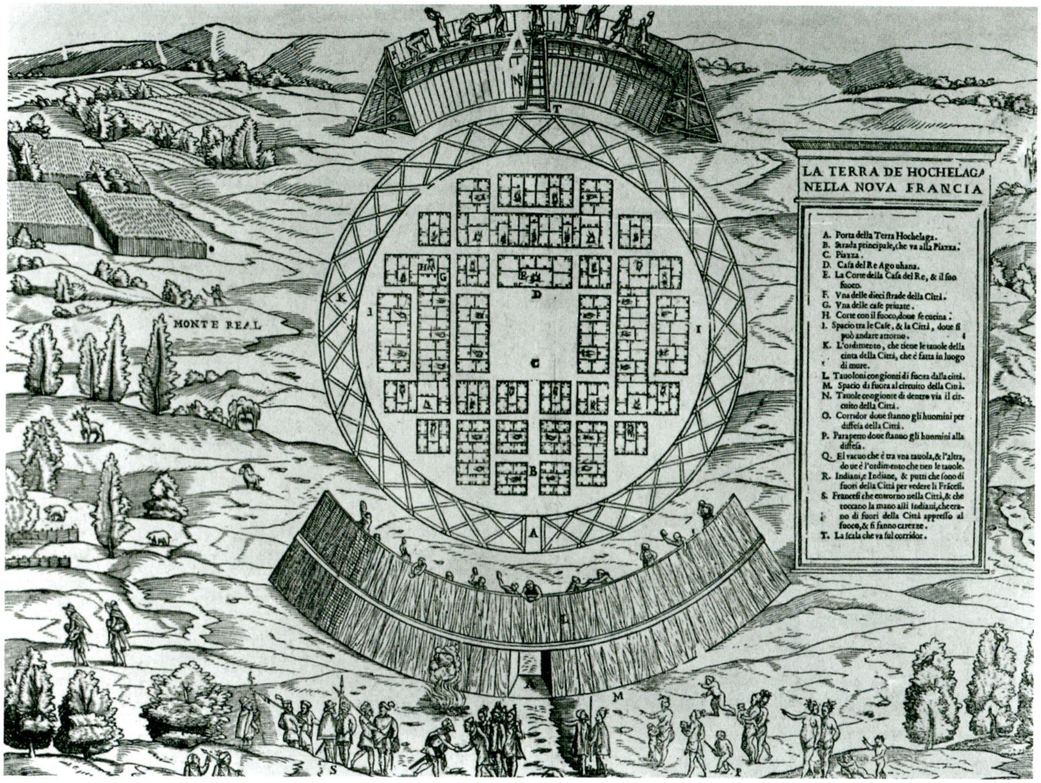

Ein Holzschnitt zeigt die Indianersiedlung Hochelaga aus der Vogelperspektive. Cartier trifft hier 1535 ein, als er den St.-Lorenz-Strom landeinwärts erforscht. Er steigt auf einen Berg, den er „Mont Royal" tauft. Davon leitet sich der Name der Stadt ab, die später hier gegründet wird: Montreal.

um auf dieser Bühne mitspielen zu können. Das Schlüsselereignis ist sein Besuch 1532 im Benediktinerkloster Mont-Saint-Michel auf dem 78 Meter hohen Granitfelsen an der Küste der Normandie. Jean Le Veneur de Tilliers, Abt dieses Klosters und Bischof von Saint-Malo, stellt dem Monarchen einen Verwandten seines Schatzmeisters vor. Jacques Cartier, erklärt der Geistliche, habe große Erfahrung in der Seefahrt, sei schon bis Brasilien und Neufundland gekommen – er sei der Mann, den der König für seine Pläne brauche.

Es gibt keine sicheren Belege dafür, welche Fahrten der 41-jährige Cartier bis zu diesem Zeitpunkt unternommen hat. Möglicherweise hat er von 1524 an den Italiener ▶ Giovanni da Verrazzano begleitet, den Franz I. zur Erkundung der süd- und nordamerikanischen Küsten aussandte. Nun erhält er den Auftrag, eine Passage durch die neu entdeckten Landmassen nach Asien zu suchen. Wenn sie schon im Süden und Westen nicht zu finden sei, so vielleicht weiter im Norden …

Am 20. April 1534 bricht Cartier mit zwei Schiffen und 120 Mann Besatzung von Saint-Malo auf. Schon am 10. Mai erreicht er Cape Bonavista. Er weiß noch nicht, dass Neufundland eine Insel ist. So tastet er sich an den schier endlosen Buchten und Fjorden der Nordküste entlang, bis er am 27. Mai freies – allerdings noch gefrorenes – Wasser in Richtung Südwesten erblickt. Es ist die Strait of Belle Isle, die Neufundland von Labrador trennt. Er muss im Hafen Quirpon bis zum 9. Juni warten, dann ist der Weg frei von Eis.

Cartier segelt die Küste Labradors entlang. Er errichtet ein Kreuz bei Saint-Servan. Trifft bei Rivière Saint-Jacques ein französisches Schiff, das sich verirrt hat. Erblickt Menschen mit gefärbter Haut und Tierfellen als Kleidung. Sie tragen, so notiert er, «ihr Haar auf dem Kopf gebunden gleich einer Hand voll zusammengefassten Heus mit einen Nagel oder Ähnlichem mittendurch».

Das Meer verengt sich, dann weitet es sich zu

Auf seiner dritten Expedition landet Cartier in Kanada mit 1 000 Kolonisten. Geschichten von einem erzreichen Ort Saguenay haben in Frankreich die Runde gemacht. Die erhofften Schätze aber werden nie gefunden. Erst ein knappes Jahrhundert später nehmen die Franzosen einen neuen Anlauf, um Kanada zu besiedeln.

einem Golf, dann stößt Cartier auf neues Land. Er glaubt, die Passage gefunden zu haben, als er die Bay des Chaleurs entdeckt, die sich geradewegs nach Westen zieht. Als das Wasser flacher wird, steigt er mit seinen Leuten in Ruderboote um. Doch bald muss er erkennen, dass es hier doch keine Durchfahrt gibt.

Er segelt weiter bis zum Hafen Gaspé. Dann zwingen ihn Gegenwinde und starke Strömungen, das Unternehmen abzubrechen. Bei Gaspé ergreift er formell Besitz von dem Land und errichtet ein zehn Meter hohes Kreuz mit der Inschrift: «Es lebe der König von Frankreich!» Es gelingt ihm, den Huronenhäuptling Donnacona zu überreden, ihm seine zwei Söhne Domagaya und Taignoagy für einen Besuch in Frankreich mitzugeben. Er verspricht, sie binnen eines Jahres zurückzubringen.

Cartier hält Wort. Im August 1535 kommt er mit drei Schiffen und den zwei Söhnen zurück, rudert zum Huronendorf Stadacona, wo 1608 die Stadt Quebec gegründet werden wird. Er ist vom offenen Meer durch einen riesigen Einschnitt – den St.-Lorenz-Strom – ins Festland eingedrungen. Bei Hochelaga, 250 Kilometer weiter flussaufwärts, steigt er auf einen Berg, den er „Mont Royal" tauft, die Stadt Montreal wird später ihren Namen daher haben. Er blickt auf endlose Wälder und im Fluss auf einen Wasserfall, den «wildesten, den man sehen konnte» – und weiß, dass er auch diesmal die ersehnte Passage nicht finden wird. Bei seiner ersten Überwinterung stirbt ein Drittel seiner Leute an Skorbut. So braucht er nur noch zwei Schiffe für die Rückreise, das dritte schenkt er den Indianern, die es gleich völlig demontieren, weil sie es auf die Metallteile abgesehen haben. Häuptling Donnacona willigt ein, zusammen mit anderen Stammesmitgliedern Cartier nach Frankreich zu begleiten. Sie alle sterben dort an Krankheiten, gegen die sie keine Abwehrkräfte haben.

Huronensagen vom erzreichen Ort Saguenay erregen die Fantasie der Franzosen. Im Frühjahr 1541 schickt König Franz I. die dritte Expedition nach Kanada: fünf Schiffe und 1 000 Kolonisten, zum Teil aus Gefängnissen geholt. Cartier fährt voraus, Generalleutnant Jean-François de la Rocque de Roberval folgt nach, ihm wurde diesmal das Oberkommando übertragen. Cartiers Leute gründen ihre Siedlung oberhalb von Stadacona. Doch sie finden weder Saguenay noch große Schätze noch die Passage. Cartier resigniert, sammelt ein paar Gesteinsproben ein, will zurück. Roberval, mit dem er auf Neufundland zusammentrifft, ordnet weitere Erkundungen bei Cap Rouge und am St.-Lorenz-Strom an. Da stiehlt sich Cartiers Truppe im Schutz der Dunkelheit davon. Mitte Oktober 1542 sind sie wieder in Frankreich.

Cartier bringt seine Erlebnisse zu Papier. Dann versinkt sein Land in Religionskriegen. Es wird noch 60 Jahre dauern, bis sich wieder Franzosen nach Kanada wagen.

Artikel in NATIONAL GEOGRAPHIC: „North Through History Aboard White Mist" (Juli 1970).

Samuel de Champlain

1567–1635

Er paddelt mit Indianern über Kanadas Flüsse und Seen. Er hilft den Huronen im Kampf gegen die Irokesen, um dadurch weiter ins Land vorzudringen. Er gründet Quebec und Montreal. So wird er zum „Vater von Neufrankreich".

Sechzig Jahre hat Frankreich in Religionskriegen geblutet. Katholische Herzöge, unterstützt von Spanien, kämpften gegen protestantische Aristokraten und Hugenotten, unterstützt von England. Nun aber, nach dem Frieden von Vervins im Jahr 1598, will das Land seine alte Stärke zurückgewinnen. Kanada, die fast schon vergessene Kolonie, rückt wieder ins Blickfeld von Paris. Neue Entdecker sollen dorthin. Händler und Siedler, die das Werk von ▶ Jacques Cartier – es ist nun schon fast ein Jahrhundert her – fortsetzen wollen. Noch immer gibt es keine Route nach Asien. Noch immer ist rätselhaft, wie weit der neue Kontinent Amerika nach Westen reicht.

Eine Firma, die von König Heinrich IV. das Pelzmonopol erhält, soll neues Geld in die leeren Staatskassen bringen. 1603 sticht ihr Chef Aymar de Chastes, bis dahin Gouverneur von Dieppe, als Leiter einer Kanadaexpedition in See. Zu seinen Leuten gehört ein junger Geograph, der sich bei Hofe einen Namen gemacht hat. Samuel de Champlain ist 1599 bis 1601 mit einer spanischen Flotte zu den Antillen und nach Mexiko, nach Kuba, Puerto Rico und Panama gereist. Er hat darüber einen Reisebericht geschrieben, in dem er als einer der Ersten vorschlägt, durch den Isthmus von Panama einen Kanal zu bauen.

Champlain ist voller Tatendrang. Er nimmt Cartiers Spuren auf, fährt den Saguenay und den St.-Lorenz-Strom hoch, sieht die Reste verfallener Siedlungen. Nach dem Tod von Chastes leitet Pierre de Gua Sieur de Monts die Handelskompanie. Champlain unternimmt zwei weitere Kanadareisen. Durchstreift die Ostküste. Gründet 1604 eine erste Siedlung an der Mündung des St. Croix. Verlegt sie im Jahr darauf und tauft sie „Port Royal". Verbringt dort den Winter. Tastet sich vorsichtig in Flüsse, auf denen er nach Westen vordringen könnte – die ewige Suche nach einer Route, die den Handelsweg nach Asien eröffnet.

Aber das Land ist endlos weit. Die Wälder scheinen undurchdringlich. Flüsse und Seen bilden ein unentwirrbares Labyrinth. Nach seinen ersten drei Reisen – insgesamt werden es elf – steht für Champlain fest: Ohne die Hilfe der Ureinwohner wird Frankreich diesen gewaltigen Kontinent niemals erschließen können.

Champlain zieht Nutzen aus einer Konstellation, die fast alle europäischen Entdecker vorfinden, wenn sie in neue Weltgegenden vorstoßen: Unter den dortigen Völkern herrschen, nicht anders als in Europa, Hass und Krieg. Meist spielen die Weißen die Einheimischen so lange gegeneinander aus, bis sie am Ende alle unter ihre Herrschaft gezwungen haben. Champlain aber hat in Kanada keine strategischen, sondern wirtschaftliche Interessen. Er geht militärische Allianzen ein, um das Land den Pelzhändlern und neuen Siedlern zu öffnen.

Er braucht einen neuen Stützpunkt für seine Pläne. 1608 lässt er am St.-Lorenz-Strom ein Lagerhaus und drei zweistöckige Gebäude errichten, umgeben von Gräben und Palisaden – bald wird an dieser Stelle die Stadt Quebec heranwachsen. Mit zwei Begleitern und 60 Indianern geht er oberhalb der Lachine-Fälle auf Erkundungstour durch feindliches Land. Seit

Lebensdaten

1567 Geburt in Brouage bei Rochefort (Frankreich).
1603 Erste von elf Kanadareisen.
1604 Gründung der Siedlung Acadia an der Mündung des Flusses St. Croix.
1605–07 Erforschung der Ostküste Kanadas.
1608 Gründung einer Siedlung am St.-Lorenz-Strom (später Quebec).
1609 Allianz mit Huronen, Algonkin und Montagnais gegen die Irokesen.
1611 Gründung einer Pelzhandelsstation (später Montreal).
1613 Erforschung des Ottawa River.
1615–16 Kanu-Expedition bis zum Huronsee. Überwinterung bei den Huronen. Entsendung der ersten Missionare.
1629 Gefangennahme durch die Engländer. Entlassung nach Frankreich.
1633 Gouverneur von Neufrankreich.
1635 Tod in Quebec.

Französische Soldaten unterstützen Indianer gegen andere Indianer – Kupferstich in einer Publikation von Champlain über seine Expeditionen. Um ins Innere Kanadas vordringen und das Handelsnetz ausbauen zu können, lässt er sich auf eine Allianz mit Huronen, Algonkin und Montagnais gegen die Irokesen ein.

Urzeiten führen Huronen, Algonkin und Montagnais Kriege gegen die Irokesen. Immer wieder fragen seine Begleiter, die den drei ersten Völkern angehören, nach seinen nächtlichen Träumen. An einem Morgen erzählt Champlain, er habe einen Irokesen in einem See ertrinken sehen; er habe ihn retten wollen, sei jedoch von einem Gefährten daran gehindert worden – mit der Bemerkung, die Irokesen seien böse und sollten am besten alle ertrinken. Diese Geschichte stärkt die Zuversicht seiner Truppe. Bei Ticonderoga tobt die erste Schlacht zwischen den Erzfeinden, in der Musketenschüsse fallen. Champlain sieht mit Entsetzen, wie die Indianer Gefangene foltern. Er sieht, wie sie das Herz eines gefallenen Gegners in Stücke schneiden und es noch lebenden Stammesgenossen gewaltsam in den Mund stopfen. Aber der Franzose hat versprochen, seine indianischen Freunde mit Waffen und Leuten gegen die Irokesen zu unterstützen. Nun ist er im Bund mit ihnen und kann nicht mehr zurück.

Champlain braucht neue Mittel, um seine geplanten Expeditionen zu finanzieren. Da kommt ihm 1610 die Heirat mit Hélène Boullé gelegen, auch wenn sie gerade erst zwölf Jahre alt ist. Denn die Hochzeit bringt eine stattliche Mitgift von 6000 Livres. Davon werden 4500 Livres sogleich in ein neues Unternehmen gesteckt.

Es ist seine sechste Kanadareise. Champlain gründet 1611 eine Pelzhandelsstation, dort wird gut 30 Jahre später die Stadt Montreal entstehen. Er bekommt alle königlichen Vollmachten, die er braucht. Er hat das Recht, den freien Handel zu unterbinden und Abmachungen mit Eingeborenen zu treffen – und dafür die Pflicht, neue Entdeckungen zu machen. Eines Nachts wird er von Huronen zu einer Versammlung mit dem Stammesrat gerufen. Die Nacht, sagen die Indianer, ist dafür besser als der Tag, weil die Gedanken nicht durch andere Dinge abgelenkt werden. Sie sagen, dass sie ihm vertrauen, nicht aber den anderen Weißen, die sich in der Gegend herumtreiben. Sie schenken ihm 50 Biberfelle und vier Wampum, kostbare Gürtel aus Muscheln und Schnecken, und bitten erneut um Beistand gegen die Irokesen. Dann bieten sie ihm einen schnelleren Rückweg an – im Kanu durch die Lachine-Fälle. Champlain kann nicht einmal schwimmen, doch hier zu kneifen wäre ein Gesichtsverlust, den er sich nicht leisten kann. Kreidebleich rast er als erster Weißer durch die reißenden Schnellen.

Ein Jahr später erzählt ihm ein junger Franzose namens Nicolas de Vignau in Paris, er habe bei den Algonkin gelebt und sei mit ihnen bis zur Quelle des Ottawa River gelangt. Dieser entspringe einem See, der mit dem Nordmeer zusammenhänge, nur 17 Tagesreisen von den Lachine-Fällen entfernt, und dort habe er das Wrack eines englischen Schiffs gesehen. Ist das etwa die ersehnte Passage? 1613 fährt Champlain mit

Vignau den Ottawa hinauf. Sie stoßen vor bis zum Allumette Lake, einer Ausweitung des Ottawa. Von einem Meer ist weit und breit nichts zu sehen, außerdem lässt Tessouat, der Häuptling von diesem Gebiet, die Franzosen nicht weiter. Vignau wird als Lügner entlarvt.

In Frankreich erscheint Champlains große Publikation: ein Reisebericht mit Illustrationen und ein detailliertes Kartenwerk, das einen Großteil der Ostküste, Neufundland, das Gebiet um den St.-Lorenz-Strom und den Süden Labradors umfasst. Es weist vielen französischen Entdeckern den Weg, die auf Champlain folgen: Louis Jolliet, Jacques Marquette, Jacques Buteux, Charles Albanel, Jean Nicollet und ▶ Sieur de La Salle, der von Kanada aus bis zum Mississippi vorstoßen wird.

Champlains Karriere als Entdecker ist damit zu Ende. Nun quält ihn der Gedanke, dass die Indianer noch immer Heiden sind. «Sie leben ohne Glauben und ohne Gesetz», sagt er, «ohne Gott und ohne Religion, wie Bestien.» Er findet die ersten vier Missionare unter den Rekollekten, einer asketischen Ordensströmung, die in Frankreich vor allem bei den Franziskanern viele Anhänger hat. Am 24. Juni 1615 wird am St.-Lorenz-Strom die erste Messe gefeiert. Staunend verfolgen die Einheimischen das Ritual. Dann dringen die Franzosen, begleitet von Missionaren und Indianern, mehr als 1000 Kilometer ins Landesinnere vor: nach Norden bis zum Lake Nipissing, von dort nach Westen zum Huronsee, an dessen Ende rund 30000 Huronen als Mais-, Bohnen- und Kürbisbauern leben. Es ist Champlains letzte große Expedition.

Harte Hand gegen Gesetzesbrecher: Champlain lässt einen Siedler hängen, der in ein Mordkomplott gegen ihn verwickelt war und Lagerbestände plündern wollte.

Die Konflikte mit englischen Siedlern, die sich ebenfalls an der Ostküste niederlassen, nehmen von nun an zu. 1629 wird Quebec von ihnen erobert. Champlain gerät in Gefangenschaft, doch nach einem Friedensabkommen darf er noch im selben Jahr nach Frankreich zurück. 1633 tritt er, zum Gouverneur von Neufrankreich ernannt, seine letzte Reise nach Kanada an. Nach einem Schlaganfall stirbt er zwei Jahre später zu Weihnachten in Quebec. Er schrieb viel über das Land, fast nichts über sich selber. Als „Vater von Neufrankreich" geht er in die Geschichte ein. Durch ihn haben die Franzosen in Kanada Wurzeln geschlagen. Sie werden dort für immer bleiben – selbst unter britischer Herrschaft.

Feuerwaffen sind stärker als Pfeil und Bogen: Die Irokesen machen, wie alle Indianer jener Zeit, diese Erfahrung. 1609 werden sie von den Algonkin und den mit ihnen verbündeten Franzosen besiegt. Champlain nutzt die Rivalitäten der Ureinwohner für seine Zwecke aus – wie alle weißen Eroberer jener Zeit.

Frederick A. Cook

1865–1940

Lebensdaten
1865 Geburt in Callicoon, New York.
1891–92 Grönlandexpedition unter Robert E. Peary.
1897–99 Expedition in die Antarktis unter Adrien de Gerlache.
1906 Nach eigenen Aussagen Erstbesteigung des Mount McKinley in Alaska.
1907–09 Expedition zum Nordpol. Von Anoatok in Nordwestgrönland über Ellesmere Island und Axel Heiberg Island. Am 21. April 1908 angeblich als Erster am Pol – ein Jahr vor Peary.
1940 Tod in New Rochelle, New York.

Als Schiffsarzt fährt er mit Robert E. Peary nach Grönland. Ein paar Jahre später sieht er ihn nur noch als Rivalen. Er behauptet, schon ein Jahr vor ihm den Nordpol erreicht zu haben. Doch kann er sich nicht lange darüber freuen.

Die Menschen treiben monatelang auf Eisschollen übers Meer, frieren, hungern, werden zu Kannibalen. Manche werden von Inuit gerettet, viele sterben in der Eiswüste. Aber sie versuchen immer wieder, so weit wie möglich nach Norden zu fahren. Walfänger durchqueren das Eismeer schon im 17. Jahrhundert, doch ihnen geht es nicht um den Pol. Die Arktisfahrer, die dann folgen, suchen zunächst nur eine schiffbare Nordroute nach Asien. England schickt ▶ Henry Hudson, Edward Parry und ▶ John Franklin los. Die Seefahrer versuchen es vom Baffinmeer aus, durch den Lancaster Sound und von Spitzbergen aus. Mitte des 19. Jahrhunderts haben sie die Hoffnung aufgegeben, im Polarmeer eine Handelsroute zu finden. Nun wird der Nordpol zum Ziel.

Der Amerikaner Elisha Kane schiebt 1853 die Suche nach dem verschollenen Franklin vor, um zum Pol zu gelangen – und scheitert. Charles Francis Hall, Adolphus Greely – sie starben für ein paar Kilometer weiter nach Norden. Dann verlagert sich der Schwerpunkt der Polarreisen nach Grönland. ▶ Fridtjof Nansen überquert als Erster das Binneneis, ▶ Robert E. Peary folgt seinen Spuren – Vorstufen des großen Vorstoßes zum Pol.

Der amerikanische Arzt Frederick A. Cook liest 1891 in der Zeitung, dass Peary für seine Nordgrönlandfahrt noch einen Schiffsarzt sucht. Cook bewirbt sich und wird angenommen. Er behandelt den Expeditionsleiter, als dieser sich auf der Überfahrt ein Bein bricht. Die beiden Männer, verstehen sich gut. In Grönland studiert der Arzt die Bräuche der Inuit. Vor allem interessieren ihn deren Überlebenstechniken. Er wird sie in seinem weiteren Leben noch brauchen. Denn von nun an ist er von der Polarwelt besessen.

Im Jahr 1897 fährt er mit der belgischen Expedition von Adrien de Gerlache in die Antarktis. An Bord der „Belgica" trifft er ▶ Roald Amundsen, mit dem er sich anfreundet. Gemeinsam mit dem Norweger, de Gerlache und zwei anderen Männern unternimmt Cook die erste Schlittenfahrt in der Geschichte der Antarktis. Später friert die Expedition im Packeis ein und muss im Südpolarmeer überwintern. Die Mannschaft leidet an Skorbut: geschwollene Glieder, blutendes Zahnfleisch, geistige Verwirrung, dann der Tod – das ist der Krankheitsverlauf, wenn nichts dagegen unternommen wird. Nur mit Mühe kann Cook die Männer überzeugen, frisches Robben- und Pinguinfleisch zu essen und so die überlebensnotwendigen Vitamine zu sich zu nehmen. Als ein zweiter Winter im Packeis droht, hat Cook gemeinsam mit Amundsen die Idee, einen Kanal zu einer offenen Wasserrinne im Meer freizuhacken und retten die Expedition. Für seine Verdienste wird Cook vom belgischen König Leopold II. geadelt.

Als Nächstes wendet sich der Arzt einem anderen Extrem zu. Der Mount McKinley in Alaska, mit 6193 Metern der höchste Berg Nordamerikas, ist noch nicht bezwungen. Cooks erster Versuch, ihn zu erklimmen, scheitert. Den zweiten Aufstieg bereitet er mit zehn Begleitern vor. Am 16. September 1906 erreicht er mit Edward Brill den Gipfel. Seine Erstbesteigung wird später jedoch angezweifelt.

Als Cook nach Hause kommt, hört er, dass Peary mittlerweile bis 87 Grad nördliche Breite vorgedrungen ist. Das bringt ihn auf die Idee, selber den Nordpol zu erobern. Er erhält die finanzielle Unterstützung von John R. Bradley, einem reichen amerikanischen Großwildjäger. Cook kauft in Gloucester einen Fischschoner und lässt ihn gegen Eis verstärken. 1907 bricht er gemeinsam mit Bradley nach Grönland auf.

Sie fahren bis Anoatok, wo sich gerade Inuit zur Winterjagd versammeln. Cook baut sich eine Hütte aus Packkisten und wirbt Eingeborene für die Expedition an. Er erzählt ihnen, dass er den «großen Nagel» ganz im Norden erreichen will. Zum Schluss hilft das ganze Dorf bei den Vorbereitungen. Sie erlegen Wale, Walrosse, Karibus und Seehunde als Vorräte, bauen Schlitten aus Hickory-Holz mit Kufen aus Eisen. Sie fertigen Brustgeschirre aus Segeltuch an, da Eskimohunde gern ihre Lederriemen fressen, wenn das Futter knapp wird. Und sie bauen ein Faltboot für den Fall, dass auf dem Rückweg das Packeis aufbricht.

Am 19. Februar 1908 marschieren sie los: Cook, sein einziger weißer Begleiter Rudolph Francke und neun Inuit. 103 Hunde ziehen elf Schlitten, die mit 1800 Kilogramm Ausrüstung und Vorräten beladen sind. Cook plant, Ellesmere Island zu überqueren, dann an den nördlichsten Punkt des Axel Heiberg Island zu gelangen und von dort direkt zum Pol vorzudringen. 1600 Kilometer liegen vor ihnen – je hin und zurück.

Auf Ellesmere Island, einer der größten Inseln der Welt, legen sie Depots für den Rückweg an. Das unwirtliche Eiland hat zu dieser Zeit noch keinen Namen. Kanada erhebt erst ein Jahr später Anspruch auf das Gebiet. Am 22. Februar zeigt das Thermometer minus 50 Grad. Cooks Leute müssen das Hundefutter – Walrosshaut – mit Äxten zerhacken. Stürme kommen auf, die Temperatur sinkt auf minus 73 Grad. Die Truppe quert den Eureka Sound, dann den Nansen Sound. Sie hat die Grenze menschlichen Lebens längst hinter sich gelassen. «Begeisterung erfüllt mich bei dem Gedanken, dass ich hier ganz allein am Ende der Welt stand», schreibt Cook später darüber in seinem Buch „Meine Eroberung des Nordpols". «Die kahlen Felsen, die Einöde der Schneefelder, die Berge, die aus alten Eisschichten hervorragten ...» Sie erreichen Svartevoeg, im Norden von Axel Heiberg Island. Vor ihnen liegt «die kompakte Masse des weglosen Eismeers». Von dort sind es noch knapp 200 Kilometer bis zum Pol.

Cook zieht mit zwei Inuit und 26 Hunden weiter, der Rest der Truppe kehrt nach Hause zurück. Nun beginnt der wirkliche Kampf. In einer Wüste aus Eistrümmern geht es über gefrorene Kämme, die wie

Frederick Cook unternimmt seine erste Arktisfahrt 1891 bis 1892 unter der Leitung seines Landsmanns Robert E. Peary. Das Foto entstand in dessen Camp in Godhavn, an der Westküste Grönlands. Das Expeditionsteam, gegen den Uhrzeigersinn: Peary, seine Frau Josephine, Matthew Henson – er begleitet Peary auf allen Expeditionen, auch auf seinem Vorstoß zum Nordpol –, Cook, der Norweger Eivind Astrup und John Verhoeff.

Nur zwei Inuit – Etukishook und Ahwelah – sowie 26 Hunde begleiten Cook auf den letzten 200 Kilometern zum Pol. Sein Motto ist, sich der Natur nicht entgegenzustellen, sondern sie zu überwinden, indem er ihr gehorcht. Dazu gehört auch, dass er seine Ausrüstung auf ein Minimum begrenzt. Sie hat ihn insgesamt 3000 Dollar gekostet. Robert E. Pearys Nordpolexpedition kostete eine Million Dollar.

Wände vor ihnen aufragen. In einer Nacht bricht das Eis unter ihrem Iglu auf. Die Inuit retten Cook im letzten Moment aus dem Wasser. Am 7. April erreichen sie 86 Grad. Seit Wochen ernähren sie sich von nichts anderem als getrocknetem Rindfleisch und Talg. Ihre Kräfte lassen nach, und doch sind es immer noch 160 Kilometer. Die Inuit weinen vor Erschöpfung. Nur mit Mühe kann Cook sie zum Weitergehen bewegen.

Am 21. April 1908 stehen sie, wie Cook später angibt, an dem magischen Punkt. «Alle Zeitberechnungen verloren ihren Sinn. Die Stundenkreise von Greenwich, New York, Peking und der ganzen Erde laufen hier zusammen. Bildlich gesprochen ist es also möglich, ... übergangslos von Mittag zu Mitternacht überzugehen... von einer Seite der Erdkugel zu anderen.» Die Inuit hingegen sind enttäuscht von dem trostlosen Ort. Sie haben sich den „großen Nagel" anders vorgestellt.

Der Rückmarsch ist fürchterlich. Sie werden von der Meeresdrift nach Westen in die Kronprinz-Gustav-See abgetrieben, in eine Welt, «die nicht für Wesen mit schlagenden Herzen geschaffen war». Auf ihrer Route liegen nun keine Vorratsdepots, sie verhungern fast. Sie fahren mit dem Faltboot die Küste von Devon Island entlang. Als sie das erste Mal wieder ein Tier erlegen, essen sie das Fleisch roh. Sie überwintern beim Kap Sparbo am Jones Sound, immer noch fast 500 Kilometer vom Ausgangspunkt entfernt. Im Frühjahr quälen sie sich weiter, essen Lederfetzen. Als sie Anoatok erreichen, sind sie so schwach, dass sie auf Händen und Füßen kriechen. Ihre Rückreise hat ein Jahr gedauert.

Cook kann sich nicht lange über seinen Triumph freuen. Fünf Tage nach ihm kehrt Peary vom Nordpol zurück und nimmt für sich in Anspruch, diesen als Erster erreicht zu haben. Er tritt eine schmutzige Kampagne gegen seinen Konkurrenten los. Cook wird als Lügner dargestellt, der gar nicht bis zum Pol gekommen ist. Cook hatte keine genauen Messinstrumente dabei und kann daher nicht beweisen, dass er tatsächlich am Ziel war. Amundsen, der nach seiner Meinung gefragt wird, antwortet: «Es ist müßig darüber zu spekulieren, an welchen Punkten die beiden Forscher angekommen sind. Es ist unwichtig, ob der genaue mathematische Punkt erreicht wurde oder nicht; wichtig ist aber, dass an jener Stelle die geographischen Verhältnisse erforscht wurden. Wahrscheinlich muss noch weiter geforscht werden und damit werden wir alle vollauf beschäftigt sein.» Das sehen zu jener Zeit aber die wenigsten so. Heute gilt Peary als Eroberer des Pols.

In den zwanziger Jahren wird Cook in einem Finanzskandal zu 14 Jahren Haft verurteilt. Nach fünf Jahren wird er auf Bewährung entlassen. Präsident Roosevelt begnadigt den Nordpolfahrer erst kurz vor dessen Tod.

James Cook

1728–1779

Dreimal umsegelt der Engländer die Welt. Von Tahiti bis Sibirien erforscht er den Pazifik. Im Süden kreuzt er dreimal den Polarkreis. Im Norden sucht er die Nordwestpassage. Auf Hawaii wird er von Ureinwohnern umgebracht.

Sein Vater ist Tagelöhner. Die Schule besucht James Cook nur vier Jahre. Mit 17 geht er bei einem Kurzwarenhändler in die Lehre. Dann zieht es ihn zur See. Zunächst als Matrose auf einem Kohlenschiff. Mit 27 Jahren tritt Cook in die Königliche Marine ein. In ihren Diensten fährt er über den Atlantik. Er erkundet den St.-Lorenz-Strom. Seine detaillierten Karten ermöglichen den erfolgreichen Angriff der Engländer auf das französische Quebec. Später fertigt er ausgezeichnete Karten der Küsten Neufundlands an. Er beobachtet dort eine Sonnenfinsternis und schickt seine Aufzeichnungen zur Royal Society nach London. Die ehrwürdige Institution und die englische Admiralität werden auf den jungen Mann aufmerksam. Sie übertragen ihm das Kommando für die Expedition, die sie gerade ausrüsten.

England hat großes Interesse daran, den Pazifik zu erkunden. Neue Handelsrouten nach Asien werden gesucht, König Georg III. will die Südsee nicht den Franzosen überlassen. Cooks Auftrag lautet, über Kap Hoorn nach Tahiti zu segeln. Dort soll der Astronom Charles Green den vorausberechneten Durchgang der Venus beobachten. Am 26. August 1768 sticht Cook von Plymouth aus mit der „Endeavour" in See. An Bord ist eine 94-köpfige Mannschaft, darunter auch der Astronom, ein Landschaftsmaler und der Botaniker Joseph Banks von der Royal Society. Es ist das Zeitalter der Aufklärung. Entdeckungsfahrten haben nicht mehr nur das Ziel, neues Land für die Krone in Besitz zu nehmen, sondern auch wissenschaftliche Beobachtungen zu machen. Cook gelangt über die Kap-Hoorn-Route in den Pazifik. Im April 1769 landet er in Tahiti. Die Beobachtung des Venus-Durchgangs gelingt.

Danach verlässt Cook die gängige Route der Handelsschiffe. Er nimmt Kurs nach Südwesten. Denn er hat noch einen weiteren Auftrag der Admiralität. Wissenschaftler und Kartografen vermuten, dass in den unendlichen Weiten des südlichen Pazifiks ein „Unbekannter Südkontinent" liegt, *terra australis incognita*. Cook soll ihn finden. Vielleicht gibt es dort Mineralien, Edelsteine, fruchtbares Land – etwas, das sich für England lohnt.

Am 7. Oktober 1769 stößt Cook auf die Ostküste Neuseelands. Er benötigt sechs Monate, um an ihr entlang zu segeln und kartiert insgesamt 3800 Kilometer. Der Entdecker stellt fest, dass es sich bei dem Eiland um eine Doppelinsel handelt. Die Meeresstraße zwischen Nord- und Südteil wird nach ihm benannt werden. Das Land nimmt er für die englische Krone in

Lebensdaten

1728 Geburt in Marton, Yorkshire.
1755 Eintritt in die britische Marine.
1759–60 Kartierung des St.-Lorenz-Stroms in Kanada.
1763–66 Kartierung der Küsten Neufundlands.
1768–71 Erste Pazifikexpedition: Tahiti, Neuseeland, Ostküste Australiens.
1772–75 Zweite Pazifikexpedition: Tahiti, Neuseeland, Osterinsel, Marquesas-Inseln, Neukaledonien, Neue Hebriden. Vorstoß bis zur Antarktis. Südgeorgien, Süd-Sandwich-Inseln.
1776–80 Dritte Pazifikexpedition: Neuseeland, Tahiti, Hawaii. Erkundung der Nordwestküste Amerikas bis Westalaska und Kamtschatka. Vergebliche Suche nach der Nordwestpassage.
1779 Ermordung durch Ureinwohner auf Hawaii.

Besitz. Am 19. April 1770 erreicht James Cook die Ostküste Australiens – Neuholland, wie es zu dieser Zeit heißt. So viele Pflanzen, die man nicht kennt! Der Kommandant nennt die Bucht, in der sie landen, „Botany Bay“. Ein Ort etwas weiter nördlich wird später einmal Sydney heißen. In ein paar Jahren werden die ersten Engländer dort ihre Siedlungen gründen.

Cook segelt die Ostküste weiter nach Norden. Die Männer sehen die ersten Kängurus. Sydney Parkinson, der berühmte Tier- und Pflanzenmaler, hat alle Hände voll zu tun. Beim Großen Barrierer-Riff läuft die „Endeavour“ auf Grund und schlägt leck. Um sie wieder flott zu kriegen, muss die Besatzung Ballast abwerfen – Vorräte und sechs Kanonen. An Land benötigen die Briten mehrere Wochen, um das Schiff zu reparieren.

Ende August 1770 erreicht Cook die Durchfahrt in den Indischen Ozean. Er findet die Meeresstraße wieder, die ▶ Luis Vaez de Torres 1606 entdeckt hat. Der Kapitän hisst feierlich die britische Flagge. Über Batavia (heute Jakarta) und das Kap der Guten Hoffnung segelt er zurück nach England. Am 11. Juni 1771 kommen die Schiffe im Heimathafen an. Die Reise war ein großer Erfolg. Und niemand ist an Skorbut, bis dahin Geißel jeder längeren Expedition, erkrankt. Cook hatte darauf geachtet, dass seine Mannschaft Vitamine zu sich nahm. Es gab Sauerkraut und Zitronensaft.

Aber der geheimnisvolle Kontinent im Süden ist noch nicht entdeckt. Die englische Admiralität rüstet eine zweite Expediton aus, diesmal mit zwei Schiffen. Wieder ist Cook der Kommandant. Am 13. Juli 1772 setzen die „Resolution“ und die „Adventure“ die Segel. An Bord sind diesmal unter anderem die beiden deutschen Naturforscher Johann Reinhold Forster und sein Sohn Georg Forster. Diesmal geht es über das Kap der Guten Hoffnung weit nach Süden. Am 10. Dezember stoßen die Schiffe auf den ersten Eisberg. Bei 67 Grad südlicher Breite werden sie vom Packeis aufgehalten. Sie segeln zunächst nach Tahiti.

Von dort aus unternehmen sie den nächsten Vorstoß. Sie kommen bis 71 Grad 10 Minuten. Wieder ist das Eis undurchdringlich. Die Engländer stellen fest, dass die weißen Berge aus Süßwasser bestehen. Cook vermutet, dass es am Südpol eine Landmasse gibt, von der das Eis stammt. Aber der gesuchte Südkontinent ist das nicht. Was er nicht weiß: Er befindet sich zu diesem Zeitpunkt tatsächlich nur 75 Meilen vom antarktischen Kontinent entfernt.

Cook ist der Erste, der die Ostwestdrift des Eises

Nicht immer sind die Ureinwohner der Südsee den Europäern freundlich gesinnt. Der Kupferstich zeigt ihren Angriff auf das Schiff von Samuel Wallis, der 1767 Tahiti entdeckte und nach anfänglichen Schwierigkeiten dort eine sehr angenehme Zeit verbrachte. Cook segelt von Tahiti weiter nach Tonga. Als erster Europäer durchquert er das Gebiet, das zwischen den beiden Inselgruppen liegt.

feststellt und das Südpolarlicht sieht. Es ist gefährlich für Schiffe dort „unten", meistens neblig. Die „Resolution" und die „Adventure" werden voneinander getrennt. Erst in Neuseeland treffen sie sich wieder. Auf dem Weg dorthin entdeckt Cook Neukaledonien und die Norfolkinsel.

Ein dritter Vorstoß in den Süden wird wieder vom Packeis gestoppt. Mittlerweile hat Cook, ohne es zu wissen, einmal die Antarktis umsegelt und dabei als Erster den Polarkreis (66 Grad 33 Minuten südliche Breite) gekreuzt – dreimal. Er hat bewiesen, dass es den mythischen Südkontinent nicht gibt – auf jeden Fall nicht so, wie ihn sich die Wissenschaftler vorgestellt haben. Falls es dort wirklich Land gebe, liege es unter Eis begraben. Auf dem Rückweg nach England über Kap Hoorn passiert er wieder Südgeorgien und die Sandwich-Inseln. Am 30. Juli 1775 legt er in England an. 150 Jahre lang wagt sich kein Seefahrer mehr so weit nach Süden vor wie Cook.

Aber Cook – inzwischen ein geehrtes Mitglied der Royal Geographical Society – kann sich nicht zur Ruhe setzen. Auf seiner dritten Expedition gilt es, einen weiteren Mythos zu klären. Gibt es eine Nordwestpassage? Die Hudson-Bay-Company wäre glücklich über eine nördliche Handelsroute vom Atlantik in den Pazifik. Am 12. Juli 1776 segelt Cook mit zwei Schiffen über das Kap der Guten Hoffnung zunächst wieder nach Tahiti, dann nach Norden. Im Januar 1778 entdeckt er Hawaii. Er fährt die amerikanische Nordwestküste entlang. Auf Vancouver Island kommen die Engländer in Kontakt mit den Nootka-Indianern. Cook stellt eine Liste mit ihren Wörtern auf. Er segelt die unbekannte Küste weiter nach Norden, kartiert sie genauestens. Bei Alaska segelt er tief in eine Bucht hinein. Der Salzgehalt des Wassers aber wird immer geringer – ein Fluss, keine Meeresstraße. Die Mündung heißt heute Cook Inlet.

Es gibt keine Passage durch Kanada zum Atlantik. Dafür aber viel, viel Nebel. Die Engländer sehen die Klippen nicht, wissen oft nicht, was Festland oder Insel ist. Im Juli 1778 erreichen sie die Aleuten, am 9. August die westlichste Spitze Alaskas. Weiter geht es durch das Beringmeer, ins Nordpolarmeer fast bis zum 71. Breitengrad, wo Packeis die Schiffe zur Umkehr zwingt.

Am 14. Februar 1779 versucht James Cook in der Kealakekua-Bay auf Hawaii einen Streit zwischen den Insulanern und seinen Leuten zu schlichten. Dabei wird er von den Eingeborenen ermordet. Sein Schiff „Resolution" ist durch einen Sturm stark beschädigt worden. Cook wollte es in dieser Bucht überholen lassen.

Keine Route – weder nach Westen noch nach Osten. Am 13. August erreichen sie das asiatische Festland. Das Volk der Tschukschen hält sie zunächst für Russen.

Cook beschließt, den Winter auf Hawaii zu verbringen. Im November 1778 kommt er dort an. Die Mannschaft wird von den Eingeborenen zunächst freundlich aufgenommen. Doch bei einem zweiten Besuch im Februar 1779 stehlen sie ein Beiboot der „Discovery". Als die Engländer es zurückzuholen wollen, kommt es zu kriegerischen Auseinandersetzungen. James Cook wird dabei von den Insulanern getötet.

In einem Jahrzehnt hat er im Pazifik mehr entdeckt als all seine Vorgänger zusammen. Überall werden Meeresstraßen, Buchten und Inseln nach dem großen Weltumsegler benannt.

□ **Artikel in NATIONAL GEOGRAPHIC: „The Columbus of the Pacific" (Januar 1927), „Captain Cook: The Man Who Mapped the Pacific" (September 1971).**

F. Vázquez de Coronado

1510–1554

Lebensdaten
1510 Geburt in Salamanca (Spanien).
1535 Ankunft in Neuspanien (Mexiko).
1538 Statthalter der Provinz Neugalizien.
1540 Aufbruch mit einer Expedition Richtung Norden. Vergebliche Suche nach dem Goldreich Cíbola.
1541 Vergebliche Suche nach dem Goldreich Quivira. Schwerer Sturz vom Pferd.
1542 Rückkehr nach Mexiko.
1544 Ablösung vom Posten des Statthalters.
1554 Tod in Mexiko-Stadt.

Erst Cíbola, dann Quivira: Zwei Legenden von Prachtstädten und Goldreichen schlagen den Spanier in den Bann. Monatelang sucht er sie in der öden Wildnis nordamerikanischer Steppen – und kehrt mit leeren Händen zurück.

Märchen sind zu schön, um sie einfach zu ignorieren. Manchmal werden sie ja auch wahr. Das 16. Jahrhundert ist voll von unglaublichen Geschichten. Ein ganzer Kontinent ist entdeckt worden. Alle paar Jahre tauchen neue Städte, Völker und Kulturen auf den Landkarten auf. Fantastische Geschichten schwirren durch die Welt. Was soll man glauben und was nicht? Es gibt nur einen Weg, Dichtung und Wahrheit zu trennen: selber aufbrechen, mit eigenen Augen sehen.

Mexiko ist so ein Land, in dem die Mythen sprießen. Wo liegt das sagenhafte „Aztlan“, der Ursprung der Azteken, deren Reich vor 20 Jahren in Schutt und Asche sank? Die Azteken selber können das Gebiet nicht genau lokalisieren. Die mündliche Überlieferung deutet auf ein weites, wüstenartiges Gebiet irgendwo im Norden. Von dort sind ihre Ahnen aufgebrochen, vor 300, 500 oder noch mehr Jahren. Das ist alles, was man weiß, der Rest ist Vermutung.

Nun erhalten die alten Legenden neue Nahrung. Der Spanier ▶ Cabeza de Vaca ist 1536 mit drei Leuten nach einer achtjährigen Odyssee aus Ländern zurückgekehrt, die vor ihm noch nie ein Weißer gesehen hatte. Er und sein dunkelhäutiger Begleiter Estebanico bringen Geschichten von reichen Städten mit, die ihnen auf ihrem langen Marsch nach Mexiko von Einheimischen erzählt worden sind. Ist dies vielleicht eine Spur nach „Aztlan“?

Drei Jahre später versetzt ein Franziskaner namens Marcos de Nizza die spanischen Eroberer in helle Aufregung. Er ist 1539 von einer Expedition zurückgekehrt, die Licht in das Dunkel bringen sollte. Er habe, so erzählt er, die goldene Stadt „Cíbola“ gesehen, die schönste der sagenhaften „Sieben Städte“. Diese hätten ihre Namen von sieben spanischen Bischöfen, die schon im 8. Jahrhundert zur Verbreitung des christlichen Glaubens über den Atlantik gekommen seien. Zwar habe er die Stadt nicht selber betreten, schränkt der Ordensmann ein, denn Estebanico, sein Begleiter, sei deswegen von den Einwohnern fast umgebracht worden. Aber aus sicherer Entfernung habe er eine Kulisse gesehen, die «größer als die Stadt Mexiko» sei. Es klingt ein wenig nach Timbuktu in Amerika.

Irgendetwas ist immer dran an solchen Geschichten, denkt wohl Spaniens Vizekönig Antonio de Mendoza. ▶ Hernán Cortés hat es hier in Mexiko schon erlebt, ▶ Francisco Pizarro bei den Inka in den Anden. Es wäre fahrlässig, nicht nach diesen Reichtümern zu forschen. Nicht auszudenken, wenn sie anderen in die Hände fielen...

Eine mächtige Expeditionstruppe wird im Februar 1540 ausgerüstet: 225 berittene Konquistadoren, 62 spanische Fußsoldaten, 800 verbündete indianische Krieger, 1000 schwarze und indianische Sklaven. Sie ziehen zunächst nach San Miguel Culiacán. Das Kommando hat ein 30-jähriger Mann, der schon eine steile Kolonialkarriere hinter sich hat. Er wurde 1510 in der Universitätsstadt Salamanca geboren, ging 1535 nach Neuspanien, wie das eroberte Mexiko nun heißt, heiratete dort Beatríz de Estrada und damit in eine reiche neuspanische Familie ein. 1539, als Statthalter der Provinz Neugalizien im mexikanischen Nordwesten, hat er bei der Vorbereitung der ersten Cíbola-Expedition mitgeholfen. Nun will er selber derjenige sein, der diese Stadt für die Krone erobert.

Das Gebiet, das die Spanier erforschen wollen, ist riesengroß. So teilt sich die Expedition in mehrere Gruppen, die sich später wieder zusammenfinden sollen. Unter dem Kommando von Hernando de Alarcón brechen drei Schiffe auf, um die Stadt Cíbola vielleicht über einen Fluss zu erreichen. Sie segeln den Colorado rund 80 Kilometer hinauf. Als sie am vereinbarten Treffpunkt den Trupp von Coronado nicht finden, kehren sie missmutig nach Mexiko zurück.

Es ist nicht die einzige Enttäuschung dieser Expedition. Coronado zieht, begleitet von Marcos de Nizza, mit einer Einheit von Kavalleristen durch die Sierra Madre voraus. Sie schleppen sich hungernd durch öde, dünn besiedelte Bergregionen und karge Hochebenen. Am 7. Juli 1540 stoßen sie in der Tat auf ein „Königreich Cévola", wie Coronado es nennt. Es besteht aus einem halben Dutzend Dörfern, die in einem Umkreis von gut 20 Kilometern verstreut liegen. Das erste Dorf, das seine Leute im Handstreich nehmen, heißt Hawikuh: 500 Häuser, davon 200 mit einer Mauer umgeben. Keine Spur von einer Prachtstadt, keine Spur von Gold. Die ausgezehrten Soldaten fühlen sich betrogen. Sie toben vor Wut.

Der fabulierende Mönch hat als Führer ausgedient. Coronado schickt ihn zusammen mit Leutnant Melchior Díaz zurück, der den Marsch des Hauptheers nach Norden organisieren soll. Díaz erfährt am Colorado, dass die Schiffe schon den Rückweg angetreten haben. Er wird durch einen Unfall mit einer Lanze so schwer verletzt, dass er stirbt.

Coronado gibt nicht so schnell auf. Das Hauptheer ist inzwischen zu ihm gestoßen. Wieder ist von einer Stadt im Reich „Cévola" die Rede. Mitte Juli schickt er von Hawikuh aus einen Trupp unter dem Befehl von Pedro de Tovar Richtung Nordwesten. Tovar erobert den Ort Awatovi, eine Siedlung der Hopi-Indianer. Gold? Hier? Die Einwohner schütteln mit den Köpfen.

García López de Cárdenas, ein weiterer Offizier, bricht mit einer kleinen Einheit nach Norden auf und wendet sich dann nach Westen. Er steht Mitte September mit seinen Leuten vor einer Schlucht, so furchterregend und tief, wie sie nie zuvor eine gesehen haben. Sie sind die ersten Europäer, die in den Grand Canyon blicken. Aber Gold? Hier? Keine Spur.

Vielleicht hat Hernando de Alvarado die heiße Spur gefunden? Er ist mit einer Einheit nach Osten zu den Acoma-Indianern aufgebrochen. In der Siedlung Cicuye trifft er auf zwei Männer, die dort gefangen gehalten werden. Der eine heißt Ysopete, den anderen nennen die Spanier seines Aussehens wegen den „Türken". Letzterer behauptet, weit im Norden und Osten gebe es prächtige Städte mit Gold und Juwelen. Ysopete sagt, man solle das bloß nicht glauben. Aber zur Sicherheit nimmt Alvarado beide mit in Coronados Hauptquartier, das inzwischen ein Stück weiter östlich, nach Tiguex am Rio Grande, verlegt worden ist.

Coronado mit seiner berittenen Truppe am Ufer des Rio Grande in Texas. Auf ihrer Suche nach dem Reich Quivira stoßen die Spanier 1541 von Mexiko nach Norden bis über den Arkansas River vor – und finden statt prächtiger Städte nur Hütten aus Stroh.

Das neue Zauberwort heißt nun „Quivira". So nennt sich angeblich das Land der Kostbarkeiten, von dem der „Türke" berichtet. Es gebe dort, so legt er nach, einen Fluss von mehr als zehn Kilometer Breite, Fische so groß wie Pferde und Segelboote mit mehr als 20 Rudern an jeder Seite. Nach einer Überwinterung beschließt Coronado, das Hauptheer in Tiguex zu belassen. Mit einer Schar von Auserwählten bricht er im April 1541 nach Norden auf. Die Spanier sehen als

Das Kreuz für die Kirche, der Boden für die Krone: Staunend verfolgt ein Indianer das übliche spanische Ritual der Landbesitznahme. Doch die von Coronado erkundeten Prärien bringen dem König keinen Ruhm und den Soldaten keinen Reichtum.

erste Weiße riesige Büffelherden, die durch die weiten Prärien ziehen. Sie treffen – wie Coronado an den König berichtet – auf Indianer, die das Büffelfleisch roh essen, Büffelblut trinken und Büffelhäute gerben, um daraus Kleider und Zelte zu machen. Es gibt keine Hügel, keine Bäume, nur endlose Steppe. Die Expedition setzt über den Arkansas River, stößt auf vereinzelte Dörfer. Sie gehören den Quivira-Indianern. Städte in Glanz und Gold? Die Hütten sind aus Stroh, und die Menschen haben nicht einmal Umhänge. Die Stunde der bitteren Wahrheit ist gekommen.

Es ist nicht klar, was den „Türken“ getrieben hat, den Spaniern seine Geschichte aufzutischen. Hoffte er mit Hilfe der Weißen nach Hause zu kommen? Oder war alles nichts anderes als ein sprachliches Missverständnis? Coronado lässt keine Entschuldigungen mehr gelten. Genug der Lügen, genug der Legenden. Er lässt den „Türken“ zur Strafe erwürgen.

Seine Expedition wird als einer der größten spanischen Fehlschläge in die Geschichte eingehen. Coronado überwintert noch einmal in Tiguex, wird im Dezember 1541 bei einem Sturz vom Pferd verletzt. Nun ist auch sein Wille gebrochen. Als Gescheiterter kehrt er 1542 nach Mexiko zurück. Mit seiner Karriere geht es bergab. Er hat nichts erobert, was eroberungswürdig wäre, und nichts gefunden, was den gewaltigen Aufwand gelohnt hätte. Stattdessen läuft ein Verfahren gegen ihn wegen seiner Lynchjustiz gegen den Türken. Er wird am Ende zwar freigesprochen, aber so ein Makel bleibt haften. 1544 verliert er seinen Posten als Gouverneur. Für den Rest seiner Jahre taucht er unter in der Kolonialbürokratie. Coronado hat riesige Gebiete neu entdeckt. Doch am Ende bleibt nur übles Gerede.

Mythen haben meist ein langes Leben. Quivira taucht noch 1569 auf einer Karte auf, Cíbola noch 1578 – sieben stolze Städte, mit Türmen bewehrt und mit Fahnen geschmückt. Märchen sind zu schön, um sie einfach zu ignorieren.

Hernán Cortés

1485–1547

Machtgier und militärischer Mut, sanfte Diplomatie und skrupellose Grausamkeit – mit dieser Mischung zerstört der Spanier in Mexiko das Reich der Azteken. Nur in den eigenen Reihen ist er nicht allen Gegnern gewachsen.

Das Geheimnis liegt oben in den Bergen. 15 Reiter und 300 Mann Fußvolk wollen es lüften. Mit elf Schiffen und 16 Geschützen sind die Spanier am 18. Februar 1519 von Kuba aufgebrochen – elektrisiert von Geschichten, die Francisco Fernández de Córdoba 1517 und Juan de Grijalva 1518 von ihren Raubzügen auf der Halbinsel Yucatán mitgebracht haben. Es sind Geschichten von Gold und Glanz und einem mächtigen Reich.

Der Führer der Truppe hat eigentlich nur den Auftrag, das Land zu erforschen. Hernán Cortés, Sohn eines Adligen aus der Extremadura, ist 1504 in die neuen Kolonien gekommen und 1511 Sekretär von Diego de Velázquez, dem Statthalter auf Kuba, geworden. Doch Kuba ist jetzt weit, der große Reichtum hingegen vielleicht sehr nah. So ziehen sie mit mehr als Forscherwillen vom neu gegründeten Küstenort Veracruz ins Hochland.

Einen wertvollen Schatz hat Cortés schon in der Hand: die Indianerin Malitzin, seit ihrer Taufe Marina genannt, die ihm von Einheimischen an der Küste zusammen mit 19 anderen Frauen geschenkt worden ist. Sie wird seine Geliebte und Dolmetscherin – die Schlüsselfigur der Ereignisse.

Cortés hört Berichte von dem hohen Tribut, der an einen mächtigen Potentaten namens Moctezuma zu entrichten sei. Er nutzt den Hass auf die herrschenden Azteken, die sich selber *mexica* nennen, und schmiedet eine Allianz mit Totonaken und Tlaxcalteken. Mit diesen Hilfstruppen aus Tausenden von Kämpfern rückt er auf die Hauptstadt Tenochtitlán vor.

Moctezuma ist seit 17 Jahren an der Macht. Die Kunde vom Nahen der weißen, bärtigen Männer, die von hölzernen Inseln auf dem Wasser mit hirschähnlichen Tieren und Feuer speienden Waffen gestiegen seien, stürzt ihn in tiefe Verwirrung. Alte Prophezeiungen sprechen davon, dass der Gottkönig Quetzalcóatl (Federschlange) mit weißhäutigem Gefolge aus dem Osten zurückkehren werde. Lähmt ihn der fatalistische Glaube, dass dies das Ende seiner Macht ist?

Der geistliche und weltliche Führer der Azteken, die das Hochland von Mexiko dominieren, versucht verzweifelt, das Schicksal irgendwie abzuwenden. Er überhäuft den nahenden Cortés mit Geschenken, die seine Gesandten überbringen. Er lädt ihn erst ein in seine Stadt, dann will er sie ihm wieder verbieten. Die Botschaften, die hin- und hergehen, spiegeln die inneren Kräfteverhältnisse wider: Hier wartet ein zaudernder Verteidiger, der ratlos vor rätselhaften Wesen steht und in all seinem Prunk plötzlich die Schwäche seines Priesterstaates zu spüren scheint. Dort zieht ein taktisch gewiefter Eroberer heran, mit einem eisernen Willen und einem klaren Ziel vor Augen.

Nach 20 Tagen in Tlaxcala steigt der Spanier von Cholula aus auf einen Pass, der zwischen den beiden mehr als 5000 Meter hohen Vulkanen Popocatépetl und Iztaccíhuatl liegt. Von dort, notiert der Soldat Bernal Díaz de Castillo, sehen die Europäer einen

Lebensdaten

1485 Geburt in Medellín (Spanien).
1511 Teilnahme an der Eroberung Kubas.
1519 Landung an der Küste Mexikos. Marsch zur Azteken-Hauptstadt Tenochtitlán. Gefangennahme des Herrschers Moctezuma.
1520 Aufstand der Azteken. Tod Moctezumas. Rückzug der Spanier unter schweren Verlusten.
1521 Eroberung und Zerstörung von Tenochtitlán nach 75 Tagen Belagerung.
1524–25 Expedition bis Honduras. Vergebliche Suche nach einem Seeweg vom Atlantik nach Westen.
1535–36 Expedition bis zur Halbinsel Kalifornien.
1540 Rückkehr nach Spanien.
1547 Tod in Castilleja de la Cuesta (Spanien).

Aztekische Würdenträger überreichen Cortés ein Halsband – Darstellung eines indianischen Künstlers. Bis zuletzt hoffte der Herrscher Moctezuma, die fremden Krieger von der Eroberung seiner Hauptstadt Tenochtitlán abhalten zu können.

riesigen See und Gebäude, die aus dem Wasser ragen. «Es war alles so wunderbar… dieser Anblick von Dingen, von denen wir nie zuvor gehört, ja nicht einmal geträumt hatten.»

In Schlachtordnung marschieren sie am 8. November 1519 über einen acht Kilometer langen und siebeneinhalb Meter breiten Damm nach Tenochtitlán hinein. Unter einem Baldachin aus grünen Federn kommt ihnen Moctezuma entgegen, Er schreitet in Sandalen mit goldenen Sohlen, flankiert von 200 Edelleuten. Die spanischen Besucher werden im Palast des toten Herrschers Axayácatl untergebracht. In einer Rede von seinem Thron aus sagt Moctezuma zu Cortés: «Ihr dürft im ganzen Lande nach Eurem Willen befehlen, man wird Euch gehorsam sein und Euch anerkennen.»

Cortés weiß nicht, ob das die Wahrheit oder eine Falle ist. Er sieht die größte Stadt der ihm bekannten Welt, mit rund 235 000 Einwohnern, die Tausende von Kanus mit Lebensmitteln versorgen. Er sieht blühende Märkte, hoch entwickelte Verwaltung, Bau- und Heilkunst. Zugleich aber wird er Zeuge, wie auf der Hauptpyramide im Tempelbezirk Menschen geopfert werden, deren Blut die Sonne speisen soll. Inmitten all dieser widersprüchlichen Eindrücke diktiert ein sicherer Instinkt sein Handeln. Als an der Küste eine Rebellion gegen die spanischen Neuankömmlinge ausbricht, nimmt er sie zum Vorwand, um Moctezuma unter Hausarrest zu stellen – eine Demütigung, die die endgültige Demontage des Regenten einleitet. Die Spanier stellen ihr erstes Kreuz auf, um eine christliche Messe zu feiern. Sie beginnen, die Götterfiguren der Azteken zu zerstören, deren religiöse Rituale und Menschenopfer zu verbieten.

Eine letzte Hoffnung keimt bei Moctezuma auf, als an der Küste 19 spanische Schiffe landen. Die Spanier, das weiß er mittlerweile, sind keine Götter. Velázquez, der seine Felle davonschwimmen sieht, hat die Flotte von Kuba geschickt, um Cortés an weiteren Eroberungen zu hindern. Cortés zieht den Ankömmlingen mit 250 Leuten entgegen und lässt den Rest seiner Truppe unter dem Kommando des Heißsporns Pedro de Alvarado zurück. Am 24. Mai 1520 schlägt er seine Gegner und nimmt deren Anführer Pánfilo Narváez gefangen. Doch als er nach Tenochtitlán zurückkehrt, ist die ganze Stadt in Aufruhr. Alvarado hat fast 1 000 Indianer, die nachts am Haupttempel tanzten, niedermetzeln lassen, angeblich weil das Spektakel das Vorspiel zu einem Aufstand gewesen sei. Nun bricht der Aufstand tatsächlich los. Eine Ratsversammlung der Azteken setzt Moctezuma ab und wählt Cuitlahuac als neuen Führer. Als der entmachtete Herrscher von der Balustrade eines Dachs noch einmal zu seinem Volk sprechen will, trifft ihn ein tödlicher Hagel aus Steinen und Pfeilen. In der „Traurigen Nacht" zum 1. Juli 1520 müssen die Spanier unter schweren Verlusten aus der Stadt abziehen. Trotzdem besiegt Cortés sechs Tage später bei Otumba die aztekische Übermacht und schlägt sich ins befreundete Tlaxala durch.

Cortés organisiert Verstärkung und lässt eine Flotte von Brigantinen bauen, um die Lagunenstadt von See

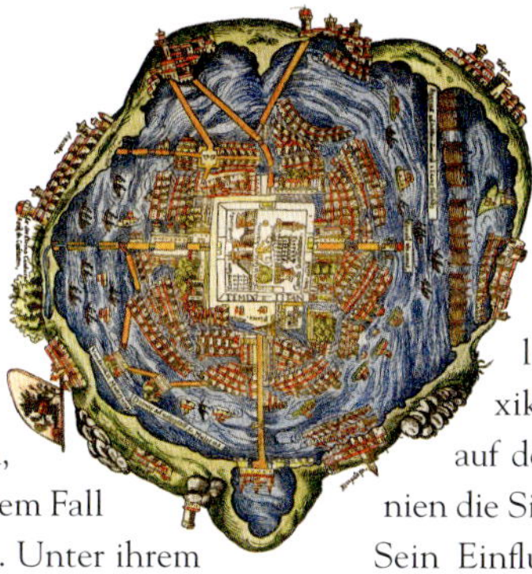

her angreifen zu können. Am 31. Mai 1521 beginnt er mit 75000 Mann indianischer Hilfstruppen die Belagerung von Tenochtitlán. Der Ring um die Stadt wird immer enger gezogen, die Versorgung ihrer Bewohner nach dem Fall der umliegenden Seestädte unmöglich. Unter ihrem neuen Führer Cuauhtémoc, dem Nachfolger des an einer Krankheit gestorbenen Cuitlahuac, kämpfen die Azteken mit Todesverachtung. Sie bauen nachts die Barrikaden wieder auf, die tags zuvor von den Spaniern niedergerissen wurden. Sie machen die Kanäle wieder frei, die von ihren Feinden zugeschüttet wurden. Nach 75 Tagen aber sind sie am Ende. Tenochtitlán geht in Flammen auf, Cortés lässt es dem Erdboden gleichmachen. Ein Gestank von verfaulendem Müll und verwesenden Leibern liegt über der einstigen Prachtstadt. Ein Elendsheer von Zehntausenden Indianern zieht in die umliegenden Berge.

Der 26-jährige Cuauhtémoc, beim Fluchtversuch mit einem Kanu gefangen genommen, wird von Cortés gefoltert, damit er die Lage der vermuteten Goldschätze verrät. Seine Füße werden im Feuer geröstet. Dennoch bringen die Spanier nicht mehr aus ihm heraus, als dass ein paar Säcke im See versenkt worden seien. Cuauhtémoc muss Cortés auf dessen folgenden Eroberungszügen begleiten. 1525 wird er von ihm wegen angeblicher Verschwörung gehenkt. Dies ist das Ende des letzten aztekischen Führers – und der Beginn der Versklavung des einstigen Herrschervolks.

Nach dem Untergang von Tenochtitlán wird Cortés 1522 zum Generalkapitän von Neu-Spanien ernannt. Er unterwirft die Halbinsel Yucatán, Alvarado die Maya-Gebiete von Guatemala. Auf der Suche nach einer Passage vom Atlantik weiter nach Westen zu den Molukken stößt Cortés bis Honduras vor. Dann zwingen ihn Nachrichten von Unruhen 1526 zur Rückkehr in die Stadt, die von den Spaniern neu aufgebaut wird und nun México heißt.

Im Jahr 1528 reist Cortés nach Spanien. König Karl I. verleiht ihm den Titel eines „Marqués von Oaxaca“ (einer goldreichen Region südöstlich von Mexiko, die er ebenfalls erobert hat), außerdem weit reichende Landrechte. 1532 schickt der Konquistador seinen Neffen Diego Hurtado de Mendoza auf eine Expedition in den Golf von Kalifornien. 1535 segelt er selber an Mexikos Pazifikküste entlang und gründet auf der lang gestreckten Halbinsel Kalifornien die Siedlung Santa Cruz.

Sein Einfluss beginnt dennoch zu schwinden. Neue Expeditionen werden ohne ihn geplant, in der Verwaltung des neu eingesetzten Vizekönigs Antonio de Mendoza wächst die Zahl seiner Gegner. 1540 kehrt Cortés erneut nach Spanien zurück, protestiert dort gegen die Bevormundung durch die Kolonialbeamten und die Aushöhlung seiner Macht. 1541 nimmt er noch einmal an einem Feldzug teil, diesmal gegen die Mauren in Algier. Doch auch dies bringt das verlorene Prestige nicht mehr zurück. Cortés wird ein einsamer Mann. 1547 stirbt er auf seinem Gut Castilleja de la Cuesta bei Sevilla. Durch die Eroberung Mexikos wird Spanien in der ersten Hälfte des 16. Jahrhunderts zum reichsten Land der Welt.

□ **Artikel in NATIONAL GEOGRAPHIC: „Along the Old Spanisch Road in Mexico“ (März 1923), „North America's Oldest Metropolis“ (Juli 1930).**

Seinen Reiseberichten fügte Cortés einen Plan der von ihm eroberten Azteken-Hauptstadt Tenochtitlán bei (oben). Sie lag in einem großen See und war durch Dämme mit der Außenwelt verbunden. Indianische Zeichnungen spiegeln die waffentechnische Überlegenheit der Spanier wider – und deren Grausamkeit (unten).

Bartolomeu Diaz

1450–1500

Lebensdaten
1450 Geburt (Ort unbekannt).
1481 Handelsexpedition mit Diogo de Azambuja an den Golf von Guinea.
1487–88 Expedition an der Westküste Afrikas nach Süden. Erste Umsegelung des Kaps der Guten Hoffnung. An der Ostküste Weiterfahrt bis zum Groot Visrivier.
1497 Mit Vasco da Gamas Expedition bis zu den Kapverdischen Inseln.
1500 Teilnahme an der Indienexpedition unter Pedro Álvares Cabral. Über die Südostküste Brasiliens ums Kap der Guten Hoffnung. Untergang von vier Schiffen im Sturm. Seither verschollen.

Noch weiß man in Europa nicht, ob die Ozeane zusammenhängen. Da wagt sich ein Portugiese an Afrikas Westküste weit nach Süden – und umsegelt als Erster das Kap der Guten Hoffnung. Er öffnet seinem Land das Tor in den Osten.

«Wenn du beten lernen willst, dann fahre zur See», sagt ein altes portugiesisches Sprichwort. Im 15. Jahrhundert, zu Beginn der großen portugiesischen Fahrten, gibt es noch keine astronomischen Tabellen, keine genauen Karten oder Instrumente. Man sticht in See, und meist gehen irgendwann die Vorräte aus. Skorbut und andere Krankheiten an Bord sind die Folge. Oft kehrt mehr als die Hälfte der Besatzung nicht in ihren Heimathafen zurück. Und dennoch – irgendetwas treibt dieses kleine Land immer wieder und immer weiter aufs unbekannte Meer hinaus. Vielleicht liegt es an seiner geographischen Lage. Es hat keinen Zugang zum Mittelmeer, ist dem Atlantik zugewandt. Von dort ziehen seine Flotten aus, um die Welt durch Handel zu erobern. Calicut an der westindischen Küste, Goa, Ceylon, Malakka. Später Sumatra, Java und die Gewürzinseln. Dann Macau und Japan. Portugiesische Kolonien werden sich im 16. Jahrhundert bis in den fernsten Osten erstrecken. Und Brasilien kommt auch noch dazu. Gold, Gewürze, Seide, Edelsteine transportieren die Karavellen zurück nach Europa.

Erkundungsfahrten in den Süden schaffen die Grundlage für diese Expansion. Heinrich der Seefahrer (1394 bis 1460) ist die treibende Kraft. Etliche Expeditionen erforschen auf seine Anweisung die Westküste Afrikas. Sie erreichen 1434 Kap Bojador, 1436 Rio de Oro, 1444 Senegal, zwei Jahre später Gambia und Guinea, 1460 Sierra Leone. Die Schiffe bringen das erste Gold und die ersten Sklaven mit nach Hause – es sollten in den kommenden Jahren Tausende werden. Zwischen 1444 und 1446 gibt es mehr als 30 portugiesische Seereisen nach Guinea. Die Portugiesen sind die ersten Weißen in diesem Teil von Afrika. Sie gründen die Handelsniederlassung São Jorge da Mina. Und in den Jahren danach wagen sie sich immer weiter nach Süden.

Im Jahr 1481 startet Diogo de Azambuja mit einer Handelsflotte zur Goldküste von Guinea. Eines seiner Schiffe steht unter dem Kommando von Bartolomeu Diaz. Ein Jahr später segelt Diogo Cão die Westküste Afrikas hinab und entdeckt die Kongo-Mündung. 1485 unternimmt er eine zweite Reise dorthin. Er knüpft Handelskontakte zum lokalen Häuptling und fährt dann weiter. Er gelangt bis Kap Cross, an der Küste des heutigen Namibias. Weiter ist vor ihm noch kein Europäer auf diesem Weg nach Süden gelangt. Danach verliert sich sein Leben allerdings im Dunkeln. Vielleicht fällt er nach seiner Rückkehr bei Hofe in Ungnade, weil er nicht ganz bis ans Südende Afrikas gelangt ist. Denn noch immer wissen Geographen und Seefahrer nicht, bis wohin der Schwarze Kontinent reicht. Ob er mit einer anderen Landmasse zusammenhängt. Ob er eine unüberwindliche Festlandschranke bildet. Oder ob er mit dem Indischen Ozean verbunden ist. Und wenn ja, ob man dann von seiner Südspitze vielleicht nach Indien gelangen könnte ...?

Mittlerweile ist in Portugal König Johann II. an der Macht. Er ist von einer ähnlichen Entdeckerlust getrieben wie Heinrich der Seefahrer. Als Krönung aller Entdeckerträume schwebt ihm der Seeweg nach Indien vor. Bartolomeu Diaz scheint ihm der richtige Mann für dieses Vorhaben zu sein.

Über dessen früheres Leben ist so gut wie nichts bekannt. 1478 wird er das erste Mal in einer portugiesischen Urkunde offiziell erwähnt: im Zusammenhang mit einer Handelsexpedition an die Westküste Afrikas. Manche Quellen vermuten, dass er mit Diniz Diaz verwandt sei, der die Kapverdischen Inseln entdeckt hat und mit João Diaz, der bis zum Kap Bojador vorgedrungen ist. Seit seiner ersten registrierten Reise muss er sich allerdings einen so guten Ruf als Seefahrer erworben haben, dass er von Johann II. nun den Auftrag erhält, die afrikanische Küste bis zu ihrem Ende hinunterzufahren.

Die zwei kleinen Karavellen „São Cristavao" und „São Pantalea" werden extra für den stürmischen Südatlantik gebaut. Auch ein Versorgungsschiff unter dem Kommando von Diaz' Bruder Pedro begleitet das Unternehmen – keine Selbstverständlichkeit in dieser Zeit.

Von der Expedition existiert kein Schiffstagebuch. Die Aufzeichnungen einiger Mitglieder sind zum Teil widersprüchlich. Dennoch lässt sich der Reiseverlauf durch einen Brauch portugiesischer Entdecker einigermaßen gut rekonstruieren: Sie gaben einem neu entdeckten Ort oft den Namen des Schutzheiligen jenes Tages, an dem sie dort ankamen.

Diaz bricht in der ersten Augusthälfte des Jahres 1487 vom Tejo aus auf. Nach vier Monaten erreicht er Kap Cross, den südlichsten Punkt seines Vorgängers Cão. Am 4. Dezember erreicht er an der Küste Südwestafrikas eine Bucht, die er nach der Heiligen des

Größe und Umriss Afrikas sind Mitte des 15. Jahrhunderts nur ungefähr bekannt. Die Kartographen sind sich nicht einmal sicher, ob es ein eigenständiger Kontinent ist oder mit Asien zusammenhängt. Am meisten interessiert Portugals Herrscher, ob es von Afrika einen Weg nach Indien gibt.

Tages „Santa Barbara" tauft. Er passiert eine Bucht, die er „Santa Maria da Conceiçao" nennt. In „Angra dos Ilhéos", der späteren Lüderitzbucht, errichtet er den ersten *padrão*, einen Steinpfeiler, mit dem die Portugiesen neues Land für ihre Krone in Besitz nehmen. Diaz lässt das Versorgungsschiff mit neun Mann dort ankern, die Karavellen segeln weiter nach Süden.

Am Dreikönigstag im Januar sichten die Portugiesen Berge, die sie „Serra dos Reis" nennen. Dann treiben nördliche Strömungen und Gegenwinde die beiden Schiffe aufs offene Meer hinaus. Sie geraten in einen furchtbaren Sturm, der sie weit nach Südwesten verschlägt. Als er sich gelegt hat, halten sie Kurs nach Osten, um wieder zur Küste zu gelangen. Zwei Wochen segeln sie, ohne Land zu Gesicht zu bekommen. Dann beschließt Diaz, Richtung Norden zu fahren. Anfang Februar trifft er auf eine Küste, die in westöstlicher Richtung verläuft. Jetzt weiß er, dass er Afrika umrundet hat. Er befindet sich südlich des Kaplands.

Die Portugiesen landen in einer Bucht, in der große Rinderherden grasen. Sie nennen sie „Angra dos Vaqueiros". Auf der Suche nach frischem Wasser, vermutlich in der späteren Mossel Bay, werden sie von Hottentotten mit Steinen beworfen. Das Land scheint dünn besiedelt, keine günstigen Bedingungen für Handelsbeziehungen. Auf False Island errichtet Diaz seinen letzten *padrão*. Seine Männer sind ausgezehrt, viele leiden an Skorbut. Sie weigern sich weiterzufahren, sind am Rande einer Meuterei. Mit Mühe kann Diaz ihnen zwei, drei weitere Tage abringen. Zu gerne möchte er herausfinden, ob es eine Verbindung von der ostafrikanischen Küste zur indischen Malabarküste gibt. Doch an einem Fluss, der einmal Groot Visrivier heißen wird, kehrt er endgültig um.

Diaz' Expedition soll auch Kontakt mit dem legendären christlichen Priesterkönig Johannes (rechts) aufnehmen. Man vermutet dessen Reich im Inneren Ostafrikas und will sich mit ihm gegen die Araber verbünden. Zur Suche setzt Diaz sechs afrikanische Eingeborene an der Westküste aus, die sein Vorgänger Cão von seiner Expedition mit nach Lissabon gebracht hat. Von ihnen hat man danach nichts mehr gehört.

Auf der Heimreise erkunden die Portugiesen den Teil der Küste, den sie auf der Hinfahrt nicht gesehen haben. Sie nehmen astronomische Bestimmungen vor und segeln am Kap Agulhas vorbei, Afrikas südlichster Spitze, die Diaz „Kap der Stürme" tauft. Der Landvorsprung wird erst später „Kap der Guten Hoffnung" genannt. In der Bucht „Angra dos Ilhéos" sammeln sie die Restbesatzung des Versorgungsschiffs auf – ganze drei Mann, die noch am Leben sind. Im Dezember 1488 kommen sie in Lissabon an. Der Kommandeur hat Portugal das Tor zum Indischen Ozean aufgestoßen.

Im Jahr von Diaz' Rückkehr trägt ▶ Christoph Kolumbus dem portugiesischen König seine Pläne vor, nach Indien vom Westen aus zu gelangen. Doch Johann II. ist nicht interessiert. Er geht davon aus, dass portugiesische Schiffe Indien schon bald auf einer anderen Route erreichen werden. Diaz überwacht 1497 den Bau der Karavellen für ▶ Vasco da Gamas Expedition, die seine Entdeckung vollenden soll. Er führt das Kommando des Unternehmens bis zu den Kapverdischen Inseln.

Drei Jahre später nimmt Diaz an der großen Indienfahrt des ▶ Pedro Álvares Cabral teil. Als die Flotte das Kap der Guten Hoffnung umrundet, tobt wieder ein fürchterlicher Sturm. Doch diesmal hat Diaz keinen Schutzengel mehr. Vier Schiffe gehen unter – eines davon ist seines. Sein Seemannsgrab liegt an der Stelle, die ihn zum berühmten Entdecker machte – zum ersten Umsegler Afrikas.

☐ **Artikel in National Geographic: Portugal's Sea Road to the East (November 1992).**

Francis Drake

1540–1596

Er segelt als erster Engländer um die Welt und erkennt dabei Feuerland als das Südende von Südamerika. Mit Überfällen auf Schiffe, Häfen und Goldtransporte wird er zum Schrecken der Spanier und ihres Kolonialreichs.

Es gibt Menschen, die sagen, sie hätten zwei Seelen in ihrer Brust. Der junge Engländer, geboren als Sohn eines Laienpredigers, hat offenbar ein halbes Dutzend Seelen. Er scheint zum Seefahrer und Entdecker geboren, aber auch zum Piraten und Plünderer. Er ist ein verwegener Draufgänger, aber auch ein listiger Stratege. Und schließlich ist er gar ein Mann der feinen Lebensart – zumindest wenn er an Bord mal eine stille Stunde hat.

Eine solche Mixtur braucht nur ein Schlüsselerlebnis, um zu explodieren. Für Francis Drake heißt es Veracruz. Schon seit dem zwölften Lebensjahr ist er, das älteste von zwölf Kindern, auf Handelsschiffen seines Verwandten John Hawkins an den Küsten Europas entlanggesegelt. Hier an der Küste Mexikos aber, im Herzen des spanischen Kolonialreichs, wird 1568 aus den Geschäften plötzlich blutiger Ernst.

Die Engländer haben gegen das Handelsverbot verstoßen, das für die spanisch beherrschten Meere in Amerika gilt. Bisher hat Hawkins dieses Problem immer erfolgreich vor Ort mit kleinen Geschenken an korrupte Kolonialbeamte geregelt. Im Hafen Veracruz aber eröffnen 13 spanische Schiffe, trotz einer Abmachung für friedlichen Abzug, das Feuer. Sie versenken vier der sechs englischen Schiffe. Drake und Hawkins entkommen – und haben eine Lektion gelernt: *no more deals*, keine Verhandlungen mehr. Mit den Spaniern, beschließt der 28-jährige Drake, muss man in einer anderen Sprache reden.

Er legt sich zusätzlich wendige Pinassen zu, kleine Boote mit Segeln, Rudern und wenig Tiefgang. Sie können bis an die Küste heranfahren und sich so der Verfolgung durch Schiffe entziehen. Er nimmt entlaufene Sklaven in seine Dienste, die den gleichen Hass auf die Spanier haben wie er. So beginnt er, deren Kolonialhäfen in Amerika zu plündern. Schon bald ist der Sohn armer Eltern, der nur wenig Schulbildung hat, durch seine Beutezüge ein reicher Mann.

Englands Königin Elisabeth I. sieht sein Treiben mit klammheimlicher Freude. Offiziell, das erklärt sie immer, hat sie nichts mit diesem Abenteurer zu tun. Privat aber zählt sie mit Vergnügen die Wunden, die er den Spaniern schlägt. Denn die Rivalität zwischen den zwei Mächten, die beide die Welt beherrschen wollen, wächst von Jahr zu Jahr.

Eine Flotte mit fünf Schiffen läuft 1577 aus Plymouth aus. Angeblich soll sie eine Handelsfahrt nach Alexandria unternehmen. Ihr Kommandant, Francis

Lebensdaten
1540 Geburt in Tavistock (England).
1568 Erster Zusammenstoß mit Spaniern in Veracruz (Mexiko).
1570 Erste Angriffe auf spanische Schiffe und Siedlungen in Amerika.
1573 Überfall auf eine spanische Gold- und Silberkarawane am Isthmus von Panama.
1577–80 Erste Weltumsegelung eines Engländers. Bestimmung von Kap Hoorn als Südspitze Südamerikas.
1585 Überfall auf Santo Domingo (Hispaniola).
1587 Überfall auf spanische Schiffe in Cádiz.
1588 Schlüsselrolle beim englischen Sieg über die spanische Armada.
1595 Gescheiterte Attacken in der Karibik und in Mittelamerika.
1596 Tod vor der Küste von Portobelo (Panama).

Anerkennung für den ersten englischen Weltumsegler: Nach der Rückkehr von seiner dreijährigen Reise wird Francis Drake (kniend) 1581 auf seinem Schiff „Golden Hind" geadelt. Königin Elisabeth I. erteilt ihm zwar nicht persönlich den Ritterschlag, sondern betraut einen französischen Gesandten (vor ihr stehend) damit. Dennoch ist der offizielle Akt eine Provokation der Spanier. Drake hat viele ihrer Schiffe und Kolonialstädte überfallen – und reiche Beute gemacht.

Drake, hat aber ein ganz anderes Ziel – vermutlich mit voller Billigung des Hofs. Er fährt an Südamerikas Küste entlang bis hinunter nach Feuerland. Zwei Schiffe beenden die Fahrt an der Mündung des Río de la Plata. Durch Stürme wird Drake an Kap Hoorn vorbei bis zum 57. südlichen Breitengrad getrieben. Kein Land ist mehr zu sehen, nichts als offenes Meer. Er kämpft sich zum Festland zurück. Als er den Weg in die Magellanstraße endlich gefunden hat, weiß er, dass es hier den „Unbekannten Südkontinent", der in den Köpfen vieler Geographen geistert, nicht gibt. Die Passage zum Pazifik, die ▶ FERNANDO MAGELLAN entdeckt hat, trennt nicht verschiedene Erdteile. Feuerland ist nicht, wie immer vermutet, die Nordspitze des großen Südkontinents, sondern das südliche Ende Südamerikas.

Nach 16 Tagen ist Drake im Pazifik. Er fährt die gesamte Westküste von Südamerika hoch – und wird wieder zum Piraten. Er schlägt zu in Valparaíso, Tarapacá und Callao, wo die Spanier auf Angriffe von der Seeseite her überhaupt nicht vorbereitet sind. Die Magellanstraße hat diese Region verwundbar gemacht.

Vor Equador kapert Drake die „Nuestra Sennora de la Concepción" auf offener See. Er entkommt mit 26 Tonnen Silber, 40 Kilo Gold sowie Kisten voller Zinn und Juwelen. Vor Costa Rica erbeutet er bei einem Überfall geheime spanische Seekarten. Offensichtlich ermuntern sie ihn, nicht auf dem gleichen Weg zurück, sondern ins Unbekannte zu fahren.

Zunächst will er, wie viele vor und nach ihm, den Kontinent Amerika im Norden queren. Auf Höhe der späteren Grenzen zwischen den USA und Kanada aber dreht er um. 37 Tage lang rastet er in einer kalifornischen Bucht, um das Schiff zu reparieren. Er rammt – zum Zeichen seiner Landnahme – einen Pfahl mit einer Metallplatte in den Boden, auf die er eine englische Münze genagelt hat, und tauft das Land „Nova Albion". Die Aufzeichnungen, die der Schiffskaplan Francis Fletcher hier für seinen Bericht tätigt, sind die ersten Beschreibungen der Küste Kaliforniens.

Nun bricht Drake zum großen Törn nach Westen über den Pazifik auf. Er will der erste Engländer sein, der die ganze Welt umsegelt. Das Leben auf See genießt Drake in vollen Zügen, schließlich ist sein Hauptschiff „Golden Hind" inzwischen eine schwimmende Schatzkammer. Er lässt sich Delikatessen auf silbernem Geschirr mit goldenen Bordüren servieren, einer seiner Leute spielt dazu auf der Geige. Noch einmal gehen zwei Schiffe verloren, sie kentern im Sturm. Doch allein das Beutegut auf der „Golden Hind" bringt den Investoren dieser Expedition einen Profit von 5000 Prozent.

Drake landet auf Ternate in den Molukken. Dort nimmt er Zuckerrohr, Reis und sechs Tonnen Nelken an Bord. Die „Golden Hind" ist nun so schwer beladen, dass Drake die Hälfte der Gewürze und dazu noch acht

Kanonen über Bord werfen lässt, um vor Celebes das Schiff nach der Strandung auf ein Riff wieder flott zu bekommen. Er segelt um das Kap der Guten Hoffnung Richtung Heimat. Im September 1580 läuft er in Plymouth ein. Die Piratenschätze wandern in den Londoner Tower. Die Königin lässt Drake für seine Taten auch noch adeln. Und er wird Bürgermeister von Plymouth.

Der Schreibtisch aber behagt ihm nicht. 1585 ist er wieder auf See. Diesmal ganz offiziell im Auftrag der Queen, als Kommandeur einer Flotte von 29 Schiffen und 2300 Mann. Er plündert Vigo in Spanien, segelt dann wieder in die Karibik. Dort überfällt er Santo Domingo auf Hispaniola, das Verwaltungszentrum für die spanischen Kolonien, und die Siedlung St. Augustine auf Florida. 1587 dringt er gar nach Cádiz auf der Iberischen Halbinsel vor, lässt Schiffe und Werften in Flammen aufgehen. Die Spanier sind bis aufs Blut gereizt.

König Philipp II. schickt 1588 seine berühmte Armada an Englands Küsten: eine Kriegsflotte mit 130 Schiffen, 2630 Kanonen und 30000 Mann. Nun wird der Entdecker, Abenteurer und Pirat Francis Drake auch noch zum Kriegshelden. Unter seinem und Lord Howards Kommando verhindern die Engländer eine Invasion ihrer Insel, fügen den Spaniern schwere Verluste zu und zwingen die Armada zu einem Umweg über Schottland, wo sie in schwere Stürme gerät. Von der bis dahin für unbesiegbar gehaltenen Flotte kehrt nur weniger als die Hälfte der Schiffe nach Spanien zurück. Für das protestantische England beginnt mit diesem Sieg der Aufstieg zur Weltmacht, für das katholische Spanien ist er der Anfang vom Niedergang.

Drake könnte nun, von Glorie umgeben, in Ruhe seinen Lebensabend auf dem Landsitz Buckland Abbey genießen. Stattdessen zieht es ihn 1595 noch einmal hinaus auf die See. Mit seinem alten Kumpel John Hawkins und 30 Schiffen unter seinem Befehl überfällt er erneut den Hafen Nombre de Dios in Panama. Das aber ist sein letzter Coup. Beim Versuch, mit 750 Mann die Stadt Panama zu erobern, wird er geschlagen.

Bald darauf bekommt er schweres Fieber. In der Nacht des 27. Januar 1596 kämpft er an Bord den letzten, aussichtslosen Kampf. Im Delirium bäumt er sich auf dem Krankenlager auf. Er besteht darauf, seine Rüstung anzuziehen, um als Krieger zu sterben. Noch bevor der Morgen graut, ist er tot. Seine Mannschaft legt die Leiche in einen bleiernen Sarg und versenkt ihn im Meer. Er soll dort ruhen, wo er zeitlebens nie zur Ruhe kam.

□ **Artikel in NATIONAL GEOGRAPHIC: „Sir Francis Drake's Anchorage" (Dezember 1894), „Sir Francis Drake" (Februar 1975).**

Drake bekämpft die Spanier an allen Fronten. In Mittelamerika lauert er zusammen mit entlaufenen Sklaven, denen die Spanier so verhasst sind wie ihm, Maultierkarawanen auf, die Gold und Silber aus Peru zur Verschiffung an die Atlantikküste bringen (unten). 1588 beschert er als Flottenkommandant der Armada eine demütigende Niederlage. Die Engländer setzen unbemannte, mit Munition beladene Schiffe in Brand und lassen sie geradewegs in die Phalanx der Spanier laufen (oben). Nach schweren Verlusten tritt die für unbesiegbar gehaltene Armada den Rückzug an.

Lebensdaten
1865 Geburt in Königsberg.
1882–87 Studium in Königsberg, Bonn, Leipzig, Berlin.
1891 Vorexpedition nach Westgrönland.
1892–93 Hauptexpedition zur Gletscherforschung in Westgrönland.
1898 Professur für Geographie und Geophysik in Berlin.
1901–03 Expedition zur ostantarktischen Küste. Entdeckung von Kaiser-Wilhelm-II.-Land und des Gaussbergs.
1906 Professur für Erdkunde und Geophysik in München.
1910 Expedition mit Ferdinand Graf von Zeppelin nach Spitzbergen.
1949 Tod in München.

Erich von Drygalski

1865–1949

Er leitet die erste deutsche Südpolarexpedition und friert im Packeis ein. Er steigt mit einem Fesselballon in die Luft, fährt mit Hundeschlitten durch die Ostantarktis, sammelt wertvolle Daten – doch dem Kaiser ist das nicht genug.

Er ist ein Mann der Wissenschaft. Erich Dagobert von Drygalski wird ihr sein ganzes Leben widmen. In Königsberg, Leipzig und Berlin studiert er zunächst Mathematik und Naturwissenschaften. Dann konzentriert er sich auf geographische Fragen. Seine Doktorarbeit schreibt er über die Wirkung der Eisbedeckung in nordischen Regionen.

Im Jahr 1891 bricht er im Auftrag der Berliner Gesellschaft für Erdkunde nach Westgrönland auf. Er sucht nach einem Überwinterungsplatz für die Hauptexpedition, die ein Jahr später folgen soll. Er findet einen geeigneten Ort zwischen dem Kleinen und dem Großen Karajak-Gletscher. 1892 und 1893 erkunden deutsche Wissenschaftler unter seiner Leitung das Eis der größten Insel der Welt. Hauptziel ist die Gletscherforschung. Drygalski untersucht die Bewegung der Eisströme, unternimmt ausgedehnte Reisen mit dem Hundeschlitten zu anderen Gletschern, um Vergleiche durchzuführen. So verdient er sich die ersten Sporen in der Polarforschung.

In Deutschland grassiert zu der Zeit das Polarfieber. Wissenschaftler streben auch auf die andere Erdhalbkugel. 1895 wird von Georg von Neumayer die Deutsche Kommission für Südpolarforschung gegründet. Vier Jahre später tagt in Berlin der 7. Internationale Geographen-Kongress. Einhellige Meinung der Teilnehmer: Die Geheimnisse des Südkontinents sollten endlich geklärt werden. England teilt den Kontinent zur wissenschaftlichen Erschließung in vier Quadranten auf. Deutschland erhält den Weddell- und den Enderby-Quadranten, die am Indischen Ozean liegen, England den Victoria- und Rossquadranten, die vom Pazifik aus zu erreichen sind. Im weiteren Verlauf der Planungen werden auch Schweden und Schottland mit einbezogen. Sie rüsten Expeditionen aus, die Grahamland – die Antarktische Halbinsel – und Coatsland im östlichen Weddellmeer erforschen sollen. Es ist eine noch nie da gewesene Wissenschaftsoffensive: Der riesige weiße Fleck auf der unteren Erdhalbkugel soll mehr oder weniger zeitgleich über 150 Längengrade erforscht werden.

Es gibt aber auch einen politischen Hintergrund: Deutschland will endlich Seemacht werden. Sozusagen in letzter Minute wurde noch ein Stück vom kolonialen Kuchen ergattert – in Afrika und im Südpazifik. Jetzt muss die Flotte ausgebaut werden, um die Wege auf dem Meer zu schützen. Die Engländer sind die Hauptkonkurrenten. Ihnen allein soll der Vorstoß in die Antarktis nicht überlassen werden.

Auch wenn die deutsche Marine die Antarktisexpedition befürwortet, wird das Unternehmen rein zivil ausgerüstet. Von den 31 Teilnehmern sind fünf Offiziere der Handelsmarine, fünf Wissenschaftler, der Rest gehört zur Schiffsbesatzung. Leiter der Expedition ist Erich von Drygalski, bei den Engländern führt ▶ Robert F. Scott das Kommando. Das deutsche Polarschiff, die „Gauss", wird nach dem Vorbild der „Fram" von ▶ Fridtjof Nansen gebaut: mit rundem Rumpf, der durch die Eismassen nicht zerquetscht, sondern hochgedrückt wird. Es ist mit einer kleinen Dunkelkammer, einem Labor und einer Winde ausgerüstet, die dreieinhalb Tonnen heben kann. 2 500 Kisten, 370 Tonnen Kohle, 20 Kajaks, ein Fesselballon und zwei Motorboote müssen an Bord gehievt werden.

Am 11. August 1901 sticht die „Gauss" von Kiel aus in See. Es geht «nicht allein um eine Entdeckungsfahrt, die unbekannte Gebiete ausschließlich durchquert, sondern darum, einen unerforschten Erdraum wissenschaftlich zu bearbeiten und zu begreifen», sagt Drygalski. Bereits auf hoher See lässt er 300 magnetische Messungen durchführen, die Meerestiefe bestimmen, Bodenproben entnehmen. Zur Jahreswende 1901/02 erreichen sie die Kerguelen im Indischen Ozean. Dort errichtet die Mannschaft ein Observatorium. Außerdem kommen 40 Schlittenhunde aus Kamtschatka an Bord. Von der Inselgruppe fährt Drygalski auf dem 90. östlichen Längengrad direkt nach Süden.

Am 14. Februar 1902 gerät die „Gauss" unter 63 Grad südliche Breite in Treibeis. Eine Woche später sichten die Männer die 40 Meter hohe Abbruchkante des antarktischen Inlandeises. Sie haben neues Land entdeckt, taufen es auf „Kaiser Wilhelm II.". Noch ist es ungefähr 90 Kilometer entfernt, und das Eis friert immer weiter zu. Es wird immer schwieriger, sich einen Weg durch die Schollen zu bahnen. «Wir hielten auf die Öffnung zwischen zwei Eiskanten zu… Abends liefen wir in das breite Tor ein. Ich gestehe, dass mich bei

Im Eis gestrandet: Nach einem Schneesturm in der Nacht vom 21. auf den 22. Februar 1902 liegt die „Gauss" im Packeis vor der ostantarktischen Küste fest. Sie ist 46 Meter lang und knapp elf Meter breit. Das Schiff verfügt über einen Seewasserverdampfer zur Trinkwasserbereitung und eine Heizung. Jeder Offizier und jeder Wissenschaftler hat eine Kabine für sich – keine Selbstverständlichkeit. Die „Gauss" gilt als das modernste Polarschiff ihrer Zeit.

Die Teilnehmer der ersten deutschen Südpolarexpedition: Geographen, Geologen, Ozeanographen, Biologen, Physiker – es gibt kaum eine wissenschaftliche Disziplin, die an Bord nicht vertreten ist. Der Kapitän der „Gauss", Hans Ruser, (zweite Reihe, Zweiter von rechts), untersteht de facto dem Kommando Drygalskis, was für eine Seeexpedition sehr ungewöhnlich ist.

dieser Einfahrt ein gewisses Grauen erfasste. Als es dunkelte, schien sich nun vor uns alles zu schließen», schreibt von Drygalski später darüber. Nachts setzt ein Sturm ein. Die „Gauss" steckt im Packeis fest – für ein ganzes Jahr.

Sie haben Glück im Unglück. Das Meereis ist so stabil, dass sie ihre Station mit den empfindlichen Geräten darauf aufbauen können. Sie machen sich sofort an die Arbeit. Antarktische Schneestürme nehmen ihnen dabei manchmal jede Sicht. Die Männer spannen um das Schiff Seile zur Orientierung. Denn bereits ein paar Meter von der „Gauss" entfernt ist es möglich, sich zu verirren – mit tödlichen Folgen. Die Forscher errichten eine Schmiede, eine Wetterhütte, einen Windmast und einen Niederschlagsmesser. Sie installieren am Schiff einen Gezeitenmesser, bohren ein Loch ins Eis für meeresbiologische Forschungen. Sie fangen Fische, Quallen, Seeigel, Seesterne und Krebse. Niemand hätte in dem eiskalten Wasser ein so reiches Leben vermutet. Die Wissenschaftler versuchen, einen Windmotor zu errichten, der das Schiff mit Elektrizität versorgt. Vergeblich, es müssen weiter Tranlampen leuchten. Pinguine und Robben liefern den Rohstoff.

Am 29. März starten drei Mann im Fesselballon, um meteorologische Messungen durchzuführen. Unter ihnen die unendliche Weite der Antarktis. Sie forschen und forschen und forschen – wann immer es das Wetter erlaubt. Sie messen die Bewegung der Eisberge, die Stärke der Eisfelder, die Risse im Eis – und schaufeln zwischendurch das Schiff vom Schnee frei. Sie überstehen die Dunkelheit des antarktischen Winters. Sobald es wieder hell ist, unternehmen die Forscher Exkursionen mit den Hundeschlitten, insgesamt sieben. Gleich auf der ersten entdecken sie einen erloschenen Vulkan, den sie „Gaussberg" nennen. Einmal müssen sie zu acht 40 Stunden in einem Zelt aushalten. Es ist minus 30 Grad, draußen tobt ein Eissturm.

Im Dezember 1902 stecken sie noch immer im Packeis fest. Sie streuen Asche und Schutt vom Schiff zu einer offenen Rinne im Meer. Das dunkle Material speichert die Wärme der Sonne, lässt das Eis darunter schmelzen. Die Mannschaft hilft mit Hacken, Sägen und Sprengen nach. Ein Sturm tut das Übrige – Anfang Februar kommen sie nach 50 Wochen frei.

Drygalski hält sich zunächst 500 Kilometer weit westlich, um dann einen weiteren Vorstoß nach Süden zu wagen. Zweimal kann sich die „Gauss" nur mit Mühe aus dem Eis befreien. Bei einem Sturm wird sie fast von einem Eisberg zermalmt. Drygalski gibt das Kommando zur Umkehr nach Norden. Sie sind bis 66 Grad südliche Breite gekommen. Noch denkt er an eine zweite Überwinterung. Doch in Kapstadt erhält er ein Telegramm, dass die Mittel für eine Verlängerung der Expedition nicht vorhanden seien. Die „Gauss" läuft am 25. November 1903 in den Kieler Hafen ein.

Kaiser Wilhelm II. ist vom Verlauf der Expedition zutiefst enttäuscht. Robert F. Scott hat für England 82 Grad 17 Minuten südliche Breite erreicht. Und Drygalski? Nichts als Daten, Steine, Tiere. Vergessen ist das Ziel der Expedition, das ausdrücklich ein wissenschaftliches war. «Nicht zu sportlichen Leistungen und nicht, um Sensationen zu erregen, sind wir in die Antarktis gezogen, sondern zum Nutzen der Wissenschaft», sagt Drygalski. Auf die Frage, wie er sich den Südpol vorstelle, antwortet er: «Der Pol hat keine besondere Form. Er ist ein astronomischer Punkt und sonst nichts.»

Die Auswertung der Expedition wird Jahrzehnte dauern. Ein 20-bändiges Werk und zwei Atlanten sind das Ergebnis – ein Meilenstein der Antarktisforschung. Doch in Deutschland ist das Polarfieber nach diesem „Misserfolg" erloschen. Die „Gauss" wird für 75000 Dollar an die kanadische Regierung verkauft. Drygalski geht als außerordentlicher Professor für Erdkunde und Geophysik an die Münchner Universität.

Jules Dumont d'Urville

1790–1842

Keiner hat so wenig Gelegenheiten, im Pazifik auf neues Land zu stoßen, und keiner hat so umfangreich wie er Altbekanntes neu gesichtet und dokumentiert. Nach drei Weltreisen stirbt er bei einem Eisenbahnunglück.

Lebensdaten
1790 Geburt in Condé-sur-Noireau (Frankreich).
1807 Beginn der Marinelaufbahn.
1819–20 Teilnahme an einer hydrographischen Expedition ins Mittelmeer. Rückkehr mit der Venus von Milo.
1822–25 Erste Weltumsegelung mit der „Coquille".
1826–29 Zweite Weltumsegelung. Entdeckung der Überreste der Expedition von La Pérouse.
1837–40 Forschungsreise in die Antarktis.
1842 Tod bei einem Eisenbahnunglück zwischen Versailles und Paris.

Eine Frau wie diese hat Paris noch nicht gesehen, und der Mann an ihrer Seite erregt, weil er so wenig zu ihr passt, kein geringeres Erstaunen. Jules-Sébastien-César Dumont d'Urville stammt zwar aus einem alten, ruhmreichen normannischen Geschlecht. Im Jahr 1820 ist eine solche Herkunft aber nicht mehr ganz so viel wert. Man muss sich beweisen, um auf dem gesellschaftlichen Parkett zu bestehen. Daran hat sich auch jetzt, in der Restaurationszeit nach den Jahren, in denen die Republik die Maßstäbe setzte, nicht viel geändert.

Dumont d'Urville freilich hält den Beweis, dass er über außergewöhnliche Fähigkeiten verfügt, an diesem Tag des Triumphs in seinen Händen. Der Frau, die er Paris schenkt, ist er in der Ägäis begegnet. Sie stammt von der Kykladeninsel Milos, einem Vulkanfelsen, auf dem Schwefel und Blei abgebaut werden. Ihre Züge sind fest, aber offen, die Haltung ist statuarisch, um ihren Mund spielt ein beinahe ironischer Zug. Im antiken Griechenland haben solche Frauen die Rolle der Hetären gegeben: Freundinnen einflussreicher Männer, gepflegt, gebildet, für alles außer für die Einförmigkeit des ehelichen Lebens zu haben.

Dumont d'Urville genießt seinen Auftritt. Das Publikum erschauert, als es die Nacktheit dieser Aphrodite bemerkt. Ihre marmorblasse Haut trifft den Geschmack der Zeit. Die makellosen Brüste, der Faltenwurf des über die Hüften gelegten Gewands, das Fehlen beider Arme: Gerade weil er ein Torso ist, verströmt dieser Körper eine unwiderstehliche Kraft. Dumont d'Urville übergibt an diesem Tag die Venus von Milo dem französischen Volk. Begegnet ist er ihr auf einer hydrographischen Expedition, die ihn ins Mittelmeer führte.

Zwei Jahre nach seinem sensationellen Auftritt verlässt er als stellvertretender Leiter einer Forschungsreise, die ihn in 31 Monaten und 13 Tagen an Bord der Fregatte „Coquille" einmal um die Erde führen wird, im August 1822 Toulon.

Dumont d'Urville besucht die mittlerweile als Falklandinseln unter britischer Hoheit stehenden Malwinen und weitere südatlantische Inseln. Im Pazifik überprüft er die Messungen und Kartenaufnahmen früherer Expeditionen. Ein Aufenthalt auf Bora Bora weckt in ihm die Liebe zur Ethnographie. Beobachtungen zum Erdmagnetismus gehören zur täglichen Routine an Bord. Er sichtet, ordnet und konserviert Tausende von Pflanzen- und Insektenarten. Viele davon sind nicht unbekannt und werden von ihm erstmals klassifiziert.

Im März 1825 ist die „Coquille", nach einer Reise, auf der sie mehr als 46 000 Kilometer zurückgelegt hat, wieder in französischen Gewässern. Dumont d'Urville verfasst mehrere wissenschaftliche Arbeiten, darunter, auf Wunsch der Akademie, eine, die die Pflanzenwelt der Falklandinseln dokumentiert. Die Chancen für eine zweite Expedition stehen günstig. Noch während der Rückreise, im November 1824, ist er in den Rang eines Fregattenkapitäns aufgestiegen. Der Plan für die nächste Unternehmung, bei der er das Kommando führen wird, befindet sich bereits in seinem Gepäck. Im Mai 1825 erläutert er ihn im Marineministerium. Man habe zwar, räumt er ein, im Pazifik nicht mehr mit bedeutenden Landentdeckungen zu rechnen. Viele der Arbeiten an Bord der „Coquille" seien aber zu flüchtig ausgeführt worden, Neuseeland, die Fidschi-Inseln, die Loyalty-Inseln, Neubritannien, Neuirland und Neuguinea nur unzulänglich vermessen. Keines dieser Argumente ist von der Hand zu weisen. In der Summe aber fehlt der Anreiz, mit dem eine solche Anstrengung vor der Öffentlichkeit legitimiert werden könnte. Im Marineministerium ersinnt man daher, sehr zu seinem Gefallen, einen speziellen Zusatzauftrag: Dumont d'Urville soll eine Suchaktion nach dem 1788 verschollenen ▶ Jean-F. de La Pérouse einleiten. In Erinnerung an dessen pazifische Reise erhält die „Coquille" als neuen Namen den von La Pérouses Schiff „Astrolabe".

Dumont d'Urville verlässt Toulon am 25. April 1826. Am 2. Dezember trifft er, vom Kap der Guten Hoffnung kommend, in Port Jackson ein. Die nächsten Wochen verbringt er mit kartographischen Aufnahmen vor Neuseeland. Auf dem Weg nach Tongatapu werden ein paar von Cook entdeckte, aber von ihm für nicht benennenswert gehaltene Inseln getauft. Dumont d'Urville ist einer der ersten Entdeckungsreisenden, denen sich nichts wirklich Neues mehr bietet. Die Originalhandschrift auf den Kartenblättern, die er mit sich führt, stammt von anderen. Ihm bleibt nur das Zitat. Trotzdem findet er sichtlich Vergnügen daran, auf den Schultern von Riesen stehend deren Welten noch einmal zu finden. Außerdem haben seine Vorläufer weit mehr als nur Brosamen übrig gelassen. In der pazifischen Inselwelt mit ihren zahllosen Riffen und Passagen, in denen schwer berechenbare Strömungen laufen, warten auf einen Seefahrer mit Ambitionen Aufgaben in Hülle und Fülle. Dumont d'Urville, der, wie er später in einem Schreiben an das Marineministerium behaupten wird, vom zartesten Kindesalter an nie etwas anderes als ein solcher Seefahrer sein wollte,

Angriff von Eingeborenen vor der Insel Oceanie auf Dumont d'Urvilles dritter Reise (1837–1840)

Siamesischer Tempel in Bangkok (oben). Porträt eines Malayen und einer Malayin (unten).

meistert seinen Auftrag entschlossen. Auf den Fidschi-Inseln gelingt, zu seiner Genugtuung, die Entdeckung einer bisher von europäischen Sendboten übersehenen Insel, und das schon von ▶ William Bligh gesichtete Moala steht so ungenau auf den Karten, dass er es eigentlich für sich beanspruchen könnte. Kandavu, südlich von Viti Levu, ist auch so ein Fall. Krusenstern hat es auf seiner Karte 80 Kilometer südlich der Insel niedergelegt. In der wolkenreichen Mondnacht des 5. Juni 1827 liegen dort, wo es offene See geben müsste, Riffe vor dem Bug der „Astrolabe". In letzter Sekunde gelingt es Dumont d'Urville, das Schiff parallel zu ihnen zu steuern. Er benennt sie nach der „Astrolabe" und tauft die Ostspitze von Kandavu, vor der sie sich ausbreiten, Kap Bligh.

Obwohl er sich nach einem ereignisreichen Leben auf See gesehnt hat, ergibt sich Dumont d'Urville mit bemerkenswertem Gleichmut der Monotonie dieser mehr als ein Jahr beanspruchenden Aufnahme sämtlicher erreichbarer Inseln, Klippen und Riffe. Als die „Astrolabe" am 30. Dezember 1827 als erstes französisches Schiff im Hafen von Hobart auf Tasmanien einläuft, erfährt er, dass der bislang am wenigsten beachtete Teil seiner Mission, die Suche nach der verschollenen Expedition von La Pérouse, keiner weiteren Anstrengungen mehr bedarf. Der britische Kapitän Dillon ist auf Hinweise gestoßen, nach denen La Pérouse auf dem Wallriff vor der Santa-Cruz-Insel Vanikoro beide Schiffe verlor. Dumont d'Urville erreicht Vanikoro am 22. Februar 1828. Er bleibt bis zum 17. März, birgt einen Anker, eine Kanone und Porzellan aus den Überresten der gescheiterten Schiffe. Auch mit dem Ausmaß der 40 Jahre zurückliegenden Tragödie macht er sich vertraut. Demnach wurden diejenigen, die sich nach der Havarie an Land retten konnten, von Eingeborenen erschlagen und ihrer Habseligkeiten beraubt. An Bord seines eigenen Schiffs herrscht mittlerweile wegen verschiedener Krankheitsfälle eine solche Mutlosigkeit, dass er sich zur Rückkehr entschließt. Am 2. April 1829 liegt die „Astrolabe" wieder in Toulon.

Dumont d'Urvilles zweite Reise ist, obwohl er keine originären Entdeckungen mehr macht, wegen der präzisen Vermessungsarbeiten, die er vornehmen lässt, eine der ertragsreichsten in der Geschichte der pazifischen Expeditionen. Auch auf seiner dritten Ausfahrt, von 1837 bis 1840, geht es noch einmal, wenn auch nur am Rande, um La Pérouse. Angeblich sollen sich auf den Santa-Cruz-Inseln noch Überlebende der „Boussole" und der ursprünglichen „Astrolabe" aufhalten. Hauptaugenmerk auf dieser Fahrt ist aber die Antarktis. Sie ist, wie man inzwischen weiß, der einzige reale Südkontinent. Dumont d'Urville gelangt bis an eine Eisbarriere zwischen 63 Grad und 39 Minuten. Er kreuzt zwei Monate vor den Eisfeldern im Gebiet der Süd-Orkney und der Süd-Shetland-Inseln. Das Land, über dessen Beschaffenheit er keine endgültige Klarheit erlangt, benennt er nach seinem Auftraggeber, dem Bürgerkönig Ludwig-Philipp. Über Valparaíso segelt er in den Pazifik, wo er fast drei Jahre lang kartographische und hydrographische Untersuchungen zur Lage des magnetischen Südpols vornimmt. Auch der Ertrag dieser Fahrt übersteigt im Umfang und in der Präzision der Forschungsarbeiten alles Dagewesene. Dumont d'Urville ist am 6. November 1840 wieder in Toulon. Anderthalb Jahre später, am 8. Mai 1842, stirbt er mitsamt seiner Familie bei dem historischen Eisenbahnunglück auf der Strecke von Versailles nach Paris.

Erik der Rote

940 (?)–1007 (?)

Wegen Totschlags wird der Wikinger drei Jahre aus Island verbannt. Er geht auf Entdeckungsfahrt nach Westen und landet an der Küste Grönlands. Mildes Klima und reiche Jagdbeute locken bald weitere Siedler an.

Lebensdaten
Um 940 Geburt in Norwegen.
Um 950 Verbannung des Vaters aus Norwegen wegen Totschlags. Ankunft in Island.
982 Dreijährige Verbannung wegen Totschlags. Fahrt nach Grönland.
985 Rückkehr nach Island.
986 Ankunft in Grönland mit 14 Schiffen und 300 Siedlern.
1000 Christianisierung Grönlands durch Sohn Leif.
Um 1007 Tod in Grönland.

Im Norden sind die Sitten rau. Halb Europa macht ab dem 9. Jahrhundert diese Erfahrung. Kräftige Männer mit schnellen Schiffen tauchen aus Skandinavien an den Küsten des Kontinents auf. Sie plündern ganze Städte, legen sie in Schutt und Asche. So schnell, wie die Räuber auftauchen, sind sie auch wieder verschwunden. Auf dem Meer, so scheint es, fühlen sie sich wie zu Hause.

Das Volk der Wikinger ist von der Natur nicht verwöhnt. In seiner Urheimat, an Norwegens engen, windgepeitschten Fjorden, kämpfen Bauern, Fischer und Viehzüchter um eine karge Existenz. Da sind die Sitten so hart wie das Leben.

Thorvald Asvaldsson hat einen Menschen erschlagen. So berichten es zwei *sagas*, wie die Wikingerchroniken heißen, die zwei bis drei Jahrhunderte später entstehen. Deswegen muss der Täter Norwegen verlassen. Um das Jahr 950 steigt er mit seiner Familie ins Boot und sucht ein neues Leben in der Ferne. Wikinger fürchten die Weite des Meeres nicht – sie verbinden Hoffnungen damit.

Thorvald landet auf Island, wohin Wikinger schon 874 gekommen sind. Die besten Siedlungsplätze sind schon vergeben, die Zahl der Einwanderer nähert sich 50000. Thorvald muss daher nach Hornstrandir ausweichen, in eine öde, felsige Nordwestecke der Insel. Sein Sohn Erik aber, bei der Ankunft elf Jahre alt, wird seine Lage verbessern können. Als er Thjodhild heiratet, bringt sie eine ordentliche Mitgift mit. Damit kann sich das Paar einen neuen Hof im fruchtbaren Haukatal errichten.

Die Sitten aber sind auch in Island rau. Und Erik der Rote, wie die Leute ihn wegen seiner Haarfarbe nennen, hat das Temperament des Vaters offenbar geerbt. Seine Knechte, so eine *saga*, haben auf Valthjofs Hof «Erdmassen herabstürzen» lassen. Dafür werden sie von Eyjolf Rot, einem Verwandten Valthjofs, getötet. Erik seinerseits kann das nicht ungerächt lassen. Kurzerhand erschlägt er den Mörder und noch dazu einen freien Mann namens Holmgang-Hrafn.

Eyjolfs Verwandte bringen den Fall vor den für dieses Gebiet zuständigen Thing. Das Urteil lautet, dass Erik das Haukatal verlassen muss. Er sucht sich Öxney, die Ochseninsel, für seinen neuen Hof aus. Sie liegt ein Stück weiter im Westen vor der Küste, an der Mündung des Hvammsfjord in den Breidafjord. Bis der neue Hof fertig ist, wohnt die Familie in einer provisorischen Hütte.

Bettpfosten werden nun sein Schicksal. Für jeden

Wikinger sind sie ein kostbares Erbstück, das von einer Generation an die andere übergeht. Erik hat dem Nachbarn Thorgest die Pfosten bis zur Fertigstellung des neuen Hofs geliehen. Thorgest aber hat sie offenbar als Geschenk betrachtet – und weigert sich nun, sie zurückzugeben.

Eigentlich ist das wieder ein Fall für den Thing. Erik der Rote aber geht nicht den Rechtsweg. Er nimmt die Sache wieder selber in die Hand. Als Thorgest nicht auf seinem Hof ist, holt er sich die Pfosten. «Doch Thorgest setzte ihm nach», so die Chronik. «Sie schlugen sich nahe beim Hofe Spitzklipp. Dort fielen zwei von Thorgests Söhnen und einige andere Männer.» Und damit wird Erik der Rote ein zweites Mal vor den Thing gezerrt. Das Gericht fällt im Mai 982 einen milden Spruch und erkennt nur auf die Mindeststrafe: drei Jahre Verbannung von Island.

Wie sein Vater sucht auch Erik sein Heil im Westen. Er packt seine Sachen in ein Schiff, das hochseetüchtig ist. Es hat einen Kiel aus Eiche, Taue aus Walrosshaut und Segel aus Wolle, die mit einer rautenförmigen Lederbespannung überzogen sind, um ein Ausbeulen zu verhindern. Eine Mannschaft von 15 Männern und fünf Sklavinnen legen sich in die Ruder. So sticht das Schicksalsboot in See.

Die Wikinger haben einen Messstab, mit dem sie zu bestimmten Tageszeiten den Sonnenstand und dadurch die geographische Breite ermitteln können. Sie lassen auch Bastfäden am Flaggenstab in der Luftströmung wehen. So kann der Steuermann die Windrichtung feststellen und das Schiff auf Kurs halten, indem er den Winkel zwischen den Fäden und der Längsachse des Boots im Auge behält.

Erik der Rote hat ein Ziel, das er vom Hörensagen kennt. Jäger haben auf Island mehrfach von Land berichtet, das sie im Westen gesichtet hätten. Ein gewisser Gunnbjörn will dorthin verschlagen worden sein, als er mit seinem Schiff vom Kurs abkam.

Nach einer Fahrt von mehr als 800 Kilometern blicken die Wikinger tatsächlich auf eine Küste. Sie ist kahl und abweisend, ein dunkelblauer Gletscher steigt hinter ihr hoch. Sie segeln die Küste entlang nach Süden, umfahren wahrscheinlich das Kap Farvel und folgen dem Landstrich Richtung Nordwest – und allmählich wird der Boden grün.

Erik und seine Leute haben das Glück, ihre Fahrt in einer Zeit zu unternehmen, die Wissenschaftler später als das „Kleine Klimatische Optimum“ bezeichnen werden. Es hat um 970 begonnen und wird noch bis 1200 dauern. Während dieser Epoche steigen die Temperaturen in

Die Tat, für die Erik der Rote büßen muss (oben): Auf Island erschlägt er zwei Söhne seines Feindes Thorgest. Dafür wird er mit drei Jahren Verbannung belegt. Ein Segelschiff bringt ihn an die Ostküste Grönlands (unten). Nach Umfahrung der Südspitze findet er an der Westküste gutes Land zum Siedeln.

Ausgegrabene Reste des Hofs Brattahlid, den sich Erik der Rote baute. Die Zahl der Wikinger, die sich an der Küste Grönlands niederließen, stieg im Lauf der Jahre bis auf 3000 an. Nach Einführung des Christentums entstanden dort sogar ein Dom, 16 Pfarrkirchen, ein Mönchs- und ein Nonnenkloster.

dieser Region deutlich an, die Vegetationsgrenze verschiebt sich um 500 Kilometer nach Norden. Die Ankömmlinge aus Island bauen sich ein Winterquartier auf einer kleinen Insel vor der Küste.

Im folgenden Sommer beginnen sie, das neue Land zu erkunden. Sie finden keine Menschen, wohl aber menschliche Spuren: Grundrisse von Inuit-Häusern, die vor vielen Jahrhunderten errichtet wurden. Irgendwann zwischen 500 und 800 haben sie die Gegend wohl wieder verlassen, weil das Klima feucht und ungemütlich wurde. Die Wikinger fahren noch weiter hoch nach Norden, erblicken breite Fjorde und Grashänge. Es gibt zwar keine Bäume, doch ständig wird Treibholz hierher gespült. Dieses Land, erkennt Erik, ist unsere Zukunft.

Von Neugierde getrieben, gehen sie noch einmal auf Westkurs. Nach fast 450 Kilometern stoßen sie erneut auf eine Küste. Sie gehört zu einer Insel, die Jahrhunderte später den Namen Baffinland erhalten wird. Da sie alles andere als einladend ist, kehren die Wikinger zu den fetten Weiden zurück. Doch sie haben den Reichtum gesehen, den alle Gewässer und Küstenstriche hier bergen: Eisbären und Polarfüchse mit prächtigen Fellen, Narwale und Walrösser mit mächtigen Zähnen. Dies alles lässt sich – Wikinger sind auch gute Kaufleute – für viel Geld nach Europa bringen.

Nach den drei Jahren Verbannung kommt Erik der Rote 985 wieder in Island an. Er schwärmt von den neuen Siedlungsplätzen – und nennt sie „Grünland", um seinen Landsleuten die entdeckten Gestade schmackhaft zu machen.

Schon ein Jahr später sticht eine ganze Wikingerflotte Richtung „Grünland" in See: 25 Schiffe mit 500 bis 700 Insassen. Sie geraten in fürchterliche Stürme, elf Schiffe gehen dabei unter. Die verbliebenen 14 aber schaffen es. Die ersten 300 Wikinger lassen sich 986 auf Grönland nieder. An der Westküste gründen sie die Siedlungen *Eystri byggd* und *Vestri byggd* (Östliche und Westliche Siedlung). Ihre Höfe liegen meist an Fjorden, stets an Bächen, rund 50 Meter über dem Meer – mit einem herrlichen Blick auf das Wasser.

Rund zehn Häuptlinge gehören zu den Männern der ersten Stunde. In dem berühmten *Landnamabok* werden einige von ihnen erwähnt: Sölve vom Sölvedal, Herjolf vom Herjolfsfjord, Ketil vom Ketilsfjord, Hrafn vom Hrafnfjord. Doch ihr unangefochtener Führer ist Erik der Rote. Er hat sich vom Raubein zu einem weitsichtigen Kolonisatoren gewandelt. Sein Hof Brattahlid, 15 Meter lang und 4,2 Meter breit, ist der größte in Grönland. Er hat Platz für 40 Stück Vieh und wird von einem Bach geradewegs durchflossen. «Erik der Rote wohnte auf Steilhang», berichtet die Chronik. «Man wertete ihn sehr hoch, und alle beugten sich vor ihm.»

Mit der Einführung des Christentums, die im Jahr 1000 beschlossen wird, will er nichts zu tun haben. Seine Frau konvertiert zu der neuen Religion und baut sich etwas abseits vom Hof aus Torfsoden eine kleine Kapelle. Erik der Rote aber bleibt bei den alten Göttern.

Das Lebenswerk, das er hinterlässt, zieht immer mehr Wikinger an; ihre Zahl steigt bis auf 3000. Die Kolonie Grönland wird ein paar Jahrhunderte Bestand haben, ehe dort die Nordmänner aussterben und ihre Kultur in der Geschichte versinkt. Erik der Rote aber, Grönlands Entdecker, hat sich in der Landschaft verewigt. Er hat einen Fjord und eine Insel auf seinen Namen getauft.

Artikel in NATIONAL GEOGRAPHIC: „The Vikings" (April 1970), „Auf den Spuren der Wikinger" (Mai 2000, Deutsche Ausgabe).

Leif Eriksson

978 (?)–1020 (?)

Fast ein halbes Jahrtausend vor Kolumbus setzt ein Wikinger als erster Weißer seinen Fuß auf amerikanische Erde. Er tauft die neu entdeckte Welt „Vinland". Noch immer streiten die Forscher, was er wohl damit gemeint hat.

Das Meer ist tückisch, wer wüsste es besser als die Wikinger. Geheimnisvolle Strömungen können einen Seefahrer in die falsche Richtung ziehen. Heftige, schwer berechenbare Winde treiben mit dem Schiff oft ein böses Spiel. Aber das Meer ist auch eine Chance. Es hält Schätze für den Menschen bereit, die es zu entdecken gilt.

Der junge Leif hat in seiner Familie erlebt, wie das Meer ein Leben verändern kann. Sein Vater, ▶ Erik der Rote, verließ eines Tages mit einem Boot die isländische Heimat, drei lange Jahre war er nicht zu Hause. Dann aber kam er endlich wieder und schwärmte von einen „Grünland", das er im Westen gefunden hatte. Ein Jahr später, Leif war wohl um die acht Jahre alt, begab er sich mit seinen Eltern und Geschwistern auf die hohe See – und sah das grüne, fruchtbare Land, von dem der Vater gesprochen hatte. Es ist seine neue Heimat geworden.

Leif Eriksson hat gelernt, gut zuzuhören, wenn Seefahrer ihre Geschichten erzählen. Was der Kaufmann Bjarne Herjulfsson berichtet, klingt wie eine Wiederholung dessen, was Leif damals, im Jahr 985, von seinem Vater erzählt bekam. Er sei einmal, so sagt Bjarne, durch starke Winde von seiner üblichen Handelsroute weit nach Westen abgetrieben worden. Statt von Island nach Grönland sei er an eine Küste gekommen, die reich an Wäldern gewesen sei. Freilich sei er wohlweislich nicht an Land gegangen – man wisse ja nie, welche Gefahren einen dort erwarteten.

Wenn diese Darstellung aus der „Grönländer Saga" stimmt, ist Bjarne der erste „Nordmann" gewesen, der das neue Land gesichtet hat. Sein Hinweis auf die Wälder muss all den Wikingern, die hoch im Norden siedeln, ähnlich verführerisch in den Ohren klingen wie ein paar Jahrhunderte später den Spaniern die Legenden vom angeblichen Goldreich *El Dorado*. Holz gibt es weder auf Island noch auf Grönland. Es muss von Skandinavien in langen Fahrten über das Meer hergebracht werden.

Der Vater hat gezeigt, was mit Mut und Tatkraft zu schaffen ist. Leif fühlt sich diesem Erbe verpflichtet. 999 unternimmt er eine wichtige Reise nach Norwegen. König Olaf Tryggvasson empfängt ihn am Hof in Trondheim und bringt ihn dazu, sich als Christ taufen zu lassen. «In meinem Auftrag sollst du fahren, um das Christentum in Grönland zu verkünden», so zitiert die „Saga Eriks des Roten" den Herrscher. «Mein Glück wird nur dann bei mir sein», so Leifs Antwort,

Lebensdaten
Um 978 Geburt auf Island.
986 Aufbruch mit seinem Vater Erik dem Roten nach Grönland.
999 Fahrt nach Norwegen. Besuch bei König Olaf Tryggvasson. Taufe als Christ.
1000 Rückkehr nach Grönland. Einführung des Christentums.
1001 Fahrt an die Küste Nordamerikas: Labrador, Neufundland, St.-Lorenz-Strom. Erkundung von „Vinland".
1002 Rettung von Schiffbrüchigen. Rückkehr nach Grönland.
Um 1020 Tod auf Grönland.

Leif Eriksson sichtet Land – Darstellung auf einem Ölgemälde (oben). Die Wikinger fahren im Jahr 1001 die Küste Labradors vermutlich bis Neufundland und die Mündung des St.-Lorenz-Stroms entlang. In den Flüssen und Seen der neu entdeckten Länder fangen sie die größten Lachse, die sie je gesehen haben (unten).

«wenn auch eures mich begleitet.» Leif kehrt nach Grönland zurück und führt dort unverzüglich die neue Religion ein. Dies ist seine erste große Tat.

Die zweite wird in den Sagas, die 200 Jahre später entstehen, unterschiedlich beschrieben werden. Die „Grönländer Saga" kommt den Ereignissen, die sich kurz nach der Jahrtausendwende abspielen, vermutlich am nächsten. Danach kauft Leif das Schiff von Bjarne, das für den Holztransport besonders gut geeignet, relativ neu und daher wenig reparaturanfällig ist. Er sammelt 35 mutige Männer um sich. Vater Erik möchte auch noch einmal dabei sein. «Nahe dem Schiff aber strauchelte Eriks Pferd», so die Saga. «Er fiel herunter und verletzte sich den Fuß. Da sagte Erik: ‹Es soll mir nicht mehr vergönnt sein, weiteres Neuland zu entdecken...›.» So bleibt er auf seinem Hof Brattahlid zurück.

Leif aber fährt hinaus auf die See. Er kennt sein Ziel nur vom Hörensagen, hat keine Karte, keinen Kompass, keinen Führer – und keine Ahnung, wie weit der Weg dorthin ist.

Die Wikinger stoßen auf ein Land, das aus großen Eisfeldern besteht, «und zwischen Gletschern und Meer war alles wie eine einzige Steinplatte». Sie werfen den Anker, setzen Beiboote aus, rudern ans Ufer. Als sie nirgendwo Gras sehen, fahren sie zurück und segeln weiter. Leif gibt dieser Küste den Namen *Helluland* (Steinland). Vermutlich ist er in Baffinland gewesen.

Dann sichten sie erneut eine Küste. Diesmal ist sie «flach und bewaldet, und so weit sie gingen, war weißer Sandstrand, der sanft zum Meer abfiel». Leif gibt dem Gebiet, wahrscheinlich einem Teil von Labrador, den Namen *Markland* (Waldland). Und lässt seine Männer vor Nordostwind noch ein Stück weitersegeln.

Zwei Tage später sehen sie zum dritten Mal Land. «Sie kamen an eine Insel, die nördlich vom Lande lag. Sie stiegen aus und sahen sich bei gutem Wetter um. Sie fanden, dass Tau auf dem Gras lag, und es geschah, dass sie die Hände zum Tau hin und dann zum Munde führten, und sie meinten, noch nie so etwas Süßes geschmeckt zu haben.» Sie kehren zum Schiff zurück, segeln an einer Landzunge entlang, laufen bei Ebbe im seichten Wasser auf Grund. «Doch sie waren so wissbegierig, an Land zu kommen, dass sie nicht warten wollten, bis die Flut wieder ihr Schiff anhöbe.» Als die Flut kommt, bringen sie das Schiff zur Mündung eines Flusses, der weiter oben einem See entspringt und sich dort ins Meer ergießt. Sie packen ihre ledernen Schlafsäcke und bauen sich die ersten Unterkünfte. Leif ist

Ein halbes Jahrtausend vor Kolumbus setzt Leif Eriksson als erster Weißer seinen Fuß auf amerikanische Erde – Darstellung eines unbekannten Malers. Der Pionierfahrt folgen weitere Wikingerexpeditionen. Die neu gegründeten Siedlungen haben ein paar Jahrhunderte Bestand. Noch für 1347 ist die Rückkehr eines Schiffs von *Markland* dokumentiert. Dann aber werden die Höfe wieder aufgegeben. Sie liegen von Europa zu weit ab – und es gibt zu viele Feinde.

der erste Wikinger, der seinen Fuß auf amerikanische Erde setzt. Die Insel, die er mit seinen Leuten betritt, ist sehr wahrscheinlich Neufundland.

Welch eine Gegend ist das! Im Fluss und im See wimmelt es von Lachsen. Die Temperaturen sind mild, das Gras von frischem Grün, selbst im Winter wird das Vieh hier keinen Futtermangel haben. Eines Abends, so die „Grönländer Saga", ist Tyrkir verschwunden, der „Südmann" aus Deutschland. Er hat viele Jahre bei der Erik-Familie gelebt, Leif hat ihn schon in Kinderjahren lieb gewonnen. Beunruhigt bricht er mit zwölf Mann auf, um ihn zu suchen. Doch schon bald kommt Tyrkir ihnen strahlend entgegen. «Ich habe Weinstöcke und Weintrauben gefunden», so seine Worte. Wein? Tyrkir blickt, so die Saga, in ungläubige Gesichter. «Gewiss ist das wahr, denn ich bin doch dort geboren, wo Weinstöcke und Weintrauben keine Seltenheit sind.» Leif tauft diese Gegend *Vinland*. Ein Jahrtausend lang werden sich Forscher die Köpfe zerbrechen, was er wohl damit gemeint hat. Denn die Geschichte mit dem Wein klingt, selbst angesichts der warmen Klimaperiode zur Zeit dieser Wikingerreisen, nicht besonders glaubhaft. Allenfalls gibt es hier Beeren, die auch der Franzose ▶ Jacques Cartier, der im 16. Jahrhundert hier landet, als „wilden Wein" bezeichnen wird. Wahrscheinlich verwechseln schon die Verfasser der Sagas das Wort *Vinland* (kurz gesprochenes i) mit *Vínland* (lang gesprochenes i). Letzteres heißt in der Tat „Weinland", Ersteres aber „Weideland".

Leif und seine Leute überwintern in *Vinland*. Im Jahr darauf fahren sie nach Grönland zurück. Unterwegs retten sie den norwegischen Kaufmann Thorir und dessen Mannschaft, die als Schiffbrüchige auf einer Schäre gelandet sind. So erhält der Wikinger den Beinamen „Leif der Glückliche".

Sein Bericht über *Vinland* sorgt zu Hause für ähnliche Aufregung wie gut 17 Jahre zuvor das „Grünland" bei den isländischen Bauern. Um 1005 bricht sein Bruder Thorvald dorthin auf, 1006 sein Bruder Thorstein, 1010 der Kaufmann Thorfinn Karlsefni. Ein paar Jahrhunderte florieren die Wikingerkolonien. Dann versinken sie, wie die Grönlandsiedlungen, im Dunkel der Geschichte. Die Urheimat der Wikinger ist zu weit weg. Das Klima wird in den folgenden Jahrhunderten kälter. Und die Feinde sind in der Überzahl. Schon Bruder Thorvald wird das *Vinland* zum Verhängnis.

Er trifft an einer Küste drei Kanus mit neun schlafenden Menschen, Indianer oder Eskimos – *skrælinger* (Winzlinge), wie die hochgewachsenen Nordmänner sie nennen. Die Wikinger töten alle bis auf einen. Sie merken bald den schrecklichen Fehler, den sie da begangen haben. Der Überlebende holt Verstärkung, bald schwirren Hunderte von Pfeilen auf sie zu, und Thorvald wird tödlich getroffen. Es ist die erste Schlacht zwischen Weißen und amerikanischen Ureinwohnern. Jahrhunderte später werden ihr noch viele folgen.

☐ **Artikel in NATIONAL GEOGRAPHIC: „Vinland Ruins Prove Vikings Found the New World" (November 1964), „The Vikings" (April 1970), „Auf den Spuren der Wikinger" (Mai 2000, Deutsche Ausgabe).**

Edward John Eyre

1815–1901

Fast im Alleingang gelingt ihm die Durchquerung der südlichen australischen Wüste von Ost nach West. Die Einsicht, mit der er zurückkehrt, ist ernüchternd: Einen für alle begehbaren Landweg gibt es auf dieser Route nicht.

Lebensdaten
1815 Geburt in Hornsea (Yorkshire, England).
1833 Auswanderung nach Australien. Schafzüchter und Viehtreiber an der Südostküste.
1839 Erste Expedition von Port Lincoln nach Westen, dann nach Nordosten.
1840–41 Vorstoß nach Norden, dann nach Westen in Küstennähe der Großen Australischen Bucht. Eintreffen in Albany.
1845 Rückkehr nach England.
1861–66 Gouverneur auf Jamaika.
1901 Tod in Tavistock (Devonshire).

Mit diesem Anblick ist er seit langem vertraut. Vor ihm liegt eine Ebene, wüst und leer wie das Land der Bibel, das ihm sein Vater, ein Priester, einst in England ausgemalt hat. Kein Baum, der Schatten spendet, keine Wolke, aus der Regen fällt, kein Gras, auf dem Vieh weiden könnte. Das Eukalyptus-Gestrüpp ist eine einzige Plage. Es versperrt jeden Weg, den er einschlagen will. Das Fleisch an den Fesseln seiner Pferde liegt offen, eine einzige Wunde aus Salz und getrocknetem Blut. Auf einer Strecke von 500 Kilometern haben sie keinen Fluss, kein Rinnsal, keinen Tümpel gesehen. Nur drei Quellen inmitten von all dem glasharten Buschwerk, das es hier nur wegen der kurzen, seltenen und überaus heftigen Regengüsse gibt. Sie können so vernichtend ausfallen wie die Trockenheit, die ihnen vorausgeht und folgt.

Edward John Eyre ist einer, der nicht aufgeben kann. Er will Offizier werden, scheitert beim Aufnahmeexamen. Zwischen dieser für ihn schmerzlichen Erfahrung und seinem Entschluss, nach Australien auszuwandern, verstreichen nur wenige Wochen. Eyre, ein Kind vom Land, 18 Jahre alt, steigt ins Geschäft mit der Schafzucht ein. Zu seinen Aufgaben gehört es, Viehtrecks aus dem Farmland an der Südostküste in die neu erschlossenen Gebiete bei Adelaide zu begleiten. Die Vieh- und Schafzucht entwickelt sich zu einem lukrativen, auf den europäischen Markt orientierten Wirtschaftszweig. Mit dem ökonomischen Erfolg wächst das Interesse an weiteren Weideflächen. Im Norden und im Westen vermutet man noch Reserven. Eyre registriert all dies mit gespannter Aufmerksamkeit. Die Viehtrecks haben ihn unternehmungslustig gemacht. Er ist jetzt, im Jahr 1838, Eigentümer einer Schaffarm 240 Kilometer nördlich von Adelaide. Außerdem amtiert er als Richter im Murray-River-Distrikt. Wegen seines Einsatzes für die Belange der Ureinwohner wird er einmal den Ehrennamen „Beschützer der Aborigines“ tragen. Eyre ist kein gemachter Mann, aber einer, der, wo er es für notwendig hält, die Dinge anzupacken versteht. Im Jahr 1838 erscheint es ihm notwendig, neue Weidegründe für seine Schafe zu finden.

Ausgangspunkt seiner ersten Vorstöße wird Port Lincoln, zu der Zeit ein wenig ansprechendes Nest auf der Südspitze der Halbinsel, die einmal nach ihm benannt werden wird. Die Expedition, bestehend aus einem Aufseher, drei Weißen und zwei Eingeborenen, bricht am 5. August 1839 auf. Sie wendet sich zunächst nach Westen und gerät bald in ein alle Antriebskräfte lähmendes Eukalyptus-Gestrüpp. Am 25. August erreicht die Gruppe die Streaky Bay. Wiewohl man sich immer in der Nähe der Küste befindet, fließt von nirgendwo Wasser dorthin. Auch westlich der Bucht, wo das Land hügeliger wird, findet Eyre nur Buschwerk, das sich der Dürre mit all seinen bescheidenen Mitteln erwehrt. Er lässt ein Lager anlegen. Mit einem Boy geht er 80 Kilometer nach Westen. Die Monotonie will nicht enden. Ums Haar verliert er drei seiner Pferde. Mit den zerschundenen Tieren kehrt er zurück an die Streaky Bay. Von dort wendet er sich nach Nordosten, parallel zur Westküste des Spencergolf. Das Terrain scheint leichter begehbar. Wasser ist auch dort keines vorhanden, abgesehen von dem, das einer der seltenen Regengüsse der Expedition spendet. Als Eyre am 29. September am Mount Arden eintrifft, in einem Lager, das er auf einem früheren Vorstoß von Adelaide nach Norden angelegt hat, liegt unter ihm, in einer Senke, ein funkelnder See. Bei seinem ersten Besuch ist dieses Gewässer, das er Torrenssee nennt, noch eine Salzwüste gewesen. Eyre erkennt, dass er am Grund dieser jeden Wassertropfen in salzigen Schlamm verwandelnden Depression nichts Nennenswertes auffinden wird. In seiner Sichtweite liegen zwei Berge. Er tauft sie, seiner Stimmung gemäß, „Mount Deception" und „Mount Hopeless".

Edward John Eyre ist kein leidenschaftlicher Entdecker. Seine Motive sind geradlinig, durchschaubar, auf das Erreichbare gerichtet. 1840 beteiligt er sich an einem Viehtreck von Albany an der Südwestküste zu den Siedlungen am Swan River bei Perth. In der noch jungen westlichen Kolonie steht man zu der Zeit allen Bestrebungen, eine Landverbindung nach Osten zu schaffen, distanziert gegenüber. Im Osten dagegen wächst das Verlangen nach einem Versorgungsweg, der die für den Transport von Vieh wenig geeignete Seeverbindung ersetzt. Auch Eyre wird zu diesem Vorhaben befragt. Er bleibt, nach seinen Erfahrungen auf dem Marsch zur Streaky Bay, zunächst ablehnend, lenkt dann aber ein. Sein Nachgeben hat damit zu tun, dass eine Expedition unter einem Captain Hawson nicht weit von Port Lincoln auf fruchtbares, wasserreiches Grasland gestoßen ist.

Obwohl es um den Westen geht, zieht Eyre wieder nach Norden. Er inspiziert noch einmal den Mount Deception und den Mount Hopeless sowie den Torrenssee, der sich viel weiter als von ihm erwartet in nördlicher Richtung ausdehnt. Tatsächlich handelt es sich bei diesem bis zu 21 Meter unter dem Meeresspiegel liegenden temporären Gewässer um einen eigenen See. Fast verstört registriert sein Entdecker, dass Regenwasser bereits Sekunden nach der Berührung mit dem versalzenen Grund an den Ufern unbrauchbar wird. Seinem Vorhaben, vom Spencergolf nach Westen zu ziehen, steht nun nichts mehr entgegen.

Die erste Durchquerung Australiens auf dem Landweg von Ost nach West ist eine seegestützte Expedition. Zwei Schiffe, der Kutter „Hero" und das Boot „Waterwitch", stehen für die Versorgung mit Nachschub und für den Rücktransport von Fundstücken, Aufzeichnungen und Forschungsergebnissen bereit. Ein Drittel der Kosten des Unternehmens hat Eyre selbst aufgebracht. Die Regierung der Kolonie und private Investoren haben direkt oder über Subskriptionen den Rest finanziert. Für seine Großzügigkeit rechnet der Gouverneur mit einem Mitspracherecht. Als er es beansprucht, wird Eyre es ihm verweigern. Die Rolle des Schafzüchters, der auf der Suche nach Weideland in eigener Sache zu unbekannten Zielen aufbricht, liegt ihm nicht mehr. Er handelt jetzt in öffentlichem Interesse, und er zeigt sich entschlossen, seine Mission zu erfüllen.

Vom Lake Torrens geht Eyre nach Port Lincoln. Seinen Aufseher und die Mehrzahl seiner Leute schickt er zur Streaky Bay. Dort hat er, wie an jedem markanten Punkt seiner Reisen, ein Vorratsdepot

Die Eingeborenen, die Eyres Partner John Baxter getötet haben, folgen der Expedition noch für einige Zeit. Trotz Krankheit und Schwäche gelingt es ihm und seinem letzten verbliebenen Begleiter, ihre erneuten Angriffsversuche abzuwehren.

anlegen lassen. Eyre ist ein Virtuose solcher Vorsorgemaßnahmen. Sicherer als mit ihm konnte man nicht gehen. Draußen im Unbekannten freilich, auf das sich seine Aufmerksamkeit jetzt richtet, gibt es keine Depots. Die erste Etappe, bis zur Fowlers Bay am südöstlichen Ende der Nullarbor Plain, gelingt mehr als passabel. Eyre hat das Expeditionsteam geteilt. Am 20. November 1840 begegnen sich beide Partien an der Fowlers Bay. Jeder von dort unternommene Versuch, im Westen Fuß zu fassen, scheitert danach am Mangel an Wasser. Drei der besten Pferde gehen verloren, zwei Mann, die den Strapazen nicht gewachsen sind, kehren mit der „Hero" nach Adelaide zurück. Einmal entdeckt Eyre hinter ein paar Sanddünen brackiges Nass. Es ermutigt ihn zu immer neuen Aufbrüchen. Am Ende begegnet er Aborigines, die ihm eine Wasserstelle zeigen. Danach, erklären sie ihm, könne er für zehn Tagesreisen nicht mehr mit einer rechnen. In Fowlers Bay liegt, als er dorthin zurückkehrt, die „Hero". Am 31. Januar verlässt der Kutter mit dem größten Teil der Angehörigen des Unternehmens die Bucht. Eyre ist entschlossen, nur mit John Baxter, seinem Aufseher, und drei Eingeborenen nach Westen zu gehen. Am 24. Februar – Eyre befindet sich immer noch im Lager – läuft die „Hero" erneut in Fowlers Bay ein. Eyre möge, so der unmissverständliche Befehl des Gouverneurs, das zum Scheitern verurteilte Vorhaben beenden und sich nach Adelaide einschiffen. Der Mann, der nicht aufgeben kann, zieht einen Tag später unbeeindruckt von dieser Anweisung nach Westen, ohne Kenntnis von irgendwelchen Wasserstellen und ohne weitere Unterstützung von See.

Mit allem, was folgt, hat er, ein umsichtiger Planer, nicht gerechnet. Die Versuchstiere, die er mit sich führt, um zu beweisen, dass sich die küstennahe Landroute über die Nullarbor Plain für Viehtrecks eignet, sterben nach wenigen Wochen. 600 Meilen vor dem Ziel wird John Baxter von zwei der eingeborenen Helfer getötet. Die Mörder entfernen sich mit dem größten Teil der Wasser- und Lebensmittelvorräte und den noch brauchbaren Waffen. Nach sieben Tagen, in denen ihre Pferde nicht einen Tropfen Wasser erhalten, stoßen Eyre und sein letzter ihm verbliebener Begleiter zum ersten Mal wieder auf eine Quelle. Sie folgen der Küstenlinie der Großen Australischen Bucht. Als alle Vorräte aufgebraucht sind, hilft ihnen ein Wunder. In Thistle Cove liegt ein Schiff mit einem wohl gelittenen Namen. Es ist die „Mississippi", unter dem Kommando des Kapitäns Rossitur, der als erster Ausländer Port Lincoln aufgesucht hatte. Eyre und sein eingeborener Boy bleiben zehn Tage an Bord. Danach ziehen sie weiter. Am 8. Juli 1841 treffen sie in Albany am King George Sound ein. Man kann, das steht nun fest, den australischen Kontinent auf der Küstenlinie von Osten nach Westen durchqueren. Die Frage ist nur, wem das nützt.

Eyre hat ein Kapitel in der Geschichte Australiens geschrieben, das seinesgleichen sucht. Er steigt in der Kolonialverwaltung des Empire auf, wird Verwaltungsbeamter in Neuseeland, dann Gouverneur von St. Vincent und 1864 Gouverneur von Jamaika. Die Umstände, unter denen er dort einen Aufstand niederschlagen lässt, ruinieren seinen Ruf. Er kann nicht aufgeben. Hartnäckig schweigend zieht er sich, nach einer Untersuchung der Vorfälle umfassend rehabilitiert, bis zu seinem Tod im Jahr 1901 auf ein Landgut in England zurück.

Glückliche Fügung: Eyre und sein Begleiter treffen bei Thistle Cove auf den französischen Walfänger „Mississippi" unter dem Kommando von Kapitän Rossitur.

Wilhelm Filchner

1877–1957

Er überquert das „Dach der Welt" zu Pferd, leitet eine Expedition zum weißen Kontinent, führt geophysikalische Messungen quer durch Zentralasien durch. Dabei gelangt der Deutsche in die abgeschiedensten Regionen Tibets.

Er ist ein temperamentvoller Junge. Der Vater stirbt früh, die Mutter wird mit dem Sohn nicht mehr fertig. So schickt sie ihn ins Kadettenkorps. Da werde, so hofft sie, seine Energie in vernünftige Bahnen gelenkt. Wilhelm Filchner wird Degenfähnrich. Aber ausgefallene Ideen hat er noch immer.

Er ist 23, als er mit 300 Mark in der Tasche nach Taschkent in Usbekistan reist. Von dort will er das Pamir-Gebirge zu Pferd überqueren. Die Leute lachen ihn aus, als er von dem Plan erzählt. Doch Filchner lässt sich nicht beirren. In Andischan kauft er zwei Pferde und einen Holzsattel. Er überquert die Berge des Alai und den Taldyk-Pass. Kirgisenkarawanen ziehen ihm entgegen, nachts heulen die Wölfe. Er reitet über den Transalai, von dort ins Karakulbecken. Tierkadaver säumen den unwegsamen Pfad. Er überwindet den Akbaital-Pass, der über 4000 Meter geht, und gelangt ins Murghab-Tal. Der Abenteurer zieht durch trostlose Steppen, sumpfige Täler, in denen seine Pferde bis zum Bauch versinken. Er kommt zum Bijk-Pass, an dem drei Reiche aneinanderstoßen: Russland, Afghanistan und China. Filchner hat den Südrand des Pamirs erreicht.

Als er wieder in Deutschland ankommt, ist er mehr tot als lebendig – vermutlich Malaria. Es dauert sieben Monate, bis er wieder einigermaßen gesund ist.

Seiner Leidenschaft für ferne Länder tut das keinen Abbruch. Er will nun im Dienst der Wissenschaft reisen. Filchner lässt sich bei der Armee zum Landvermesser ausbilden.

Seine erste Expedition führt ihn in den Süden Chinas, in den Norden und Osten Tibets. Der Qinling Shan zwischen Ankang und Xián ist noch nicht kartiert, der ganze zentralasiatische Bereich erdmagnetisch so gut wie unerforscht. Filchner bricht im Herbst 1904 mit seiner Frau und dem Geographen und Mediziner Dr. Tafel von Genua nach Schanghai auf.

Sie fahren mit einem Hausboot den Han Shui hinauf, queren den Qinling Shan auf einem *talu*, wie die uralten Verkehrswege der Chinesen heißen. In Lanzhou, der Hauptstadt der Provinz Gansu, stellen sie eine große Maultierkarawane zusammen. Am 24. April 1905 brechen sie von dort nach Xining auf. Die Expedition zieht am Hwangho entlang, dem „Unglücksstrom Chinas", der in regelmäßigen Abständen riesige Landstriche überflutet und jedes Mal Hunderttausende von Menschenleben fordert. Immer wieder werden sie von Ngolok-Nomaden angegriffen, bangen um die kostbaren Messinstrumente und um ihr Leben. In Xining lässt Filchner seine Frau zurück, er findet die Weiterreise zu

Lebensdaten

1877 Geburt in München.
1900 Überquerung des Pamirs zu Pferd. Von Taschkent nach Kaschgar.
1904–05 Expedition nach Osttibet und Südchina. Querung des Qinling Shan. Zum Oberlauf des Hwangho.
1911–12 Leitung der Zweiten Deutschen Antarktisexpedition. Entdeckung des Prinzregent-Luitpold-Landes im Weddellmeer und des östlichen Teils des heutigen „Filchner-Ronne-Schelfeises".
1926–28 Zweite Tibetexpedition. Errichtung von 160 erdmagnetischen Stationen zwischen Issyk-Kul und Xining sowie Nagpu und Leh.
1934–38 Dritte Tibetexpedition. Messungen von Lanzhou über Qarqan bis Hotan.
1939–40 Erdmagnetische Beobachtungen in Nepal.
1945–51 Aufenthalt in Indien.
1957 Tod in Zürich.

gefährlich für sie. Er dringt bis zum Matschu, dem Oberlauf des Hwangho, vor und überquert den reißenden Strom.

Von da an gibt sich die Expedition als Gruppe muslimischer Priester aus. Der Deutsche rasiert seine Haare, färbt die blonden Stoppeln mit Fett und Ruß schwarz. Darüber stülpt er einen Turban. Anfang September fällt der erste Schnee, Ngolok stehlen ihre Pferde und Yaks. Doch sie ziehen weiter nach Osten, über wild zerklüftete Berge, und schwimmen durch eiskalte Flüsse. Jeden Tag packt Filchner seine Messinstrumente aus. Als er am 11. Oktober 1905 wieder in der Zivilisation ankommt, hat er die Strecke von Scharakuto bis Songpan kartographiert. Er ist durch ein riesiges unbekanntes Gebiet Zentralasiens gezogen, hat dabei wertvolle erdmagnetische Messungen durchgeführt. Für seine wissenschaftlichen Verdienste wird ihm die Ehrendoktorwürde der Königsberger Universität verliehen.

Die „Deutschland", Filchners Expeditionsschiff in die Antarktis, ist 44,2 Meter lang und neun Meter breit. Der 300 PS starke Motorsegler erreicht mit Maschinenkraft und gesetzten Segeln eine Geschwindigkeit von bis zu zehn Knoten. Kapitän ist Richard Vahsel, mit dem sich Filchner oft nicht einig ist. Vahsel hat schon an der ersten deutschen Südpolarexpedition unter Erich von Drygalski teilgenommen. Nach ihm ist eine Bucht im Weddellmeer benannt.

Seine nächste Expedition führt Filchner ans andere Ende der Welt: in die Antarktis. Er leitet die zweite deutsche Südpolarexpedition. Es ist die Zeit, in der ▶ Robert F. Scott und ▶ Roald Amundsen ihren Wettlauf zum Pol austragen. Noch immer ist nicht bekannt, wie weit Ross- und Weddellmeer voneinander entfernt sind. Womöglich sind sie über einen zugefrorenen Sund miteinander verbunden. Der sechste Kontinent bestünde dann aus zwei Teilen. Diese Frage zu klären ist das Hauptziel von Filchners Unternehmen. Es sind mehrere Inlandexpeditionen geplant, womöglich sogar eine Durchquerung der Antarktis.

Am 7. Mai 1911 bricht die Expedition von Bremerhaven aus auf. Filchner stößt im September in Buenos Aires dazu. 33 Menschen – Wissenschaftler, Offiziere, Besatzung –, dazu 75 Hunde, acht Pferde und eine Katze sind an Bord der „Deutschland". Bei 57,5 Grad südlicher Breite stoßen sie auf Treibeis. Es ist der 14. Dezember – derselbe Tag, an dem Amundsen 3600 Kilometer entfernt als erster Mensch am Südpol steht. Am 29. Januar erreichen sie 74,3 Grad, den südlichsten Punkt, bis zu dem James Weddell, der Namensgeber dieses Meeres, 1823 gekommen ist. Einen Tag später taucht im Nebel eine unbekannte Küste auf. Filchner tauft die Entdeckung „Prinzregent-Luitpold-Land". Sie fahren weiter, stoßen auf eine hohe Eismauer, die so ähnlich aussieht wie die Rossbarriere auf der anderen Seite des Kontinents. Filchner hat das zweitgrößte Schelfeis der Antarktis entdeckt. Ein Teil davon wird später seinen Namen tragen.

Sie finden für die Landung keine geeignete Stelle, die Eiskante ist zu hoch. Als Standort für ihre Winterstation wählen sie daher einen großen Eisberg, der mit dem Schelfeis verbunden ist. Mitte Februar ist das Camp errichtet, die Forschungsarbeiten können beginnen. Doch es kommt anders. «Morgens hub ein Krachen an, als ob ein Dutzend Kanonen abgeschossen wären», schreibt Filchner in seinem Reisebericht. Durch eine Neumondspringflut ist der Meeresspiegel zwei bis drei Meter angestiegen – das Schelfeis zerbirst. Was für Gewalten, die so eine gewaltige Eismasse zerstören können! Die Mannschaft der „Deutschland" wird Zeuge, wie die großen Tafeleisberge entstehen, über die sich vor rund 150 Jahren schon ▶ James Cook gewundert hat.

Mit Mühe können sie ihre Ausrüstung bergen, das Schiff ist mehrmals in großer Gefahr. Kapitän Vahsel beschließt, in Südgeorgien zu überwintern. Filchner muss sich ihm beugen, denn auf See hat dieser das Kommando. Doch auf dem Weg dorthin frieren sie im Packeis ein. Die Stimmung ist gedrückt, einige Männer bekommen einen regelrechten Polarkoller. «G. total betrunken, droht mit Schusswaffe. Durch diesen Auftritt starke Spannung an Bord», so lautet ein Eintrag in Filchners Tagebuch. Im April errichten die Männer eine Forschungsstation auf dem Packeis, führen meteorologische und erdmagnetische Messungen durch. Der Ozeanograph misst die Tiefentemperatur und Strömungen des Meeres. Die Tage verlaufen regelmäßig, wie ein Uhrwerk. Sie treiben mit einer Driftgeschwindigkeit von 8,5 Seemeilen am Tag nach Norden. Erst im November können sie sich mit Hilfe von Sprengungen aus dem Eis befreien.

Wieder zu Hause gelingt es Filchner nicht, genug Geld für eine zweite Antarktisexpedition aufzutreiben. Doch 70 Jahre später wird auf dem „Filchner-Ronne-Schelfeis" eine Forschungsstation errichtet und nach dem Entdecker benannt. Ironie der Geschichte: 1998 bricht der Teil des Schelfeises ab, auf dem das Camp steht. Es muss abgebaut werden.

Im Jahr 1925 wendet sich Filchner wieder Zentralasien zu. Mit zwei Planwagen, von je drei Pferden gezogen, fährt er durch einsame Steppen und Wüsten. Manchmal sinken die Wagen bis zu den Achsen im Sand ein. Er legt 160 Stationen an, die er erdmagnetisch vermisst. Immer wird er misstrauisch beäugt von Menschen, die jedem Fremden erst einmal feindlich gesonnen sind und ihn oft genug bedrohen, weil sie ihn für einen Spion halten. Nach gut zwei Jahren hat er 6000 Kilometer zurückgelegt.

Von 1934 bis 1938 vertieft er seine Forschungen in Tibet auf einer weiteren Expedition. Ein Jahr später reist er nach Nepal, um das Reich im Auftrag des Maharadschas zu vermessen. Mit Ochsen und Elefanten zieht er durch Berge und Dschungel, die vor ihm noch kein Europäer betreten hat.

Nach Ende des Zweiten Weltkriegs erhält Filchner in Indien Asyl. Er zieht nach Poona und arbeitet an seinen Veröffentlichungen. Er kehrt erst 1951 nach Europa zurück.

Filchner forscht in der Antarktis: Zusammen mit Alfred Kling hat er am Weddellmeer neues Land entdeckt: das Prinzregent-Luitpold-Land (links). Filchner forscht in Zentralasien: In den abgeschiedenen tibetischen Siedlungen beobachtet er die Menschen bei ihrer täglichen Arbeit – hier Frauen beim Weben (unten). Doch um sich nicht zu verzetteln, führt er keine ethnologischen Studien durch. Sein Forschungsschwerpunkt sind geophysikalische Messungen. Filchner unternimmt insgesamt drei Expeditionen durch Tibet.

MATTHEW FLINDERS

1774–1814

Lebensdaten
1774 Geburt in Donington (England).
1789 Eintritt in die britische Marine.
1791–93 Reise nach Tahiti unter dem Kommando von William Bligh.
1794 Erste Reise nach Australien.
1795–96 Entdeckungsfahrten vor der australischen Westküste.
1798–99 Erste Umsegelung Tasmaniens.
1801–03 Erste Umsegelung Australiens. Rückreise. Gefangennahme durch den Franzosen auf Mauritius.
1810 Freilassung aus französischer Gefangenschaft.
1814 Tod in London.

Als er vor der Küste Australiens eintrifft, weiß noch niemand, wie es wirklich um dieses Land steht. Am Ende seiner Reise hat der Kontinent seinen heutigen Namen und die allen bekannten Konturen.

Er nimmt Peilungen vor, zeichnet, rechnet, korrigiert Eintragungen. Doch die wahre Gestalt dieses Kontinents, der seinen Namen Australien von Matthew Flinders erhalten wird, liegt noch im Verborgenen. Der Kapitän, hoch oben im Mast der „Investigator", sorgt mit brennendem Ehrgeiz dafür, dass das nicht so bleibt.

Schon sein erstes Abenteuer hat ihn, nach einer wenig verheißungsvollen Dienstzeit auf Schiffen, die kaum einmal den Hafen verließen, mit bemerkenswerten Menschen in Verbindung gebracht. Einem von ihnen, ▶ WILLIAM BLIGH, ging der Ruf des rücksichtslosen Antreibers voraus, aber auch der eines Manns, dessen seemännische Fähigkeiten und navigatorische Kenntnisse untadelig waren. Unter seinem Kommando, an Bord der „Providence", ist Flinders erstmals mit Australien in Berührung gekommen. Auf der Reise, einer Neuauflage der gescheiterten Mission der „Bounty", sollte mit der „Providence" und der von Kapitän Portlock befehligten „Assistant", noch einmal versucht werden, Schösslinge des Brotfruchtbaums von Tahiti nach Westindien zu bringen. «Wahrscheinlich», notiert Flinders Jahre später über die Passage durch die Torresstraße, die einmal fast ein Heimatgewässer für ihn sein wird, «enthalten keine dreieinhalb Längengrade mehr Gefahren…, aber mit Vorsicht und Ausdauer überwanden Bligh und Portlock sie in einer annehmbaren Zeit.»

Flinders erweist sich als ein gelehriger Schüler. 1794, er ist gerade 20 geworden, befindet er sich an Bord der „Reliance". Das Schiff soll den neuen Gouverneur der Kolonie Neusüdwales, John Hunter, nach Port Jackson bringen. Die Reise verläuft nicht, wie noch unter Bligh drei Jahre zuvor, um das Kap der Guten Hoffnung, sondern über Rio de Janeiro. Eine neue Weltordnung ist nach der Revolution in Frankreich im Entstehen begriffen. Republikanische Truppen sind dabei, die Niederlande an sich zu reißen. In England rechnet man damit, dass auch die Kolonien der Holländer im südlichen Afrika und in Südostasien früher oder später unter französischen Einfluss geraten. Hunter urteilt in der Angelegenheit anders. Das wirkliche Augenmerk der Franzosen, glaubt er, sei nicht auf das Kap und Niederländisch-Indien gerichtet. Vielmehr seien sie an einer raschen Erkundung und Einnahme der noch unerforschten Gebiete des fünften Erdteils interessiert. Man müsse daher, um den französischen Rivalen zuvorzukommen, den Kontinent schnellstmöglich und in eigener Regie umfassend kartographieren und kolonisieren.

Am 26. Oktober 1795 sticht von Port Jackson, dem Sitz des Gouverneurs, ein Boot in See, bei dessen Anblick mancher geglaubt haben mag, es ginge der Besatzung entweder um eine Vergnügungsfahrt oder darum, die großen Entdeckungsreisen in einer Parodie darzustellen. An Bord befinden sich Flinders, dazu der Schiffsarzt der „Reliance", George Bass, und dessen Diener, ein Junge namens William Martin. Das Boot war von Bass aus Plymouth mit der „Reliance" nach Port Jackson überführt worden. Den Bewohnern der Kolonie, überwiegend Sträflinge, ist es untersagt, eigene Fahrzeuge zu bauen. Bass, der wie Flinders auf eine fast kindliche Weise davon träumt, seinen Namen irgendwann im „Buch der Geschichte der Entdeckungen" zu finden, hat sein 2,4 Meter langes und 1,5 Meter breites, als Schoner getakeltes Schiffchen auf den durch und durch realistischen Namen „Tom Thumb" (= Däumling) getauft. Die drei jugendlichen Entdecker schaffen es auf Südkurs bis zur nicht allzu weit gelegenen Botany Bay. Die Genugtuung steht ihnen ins Gesicht geschrieben: In dieser Bucht hatte ▶ James Cook am 19. April 1770, von Neuseeland kommend, Anker gelegt und die erste zeitweilige britische Siedlung auf dem australischen Festland errichtet. Nach ihrer Rückkehr ist Gouverneur Hunter so beeindruckt von Flinders' Kartenskizzen, dass er am Georges River die Siedlung Bankstown anlegen lässt.

Das nächste Schiff, schon ein wenig größer, trägt wieder den Namen „Tom Thumb". Auf dieser Reise finden sie ein Steinkohlevorkommen und eine Insel, die sie, nun schon Entdecker mit Namensrecht, nach dem jüngsten Besatzungsmitglied Martin Island benennen. Danach segelt Bass allein zu der Bucht, an der später Melbourne entsteht. Flinders führt vor Tasmanien, damals noch Van-Diemens-Land, Vermessungen durch. Die drei Freunde können aber voneinander nicht lassen. Der vierte im Bunde, Gouverneur Hunter, empfindet mittlerweile nur noch Wohlwollen für sie. Er stellt ihnen ein richtiges, mit 25 Tonnen vermessenes Schiff, die „Norfolk", zur Verfügung. Mit diesem wird vom 7. Oktober 1798 bis zum 11. Januar 1799 Tasmanien erkundet. Flinders' Karten zeigen, als sie zurückgekehrt sind: Van-Diemens-Land ist eine eigene, vom fünften Erdteil

Drei Freunde auf Entdeckungsfahrt: Mit der „Tom Thumb", einem winzigen Boot, erforschen Matthew Flinders, George Bass und William Martin im Oktober 1795 die australische Ostküste.

***Banksia coccinea*, ein Gewächs aus der Gattung der *Proteaceae*, benannt nach Flinders' Gönner und Förderer, dem Botaniker Sir Joseph Banks. Darstellung nach einer von Flinders während seiner Umsegelung Australiens angefertigten Skizze.**

durch eine Meerenge getrennte Insel. Im „Buch der Geschichte der Entdeckungen" stehen dazu bis heute die folgenden Namen: Hunter Islands, Flinders Island und, für die Meerenge, Bass-Straße. Aus jugendlichen Träumern sind wirkliche, respektable Entdecker geworden.

Flinders' Selbstbewusstsein ist grenzenlos, als er am 26. August 1800 in Plymouth eintrifft. Er veröffentlicht sein Material mit einer Widmung an Sir Joseph Banks. Banks hatte Cook als Botaniker auf dessen erster Reise begleitet. Jetzt amtiert er als Präsident der Royal Society und berät König Georg III. in allen wissenschaftlichen Fragen. Am 6. September erhält Banks von Flinders, einem 26 Jahre alten Nobody aus der Royal Navy, einen für damalige Verhältnisse bemerkenswert respektlosen Brief. Er verweist darin auf die Notwendigkeit, Australien endlich wenigstens in seinen Küstenlinien zur Gänze zu erforschen. Für diesen Fall stünden seine Dienste uneingeschränkt zur Verfügung. Was Flinders nicht wissen kann: Frankreich hat Großbritannien zu dem Zeitpunkt um freies Geleit für eine Expedition nach Neuholland gebeten. Die Zeichen stehen günstig für ihn, weil Kapitän Nicolas Baudin, der Kommandeur dieses noch vom inzwischen 70 Jahre alten ▶ Louis Antoine de Bougainville angeregten Unternehmens, schon am 19. Oktober aus Le Havre auslaufen soll. Flinders wird vom Fleck engagiert. Am 19. Januar 1801 wird er zum Kommandanten der „Investigator" bestimmt. Am 16. Februar versetzt man ihn in den Rang eines Kapitäns, am 18. Juli verlässt das Schiff Spithead-Reede. Der Wettlauf um Australien beginnt.

In den folgenden Tagen und Wochen steht Flinders rastlos ganz oben im Mast. Er lässt Boote aussetzen, peilt, lotet, zeichnet, rechnet, gleicht ab, schafft ein Kartenwerk, das wegen seiner Genauigkeit noch bis in die Zeit des Zweiten Weltkriegs seine Gültigkeit behält. Manche seiner unglaublich präzisen Zeichnungen finden sich noch heute auf den British Admiralty Charts. Mit gespannter Aufmerksamkeit umrundet er als Erster den gesamten australischen Kontinent, von dem manche noch glauben, dass er aus zwei durch eine Meerenge getrennten Teilen bestehe. Flinders beseitigt auch diese Legende. Am 8. April 1802 trifft er in der Encounter Bay auf das französische Schiff „Le Géographe" unter dem Kommando von Nicolas Baudin. Die Franzosen begreifen, dass sie, trotz ihres Vorsprungs, gegen diesen umtriebigen und kenntnisreichen Konkurrenten nur wenig werden ausrichten können.

Flinders' Unternehmen führt dazu, dass am Ende ganz Australien einen Umriss auf den Landkarten hat. Die Aufnahme einiger Küstenabschnitte im Carpentariagolf bleibt ihm verwehrt, weil er mit der „Investigator", die nicht mehr seetüchtig ist, nach Timor abdrehen muss. Er kehrt nach Port Jackson zurück, gibt das Schiff auf, havariert als Passagier an Bord der „Porpoise" an Wreck Reef, nimmt stattdessen die „Cumberland", ohne zu ahnen, dass sich England und Frankreich mittlerweile im Krieg befinden, und wird für sechseinhalb Jahre auf der damals französischen Insel Mauritius in den Kerker geworfen. Als 1814 in London das Protokoll seiner Reise erscheint, hat er, erst 40 Jahre alt, auf dem Sterbebett bereits das Bewusstsein verloren. Matthew Flinders hat Australien zu seinem kartographischen Gesicht und seinem geographischen Namen verholfen.

John Franklin

1786–1847

Er ist kein ehrgeiziger Draufgänger, eher ein umsichtiger Kapitän. Aber seine Fahrt ins Eismeer wird zum Mythos. Der Engländer sucht die Nordwestpassage, um Amerika zu umsegeln. Doch seine Expedition kehrt nie zurück.

Er soll Theologe werden, finden die Eltern. Doch John Franklin zieht es zur See. Schon mit knapp 15 Jahren tritt er in die englische Marine ein. 1801 bereitet ▶ Matthew Flinders eine Expedition nach Australien vor. Er nimmt John, seinen Neffen, mit ans andere Ende der Welt. Erst drei Jahre später kehrt der junge Seemann nach England zurück.

Als 19-Jähriger zeichnet er sich 1805 bei der Schlacht von Trafalgar durch Tapferkeit aus. Die Admiralität befördert ihn zum Leutnant. Es ist die Zeit der napoleonischen Kriege, auch in Amerika kämpft England gegen Frankreich. 1815 wird Franklin beim Angriff auf New Orleans schwer verwundet.

Nach dem Sieg über Napoleon und der Neuordnung Europas auf dem Wiener Kongress ist England nun die unbestrittene Weltmacht. Die Kriegsflotte wird abgebaut, man kann sich mehr den Forschungsreisen widmen. Unter David Buchan nimmt Franklin 1818 an seiner ersten Polarexpedition teil. Der Auftrag der britischen Admiralität lautet, mit den Schiffen „Dorothea" und „Trent" den Nordpol zu erreichen. Aber es geht um mehr als den Pol. Man hofft auf eine nördliche Passage in den Pazifik, vielleicht sogar auf ein eisfreies Polarmeer.

Franklin ist der Kommandant der „Trent". Die Expedition segelt nach Spitzbergen. Jenseits von 75 Grad nördlicher Breite schneit es. Die Takelage vereist, die Besatzung schlägt mit Stöcken auf die Taue, um sie beweglich zu halten. Bei minus 81 Grad verkeilen sich die Eisschollen ineinander. Buchan gibt den Befehl zur Umkehr. Eis kann ein unbezwingbarer Gegner sein. Franklin hat sich als guter Kapitän ausgezeichnet – und erhält gleich seinen nächsten Auftrag.

1819 soll er östlich der Mündung des Coppermine River die Nordküste Kanadas erkunden. Er zieht vom Großen Sklavensee nach Norden. An der Küste vermisst er 550 Seemeilen unbekanntes Land. Der Rückweg wird für einen Teil seiner Leute zum Todesmarsch. Neun der ursprünglich 20 Männer sterben. Franklin ist drei Jahre unterwegs gewesen. In England wird er berühmt als „der Mann, der seine Stiefel aß".

Im Jahr 1825 startet er zur nächsten Überlandexpedition in den Norden Kanadas. Diesmal soll er von der Mündung des Coppermine River die Küste nach Westen hin kartieren. Er fährt den Fluss Mackenzie River hinauf, wochenlang durch weite Wälder. An Stromschnellen müssen die Boote herumgetragen werden. An der Mündung des Flusses teilt sich im nächsten Jahr die Gruppe. John Richardson erforscht nach Osten hin die Küste bis zum Coppermine River. Franklin zieht nach Westen weiter, gelangt bis Herschel Island bei 140 Grad westlicher Länge. Bei ungefähr 150 Grad, am Point Beechey im heutigen Alaska, muss er umkehren.

Lebensdaten

1786 Geburt in Spilsby (England).
1800 Eintritt in die englische Marine.
1801–04 Expedition mit Matthew Flinders nach Australien.
1805 Teilnahme an der Schlacht von Trafalgar.
1818 Expedition nach Spitzbergen unter David Buchan.
1819–22 Erste Landexpedition in Nordkanada: von der Mündung des Coppermine River nach Osten.
1825–27 Zweite Landexpedition in Nordkanada: von der Mündung des Mackenzie River bis Point Beechey.
1836–43 Gouverneur von Van-Diemens-Land.
1845–48 Expedition zur Suche der Nordwestpassage.
1847 Tod auf dem Packeis nordwestlich von King William Island.

Der Winter naht – es ist Mitte August. Die beiden Gruppen treffen sich wieder, überwintern gemeinsam in einem Blockhaus. Im September 1827 sind sie zurück in England. Sie haben 2000 Seemeilen neues Küstengebiet kartiert – ein großer Erfolg. Franklin wird zum Kapitän befördert und geadelt. Er heiratet Jane Griffin, die selber weit gereist ist. 1830 erhält Sir Franklin das Kommando über eine Fregatte des englischen Mittelmeergeschwaders. Von 1836 bis 1843 ist er Gouverneur in Van-Diemens-Land (später Tasmanien).

Ab 1844 bemüht sich Franklin erneut um das Kommando einer geplanten Arktisexpedition. Zunächst gibt es von offizieller Seite Einwände wegen seines Alters. Der Kapitän zählt immerhin schon 58 Jahre. Doch schließlich soll er eines der letzten großen geographischen Rätsel klären. Wo verläuft die Nordwestpassage – und ist sie schiffbar?

Der Mythos einer nördlichen Route um Amerika beschäftigt die Menschen seit Jahrhunderten. Schon 1497 bis 1498 versuchte der Italiener ▶ GIOVANNI CABOTO im hohen Norden nach Westen zu gelangen. Wahrscheinlich kam er bis Neufundland. In den ersten Jahren des 16. Jahrhunderts unternahmen die Portugiesen drei Versuche, eine Passage im Nordpolarmeer zu finden. Im 17. Jahrhundert startete ▶ HENRY HUDSON drei vergebliche Expeditionen. Robert Bylot und William Baffin erreichten 1615/16 im Baffinmeer 78 Grad nördlicher Breite. Es dauerte 200 Jahre, bis das wieder jemand schaffte. 1619 überwinterte der Däne Jens Munk in der Hudsonbai. Von den 65 Teilnehmern seiner Expedition überlebten nur zwei. Zumindest von dieser Bucht aus schien eine Querung des Kontinents nach Westen also nicht möglich.

Im 18. Jahrhundert suchte ▶ JAMES COOK im Beringmeer nach einem möglichen Weg in den Osten – ebenfalls umsonst. John Ross scheiterte 1818. Ein Jahr später startete Edward Parry eine Seeexpedition, die beim Viscount Melville Sound immerhin 113 Grad westliche Länge erreichte – aber das Geheimnis der Nordwestpassage war immer noch nicht gelüftet.

Unzählige Männer haben auf der Suche ihr Leben gelassen. Nun will John Franklin schaffen, was keiner vor ihm geschafft hat. Er bekommt die eistauglichsten Schiffe seiner Zeit. Die „Erebus" und die „Terror" – aus Holz, aber mit eisenverstärktem Bug – waren mit ▶ JAMES C. ROSS schon erfolgreich in der Antarktis. Jetzt werden die Barken noch einmal generalüberholt. Es wird eine Dampfmaschine eingebaut, die die Crew

Die 105 Expeditionsteilnehmer, die noch am Leben waren, verlassen am 22. April 1848 ihre Schiffe. Sie wollten zur Mündung des Great Fish River (Back River) und von dort in bewohnte Gebiete gelangen. 35 Männer erreichten die später so genannte *Starvation Cave* (Hungerhöhle). Einige von ihnen, so berichten Inuit später, fielen beim Laufen einfach um und starben. Knochenfunde lassen auf Fälle von Kannibalismus schließen.

Unzählige Rettungsmannschaften wurden der verschollenen Franklin-Expedition bis in die fünfziger Jahre des 19. Jahrhunderts hinterhergeschickt – hier ein Suchtrupp in seinem Winterquartier am Nordpol. Forscher beschäftigten sich bis in die jüngste Zeit mit dem tragischen Ausgang der Polarfahrt.

unabhängig vom Wind macht. Die damit betriebene Schiffsschraube kann bei Eis in einen Schacht im Bootskörper hochgehievt werden. Rohre werden im Schiff verlegt, durch die sich dampferhitztes Wasser leiten lässt, so dass einige Räume beheizbar sind. Die Expedition ist auf dem neuesten technischen und wissenschaftlichen Stand.

Es ist das 19. Jahrhundert, das viktorianische England ist stolz auf seine Fortschritte. Geomagnetische Messungen und meteorologische Beobachtungen sollen durchgeführt werden. Auch ein Naturkundler ist an Bord. Jedes Schiff hat eine Bibliothek mit mehr als 1000 Büchern – und eine Drehorgel, die 50 Melodien spielen kann. Vorräte für drei Jahre sind geladen, darunter gut 62 Tonnen Mehl, 4200 Liter Zitronensaft gegen Skorbut und als neueste Errungenschaft 8000 Konservendosen mit eingekochtem Fleisch.

Das ganze Land glaubt an das gute Gelingen, als die „Erebus" und die „Terror", begleitet von dem kleineren Vorratsschiff „Baretto Junior", am 19. Mai 1845 in See stechen. Die erfahrene Besatzung – 134 Mann – ist hoch motiviert. Ausschließlich Freiwillige nehmen an der Reise teil. Sie segeln zunächst zur Disko-Insel vor Grönlands Westküste. Hier werden die Vorräte auf die beiden großen Schiffe verteilt, und die „Baretto Junior" kehrt nach Hause zurück. Der dritte Offizier James Fitzjames gibt deren Kapitän sein Tagebuch mit: «Wir sind sehr glücklich und sehr stolz auf Sir John Franklin. Er gewinnt noch, je näher wir ihn kennen lernen.» Von der Disko-Insel geht es weiter nach Norden. Danach werden die beiden Schiffe nur noch zweimal von Walfängern gesichtet – dann nie wieder.

Das genaue Schicksal der Expedition bleibt ungeklärt. Nur ein einziges Schriftstück wird gefunden, mit dessen Hilfe sich der katastrophale Verlauf der Reise rekonstruieren lässt – bis zu dem Tag, an dem die Mannschaft das Schiff verließ. Franklin war zu diesem Zeitpunkt schon zehn Monate tot.

Die Reise verläuft zunächst gut. Durch den Lancaster Sound und den Wellington Channel stößt Franklin ohne Probleme bis 77 Grad nördlicher Breite vor. Dann aber wird er von den wachsenden Eismassen gestoppt. Er dreht nach Süden um, umrundet Cornwallis Island und überwintert auf Beechy Island. Hier sterben drei seiner Leute. Danach fährt Franklin vermutlich 75 Seemeilen nach Südwest in den Peel Sound, von dort aus weitere vier Breitengrade nach Süden. Im Herbst 1846, 20 Seemeilen nördlich von Cape Felix, geraten die Schiffe ins Packeis. Wahrscheinlich hacken die Männer sie wieder frei, sägen das Eis auf, kämpfen gegen die Naturgewalt – und frieren dennoch ein. Dabei haben sie noch Glück, dass die Schiffe nicht zerbersten.

Sie überwintern ein zweites Mal. Aber auch im Sommer 1847 tauen die Eismassen nicht auf. Franklin stirbt im Juni. Sie überwintern ein drittes Mal. Was das heißt, ist kaum zu beschreiben: Dunkelheit, klirrende Kälte, kein Zeitgefühl, Todesangst. Die Eisdrift schiebt die Schiffe etwa 30 Seemeilen nach Südsüdwest. Sie sind nur noch zwölf Seemeilen von der Nordwestküste von King Williams Land entfernt. Am 22. April 1848 verlassen sie die Schiffe.

Heute weiß man, dass King Williams Land eine Insel ist. Hätte Franklin versucht, östlich an ihr vorbeizusegeln, wäre er aus dem Eis freigekommen. Denn auf dieser Seite taut es im Sommer regelmäßig auf. Heute weiß man auch, dass dort die Nordwestpassage verläuft. Hinterher ist man immer schlauer. So aber nahm die größte Tragödie, die sich je auf einer Polarfahrt ereignet hat, ihren Lauf.

Vielleicht hatten die Männer aber auch eine Bleivergiftung und waren deshalb zu schwach, um zu überleben. Die Vorratskonserven wurden damals mit diesem Metall zusammengelötet. In den Leichen auf Beechy Island fand sich eine stark erhöhte Bleikonzentration.

□ **Artikel in NATIONAL GEOGRAPHIC: „On Canada's Hood River" (Januar 1986).**

JOHN CHARLES FRÉMONT

1813–1890

Mit fünf Expeditionen erforscht er riesige Räume im Westen der USA. So bahnt er Millionen von Siedlern den Weg in eine neue Zukunft. In Kalifornien lässt sich der Wissenschaftler in politische Machtkämpfe ein – und scheitert.

Lebensdaten
1813 Geburt in Savannah (Georgia).
1842 Erste Expedition: Erkundung des Kansas River und Platte River. Kartierung des South Pass.
1843–44 Zweite Expedition: Erforschung des Großen Salzsees. Kartierung des Großen Beckens.
1845–47 Dritte Expedition: Überquerung der Sierra Nevada nach Kalifornien. Verwicklung in den Krieg zwischen USA und Mexiko.
1848 Vierte Expedition: San Juan Mountains. Umkehr wegen Schneesturms.
1853 Fünfte Expedition: Wasatch Range.
1856 Präsidentschaftskandidat der Republikaner.
1878–83 Territorialgouverneur von Arizona.
1890 Tod in New York.

Er lernt einfach zu schnell, finden seine Lehrer. Er stürmt ja geradezu durch die Bücher. Zwei Bände von Livius, das halbe Werk von Virgil, dazu Cäsar, Nepos, Sallust, Horaz, dazu die komplette „Ilias" von Homer – das alles frisst er in einem einzigen Jahr in sich hinein. Klassenbester bei den Klassikern, keine Frage. «Das Griechische», schreibt er in reiferen Jahren, «hatte einen geheimnisvollen Charme – hinter den seltsamen Buchstaben, die zu einer alten Welt gehörten, steckten ganz wundervolle Dinge.»

Aber der Junge ist alles andere als ein Streber. So schnell, wie neuer Stoff ihn fasziniert, lässt er ihn auch hinter sich. Immer nur weiter zu neuen Ufern, sei es Botanik, Physik oder Chemie. Neue Formeln, neue Experimente – nicht das Anwenden, sondern das Ausprobieren ist wichtig. Solidität ist ihm zuwider. Er schwänzt tagelang das College, eines Mädchens wegen. John Charles Frémont ist halt die Frucht eines französischen Vagabunden und einer impulsiven Frau aus Virginia. Drei Monate vor dem Abschluss fliegt er von der Schule – wegen «ständiger Unregelmäßigkeit und unverbesserlicher Nachlässigkeit». Nein, mit einer schnurgeraden Karriere wird es wohl nichts werden.

Aber Pionierzeiten bieten auch ganz andere Chancen. In rasendem Tempo wachsen die USA zu einem immer größeren Staat heran. Westlich von Mississippi und Missouri liegen riesige Landflächen brach, von Osten her drängen Einwanderer in Scharen dorthin. Aber wo sind die besten Wege? Wo schiffbare Flüsse? Wo die besten Plätze für Forts? Wo ist der fruchtbarste Boden? Wo gibt es welche Vegetation? Die Karten über Amerikas Westen sind im ersten Drittel des 19. Jahrhunderts großenteils noch unbeschrieben.

Sicher sind schon viele Waldläufer und Pelzhändler tief in den Westen vorgedrungen. ▶ Peter Skene Ogden hat das Große Becken durchquert, ▶ Stephen H. Long eine Route vom Platte River zu den Rocky Mountains gefunden, ▶ Jedediah Smith den South Pass überwunden, über den nun der berühmte Oregon Trail zum Pazifik hin verläuft. Aber Karten und Koordinaten, präzise Daten und detaillierte Beschreibungen haben all diese Pioniere kaum geliefert. Sie waren eben eher Trapper, keine Wissenschaftler. Das ist die Lücke, in die Frémont stößt. Hier kann er seine Lust, Geheimnisse zu entschleiern, austoben.

Im Jahr 1838 findet er Aufnahme im Topographencorps der USA. Er hilft bei Vermessungen für die geplante Eisenbahnstrecke von seiner Heimatstadt Charleston nach Cincinnati. 1839 nimmt er an der

Expedition von Joseph Nicolas Nicollet teil, der das Becken des oberen Mississippi kartiert. 1841 führt er eine Gruppe von Topographen an den Unterlauf des Des Moines River. Und dann bekommt er, durch die Heirat mit Jessie Benton, einen Schwiegervater, der zur Schlüsselfigur in seinem Leben wird. Thomas Hart Benton, Senator von Missouri, ist auf dem politischen Parkett in Washington eine der Hauptfiguren, die eine möglichst schnelle Expansion nach Westen propagieren. Benton kennt Frémonts Talente. Er verschafft ihm das Kommando über eine erste große Expedition. «Ich merkte», schreibt Frémont später, «dass ich in den Strudel wichtiger politischer Ereignisse gezogen wurde.»

Im Mai 1842 zieht er von St. Louis mit 21 Mann nach Westen. Der deutschstämmige Topograph Charles Preuss wird für Jahre sein wissenschaftlicher Assistent werden, der Kit Carson, von schottisch-irischer Herkunft, sein unersetzlicher Führer. Frémont und Carson ergänzen sich auf nahezu perfekte Weise: hier der brillante, leidenschaftliche, ungestüme Forscher, dort der nüchterne, ehrliche, loyale Trapper, der nicht einmal lesen und schreiben, aber sich in jedem Gelände bewegen kann. Diese erste Expedition ist wie ein Vorspiel. Sie dauert nur dreieinhalb Monate, wird aber ein voller Erfolg. Frémont vermisst die Täler bis zum South Pass, durch die schon die ersten Siedlerkolonnen ziehen, und steigt in die Wind River Range.

Die zweite Expedition, mit 39 Mann, beginnt 1843 und ist eine ganze Nummer größer. Frémont erkundet den Großen Salzsee und räumt mit Legenden auf, die auch seine eigenen Leute bis dahin geglaubt haben. Der See hat keinen furchterregenden Wasserwirbel, durch den er auf unterirdischen Wegen mit dem Pazifik in Verbindung steht. Und die vermeintlichen Pelikane auf einer Felseninsel im See entpuppen sich als niedrige, von Seesalz geweißte Klippen, als der Forscher sich ihnen mit einem Gummiboot nähert. In dieser Region gibt es, wie Frémont notiert, nicht nur große Trockengebiete, sondern auch Wälder und Beeren sowie fruchtbaren Boden. Schon vier Jahre später wird Brigham Young die ersten Mormonen hierher führen.

Frémont zieht weiter durch Berge, Prärien und Sümpfe, sucht eine kürzere, direkte Route hinüber nach Kalifornien. Doch Schneefälle zwingen ihn zu Umwegen. Noch nie hat ein Weißer die Sierra Nevada im Winter überquert. Indianer warnen ihn vor diesem Versuch. Doch Frémont treibt seine Truppe unbarmherzig voran. Die Pferde müssen sich durch anderthalb Meter hohen Schnee wühlen. Viele Expeditonsteilnehmer werden schneeblind und können nur mit schwarzen Tüchern vor den Augen weiterlaufen. Von

Sieg über Schnee und Eis: Nach einem qualvollen Aufstieg überwinden Frémont und seine Leute im Winter 1842 die Rocky Mountains.

Ein Indianer zeigt Frémont den Weg zu den Bergen. Zwar haben vor ihm schon viele Trapper den amerikanischen Westen durchstreift. Doch bis zu seinen Expeditionen gibt es von den neuen Gebieten kaum präzise Daten.

63 Pferden und Maultieren bleiben 30 auf der Strecke. Doch Frémont schafft es über den Pass. Am 6. März kommt er nach Nueva Helvetia, dem Fort des Schweizers Johan August Sutter, auf dessen Grund vier Jahre später der erste Goldfund gemacht werden wird. Frémont notiert und kartiert – nicht ahnend, dass hier schon bald der Goldrausch und die ganz großen Züge mit Ochsenkarren einsetzen werden.

Frémont macht einen großen Bogen, um zum Ausgangspunkt der Reise zurückzukehren: Walker Pass, Mojave und Virgin River, Wasatch Range, Utah Lake, Muddy Pass, Colorado-Oberlauf, schließlich das Quellgebiet des Arkansas River. Am 6. August 1844 ist er wieder in St. Louis.

In Kalifornien bahnt sich die Entscheidung in einem unvermeidlichen Konflikt an. Die Nachfolger der spanischen Kolonisatoren, die unter ▶ Junípero Serra die Küste besiedelten, sehen mit Unmut den anschwellenden Strom von neuen Siedlern, die aus dem Osten über die Berge drängen. Formell gehört das Land noch zu Mexiko, das 1821 unabhängig wurde. Doch der Druck der englischsprachigen, protestantischen Pioniere, die die katholischen *latinos* an der Küste meist für Faulenzer halten, wird immer stärker. Es ist nur noch die Frage, wie Washington das Gebiet erwerben wird – mit Geld oder Waffengewalt.

Mit seiner dritten Expedition schlittert Frémont voll in die Auseinandersetzungen. Diesmal hat er 62 Leute und 200 Pferde unter seinem Kommando. 1845 quert er die Sierra Nevada am Thunder Pass, im Herbst 1845 erreicht er die Monterey Bay. Die mexikanischen Behörden verweisen ihn des Landes, weil sie fürchten, dass er mit amerikanischen Siedlern eine Revolte vorbereiten soll. Frémont weicht zunächst nach Oregon aus, erhält dann aber den Auftrag, nach Kalifornien zurückzukehren. Die ersten Kämpfe mit Mexiko sind ausgebrochen. Auf dem Weg wird die Truppe am Upper Klamath Lake von Indianern überfallen. Als Rache dafür lässt er ihr Dorf in Flammen aufgehen. Doch dies ist jetzt nur noch ein Nebenkriegsschauplatz. In der Stunde, da sich Kaliforniens Schicksal entscheidet, will Frémont nicht mehr nur Forscher sein. Mit seinen gut bewaffneten Leuten mischt er auf Seiten der Aufständischen mit.

Als die Amerikaner Kalifornien an sich gerissen haben, gerät Frémont in die Mühlen interner Machtkämpfe. Robert Field Stockton, der amtierende Gouverneur, und General Stephen Watts Kearny, dessen Rivale und der neue starke Mann, erteilen ihm widersprüchliche Befehle. Frémont wird von Stockton 1847 zum Zivilgouverneur ernannt – und steht ein Jahr später wegen Befehlsverweigerung vor dem Kriegsgericht, das ihn für schuldig befindet. Doch Präsident James Polk rehabilitiert ihn bald darauf.

Frémont unternimmt noch zwei weitere, weniger bedeutende Expeditionen. Beide dienen der Suche nach einer Eisenbahnroute von St. Louis nach San Francisco. 1848/49 wird er in den San Juan Mountains durch Schneestürme zur Umkehr gezwungen. 1853 erkundet er die Wasatch Range für den Streckenabschnitt im nördlichen Utah.

Seine politischen Ambitionen bringen ihm weniger Erfolg als seine wissenschaftlichen. 1856 verliert er die Präsidentenwahl als Kandidat der Republikaner. Von 1878 bis 1883 hält er den Posten eines Territorialgouverneurs von Arizona. Ansonsten lebt er fortan von Minen- und Eisenbahngeschäften. Für das amerikanische Volk geht er als *The Pathfinder* in die Geschichte ein. Damit ist eigentlich nicht „Pfadfinder" gemeint. Denn die Wege, die er kartiert, sind die Wege, auf denen der große Treck beginnen wird.

Vasco da Gama

1460–1524

Der Portugiese führt eine Flotte von vier Schiffen um das Kap der Guten Hoffnung. Als erster Europäer gelangt er auf dem Seeweg nach Indien. Er bricht das Monopol arabischer Händler. Portugal wird so zur Weltmacht.

Über Vasco da Gamas Leben vor seiner ersten großen Indienfahrt ist nicht viel bekannt. Sein Vater war Gouverneur von Sines, die Mutter englischer Herkunft. Da Gama junior dient vermutlich schon mit jungen Jahren in der portugiesischen Flotte. Seine Navigationskenntnisse sind ausgezeichnet. 1492 führt er einen Sonderauftrag für Portugals König Johann II. aus – zu dessen großer Zufriedenheit.

Die geographischen Entdeckungen im 14. Jahrhundert haben den Osten mit seinen sagenhaften Reichtümern in Europa bekannt gemacht. Italienische Stadtstaaten profitieren vom Orienthandel über das Mittelmeer. Seit Jahren ist es daher Portugals Bestreben, mit Schiffen über den Atlantik nach Indien zu gelangen – auch um die Zölle des Osmanischen Reichs zu umgehen, die den Landweg praktisch blockieren.

Technische Fortschritte haben den Kompass verbessert, die Küstenschifffahrt hat sich zur Seeschifffahrt gewandelt. ▶ Bartolomeu Diaz umsegelte bereits 1487 das Kap der Guten Hoffnung. Interne politische Querelen sowie der Konflikt mit dem Dauerkonkurrenten Spanien haben seither eine neue Expedition verhindert. Doch Kolumbus' Erfolge von 1492 bis 1493 setzen Portugal unter Zugzwang – zumal der Vertrag von Tordesillas (1494) dem Land auch noch Vorherrschaft über die östliche Seeroute nach Indien gewährt.

Ein Jahr später wird Emanuel I. König von Portugal. Er gibt das Indienunternehmen in Auftrag – unter dem Kommando von Vasco da Gama. Diaz überwacht den Bau der vier Karavellen. Da Gamas Flaggschiff ist die „São Gabriel“, sein Bruder Paulo kommandiert die „São Raphael“, dazu kommen die „Berrio“ und ein Versorgungsschiff.

Am 8. Juli 1497 sticht da Gama mit ungefähr 160 Leuten vom Tejo aus in See. Mit an Bord sind auch einige Strafgefangene – für besonders gefährliche Aufgaben. Diaz befehligt die Flotte bis zu den Kapverden. Sie schlagen einen weiten Bogen, zuerst nach Südwesten, dann nach Süden. Weit draußen auf dem Meer herrschen günstigere Windbedingungen als entlang der Küste. Dennoch befinden sich da Gama und seine Leute 13 Wochen auf offener See – länger als jemals ein europäisches Schiff vor ihnen, auch länger als Kolumbus bei seiner Atlantiküberquerung. 3 000 Kilometer sind sie vom afrikanischen Festland entfernt, einmal nur 1 000 Kilometer von Brasiliens Küste.

Anfang November landen sie in der St. Helena Bay vor dem Kapland. Die Aufzeichnungen – der *roteiro* – eines anonymen Mitreisenden berichten vom gemäßigten Klima, das dort herrscht. Das erste Mal treffen Europäer auf die Buschmänner der Region. Nach mehreren vergeblichen Anläufen gelingt es da Gama, am 22. November das Kap zu umrunden. In

Lebensdaten

1460 Geburt in Sines (Portugal).

1497–99 Erste Seefahrt nach Indien: Kapverdische Inseln, Kap der Guten Hoffnung, Mosambik, Malindi, Indien.

1502–03 Zweite Seefahrt nach Indien: Errichtung portugiesischer Handelsstützpunkte an der Ostküste Afrikas und der Südwestküste Indiens.

1524 Dritte Seefahrt nach Indien nach Ernennung zum Vizekönig.

1524 Tod in Cochin (Indien).

Bevor die Portugiesen 1498 von Calicut aus zurück in die Heimat segeln, kommt es mit dem indischen Machthaber zu Streitereien um Zölle und Handelswaren. Vasco da Gama setzt seine Artillerie ein, um aufbrechen zu können (oben). Im Anschluss segelt er nach Goa, um seine Schiffe reparieren zu lassen. Zu seiner Zeit sind Seefahrten ein riskantes Unternehmen. Selten kehren Flotten ohne Verluste in den Heimathafen zurück. Um das sturmumtoste Kap der Guten Hoffnung zu umschiffen (unten), braucht da Gama mehrere Anläufe. An der Spitze Afrikas treffen der Atlantische und Indische Ozean aufeinander.

Mossel Bay – die Bucht wurde von Diaz entdeckt – gehen die Schiffe vor Anker. Die Portugiesen errichten einen *padrao*, eine Steinsäule – die traditionelle Art, Land für ihre Krone in Anspruch zu nehmen. Erst nach einer Woche zeigen sich die Eingeborenen. Die Seeleute treiben Handel mit ihnen und frischen die Vorräte auf.

Weiter geht es nach Norden, der Küste entlang. Am 25. Dezember liegen sie vor einem Landstrich, den da Gama „Terra do Natal" nennt – Weihnachtsland. Eine südafrikanische Provinz wird später ihren Namen daher haben. Andernorts treffen die Portugiesen auf Afrikaner, die sich mit Kupferarmbändern schmücken. Sie nennen den Fluss, an dem diese leben, „Kupferfluss".

Ende Januar 1498 erreichen da Gama und seine Männer die Mündung des Sambesi – dort sehen sie die ersten Menschen mit Turbanen. Gut einen Monat später besuchen sie in Mosambik die Handelsstadt des Scheichs von Quiloa. Die Portugiesen sind in der südlichsten arabischen Einflusssphäre in Afrika angekommen. Als die Araber merken, dass die Ankömmlinge keine Muslime sind, brechen Feindseligkeiten aus. Sie fürchten das Eindringen der Fremden in ihr Handelsgebiet.

Die Portugiesen segeln weiter über Mombasa – wo sie ihre Kanonen einsetzen – nach Malindi ins heutige Kenia. Dort ist die arabische Bevölkerung freundlicher. Ihrerseits verfeindet mit den Arabern im Süden, hofft sie auf neue Bündnispartner. So gewinnt da Gama den erfahrensten Navigator des Indischen Ozeans für sein Vorhaben: Ahmdibn Mâjid begleitet die Portugiesen auf der Überfahrt nach Indien. Es weht ein günstiger Monsun. Nach 23 Tagen – am 20. Mai 1498 – erreichen sie das indische Calicut.

Hier gestaltet sich die Kontaktaufnahme wieder schwierig. Die bescheidenen Handelsgüter der Portugiesen ließen sich zwar in Afrika eintauschen, in Indien aber werden sie belächelt. Schließlich gelingt es da Gama doch noch, Pfeffer zu erstehen und das erste portugiesisch-indische Handelsabkommen abzuschließen.

Der Rückweg nach Afrika dauert dreimal so lange wie der Hinweg. Die Winde sind ungünstig, oft

herrscht Flaute. Auf der dreimonatigen Überfahrt erliegt ein Großteil der Mannschaft dem Skorbut. Zurück an der afrikanischen Küste – es ist bereits Januar – sind zu wenig Männer übrig, um alle drei Schiffe in die Heimat zu bringen. Da Gama lässt daher die „São Raphael" verbrennen.

Am 20. März 1499 umsegelt er das Kap der Guten Hoffnung, wieder ein schwieriges Unterfangen. Zwei Schiffe fahren direkt zurück nach Portugal. Er selber macht einen Umweg über die Azoren, da er sich dort Hilfe für seinen erkrankten Bruder erhofft. Dieser stirbt jedoch nach kurzer Zeit.

Da Gama trifft Anfang September in Lissabon ein, wo er von Emanuel I. ehrenvoll empfangen wird. Nur 55 Männer der ursprünglichen Besatzung haben die entbehrungsreiche Fahrt überstanden. Doch da Gama hat es geschafft. Er hat bewiesen, dass der Indische mit dem Atlantischen Ozean verbunden ist. Er hat die ersten Kontakte zum zukünftigen Handelspartner geknüpft. Für seine Verdienste wird er zum Admiral des Indischen Ozeans ernannt.

Für Portugal gilt es, den Anspruch auf die neue Route zu festigen. Schnell rüstet der König eine neue Flotte aus. Im März 1500 sticht sie unter dem Kommando von ▶ PEDRO CABRAL in See. Noch vor seiner Rückkehr werden weitere Schiffe – befehligt von João da Nova – hinterhergeschickt. Doch erst da Gama kann auf seiner zweiten Indienfahrt das portugiesische Handelsmonopol endgültig sichern. Am 10. Februar 1502 legt der Großteil der Flotte von der Tejo-Mündung ab. Sie besteht diesmal aus ungefähr 20 mit Kanonen bestückten Schiffen. Entdeckung, Handel, Krieg und Unterwerfung – schon zu Beginn der Kolonialzeit gehen sie oft nahtlos ineinander über.

Es locken die verführerischen Gewürze – Zimt, Ingwer, Pfeffer – und kostbare Edelsteine. Kein Land will diese Güter mit einer anderen Macht teilen, keines hat vor, viel dafür zu bezahlen. Da Gama unterwirft auf seiner zweiten Indienfahrt bereits in Afrika die Herrscher von Mosambik und verpflichtet sie zu Tributzahlungen. Arabische Stützpunkte werden geplündert, Handelsschiffe vernichtet. Auch die Stadt Cochin an Indiens Westküste muss sich der Oberhoheit Portugals unterwerfen und in Zukunft Tribut leisten.

Diesmal überquert da Gama den Indischen Ozean weiter südlich, entdeckt dabei die Seychellen und die Komoren. 1503 ist er wieder in der Heimat. Der Grundstein zu Portugals künftigem Reichtum ist gelegt. Der Gewinn gehört der Krone. Und die kann sich nun leisten, gleich wieder eine – noch stärkere – Flotte loszuschicken. Als Belohnung für seine Taten wird da Gama zum Grafen von Vidigueira erhoben.

Im Jahr 1524 schickt ihn die Krone zum dritten Mal nach Indien. Dort soll er als Vizekönig Portugals Macht vertreten. Seine Landsleute Francisco de Almeida und Affonso de Albuquerque haben die arabische Handelsmacht endgültig gebrochen. Portugal hat auf Ceylon – dem heutigen Sri Lanka – und Malakka neue Besitzungen erlangt. Da Gama stirbt jedoch schon nach kurzer Zeit in Cochin. Seine sterblichen Überreste werden 1538 in die Heimat überführt.

Vasco da Gama war nicht nur der erste Europäer, der Indien auf dem Seeweg erreichte. Er hinterließ nach seiner zweiten Fahrt auch die erste europäische Flotte im Indischen Ozean. Er leitete den Wandel im damaligen Welthandel ein – und damit eine Verschiebung der Mächte. Genua, Pisa und Venedig verloren langfristig ihren Einfluss. Lissabon entwickelte sich zum Zentrum des Gewürzhandels und damit zur größten Hafenstadt Europas. Die Heldentaten des Vasco da Gama wurden zum Nationalepos. Der Dichter Luís Vaz de Camões setzte ihm in seinem Werk „Die Lusiaden" 1572 ein angemessenes Denkmal.

Artikel in NATIONAL GEOGRAPHIC: „The Pathfinder of the East" (November 1927).

Vasco da Gama ist in seiner Heimat ein Nationalheld. Seine sterblichen Überreste wurden 14 Jahre nach seinem Tod in Indien nach Portugal überführt. Der Sarkophag des großen Seefahrers steht in der Kirche des Hieronymiten-Klosters in Lissabon.

Francis Garnier

1839–1873

Lebensdaten
1839 Geburt in St. Etienne (Frankreich).
1859 Teilnahme an französischen Feldzügen in China und Indochina.
1863 Chef des Büros für Eingeborenenangelegenheiten in Saigon.
1865 Verwalter von Cholon.
1866–68 Mekong-Expedition: von Kambodscha durch Laos und Burma nach China.
1868 Nach dem Tod von Doudart de Lagrée neuer Expeditionsleiter. Rückkehr nach Saigon.
1873 Erkundungsfahrt auf dem Jangtsekiang (China). Tod bei Kämpfen in Hanoi (Vietnam).

Der Mekong als Handelsstraße – das ist seine Vision. Zwei Jahre erforscht der Franzose Südostasiens wichtigsten Fluss. Er kämpft sich durch Dschungel und Stromschnellen bis nach China. Dort wird er durch Kämpfe gestoppt.

Träumen ist eigentlich keine soldatische Tugend. Charakterliche Anflüge eines Bohemien auch nicht. Und eine spöttische Zunge noch viel weniger. So gesehen ist Francis Garnier, wiewohl Sohn eines Armeeoffiziers, beim Militär im Grunde fehl am Platz.

Andererseits ist er ein schneidiger Kerl. Einer, der keine Angst hat. Bei der Ausbildung an der Marineschule klettert er so verwegen einen Schiffsmast hoch, dass er abstürzt und sich fast den Hals bricht. Auf hoher See rettet er in dunkler Nacht einem Offizier, den eine starke Bö von Bord geweht hat, das Leben – er springt in voller Montur hinterher. Das sind Dinge, die macht ihm so schnell keiner nach. Und daher gibt es für den jungen Mann aus St. Etienne doch eine Karriere in Uniform.

Die Träume, die Garnier hat, treiben ihn weit weg von der Heimat. Wie andere europäische Mächte versucht auch Frankreich, im Fernen Osten Fuß zu fassen. Paris will Handelsverträge mit dem chinesischen Kaiserreich erzwingen, das von inneren Unruhen zerrissen ist. Es will das Kaiserreich Annam (später Vietnam) und noch andere Königreiche in Indochina unter seine Herrschaft zwingen. So spielt es sich als Schutzmacht der christlichen Missionare auf, die in vielen Regionen Ost- und Südostasiens Verfolgungen ausgesetzt sind.

Garnier nimmt ab 1859 an Feldzügen der Franzosen gegen China und Annam teil. Er wird 1863 in Saigon zum Inspektor für Eingeborenenangelegenheiten, 1865 in der Schwesterstadt Cholon zum Verwalter ernannt. Je länger sein Dienst dort dauert, umso mehr träumt er davon, diese Region einmal ganz anders kennen zu lernen.

Das Innere von Indochina ist für die Europäer Mitte des 19. Jahrhunderts ein Buch mit sieben Siegeln. Es liegt in Dschungeln und Sümpfen verborgen. Der Mekong, die Hauptschlagader der Region, ist ein Fluss voller Geheimnisse. Kein Forscher hat ihn je zur Gänze bereist, keiner je die Quelle gesehen. Könnte dieser riesige Strom nicht, so Garniers Vision, die Handelsstraße von und nach China werden?

Er steht nicht allein da mit seinen Ideen. Die Advokaten einer französischen Expansionspolitik denken nicht anders. Wenn Frankreich ganz Indochina zu einer Kolonie machen will, reicht es nicht aus, nur die Küsten zu kennen. Vielleicht ist der Mekong wirklich der Schlüssel zum Erfolg?

Eine Expedition wird beschlossen, die den Strom von Kambodscha aus so weit wie möglich nach Norden hin erkunden soll. Der letzte Europäer, der die Region an seinem Oberlauf gesehen und beschrieben hat, war vermutlich ▶ Marco Polo – das ist nun schon fast 600 Jahre her. Garnier hat sich seit einiger Zeit für dieses Unternehmen stark gemacht. Er hätte es sicher auch gerne geleitet. Doch mit seinen 27 Jahren ist er dafür noch zu jung. So wird die Führung dem 16 Jahre älteren Marineoffizier Ernest-Marc-Louis de

Gonzague Doudart de Lagrée übertragen. Er hat sich nicht nur als Soldat, sondern auch schon als Diplomat um sein Vaterland verdient gemacht: 1863 schloss er mit König Norodom einen Vertrag, durch den Kambodscha zum französischen Protektorat geworden ist.

Garnier verfügt über solide geographische und astronomische Kenntnisse. So wird er zum wichtigsten Mann im rund 25-köpfigen Team. Am 5. Juni 1866 brechen die Franzosen von Saigon mit einem Dampfkanonenboot auf. Begleitet von drei Dolmetschern, kämpfen sie sich über die Stromschnellen von Sambor bis zu den Fällen von Khone hoch. Schon an der Grenze zwischen Kambodscha und Laos erkennen sie, dass der Fluss zu viele natürliche Hindernisse hat, als dass er von größeren Schiffen als von Kanus und Kähnen durchgängig befahren werden kann. Dafür bietet er einen immensen Reichtum an Völkern und Kulturen.

Sie steigen in kleine Boote um, erkunden die Gebiete an mehreren Nebenflüssen. Teils gehen sie zu Fuß, teils reiten sie auf Elefanten. Sie registrieren mit Erstaunen, wie oft der Fluss seine Generalrichtung ändert: erst Nord, dann West, dann wieder Nord und wieder West, schließlich gar Nordost.

Am 29. April 1867 erreichen sie in Laos die alte Königsstadt Luang Prabang. Im Dorf Ban Napheo, acht Kilometer weiter, stellen sie eine Gedenktafel am Grab des französischen Naturforschers ▶ Henri Mouhot auf, der hier vor gut fünf Jahren einem tropischen Fieber erlegen ist. Auch an ihnen zehrt das feucht-heiße Klima. Es gibt die ersten Fälle von Typhus und Malaria, Scharen von Blutegeln bohren sich den Forschern in die Beine.

Der Strom wird immer flacher, die Fahrt über die Katarakte immer schwieriger. Die Expeditionsteilnehmer trennen sich von großen Teilen ihres Gepäcks, um die Fracht leichter zu machen. In Burma müssen sie drei kleine Königreiche durchqueren; jedes Mal schicken sie Abgesandte voraus, die dem jeweiligen Herrscher Geschenke bringen und ihn um freie Durchfahrt bitten müssen.

Im Oktober 1867 passieren sie die Grenze nach China. Ihr Auftauchen ist eine Sensation. So gut wie nie sind Europäer aus dieser Richtung ins Land gekommen. Scharen von Neugierigen belagern die Franzosen, wo immer sie rasten. Statt unter Hitze leiden sie nun unter Schnee und Winterkälte, sie befinden sich immerhin schon auf mehr als 1500 Meter Höhe. Nun stirbt auch die letzte Hoffnung auf eine gute Verbindungsroute. Der Mekong verläuft stromaufwärts nicht tiefer in das Kaiserreich hinein, sondern eher in Richtung Tibet. Sie verlassen ihn und ziehen zunächst an Land weiter. Der Rote Fluss, erzählen die Einheimischen, fließe gut schiffbar bis ins Meer. Garnier würde

Der Marineoffizier Ernest-Marc-Louis Gonzague Doudart de Lagrée (oben) leitet die Expedition, mit der die Franzosen ab 1866 den Mekong bis zu seinem Oberlauf erkunden. Nach seinem Tod 1868 in der chinesischen Provinz Yunnan übernimmt Francis Garnier das Kommando. Zahlreiche Stromschnellen erschweren auf dem Mekong das Vorwärtskommen (unten).

Garniers Tod – fantasievolle Darstellung auf einem Farbholzstich. Bei Kämpfen zwischen den Franzosen und Aufständischen in Hanoi wird der Offizier 1873 von einer Lanze tödlich getroffen. Nur wenige Jahre später hat Frankreich ganz Indochina unter seine Kolonialherrschaft gezwungen.

ihn gern erkunden. Doch nun geraten die Franzosen in einen Aufstand muslimischer Rebellen gegen die Zentralregierung in Peking.

Sie verstehen nur mit Mühe, was hier vorgeht. Ihre Dolmetscher sprechen keinen der Dialekte, die in der Provinz Yunnan verbreitet sind. Zum Glück taucht ein Missionar auf, der ihnen weiterhilft. Gerüchte schwirren umher, wonach vor kurzem 14 Europäer exekutiert worden seien. Der völlig erschöpfte Doudart de Lagrée muss in Dongchuan zurückbleiben. Garnier will mit drei Landsleuten und fünf Mann Eskorte weiter nach Dali. Sie erreichen den Jinsha Jiang, den Quellfluss des Jangtsekiang. In Dali, der Hauptstadt der Rebellenbewegung, machen sie im Februar 1868 Sultan Tu Wen-hsiu ihre Aufwartung. Sie sind dem Mekong schon wieder ziemlich nahe gekommen und möchten gern an seinen Lauf zurück. Die Entscheidung des Sultans aber lautet, dass die Franzosen die Stadt verlassen müssen.

Gleich darauf kommt der nächste Schlag. Doudart de Lagrée, dessen Gesundheitszustand sich seit Wochen verschlechtert hat, stirbt am 12. März an Amöbenruhr. Garnier erfährt davon am 2. April. Er übernimmt nun die Leitung der Truppe. Lucien Joubert, der Expeditionsarzt, hat den Toten bestatten lassen, allerdings zuvor dessen Herz aus der Brust genommen und einbalsamiert, um es mit in die Heimat zu nehmen. Garnier findet, dies sei zu wenig der Ehre, der ganze Leichnam müsse mit. So exhumieren sie die sterblichen Überreste und betten sie in einen Sarg, den sie für den Rest der Reise schleppen müssen. Wie eine Trauerprozession ziehen sie hinunter ins Tal des Jangtsekiang. Dort schiffen sie sich nach Schanghai ein. Ende Juni sind sie zurück in Saigon.

Garnier hat fast 5000 Kilometer neues Land kartiert. Als er 1870 nach Frankreich kommt, wird er als Held gefeiert. China fasziniert ihn jetzt noch mehr als zuvor. Florierender Handel mit Tee und Seide – wenn nicht auf dem Mekong, dann vielleicht auf dem Roten Fluss, der in die Golf von Tongking mündet? 1873 ist er wieder im Reich der Mitte. Er reist allein den Jangtsekiang hoch, will seine chinesischen Sprachkenntnisse verbessern und eine neue Expedition vorbereiten.

Doch die politischen Wirren lassen keine Zeit mehr für Träume. In Indochina brechen neue Kämpfe aus, Garnier ist nun wieder Kommandeur und nicht Forscher. Am 20. November 1873 besetzt er mit einem Truppenkontingent die Zitadelle von Hanoi, wo Vizekönig Nguyen Tri-Phuong residiert. Als Folge werden die Franzosen in der Festung attackiert. Die Angreifer sind Einheiten der Pavillons Noirs, der „Schwarzen Flaggen" – chinesische Einwanderer, die auf Seiten annamitischer Truppen, aber auf eigene Faust gegen die europäischen Eindringlinge kämpfen.

Am 21. Dezember will sich Garnier einen Überblick über die Situation verschaffen. Er steigt ein Stück von der Festung herab, lässt seine 15 Begleiter ein Stück hinter sich, verschwindet hinter einem Reisfeld. Er versucht, einen Schutzwall hochzusteigen und gerät dabei ins Stolpern. Da werden von den Pavillon Noirs Lanzen auf ihn geschleudert. Als Garnier nicht zurückkommt, gehen seine Begleiter ihn suchen. Sie finden ihn tot auf dem Wall. Seine Feinde haben der Leiche den Kopf abgeschnitten und die Leber herausgerissen.

Der Leichnam wird nach Saigon gebracht, der Kopf wieder auf den Torso gesetzt. In der Stadt, in der die Mekong-Expedition begann, erhält Garnier seine letzte Ruhestätte – neben dem Grab von Doudart de Lagrée, mit dem er die Reise seines Lebens unternommen hat.

Sven Hedin

1865–1952

Ein Schwede mit Sympathien für den Nationalsozialismus durchquert die Gebirge, Wüsten und Steppen im westlichen China und in Tibet. Der letzte große Landreisende der Geschichte hinterlässt ein gigantisches Kartenwerk.

Als Schuljunge zeichnet er die ersten Karten. Zu Hause zieht er die Linien der Länder nach, die im Erdkundeunterricht behandelt werden. «Schon im Alter von zwölf Jahren», schreibt er später, «sah ich mein Ziel ziemlich deutlich vor mir.»

Mit 13 verschlingt er die Bücher der großen Afrikaforscher ▶ Henry M. Stanley und ▶ David Livingstone. Mit 15 erlebt er in Stockholm den triumphalen Empfang für ▶ Adolf Erik Nordenskiöld, der als Erster die Nordostpassage geschafft hat. Polarforscher – das ist von nun an sein Traum. Mit 16 beginnt er, von «einem wahren Größenwahn gepackt», einen Weltatlas zu entwerfen – sechs Bände, mehrere hundert Karten, das Werk ist nach zwei Jahren fertig.

Mit 20, kurz vor dem Abitur, verschlägt es ihn für acht Monate nach Baku ans Kaspische Meer. Sein Gymnasialdirektor hat ihm dort eine Stelle als Hauslehrer für den Sohn eines schwedischen Ingenieurs vermittelt. Hedin nutzt die Zeit, um nach Deutsch gleich drei weitere Sprachen zu lernen: Tatarisch, Persisch und Russisch. Sein Gehalt von 300 Rubel gibt er dafür aus, zu Pferd durch Persien zu reiten. Sein Buch darüber hat 461 Seiten, 128 Fotos, zwei Karten. Schon bei der ersten Begegnung macht die «asiatische Freiheit» ihn süchtig. Von nun an wird er ihr für den Rest seines Lebens verfallen.

Er studiert noch ein wenig in Stockholm, Uppsala und Berlin. Doch im Grunde sind ihm die Hörsäle der Universitäten viel zu eng. Sein Sprungbrett ins Abenteuerleben wird die schwedische Botschaft in Teheran, wohin er 1890 als Dolmetscher geht. Kaum ein Jahr später ist er weg, auf dem Marsch nach Samarkand und Kaschgar im chinesischen Turkestan. Dort knüpft er diplomatische Kontakte, sucht Mäzene zur Finanzierung seiner Pläne. «Von nun an wollte ich nur noch Pfade gehen, die vor mir noch kein Europäer betreten hatte.»

Beim Aufbruch seiner ersten Expedition in die Wüste Taklamakan 1895 schreien die Bewohner des Dorfs Merket: «Die kommen nie wieder!» Sie sind an der Wahrheit sehr nahe dran. Nach ein paar Wochen trinken seine Begleiter vor Durst Kamelurin, Schafs- und Hühnerblut, er selber rettet sich gerade noch an einen Wassertümpel. Von seinen acht Kamelen gehen sieben zugrunde. Nur das Tier, das seine Aufzeichnungen trägt, überlebt.

Kaum hat er sich von der mörderischen Tour erholt, stellt er eine neue Karawane für die Wüste zusammen: vier Mann, drei Kamele, zwei Esel. Aus den Dünen der Taklamakan sieht er Holzpfähle und Mauerreste ragen, buddelt Terrakottafiguren von Buddha und buddhistischen Gottheiten aus dem Sand, legt

Lebensdaten

1865 Geburt in Stockholm.
1886 Vom Kaspischen Meer durch Persien.
1891 Durch Nordpersien nach Russisch-Turkestan.
1893–98 Durch die Wüste Taklamakan und das Tarimbecken bis zum See von Lop Nur. Expedition bis Peking.
1899–1902 Auf dem Tarim bis Lop Nur. Entdeckung der Ruinen von Loulan und des Transhimalaja. Durch das nördliche Tibet. Auf dem Ganges bis Kalkutta.
1905–08 Durch die Wüsten Ostpersiens. Acht Überquerungen des Transhimalaja. Entdeckung der Quellen des Indus, Brahmaputra und Sutlej.
1923–27 Erforschung der Wüste Gobi und des westlichen Chinas.
1927–33 Leitung einer internationalen Expedition in Westchina.
1933–35 Forschungen für den Bau einer Straße von Peking nach Westchina.
1952 Tod in Stockholm.

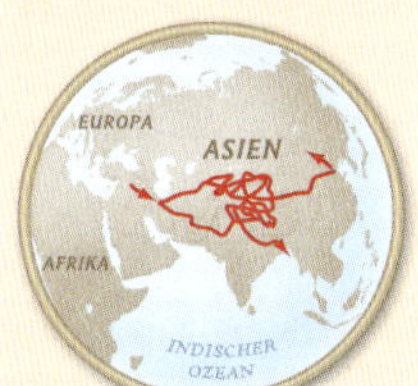

Bei der zweiten Asien-Expedition geraten Sven Hedin und seine Mannschaft 1902 in einen schweren Sandsturm. Immer wieder setzt der Schwede für seine Erkundungen nicht nur das eigene Leben, sondern auch das seiner Leute aufs Spiel.

alte Häuser frei, sieht Spuren einer früheren Oase: Reste von Gärten und Pappelalleen. Er nähert sich dem wandernden See von Lop Nur, der im Nordteil wächst, wenn er im Süden schrumpft und umgekehrt, «ganz wie das Messinggewicht am Ende eines schwingenden Pendels». Zum Schluss reist er monatelang über endlose Plateaus nach Osten bis nach Peking. Das Ergebnis sind 552 Kartenblätter, eine vermessene Weglänge von 10498 Kilometern, davon 3250 Kilometer bislang völlig unbekanntes Gebiet.

Bei der zweiten Expedition dringt er 1899 im Boot auf dem Tarim bis Lop Nur vor. Entwickelt die Fotos vom Tage in einer auf der Fähre eingerichteten Dunkelkammer. Zeichnet den Flusslauf mit einer Präzision, die viele Karten von europäischen Flüssen nicht haben. Er nimmt alles so intensiv wahr, dass er glaubt, bei einem neuen Besuch jeden einzelnen Baum wiedererkennen zu können. Er fährt so lange, wie es das Eis des nahenden Winters erlaubt, und als ihm die Tinte gefriert, notiert er mit dem Bleistift weiter.

Nahe Lop Nur findet er die Ruinenstadt Loulan, einen alten Karawanenstützpunkt. Er wurde vor anderthalb Jahrtausenden von seinen Bewohnern verlassen, als das Wasser des See von Lop Nur zurückging. Hedin gräbt einen buddhistischen Tempel aus, findet Münzen aus der Zeit kurz nach Christi Geburt, die von regem Handel mit dem Römischen Reich zeugen, dazu 36 chinesisch beschriebene Blätter und 120 Holzstücke mit Schriftzeichen.

Er will nach Tibet, in den geheimnisumwobenen, vom Ausland fast völlig abgeriegelten Staat lamaistischer Mönche. Als Pilger verkleidet, eskortiert von einem Kosaken und einem Bettelmönch, zieht er über elf Bergketten des Kunlun. Er entdeckt ein «Labyrinth von Tümpeln, Seebuchten und Wasserläufen» und ein «tibetisches Totes Meer», wo sein Boot anderthalb Kilometer durch den Salzschlamm gezogen werden muss. Tibetische Truppen enttarnen ihn am Ende aber doch. Sie stoppen seinen Versuch, in ihre Hauptstadt Lhasa vorzudringen, zu der Ausländern jeder Zutritt streng verboten ist. Sie geleiten ihn Richtung Ladakh aus dem Land.

Sein Bericht über diese Reise zählt 3450 Textseiten. Der zugehörige zweiteilige Atlas enthält 87 Karten, die sich auf 1149 Blätter verteilen. Auf ihnen hat er 10000 Kilometer Marschstrecke kartiert, davon neun Zehntel bislang unbekanntes Gebiet. Die von ihm gewählten Maßstäbe (1:30000 und 1:40000) bedeuten: Die Blätter haben, nebeneinander gelegt, eine Gesamtlänge von 300 Metern.

Seine dritte Expedition beginnt 1905. Sie stellt alles, was er vorher geleistet hat, in den Schatten. Er will «wie ein Lasso die letzten großen Geheimnisse des Kontinents in ihrer Schlinge fangen». Weil die Briten ihm das Überschreiten der indischen Grenze verbieten, verschafft er sich von Ladakh aus die nötigen Papiere. In einem weiten Bogen dringt er von Nordwesten her nach Tibet ein. Stößt auf eine gewaltige Gebirgskette, die er Transhimalaja nennt. Zieht über Pässe von nahezu 6000 Metern. Besucht die Klöster am Manasarowar, dem heiligen See der Tibeter, den zu befahren verboten ist. Trifft zwei Mönche, die Tag und Nacht eine riesige Gebetsmühle in Gang halten. Wilde Yaks greifen seine Gruppe an, feindselige Mönche erschweren ihm den Weg, ein Provinzgouverneur fordert ihn zur Ausreise auf. Hedin aber setzt sich nach harten Verhandlungen durch und zieht weiter.

Auf dem Dach der Welt entdeckt er die Quellen des Indus, Brahmaputra und Sutlej. Er gelangt nach Xigazê im Tal des Tsangpo und darf das berühmte Kloster Tashilumpo besuchen. Der zweithöchste Lama lädt ihn dort zu einem religiösen Fest ein. Um den tibetischen Behörden zu entkommen, verkleidet er sich als Hirte. Nach insgesamt acht Überschreitungen des Transhimalaja ist die Menge seiner Aufzeichnungen, verglichen mit der zweiten Expedition, auf das Doppelte angewachsen: 1736 Panoramastreifen von zusammen 875 Meter Länge.

Die vierte Expedition startet 1926. Der deutsche Flugzeugbauer Heinrich Junkers soll sie mit seinen Maschinen ausrüsten. Die Lufthansa plant eine Strecke Berlin–Schanghai. Doch der Generalgouverneur von Sinkiang weigert sich, seine Provinz überfliegen zu lassen. So macht Hedin noch eine große Landreise, führt einen ganzen Stab von chinesischen, schwedischen und deutschen Wissenschaftlern – Geologen und Geographen, Archäologen und Meteorologen, Zoologen und Botanikern, Paläontologen und Paläobotanikern. Das Ergebnis sind 55 Bände, deren letzte erst mehr als 30 Jahre nach seinem Tod erscheinen.

Der „Zentralasien-Atlas" soll die Krönung seiner Forschungen werden. Sein eigenes Land sieht sich außer Stande, die enormen Mittel für die geplanten 55 Blätter aufzubringen. So wendet er sich an die deutsche Regierung und die Deutsche Forschungsgemeinschaft. 1939, zu Beginn des Zweiten Weltkriegs, fangen in Justus Perthes' Geographischer Anstalt in Gotha die Arbeiten an. 1945, am Ende des Kriegs, sind gerade mal drei Blätter fertig. Sie kommen erst 1952, in Hedins Todesjahr, heraus. Ein viertes Blatt, erstellt vom Army Map Service der Amerikaner, erscheint 1959 – der Rest des Monumentalwerks wird in der Geschichte versinken.

Sven Hedin hat sein Denkmal selber beschädigt. Der große Forscher, der sieben Sprachen beherrschte und dessen Werke in mehr als 30 Sprachen übersetzt wurden, hat sich von der Ideologie des Nationalsozialismus faszinieren lassen – ungeachtet der Tatsache, dass er jüdische Vorfahren hatte. Er schrieb Texte, die den deutschen Imperialismus und die Hitler-Diktatur verherrlichen. Er ließ sich mit dem „Führer" und anderen Nazi-Größen ablichten. 1944 nahm er einen Ehrendoktortitel der Universität München an. So ist er an seinem Lebensabend nicht mehr geachtet, sondern geächtet – das ist die Tragödie des „schwedischen Marco Polo".

Artikel in NATIONAL GEOGRAPHIC: „Sven Hedin's Explorations in Central Asia" (November 1901), „Sven Hedin in Tibet" (März 1902), „Dr. Sven Hedin" (Januar 1903).

Sven Hedin bei Vermessungsarbeiten in der Wüste. Er zeichnet Karten bis ins kleinste Detail mit einer unglaublichen Präzision. Das von ihm geplante Lebenswerk, der gewaltige „Zentralasien-Atlas", wird jedoch nie fertig gestellt.

Hsüan Tsang

602–664

Ein chinesischer Mönch pilgert 16 Jahre durch Zentralasien und Indien, um die Quellen des Buddhismus zu studieren. Er wird zum Liebling von Königen, führt Streitgespräche mit Gelehrten – und bekehrt sogar Räuber zum Guten.

Lebensdaten

602 Geburt in Hoschi (China).
613 Aufnahme ins Kloster „Reines Land".
618 Flucht vor dem Bürgerkrieg am Ende der Sui-Dynastie. Ankunft in Tschengu in der Provinz Sichuan.
622 Mönchsweihe.
626 Rückkehr in die Hauptstadt Chang'an.
629 Beginn der 16 Jahre währenden Reise durch Zentralasien und nach Indien.
631–33 Studien in Kaschmir.
637–38 Studien und Vorlesungen im Kloster Nalanda.
642 18-tägiges Religionsgespräch in Kanauj am Ganges mit 5000 Teilnehmern.
645 Triumphale Rückkehr nach China.
648 Beginn der Arbeit am Reisebericht. Übersetzung der mitgebrachten Schriften.
664 Tod in Chang'an (China).

Erst elf Jahre alt ist der Junge, doch er spricht schon wie ein Weiser. «Mein einziger Gedanke ist es», so sagt er, «das Licht der Religion des Buddha zu verbreiten.» Der Emissär des chinesischen Kaisers, der die wartenden Bewerber an der Pforte des Klosters „Reines Land" in Luoyang sortiert, ist nicht wenig erstaunt. 14 Novizen soll er für das Kloster auswählen, damit sie dort mit staatlicher Förderung zur buddhistischen Elite ausgebildet werden. Der Beamte glaubt zu spüren, welche Kräfte in diesem äußerlich so bescheidenen Jungen stecken, und holt ihn in den Kreis der Privilegierten. «Die Lehren nachzubeten ist leicht», meint er gegenüber Kollegen, «doch wahre Selbstbeherrschung und innere Stärke sind nur selten anzutreffen.»

Fünf Jahre lang lebt der junge Hsüan Tsang in diesem Kloster, wo sein älterer Bruder sich schon seit Jahren in die alten Schriften vertieft. Dann muss er vor dem Bürgerkrieg flüchten, der 618, nach dem Ende der Sui-Dynastie, ausbricht. Acht Jahre später zieht er um nach Chang'an, das die Herrscher der beginnenden T'ang-Dynastie zur neuen Hauptstadt ausgerufen haben. Sein Drang, zur wahren Erkenntnis vorzustoßen, wird immer stärker.

Im China des 7. Jahrhunderts beginnt der Konfuzianismus an Einfluss zu verlieren. Immer stärker breitet sich der Buddhismus aus. Allerdings fällt dem jungen Mönch auf, wie sehr sich die Lehren der verschiedenen buddhistischen Richtungen unterscheiden. Einige Theorien, findet er, stehen sogar im Widerspruch zu den heiligen Schriften. Liegt das an den unkritischen Äbten, die blind ihrer eigenen Schule folgen? Oder sind in den chinesischen Übersetzungen so viele Fehler enthalten, dass das Durcheinander unvermeidlich ist? Können alle Menschen zur wahren Erkenntnis gelangen oder doch nur ein Teil von ihnen? Immer stärker ringt der junge Mönch mit seinen Zweifeln. Dann beschließt er, sie eigenhändig auszuräumen. Er will nach Indien, in das Ursprungsland des Buddhismus, und dort alle wichtigen Schriften im Original studieren. Sanskrit und andere wichtige Sprachen der Region hat er bereits gelernt. Nun braucht er nur noch die Genehmigung des Kaisers.

Seine Bitte an den Herrscher T'ai Tsung bleibt ohne Antwort. Noch schlimmer: Der Kaiser erlässt ein Dekret, das es allen Laien und Mönchen untersagt, das Land zu verlassen – es sei denn in offizieller Mission. Der junge Hsüan Tsang hat aber schon so viel innere Stärke, dass ihn ein solches Verbot nicht schreckt. In einem Traum, so erzählt er später, sieht er sich den Berg

Sumeru ersteigen, den Mittelpunkt des Universums. Zwar rutscht er anfangs an den Flanken herunter, doch plötzlich trägt ihn ein mächtiger Wind bis auf den Gipfel. Zu seinen Füßen sieht er all die Länder, die er zu besuchen hofft. Als er aufwacht, weiß er, was er zu tun hat.

Er macht sich ein anderes Dekret des Kaisers zunutze. Wenn früher Frost die Ernten schädigt, so lautet es, sollen sich die Untertanen möglichst in Gegenden begeben, die vom Wetter nicht so stark heimgesucht wurden. Hsüan Tsang reist mit ein paar Gefährten nach Westen, kommt durch Grasland und Steppen bis zur Wüste Taklamakan und stiehlt sich mit einem Pferd im Dunkel der Nacht heimlich aus dem Reich.

Es ist der Beginn einer Reise, wie sie um diese Zeit wohl noch niemand unternommen hat. Sie wird 16 Jahre dauern und mehr als 16000 Kilometer lang sein. Was Hsüan Tsang auf diesem Marsch notiert und was sein Biograf Huilin darüber zu Papier bringt, ist der eindrucksvollste Reisebericht, der vor dem Werk des ▶ Marco Polo im Mittelalter entsteht.

Hsüan Tsang umgeht die tibetischen Weiten und den Himalaja in einem weiten Bogen nach Westen. Über das Tienschan-Gebirge gelangt er bis nach Samarkand. Von dort schwenkt er nach Süden und zieht durch Afghanistan. Er steht gebannt vor den kolossalen Buddha-Statuen im Tal von Bamiyan, kämpft sich in einem Schneesturm durch das Paghman-Gebirge, erreicht über Dschalalabad und Peschawar das Land seiner Träume: Indien, die Wiege des Buddhismus, zu seiner Zeit aufgeteilt in rund 70 Königreiche.

Die Herrscher, an deren Hof er kommt, sind alle beeindruckt von dem fast 1,80 Meter großen Chinesen. Helle Augen und heller Teint, ein Gesicht mit edlen Zügen, weites Gewand und breiter Gürtel – er sieht gut aus und hat eine enorme Bildung. Immer wieder bekommt er Angebote, seine Reise aufzugeben und ein wichtiges Amt bei Hofe zu bekleiden. Doch Hsüan Tsang geht unbeirrt seinen Weg.

Der König von Kaschmir stellt ihm einen Elefanten zur Verfügung. Auf ihm zieht der Mönch im Jahr 631 in die Hauptstadt Srinagar ein. Er ist begeistert vom hohen Niveau des geistigen Lebens, das dort herrscht. 100 Klöster und 5000 Mönche gibt es in diesem Reich, notiert er in seinen Aufzeichnungen. Er bleibt zwei Jahre, um sich durch Studien auf die Höhepunkte seiner Reise vorzubereiten.

Es ist, als gebe ihm seine Mission übernatürliche Kräfte. Auf dem Weg in die Ebene des Ganges wird seine Karawane von Räubern überfallen und in einen Sumpf getrieben, wo die Opfer niedergemacht werden sollen. Doch mit Hilfe eines anderen Mönchs kann der Chinese in ein Dorf fliehen und dort in letzter Minute die Rettung der anderen organisieren. «Mit ihm ist es so wie mit dem wirbelndem Wasser eines Flusses»,

Auf seinem Weg durch Afghanistan kommt der chinesische Mönch im Jahr 630 an den gigantischen Buddha-Statuen im Tal von Bamiyan vorbei. Knapp anderthalbtausend Jahre später, im März 2001, werden die 53 und 38 Meter hohen Kunstwerke durch die radikal-islamischen Taliban gesprengt.

Buddha erlangt die große Erleuchtung. Er sitzt sieben Tage regungslos unter dem Bodhi-Baum, dann spaziert er sieben Tage auf und ab. Als Hsüan Tsang in Indien die heilige Stätte Bodh Gaya betritt, hat er Tränen in den Augen. Er bedauert, dass er nicht im „goldenen Zeitalter" Buddhas leben darf.

schreibt sein Biograf Hui Li. «Das klare Wasser darunter kann es nicht trüben.»

Drei Jahre später nehmen ihn auf dem Ganges Piraten gefangen, um ihn ihrem Gott Durga als Menschen- und Blutopfer darzubringen. Da kommt, wie Hui Li berichtet, ein schwerer Taifun auf. «Wer ist dieser Mann?», fragen die Räuber voller Schrecken. Als sie erfahren, wen sie da in den Händen haben, bitten sie um Vergebung – und geloben, von nun an als buddhistische Laienbrüder ein neues Leben zu führen.

Nach acht Jahren Wanderschaft nähert sich Hsüan Tsang den heiligen Stätten des Buddhismus. Er besucht Lumbini, Buddhas Geburtsort, dann Kusinagara, Buddhas Sterbeort, und Bodh Gaya, wo Buddha unter dem heiligen Baum die große Erleuchtung erlangte. Im Kloster Nalanda, dem geistigen Zentrum des Buddhismus, begrüßen ihn Tausende. 22 Monate lang betreibt er dort Studien und hält selber Vorlesungen. Von dem greisen Abt Silabhadra erhält er die „reine Überlieferung" der alten Schriften, so wie sie seit Jahrhunderten vom Meister an den Schüler weitergegeben wird. Und der Chinese verfasst selber drei Traktate: „Über die Übereinstimmung der Prinzipien", „Die Zerstörung des Irrglaubens" und die „Abhandlung über die Harmonie des Unterrichtens", ein 3000 Strophen langes Werk. Nun drängen ihn auch die Mönche, bei ihnen zu bleiben, China sei doch nur ein unwirtliches Grenzland. Aber Hsüan Tsang will seine Mission erfüllen.

Er zieht weit nach Südindien, dann wieder in den Norden. In Kanauj am Ganges beruft König Harscha Ende 642 ein Religionsgespräch ein, an dem 5000 Gelehrte teilnehmen. 18 Tage lang liefern sich Buddhisten und Anhänger anderer indischer Religionen erbitterte Debatten, dann erklärt der Herrscher wie ein Schiedsrichter Hsüan Tsang zum Sieger.

Mit einem Berg an Schriftrollen und Statuen, Reliquien und Blumensaaten tritt der Mönch die Rückreise an. Bei der Überquerung des Indus kentert ein schwer bepacktes Boot, 50 kostbare Manuskripte und das ganze Saatgut gehen in den reißenden Fluten verloren. Hsüan Tsang lässt frische Kopien anfertigen, dann zieht er mit seinen Schätzen zurück in die Heimat.

Wie ein Lauffeuer verbreitet sich die Nachricht von seiner bevorstehenden Ankunft in der Hauptstadt Chang'an. Anfang April 645 säumen eine Million Menschen seinen Weg, das hat es in China noch nie gegeben. In einer feierlichen Prozession tragen Mönche die von dem Indien-Pilger mitgebrachten Bücher und Kunstwerke aus Gold, Silber und Sandelholz von der Straße des Roten Vogels zum Kloster „Große Glückseligkeit". Kaiser T'ai Tsung hat dem nun berühmtesten Sohn des Landes die illegale Flucht längst verziehen. Er will Hsüan Tsang zu seinem außenpolitischen Berater machen. Doch auch dieses Angebot lehnt der Mönch ab. Sein Auftrag ist ein anderer.

Ein Jahr lang schreibt er an seinem „Bericht über die westlichen Gegenden". Dann macht er sich an die Übersetzung des immensen Materials. In den knapp 20 Jahren, die ihm bleiben, stellt er mit einer Gruppe von Gelehrten 73 Werke fertig, das sind mehr als 1000 Schriftrollen. Als Kaiser T'ai Tsung stirbt, sagt er zu Hsüan Tsang, der an seinem Totenbett steht: «Es ist ein Jammer, dass ich Euch so spät begegnet bin.»

Henry Hudson

1550 (?)–1611 (?)

Viermal scheitert sein Versuch, eine Passage von Europa nach Asien durch die Arktis zu finden. Bei der letzten Expedition meutert die von Hunger und Kälte zermürbte Mannschaft – und setzt den Kapitän auf dem Wasser aus.

Die Sonne ist unser Verbündeter. Sechs Monate geht sie am Pol nicht unter. In dieser Zeit muss ihre Kraft groß genug sein, die Eismassen im Meer aufzutauen. Es lohnt sich also, nach Norden vorzustoßen. Je näher der Pol, umso weniger Eis. Henry Hudson hängt diesem Glauben an wie viele andere Menschen seiner Zeit. Er gibt ihm die Zuversicht, sich in die weiße, zugefrorene Wüste zu wagen. Irgendwo weiter nördlich werden die riesigen Schollen weggeschmolzen sein. Werden sich Wege zum Pol auftun. Und dort liegt dann freies, offenes Meer.

Englische Kaufleute, die Handel mit Indien treiben, haben großes Interesse an dieser Route hinter dem Eis. Denn Ende des 16. Jahrhunderts sind ihnen die Handelswege auf der südlichen Erdhalbkugel durch Spanien und Portugal versperrt. So bleibt ihnen nichts anderes übrig, als auf der Nordhalbkugel eine Lücke zu suchen.

Dreimal schon ist Martin Frobisher in ihrem Auftrag losgesegelt. Zwischen 1576 und 1578 drang er weit in die nordamerikanische Arktis vor. Dreimal hat es John Davis versucht. Von 1585 bis 1587 kämpfte er sich von Labrador aus bis zur Westküste Grönlands hoch. Aber keiner von beiden hat den entscheidenden Durchbruch geschafft.

Nun setzt die Muscovy Company, ein Zusammenschluss englischer Handelsfirmen, ihre Hoffnung auf Henry Hudson. Der Nachwelt ist nichts von dessen Vorleben bekannt. Die Firma aber vertraut offenbar auf seinen guten Ruf als Seemann und seine langjährige Erfahrung. Hudson geht schließlich schon auf die 60 zu.

Seine erste Expedition führt ihn 1607 über die Shetland-Inseln westlich an Island vorbei und an der Ostküste Grönlands entlang in Richtung Spitzbergen. Er sieht dort zwar viele Wale, was das Londoner Unternehmen bald darauf zu Fangfahrten veranlassen wird. Doch das Packeis versperrt ihm den Weg, wo immer er es versucht. Resigniert kehrt er um. Auf dem Rückweg sieht er eine Felseninsel, die später – nach einem holländischen Schiffer – Jan Mayen genannt wird. Die Entdeckung tröstet nur wenig über die erste Niederlage hinweg.

Ein Jahr später bekommt er seine zweite Chance. Nun soll er den Weg nach Asien weiter östlich suchen, an der russischen Küste entlang. Einige Forscher hegen die Hoffnung, der große sibirische Ob, der in die Karasee mündet, könnte stromaufwärts bis nach China führen. Und Gerüchte machen die Runde, östlich der Ob-Mündung sei das Wasser wärmer. Ist das vielleicht der berühmte Weg ohne Eis?

Hudson fährt die Küste Norwegens bis zum Nordkap hoch, wendet sich nach Nordosten, will um die lang gestreckte Insel Nowaja Semlja herum in die Karasee einfahren. Aber wieder sind die Eismassen stärker. Hudson erlebt seine zweite Niederlage. Und die Muscovy Company lässt ihn wissen, für ein weiteres

Lebensdaten

Um 1550 Geburt in England.
1607 Suche nach einer Nordpassage vor Grönland und Spitzbergen. Entdeckung der Insel Jan Mayen.
1608 Suche nach einer Nordostpassage entlang der russischen Küste. Umkehr bei Nowaja Semlja.
1609 Ankunft in der Bucht des späteren New York.
1610–11 Suche nach einer Nordwestpassage. Entdeckung der Hudsonbai.
Um 1611 Nach einer Meuterei verschollen in der Hudsonbai.

Nach einer Landung an der amerikanischen Ostküste 1609 tauschen Hudson und seine Leute mit Indianern Geschenke aus. Die Holländer, in deren Auftrag er segelt, gründen hier 1626 das Fort Neu-Amsterdam – den Vorläufer der Stadt New York. Der Hudson River an der Halbinsel Manhattan wird später nach ihm benannt.

Unternehmen habe sie leider kein Geld mehr.

Dennoch erhält er eine dritte Chance. Konkurrenz belebt das Geschäft, das gilt auch für die Ära der Entdecker. Ein kleines Land, gerade unabhängig geworden, will sich einen Platz unter den Großen erobern. Die niederländischen Provinzen haben sich 1581 unter Führung von Wilhelm von Oranien aus der Herrschaft der Spanier befreit und 1609 von König Philipp III. die formelle Anerkennung ihrer neuen Republik erhalten. Mehr als ein Dutzend holländischer Handelsfirmen streben nun in die Welt hinaus. Sie haben sich zur Vereinigten Ostindien-Kompanie zusammengeschlossen, um sich vor allem gegen die Engländer besser behaupten zu können: auf den Molukken in Sachen Gewürze, in der Nordsee in Sachen Hering, im Polarmeer in Sachen Wale. Die Kompanie hat sogar die Vollmacht, Kriege zu führen und Frieden zu schließen. Ihre Flotte ist zu dieser Zeit viel mächtiger als die der Muscovy Company: 40 große und noch viel mehr kleine Schiffe, 5000 Seeleute, 600 Kanonen. Nur eines fehlt auch den Holländern: die nördliche Passage zu Asiens Schätzen.

Henry Hudson ist nicht der erste Seefahrer, der den Patriotismus überwindet, um seine Ziele zu erreichen. ▶ Christoph Kolumbus, der Genueser, ist für die Spanier losgefahren, ▶ Giovanni Caboto, der Venezianer, für die Engländer, ▶ Giovanni da Verrazano, der Florentiner, für die Franzosen. Nun sticht Henry Hudson für die Holländer in See.

Noch einmal soll er das eisfreie Meer am Nordpol suchen. Die Holländer sind von der Furcht getrieben, ein anderer könne es vor ihnen finden. Doch schon hinter dem Nordkap, als das Eis dicht wird, meutert die Mannschaft. Hudson gibt nach und bietet – Vertrag hin, Vertrag her – eine völlig neue Option an. Ein alter Freund, Kapitän John Smith, hat ihm kürzlich einen Brief mit einer Karte geschickt, auf der eine mögliche Asienroute angedeutet war: mitten durch Nordamerika.

Hudson steuert nach Neufundland. Dann segelt er nicht nach Norden, sondern – zur Erleichterung der Crew – in die entgegengesetzte Richtung. Er sucht eine Durchfahrt in der Chesapeake Bay – nichts. Er sucht sie in der Delaware Bay – nichts. Schließlich fährt er, am 11. September 1609, in eine dritte Bucht ein. Es ist die Stelle, wo später einmal die Wolkenkratzer von New York in die Höhe wachsen werden. Hudson segelt an einer Halbinsel vorbei und einen Fluss hoch, der einmal seinen Namen tragen wird. Friedliche Anrainer, Manhattes genannt, bieten Vögel und Früchte, Fuchs- und Marderfelle zum Tausch an. Kriegerische Anrainer töten vier seiner Leute. Das Land ist fruchtbar und schön, doch die Passage findet Hudson nicht. So scheitert auch seine dritte Expedition.

Immerhin aber hat er so viele Neuigkeiten mitgebracht, dass er eine vierte Gelegenheit erhält. Nun sind es wieder Londoner Kaufleute, die ihm ein Schiff ausrüsten. Am 17. April 1610 geht Hudson mit der „Discovery" auf seine letzte Reise. Er fährt um die Südspitze Grönlands herum nach Westen und auf eine Öffnung zu, die sein Vorgänger Davis den „wütenden Sturz" genannt hat. Auch diese Meerenge wird später Hudsons Namen tragen. Als er sie durchfahren hat, weitet sich das Meer schier ohne Grenzen. Endlich, so glaubt er, ist er am Ziel seiner Träume. Er sieht sich schon auf die Küste von Kalifornien zufahren, die sein ruhmvoller Landsmann ▶ Francis Drake vor gut 30 Jahren berührt und „Nova Albion" getauft hat. Er weiß nicht, dass er sich nur in einer weiteren, allerdings riesigen Bucht befindet. Auch sie wird einmal nach ihm benannt werden – eine kalte, schier endlose, lebensfeindliche Gedenkstätte in der Arktis.

Je länger er die Ostküste der Hudsonbai entlanggesegelt, umso mürrischer werden seine Leute. Nichts von „Nova Albion", nichts von einer Durchfahrt, stattdessen wieder nur Kälte und Eis. Sie frieren mit ihrem Schiff ein, müssen auf ihm überwintern. Hudsons Autorität schwindet dahin wie der Glaube an den Erfolg der Fahrt. Die Ersten werden krank, die Vorräte knapp. Gerüchte laufen um, der Kapitän horte heimlich Lebensmittel. Im Juni 1611, als das Eis die „Discovery" wieder freigibt, bricht der Aufstand los. Die Hälfte der Mannschaft macht mit.

Sie beschließen, alle Kranken samt Kapitän und dessen Sohn in einer Schaluppe auszusetzen. Für den Rest der Truppe, kalkulieren sie kühl, wird dann der Proviant bis nach Hause reichen. Sie überwältigen Hudson, lassen das Boot herunter, zwingen ihn, seinen Sohn und sieben weitere Männer hinein. Sie ziehen die Schaluppe noch eine Zeit lang hinter sich her. Dann schneiden sie das Schlepptau durch. Hudson und die anderen entschwinden ihren Blicken. Sechs Meuterer schaffen den Weg zurück nach England. Vor Gericht werden sie alle freigesprochen.

Henry Hudson ist viermal gescheitert. Doch er hat – sozusagen *ex negativo* – die Karten an vielen Stellen um neue Konturen bereichert, wo es vorher nur verschwommene Linien gab. Dreimal ist er in der Geographie mit seinem Namen verewigt: Hudson River, Hudsonstraße, Hudsonbai. So gehört er zu den tragischen Figuren der Entdeckungsgeschichte – zu den Größten unter den Verlierern.

Artikel in NATIONAL GEOGRAPHIC: „Henry Hudson, Magnificient Failure" (April 1939).

Das Ende der letzten Expedition, dargestellt auf einem Gemälde: Hudson und dessen Sohn John sind mit sieben kranken Mitgliedern seiner Crew in einem Boot zwischen Eisbergen ausgesetzt worden. Sie bleiben für immer verschollen. Die Meuterer schaffen es mit dem Schiff nach Hause – und werden dort vor Gericht freigesprochen.

Alexander von Humboldt

1769–1859

Er ist besessen vom Messen. Eine einzige Reise in die Tropen Amerikas macht ihn weltberühmt. Wie keiner zuvor beschreibt er die Natur in ihren inneren Zusammenhängen – und wird so zum Vater der modernen Ökologie.

Lebensdaten
1769 Geburt in Berlin.
1792–96 Preußischer Oberbergmeister.
1799 Beginn der Forschungsreise nach Lateinamerika.
1804 Rückkehr nach Europa.
1829 Beginn der Reise durch Russland.
1834 Veröffentlichung des letzten von 36 Bänden über die Forschungen in Lateinamerika.
1859 Tod in Berlin.

Zu Hause meinen es alle gut mit ihm. Die Mutter, von hugenottischer Herkunft, achtet auf eine Erziehung mit Niveau. Der Haushofmeister Kunth setzt sie pedantisch durch. Die Hauslehrer vermitteln ihm früh ein reiches Wissen an Geschichte, Literatur und Sprachen. Bis zu seinem 18. Lebensjahr strebt der Junge aus adligem Hause danach, Soldat zu werden – wie sein früh verstorbener Vater, ein preußischer Major.

Doch dann brechen seine wahren Träume durch. Ein Studium der Kameralistik (Volkswirtschaft), zu dem die Hauslehrer geraten haben, gibt er in Frankfurt/Oder schon nach einem Semester auf. Zurück in Berlin, sucht er Kontakt zu dem jungen Botaniker Carl Ludwig Willdenow. Der zeigt ihm die Palmen des Botanischen Gartens, schenkt ihm einen Reishalm. In dem jungen Humboldt erwacht «ein unendlicher Hang nach dem Anschauen fremder Produkte».

Die Botanik wird für ihn das Tor zu den Wundern der Welt. Er beginnt, Pflanzen aus deutschen Landen zu sammeln, reist an den Rhein und in die Vogesen. Er lernt ausländische Studenten kennen, die ihm von den Pflanzen in ihren Ländern erzählen. Und er entwickelt eine erstaunliche Fähigkeit, auf Menschen zuzugehen, die ihn faszinieren und fördern. Im Herbst 1789 besucht er in Mainz den Weltreisenden Georg Forster. Von März bis Juli des folgenden Jahres reist er mit ihm nach Frankreich, Holland und England. Szenen, Bilder und Erzählungen wühlen ihn auf: der erste Anblick des Atlantiks, das Bild eines ostindischen Schiffs in seinem Londoner Zimmer, Gemälde des Ganges-Ufers, Forsters Südseeschilderungen.

Von August 1790 bis Ostern 1791 studiert er an einer Handelsakademie in Hamburg. Wenn es stürmt, macht er Wellenmessungen auf der Elbe. Er fährt nach Helgoland, um dort den Buntsandstein zu studieren. «Es ist ein Treiben in mir», schreibt er, «dass ich oft denke, ich verliere mein bisschen Verstand.» Im Juni 1791 schreibt er sich an der Bergakademie im sächsischen Freiberg ein, der ältesten technischen Hochschule der Welt, und wird Schüler des großen Geologen Abraham Gottlob Werner. 1792 tritt er das Amt eines Oberbergmeisters im fränkischen Bezirk Ansbach-Bayreuth an, der zu dieser Zeit von Preußen regiert wird. Er schreibt eine „Geschichte der Pflanzen". Forscht über die Bewegungen von Urgebirgsschichten. Entwirft nie da gewesene Karten mit Höhenprofilen und pasigraphischen Zeichen, allgemein verständlichen Symbolen zur Darstellung von Gesteinsschichten.

Der Tod der Mutter 1796 wird zur endgültigen Wende in seinem Leben. Er verkauft seine Ländereien, die er als Sohn von Großgrundbesitzern geerbt hat. Die stattlichen Erlöse erlauben es ihm, seine Träume nun auch zu verwirklichen. Er scheidet aus dem Staatsdienst aus, geht nach Paris und trifft dort den französischen Naturforscher Aimé Bonpland. Mit ihm als Begleiter bricht er nach Spanien auf, macht unterwegs

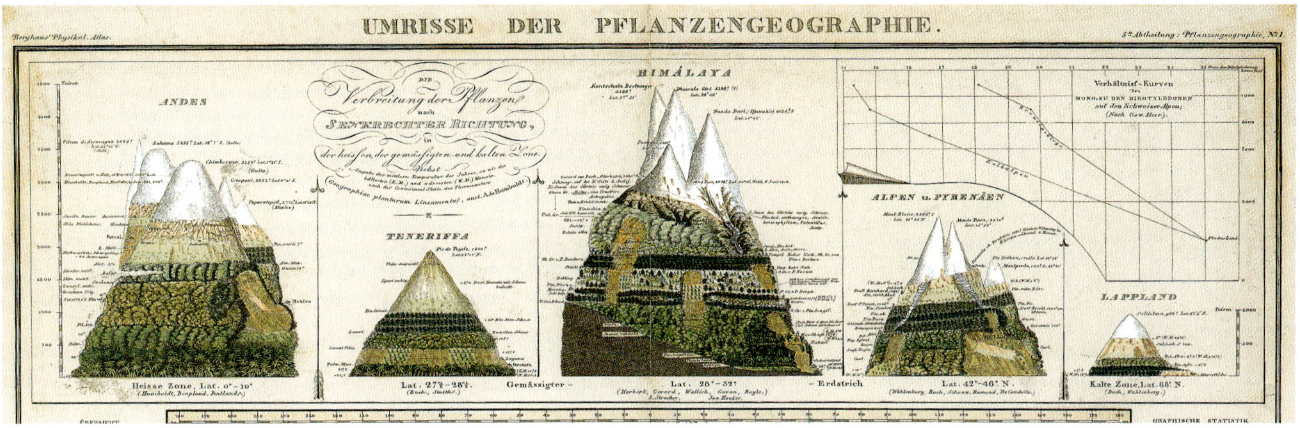

ständig Höhenmessungen und erstellt so den ersten genauen Querschnitt der Iberischen Halbinsel. In Madrid erhält er – durch Vermittlung des sächsischen Gesandten – mehrere Audienzen bei König Karl IV. und Königin Maria Luise von Bourbon. Das Herrscherpaar ist beeindruckt vom Spanisch und vom Forscherdrang des Preußen. Sie stellen ihm und seinem Freund Reisepässe aus, wie sie vor ihnen noch kein Wissenschaftler erhalten hat: Humboldt und Bonpland dürfen sich in allen spanischen Kolonien Amerikas frei bewegen, astronomische Beobachtungen anstellen, ihre physikalischen und geodätischen Instrumente bedienen, Berghöhen messen, Bodenerzeugnisse sammeln.

Am 5. Juni 1799 beginnt eine Expedition, bei der Humboldts Energien schier explodieren. «Auf das Zusammenwirken der Kräfte, den Einfluss der unbelebten Schöpfung auf die belebte Tier- und Pflanzenwelt – auf diese Harmonie sollen stets meine Augen gerichtet sein», schreibt der Forscher über sein großes Vorhaben. Mit der Korvette „Pizarro“ segelt er zunächst nach Teneriffa, besteigt dort den Vulkan Pico de Teide, dessen Höhe (3716 Meter) Humboldt barometrisch fast auf den Meter genau bestimmt. Mit einer Vertikaldarstellung beschreibt er detailliert die Vegetationsstufen des Bergs.

Auf der Überfahrt nach Amerika misst er die Meereswärme bei Ebbe und Flut, die Luftwärme zu verschiedenen Tageszeiten sowie im Schatten und in der Sonne, den Feuchtigkeits-, Elektrizitäts- und Bläuegrad der Atmosphäre, die Stärke der magnetischen Kräfte, den Einfluss des Sonnenauf- und -untergangs auf die Ablenkung der Lichtstrahlen. Und doch ist all das nicht mehr als ein Vorspiel dessen, was er in Lateinamerika erforschen wird.

Die Reise führt nach Cumaná, dann nach Caracas in Venezuela. Im Februar 1800 bricht die Expedition in das nahezu unbekannte Landesinnere auf. In Calabozo, dem Zentrum der einsamen, heißen und wasserarmen Ebene namens Llanos, führt Humboldt Selbstversuche mit Zitteraalen durch, die er nur mit Mühe überlebt. Über den Río Apure paddelt er mit einer indianischen Bootsmannschaft zum Orinoko. Als der Fluss stromaufwärts immer enger und gefährlicher wird, tauscht er das große Kanu gegen ein kleineres. Er umgeht die Großen Katarakte. Gepeinigt von Hitze und Moskitos, kämpft er sich bis zum Río Casiquiare durch. Auf ihm dringt er wochenlang ins Ungewisse vor, seine Leute sterben dabei fast an Hunger, der treue Hund wird von einem Jaguar gefressen. Doch Humboldt will das Geheimnis dieses Gewässers klären, das für die Gelehrtenwelt noch immer ein Rätsel ist. Die Karte, die er am Ende erstellt, beweist, dass der natürliche Kanal tatsächlich zwei verschiedene Flusssysteme miteinander verbindet: den Orinoko und den Amazonas. Wieder riskiert Humboldt für die Forschung sein Leben: Er schluckt einen Trank aus dem indianischen Pflanzengift Curare – und beweist, dass das Gift nur bei direktem Blutkontakt tötet.

Nach der Rückkehr aus dem Amazonasbecken reisen Humboldt und Bonpland 1800 nach Kuba. Dann

Die Verbreitung der Pflanzen in Gebirgen – ein Kupferstich nach Skizzen von Humboldt. Nie zuvor hat ein Wissenschaftler so deutlich die Zusammenhänge des Lebens und die empfindliche Balance im Haushalt der Natur beschrieben. Das Universalgenie wird damit zum Wegbereiter ökologischen Denkens.

Tierwelt zusammenhängen, wie Störungen im Haushalt der Natur zu deren Schädigung führen – und wird damit zum Wegbereiter für die moderne Landschaftsökologie.

Die Reise, die er 1829 antritt, ist verglichen damit nicht mehr als ein Zwischenspiel. Auf Anregung von Zar Nikolaus I. bricht er nach Sibirien auf, begleitet von dem Naturwissenschaftler Christian Gottfried Ehrenberg und dem Mineralogen Gustav Rose. Von St. Petersburg geht es über Moskau, Nischni-Nowgorod und Kasan durch die Kirgisensteppe, über das Uralgebirge nach Tobolsk und in die Dsungarei, durch das russische Turkestan nach Astrachan am Kaspischen Meer und durch das Gebiet des Don nach St. Petersburg zurück. Seine geologischen, magnetischen und barometrischen Beobachtungen vereinigen sich mit den bis dahin bekannten Daten zu einem vergleichenden Gesamtbild der Region.

Das fünfbändige Werk „Kosmos", das er 1845 bis 1862 erstellt, ist für ihn der „Entwurf einer physikalischen Weltbeschreibung". Er wird zu einer Synthese all seiner Erkenntnisse. Humboldt wird fast 90 Jahre alt. Er hat keine neuen Länder entdeckt und keine erobert. Doch als Universalgenie hat er der Wissenschaft völlig neue Wege gewiesen.

Ein Ölgemälde zeigt Humboldt und den Franzosen Aimé Goujaud Bonpland vor dem 6310 Meter hohen Chimborazo in Equador (oben). Der preußische Gelehrte und sein französischer Assistent forschen nicht nur in Urwäldern, sondern besteigen auch Andengipfel – bis in Höhen, die vor ihnen noch niemand erreicht hat. Die Schlammvulkane von Turbaco in Kolumbien (unten) – dargestellt auf einer Aquatinta nach einer Skizze von Humboldt – hat der Wissenschaftler ebenfalls studiert.

setzen sie nach Cartagena in Kolumbien über, reisen den Río Magdalena aufwärts und erreichen auf Mauleseln Bogotá. 1802 gelangen sie in Equador am Chimborazo (6310 Meter), der zu dieser Zeit noch als höchster Berg der Erde gilt, auf eine Rekordhöhe von 5600 Metern.

Von Callao segeln sie über Guayaquil nach Acapulco in Mexiko, messen die kalte Meeresströmung an der peruanischen Küste, die später den Namen Humboldtstrom erhält. 1803 forscht Humboldt an den Ruinen des Aztekenreichs. 1804 reist er über Kuba in die USA, wo er Präsident Thomas Jefferson von seinen Forschungen berichtet. Im Juli desselben Jahres kehrt er mit Bonpland nach Europa zurück.

Als Resultat dieser Expedition entsteht ein gigantisches Werk von 36 Bänden. Bis es fertig ist, vergehen 30 Jahre. Humboldt wird zum Schöpfer völlig neuer Wissenschaftszweige, etwa der Pflanzengeographie als einer Grundlage der Agrarwissenschaften, der Klimatologie, der Lehre vom Vulkanismus und Erdmagnetismus. Er zeichnet die ersten Isothermen und den ersten Meridianschnitt durch die Atmosphäre. Er veranschaulicht die Höhen und Tiefen einer Landschaft, schafft so die Grundlagen der Orographie. Er zeigt, wie Wetter und Flächengestalt, Pflanzen- und

□ **Artikel in NATIONAL GEOGRAPHIC: „In Humboldt's Wake" (November 1931), „Humboldt's Way" (September 1985), „Humboldts Tage in Trinidad" (Januar 2002, Deutsche Ausgabe).**

Ibn Battuta

1304–1369

Ein Araber aus Tanger reist quer durch die islamische Welt – mit Schiffen, Kutschen und Kamelen. In 29 Jahren legt er 120000 Kilometer zurück. Seine Aufzeichnungen werden im Westen erst Jahrhunderte später bekannt.

Alles beginnt mit der *hadsch*, der großen Pilgerreise nach Mekka, die jeder Muslim einmal im Leben unternehmen soll. Ein junger Mann aus Tanger, von adliger Herkunft und juristisch ausgebildet, macht sich im Jahr 1325 auf den Weg. Sein voller Name ist Scheich Abu Abdallah Mohammed bin Abdallah bin Mohammed bin Ibrahim al-Lawati. In Kurzform wird er Ibn Battuta genannt. Der junge Araber braucht zehn Monate, um über Algerien, Tunesien und Libyen nach Alexandria in Ägypten zu gelangen. In Fuwa, einem Dorf im Nildelta, gastiert er in der Klause des berühmten Mystikers Abu Abdullah al-Murschidi. Er schläft auf dem Dach, sein Bett ist eine Ledermatte, und eines Nachts sieht er seine Zukunft wie ein offenes Buch vor sich liegen. «Ich träumte, ich sei auf den Schwingen eines riesigen Vogels», so wird er später das Erlebnis beschreiben. «Er flog mit mir Richtung Mekka, dann in den Jemen… und schließlich flog er ganz weit nach Osten, landete in einem dunklen und grünlichen Land und setzte mich dort ab.» Der Mystiker, staunt Ibn Battuta, weiß am Morgen schon von diesem Traum. Er deutet ihn so, dass der junge Mann noch weit reisen werde.

Nilaufwärts zieht Ibn Battuta über Luxor nach Aidhab, einen Gewürzhafen am Roten Meer, von wo er nach Dschidda überfahren will. Kriegerische Wirren aber machen es unmöglich, alle Schiffe sind zerstört. So kehrt der Pilger nach Kairo zurück, durchquert den Sinai und Palästina. In Hebron steht er an den Gräbern von Abraham, Isaak und Jakob, die von Juden, Christen und Muslimen gleichermaßen verehrt werden. In Jerusalem sieht er den Ölberg und betet im Felsendom, zu dieser Zeit die größte Moschee der Welt, unter der goldenen Kuppel. Die Stadt, notiert der Reisende, «glüht wie geballtes Licht und glitzert wie das Funkeln eines Blitzes».

Über Akra, Tyrus, Beirut, Tripoli und Aleppo zieht Ibn Battuta nach Antiochia, über die libanesischen Berge nach Damaskus. Dort schließt er sich einer Karawane an, die in 55 Tagen nach Mekka zieht. An der Kaaba absolviert er die vorgeschriebenen Rituale. «Wir umkreisten sie sieben Mal… küssten den Heiligen Stein… tranken Wasser aus dem Brunnen Zamzam.» Er beschreibt, wie die Pilger in der nahe gelegenen Arafat-Ebene unter dem Berg der Barmherzigkeit beten. Wie sie am höchsten Feiertag des Islam, dem Opferfest, ihre Schafe töten. Wie sie die Säulen in Mina mit Steinen bewerfen und dadurch die Zurückweisung des Teufels symbolisieren. Er quartiert sich in einem Haus nahe dem Tor des Ibrahim ein, lobt den Edelmut, die Großzügigkeit und Gastfreundschaft der Menschen. Die Kultur des Islam hat ihn in den Bann gezogen. Er will mehr davon sehen, Neugier treibt ihn in die Welt.

Der Gelehrte aus Tanger besucht in An-Nadschaf das Grab des schiitischen Märtyrers Ali, das mit 7777 Platten aus purem Gold gedeckt ist; der Schwiegersohn Mohammeds, zum vierten Nachfolger des Propheten gewählt, wurde 661 von seinen Gegnern erstochen. «Wenn die Menschen krank werden, geloben sie, im Mausoleum ein Weihegeschenk darzubringen», notiert Ibn Battuta. «Ein Mensch, der am Kopf leidet, macht einen Kopf aus Gold oder Silber… und der Verwalter der Moschee legt ihn in die Schatzkammer; genauso ist es mit einer Hand oder einem Fuß oder jedem anderen Körperteil.» Über die Dattelhaine von Basra

Lebensdaten

1304 Geburt in Tanger.
1325–27 Erste Pilgerreise nach Mekka über Nordafrika und Ägypten. Weiterreise nach Palästina, Syrien, Mesopotamien, Persien.
1328–30 Zweiter Aufenthalt in Mekka. Durch Arabien und an die Küste Ostafrikas.
1330–33 Durch Anatolien und über das Schwarze Meer zur Krim. Durch Zentralasien und Afghanistan nach Indien.
1333–40 Richter beim Sultan von Delhi.
1342 Über die Malediven und Ceylon durch den Golf von Bengalen und die Malakkastraße, über Sumatra nach China.
1346–49 Mit dem Schiff zurück über Sumatra und Calicut nach Hormus. Über Land nach Isfahan, Bagdad, Aleppo und Tunis nach Marokko.
1352–53 Durch das islamische Spanien. Durch die Sahara bis Timbuktu.
1354–55 Niederschrift des Reiseberichts.
1369 Tod in Fes.

Eine Salzkarawane der Tuareg in der Sahara. Die Kameltreiber drehen ihre Stricke aus Palmblättern. Ibn Battuta schließt sich vor allem in den ersten Jahren seiner Reisen großen Zügen von Händlern und Pilgern an. Er genießt die Gastfreundschaft und finanzielle Unterstützung von Gebildeten, Frommen und Mächtigen – und revanchiert sich mit spannenden Erzählungen von seinen Erlebnissen.

und den Schatt el-Arab, in dem sich Euphrat und Tigris vereinen, gelangt er ins persische Isfahan. Von Bagdad aus zieht es ihn wieder nach Mekka zurück, wo er zwei Jahre lang studiert. Dann beginnt er seine erste Seereise. Zunächst in den Jemen, dann die Küste Ostafrikas entlang bis Kilwa, fast 1000 Kilometer südlich des Äquators. Über Oman, den Persischen Golf und Bahrain kommt er das dritte Mal nach Mekka.

Statt nach Hause will er aber in noch weitere Ferne. Er sucht einen Landweg nach Indien, über Anatolien und die weiten asiatischen Steppen. In Konya, der Hochburg der sufischen Mystiker, bestaunt er die tanzenden Derwische, in Bisch Dagh das Feldlager des Mongolenherrschers Öz Beg Khan, «eine gewaltige Stadt auf Reisen... mit Moscheen und Basaren darin, und dem Rauch von Küchen, der in die Luft aufsteigt».

Eine der Ehefrauen des Khans freundet sich mit Ibn Battuta an. Sie ist die Tochter des byzantinischen Kaisers Andronikos III. So wird der Muslim von dem christlichen Herrscher empfangen und durch Konstantinopel geführt – äußerst ungewöhnlich angesichts der Tatsache, dass die Stadt seit langem von türkischen und arabischen Armeen belagert wird.

So wie der Weltmann aus Tanger auftritt, ist er für die Mächtigen seiner Zeit eine seltene, faszinierende Persönlichkeit: Rechtsgelehrter und Höfling, Politiker und Diplomat, Mystiker und Entdecker. Immer wieder findet er einflussreiche Leute, die gern seine Dienste in Anspruch nehmen; so lassen sich seine Reisen finanzieren.

Er reist zurück durch die kalte russische Steppe. An der zugefrorenen Wolga zerhackt er Eis, um an Trinkwasser zu kommen. Zum Schutz vor der Kälte trägt er zwei Hosen und drei Pelzmäntel, «wollene Stiefel und darüber ein Paar Stiefel mit gesteppten Leinen und darüber wiederum ein Paar Stiefel aus Pferdeleder mit einem Futter aus Bärenfell». Solcherart eingewickelt, muss man ihn aufs Pferd heben.

Meist aber reisen er und sein wachsendes Gefolge in riesigen, vierrädrigen Wagen, die Filzzelte transportieren. Er erreicht Sarai, die Hauptstadt des Herrschers Öz Beg Khan, Chwarism, die dicht bevölkerte Oase südlich des Aralsees, das sagenumwobene Buchara, das noch unter den Verheerungen durch Dschingis Khans Mongolenhorden leidet. Von Samarkand aus zieht er durch die Berge Afghanistans. 1333 ist er in Indien.

Gut sieben Jahre verbringt er in Delhi als Richter und Beamter am Hof des Sultans Mohammed ibn Tughluq. 1341 wird er als Botschafter nach China geschickt – mit einem prächtigen Gefolge: 100 Vollblüter, je 100 Konkubinen und Hindu-Tänzerinnen, 1000 Reiter. Sie führen Schwerter und Brokat mit sich, goldene Kandelaber und perlenbestickte Handschuhe. Auf dem Weg zur Küste wird Ibn Battuta von Rebellen überfallen und ausgeraubt, aber am Leben gelassen. In Calicut heuert er für den Tross drei große chinesische Dschunken an. Doch alles versinkt schon vor der

Küste in einem Sturm. Ibn Battuta verliert seinen gesamten Besitz. Nur ein Gebetsteppich und zehn Dinar sind ihm geblieben.

Er will dem Sultan die Katastrophe lieber nicht berichten. So schlägt er sich auf eigene Faust Richtung China durch. Auf den Malediven wird er wieder Richter, heiratet sechs Frauen und lässt sich sechsmal wieder scheiden. Auf Ceylon (heute Sri Lanka) besteigt er den 2 243 Meter hohen Adam's Peak, auf dessen Gipfel Christen und Muslime, Hindus und Buddhisten einen heiligen Fußabdruck verehren; je nach Glaube soll er von Adam, Schiwa oder Buddha stammen. Nach einer langen Schifffahrt landet er in Quanzhou an der chinesischen Südostküste. Er bewundert das Porzellan und das Ausmaß der öffentlichen Sicherheit und Ordnung in China. Aber er fühlt sich abgestoßen von den Sitten der Ungläubigen, die Götzen anbeten, ihre Toten verbrennen, Schweine- und Hundefleisch essen.

Über seine dreijährige Rückreise nach Marokko schreibt Ibn Battuta nur wenig. 1349 ist er wieder in Tanger. Doch es hält ihn nicht lange zu Hause. Schon bald setzt er mit einem Regiment von Freiwilligen ins islamische Reich Granada auf der Iberischen Halbinsel über, um Gibraltar gegen die Christen zu verteidigen. 1352 zieht er mit einer Handelskarawane durch die Sahara. Er kommt nach Timbuktu, «wo Kamel auf Kanu trifft», und stattet dem Herrscher von Mali, Mansa Sulayman, einen Besuch ab. Er fährt auf dem Niger Richtung Sudan und hält den Fluss irrtümlicherweise für den Nil. Der Rückweg führt durch das Hoggar-Gebirge nach Fes, wo Ibn Battuta 1353 eintrifft.

Insgesamt 29 Jahre ist der Mann aus Tanger gereist. Er hat dabei rund 120 000 Kilometer zurückgelegt – dreimal so viel wie ▶ Marco Polo. Er hat an die 50 Länder gesehen, die sich auf dem Atlas von heute finden. Er ist zum größten arabischen Weltreisenden geworden, freilich fast immer innerhalb der islamischen Welt geblieben, deren Expansion ihn mit Stolz erfüllt. Der Sultan von Marokko trägt ihm auf, seine Erlebnisse in Form einer *rihla* festzuhalten – dem populären Typ eines Reiseberichts, mit besonderem Akzent auf religiösen Themen. Der andalusische Schriftsteller Ibn Jusayy bringt den Stoff in die entsprechende Form. 1355 ist das Werk abgeschlossen.

Lange Zeit bleibt das Dokument im christlichen Abendland unbekannt – als Folge des mangelnden Austauschs zwischen den beiden Kulturen. Erst der Schweizer Orientforscher ▶ Johann L. Burckhardt stößt Anfang des 19. Jahrhunderts in Kairo auf das Schriftstück. Durch den Orientalisten Ulrich Jasper Seetzen gelangt eine Fassung in die Bibliothek des Herzogs von Gotha. 1853 bis 1858 entsteht eine komplette französische Übersetzung. Das brüchige arabische Originalmanuskript liegt heute in der Pariser Nationalbibliothek.

Artikel in National Geographic: „The Prince of Travelers" (Dezember 1991).

Zum Be- und Entladen gehen die Kamele in die Knie (oben). Auf seiner ersten Reise besucht Ibn Battuta Ägypten, ein Stich zeigt ihn bei der Betrachtung von Kunstschätzen (links unten). Auf seiner letzten Reise durchquert er die Sahara, besucht den Herrscher von Mali und die Stadt Timbuktu, die allerdings ihre Glanzzeit erst später erreichen wird. Den Niger hält er irrtümlicherweise für den Nil.

Mary Kingsley

1862–1900

Sie möchte Fische studieren und die religiösen Bräuche der Eingeborenen. Dafür reist sie mit 30 Jahren allein an die Westküste Afrikas. Sie forscht am Kongo und Ogowe – in Gebieten, die vor ihr noch kein Europäer betreten hat.

Lebensdaten
1862 Geburt in London.
1893–94 Erste Reise nach Westafrika: Fernando Póo, Nigeria. Erforschung der Gegend zwischen Niger und Cross River und des unteren Kongo-Gebiets.
1894–95 Zweite Reise nach Westafrika: Französisch-Äquatorial-Afrika (heute Kamerun und Gabun). Den Ogowe flussaufwärts ins Land der Fang. Rückkehr über den Rembwe. Besteigung des Kamerunbergs.
1900 Als Krankenschwester im südafrikanischen Burenkrieg. Tod in Simonstown (bei Kapstadt).

Freunde erklären sie für verrückt. Als Frau allein nach Westafrika! In Sümpfe und dichte Wälder, und das bei der Hitze und den Moskitos! Jeder weiß, dass das unausweichliche Fieber dort schon für Männer oft tödlich ist – wie viel mehr für das schwache Geschlecht! Ein Arzt zeigt ihr eine Landkarte mit der Verbreitung der Tropenkrankheiten. Ein Engländer, der sieben Jahre in Westafrika gelebt hat, schlägt ihr vor, lieber nach Schottland zu fahren, aber wenn es dann der dunkle Kontinent sein muss, jeden Tag Chinin einzunehmen – besonders, wenn sie sich ins Gebiet der großen Ströme wagt. Denn an der Küste ist es schon schlimm genug, aber im Landesinneren – und da will sie hin – wütet das Fieber noch schlimmer.

Doch Mary Kingsley lässt sich durch die wohlmeinenden Ratschläge nicht von ihrem Plan abbringen. Lange genug hat sie darauf warten müssen, endlich ihr eigenes Leben zu führen. Immer nur ist sie für andere da gewesen, hat ihre kranke Mutter gepflegt, den Haushalt geführt. Ihr Vater George Kingsley, ein Arzt, reiste viel. Er schrieb über die fernen Länder, die er besuchte, studierte vor allem die religiösen Bräuche der Bewohner. Für die Erziehung der Tochter gab er kein Geld aus. Aber sie half ihm bei seiner schriftstellerischen Arbeit und las sich durch seine Reisebibliothek. Nun, 1892, sind beide Eltern gestorben. Kingsley hat 8000 Pfund geerbt. Sie ist 30, unverheiratet – und endlich frei.

Sie hat noch nie eine Auslandsreise gemacht. Nach dem Tod der Eltern fährt sie erst einmal auf die Kanarischen Inseln. Doch dann muss es auch schon gleich Westafrika sein. Kingsley ist pragmatisch, nicht romantisch. Es geht ihr nicht um das Reisen an sich, um frische Luft und Abenteuer, sondern sie möchte wissenschaftliche Forschung betreiben. Sie plant, die Studien ihres Vaters fortzuführen und die Fetische der Eingeborenen zu beschreiben. Und sie hat vor, bisher unbekannte Süßwasserfische in den westafrikanischen Flüssen zu fangen – für die Sammlung des Britischen Museums.

Im Jahr 1893 sticht sie auf einem englischen Handelsschiff in See, fährt monatelang die westafrikanische Küste hinunter. Im Golf von Guinea besucht Kingsley die Insel Fernando Póo (heute Bioko). Dann erreicht sie Calabar im heutigen Nigeria. Endlich in Afrika! Ein wasserdichter Sack enthält ihre Expeditionsausrüstung: unter anderem zwei Decken, Stiefel und eine Thermoskanne.

Die zukünftige Afrikaforscherin lernt europäische Missionare kennen. Sie erzählen ihr nicht, wie das

Land ist, sondern wie es ihrer Meinung nach sein soll. Kingsley hat herausgefunden, dass es bei eingeborenen Mädchen in Calabar den Brauch gibt, sich einen langen Stoffstreifen um die Hüfte zu binden und diesen am Boden hinter sich her zu ziehen. Sie glauben, dass ihre Schutzgeister das Stoffende halten und auf diese Weise bei ihnen sind. Die Missionare wissen nichts von diesem Brauch, sie wollen den Kindern das schlampige Herumlaufen abgewöhnen. Kingsley ist empört. Sie wird auf ihren Expeditionen immer versuchen, die Eingeborenen zu verstehen – und sie so zu lassen, wie sie sind.

Sie wagt sich bald ins Landesinnere, erforscht die Gegend zwischen Niger und Cross River. Sie trägt einen langen, dicken Wollrock, ihre Bluse ist bis zum Hals zugeknöpft, und unter dem Kinn bindet sie einen Hut mit einer Schleife zusammen. Kingsley zieht durch das Land zwischen den Flüssen, begleitet nur von eingeborenen Trägern. Anderen Europäern empfiehlt sie, Gewehre, wenigstens ein Messer, bei sich zu führen. Sie selber jedoch hat keine Angst und ist nicht bewaffnet. Sie vertraut auch in gefährlichen Situationen auf ihre Worte. Die Eingeborenen haben Respekt vor ihr – und nennen sie manchmal „Sir".

Nach ihrem Aufenthalt in Nigeria fährt sie weiter die Küste entlang. In Accra an der Goldküste zeigt ihr ein Regierungsbeamter zwei ausgehobene Gruben. Er habe immer zwei Gräber für Europäer parat, die an Fieber sterben. In dem feucht-heißen Klima müsse man schnell beerdigen.

Die kannibalischen Fang (links) leben in einem Gebiet, das „großer Wald" genannt wird. Sie sind bei ihren Nachbarvölkern gefürchtet. Ein paar Jahre vor Kingsleys Ankunft haben sie bei einem Überfall auf die Adooma Dorfbewohner getötet und gegessen. Um das Gebiet der Fang zu erreichen, fährt die Engländerin den Ogowe wochenlang mit einem Kanu hinauf (unten).

Im August 1893 erreicht Kingsley Luanda an der angolanischen Küste. Ihr Ziel ist der Kongo weiter im Norden. Dort lebt sie bei einem Eingeborenenvolk, das ihr alles beibringt, was mit Fischen zusammenhängt. Die Afrikaner zeigen ihr, wie man aus Fasern der Ananasstaude Netze knüpft, diese in den Flüssen auslegt und einholt, und wie man mit einem Kanu fährt. Die Engländerin fischt die ersten Exemplare für ihre Sammlung, neue exotische Arten, die noch kein Wissenschaftler kennt. Später wird sie einmal sagen, sie sei nur auf zwei Sachen in ihrem Entdeckerleben wirklich stolz: Erstens, dass ihre wissenschaftlichen Mentoren die Fische für wertvoll hielten, die sie von ihren Expeditionen nach Hause brachte. Und zweitens, dass sie ein Kanu so fahren könne wie die Afrikaner.

1894 kehrt Kingsley nach England zurück. In Afrika ist sie zwar oft an Fieber erkrankt, doch sie hat allen

Mary Kingsley trägt im Urwald Hut (oben, mit anderen Accessoires). Sie achtet stets darauf, auch in der Wildnis so angezogen zu sein, dass sie sich zu Hause in England nicht dafür schämen müsste. Ihr dicker Wollrock bewahrt die Forscherin vor ernsten Verletzungen, als sie in eine unter Ästen verborgene Grube von Tierfängern fällt – der Boden ist mit dicken Elfenbeinspitzen ausgelegt.

Unkenrufen zum Trotz bewiesen, dass man als Frau die Westküste überleben kann.

Es hält sie nicht lange in der Heimat. Schon Ende des Jahres bricht sie wieder nach Afrika auf. «In einem Punkt ist es mit der Westküste Afrikas so wie mit den arktischen Gebieten. Wenn man einmal dort war, möchte man immer wieder dorthin zurückkehren», schreibt sie später. Sie liebt das Land, seine mächtigen Ströme, die Urwälder und die Menschen. Kingsley fühlt sich dort wohler als in England.

Am 7. Januar 1895 kommt sie in Freetown in Sierra Leone an, sieht die Eingeborenen, die ihre Lasten auf den Köpfen tragen, erkennt das Geräusch wieder, dass deren nackte Füße auf dem Boden machen. Sie reist weiter nach Gabun. Dort fährt sie mit einem Dampfer den Ogowe hinauf, den ▶ Pierre de Brazza einst entdeckte. Das Boot fährt nur bis Lambaréné. Von dort reist Kingsley mit dem Kanu weiter, nur von einigen Trägern begleitet. Was heißt reisen – sie kämpft sich den Fluss hinauf, muss Stromschnellen und Wasserfälle überwinden, kentert ein ums andere Mal. Nach einiger Zeit zieht sie zu Fuß weiter. Ihr Ziel sind die Dörfer der Fang, ein kannibalisches Volk, deren religiöse Rituale sie erforschen möchte. Waldpfade führen den kleinen Trupp bergauf und bergab. Immer wieder gelangen sie in Täler, in denen Flüsse fließen, die sie nicht durchqueren können. Einmal müssen sie mehr als zwei Stunden durch einen Sumpf ziehen, Waffen und Ladung auf dem Kopf, denn das Wasser reicht ihnen teilweise bis zum Kinn. Sie verstricken sich in Schlingpflanzen, ein falscher Schritt, und sie versinken ganz im Wasser. Sie sind über und über mit Blutegeln bedeckt, an den Händen, am Hals. Später entfernen sie sich diese gegenseitig mit Salz. Kingsley trifft in den Wäldern auf Gorillas – «das furchtbarste wilde Tier, das ich kenne» – Pythons, Elefanten und Leoparden. Sie liebt es, im Urwald zu übernachten, den Geräuschen zu lauschen, die nachts viel lauter sind als tagsüber.

Die Entdeckerin gelangt in Gebiete, die noch kein Europäer vor ihr betreten hat. Sie finanziert die Expedition durch Handel mit den Eingeborenen. Sie tauscht Baumwolle, Angelhaken, Tabak gegen Gummi und Elfenbein. Auch mit den Fang macht sie zunächst Geschäfte. Als sie keine Ware mehr hat, verkauft sie ihre Blusen. Immer in Angst, nach Abschluss der Geschäfte umgebracht und – wer weiß? – verspeist zu werden. Sie lebt dann aber bei dem Volk, sieht dort Dinge, «die es wert sind, gesehen zu werden», wie sie später schreibt. Sie kehrt auf dem Rembwe zur Küste zurück. Bevor sie sich auf die Heimreise macht, besteigt sie auf einer neuen Route den Kamerunberg, mit 4070 Metern der höchste Berg Westafrikas.

Im Jahr 1895 kommt sie in London an. Ihr Ruf ist ihr vorausgeeilt, sie ist nun berühmt. Sie schreibt drei Bücher, „Travels in West Africa“, „West African Studies“ und „The Story of West Africa“, die Bestseller werden, aber zu heftigen Kontroversen führen. Sie verurteilt darin die Praktiken der europäischen Missionare und macht sich damit nicht nur die Anglikanische Kirche zum Gegner. Kingsley lenkt das Augenmerk der Europäer auf die Kultur der indigenen Völker Afrikas und wird damit zur Wegbereiterin künftiger Anthropologen – darunter viele Frauen –, die die Menschen des Schwarzen Kontinents weiter erforschen werden.

Kingsley plant eine dritte Reise nach Westafrika. Doch als in Südafrika der Burenkrieg ausbricht, reist sie ans Kap. Sie arbeitet als Krankenschwester in einem Camp für burische Kriegsgefangene. Dort steckt sie sich mit Typhus an und stirbt mit 38 Jahren. Sie wird auf See bestattet, wie sie es sich gewünscht hat.

Eusebio Kino

1645–1711

Ein Jesuit aus dem südlichen Tirol erforscht die Sierra Madre und die Wüsten des amerikanischen Südwestens. Der „reitende Pater“ legt fast 35 000 Kilometer zu Pferd zurück – und entdeckt, dass Kalifornien keine Insel ist.

Sein großer Traum heißt China. Oder Indien. Oder Philippinen. Jedenfalls irgendein Land im Fernen Osten, wo der Glaube an Christus verbreitet werden soll. Welches Land es am Ende werden wird, ist im Grunde egal. Gottes Ratschlüsse sind unerforschlich. Aber sie sind immer gut.

Ein Gelübde in jungen Jahren weist Eusebio Chino, Sohn italienischer Eltern aus Segno im südlichen Tirol, den Weg. Eine schwere Krankheit droht 1663 sein Leben schon mit 18 zu beenden. Da verspricht er vom Bett aus feierlich, sich für immer in den Dienst der *Societas Jesu* zu stellen – sollte er noch einmal gesund werden.

Die Jesuiten schicken einen der ihren erst dann hinaus in die Welt, wenn er durch hartes Studium gefestigt ist. Als Novize kommt Chino an die Jesuitenkollegs in Freiburg und Ingolstadt, Innsbruck, München und Öttingen. Er vertieft sich in die Theologie und Philosophie, vor allem aber in die Mathematik. Am chinesischen Kaiserhof, das weiß er, sind Jesuiten vor allem als exakte Wissenschaftler geschätzt. Sie haben dort den Kalender modernisiert und viele neue Landkarten gezeichnet.

Doch Gottes Wille lenkt den jungen Ordensmann in ein Land, an das er nie gedacht hat. Am Ende seiner Vorbereitung für den ersten Auslandseinsatz, die er in Sevilla absolviert, stehen zwei Missionen zur Auswahl: eine auf den Philippinen, eine in Neuspanien, wie Mexiko zu jener Zeit heißt. Chino und sein Südtiroler Landsmann, Antonio Kerschpamer, sind die Kandidaten. Die Vorgesetzten sagen, sie sollten sich untereinander einigen, wer wohin geht. Die beiden losen ihr Reiseziel aus. Kerschpamer zieht – Chino sieht es mit Entsetzen – die Philippinen.

Nach der Ankunft in Mexiko 1681 muss der junge Tiroler zunächst einmal seine Namensschreibung ändern. Denn *chino* bedeutet auf Spanisch „Chinese“ und würde heillose Verwirrung stiften. Um dies zu vermeiden und die korrekte Aussprache zu erhalten, buchstabiert er den Namen mit „k“. Damit ist, so scheint es, nun auch der letzte Gedanke an China getilgt.

Seine erste Mission führt ihn nach „Kalifornien“, das die Spanier mit Hilfe der Jesuiten kolonisieren möchten. 1683, als die Expedition beginnt, wird unter diesem Namen nichts anderes verstanden als der schmale, lang gestreckte Landstrich, der sich von Norden her wie ein riesiger Finger den Pazifik herunter bis vor die Küste Mexikos erstreckt. Was man bislang davon weiß, ist nur, dass er beiderseits von Wasser umgeben ist. „Kalifornien“ gilt bei den meisten seiner Zeitgenossen als Insel, deren nördliches Ende noch niemand gesehen hat. «Möge Gottes heiliger Wille geschehen», schreibt Kino in einem Brief. «Er weiß immer, was das Beste ist.»

Das Unternehmen unter Leitung von Isidro de

Lebensdaten

1645 Geburt in Segno (Tirol).
1665 Eintritt in den Jesuitenorden.
1681 Ankunft in Neuspanien (Mexiko).
1683 Erforschung von Niederkalifornien. Gründung der Missionsstation San Bruno.
1687 Rückzug aufs Festland. Beginn der Missionsarbeit in der Sierra Madre.
1694 Entdeckung der Ruinen von Casa Grande.
1701–02 Expeditionen zum Gila River und Colorado. Entdeckung des Landwegs nach Kalifornien.
1711 Tod in Magdalena (Mexiko).

Atondo scheitert nach vier Jahren. Wüstenartiger Boden, brutale Hitze, feindliche Indianer – der Aufwand an Kraft, Geld und Leuten lohnt sich nicht. 1687 ziehen die Spanier erst einmal wieder ab. Für Kino ist es eine Art Vorspiel gewesen.

Die Jesuitenoberen spüren, welcher Tatendrang in dem Südtiroler steckt. Sie schicken ihn auf dem Festland an die Front. In den wilden Bergen der Sierra Madre, die sich südlich der Sonora-Wüste erstrecken, soll er eine neue Missionsstation errichten. Die Pima, die dort leben, sind noch Heiden. Die Sobaípuri nördlich davon ebenso. Und die kriegerischen Apachen, die in dieses Gebiet häufig einfallen, sind als Räuber und Plünderer gefürchtet. Die „Pimeria Alta", wie die Gegend heißt, ist nichts für furchtsame Gemüter. Schätzungsweise 30000 Indianer sollen bekehrt, von Nomaden zu Bauern gemacht und dadurch zu treuen Untertanen werden.

Die Pima mögen den Weißen in der schwarzen Robe, der da durch die schroffen Canyons reitet. Er hat keine Soldaten zu seinem Schutz dabei. Er sucht keine Sklaven, um sie zur Arbeit in Minen zu zwingen. Er ist so arm wie sie, aber er versteht etwas von Viehzucht, von Obst- und Gemüseanbau, vom Zimmer- und Schmiedehandwerk. Wenn er zu Pferd des Weges kommt, knien sie vor ihm nieder und halten ihm Kleinkinder entgegen, damit sie die Taufe empfangen. 1693 gründet Kino seine erste Station, „Nuestra Señora de los Dolores". Die Indianer machen ein großes Fest daraus. Sie bemalen sich die Gesichter, schmücken ihre Köpfe mit Federn, behängen die Ohren mit Ringen und die Arme mit Reifen.

Der Jesuit selber freilich hasst nichts mehr als Sesshaftigkeit. Dolores ist für ihn ein Standquartier, von dem aus er in die Wildnis zieht. Er sucht neue Seelen und neues Land, gründet Dörfer und ernennt Dorfaufseher, und nebenbei frönt er seiner Leidenschaft, all das zu kartieren, was er bei seinen Ritten erkundet. Wenn er zu Indianersiedlungen kommt, fegen sie den Weg vor ihm sauber und halten ihm Kreuze entgegen. Sie nennen ihn den „reitenden Pater".

Im Jahr 1694 entdeckt er Casa Grande, bis zu vier Stockwerke hohe Hausruinen, die vermutlich im 14. Jahrhundert von Anasazi-Gruppen gebaut und bewohnt wurden. 1695 befriedet er mit seinen Ritten die Region, die monatelang von Aufständen rebellischer Indianer und blutigen Vergeltungsaktionen spanischer Truppen erschüttert worden ist. 1697 dringt er nach Norden bis zum Fluss San Pedro vor. Sobaípuri-Häuptling Coro lässt seine Krieger ihm zu Ehren einen ganzen Tag lang tanzen. In der Mitte des großen Zeremonienkreises hängen Bögen, Pfeile und 13 Skalps von getöteten Apachen, mit denen sein Volk in Feindschaft lebt.

Kino führt genau Buch über die Länge seiner Exkursionen im Sattel. Anfang 1698 sind es 100 Leguas im Januar,

Eine Kirche aus späterer Zeit steht an der Stelle, wo Eusebio Kino im Jahr 1700 die Missionsstation San Xavier errichtete – eine seiner 27 Gründungen. Der Ort liegt heute im amerikanischen Bundesstaat Arizona.

Eine Karte von Kino aus dem Jahr 1705 zeigt, dass Kalifornien ein Teil des amerikanischen Festlands ist. Lange Zeit herrschte die Ansicht vor, es sei eine Insel. Kino entdeckt die Landverbindung auf einer Expedition von den Bergen der Sierra Madre zur Mündung des Colorado. Die Karte enthält auch die Siedlungsgebiete der Indianervölker, die der „reitende Pater" erforschte.

90 Leguas im Februar, 100 Leguas im März, 200 Leguas im April. Jede spanische Legua entspricht gut fünf Kilometern. «Wie kann er eigentlich noch die Sakramente spenden und den Katechismus lehren, wenn er immer nur unterwegs und auch nicht eine einzige Woche durchgehend in seinem Bezirk ist?», giftet sein eifersüchtiger Vorgesetzter, Pater Mora, den er ganz in den Schatten stellt.

Kinos Expeditionen werden größer und größer. 1698, als er zum Gila River vorstößt, begleiten ihn 25 Pferde und Maultiere, die Vorhut besteht aus 40, die Nachhut aus 20 Tieren. Er glaubt, der Gila River münde ins Meer, das die Insel Kalifornien vom Festland trennt. Umso größer ist sein Erstaunen, als er sieht, dass der Fluss in einen noch viel größeren Strom, den Colorado, mündet. Die Yuma-Indianer schenken ihm Muscheln, die er aus seiner Frühzeit in Kalifornien kennt – sie stammen eindeutig von der Pazifikküste. Kino beginnt zu ahnen, dass der lange Landfinger keine Insel, sondern eine Halbinsel ist.

Im Jahr 1701 will er die Frage ein für allemal klären. Er zieht mit einer Lasttierkarawane durch die Stein- und Sandwüste Desierto de Altar nach Westen. Von einem Berg aus sieht er, dass es die Landverbindung nach Kalifornien tatsächlich gibt. Noch ein Jahr vergeht bis zum endgültigen Beweis. 1702 bauen Indianer für ihn ein Floß, ziehen und schieben den 56-Jährigen an einer Furt über den Colorado. Von den mehr als 50 Expeditionen, die er insgesamt unternimmt, ist diese die wichtigste. Kino zeichnet seine Karten ganz neu. Und schickt sie an Thirso González, den Generaloberen der Jesuiten in Rom. Bald geht in Europa die Nachricht wie ein Lauffeuer um: Es gibt einen Landweg nach Kalifornien! 1705 wird eine französische, 1707 eine spanische, 1708 eine englische Version der Karte gedruckt.

Kino ist als Missionar an die 35 000 Kilometer zu Pferd unterwegs gewesen. Erst in den letzten zehn Jahren seines Lebens kommt der „reitende Pater" ein wenig zur Ruhe. Er baut in der Pimeria Alta sein Netz auf 27 Missionsstationen aus. Und bringt seine Hoffnungen mit Feder und Tinte zu Papier. «Schon bald werden wir, mit der Gnade des Himmels, Vieh über Land nach Kalifornien bringen», schreibt er nach Rom.

In seinem Tagebuch mit dem Titel „Himmlische Gnaden" schlägt sich die Vison nieder, die seine größte Expedition bei ihm wachgerufen hat. Er sieht das Reich des Herrn von Kalifornien aus wachsen: eine Straße, die Neuspanien (Mexiko) mit Neufrankreich (Kanada) verbindet, einen Seeweg von Kalifornien nordostwärts nach Europa und einen Seeweg von Kalifornien nordwestwärts nach Japan und in die „Große Tartarei". Kino ist doch noch im Fernen Osten angekommen.

Carl Koldewey

1837–1908

Er ist der Begründer der deutschen Arktisforschung. Auf zwei Expeditionen kämpft er gegen das Eis, das Grönland umgibt. Beim zweiten Mal gelingt ihm der Durchbruch zur Ostküste. Er folgt ihr mit Schlitten nach Norden.

Lebensdaten

1837 Geburt in Bücken (bei Hannover).
1853 Eintritt in die Marine.
1859 Untersteuermannsschule in Bremen. Segelfahrten nach Ostindien.
1861 Obersteuermannsschule in Bremen. Fährt fünf Jahre zur See.
1868 Leitung der ersten deutschen Polarexpedition. An der grönländischen Ostküste Vorstoß bis 75 Grad nördliche Breite. Spitzbergen, Hinlopen-Straße. Auf dem Rückweg bei 81 Grad.
1869–70 Leitung der zweiten deutschen Polarexpedition. Überwinterung in Grönland. Im Frühjahr mit Schlitten bis 77 Grad nördliche Breite.
1871 Assistent an der Norddeutschen Seewarte in Hamburg.
1875 Leiter der Abteilung „Nautische Instrumente“ an der Seewarte. Arbeit an der Kompasstheorie.
1908 Tod in Hamburg.

Nur sehr wenig ist Mitte des 19. Jahrhunderts über Grönland bekannt. Niemand weiß, wie weit seine Küsten reichen und ob es eine Insel ist. Das Gleiche gilt für das Meer, das sich von dort bis zum Nordpol erstreckt. Ist es offen oder eisbedeckt? Flach oder tief? Der Fantasie der Geographen sind keine Grenzen gesetzt.

August Petermann ist einer von ihnen. Er vertritt die Theorie des offenen Polarmeers. Gleichzeitig ist er der Meinung, dass es in der Nähe des Nordpols auch Land gibt – Grönland. Auf seiner Karte von 1865 ist es eine lang gestreckte Insel. So lang, dass sie sich – westlich vom Pol – über die Nordhalbkugel fast bis nach Sibirien erstreckt. Was liegt da näher, als an ihrer Ostküste entlang zum Pol zu segeln? «Ein geeigneter Schraubendampfer könnte in der rechten Jahreszeit eine Reise nach dem Nordpol und zurück in zwei bis drei Monaten zurücklegen», sagt er.

Petermann ist zu seiner Zeit einer der berühmtesten deutschen Geographen. 1855 gründete er die Zeitschrift „Petermanns Geographische Mitteilungen“, in der er die Ergebnisse vieler bedeutender Expeditionen veröffentlicht. Gleichzeitig fördert er die Erkundung unbekannter Gebiete in aller Herren Länder, bemüht sich um Sponsoren für die Entdecker. Manchmal hat er auch selber die Idee für eine Expedition, wie im Fall der Ersten Deutschen Nordpolarexpedition.

Drei Jahre versucht Petermann, die nötigen Gelder für einen groß angelegten Vorstoß ins Polarmeer aufzutreiben. Vergeblich. Dann entschließt er sich zu einer kleineren Expedition. Da er selber zu Hause bleiben will, bietet er Carl Koldewey die Führung an. Dieser sagt sofort zu. Ziel der Expedition ist die Erforschung des arktischen Kerngebiets. Koldewey soll versuchen, entlang der grönländischen Ostküste so weit wie möglich nach Norden vorzudringen.

Er hat einen ausgezeichneten Ruf als Seemann und Naturwissenschaftler. Mit 16 Jahren trat er in die Marine ein. 1859 besuchte er in Bremen die Untersteuermannsschule. Nach dem Examen segelte er im Dienst der Ostindienfahrer. 1861 besuchte er die Obersteuermannsschule. Anschließend fuhr er wieder zur See, fünf Jahre lang. Er begann in Hannover und Göttingen zu studieren: Mathematik, Physik, Astronomie. Bis er das Angebot der Polarexpedition erhielt. Ein früherer Lehrer an der Seefahrtsschule hat ihn Petermann empfohlen.

Im April 1868 kauft Koldewey in Bergen einen norwegischen Robbenfänger, die „Grönland“: knapp

20 Meter lang, sechs Meter breit, eigens mit einer Verstärkung gegen das Eis versehen. Am 24. Mai sticht die Expedition von Bergen aus in See. Zehn Tage später erreicht sie 74 Grad nördliche Breite und nimmt Kurs auf Grönlands Ostküste. Schon bald blockieren Eisfelder die Weiterfahrt. Am 9. Juni sitzen sie im Packeis fest und werden mit der Strömung abgetrieben – von 75 auf 73 Grad. Knapp zwei Wochen später kommen sie wieder frei. Sie nehmen Kurs auf Spitzbergen, werden dort ebenfalls vom Eis aufgehalten, wagen dennoch einen zweiten Vorstoß nach Grönland – umsonst. Sie sehen die Küste, nur 50 Seemeilen entfernt, aber der Eisgürtel ist undurchdringlich.

Also wieder Spitzbergen. Sie dringen in die Hinlopen-Straße ein, die Spitzbergen von Nordostland trennt. Sie erkunden den Sund, führen Messungen der Temperaturen, Winde und Strömungen durch, werden auch hier vom Eis zur Umkehr gezwungen. Am 13. September erreichen sie ihre höchste Breite – 81 Grad. Dann kehren sie nach Bergen zurück. Sie bringen eine Menge wissenschaftlicher Daten mit nach Hause. Doch für Koldewey war es eine «unglückliche, gänzlich misslungene» Expedition.

Schon bald bereitet er eine zweite deutsche Nordfahrt vor. Sie bricht mit zwei Schiffen auf. Die „Germania" hat einen 15-PS-Motor und eine Hebevorrichtung für die Schiffsschraube. Die „Hansa" ist größer als das Mutterschiff, hat aber keine Maschine. Sechs Wissenschaftler sind an Bord. Am 15. Juni 1869 stechen sie von Bremerhaven aus in See. Der König von Preußen gibt das Geleit.

Fünf Tage später werden die beiden Schiffe vor der ostgrönländischen Küste im Nebel getrennt. Die „Hansa" verschwindet – für immer, wie Koldewey glaubt. Mit der „Germania" gelingt ihm im zweiten Anlauf der Durchbruch durch das Eis zur Küste. Am 5. August erreicht er bei Ostgrönland 74 Grad 5 Minuten nördliche Breite. In einer Bucht der Sabine-Insel bezieht das Schiff sein Winterquartier. Die Männer entfernen Segel und Rahen, schneiden Eisblöcke, die sie als Schutzwall um das Schiff aufbauen. Sie errichten ein Observatorium auf einem Hügel nahe der Küste, um magnetische und astronomische Beobachtungen durchzuführen. Im Herbst unternehmen sie erste Erkundungstouren mit dem Beiboot und Schlitten. Sie entdecken Moschusochsen – keiner wusste, dass es diese Tiere so weit im Norden gibt – und Walrosse, die sich als angriffslustig

Auf der Rückfahrt von seiner zweiten Expedition entdeckt Koldewey das „Teufelsschloss" (oben). So nennt er den Felsen, der weit in den Kaiser-Franz-Josef-Fjord hineinreicht und rund 1 500 Meter aus dem Wasser ragt. Ein Foto (unten) zeigt Koldewey (mittlere Reihe, Dritter von links), die sechs Wissenschaftler der Expedition und die Mannschaft der „Germania". Fünf Seeleute haben bereits an seiner ersten Fahrt nach Norden teilgenommen.

erweisen. Die Männer ziehen durch die wilde Landschaft, sind gebannt von ihrer unberührten Schönheit. Topograph Julius Payer entdeckt einen Gletscher, den er nach seiner Tiroler Heimat benennt.

Vom 6. November 1869 an herrscht völlige Dunkelheit. Die Männer versuchen, auch in der Polarnacht ihre Routine aufrechtzuerhalten. Sie lesen stündlich Thermometer, Barometer, Wind- und den Gezeitenmesser ab. Dennoch leiden die Forscher unter der Finsternis, manche erkranken an Schlafsucht. Erst am 3. Februar 1870 sehen sie die Sonne wieder.

Am 24. März bricht Koldewey mit elf Mann zur großen Schlittenreise nach Norden auf. Sie haben keine Hunde, ziehen Gepäck und Vorräte selber. Das bedeutet vor allem karge Rationen. Sie stapfen endlos durch tiefen Schnee. Stürme peitschen ihnen eisige Flocken ins Gesicht. Sie erleiden Erfrierungen, werden schneeblind. Im Zelt dringt Schneestaub durch alle Ritzen, der Gemeinschaftsschlafsack ist gefroren. Aber die Liste ihrer Entdeckungen ist lang: Teufels-Kap, Dove-Bai, Koldewey-Insel, um nur einige zu nennen. Den zurückgelegten Küstenabschnitt nennen sie König-Wilhelm-Land. Am 15. April überschreiten sie den 77. Breitengrad. Sie blicken aufs Meer – und sehen Eis, nichts als Eis. Die These vom offenen Polarmeer scheint nicht zu stimmen. Der Proviant wird knapp, sie müssen umkehren. Der weitere Verlauf der Küste bleibt im Ungewissen. Die Frage, ob Grönland eine Insel ist, müssen künftige Entdecker klären.

Mitte Juli bricht nach 300 Tagen das Eis auf. Die Expedition verlässt ihr Winterquartier. Ein letztes Mal versucht Koldewey, mit dem Schiff nach Norden vorzustoßen. Aber er gelangt wieder kaum weiter als 75 Grad. Sie nehmen Kurs nach Süden, entdecken den Kaiser-Franz-Josef-Fjord. Payer und Copeland besteigen einen 2320 Meter hohen Berg, der später Payer-Spitze heißen wird. Dann machen sie sich endgültig auf den Rückweg. Als sie am 10. September 1870 in der Deutschen Bucht ankommen, herrscht Krieg zwischen Deutschland und Frankreich.

Im Heimathafen werden sie von der „Hansa"-Besatzung begrüßt, die eine Woche vorher eingetroffen ist. Ihre Geschichte ist unglaublich, aber wahr: Im September 1869 friert ihr Schiff im Packeis fest, wird einen Monat später vom Eis zerquetscht und sinkt. Die Männer retten sich mit Vorräten und Beibooten auf eine Eisscholle und treiben auf ihr Richtung Süden – 198 Tage lang. In einem Sturm zerbricht die Scholle. Das Reststück ist zu klein für alle. Ein Teil der Mannschaft muss von nun an in den Booten schlafen. Am 7. Mai 1870 kommen sie endlich in freies Wasser. Aber nun wird der Proviant knapp. Da erreichen sie am 13. Juni die Missionsstation Friedrichsthal (Frederiksdal) im Süden von Grönland. Ein Schiff nimmt sie nach Kopenhagen mit. Alle haben überlebt.

Carl Koldewey ist der Erste, der eine Polarregion systematisch erkundet. Seine wissenschaftlichen Methoden setzen Maßstäbe. Als einer der Ersten plädiert er für permanente Messstationen in der Arktis. Die deutsche Forschungsstation auf Spitzbergen trägt heute seinen Namen.

Carl Börgen, der Astronom und Physiker der Expedition, wird an der Küste Ostgrönlands von einem Bären angegriffen (oben). Er kommt mit einer tiefen Kopfwunde davon. Für Heiligabend des Jahres 1869 bauen sich die Männer einen Weihnachtsbaum aus Holzsprossen und behängen ihn mit Moos (unten). Die Szene auf dem zeitgenössischen Holzstich erinnert eher an einen echten Tannenbaum.

Christoph Kolumbus

1451–1506

Er kämpft fanatisch um seine Mission, den Osten auf dem Weg nach Westen zu finden. Nach 70 Tagen auf dem Atlantik glaubt er sich in Indien – dabei ist er auf einen noch völlig unbekannten Kontinent gestoßen.

Lebensdaten
1451 Geburt in Genua.
1492–93 Erste Atlantikfahrt: Bahamas, Kuba, Hispaniola.
1493–96 Zweite Atlantikfahrt: Antillen, Puerto Rico, Jamaika.
1498–1500 Dritte Atlantikfahrt: Trinidad, Venezuela.
1502–04 Vierte Atlantikfahrt: Mittelamerika.
1506 Tod in Valladolid.

Das große Wasser im Westen Europas ist „das Meer der Dunkelheit", *al-bahral muzlim*, wie es die Araber getauft haben. Ein Hort von Unwettern und Ungeheuern, kein Seefahrer wagt sich weit hinaus. Eine Karte von 1367 zeigt eine Figur mit erhobenem Arm, die vor der Reise nach Westen warnt.

Doch da locken legendäre Reiche und Reichtümer im Osten: Indien, China und Cipangu, wie Japan zu dieser Zeit genannt wird, dazu Gold, Seide und Gewürze. Das expandierende Imperium der Türken erschwert den abendländischen Mächten die Handelswege nach Osten. So bleibt nur die Route über das Wasser.

Die Portugiesen, im 15. Jahrhundert die führende Seefahrernation, suchen den Weg um Afrika herum. Der junge Genueser mit den flackernden Augen und hehren Visionen erntet bei ihnen nur Verachtung und Spott. Viel zu weit, viel zu gefährlich, unmöglich – so lautet 1484 das Urteil der Geographen am Hof von Portugals König Johann II., als Christoph Kolumbus ihnen seinen Plan vorträgt, nach Westen zu segeln, um in den Osten zu gelangen. So verhelfen sie ungewollt dem Erzrivalen Spanien dazu, sie bald als führende Weltmacht abzulösen.

Kolumbus, Sohn eines Webermeisters, seit 1476 mit Wohnsitz in Lissabon, ist sicher ein Hitzkopf und Eiferer. Er steht unter dem Einfluss des Franziskaners Antonio de Marchena. Der Guardian des spanischen Klosters Santa María de la Rábida ist Mitglied der Bewegung der Observanten, die von der apokalyptischen Endzeit, der Rückeroberung der heiligen Stadt Jerusalem und der Bekehrung aller Welt zu Christus reden.

Kolumbus ist aber auch ein ausgezeichneter Seefahrer. Im Auftrag Genueser Kaufleute ist er durch das Mittelmeer vermutlich bis Kleinasien, die Westküste Afrikas entlang bis zu den Kapverdischen Inseln und das portugiesische Guinea nahe dem Äquator, im Atlantik immerhin bis England und möglicherweise sogar Island gesegelt. Er hat die Meereswinde studiert und weiß, das sie südlich der Kanarischen Inseln aus Nordost, weiter nördlich aber aus Westen wehen – so errechnet er seine Route für die geplante Hin- und Rückfahrt.

Der Handelsagent aus Genua hört Geschichten von Treibgut, das aus Westen an die Atlantikküsten geschwemmt werde. Von Leichen mit fremdartigen Gesichtern, die in Booten angelandet seien. Er hält die Erde nicht für eine Kugel, aber für eine Art Birne. Den Astronomen und Mathematiker Claudius Ptolemäus aus dem antiken Alexandria hat er so interpretiert, dass der Seeweg von den Kanaren nach Asien nicht länger als 4000 Kilometer sein könne – in Wirklichkeit sind es 17000. «Ich gehe meinen Weg», schreibt

Die Ankunft des Kolumbus in Amerika: Nach der Landung auf der Bahamas-Insel Guanahani am 12. Oktober 1492 lässt er ein hölzernes Kreuz errichten. Die herbeigeeilten Ureinwohner nennt er „Indianer", weil er sich in Indien wähnt.

Kolumbus, «wie sehr mir die Winde auch ins Gesicht wehen mögen.»

Der franziskanische Mönch verschafft ihm 1486 Zugang zum spanischen Hof. Fast sieben Jahre dauert dort sein Kampf um die Expedition. Königin Isabela ist auf seiner Seite, doch die Gelehrten blockieren ihn auch hier. Die Wende kommt 1492 nach dem Fall von Granada, der letzten Bastion der muslimischen Mauren. Das katholische Spanien wird zu einer aufstrebenden Macht, die nun ihren Blick in die Welt richtet. Am 17. April schließt der Hof mit Kolumbus einen Vertrag, der ihn zum „Admiral der Weltmeere" macht, zum Vizekönig und Gouverneur aller Länder, die er entdecken würde – und der ihm zehn Prozent aller Einnahmen aus diesen Entdeckungen garantiert.

Am 3. August 1492 stechen von Palos aus unter seinem Kommando die Karavellen „Santa María", „Niña" und „Pinta" mit insgesamt 90 Mann Besatzung in See. Kolumbus führt zwei Logbücher, ein geheimes mit den korrekten Positionen und ein offizielles, das der Besatzung vorspiegelt, sie sei immer noch nah an Spanien. Dennoch kommt es, nach vielen Windflauten, zu Reibereien, Schlägereien, fast zu einer Meuterei – bis am 12. Oktober, morgens um 2 Uhr, der Matrose Rodrigo de Triana im Ausguck das ersehnte Land sichtet. Es ist, wie Forscher später rekonstruieren werden, die Bahamas-Insel Guanahani. Kolumbus tauft sie „San Salvador" (Heiliger Erlöser). Die vorsichtig näher kommenden Bewohner beschenkt er mit Glasperlen und Glöckchen. Er nennt sie „Indianer", weil er sich ja in Indien wähnt.

Auf der Suche nach dem asiatischen Festland kommt er am 28. Oktober nach Kuba und von dessen Ostküste aus zu einer Insel, die er „Española" nennt (später wird daraus Hispaniola). Kolumbus hält sie für einen Teil von Cipangu. Verwundert sehen die Spanier, dass die „Indianer" qualmende Kräuter an die Lippen führen und Rauch aus Mund und Nase stoßen – die ersten Zigarren, die Europäer zu Gesicht bekommen.

Am Weihnachtstag läuft die „Santa María" auf ein Korallenriff und muss aufgegeben werden. Kolumbus deutet das Unglück als Zeichen, hier eine Siedlung zu gründen. Er nennt sie „Navidad", lässt 40 Mann mit Nahrung und Munition zurück. Mit Gold, Bernstein und einer Eskorte von „Indianern", die gelbe und grüne Papageien in Käfigen tragen, tritt Kolumbus triumphierend in Barcelona vor das spanische Königspaar.

In Windeseile wird eine neue, viel größere Expedition ausgerüstet: 17 Schiffe mit gut 1500 Seeleuten, Soldaten und Siedlern. Sie sollen Hispaniola kolonisieren, Kuba erforschen und den Portugiesen in Indien zuvorkommen. Auf einer südlicheren Route segelt Kolumbus 1493 in die Karibik, stößt unter anderem auf die Inseln Dominica, Guadeloupe und Puerto Rico. Auf Hispaniola sind alle Spanier bei der Jagd nach Gold und Frauen von den Einheimischen umgebracht worden. So gründet er an der Nordküste eine neue Siedlung, der Königin zu Ehren mit Namen Isabela.

Hartnäckig hält Kolumbus daran fest, dass Kuba asiatisches Festland sei. Er glaubt, er habe die Erde schon zur Hälfte umfahren (in Wirklichkeit ist es nur ein Fünftel) und wähnt sich nahe der Straße von Malakka. Seinen Glauben lässt er am 12. Juni 1494 zum offiziellen Dogma erheben, sein Notar nimmt jedem Besatzungsmitglied einen Eid ab. Danach muss, wer Kuba als Insel bezeichnet, mit schlimmsten Strafen rechnen: 100 Peitschenhiebe für die Matrosen, Verlust der Zunge für Offiziere.

Doch die Goldmengen, die sich in den neuen Ländern finden, genügen nicht den Ansprüchen, die zu

Hause geweckt worden sind. Kolumbus' Stern beginnt zu sinken, obwohl er noch zweimal auf große Reise geht. Bei der dritten Expedition, die 1498 beginnt, irrt er vom Orinoko-Delta aus an der Küste Südamerikas entlang, auf der verzweifelten Suche nach einer Passage Richtung Indien. Auf Hispaniola bricht ein Aufstand gegen ihn und seinen Bruder Bartolomé aus, den er zu seinem Stellvertreter ernannt hat. Die Krone schickt den Untersuchungsrichter Francisco de Bobadilla. Der nimmt Kolumbus und dessen Bruder in Haft und schickt sie im Oktober 1500 in Ketten nach Spanien zurück.

Trotzdem gelingt es ihm noch einmal, die Gunst des Hofs zu erwerben. 1502 segelt er mit vier kleinen Schiffen und 150 Mann in nur 21 Tagen über den Atlantik. Er fährt die Küste Mittelamerikas entlang, von Honduras bis nach Panama. Wieder wähnt er sich in Hinterindien und glaubt, in zehn Tagen die Mündung des Ganges erreichen zu können. An der Nordküste Jamaikas muss er im Juni 1503 seine wurmzerfressenen Schiffe auf den Strand laufen lassen. Sein Vertrauter Diego Méndez wagt in einem Kanu die Überfahrt nach Hispaniola, um Hilfe zu holen; sie trifft aber erst Ende Juni des folgenden Jahres ein.

Nur 19 Tage nach seiner Rückkehr in die Heimat, am 26. November 1504, stirbt seine Gönnerin Isabela. Am Hof setzen sich nun endgültig die Intriganten gegen ihn durch, denen der fremde Genueser schon immer ein Dorn im Auge war. Er leidet mehr und mehr unter dem Reiter-Syndrom, bei dem Entzündungen der Augenbindehaut, Harnröhre und den Gelenken kombiniert auftreten. So zieht er sich in ein bescheidenes Haus in Valladolid zurück. Mit Hilfe von Priestern schreibt er ein Buch der Prophezeiungen, das die kommende Einheit der Welt voraussagt. 1506, im Alter von 55 Jahren, ist er mit seinen Kräften am Ende. Den Glauben, er sei in Indien gewesen, nimmt er halsstarrig mit ins Grab.

□ Artikel in NATIONAL GEOGRAPHIC: „Crossroads of the Caribbean" (September 1937), „Christopher Columbus and the New World He Found" (November 1975), „Where Columbus Found the New World" (November 1986), „Search for Columbus" (Januar 1992).

Heimkehr als Held: Nach der Rückkehr von seiner ersten Amerikareise steht Kolumbus vor dem spanischen Königspaar Ferdinand und Isabela. Er hat mehrere Indianer mitgebracht – menschliche Wesen, wie man sie in Europa noch nie gesehen hat.

Jean-F. G. de La Pérouse

1741–1788

Lebensdaten
1741 Geburt in Schloss Guo bei Albi (Frankreich).
1756 Seekadett. Teilnahme am Siebenjährigen Krieg.
1773 Kaperfahrten im Indischen Ozean.
1780 Beförderung zum Kapitän.
1785 Aufbruch zu einer Forschungsreise in den Pazifik.
1788 Tod nach der Havarie seiner Schiffe vor Vanikoro (Santa-Cruz-Inseln).

Sein Auftrag ist es, den Ruhm Frankreichs als Nation der Wissenschaften und Künste zu mehren. Als seine Berichte aus der Südsee Europa erreichen, sind seine Schiffe und die heimische Monarchie bereits untergegangen.

Frankreich, die Nation, die mehr Naturforscher, Geologen, Mathematiker und Botaniker als jede andere ihr Eigen nennt, ist beim Wettlauf um die Entschleierung der letzten Geheimnisse der Erde ins Hintertreffen geraten. Schuld tragen ausgerechnet die Engländer, mit denen man seit Jahrzehnten in einem manchmal erklärten und manchmal unerklärten Kriegszustand lebt. Seit dem Verlust ihrer amerikanischen Kolonien, zu dem die Franzosen einiges beitragen durften, ist die Flagge des Inselreichs auf allen Meeren und an allen Küsten präsent. Alles deutet darauf hin, dass die Briten ein Imperium errichten wollen, das den Zugriff anderer seefahrender Nationen auf die Reichtümer entlegener Länder drastisch einschränken würde. Ludwig XVI. wird eine Expedition ausrüsten, deren vornehmstes Ziel darin besteht, an allen erreichbaren und noch unbekannten Küsten der Südsee Frankreichs Flagge zu zeigen. Das Unternehmen soll, selbstverständlich, der Wissenschaft dienen, bei Bedarf aber auch den wirtschaftlichen und kolonialen Interessen des Landes.

Würde La Pérouse all die der Feder des Marineministers de Castries entflossenen Anweisungen realisieren, bräuchte er dafür mehr als ein Seefahrerleben. Er soll Kurs auf Kap Hoorn nehmen, die Osterinsel und Tahiti ansteuern, in Japan landen, die Molukken und die Philippinen aufsuchen, die Lage zahlloser Inseln des Pazifiks vermessen und an der Westküste Amerikas eine Faktorei für den Pelzhandel errichten. Man trägt ihm auf, sich Sachalin und der Amur-Mündung anzunehmen, im Umfeld der Malwinen (Falklandinseln) nach Möglichkeiten zum Aufbau einer Walfangstation Ausschau zu halten, europäische Güter, Lebensmittel und Pflanzen unter den Eingeborenen zu verbreiten, um so das Bedürfnis nach Tauschhandel bei ihnen zu wecken. Weiter erwartet man von ihm Forschungen aller Art auf den Gebieten der Tier- und Pflanzenwelt, Sternkunde, Klimatologie, zu Phänomenen wie dem Verlauf von Ebbe und Flut, zum Charakter der St.-Elms-Feuer und zu den Sitten und Gebräuchen der Völker, auf die er treffen wird. Das Konvolut der Anweisungen atmet den Geist der Enzyklopädien, an denen die französischen Aufklärer arbeiten. Es konterkariert allerdings auch deren Streben nach Klarheit und begrifflicher Schärfe. Bevor man der Tatsachen überhaupt habhaft wurde, ergeht man sich bereits in Spekulationen darüber, welcher Ertrag sich aus diesen ziehen ließe.

Offenbar haben selbst die Verfasser am Ende erkannt, dass ihre konzeptionellen und rhetorischen Ausschweifungen dem Gelingen der Expedition hinderlich sein könnten. «Seine Majestät», heißt es daher in dem Manual, «verlassen sich auf die Erfahrung des Herrn de La Pérouse und geben ihm die Vollmacht, in unvorhergesehenen Fällen alle Abänderungen zu treffen, die er für nötig halten wird.» La Pérouse nimmt diese Vollmacht, die sich auch als Freibrief auslegen lässt, mehr als einmal beim Wort. Sein König, dem er nie wieder begegnen wird, hat dennoch keinen Grund, an der Loyalität des Befehlshabers der Fregatten „Boussole" und „Astrolabe" irgendwelche Zweifel zu hegen. Die Frage erübrigt sich für den Auftraggeber, den man am 21. Januar 1793 als Bürger Capet in Paris guillotiniert, und für den Auftragnehmer, dessen Spur sich 1788 im Meer nördlich der australischen Ostküste verliert.

Die Ausreise erfolgt am 1. August 1785 von Brest. Über Madeira und Teneriffa steuert La Pérouse Trinidad an. Am 29. September registriert er, dass die beiden Schiffe den Äquator sehr viel weiter östlich als in den Instruktionen vorgeschrieben passieren. Solche Verstöße gegen die ursprünglichen Anweisungen wird er immer wieder dokumentieren. Sein Motiv ist offenkundig, und es hat wenig zu tun mit Insubordination. Die Natur, lautet die Botschaft, ist, anders als die Menschen, durchaus nicht bereit, sich an königliche Dekrete zu halten. La Pérouse, der bei der Marine auf eine lange Karriere zurückblickt, zu der auch Kaperfahrten gegen die Briten gehörten, handelt, entgegen dem Anschein, nicht als Abenteurer, sondern als ein kühl und überlegt ans Werk gehender Mann. Diese Eigenschaften haben ihm geholfen, als er 1773 im Indischen Ozean auf Piratenjagd war. Sie sorgten dafür, dass er berühmt wurde, als er 1782 in der Hudsonbai, aus dem Packeis kommend, mit drei Schiffen die britischen Handelsposten Fort York und Fort Price of Wales im Handstreich zerstörte. Hinter all seiner Tollkühnheit verbarg sich stets ein rationales Kalkül. Mit seiner Leidenschaft für die mathematische Seite der Seefahrt hatte er sich in der von Intrigen, Prestigekämpfen und sozialen Verwerfungen durchdrungenen französischen Marine frühzeitig unangreifbar gemacht. Dass die nautischen Mittel, derer sich Frankreich bedient, weit hinter die der konkurrierenden Briten zurückfallen, ist ihm seit langem geläufig. Er lässt die wenig zuverlässigen Chronometer, die er zur Bestimmung der geographischen Länge mit sich führt, durch kontinuierliche Mondbeobachtungen

Havarie der Schiffe von La Pérouse auf den Riffen vor Vanikoro (oben). Gräber der Opfer in der Bucht von Castries (unten).

La Pérouse bei Vermessungsarbeiten an den Statuen auf der Osterinsel.

abgleichen, bringt, wo es unvermeidbar ist, auch eigene Irrtümer ins Spiel, belässt es beim Vorläufigen, wenn Erkenntnisse nichts anderes als vorläufig sind. Darin zeigt er sich ▶ James Cook, dem eigentlichen Rivalen bei diesem Unternehmen, dessen Leistungen er nach königlichem Willen nachahmen soll, durchaus verwandt. Es lässt sich auch für ihn in vielem nicht übersehen, dass er tatsächlich ein, wenn auch überaus ambitionierter und bestens ausgerüsteter Nachahmer ist.

La Pérouse umschifft Kap Hoorn, segelt – noch weisungsgemäß – zur Osterinsel, verlässt danach aber die vorgeschriebene Route. Er führt seine Schiffe statt nach Tahiti zunächst nach Hawaii, um von dort nach Alaska weiterzusegeln. Nach Gründung einer französischen Kolonie ohne Siedler – ein Acte de présence ohne irgendwelche Wirkungen, die sich herumsprechen werden – meidet er eine zu genaue Aufnahme der Küste des noch in spanischem Besitz befindlichen Kalifornien. Er verkürzt den Aufenthalt im Seegebiet zwischen Macau und Kamtschatka auf ganze zehn Tage, nutzt aber den Aufenthalt im Japanischen Meer und vor den Kurilen zu intensiven Messungen. Mit dieser Pionierarbeit setzt er Maßstäbe, die den wissenschaftlichen Ertrag seines Unternehmens für die Nachwelt begründen. Einerseits verfügt La Pérouse über bemerkenswerte diplomatische Eigenschaften und über ein politisches Urteilsvermögen, an dem seine Auftraggeber, als die Berichte von seinen Unternehmungen in Paris eintreffen, in erheblichem Umfang partizipieren. Andererseits treibt ihn eine für seine Mitstreiter nicht immer nachvollziehbare Rastlosigkeit an. Es kommt wiederholt zu Spannungen an Bord, weniger zwischen den Mannschaften und ihm als viel mehr mit dem wissenschaftlichen Personal, das Anstoß an den zu knapp bemessenen Zeitrahmen und dem nicht immer logisch erscheinenden Verlauf der Reise nimmt. Die königlichen Instruktionen, von denen auch die Mitreisenden Kenntnis haben, dienen La Pérouse nur als grobes Raster, in das er nach eigenem Ermessen seine Kurslinien setzt. Er sieht sich als ein Diener seines Staats, der nicht dessen Sklave sein will.

La Pérouse erreicht am 26. Januar 1788 um neun Uhr morgens Botany Bay. Die Bucht ist der logische Endpunkt einer Reise auf den Spuren und im Gefolge von James Cook. La Pérouse ist der Prototyp des additiven Entdeckers. Wohl deswegen hat er Tahiti gemieden. Dort hatten andere jeden Fuß Boden schon mehr als einmal für sich in Anspruch genommen. In der Botany Bay stößt er auf eine englische Flotte, die die Gründung einer neuen Kolonie vorbereitet. Sie wird in einer Bucht liegen, die Cook übersah, und sie wird zuerst als Port Jackson und später als Sydney bekannt werden. Sein Versuch, von der Botany Bay nach Neuguinea zu segeln, findet seinen letzten Niederschlag bei den Santa-Cruz-Inseln. Die Überreste der Expedition werden knapp 40 Jahre später von dem englischen Kapitän Peter Dillon bei den Riffen von Vanikoro entdeckt. La Pérouses Tagebücher umfassen den Zeitraum von der Abreise aus Brest bis zur Ankunft in der Botany Bay. Eigentlich nur für die Augen eines nicht mehr vorhandenen Königs und seines Marineministers bestimmt, avancieren sie zu einem Klassiker der Reiseliteratur.

Sieur de La Salle

1643–1687

Er will Frankreich zur dominierenden Kolonialmacht in Nordamerika machen. Dafür erkundet er den Mississippi bis zur Mündung. Er wird geadelt und zum Vizekönig ernannt – und dann von den eigenen Leuten ermordet.

Der Vater, ein gut situierter Tuchhändler aus Rouen, möchte am liebsten einen Priester aus ihm machen. 1658, als René Robert Cavelier 15 ist, tritt er in das Noviziat der Jesuiten ein. Doch irgendwie ist ihm das alles zu eng und zu streng.

Sein älterer Bruder gehört zwar auch einem Orden an, nämlich den Sulpizianern. Der aber ist hinüber nach Neufrankreich gegangen, hinaus in die große Welt. Dort stapfen Trapper in Mokassins durch die Wälder, paddeln mit leichten, tragbaren Kanus auf den Flüssen. Sie schießen Büffel und Bären und tauschen bei den Indianern Gewehre gegen Biber- und Marderpelze. Dies ist das Leben, das Robert Cavelier sucht. 1667 verlässt er die Jesuiten und seine Heimat und folgt seinem Bruder nach Kanada.

Die Sulpizianer geben ihm ein Grundstück in der Nähe von Montreal zum Farmen. Doch auch hier mag er nicht lange sesshaft bleiben. Er beginnt, mit Pelzen zu handeln, so kommt er mit Indianern in Berührung und lernt deren Sprachen. Schon Anfang 1669 verkauft er einen Großteil seines Besitzes, um auf eine erste Expedition zu gehen. Indianer vom Irokesenstamm der Seneca haben ihm erzählt, in ihrem Gebiet entspringe ein „großer Strom“, der zu einem Meer fließe. Ist das etwa der heiß ersehnte Weg nach China? Robert Cavelier glaubt, dass dieses Meer im Westen liegen muss – von dort wäre dann der Weg über See nach Asien frei.

Cavelier schließt sich zwei Missionaren des Sulpizianerordens an, François Dollier de Casson und René de Bréhant de Galinée. Im Juli 1669 fahren sie gemeinsam in Kanus von Montreal über den Ontariosee. Dann trennt sich Cavelier von ihnen und zieht allein durch die Wildnis, erforscht den Oberlauf des Ohio.

Nicht nur ihn fesselt das Geheimnis des „großen Stroms“, den die Indianer Mississippi nennen. 1672 führen Louis Jolliet und der Jesuitenpater Jacques Marquette eine Expedition, die den Verlauf des Flusses klären soll. Sie treffen auf ihn weit westlich des Michigansees, fahren auf ihm aber ständig Richtung Südost oder Süd, an den Einmündungen des Missouri und Ohio vorbei, fast hinunter bis an den Arkansas, wo das Gebiet der Spanier beginnt. Der Mississippi fließt – das wissen Jolliet und Marquette nun – mit Sicherheit nicht in ein westliches Meer, das den Weg nach Osten öffnet. Dabei aber lassen sie es bewenden. Sie wollen keinen Ärger mit den Spaniern und treten daher den Rückweg an.

Cavelier setzt sich in den Kopf, die Mississippi-Mission von Jolliet und Marquette zu vollenden. Der

Lebensdaten

1643 Geburt in Rouen (Frankreich).
1667 Auswanderung nach Kanada.
1669–70 Expedition von Montreal bis zum oberen Ohio.
1674 Bau von Fort Frontenac als Pelzhandelszentrum am Ontariosee.
1678–79 Segelfahrt von den Niagarafällen bis zum Michigansee. Siedlungsgründungen.
1682 Erkundung des Mississippi bis zum Golf von Mexiko.
1684–87 Segelfahrt von Frankreich zum Golf von Mexiko. Vergebliche Suche nach der Mississippi-Mündung. Siedlungsgründungen in Texas.
1687 Ermordung in Texas.

La Salles Schiffe am Unterlauf des Mississippi. 1682 nimmt er für Frankreich das Stromland in Besitz. Zu Ehren seines Königs Ludwig XIV. tauft er es „Louisiana". Im Gegenzug wird La Salle zum Vizekönig der nordamerikanischen Territorien ernannt.

Comte de Frontenac, seit 1672 Gouverneur von Neufrankreich, mag den unruhigen Geist. Beide Männer haben die Vision, Frankreich in Nordamerika zur Kolonialmacht Nummer eins zu machen und die Engländer aus dem Pelzgeschäft zu drängen. Frontenac ernennt ihn zum Kommandeur des nach ihm benannten Forts, das nicht nur zum Zentrum des Pelzhandels, sondern der gesamten französischen Kolonisierung werden soll. Und er sorgt für die nötigen Verbindungen in Paris. 1674 reist Cavelier als sein Gesandter dorthin. Er wird geadelt, die Urkunde lautet auf den Namen „Sieur de La Salle". Unter dieser Nobelbezeichnung wird er in die Geschichte eingehen.

Bei seinem zweiten Besuch in Paris erhält La Salle 1678 das Monopol für den Handel mit Büffelfellen. Er wird ermächtigt, für Frankreich im Westen neue Länder zu entdecken und zu deren Sicherung Forts anzulegen. Um seine Expedition zu finanzieren, stürzt er sich tief in Schulden. «Das Leben, das ich führe, hat für mich keinen anderen Reiz als die Ehre», schreibt er. «Je mehr Gefahren und Schwierigkeiten mit solchen Unternehmungen verbunden sind, desto ehrenvoller sind sie in meinen Augen.»

Im Jahr 1679 lässt er nahe den Niagarafällen die „Griffon" bauen – das erste europäische Schiff, das über die großen nordamerikanischen Binnenseen segelt. La Salle überquert in drei Wochen den Erie- und den Huronsee bis zur Baie de Puants (Green Bay). Dann schickt er die „Griffon" mit einer großen Pelzladung zurück, um so seine Gläubiger in Montreal zu befriedigen. Das Schiff und die Ladung kommen dort freilich nie an. Der Verdruss der Gläubiger wächst.

La Salle steigt inzwischen mit 14 Mann in Kanus um, fährt den Michigansee nach Süden bis zur Einmündung des St. Joseph River. Er zieht über Land zum Kankakee und folgt dessen Lauf bis in den Illinois. Am Peoriasee, eine Weitung des Illinois, beginnt er Anfang 1680 den Bau von Fort Crèvecœur. Sein engster Vertrauter, Leutnant Henri de Tonty, wird dessen Kommandant. Am 5. Dezember steht La Salle an der Mündung des Illinois und sieht zum ersten Mal den Mississippi. Um zusätzlichen Proviant zu organisieren, schlägt er sich in 65 mühsamen Tagesmärschen zurück zum Fort Frontenac durch.

Im August 1680 rüstet er eine neue Expedition aus. Mit dem Kanu überquert er den Huron- und Michigansee. Als er wieder Fort Crèvecœur erreicht, findet er es verlassen vor. Angesichts indianischer Attacken ist der Kommandant geflüchtet. Im Mai 1681 trifft La Salle wieder mit Tonty zusammen, der in Green Bay überwintert hat. Mit ihm beginnt er im Herbst 1681 seine größte Reise. 50 Mann – zur Hälfte

Franzosen, zur Hälfte Indianer – gelangen am 6. Februar 1682 erneut zum Mississippi. Sie paddeln tagelang zwischen großen Eisschollen hindurch. Von den Indianern, die an den Ufern leben, werden sie fast immer freundlich empfangen. Zudem hat La Salle gute Kenntnis vom Unternehmen des Spaniers ▶ Hernando de Soto, der fast 150 Jahre zuvor als erster Europäer zum Unterlauf des Mississippi kam. Am 6. April erreichen die Franzosen die Mündung. Am 9. April lässt La Salle eine Säule mit dem Wappen seines Königs Ludwig XIV. errichten. Seine Leute feuern Salven aus ihren Musketen und singen das *Te Deum*. Geschmückt mit einer Scharlachschärpe, nimmt La Salle das gesamte Stromland feierlich für Frankreich in Besitz. Zu Ehren von Ludwig XIV. tauft er es „Louisiana".

Paris beginnt Pläne zu schmieden, die Spanier aus dem Norden Mexikos mit seinen reichen Silberminen zu vertreiben. La Salle wird 1683 in Paris zum Vizekönig von Nordamerika ernannt. Er bietet an, als Stützpunkt im Mississippi-Delta ein Fort und eine Siedlung zu errichten. Als Führer einer Expedition sticht er im Juli 1684 mit vier Schiffen und gut 200 Kolonisten von La Rochelle aus in See. Doch nun, so scheint es, hat das Glück La Salle für immer verlassen. Auf hoher See wird seine Flottille von Piraten überfallen. Und im Golf von Mexiko verfehlen die Franzosen die Mississippi-Mündung. Sie landen 800 Kilometer weiter im Westen in der Matagorda Bay. La Salle lässt seine Leute an Land gehen und ein Fort errichten, weiß aber gar nicht genau, wo er eigentlich ist. Zwei Jahre lang sucht er den Mississippi auf dem Landweg. So welkt sein Ruhm in den trostlosen Weiten von Texas dahin.

La Salle ist zwar mutig und zäh, springt aber nicht gerade sanft mit seiner Mannschaft um. «Die leichte Hand, die mir angeblich fehlt, ist bei diesen meist frechen und zügellosen Leuten fehl am Platz», so hat er sich einmal in einem Brief geäußert. «Wer da Nachsicht übt, duldet Gotteslästerung, Trunkenheit, Lüsternheit und eine Zügellosigkeit, die mit jeder Ordnung unvereinbar ist.»

Am Trinity River, im Gebiet der Ceni-Indianer, treibt die Arroganz des Adligen seine Leute 1687 zur offenen Meuterei. Sie erschießen La Salle und lassen ihn liegen. Bussarde und Wölfe machen sich über die Leiche her.

☐ **Artikel in National Geographic: „La Salle's Last Voyage" (Mai 1997).**

Das blutige Ende: Nach dem gescheiterten Versuch, eine Siedlung an der Mississippi-Mündung zu gründen, wird La Salle von den eigenen Leuten in Texas erschossen. Sein Mut brachte ihm viel Ehre – seine Arroganz aber auch viele Feinde.

Alexander G. Laing

1793–1826

Lebensdaten
1793 Geburt in Edinburgh (Schottland).
1822 Adjutant des britischen Gouverneurs in Sierra Leone. Expeditionen in die Reiche der Timani, Kuranko und Sulimana nordöstlich von Freetown.
1823–24 Militärexpedition ins Ashanti-Gebiet (im heutigen Ghana). Erforschung des Niger-Quellgebiets.
1825–26 Expedition an den Niger. Von Tripolis über Ghadames und In-Salah nach Timbuktu. Als erster Europäer in der Stadt.
1826 Ermordung auf der Weiterreise in der Nähe von Araouane.

Der Schotte zieht durch die Sahara, wird von den Tuareg überfallen. Nach mehr als einem Jahr erreicht er als erster Europäer das legendäre Timbuktu. Von dort möchte er die Niger-Frage klären – doch vorher wird er ermordet.

Nil, Kongo, und Niger, die großen mytischen Ströme Afrikas beschäftigen die Fantasie der Menschen seit alters her. Scheinen sie doch der einzige Weg ins Innere des schwer zugänglichen Kontinents zu sein.

Quelle, Mündung, Verlauf – auch zu Beginn des 19. Jahrhunderts hat jeder der drei Flüsse noch sein eigenes Geheimnis. Auf dem Nil segelten die Menschen schon zu biblischen Zeiten – doch niemand weiß, wo er entspringt. Die Kongo-Mündung wurde im Jahr 1482 von dem portugiesischen Seefahrer Diogo Cão entdeckt – doch niemand kennt seinen Lauf. Der Niger ist den Europäern nur vom Hörensagen bekannt. Viele Geographen glauben, dass er ein Zufluss des Nil sei. Aber hängen die Flüsse wirklich zusammen?

Im Jahr 1796 steht der Schotte ▶ Mungo Park als erster Europäer am Ufer des Niger. Neun Jahre später bricht er zu seiner zweiten Expedition auf. Er will den Schwarzen Fluss hinunterfahren, hat seine eigene Theorie über dessen Verlauf. «Die Aussichten stehen gut, dass ich auf der Mündung des Kongo wieder aus Afrika herausfahre.» Doch der Forscher wird auf dem Fluss von Eingeborenen umgebracht.

Der Schotte Alexander Gordon Laing, Mitglied der britischen Armee, will das Rätsel des Niger als einer der Nächsten in Angriff nehmen. Er hat bisher in Westindien gedient, 1822 wird er als Adjutant des britischen Gouverneurs in Sierra Leone an der afrikanischen Westküste stationiert. 100 Kilometer vom britischen Stützpunkt entfernt liegt für die Weißen völlig unbekanntes Land. Laing soll es besser erschließen und Handelskontakte zu den Eingeborenen knüpfen.

Im Januar 1822 erkundet er das Mandingo-Land nordöstlich von Freetown. Er erreicht das Ufer des Malagia, besucht die Stadt Mallecory. Bei der Rettungsaktion für den verbündeten Häuptling Sannassee gelangt Laing in ein Lager der Sulimana-Armee. Die Eingeborenen führen Kriegstänze auf, doch er kann sie durch Verhandlungen davon abhalten, Sannassee zu töten. Es scheint ihm, dass die Sulimana reich seien. Er beschließt, bei nächster Gelegenheit in ihr Gebiet zu ziehen.

Am 16. April 1822 bricht er, begleitet von zwei Soldaten und elf Trägern, ins Landesinnere auf. Laing nimmt astronomische und barometrische Messungen vor, zeichnet jeden Tag die meteorologischen Daten auf. Zunächst zieht er durch das Land der Timani. Eine Frau erstarrt zur Salzsäule, als er den Ort Toma betritt. Sie hat nie zuvor einen Weißen gesehen. Mütter bieten

ihm ihre Kinder zum Kauf an, Laing ist entsetzt. Das Land der Kuranko gefällt ihm besser. Die Eingeborenen bestellen ihre Felder, haben Vieh. In ihrer Stadt arbeiten Schmiede, Weber und Schuster.

Der Schotte und seine Männer ziehen weiter durch das hügelige Land. In Komato, dem letzten Dorf auf Kuranko-Boden, erwartet sie bereits ein Bote Amaras, des Königs der Sulimana. Er geleitet sie den Fluss Rokel hinauf in die Hauptstadt Falaba. Dort werden sie von 2000 Männern mit Salutschüssen empfangen. Doch die überschwengliche Begrüßung trügt. Obwohl der Niger nur noch drei Tagesreisen entfernt ist, verwehren die Sulimana Laing die Weiterreise. Er ist enttäuscht, immerhin zeigen ihm die Eingeborenen von einem Hügel aus den Berg Loma im Südosten. Sie erzählen ihm, dass der gesuchte Strom dort entspringe. Durch zwei Höhenpeilungen ermittelt der Forscher, dass der Berg auf knapp 500 Meter liegt. Zu niedrig, findet er, als dass der Niger von dort zum Nil fließen könne. Laing ist einer der Ersten, der diese Theorie aufstellt. Und er kommt noch zu einem zweiten Schluss, der sich als richtig erweisen wird: dass es sinnlos ist, die Niger-Frage von der Nordküste Afrikas aus zu lösen, was zu seiner Zeit der gängige Ansatz ist. In England wird seinen Beobachtungen allerdings nur wenig Beachtung geschenkt.

Laing verlässt Falaba am 17. September 1822. Sein nächster Auftrag ist militärischer Art. 1823 reist er ins Gebiet der Goldküste, um mit britischen und eingeborenen Truppen den Aufstand der Ashanti niederzuwerfen. Nördlich der Ashanti-Gegend gelangt Laing ins Gebiet der Niger-Quelle. Dort stellt er weitere Forschungen an, die ihn in seinen Vermutungen über den Fluss bestärken.

Das tropische Klima hat Laings Gesundheit stark angegriffen. Im August 1824 kehrt er zurück nach London, doch viel Zeit zur Genesung gönnt er sich nicht. Mittlerweile Major, ist er Berater des englischen Staatssekretärs für Kolonialfragen, Lord Batthurst. Von diesem erhält er den Auftrag, nach Timbuktu zu gehen und von dort den Verlauf des Niger zu erkunden. Laing kann sich mit seiner Meinung, dass es besser wäre, den Strom von der Westküste aus zu erreichen, nicht durchsetzen.

Im Februar 1825 reist er nach Tripolis. Dort lernt er Emma Maria Warrington kennen, die Tochter des britischen Konsuls. Sie heiraten im Juli. Wenige Tage später schließt sich Laing einer *kafila* – Karawane – durch die Sahara an. Ein Diener

Im Jahr 1823 erreicht Alexander Laing das Quellgebiet des Niger im Norden des Ashanti-Gebiets (oben). Zu Hause jedoch wird seine Behauptung, er habe den Ursprung des Niger erreicht, von vielen Geographen bezweifelt. Als eigentliche Entdecker gelten Josua Zweifel und Marius Moustier (1879). Major Laing kommt auf seinem Feldzug gegen die Ashanti in viele Dörfer der Eingeborenen (links).

Laing wird 1822 im Dienst der britischen Armee in Sierra Leone stationiert. Er soll das Hinterland erschließen und Handelskontakte zu den Eingeborenen knüpfen. Die Engländer besitzen dort seit 1651 Faktoreien. 1787 gründeten sie für 50 000 befreite Sklaven die Stadt Freetown.

und zwei Schreiner, die am Niger das Boot für die Flussfahrt bauen sollen, begleiten ihn. Am 13. September erreicht er als erster Europäer die Wüstenstadt Ghadames, in der er freundlich empfangen wird. Von dort zieht er weiter nach Süden. Knapp drei Monate später kommt er in der Oase In-Salah an. Hunderte von Bewohnern laufen vor dem Haus, in dem er wohnt, zusammen und bestaunen den Weißen. Er erhält einen Vorgeschmack auf die Sitten des Landes, das er noch durchqueren muss. «Die Eingeborenen des Ortes gehören zum Stamm der Musticarab. Sie leben ohne Gesetze, niemand kontrolliert sie. Sie verdienen ihr Geld nicht mit Handel oder Ackerbau, sondern streifen wie eine Bande Gesetzloser durch die Wüste, überfallen und plündern *kafila*, wenn immer sich eine Gelegenheit bietet», schreibt er in einem Brief nach Schottland.

Am 10. Januar 1826 reist er weiter, durch die Wüste Tanezrouft. Im Februar wird er von den Tuareg überfallen, ausgeraubt und fast ermordet. Mit Knochenbrüchen und Stichwunden erreicht er Sidi Mokhtar, das Lager von Scheich Sidi Mohammed, wo er sich bis zu seiner Genesung aufhalten kann.

Im Juni 1826 – mittlerweile ist Laings Diener an Fieber gestorben, die beiden Bootsbauer haben ihn im Stich gelassen – setzt er seine Reise allein durch die Wüste fort. Am 13. August erreicht er Timbuktu. Hier treffen sich «Kanu und Kamel», wie es landläufig heißt. Waren aus dem Westen des Landes werden auf dem Niger herangeschafft. Salz aus der Sahara erreicht mit Karawanen den wichtigen Umschlagplatz. Hier wird gehandelt, gerastet, umgepackt und weitertransportiert. Laing ist der erste Europäer, der die legendäre Stadt am Niger nachweislich erreicht hat.

Allerdings ist wenig über seinen Aufenthalt bekannt. In seinem letzten Brief berichtet er, Scheich al Saidi Boubokar habe ihm empfohlen, Timbuktu zu verlassen. Er könne sein Leben nicht weiter vor den fanatischen Muslims schützen. Am 22. September verlässt Laing Timbuktu in Richtung Ségou. Er hat vor, den Fluss von dort aus zu erforschen. «Ich bin nun ganz sicher, dass meine Annahme über den Verlauf des Nigers richtig ist», schreibt er in seinem letzten Brief.

Der britische Forscher überlebt die Rückreise nicht. Der Franzose ▶ René Caillié, der Timbuktu zwei Jahre später erreicht, stellt Nachforschungen über Laings Schicksal an. «Dabei erfuhr ich, dass die Karawane, mit der der Major gereist war, einige Tagesreisen nördlich der Stadt angehalten worden war. Man behandelte Laing furchtbar schlecht und hörte nicht auf, ihn mit Stöcken zu schlagen, bis man glaubte, dass er tot sei», notiert er. Laing wird in der Nähe von Araouane von zweien seiner arabischen Begleiter ermordet. All seine Aufzeichnungen gehen verloren.

1910 veranlasst die französische Kolonialmacht, dass seine sterblichen Überreste von dort nach Timbuktu gebracht und in der Nigerstadt beigesetzt werden.

Ludwig Leichhardt

1813–1848 (?)

Seine ganze Liebe gilt der belebten und der unbelebten Natur. Diese Leidenschaft führt den preußischen Wissenschaftler bis nach Australien. Beim Versuch, den Kontinent von Ost nach West zu durchqueren, verschwindet er.

Kein Hinweis, keine Spur, kein Gegenstand, nichts. Vielleicht, heißt es, haben sie ja noch Jahre dort draußen gelegen, ihre Körper von der Sonnenglut und vom Wind mumifiziert. Tage wie Feuersbrünste, an denen die Luft einer in der Hitze wogenden Flüssigkeit gleicht. Himmel, die kaum im Stande scheinen, die Last ihrer Sterne zu tragen. Steppen voller Inseln aus dem widerspenstigen, das bläuliche Licht des Nachthimmels spiegelnden Stachelkopfgras. Dieses Gras, bei dem es sich eigentlich um ein zerzaustes, hartblättriges Gestrüpp handelt, entmutigt die Lebenden. Seine Beharrlichkeit zeigt den Menschen, woran es ihnen mangelt, wenn sie dieses Land betreten, als sei es für sie gemacht. Und es schützt die Toten. Es spendet ihnen dort, wo sie liegen, den letzten, bescheidenen Schatten, ritzt noch einmal ihre lederne Haut und nimmt, was von ihnen übrig blieb, wenn der Regen niedergestürzt ist, in sein Wurzelwerk auf. Das Grün, erzählt man sich, soll frischer wirken, wenn die Pflanze Menschenstaub aufnehmen konnte. Im Spinifex, sagen sie, muss man suchen nach ihnen. Im Spinifex finden sich die letzten Überreste einer Expedition, die zu den großen Mythen Australiens gehört. We from the never never: Ludwig Leichhardt, das ist einer, dessen Schicksal zu Spekulationen darüber einlädt, ob die Erde nicht doch eine Scheibe ist, mit einem Rand, über den man hinausstürzen kann. Irgendwo, mitten in Zentralaustralien, in einer vom Spinifex überwucherten Wüste, ist Leichhardt in diesem Nichts einfach verschwunden.

Kein Hinweis, keine Spur, kein Gegenstand: Selbst von denen, die nach ihm gesucht haben, sind nicht alle wiedergekehrt. Die letzte offene Frage, die auf diese Weise von ihm geblieben ist, ist nur eine von vielen. Warum, fragt man sich zum Beispiel, ist er überhaupt in Australien geblieben? In Preußen, heißt es dann, habe man wegen seiner angeblichen Desertion aus dem Militärdienst nach ihm gesucht. Dass es sich um ein Missverständnis handelte, war auch ihm längst bekannt. Außerdem hatte ▶ Alexander von Humboldt, beeindruckt von Leichhardts Briefen, sich beim König für ihn eingesetzt.

Leichhardt, ein Kind der Mark Brandenburg, studiert in Göttingen, Berlin, London und Paris Botanik, Geologie und Zoologie. Während seiner Universitätszeit kommt es zu einer Begegnung mit Hermann von Pückler-Muskau. In den literarischen Salons Europas genießt der Fürst, ein scharfsinniger Beobachter und Verfasser glänzend geschriebener Reiseberichte, höchstes Ansehen. Nach Abschluss seiner Studien begibt sich Leichhardt auf den Weg nach Italien. Von dort kehrt er 1841 mit weit reichenden Plänen nach London zurück. Sein Ziel ist es, in den „Kern der dunklen Masse" Australiens vorzudringen. Dieses Vorhaben,

Lebensdaten

1813 Geburt in Sabrodt bei Trebatsch.
1841 Italienreise.
1842 Ankunft in Australien.
1843–44 Erkundungsreisen im Gebiet des Darling River.
1844–45 Vorstoß auf dem Landweg von Brisbane an die Nordküste nach Port Essington.
1846 Aufbruch zu einer Landdurchquerung Zentralaustraliens zum Swan River.
1848 Letzte Nachricht vom 3. April dieses Jahres. Seither verschollen.

von dem er weiß, dass es nicht frei von Risiken ist, erklärt er zu seiner Lebensaufgabe.

Im Alter von 29 Jahren betritt er in Port Jackson zum ersten Mal australischen Boden. Er ist gebildet, zielstrebig in der Durchsetzung seiner Interessen, und er versteht es, sich virtuos auf dem gesellschaftlichen Parkett zu bewegen. In der Kolonie, mit ihren rauen Sitten, öffnen sich alle Türen für einen wie ihn. Leichhardt gilt als ein Mann der Wissenschaften, dem nichts von dem in diesen Kreisen verbreiteten Dünkel anhaftet. Man registriert, wie viel er von dem Pioniergeist in sich trägt, der in diesem Teil der Welt noch gebraucht wird, um den Siedlern eine dauerhafte Existenzgrundlage zu sichern.

Leichhardts erste, vergleichsweise bescheidene Unternehmungen führen ihn nach Brisbane an der Moreton Bay. Von dort unternimmt er zwei Jahre lang Vorstöße ins Landesinnere. Er macht sich auf diesen Ausflügen mit den Besonderheiten des Geländes, des Klimas und mit den Techniken der Reiseplanung vertraut. Während dieser Tätigkeit entgeht ihm nicht, dass in der Kolonie eine öffentliche Diskussion darüber geführt wird, ob es möglich wäre, einen Landweg nordwärts nach Port Essington zu finden. Der Gedanke elektrisiert ihn umso mehr, als er erfährt, dass seitens der Kolonie für ein solches Vorhaben eine Summe von 1 000 Pfund Sterling in Aussicht gestellt ist. Als Bewerber ist bereits der Entdeckungsreisende Thomas Livingstone Mitchell im Gespräch.

Freunde in Brisbane warnen Leichhardt, vergeblich, vor blindem Enthusiasmus. Als der Start sich verzögert und unklar bleibt, ob er öffentliche Unterstützung erhalten wird, mobilisiert Leichhardt eigene Mittel. Am 15. Oktober bricht er mit sechs weißen Europäern, einem schwarzen Amerikaner und einem australischen Eingeborenen auf. Die Expedition geht von Jimbour am Rand der Darling Downs, westlich von Brisbane, auf einer vergleichsweise sicheren, nicht zu tief ins Landesinnere vorstoßenden Route nach Norden. Leichhardt geht es nicht so sehr darum, spektakuläre Signale in für nicht betretbar gehaltenem Gelände zu setzen. Die Warnungen der Freunde in Brisbane haben ihn durchaus erreicht. Er tritt an jedem Tag und auf jeder Meile seines Wegs als sichtender, vergleichender, katalogisierender und beschreibender Naturforscher auf. Sein Tagebuch einer Landreise in Australien, 1846 zuerst in englischer Sprache aufgelegt, liest sich flüssig, obwohl er das Gesehene überaus nüchtern protokolliert und sich kaum einmal rhetorischer Stilmittel bedient. Selbst an dem Tag, an dem die

Port Essington in einer zeitgenössischen Darstellung. Ludwig Leichhardt erreicht den Hafen im äußersten Norden des Kontinents auf seiner Landreise durch Australien am 17. Dezember 1845.

Dried-beef Camp: ein Lager von Leichhardts Expedition in vergleichsweise idyllischer Umgebung.

Expedition nach der Ermordung seines langjährigen Vertrauten Gilbert ihren schwersten Rückschlag erleidet, meidet er in der Darstellung der Ereignisse jede Emphase. Dass namentlich die Begegnungen mit den Aborigines, die auch Gegenstand seiner Forschungen sind, erhebliche Risiken bergen, ist ihm aus Berichten seiner Vorgänger geläufig. Gilbert, der in einem Hagel von Speeren verblutet, erhält ein schmuckloses Grab, auf dem die Hinterbliebenen ein gewaltiges Feuer entzünden, um seine Überreste vor Grabräubern zu verbergen. Danach setzt Leichhardt seine Mission beinahe ungerührt fort.

Als er am 17. Dezember 1845 in Port Essington an der Küste von Arnhemland eintrifft, gilt die Expedition als verschollen. Selbst eine Zeitung in Deutschland hat, unter Berufung auf australische Quellen, bereits den Tod des preußischen Forschungsreisenden und seiner Begleiter gemeldet. Ein Missverständnis, wie sich herausstellt, dem sich eine gewisse Plausibilität nicht absprechen lässt. Gut möglich, dass die Warnungen der Freunde aus Brisbane auf dem Weg nach Europa in Tatsachen umgemünzt wurden.

Leichhardt hingegen muss sich um sein weiteres Leben und seinen Nachruhm vorerst nicht sorgen. Die Verwaltung der Kolonie bedenkt ihn am 25. Juni mit einer Ehrenzuwendung von 1 000 Pfund Sterling, von denen er, als der Initiator der Expedition, die Summe von 600 für sich beanspruchen darf. Angesichts des reichen wissenschaftlichen Ertrags, der sich in seinem im selben Jahr niedergeschriebenen und veröffentlichten Tagebuch spiegelt, ist das ein mehr als angemessener Ausgleich der Vorleistungen, die er selbst aufbringen musste. Als weitere Ehrengaben erhält er die Goldmedaillen der Geographischen Gesellschaften von London und Paris. Weit mehr beschäftigt den Geehrten da schon sein Plan, auf einer zweiten Reise durch das Herz des Kontinents, den „Kern der dunklen Masse", zum Swan River an der Westküste zu gehen. Dafür stehen ihm, neben der Ehrengabe, die er erhalten hat, weitere 1 518 Pfund zur Verfügung.

Als Leichhardt am 10. Dezember 1846 vom Condamine River in den Darling Downs aufbricht, stehen große Teile der Kolonie im Bann dieses Unternehmens. Über Land nach Westen auf einer Route zwischen 26 Grad und 28 Grad südlicher Breite, ohne die Möglichkeit, bei Bedarf an eine der Küsten auszuweichen, um dort auf Rettung zu warten, das gleicht viel mehr einem Vabanquespiel als Leichhardts erste, auf Sicherheit kalkulierte Expedition. Danach beginnen die Rätsel. Es gelingt ihm und seinen Begleitern bis weit in den australischen Winter des Jahres 1847 hinein nicht, sich von seinem schon bekannten früheren Weg nach Port Essington zu lösen. Sie geraten in schweren Regen, der die ausgetrockneten Flussbetten westlich der Darling Downs in fiebrige Sümpfe verwandelt. Die Expedition verwandelt sich in ein Krankenlager. Damit, dass man Medikamente gegen Fieberinfektionen in größerem Umfang benötigen würde, hat keiner der Teilnehmer gerechnet. Ein paar Erkundungen im Umkreis der alten Route, immer neue Unterbrechungen, Verluste an Material: Glück und Können, Leichhardts treueste Begleiter, haben ihn für immer verlassen. Am 6. Juli 1847, als er wieder am Condamine River eintrifft, schließt sich der erste Kreis seines Scheiterns.

Er lässt in seinen Anstrengungen nicht nach. Mit acht Männern, darunter seinem aus Deutschland nachgekommenen Schwager zieht es ihn erneut in den „Kern der dunklen Masse". Sein letzter Brief, geschrieben am 3. April 1848, kommt von einer Farm am Coogoon, einem Rinnsal, das, wenn es Wasser führt, ins System des Condamine River mündet. «Wenn ich bedenke», schreibt er, «wie glücklich ich bei meinem Vorwärtsdringen bis hierher war, so bin ich von der Hoffnung erfüllt, dass unser erfolgreicher Beschützer mir gestatten wird, meinen Lieblingsplan zu einem erfolgreichen Ende zu führen.» Es ist dies der letzte Satz einer Geschichte, die nur noch im Kreis verläuft und die bis heute Rätsel über Rätsel aufgibt.

Meriwether Lewis

1774–1809

Zusammen mit William Clark führt er die ersten Weißen auf dem Landweg vom Mississippi zur Pazifikküste. Ausgezehrt von Hunger und Kälte überqueren die Pioniere unter indianischer Führung zweimal die Rocky Mountains.

Lebensdaten

1774 Geburt in Albemarle, Virginia.
1794 Eintritt in die US-Armee.
1801 Privatsekretär von Präsident Thomas Jefferson.
1803 Vorbereitung der Landexpedition zum Pazifik, zusammen mit William Clark.
1804 Aufbruch der Lewis-Clark-Expedition von St. Louis. Überwinterung in North Dakota.
1805 Übersteigung der Rocky Mountains. Ankunft am Pazifik.
1806 Rückmarsch über die Rocky Mountains.
1807 Ernennung zum Gouverneur von Louisiana.
1809 Tod in Tennessee unter ungeklärten Umständen.

Meriwether Lewis (rechts) führt die erste Landexpedition zur Westküste der USA zusammen mit William Clark (unten), den er aus gemeinsamen Militärzeiten kannte.

Seine Geburt fällt in eine Zeit der Umbrüche. Als er 1774 das Licht der Welt erblickt, sind die Vereinigten Staaten im Entstehen. Zwei Jahre fehlen noch bis zur Unabhängigkeitserklärung der 13 britischen Kolonien an der Atlantikküste. Dem Jungen, der da heranwächst, wird eine historische Rolle zufallen.

Meriwether Lewis ist der Sohn eines Plantagenbesitzers in Virginia. Die großen Kämpfe auf der politischen Bühne stehen für ihn zunächst hinter familiären Schicksalsschlägen zurück. Als er fünf ist, stirbt sein Vater. Als er 18 ist, stirbt sein Stiefvater. Fur kurze Zeit sieht es so aus, als werde er die Plantage übernehmen. Doch dann zieht es ihn zum Militär – und damit in den Strudel der Geschehnisse, die den Aufbruch der Vereinigten Staaten von Amerika prägen.

Im Jahr 1794 ist er als Milizionär dabei, als Bundestruppen in Pennsylvania die Whiskey-Rebellion niederschlagen – den Aufstand von Siedlern gegen eine staatliche Verbrauchssteuer. Danach macht er Karriere in der Armee, 1800 hat er den Rang eines Hauptmanns erreicht. Er ist an der „Front“ stationiert, in Ohio und Tennessee, wo Indianer sich gewaltsam gegen das Vordringen der Weißen in ihr angestammtes Land wehren. Das qualifiziert ihn für ein Unternehmen, das für die junge Nation zum entscheidenden Sprung nach vorn werden soll.

Thomas Jefferson, der dritte Präsident des Landes, hat bereits als Staatssekretär 1792 eine Expedition mit dem Ziel vorgeschlagen, eine Landroute zum Pazifik zu finden. Zwar sind schon Scharen von Einwanderern nach Westen gezogen, um dort eine neue Zukunft zu suchen. Doch noch scheinen die Rocky Mountains – sie sind bis zu 650 Kilometer breit und haben Berge von mehr als 4000 Meter Höhe – eine unüberwindliche Barriere. Noch sind die wüstenartigen Hochebenen zu Füßen des Gebirges schier undurchdringliche Weiten. Doch als Jefferson 1801 Präsident wird, geht er entschlossen an die Verwirklichung seines Plans. Er will den Handelsweg in den Fernen Osten verkürzen, der bisher um Kap Hoorn herumführt, will die USA aus der wirtschaftlichen Abhängigkeit von Europa lösen. Dabei muss er taktisch vorgehen, um keinen Konflikt mit Spanien zu provozieren, das ebenfalls Ansprüche auf die noch unerforschten Gebiete geltend machen könnte. So wird die Expedition als rein wissenschaftliches Unternehmen getarnt.

Als Pflanzer aus Virginia ist Jefferson ein alter Freund der Familie Lewis. Er macht den inzwischen 27-jährigen Meriwether zu seinem Privatsekretär. Bis die Mittel für die Pionierreise bewilligt sind, bereitet sich Lewis mit naturwissenschaftlichen Studien an der Universität von Pennsylvania darauf vor. Und er holt sich William Clark, den er 1795 an der Front kennen gelernt hat, als zweiten Expeditionsführer.

Clark, vier Jahre älter als Lewis, ist ebenfalls in Virginia auf einer Plantage aufgewachsen. Er hat frühzeitig gelernt, zu reiten und zu schießen, Tiere zu beobachten und Landstücke zu vermessen. 1788 wurde er Fähnrich, 1791 Leutnant der Infanterie, quittierte aber

1796 aus Krankheitsgründen den Dienst bei der Armee. Seither lebt er auf seinem Landsitz in Kentucky, unternimmt Reisen nach Virginia, Washington und New Orleans. Nun spielt auch er, als Spezialist für Karten und astronomische Berechnungen, die Rolle seines Lebens.

Die beiden Expeditionsleiter ergänzen sich nahezu perfekt: Lewis ist der Nachdenkliche und Bedächtige, Clark der Schnelldenker und Schneidige. Beide aber sind sie erfahrene Waldläufer und haben gelernt, sich in unbekanntem Terrain zurechtzufinden.

Im Mai 1804 bricht die Lewis-Clark-Expedition von St. Louis auf. Sie besteht aus amerikanischen Soldaten und frankokanadischen Trappern. Clark hat seinen schwarzen Diener York, Lewis seinen Hund „Seaman" dabei. Mit drei Segelbooten fahren sie den Missouri hinauf, Pferde begleiten sie am Ufer. Clark hat meist das Kommando über die Boote, Lewis durchstreift die Uferzonen und macht sich Notizen über Tiere und Pflanzen.

Die Indianer bestaunen die verwegene Truppe. Doch sie nehmen sie freundlich auf. Um den harten Winter nicht in den Bergen zu erleben, bleiben die Pioniere bis Anfang April 1805 am Oberlauf des Flusses. Im Gebiet der Mandan-Indianer, dem späteren Bundesstaat North Dakota, bauen sie Blockhütten und ein Fort. Sie haben das Glück, dass sich ihnen der erfahrene Trapper Toussaint Charbonneau anschließt. Er hat Sacajawea an seiner Seite, eine junge Schoschonin, die von feindlichen Indianern entführt und später an den Frankokanadier verkauft wurde. Sie kennt große Teile der Gegend, die erkundet werden sollen, und spricht die Sprachen der dort lebenden Ureinwohner. Zwei Monate vor ihrem Aufbruch bringt sie noch ein Kind zur Welt. Sie schnallt den kleinen Jean-Baptiste auf den Rücken und wird für die Weißen zur unentbehrlichen Dolmetscherin.

Mit sechs Kanus und zwei Pirogen fahren 33 Leute weiter flussaufwärts, in Richtung Westen. «Nichts als dürre, unfruchtbare Berge», heißt es im Tagebuch, in dem Lewis und Clark später ihre Notizen zusammenfassen werden. Um die großen Wasserfälle des Missouri zu umgehen, bauen sie primitive Karren, schleppen drei Tage lang Boote und Gepäck an den Kaskaden vorbei. Am 26. Juli kommen sie an eine Stelle, wo sich der Fluss in drei Arme gabelt. Sie entscheiden sich für den Lauf, der aus Westen kommt, und nennen ihn zu Ehren ihres Präsidenten „Jefferson River". Als das Gewässer nicht mehr schiffbar ist, versenken sie ihre Boote in einem Teich und marschieren zu Fuß in die Berge. Die ersten Schoschonen, auf die sie treffen, sind eher ängstlich. Dann aber gibt es ein glückliches Wiedersehen zwischen Sacajawea und ih-

Mal zu Land, mal zu Wasser suchen die Teilnehmer der Lewis-Clark-Expedition eine Route durch die Rocky Mountains und die wüstenartigen Weiten zu Füßen des riesigen, noch unerforschten Gebirges. Ihre Waffen brauchen sie fast nur für die Jagd, denn die meisten Indianer am Weg nehmen sie freundlich auf. Nach einem Weg von 6000 Kilometern stehen sie am 15. November 1805 endlich am Pazifik.

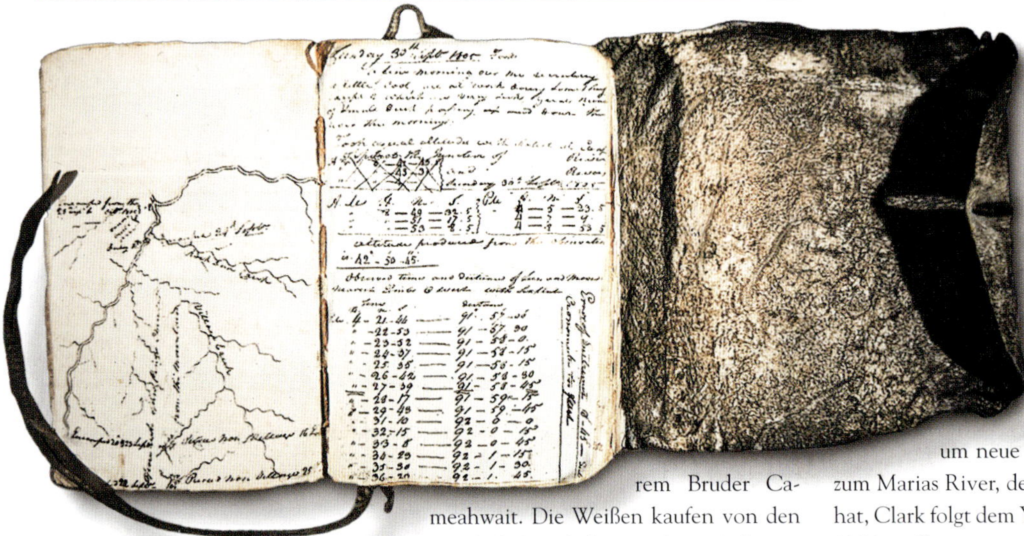

rem Bruder Cameahwait. Die Weißen kaufen von den Indianern Packpferde, erhalten wichtige Informationen für den weiteren Weg. Ende August stehen sie am Lemhi-Pass. Der Lemhi River, auf den sie danach treffen, ist der erste Fluss, der nicht mehr nach Osten fließt. Sie haben die kontinentale Wasserscheide überwunden.

Lewis und Clark überqueren die Bitter Root Range. Sie haben kaum noch etwas zu essen, haben in der Not schon Pferde und Hunde geschlachtet; ab und zu bekommen sie von Indianern Wurzeln und gedörrten Lachs. Von der Höhe sehen sie, wie sich unten die Täler weiten. Sie ergreift «die nämliche Freude, die Seereisende empfinden mögen, wenn sie nach einer langen, gefährlichen Reise endlich Land erblicken». Sie steigen hinab ins Tal des Clearwater River. Mit Kanus fahren sie am 16. Oktober in den Columbia River ein. Am 15. November gelangen sie, nach einem Weg von 6000 Kilometern, an dessen Mündung ins Meer.

Sie überwintern an der Küste, treten am 23. März 1806 den Rückweg an. Im noch tief verschneiten Gebirge hungern sie wieder, die Pferde sinken manchmal bis zum Bauch im Schnee ein. Nach zwei vergeblichen Versuchen schaffen sie es Ende Juni über den Lolo-Pass. Sie trennen sich, um neue Routen zu erkunden. Lewis zieht zum Marias River, den er nach seiner Kusine benannt hat, Clark folgt dem Yellowstone River. Am 12. August 1806 treffen sie am Missouri wieder zusammen. Sie bringen die ersten Kartenskizzen vom Inneren der Rocky Mountains mit, die ersten Beschreibungen des Grizzly und des Präriehunds, des Steppenhuhns, der Lachsforelle und der Tigerkatze des Columbia. Sie haben Begegnungen mit mehr als 50 Indianerstämmen gehabt. Das Tor in den fernen amerikanischen Westen ist aufgestoßen.

Clark tritt 1807 in den Dienst der Indianerbehörde von Louisiana, führt 1814 eine Militärexpedition an den Mississippi. Von 1821 bis zu seinem Tod 1838 ist er Leiter der Indianerbehörde in St. Louis. Lewis wird 1807 Territorialverwalter von Louisiana. 1809, auf einer Reise nach Washington, stirbt er in Tennessee durch einen Schuss – die genauen Umstände seines Todes aber bleiben ungeklärt.

Artikel in NATIONAL GEOGRAPHIC: „Following the Trail of Lewis and Clark" (Juni 1953), „Lewis and Clark, Naturalist-Explorers" (Oktober 1998).

William Clark führt regelmäßig Tagebuch. Er transportiert es zum Schutz vor der Witterung in Elchleder eingehüllt (oben). Ein Wandgemälde zeigt, wie die Pioniere ihre Kanus um die Celilo-Wasserfälle in Oregon tragen (unten). Die Militäruniformen, mit denen die Truppe aufbrach, sind längst zerschlissen, so kleiden sie sich in Tierhäute. Die Indianerin Sacajawea (im Bild rechts), Frau des frankokanadischen Trappers Toussaint Charbonneau, hilft der Expedition mit ihren Orts- und Sprachkenntnissen.

Fjodor P. Litke

1797–1882

Der Russe ist in der Südsee genauso zu Hause wie im Eismeer. Er kartiert die ostsibirische Küste so präzise wie Korallenriffe. Im Auftrag des Zaren Nikolaus I. segelt er um die ganze Welt – von Kamtschatka bis zu den Karolinen.

Lebensdaten
1797 Geburt in St. Petersburg.
1817–19 Erste Weltumsegelung unter Wasilij Mikailowitsch Golovnin. Kap Hoorn, Marquesas-Inseln, Kamtschatka, Kodiak-Insel (vor Alaska), Sandwich-Inseln, Russland.
1821–24 Vier Expeditionen in die Barentssee. Erkundungen der Küsten Nowaja Semljas und Russisch-Lapplands.
1826–29 Zweite Weltumsegelung, Leitung einer russischen Pazifikexpedition. Neu-Archangelsk (Alaska), Unalaska Island (Aleuten), Kartierung der Karolinen, Erforschung der Küsten Kamtschatkas und der Tschuktschen-Halbinsel.
1830 Erforschung der Küsten Islands.
1882 Tod in St. Petersburg.

Was für ein Riesenreich! Um an seine andere Seite zu gelangen, ist es einfacher, schneller, wahrscheinlich auch billiger, einmal ganz um die Erde zu segeln, anstatt das eigene Land zu durchqueren. So ist das Russland des 18. Jahrhunderts. Die Regierung sitzt in St. Petersburg an der Ostsee. Ihr Herrschaftsgebiet reicht bis an die Küste Ostsibiriens. Dort fischen die Tschuktschen an Eislöchern im Nordpazifik. In der Hauptstadt plaudert die gute Gesellschaft am liebsten auf Französisch.

Im Jahr 1725 bricht ▶ Vitus Bering im Auftrag Peter des Großen in den Osten des Zarenreichs auf, um das Meer zu erkunden, das später seinen Namen trägt. Auf seiner zweiten Fahrt entdeckt er unter anderem die Aleuten.

Private russische Expeditionen, die sich einen Profit vom Pelzhandel versprechen, erkunden diese Inseln im weiteren Verlauf des 18. Jahrhunderts intensiver. Sie gelangen bis nach Nordamerika. 1783 gründet Grigor Iwanowitsch Schelikow dort die erste permanente russische Siedlung auf der Kodiak-Insel vor der Küste des heutigen Alaskas. Er hat weit reichende Pläne, träumt von Niederlassungen bis nach Kalifornien. Er fordert Vorräte aus der Heimat an und schlägt vor, diese von Archangelsk oder St. Petersburg per Schiff nach Nordamerika zu bringen – fast einmal um die ganze Welt.

Doch es vergehen noch einige Jahre, bis Zar Alexander I. die erste russische Seeexpedition nach Nordamerika schickt. Der Marineoffizier Adam Johann von Krusenstern erhält 1803 das Kommando. Er liefert Nachschub an die russischen Handelsniederlassungen, macht wissenschaftliche Beobachtungen, beeindruckt die anderen Seemächte. Die Fahrt ist ein Riesenerfolg, Krusenstern der erste russische Weltumsegler.

1816 beschließt der Zar, ein russisches Kriegsschiff in den Nordpazifik zu senden. Wasilij Mikailowitsch Golwnin erhält das Kommando. Er soll die Häfen Ochotsk und Petropawlowsk auf der Halbinsel Kamtschatka mit Waren beliefern, in Nordamerika die mittlerweile gegründete Russisch-Amerikanische Gesellschaft inspizieren und geographische Messungen durchführen. Mit an Bord ist Fjodor Petrowitsch Litke, ein junger Marineoffizier aus einer Adelsfamilie in St. Petersburg. Nach einer Ausbildung an der Marine-Akademie trat er 1812 in die russische Marine ein. Dies ist nun seine erste große Fahrt.

Golownin und seine Besatzung verlassen Kronstadt am 26. August 1817. Sie segeln nach Portsmouth, wo sie ihre Wasservorräte auffüllen, sich mit Rum, astronomischen Instrumenten und Karten für die Fahrt versorgen. Sie umrunden Kap Hoorn, segeln zu den Marquesas-Inseln, kreuzen den Wendekreis des Krebses am 8. April. Anfang Mai erreichen sie Kamtschatka. Von

Die russische Handelsniederlassung Neu-Archangelsk (unten) wurde 1804 von Alexander Baranow gegründet. Nach dem Verkauf von Alaska an die USA 1867 wurde der Ort in Sitka umbenannt. Litke läuft den Hafen auf seiner Fahrt um die Welt im Juni 1827 an und bleibt mehrere Wochen. Die Naturforscher seiner Expedition sammeln Tiere und Pflanzen an der Küste und in den dichten Wäldern der Umgebung.

dort nimmt Golownin Kurs auf die Insel Kodiak. Der Kommandeur inspiziert die Handelsstation, liefert die Vorräte ab. Er segelt die amerikanische Pazifikküste hinab nach Monterey, dann über die Sandwich-Inseln (Hawaii) und um das Kap der Guten Hoffnung nach Hause. Russland muss einmal um die Welt fahren, um seine Kolonien zu besuchen.

Litke hat auf der Expedition einen so guten Eindruck gemacht, dass er von Golownin dem russischen Seeminister empfohlen wird. Russland hat nicht nur an der fernen Pazifikseite unbekannte Küsten, auch an der Barentssee sind längst nicht alle Gestade erforscht. Litke soll die Doppelinsel Nowaja Semlja erkunden, auf der einst ▶ Willem Barents überwintert hat. Mitte 1821 sticht er von Archangelsk aus in See. Er beginnt seine Erkundungen im Südwesten der lang gestreckten Insel, arbeitet sich langsam nach Norden vor. Mächtige schneebedeckte Felsen türmen sich vor der Küste auf, erschweren das Kartographieren. Litke weiß nie, ob sich dahinter eine Bucht, ein Fjord oder eine Flussmündung verbirgt. Er gelangt bis 74 Grad 40 Minuten, bevor das Packeis ihn stoppt.

Im Sommer 1822 bricht er zu einer zweiten Fahrt nach Nowaja Semlja auf. Wieder kämpft Litke sich an der Küste nach Norden, trägt Vorgebirge in die Karten ein. Auf der dritten Reise (1823) erkundet er die Uferlinie Russisch-Lapplands. Anschließend gelangt er in Nowaja Semlja bis Kap Nassau, bei 76 Grad. Die Inseln an der Südwestseite des Landvorsprungs tauft er nach Barents. Auf seiner vierten Expedition will er die Insel umrunden. Doch diesmal blockieren auch im Süden Eismassen die Fahrt. Er gelangt bis zur Waigatsch-Insel, die Meerenge zur Karasee ist zugefroren. Trotz all dieser Schwierigkeiten bleiben seine Karten für ein halbes Jahrhundert die besten dieses Meeresraums.

Im Jahr 1826 bricht Litke zu seiner großen Weltumsegelung auf. Zar Nikolaus I. persönlich hat das Programm festgelegt. Es würde für drei Expeditionen reichen: Fahrt zu den Aleuten, Erkundung des Beringmeers, der Küsten Kamtschatkas und der Tschuktschen-Halbinsel sowie der Küsten des Ochotskischen Meers, Festlegung der Umrisse des Anadyrgolfs und Erforschung des Landesinneren durch die Naturforscher der Expedition. Den Winter hat Litke für Forschungen in der Südsee zur Verfügung.

Am 1. September sticht er mit der „Senjawin" in See. Das zweite Expeditionsschiff, die „Moller", steht unter dem Kommando von Kaptitän Staniukowitsch. Die Korvetten werden bald voneinander getrennt, treffen sich aber zwischendurch wieder. Am 12. Juni 1827 erreicht Litke die russische Handelsniederlassung Neu-Archangelsk (Sitka) an der amerikanischen Nordwestküste. Von dort fahren sie weiter zum Unalaska Island, der zweitgrößten Insel der Aleuten. Und weiter geht es nach Westen. Sie erreichen die St. Matthew-Insel, nehmen als Erste vollständig deren Küste auf. Es ist bereits Herbst, zu spät im Jahr, um zur

Beringstraße zu segeln. Über die Bering-Insel fahren sie nach Petropawlowsk auf Kamtschatka.

Am 31. Oktober 1827 brechen sie in die Südsee auf. Auf dem Weg zu den Karolinen suchen sie vergeblich nach Inseln, die in den alten Karten eingezeichnet sind. Colunas-Insel, Dexter-Insel – es gibt sie alle nicht. Anfang Dezember erreichen sie Kusaie, die östlichste Insel der Karolinen-Gruppe. Von dort durchkreuzt Litke den ganzen Archipel. Er ist der Erste, der ihn systematisch kartographiert. Einzelne Inseln wurden im Lauf der Jahrhunderte von Spaniern, Portugiesen, Engländern, Franzosen entdeckt, vergessen, wieder entdeckt und umbenannt. Doch zu Litkes Zeiten gibt es immer noch keine genauen Karten. Nachts fährt er deshalb mit gerefften Segeln, damit er an keinem Eiland unbemerkt vorüberzieht. Korallenriffe, Kokospalmen – er entdeckt Ponape wieder, die größte der Karolinen. 40 Segelboote kommen auf sie zu, Menschen schreien, tanzen, gestikulieren wild. An eine Landung ist nicht zu denken. Sie probieren es an einer anderen Stelle, doch hier scheinen die Eingeborenen noch wilder zu sein. Litke tauft die Lagune, in der sie ankern wollten, „Hafen des schlechten Empfangs". Sie kommen am Andema-(Ant-) und Pakin-Atoll vorbei, nehmen astronomische Messungen vor, fixieren die Inseln auf den Karten. Anfang Februar gehen sie in Lukunor an Land, durchstreifen dort den „Zaubergarten", wie Litke das Eiland nennt.

Ende März brechen sie nach Norden auf. Denn bald beginnt in Ostsibirien wieder die Entdeckersaison. Auf der Rückfahrt stoßen sie weit vor der japanischen Küste auf die Bonin-Inseln. Zwei schiffbrüchige Walfänger berichten ihnen, dass der Engländer Frederick W. Beechey sie im vorigen Jahr erkundet hat. Am 9. Juni kommen sie in Petropawlowsk an. Litke macht sich an die Kartierung der Ostküste Sibiriens. Er folgt der Küste Kamtschatkas nach Norden, gelangt bis zur Karaginski-Insel. Deren Inneres erforscht er bei sengender Hitze – die Sonne heizt den schwarzen Sandstrand auf. Die Meeresstraße zwischen Insel und Festland wird später nach dem Forscher benannt.

Wetter und Sicht sind oft schlecht. Entweder haben sie Nebel und Windstille oder Nebel und Sturm. Dennoch gelingt es ihnen, weite Teile des Anadyrgolfs in ihre Karten aufzunehmen. Sie erreichen das Tschuktschenkap, entdecken eine Meeresstraße, die sie nach ihrem Schiff benennen. ▶ ADOLF ERIK NORDENSKIÖLD wird sie 1879 mit der „Vega" durchfahren.

Anfang Oktober 1828 kehrt Litke nach Petropawlowsk zurück. Am 10. November segelt er erneut in die Südsee. Er erreicht den nördlichen Teil der Karolinen, nimmt dort die Kartierung wieder auf. Er verlässt das Archipel im Westen beim Ulithi-Atoll. Er hat insgesamt zwölf Inseln oder Inselgruppen neu entdeckt, 26 Eilande beschrieben. Am 13. Januar läuft er im Hafen von Manila ein, wo die „Moller" schon auf ihn wartet. Über das Kap der Guten Hoffnung fahren sie nach Hause.

Die Ergebnisse der knapp dreijährigen Expedition sind reichhaltig. Es entsteht ein nautischer Atlas mit 51 Karten. Die Naturkundler haben mehr als 1500 Spezies gesammelt, mehr als 1000 Zeichnungen von ethnographischen Szenen und Gegenständen angefertigt. Die Karolinen werden durch die Arbeit des Russen zum besterforschten Teil der Südsee.

Litke bricht im Jahr darauf mit der „Senajawin" zu einer Islandexpedition auf. 1845 ist er Mitgründer der Russischen Geographischen Gesellschaft.

Die Ureinwohner von Unalaska Island jagen in Kanus (oben). Im Sommer 1827 erreicht Litke diese große Aleuten-Insel. James Cook hat auf seiner dritten Reise Notizen über „wilde" Eingeborene auf dem Eiland gemacht. Doch als Litke dort ankommt, sind die meisten von ihnen Christen geworden und haben die Bräuche der Russen angenommen.

David Livingstone

1813–1873

Lebensdaten
1813 Geburt in Blantyre, Schottland.
1841–49 Missionar im Betschuanaland.
1849 Durchquerung der Kalahari, Entdeckung des Ngamisees.
1851 Entdeckung des Sambesi.
1853–56 Erste große Expedition: von Kapstadt zum Sambesi, nach Luanda (Angola) an die Atlantikküste. Durchquerung Zentralafrikas nach Osten bis zum Indischen Ozean. Entdeckung der Victoriafälle am Sambesi.
1858–63 Zweite große Expedition: Erforschung des Sambesi und Rovuma.
1866–69 Dritte große Expedition: Suche nach den Nilquellen. Entdeckung des Mweru- und Njassasees. Erkundung des Tanganjikasees und des Flusses Lualaba.
1871 Zusammentreffen mit Henry M. Stanley. Gemeinsame Erkundung des nördlichen Tanganjikasees.
1872–73 Weitere Suche nach den Nilquellen.
1873 Tod im Dorf Tschitambo am Bangweolosee (heutiges Tansania).

Er ist besessen von Afrika. Zunächst Missionar, dann Forschungsreisender, entdeckt der Engländer den Sambesi. Als erster Europäer durchquert er den Kontinent von Osten nach Westen. Sein Traum ist, die Nilquellen zu finden.

Als Zehnjähriger arbeitet David Livingstone in einer Textilfabrik. Er muss etwas zu seinem Lebensunterhalt beitragen. Später studiert er Medizin und Theologie. Er tritt der Londoner Missionsgesellschaft bei, um als Arzt und Missionar nach China zu gehen. Doch der Ausbruch des Opiumkriegs durchkreuzt seine Pläne. Dann also Afrika. Auf der Fahrt zum Kap lässt er sich vom Kapitän zeigen, wie man geographische Orte bestimmt. Als ahnte er, dass es nicht bei seiner sesshaften Tätigkeit bleiben wird.

Im März 1841 kommt er in der Nähe von Port Elizabeth in Südafrika an. Er arbeitet auf den entlegenen Missionsstationen Kuruman, Mabotsa und Koloben. 1844 heiratet er Mary Moffat, die Tochter eines Missionars. Er unternimmt Erkundungsreisen, sucht neues Land zum Missionieren. Gemeinsam mit dem reichen Engländer William Oswell, der die Expedition bezahlt, durchquert Livingstone 1849 zum ersten Mal die Kalahari. Sie entdecken den Ngamisee im Betschuanaland (heute Botswana). Zwei Jahre später nimmt Sebitoane, der Häuptling der Makololo, Livingstone mit auf eine Reise nach Norden. Bei Sesheke steht der Engländer als erster Europäer am Sambesi. Bisher ist nur die Mündung des Stroms bekannt. Keiner weiß etwas über seinen Verlauf.

Livingstones Entdeckernatur ist erwacht. Vielleicht eignet sich der Sambesi als Handelsroute? Vielleicht lässt sich auf diesem Weg die Zivilisation ins Innere Afrikas bringen? Von einigen kleinen Stationen abgesehen sind die Europäer noch nicht weit ins Herz des riesigen Erdteils vorgedrungen. Wohl haben einzelne Händler – meist Portugiesen – einige Regionen des Kontinents bereist. Doch sie haben kaum Karten hinterlassen, und wenn, dann nur sehr ungenaue. Auch die Makololo sind an der Erforschung des Flusses interessiert. Sie wollen ihr Elfenbein zu weiter entfernten Handelsplätzen transportieren. Daher bieten sie Livingstone ihre Unterstützung an.

Der Missionar hat noch ein weiteres Motiv: Am Oberlauf des Sambesi sieht er die Gräuel des Sklavenhandels, den Araber und Afrikaner betreiben. Er möchte Wege finden, ihn zu verhindern. Die Missionsgesellschaft gibt ihr Einverständnis für die Expedition. Seine Frau und Kinder schickt der Brite von Kapstadt aus nach London.

Er selber reist nach Linyanti, der Hauptstadt der Makololo. Am 11. November 1853 startet die große Entdeckungsreise. Mit Kanus fährt Livingstone den Sambesi hinauf. Am Ufer begleiten Ochsen die Tour. Sie tragen die Vorräte. Der Fluss ist majestätisch, sein Lauf führt durch dichten Wald, an Palmyra-Palmen vorbei. Die Männer müssen Stromschnellen überwinden, manchmal tragen sie die Boote an Land vorbei. Livingstone sieht mehr als 30 neue Vogelarten. Es wimmelt von Krokodilen. Über den Liambai und den

Liba geht es nach Westen, in Richtung Angola und Atlantikküste. Sie kreuzen mehrere Flüsse, unter anderem den Kasai. Es wird noch Jahre dauern, bis ▶ Hermann von Wissmann feststellt, dass dieser ein Zufluss des Kongos ist.

Am 31. Mai 1854 erreicht Livingstone Luanda – völlig erschöpft, abgemagert, fieberkrank. Er war mehr als ein halbes Jahr unterwegs. Doch das Angebot englischer Kapitäne, ihn mit in die Heimat zu nehmen, lehnt er ab. Längst ist er besessen von Afrika. Mit dem Ergebnis seiner Expedition ist er nicht zufrieden. Er wollte eine günstige Verbindung zur Küste finden. Doch diese Route hat sich als viel zu beschwerlich erwiesen. Er macht sich auf den Rückweg nach Linyanti – und benötigt fast ein Jahr.

Von Linyanti aus fährt er erneut den Sambesi entlang, diesmal nach Osten. Die Eingeborenen haben ihm von den „Mosioatunja"-Fällen erzählt, was in ihrer Sprache „donnernder Rauch" heißt. Ende 1855 entdeckt Livingstone als erster Europäer die gigantischen Wassermassen, die sich 60 Meter – es ist Trockenzeit – in die Tiefe stürzen. Zu Ehren der Queen nennt er sie Victoriafälle.

Er umgeht die unschiffbaren Stellen des mittleren Sambesi. Über die portugiesische Handelsniederlassung Tete erreicht er am 20. Mai 1856 bei Quelimane im heutigen Mosambik den Indischen Ozean. Als erster Europäer hat er Afrika von Westen nach Osten durchquert. Zurück in England wird er als Nationalheld gefeiert. Seine Aufzeichnungen über „Missionsreisen und Forschungen in Süd-Afrika" werden zum Bestseller. Er scheidet aus der Christlichen Mission aus. Jetzt ist er endgültig nur noch Forscher.

Im Jahr 1858 startet Livingstone seine zweite große Expedition. Diesmal wird er von der englischen Regierung unterstützt. Er soll den Mittellauf des Sambesi genau kartieren, das gesamte Flussgebiet untersuchen und in Kontakt mit den dort lebenden Völkern treten. Er soll Handelsmöglichkeiten auskundschaften und Rohstoffe finden, die sich zum Export nach England eignen. Er soll der Sklavenjagd entgegenwirken.

London hat den Forscher diesmal mit einem kleinen Dampfer ausgestattet. Er trifft in drei Teile zerlegt am Sambesi ein. Zunächst fährt Livingstone den Fluss wieder hinauf. Doch an den Kebrabasa-Fällen zwingt ihn der Strom zum Umkehren. Er erkundet den Shire, einen großen Nebenfluss. Am 18. April 1859 entdeckt er den Chilwasee, fünf Monate später den Njassasee. Die

Immer wieder muss Livingstone wilde Flüsse überqueren. In der Regenzeit trocknet seine Kleidung oft tagelang nicht. Diese Zeichnung – hier als Holzstich – fertigt er selber an. Henry M. Stanley, der den Verschollenen nach langer Suche findet, nimmt sie zu seinen Unterlagen. Die Frage, wo der Nil entspringt, lässt Livingstone bis zu seinem Tod nicht los.

In dem Araberdorf Ujiji trifft Stanley 1871 den schon tot geglaubten Livingstone (oben). Er nimmt die Tagebücher und einen Brief des Forschers zum Thema Menschenhandel mit nach England: «Wenn meine Enthüllungen über die schreckliche Sklaverei in Ujiji zur Unterdrückung des Sklavenhandels an der Ostküste führen sollten, werde ich das als eine weit größere Sache ansehen als die Entdeckung sämtlicher Nilquellen.» Seine ersten acht Jahre in Afrika verbringt Livingstone im Betschuanaland. Dort wird er Zeuge eines Rohrpfeifertanzes (unten).

Eingeborenen, die Livingstone trifft, haben noch nie zuvor Weiße gesehen. Sie sind misstrauisch, manchmal auch feindlich. Der Forscher geht mit großer Umsicht vor, um ihre Ängste zu zerstreuen. Nie bahnt er sich den Weg mit Gewalt. Lieber hinterlässt er Geschenke und zieht sich dann zurück, um später noch einmal wiederzukommen.

Er unternimmt einen zweiten Anlauf, den Mittellauf des Sambesi zu befahren. Es gelingt ihm, bis auf einige kleine Teilstücke, den Lauf des Stroms zu klären. Er kartiert den Njassasee und macht einen Abstecher zum Rovuma, den die Portugiesen – im Gegensatz zum Sambesi – nicht für sich beanspruchen. Doch die englische Regierung hat sich eine wirtschaftliche Erschließung des Gebiets erhofft. Da dies nicht geschieht, beruft sie Livingstone 1863 nach London zurück.

Dennoch startet er zu einer dritten Expedition auf den schwarzen Kontinent. Er möchte das Geheimnis der Nilquellen lösen. Von Sansibar aus gelangt er über den Rovuma am 6. August 1866 zum Njassasee. Von dort aus dringt er ins Unbekannte vor. Im Oktober beginnt die Regenzeit, die das gesamte Gebiet in eine Schlammwüste verwandelt. Livingstone kreuzt den Tschambesi, von dem er zunächst annimmt, dass er zum Sambesi fließt, und den Lŭoangwa. Am 1. April 1867 gelangt er zum Tanganjikasee. Vom Fieber so geschwächt, kann er kaum noch laufen. Aber er lässt nicht locker. Nach einer kurzen Erholungspause zieht er weiter. Er entdeckt den Mwerusee, durch den der Luapula strömt, kann aber nicht klären, zu welchem Flusssystem er gehört. Die richtige Antwort wird er bis zu seinem Tod nie erfahren: Der Strom führt zum Kongo.

Auf dem Weg zurück zum Tanganjikasee entdeckt Livingstone im Juli 1868 den Bangweolosee. Er durchquert Wasserläufe, die ihm bis zur Brust reichen. Seit zwei Jahren hat er keine Nachricht von der Außenwelt erhalten. Er weiß nicht, dass man ihn für verschollen, wenn nicht für tot hält. Mit letzter Kraft erreicht er die Arabersiedlung Ujiji. Die Vorräte und Briefe, die ihm dorthin geschickt wurden, sind gestohlen und verkauft. Livingstone hat gar nichts mehr. Am 28. Oktober 1871 trifft ▶ Henry M. Stanley in dem Ort ein – die Rettung. Der amerikanische Journalist ist von dem Verleger des „New York Herald" nach Zentralafrika geschickt worden, um den Forscher zu suchen.

Nach Livingstones Genesung unternehmen sie gemeinsam eine Erkundungstour zur Nordspitze des Tanganjikasees, die ▶ Richard F. Burton und ▶ John Speke bei ihrer Expedition nicht erreicht haben. Sie suchen einen Ausfluss, der womöglich zum Nil führt. Stanley und Livingstone kommen am Ende zu dem Schluss, dass es ihn nicht gibt.

Livingstone lässt sich auch von Stanley nicht zur Rückkehr nach England überzeugen. Er hält seine Forschungen noch längst nicht für abgeschlossen.

Am 1. Mai 1873 stirbt er am Bangweolosee. Einheimische transportieren seinen Leichnam zur Küste. Er wird in der Londoner Westminster-Abtei beigesetzt. Aber sein Herz liegt in Afrika begraben.

Stephen H. Long

1784–1864

Er scheitert bei der Suche nach Flussquellen an den Rocky Mountains. Mit erschöpften Wissenschaftlern zieht er durch unerforschte Prärien. Die öden Weiten hält er für lebensfeindliche Wüsten – und warnt vor der Besiedelung.

Wie ein Ungeheuer sieht die „Western Engineer" aus. Ihr Bug ist ein mächtiger Schlangenkopf mit heraushängender Zunge. Rauch- und Dampfwolken quellen drohend aus dem grellroten Schlund. Die Schaufelräder am Heck schlagen das Wasser zu Schaum. 22 Salutschüsse sind beim Stapellauf am 3. Mai 1819 in Pittsburgh erklungen. Nun stehen die Menschen in Scharen an den Ufern des Ohio und jubeln dem Raddampfer zu. Wieder ein Sieg der Technik, glauben sie, wieder ein großer Sprung nach Westen.

Stephen Harriman Long, ein erfahrener Vermessungsingenieur im Dienst der amerikanischen Armee, sieht von Bord aus die Begeisterung mit bangem Herzen. Vielleicht ahnt er schon die Riesenkluft, die sich auftun wird zwischen den Erwartungen der Öffentlichkeit und den Problemen, mit denen er und seine Leute sich herumschlagen müssen. Die winkenden Menschen, die da feierlich Spalier stehen, sehen zum Beispiel nicht, dass wegen des zu großen Tiefgangs aufgewirbelter Sand und Schlamm in die Dampfkessel gelangen. Das drückt die Motorleistung erheblich. Alle paar Tage müssen daher die Kessel ausgekühlt und vom Matsch gereinigt werden.

Long ist eines von 13 Kindern einer Familie, die an der Ostküste lebt. In jungen Jahren ist er Lehrer gewesen. 1814 ging er zur Armee, lehrte zwei Jahre Mathematik an der Militärakademie West Point, kam dann zu den Vermesssungsingenieuren. 1817 ging er auf seine erste Tour in den Westen, erkundete den oberen Mississippi. Diese neue Expedition ist um etliche Nummern größer.

Die Flagge, die am Bug weht, zeigt einen Weißen und einen Indianer, die sich die Hände schütteln; im Hintergrund erscheinen ein Schwert und eine Friedenspfeife. Deutlicher kann die Botschaft, die von der „Western Engineer" ausgeht, nicht sein: Ihr könnt Frieden haben, wenn ihr euch nicht quer legt. Aber wir sind die Stärkeren, wenn ihr Krieg führen wollt. Das Schiff hat auch eine Kanone, vier Haubitzen und eine schusssichere Kabine für die Steuerleute.

Die „Western Engineer" soll allerdings nicht nur Indianer einschüchtern. Kriegsminister John C. Calhoun will in der Region am Oberlauf des Missouri eine Kette von Militärposten errichten, um dem unkontrollierten Treiben britischer und kanadischer Pelzhändler ein Ende zu bereiten und die mit ihnen verbündeten Ureinwohner zu befrieden. Dazu müssen aber erst einmal Fachleute die Gegend erforschen. Denn diese „Nordwestfront", wie die Amerikaner sie gern nennen,

Lebensdaten

1784 Geburt in Hopkinton, New Hampshire.
1816 Vermessungsingenieur für die amerikanische Armee.
1817 Erkundungen am oberen Mississippi.
1819 Aufbruch mit einem Raddampfer zu einer Expedition an den Oberlauf des Missouri.
1820 Änderung des Expeditionsziels. Erkundung des Platte und Canadian River. Durchquerung der Prärie zu Füßen der Rocky Mountains.
1823 Im Quellgebiet des Minnesota und Red River. Erkundung des Grenzgebiets zu Kanada westlich der Großen Seen.
1827–56 Beratender Ingenieur für den Bau von Eisenbahnstrecken.
1861–63 Leiter des Armeekorps der Vermessungsingenieure.
1864 Tod in Alton, Illinois.

Eine Schlacht zwischen Pawnee und Konza – indianische Darstellung auf einer Büffelhaut. Die Forscher der Long-Expedition berichten auch über noch unbekannte Stämme von Ureinwohnern im amerikanischen Westen.

ist bislang auf Karten so wenig erfasst wie die anderen schier endlos weiten Gebiete, die sich westlich des Mississippi zu den Rocky Mountains hin erstrecken.

Die „Western Engineer" schippert träge den Ohio hinunter, den Mississippi hinauf bis St. Louis, dann in den Missouri hinein, auf dem bis dahin erst ein einziges Mal ein Dampfer gefahren ist. Die Verschlammung des Dampfkessels wird immer schlimmer, die Gegenströmung immer stärker. Im September 1819, bei Fort Lisa, ist die Flussreise zu Ende. Falsch geplant, falsch gebaut – die „Western Engineer" ist ihrem Einsatz nicht gewachsen.

Nun will der Kriegsminister, wenn schon nicht das Schiff, so wenigstens die Expedition retten. Sein neuer Auftrag lautet, den Platte River flussaufwärts zu erkunden, dann die Quellen des Red River und des Arkansas River zu finden. Es sind riesige, unerforschte Prärien, die da vor Longs Truppe liegen. Ist es neuer Siedlungsraum? Die Indianer bei Fort Lisa lachen, als die Weißen ihnen von dem Plan erzählen. Kaum Gras, kaum Wasser und das in der heißesten Zeit des Jahres – weder die Menschen noch die Pferde würden diesen Marsch überleben.

Zum letzten Mal wird Salut gefeuert. Anfang Juni 1820 bricht die Truppe ins Ungewisse auf. Außer Long sind fünf Forscher und ein Chronist, sieben Soldaten als Eskorte und sieben Zivilisten als Dolmetscher, Führer und Jäger dabei. Die Regierung, die Öffentlichkeit, die Philosophische Vereinigung von Philadelphia als führende Wissenschaftsorganisation – sie alle setzen ihre Hoffnungen auf diese Expedition.

Doch der Marsch ist eine Tortur. Millionen von Stechmücken und Sandflöhen attackieren Long und seine Leute. Bald sind ihre Hände geschwollen. Die Sonne sticht, die Köpfe schmerzen, und einige sagen, in ihren Gesichtern hätten sie das Gefühl, jeden Moment werde «das Blut durch die Haut brechen». Auf dem Wasser des Platte River, das sie zum Trinken nehmen müssen, schwimmt wegen Überschwemmungen meist eine dichte Schicht Büffelkot; auch nach dem Abkochen behält es seinen üblen Gestank.

Die Forscher in Longs Team sammeln so viele Tier- und Pflanzenspezies, wie es geht. Die Kollektion von Thomas Say wächst auf Tausende Insekten an. Titian Peale fertigt 124 Skizzen von Pflanzen, Samuel Seymour 150 Bilder von Landschaftstypen an. John Bell führt das Tagebuch, die botanischen und geologischen Aufzeichnungen von Edwin James werden drei dicke Bände füllen. Doch Mitte Juli, als sie die Rocky Mountains erreichen, kommt für Long die zweite Niederlage. Er gibt es auf, die Quellen des Arkansas River zu suchen. Zwar ist die genaue kartographische Erfassung dieses Flusses von größter Wichtigkeit, weil er über weite Strecken die Grenze zum spanischen Territorium bildet, die im Adam-Onis-Vertrag von 1819 festgelegt worden ist. Doch die

Männer sind zu Tode erschöpft. Long kehrt – Washington ist weit – den Rocky Mountains den Rücken.

Die Gegend, durch die sie nun ziehen, ist eine «staubige Sand- und Kiesebene, so öde wie die Wüste von Arabien», wie Bell notiert. Long teilt seine Truppe, um zwei getrennte Routen zu marschieren. Bell zieht mit elf Mann am Arkansas River hinunter, er selber will mit den anderen die Quelle des Red River suchen. Von der Hitze geraten sie in heftigen Regen und Hagel. Der Wind ist so stark, dass die Pferde sich weigern weiterzulaufen. Um sich in den kühlen Nächten wenigstens halbwegs gegen die Unbilden der Natur zu schützen, legen die Männer sich in dem offenen Zelt, das sie haben, kreisförmig mit den Köpfen nach innen – so sind nachts nur die Beine schutzlos dem Tau und dem Regen ausgeliefert.

Ende Juli stoßen sie auf ein ausgetrocknetes Flussbett. Sie glauben, einen Quellfluss des Red River gefunden zu haben. Eine Gruppe von Kommantschen, der sie begegnen, bestätigt ihre Annahme. In Wirklichkeit ist es der Canadian River. Sie quälen sich über Felsbarrieren, die ihnen den Weg versperren, steigen mal hoch zur Ebene, dann wieder hinunter zum Fluss. Der Hunger zehrt an ihnen, es gibt wenig Wild, auch der Durst wird immer stärker. Als sie Mitte September die Einmündung in den Arkansas River erreichen, erkennen sie, dass sie auch in Sachen Red River den Auftrag nicht erfüllt haben. Für Long ist es die dritte Niederlage. Von Bells Gruppe, die sie bald darauf treffen, sind drei Soldaten desertiert. Seltsamerweise haben sie nicht nur Pferde, sondern auch viele Aufzeichnungen mitgenommen.

Longs Trupp ist monatelang durch die Prärie gezogen. Er nennt sie die „Große Amerikanische Wüste“. Sie sei «fast völlig ungeeignet für Ackerbau und natürlich völlig unbewohnbar für Menschen, die von Ackerbau leben», schreibt er zu seinen Karten, die er nach der Reise erstellt. Sein Report bremst für Jahrzehnte den Siedlerstrom in diesen Teil des Mittleren Westens. Moderne Dünge- und Bewässerungsmethoden sind noch unbekannt.

Die meisten Entdecker kommen als Helden nach Hause. Long gehört zu einer Minderheit. Er schwärmt auch nicht von den erforschten Ländern. Er hat dort zu viele Niederlagen erlitten.

Der Austritt des Platte River aus den Rocky Mountains (oben). Nach dem Scheitern der Raddampferexpedition setzen die Wissenschaftler ihren Weg zu Fuß fort. Sie beschreiben, malen und zeichnen die Landschaft und die Völker der Prärie – hier Pawnee-Indianer bei einer Versammlung des Stammesrats (unten).

Alexander Mackenzie

1762–1820

Lebensdaten
1762 Geburt in Stornoway (Äußere Hebriden).
1774 Auswanderung nach New York.
1785 Eintritt in die North West Company.
1789 Erkundung des nach ihm benannten Flusses bis zur Mündung ins nördliche Eismeer.
1791–92 Studien der Astronomie und Navigation in London.
1793 Erste Durchquerung der Rocky Mountains. Ankunft am Pazifik.
1802 Erhebung in den Adelsstand.
1808 Rückkehr nach Schottland.
1820 Tod in Mulnair (Schottland).

Kanu fahren, Kanu schleppen – so sucht der Schotte in Nordamerika eine Passage zum Pazifik. Beim ersten Mal landet er am Eismeer. Aber beim zweiten Mal hat er Erfolg. Die Indianer halten ihn für einen Zauberer.

Was soll er nun davon wieder halten? Viele Monster, sagen die Indianer, lauerten weiter unten am Fluss. Es werde mehrere Winter dauern, bis er an die Mündung komme. Und bis er gar wieder von dort zurück sei, werde er ein alter Mann sein. Die Geschichten, die die Ureinwohner erzählen, können stimmen oder auch nicht. Andere Informanten aber gibt es nicht.

Die paar Indianer in seiner Crew sind nur zu geneigt, die Horrorlegenden zu glauben. Sie wollen ohnehin schon lange nicht mehr weiter, sondern wieder nach Hause zu Frau und Kind. Alexander Mackenzie kennt das Gejammer nun schon seit Tagen. Wieder einmal bleibt er hart. Und beschließt, kein Wort von dem zu glauben, was er hört. Wer etwas entdecken will, was noch keiner kennt, muss ab und zu auch mal stur sein.

Der Schotte von der Isle of Lewis, die zu den Äußeren Hebriden gehört, hat sich vorgenommen, einen Weg durch Kanada zum Pazifik zu finden. Nicht auszudenken, was das für die North West Company, deren Teilhaber er ist, bedeuten würde. Am Pazifik haben die Russen Handelsstationen, droben in Alaska wie auch drüben auf der Halbinsel Kamtschatka. Da ließen sich die Pelzgeschäfte bis nach St. Petersburg ausdehnen. Und er, der Entdecker des Weges, stünde vielleicht eines Tages als großer Pionier vor der Zarin Katharina der Großen…

Mackenzie weiß, der Weg bis dahin ist noch weit. Aber große Entfernungen haben ihn noch nie geschreckt. Mit zwölf Jahren ist er 1774 mit seinem Vater nach New York ausgewandert. Mit 17 trat er dort in das Kontor eines Pelzhandelsunternehmens ein. Mit 23 begann er, für die 1779 gegründete North West Company in den kanadischen Westen zu ziehen – Tausende Kilometer, bis in die Nähe des Athabasca River. Dort hat der Amerikaner Peter Pont das Fort Chipewyan errichtet, den westlichsten Pelzhandelsposten vor der großen Barriere namens Rocky Mountains.

Gut einen Monat ist Mackenzie nun schon auf dem riesigen, unerforschten Fluss unterwegs. Er ist am 3. Juni 1789 von dem Fort aus aufgebrochen, hat mit seinen Kanus den Großen Sklavensee durchfahren und mehrere Katarakte überwunden. Der Fluss strömt seit einiger Zeit zwar nicht mehr nach Westen, sondern allenfalls nach Nordwesten. Zu seinem Schrecken sieht Mackenzie nun auch schneebedeckte Gipfel im Westen. Wie soll der Fluss, wenn er denn überhaupt dorthin strebt, dieses Gebirge überwinden?

Wie auch immer, er gibt noch nicht auf. Er bringt einen der fabulierenden Indianer dazu, als Führer mitzukommen. Damit endlich Frieden in seinen Kanus ist, verspricht er allen Begleitern, dass er auf jeden Fall umkehren werde, wenn sie nach sieben Tagen immer noch nicht an ein Meer gekommen seien. Dann greifen sie wieder zu den Paddeln.

Der Fluss wendet sich jetzt geradewegs nach Norden. Die letzte Hoffnung, an den Pazifik zu gelangen, stirbt. Am 12. Juli weiten sich die Ufer, eine große, von dünnen Eisschollen bedeckte Wasserfläche breitet sich vor der Gruppe aus. Weiße Wale, die aussehen wie Eisstücke, tauchen ab und zu aus den Tiefen auf. Die Männer schlagen ein Lager auf einer Insel auf. In der Nacht beginnt das Wasser zu steigen, sie müssen das Gepäck ein Stück weiter an Land ziehen. Mackenzie glaubt zunächst, die Ursache sei der Wind. In den folgenden Tagen steigt und fällt das Wasser jedoch in einem regelmäßigen Rhythmus. Nun weiß der Schotte, dass es sich um die Tide handelt. Er ist auf dem Fluss, der bald seinen Namen tragen wird, in 40 Tagen bis ans Nördliche Eismeer gefahren.

Auf dem Rückweg flussaufwärts fragt er wieder Indianer nach einem Weg nach Westen. Wieder hört er Legenden von unheimlichen Wesen, die Menschen angeblich mit ihren Blicken töten. Er versucht die Einheimischen mit Perlen und Metallgegenständen zum Reden zu bringen. Alles vergeblich, er kriegt keinen Führer. Nach insgesamt 102 Tagen ist die Reise am Fort Chipewyan zu Ende. Mackenzie hat als Erster den Nordwesten Kanadas durchquert, fast 4 800 Kilometer mit dem Kanu. Aber was soll er mit diesem Triumph? Für die North West Company hat er keinen praktischen Nutzen. Kein Wunder also, dass kaum ein Mensch davon redet. Das Einzige, was zählt, ist die Route zum Pazifik. In einem Brief an seinen Vetter Roderick schreibt der Schotte die bittere Erkenntnis aufs Papier. Er nennt den Strom, den er erforscht hat, den „Fluss der Enttäuschung".

Aber Mackenzie will es noch einmal versuchen. Im Winter 1791/92 geht er nach London, um sich dort bessere Kenntnisse der Astronomie und Navigation anzueignen. Im Herbst 1792 ist er wieder am Fort Chipewyan in Kanada. Er weiß schon, dass ▶ James Cook auf seiner dritten Weltreise vom Pazifik aus erfolglos eine Schiffspassage quer durch Kanada gesucht hat. Er weiß noch nicht, dass ▶ George Vancouver gerade unterwegs ist, um von See aus einen neuen Versuch zu unternehmen. Der Schotte glaubt nur fest daran, dass es irgendeinen Weg geben muss – sei es zu Wasser, sei es zu Land.

Er hat ein Boot von gut sieben Meter Länge bauen lassen. Es kann bis zu anderthalb Tonnen Gepäck, Proviant und Munition aufnehmen und ist im Leerzustand trotzdem so leicht, dass zwei Männer es auf einem halbwegs guten Pfad fünf bis sechs Kilometer ohne Rast tragen können. Der Weg führt nun den Peace River aufwärts direkt nach Westen. Nach 900 Kilometern, an der Einmündung des Smoky River, richten die Männer ein Winterlager ein. Im Frühjahr kämpfen sich Mackenzie, weitere sieben Weiße und zwei Indianer an die Rocky Mountains heran. Stromschnellen zwingen sie zu Umwegen über Land. Sie hauen sich Wege durch den dichten Wald, schleppen das Boot über Berghänge,

Auf seiner Suche nach einer Passage zum Pazifik paddelt Mackenzie Tausende von Kilometern durch unbekannte Flüsse. Indianer warnen ihn nicht nur vor Wasserfällen und Stromschnellen, sondern auch vor angeblichen Ungeheuern am Ufer. Der Schotte aber lässt sich nicht beirren.

Auf einem Felsen bei Bella Coola steht noch heute die Inschrift, die Mackenzie nach seiner historischen Ankunft an der amerikanischen Pazifikküste einmeißelte.

Ein alter Häuptling, den sie treffen, zeichnet ihnen auf ein Stück Rinde den weiteren Weg. Der Fluss, dem sie zunächst folgen sollen, fließt aber Richtung Südosten. Der Landweg zum Meer, sagen die Indianer, sei erheblich kürzer. So laden sich die Expeditionsteilnehmer ihre Fracht auf den Rücken, Mackenzie trägt 35 Kilo, plus Waffen und Fernrohr über der Schulter, seine Leute 45 Kilo. Seit dem Aufbruch vom Winterlager sind sie 1500 Kilometer auf den Flüssen gefahren. Nun folgen 420 Kilometer zu Fuß. Sie stapfen durch morastiges Land, sehen die schneebedeckten Spitzen des Küstengebirges.

ziehen es an Steilstücken mit einem Tau nach oben, das sie um Baumstümpfe schlingen. Der härteste Test ist ein 15 Kilometer langer Katarakt kurz vor der großen Wasserscheide. Mackenzie klettert aus dem Boot, dann über Felsen hoch, um einen Weg für das lange Umtragen zu suchen.

Indianer vom Stamm der Sekani erzählen, sie hätten Kontakt mit einem Volk, das ab und zu an einen großen See mit „stinkendem Wasser" ziehe. An dessen Küste landeten gelegentlich Schiffe mit Menschen an Bord, die so aussähen wie Mackenzie. Sie würden Eisen, Messing, Kupfer und Perlen gegen Pelze tauschen. Um dorthin zu kommen, müsse die Expedition das Boot an drei Seen vorbeitragen, dann komme ein kleiner, dann ein großer Fluss... Der Schotte vollendet den Gedanken für sich allein: Der Fluss mündet irgendwann ins Meer.

Am 12. Juni überwindet er mit seinem Trupp den Kamm des Felsengebirges. Nun fließen die Flüsse nicht mehr nach Osten, sondern nach Westen. In einer besonders gefährlichen Stromschnelle zerbirst das Kanu an einem Felsen. Einer der Führer flüchtet aus Angst vor den Wasserfällen, die noch kommen. Mackenzie lässt ein neues, neun Meter langes Boot aus Birkenrinde bauen. Wieder droht eine Meuterei im Team. Doch der Schotte ist wild entschlossen. Sie könnten ja hier warten, sagt er seinen Leuten, notfalls werde er sich eben ganz allein bis zum Pazifik durchschlagen. Da wollen sie doch lieber mit.

An einem indianischen Siedlungsplatz steigen sie ein letztes Mal in ein Boot. Das Gewässer, das sie befahren, ist ein Meeresarm. Tags darauf steht der Schotte triumphierend am Pazifik. In einen Felsen meißelt er die Nachricht von dem historischen Ereignis: «Alexander Mackenzie, von Kanada über Land, 22. Juli 1793». Die Einheimischen an der Küste halten ihn für einen Geist, weil sie sehen, wie Sterne von seinem Körper ausstrahlen – es sind Lichtstrahlen, die sein Sextant reflektiert. Sie rennen zu ihrem Häuptling und berichten von den seltsamen Zeichen auf den Felsen. Der Häuptling befiehlt ihnen, sich den Symbolen nicht zu nähern, es könne den Göttern missfallen.

Der Rückweg, auf nunmehr bekannter Route, dauert nur 33 Tage. Mackenzie hat sein Ziel erreicht. Von nun an widmet er sich nur noch seinen Pelzgeschäften. 1808 kehrt er als „Sir" nach Schottland zurück. Für seinen Pionierweg zum Pazifik hat ihn die Queen geadelt. Die Route taugt zwar nicht gerade für Handelsschiffe. Aber zur Ehre gereicht sie allemal.

☐ **Artikel in NATIONAL GEOGRAPHIC: „On Mackenzie's Trail to the Polar Sea" (August 1931), „Tweedsmuir Park: The Diary of a Pilgrimage" (April 1938), „Across Canada by Mackenzie's Track" (August 1955).**

Fernando Magellan

1480–1521

Ein Portugiese in spanischen Diensten beweist endgültig, dass die Erde eine Kugel ist. Er will die Molukken vom Westen aus erreichen – und segelt vom Atlantik in den Pazifik. Die berühmte Meeresstraße wird nach ihm benannt.

Anfang des 16. Jahrhunderts ist Portugal die größte Kolonialmacht. ▶Vasco da Gama hat mit seiner Expedition den Seeweg an die indischen Küsten gebahnt und das Handelsmonopol der Araber gebrochen. Bereits 1494 wurden die Einflussgebiete der beiden konkurrierenden Mächte Portugal und Spanien durch einen Schiedsspruch von Papst Alexander VI. im Vertrag von Tordesillas festgelegt: Alle neu entdeckten Gebiete westlich der Demarkationslinie von 46 Grad westlicher Länge sollen Spanien gehören. Auf das Land östlich davon können die Portugiesen Anspruch geltend machen. Die Einheimischen, die in diesen Ländern leben, wurden nicht gefragt.

Fernão de Magalhães steht seit 1504 im Dienst der portugiesischen Marine. Unter den Vizekönigen Francisco de Almeida und dessen Nachfolger Afonso de Albuquerque fährt er mit seinem Freund Francisco Serrano nach Indien. Die Portugiesen schlagen muslimische Aufstände in Goa und Calicut nieder. Sie versuchen – zunächst vergeblich – Malakka zu erobern. 1512 besetzt Portugal die Molukken, die zu dieser Zeit Gewürzinseln heißen. Das Handelsmonopol auf Muskatnuss, Pfeffer und die anderen duftenden Kostbarkeiten birgt immense Reichtümer.

Magalhães ist zu dieser Zeit vermutlich schon wieder in Portugal. Er wird in Marokko stationiert, bei einer Schlacht gegen die Mauren am Knie verletzt. Sein Leben lang wird er deswegen hinken. Als er sich mit dem Kommandanten der Garnison überwirft, kehrt er in die Heimat zurück. Er hofft, auf die Molukken geschickt zu werden. Mit Serrano, der noch dort weilt, steht er in Briefkontakt. Aber er fällt bei Hof aus nicht geklärten Gründen in Ungnade. Auch die Bitte um eine Solderhöhung wird ihm abgeschlagen. Verletzt in seinem Stolz zieht Magalhães die Konsequenzen. Er legt die portugiesische Staatsbürgerschaft ab, geht 1517 nach Spanien und führt von nun an den Namen Fernando Magellan.

Niemand weiß genau, wann er seine Vision der Weltumsegelung entwickelt hat. Schon ein Jahr nach seinem Umzug trägt er sie gemeinsam mit dem Astronom Ruy Faleiro dem spanischen König Karl I. – als Karl V. später auch deutscher Kaiser – vor. Der abtrünnige Portugiese möchte immer noch zu den Gewürzinseln. Er vermutet, dass die Inselgruppe westlich der Demarkationslinie von Tordesillas liegt. So hätte Spanien, nicht Portugal, ein Anrecht darauf. Vielleicht seien die Inseln sogar leichter von Osten nach Westen zu erreichen. Man müsse dazu vom Atlantik in das große Meer auf der anderen Seite segeln, das ▶Vasco Nuñez de Balboa bereits 1513 entdeckt hat. Dass es eine Verbindung zwischen den beiden Ozeanen gibt, ist bisher bloße Spekulation. Die spanischen Seefahrer Solís und Pinzón vermuten sie am Río de la Plata. König Karl I. locken die zu erwartenden Einnahmen. Am 22. März 1518 schließt er mit Magellan den Vertrag von Valladolid. Der Weltumsegler in spe erhält fünf Schiffe, ausgerüstet mit Proviant für zwei Jahre – unter der Bedingung, dass er mindestens

Lebensdaten
1480 Geburt in Sabrosa.
1505–11 Fahrten nach Indien und zu den ostindischen Inseln im Dienst der portugiesischen Marine.
1512 Stationierung bei der portugiesischen Garnison in Azemmour (Marokko).
1517 Umzug nach Spanien.
1519–21 Suche nach einer westlichen Seeroute in den Fernen Osten: Brasilien, Argentinien, Marianen, Philippinen.
1521 Ermordung durch Ureinwohner auf der Insel Mactan (Philippinen).
1522 Rückkehr des einzigen verbliebenen Schiffs der Flotte über Nordborneo, die Molukken und das Kap der Guten Hoffnung nach Spanien.

sechs rohstoffreiche Inseln entdeckt. Als Belohnung werden ihm Anteile am Ertrag aus den künftigen Besitzungen in Aussicht gestellt, ebenso vom Handel mit der Schiffsladung, die er hoffentlich heimbringen würde. Das deutsche Bankhaus der Fugger leistet einen finanziellen Beitrag zu dem Unternehmen.

Am 20. September 1519 sticht die Flotte mit 250 Mann Besatzung von Sanlúcar aus in See. Portugal ist empört, auch in Spanien gibt es starke Vorbehalte gegen das kühne Vorhaben des Ausländers. Über Madeira und die Kanarischen Inseln geht es zunächst die afrikanische Westküste entlang. Von dort aus überqueren die „Trinidad" – auf ihr segelt Magellan –, die „San Antonio", die „Concepción", die „Victoria" und die „Santiago" den Atlantik. Ende November erreicht das Geschwader Brasilien. Mit an Bord ist der Italiener Antonio Pigafetta, der eine Chronik der Reise schreibt. Im Dezember ankert Magellan in der Bucht von Rio de Janeiro. Im Januar 1520 erreichen sie die Mündung des Río de la Plata. Noch ist nicht bekannt, ob es sich dabei um einen Fluss handelt oder doch um die gesuchte Durchfahrt in das andere Meer. Systematisch erkunden die Seeleute das Gewässer, bis Magellan verkündet, dass es sich um einen Fluss handele. Nicht alle Offiziere teilen seine Meinung.

Südlich des Río de la Plata fahren sie auf unerforschtes Meer. Niemand weiß, wie lange die Reise dauern wird. Niemand weiß, ob die Suche nach der Passage überhaupt einen Sinn hat. Zwischen der spanischen Besatzung und ihrem portugiesischen Befehlshaber kommt es immer wieder zu Spannungen.

Am 31. März 1520 lässt Magellan vor der Bucht von San Julián die Anker werfen. Die Expedition befindet sich an der südöstlichen Küste Argentiniens. Dort soll die Mannschaft die nächsten Monate verbringen. Es wird kalt, die Männer sind zermürbt von der Ungewissheit. Sie fordern die Rückkehr – es kommt zur offenen Meuterei. Der Oberbefehlshaber reagiert mit eiserner Faust und lässt die Anführer exekutieren.

Die Matrosen bauen Hütten an Land. Sie erkunden die Umgebung und jagen. Juan Rodriguez Serrano – vielleicht ein Bruder von Magellans Freund Francisco – soll die weitere Küste mit seinem Schiff erforschen. Er verliert die „Santiago" und kämpft sich wochenlang an Land zurück zum Lager. Es ist ein raues Land. Magellan tauft es Patagonien.

Noch vor Ende des Winters gibt der Portugiese Befehl, die Anker zu lichten. Seine Mannschaft fordert er zum Durchhalten auf. Er ist getrieben von der Idee, vielleicht schon bald den heiß ersehnten Einschnitt ins Festland zu finden. Am 21. Oktober 1520 ist es so weit. Sie erreichen einen Küstenvorsprung– sie nennen ihn Kap der 11 000 Jungfrauen –, von dem aus es nach Westen geht. Magellan schickt zwei Schiffe los, um zu erkunden, wie weit man segeln kann. Nach drei Tagen kehren sie mit der glücklichen Nachricht zurück, dass es sich wohl tatsächlich um eine Meeresstraße handele. Windgepeitschte See, Nebel, Meerengen und hohe Gezeiten – die Navigation erfordert dort alle Seemannskunst. Es gibt nicht einfach einen geraden Weg, sondern auch Einschnitte, von denen der Kommandant nicht weiß, ob sie die richtige Route wären. Wieder schickt Magellan zwei Karavellen auf Erkundungsfahrt. Der Ka-

Immer wieder droht der spanischen Flotte vor den stürmischen Küsten Südamerikas der Untergang. Doch nach langer Suche findet Magellan hier 1520 die ersehnte Durchfahrt nach Westen. Von seiner Flotte erreicht nur die „Victoria" – hier mit der „Trinidad" – wieder die Heimat.

Der Kupferstich aus dem 16. Jahrhundert, verherrlicht die erste Weltumsegelung auf farbenfrohe Weise. Mit Magellans Entdeckung brechen für die Spanier goldene Zeiten an. Endlich können sie die ostindischen Inseln erreichen, ohne die Handelsrouten der Konkurrenzmacht Portugal zu queren.

pitän der „San Antonio" nutzt die Gelegenheit zur Desertation und segelt nach Spanien zurück. Die anderen aber durchfahren die knapp 600 Kilometer lange Meeresstraße, die später nach dem großen Seefahrer benannt werden wird. Am linken Ufer sehen sie nachts den Schein von Lagerfeuern – das Gebiet heißt seither Feuerland. Nach 27 Tagen sind sie auf der anderen Seite der Welt. Das Meer ist zunächst ruhig. Magellan nennt es „Mar Pacífico" – das Friedliche. Doch noch liegt der schlimmste Teil der Reise vor ihnen: Tausende von Kilometern durch den Pazifik.

Magellan verfehlt die vielen Inseln im Südpazifik. Nahrung und Wasser gehen zur Neige. Die Mannschaft isst gekochtes Leder und Sägespäne. Viele sterben an Skorbut. Dann endlich, nach fast 100 Tagen auf See, erreichen sie eine rettende Inselgruppe – die Diebesinseln, später Marianen genannt. Nach weiteren zehn Tagen entdecken sie die Philippinen. Auf Cebu versucht Magellan, das Christentum einzuführen – zunächst mit Erfolg. Die Europäer schließen ein Bündnis mit den Insulanern, deren Herrscher sich sogar taufen lässt. Doch bei Kämpfen mit Eingeborenen auf der Nachbarinsel Mactan werden Magellan und viele seiner Männer getötet.

Der Rest der Besatzung muss ein weiteres Schiff aufgeben. Unter dem Kommando von Juan Sebastián Delcano gelangen die Spanier über Nordborneo im November 1521 auf die Molukken. Trotz der Oberhoheit der Portugiesen gelingt es ihnen dort, eine Ladung Gewürze einzutauschen. Dann wollen sie getrennt zurück in die Heimat. Die „Trinidad" nimmt eine Ostroute, wird aber unterwegs von Portugiesen gekapert. Die „Victoria" segelt unter Delcano um das Kap der Guten Hoffnung. Am 6. September 1522 läuft sie in den Heimathafen von Sanlúcar ein – mit 18 Überlebenden.

Die Gewürze auf Delcanos Schiff bringen der spanischen Krone so viel Geld ein, dass nicht nur der Verlust der vier Karavellen gedeckt ist, sondern auch noch ein Gewinn übrig bleibt. Durch die erste Umsegelung der Welt hat Spanien das Handelsmonopol der Portugiesen gebrochen.

Artikel in NATIONAL GEOGRAPHIC: „The Greatest Voyage in the Annals of the Sea" (Dezember 1932), „Magellan: First Voyage Around the World" (Juni 1976).

Karl Mauch

1837–1875

Lebensdaten
1837 Geburt in Stetten (Württemberg).
1856 Volksschullehrer im Allgäu.
1858–63 Hauslehrer in der Steiermark.
1865 Ankunft in Durban, (Südafrika). Erforschung Transvaals.
1866–67 Expedition mit dem Elefantenjäger Henry Hartley ins Matabeleland.
1867 Zweite Reise mit Hartley in Gebiete nördlich des Limpopos. Entdeckung von drei Goldfeldern im Mashonaland.
1868 Reise ins Matabeleland entlang dem Bubi-Fluss.
1870–71 Flussfahrt auf dem Vaal in einem drei Meter langen Boot.
1871–72 Expedition ins Gebiet zwischen Limpopo und Sambesi. Entdeckung der Ruinen von Simbabwe. Rückkehr nach Deutschland.
1874 Reise mit dem deutschen Botaniker Otto Kunze nach Caracas.
1875 Tod in Stuttgart nach Sturz aus dem dritten Stock.

Er durchzieht das Gebiet zwischen Limpopo und Sambesi im Süden Afrikas. Seine Expeditionen sind voller Strapazen, einmal verhungert er fast. Doch dann macht er eine sagenhafte Entdeckung: die Ruinen der Königsstadt Simbabwe.

Afrika, da sind sich die Europäer im 19. Jahrhundert ganz sicher, ist ein Kontinent ohne eigene Kultur. Kannibalen in Hütten, wilde Tiere im Busch, aber keine eigene Schrift, keine wissenschaftlichen Errungenschaften und was sonst noch alles so zur Zivilisation gehört. 1871 widerlegt Karl Mauch als Erster dieses Vorurteil. Dafür hat er einen langen Weg voller Entbehrungen zurückgelegt.

Sein Vater ist Tischler, die Familie arm. 1856 wird er Volksschullehrer im Allgäu. Dann arbeitet er fünf Jahre lang bei einer steiermärkischen Familie als Hauslehrer. Die Enge ist ihm unerträglich, er träumt davon, Afrikaforscher zu werden. Parallel zur Arbeit beginnt er mit den Vorbereitungen für seine Forscherkarriere. Er lernt Englisch, Französisch, die Grundzüge der arabischen Sprache. Er legt Sammlungen von Pflanzen, Steinen und Insekten an, erwirbt medizinische Kenntnisse. All das für sich allein und ohne Förderung.

Im Jahr 1863 geht er für fünf Monate nach London, wo er am Britischen Museum weitere vorbereitende Studien treibt. Danach verschlägt es ihn nach Memel, wo er im Oktober 1864 auf einem deutschen Schiff einen Reiseplatz nach Afrika ergattert. Er zahlt fünf Pfund, den Rest für Überfahrt und Verpflegung arbeitet er an Bord ab.

Am 15. Januar 1865 kommt er in Durban an der südafrikanischen Küste an. Ohne Geld, aber mit umso größerem Forscherdrang. Ihn interessiert das unbekannte Land nördlich des Limpopo. Mauch verdient zunächst etwas Geld in Pietermaritzburg. Dann schließt er sich im April einem Zug mit Ochsenwagen nach Transvaal an. Sie ziehen über die Drakensberge und das Hochland des Oranje-Freistaats, wo sie riesige Antilopenherden sehen. Ende Juni 1865 erreicht Mauch die kleine Siedlung Rustenburg, reist dann weiter nach Potchefstroom. Der Ort wird sein Stützpunkt, um Transvaal zu erforschen. Mit seinem Landsmann Friedrich Jeppe gelingt es ihm, das riesige Gebiet komplett zu kartieren. Eine wissenschaftliche Meisterleistung, zumal Mauch zu Beginn nur mit einem Taschenkompass ausgerüstet ist. Die Karte wird in Deutschland vom Geographen August Petermann veröffentlicht.

Im Frühjahr 1866 lernt Mauch den Elefantenjäger Henry Hartley kennen. Er reist mit ihm nach Norden, über den Limpopo ins Matabeleland. Sie besuchen die Residenz des Königs, werden aber durch das Misstrauen der Bevölkerung zur Weiterreise gezwungen. In mehr als sieben Monaten durchqueren sie 3500 Kilometer Steppe im heutigen Simbabwe, überschreiten die Wasserscheide zwischen Limpopo und Sambesi. Der deutsche Entdecker zeichnet genaue Karten dieses Gebiets. Er trägt nicht nur topographische Daten ein, sondern auch die Verbreitungsgebiete der Tsetse-Fliege, die Anzahl der Missionsstationen und die Krale der Eingeborenen. Er unterscheidet Flüsse, die immer Wasser führen, von denen, die monatelang ausgetrocknet sind. Petermann, dem er das Werk zur Veröffentlichung schickt, ist begeistert. Er organisiert Geldspenden für den mittellosen, aber viel versprechenden Forscher, an denen sich auch ▶ GERHARD ROHLFS beteiligt.

Im März 1867 bricht Mauch mit Hartley zu einer weiteren Reise auf. Sie überqueren den Umfuli-(Mupfure-)Fluss, gelangen ins Mashonaland. Dort stößt Mauch auf seltsame Gruben, einen Schmelzplatz und goldhaltige Gesteinsbrocken. Das ganze Gebiet ist von hohem Gras und Bäumen überwuchert. Aber kein Zweifel – Mauch hat zwei verlassene Goldfelder entdeckt. Am Ufer des Tati findet er ein drittes. Kein Mensch weit und breit, keine Antwort auf die Frage, warum hier niemand mehr schürft.

Nach seiner Rückkehr im Dezember meldet Mauch die Entdeckung den englischen Behörden in Natal. Sie bieten ihm die Leitung eines Unternehmens an, das die Gruben erschließen soll. Mauch überlegt hin und her. Das hieße, keine Geldsorgen mehr! Aber was würde aus seinen Forscherplänen? Als weitere finanzielle Unterstützung aus der Heimat eintrifft, lehnt er den Posten ab.

Im Mai 1868 bricht er erneut ins Matabeleland auf. Er folgt dem ausgetrockneten Fluss Bubi, leidet an

Der Palast der Könige von Simbabwe (Modell im Bild rechts oben) wurde aus 15000 Tonnen Granitstein erbaut – ohne Mörtel. In der Ruine fanden Archäologen kunstvolle Friese (Mitte) und Steinfiguren (rechts ein Menschenkopf). Der Vogel (links oben) ziert heute die Flagge von Simbabwe. Die Funktion des Turms (unten) konnte bis heute nicht eindeutig geklärt werden. «Das Merkwürdigste innerhalb des Rondeaus war ein zehn Meter hoher… Turm, an dem jedoch, der am Fuße angehäuften Trümmer wegen, kein Eingang wahrzunehmen war», schreibt Mauch. «Ich erstieg an einem Rankengewächs seine Spitze… nahm einige Lagen der Steine ab, ohne jedoch eine innere Höhlung bemerken zu können.»

«Der ganze Westhang des Hügels war mit Trümmern bedeckt, die einen Schluss auf die terrassenförmige Anlage erlaubten», schreibt Mauch. Am Fuß des Bergs findet er ein weiteres Ruinenfeld mit einem ovalen Bauwerk (vorne rechts). Archäologen vermuten heute, dass die Anlage zwischen dem 11. und 15. Jahrhundert vom Volk der Shona erbaut worden ist. Dessen Könige müssen im 18. Jahrhundert über eine Million Einwohner geherrscht haben. Ihr Reich wurde um 1830 von einer Streitmacht der Ngoni zerstört.

Hunger und an Durst. Er wird von den Matabele als Spion verdächtigt, verschleppt und wieder freigelassen. Abgemagert zum Skelett erreicht er im Oktober die englische Missionsstadt Inyati. Für weitere Reisen in den Norden hat er zunächst keine Mittel.

Im Dezember 1870 fährt er allein mit einem drei Meter langen, flachen und morschen Boot den Vaal bis zu den Diamantenfeldern von Hebron hinab. Er überwindet 33 Stromschnellen und einen acht Meter hohen Wasserfall. Mauch macht sich zu Fuß auf den Rückweg. Er ist mehrere Monate unterwegs.

Ende Juli 1871 tritt er seine letzte und größte Reise an. Er hat schon vor Jahren von einer sagenumwobenen Ruinenstadt gehört, die jenseits des Limpopo liegen soll. Diese möchte er finden. Am 10. August erreicht er den Fluss. Er zieht weiter nach Norden, wird ausgeraubt, ist halb verhungert, denkt sogar an Selbstmord. Er wird von den Makalaka zunächst gerettet, dann auch von diesen bedroht. Aber er hat Glück im Unglück. Der deutsche Abenteurer Adam Renders lebt beim benachbarten Volk der Shona. Er nimmt Mauch in „seinem" Dorf Pikas Kral auf.

Am 5. September 1871 stößt Mauch auf einen Granithügel im Gras, auf eine überwucherte Mauer, dann auf die Reste eines Palasts und auf ein ganzes Ruinenfeld. Tempel, Türme und alles aus Stein. Aber wer hat sie gebaut? Zu welchem Zweck? Und warum sind sie dann wieder verlassen worden? Die Granitblöcke sind ohne Mörtel aufeinander geschichtet. Ein ellipsenförmiger Bau ist von einer meterhohen Mauer umgeben. Ein Steinturm ragt kegelförmig empor. Keine Inschrift, so sehr Mauch auch danach sucht, drumherum nichts als Wildnis. Ein Rätsel – bis heute.

Der Deutsche bleibt mehr als acht Monate. Er erforscht den weitläufigen Komplex, sucht längst verschüttete Eingänge, dringt in verborgene Kammern ein. Er spricht mit den Eingeborenen der Umgebung. Sie berichten von einer Kultstätte, in der ein Hohepriester Opfer darbrachte. Aber viel wissen sie nicht von dem versunkenen Reich. Als der Forscher Ende Mai Richtung Küste aufbricht, ist er der Meinung, dass er Ophir entdeckt hat, das sagenhafte Land aus der Bibel, aus dem König Salomo einst Gold und Edelsteine holen ließ.

Renders, der deutsche Abenteurer, hat die Ruinen schon vier Jahre vorher gesehen, doch sie haben ihn nicht weiter interessiert. Mauch hingegen ist von der Bedeutung seines Funds überzeugt. Er ist sich sicher, dass es hier in früheren Zeiten eine afrikanische Hochkultur gegeben hat.

In Deutschland legt man zu dieser Zeit mehr Gewicht auf die Erforschung des Nil und des Kongo. Das Interesse an Mauchs Nachricht verblasst daher schnell. Dem Forscher gelingt es nicht, nach seiner Rückkehr in der Heimat Fuß zu fassen. Anfang April 1875 stürzt er aus dem dritten Stock seiner Mietwohnung. Ein paar Tage später erliegt er seinen Verletzungen.

Erst Jahre danach erfassen Archäologen die Tragweite seiner Entdeckung. Karl Mauch war der Erste, der Afrika eine eigene Geschichte zugestand.

A. Th. von Middendorff

1815–1894

Er zieht durch die eisige Tundra bis zum Polarmeer. Er steigt mit Rentieren über einsame Gebirge im Gebiet des Amur. Der Russe mit den deutschen Ahnen rettet mit Mühe sein Leben. Er wird zum Helden der Sibirien-Forschung.

Das Geschlecht der Middendorffs hat eine beeindruckende Tradition. Acht Generationen lassen sich zurückverfolgen, in dieser Zeit hat die Familie elf evangelische Pastoren, 43 Ratsherren und Bürgermeister sowie 32 Älteste der Großen Kaufmannsgilde hervorgebracht. Theodor Johann von Middendorff, der Vater des jüngsten Sprosses, ist Direktor des Pädagogischen Hauptinstituts zu St. Petersburg. Er schenkt seinem Sohn ein Gewehr, als der erst zehn Jahre alt ist. Begeistert streift der Junge damit durch die Moore der baltischen Heimat. Der Vater ahnt noch nicht, was dieses Gewehr bedeutet. Es ist der Anfang einer Geschichte, die den Ruhm der Familie auf nie da gewesene Weise mehren wird.

Alexander Theodor von Middendorff erhält eine Bildung, die russisch, französisch und deutsch geprägt ist. Seine deutschstämmigen Vorfahren haben sich im 16. Jahrhundert als Kaufleute in Riga niedergelassen. Es ist wohl das kosmopolitische Erbe, das ihn von zu Hause wegtreibt. 1837 wird er in Dorpat Doktor der Medizin, dann studiert er Naturwissenschaften in Berlin, Erlangen, Breslau und Wien. 1839 wird er Adjunktus eines Zoologieprofessors in Kiew. Doch im Grunde sind ihm Studierstuben ein Gräuel. Hinaus will er, nichts als hinaus. «Jede Gelegenheit zu irgendwelcher Reise erkannte ich als meinen Leitstern an», wird er später einmal schreiben.

Im Jahr 1840 ist es endlich so weit. Der Naturforscher Karl-Ernst von Baer nimmt ihn mit ins russsische Lappland. Auf der Halbinsel Kola studiert Middendorff die Vogelwelt und überrascht die Gelehrten mit dem Nachweis, dass der Fluss Kola von Süden nach Norden fließt und nicht von Osten nach Westen, wie bisher angenommen wurde. Baer staunt über die Fähigkeiten des jungen Wissenschaftlers. Er versteht etwas von der Seefahrt und von der Heilkunst, kann nächtelang in Mooren liegen und läuft selbst zähen Wanderern davon. Baer empfiehlt diesen Mann der Akademie der Wissenschaften in St. Petersburg für eine Expedition, die große Teile Sibiriens erfassen soll.

Selbst auf gleichen Breitengraden weichen die Temperaturen weltweit stark voneinander ab. Das hat ▶ Alexander von Humboldt mit seiner Arbeit über die Isothermen nachgewiesen. Die Unterschiede sind bedingt durch die ungleiche Verteilung von Land und Wasser. Die Nordküste Sibiriens – das Festland, das am weitesten zum Pol hin reicht – bietet sich für Temperaturvergleiche an. Doch außer ein paar dürftigen Daten, die Seeleute der Großen Nordischen Expedition unter ▶ Vitus Bering geliefert haben, weiß man so gut wie nichts über die Verhältnisse dort. Sind diese Landstriche immer schneebedeckt? Wie tief reicht der Dauerfrostboden? Wann gefrieren und tauen die Gewässer? Wo genau liegt die Baumgrenze? Was für Völker und welche Tierarten leben eigentlich dort?

Mit einer langen Liste von Fragen bricht Middendorff 1842 auf. An seiner Seite sind der dänische Förster Thor Branth, der Unteroffizier Waganow und ein

Lebensdaten

1815 Geburt in St. Petersburg.
1839–42 Zoologie-Professor an der Universität Kiew.
1842–43 Durchquerung der nordsibirischen Halbinsel Taimyr bis zum Polarmeer.
1844–45 Durchquerung des Stanowoi-Gebirges im Südosten Sibiriens. Erforschung der Südküste des Ochotskischen Meeres.
1855–57 Ständiger Sekretär der Akademie der Wissenschaften in St. Petersburg.
1857 Rückzug auf seine Landgüter in Livland. Pferde- und Rinderzucht.
1878 Erforschung des Ferganabeckens in Turkestan.
1894 Tod auf Gut Hellenorm (Livland).

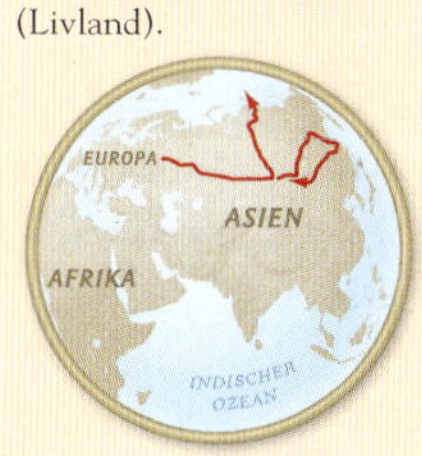

Diener namens Fuhrmann. Mit Pferden und vier Schlitten reisen sie im Winter auf dem zugefrorenen, bis zu 15 Kilometer breiten Jenissei nach Norden. Weiter als bis Turuchansk ist noch nie ein Forscher gekommen. Middendorff tauscht dort die Pferde gegen Hunde, dann die Hunde gegen Rentiere. In Dudinskoje (Dudinka), 500 Kilometer weiter, erkranken zwei Begleiter an Röteln. Er packt sie in einen Kasten aus Fellen, den er auf einem Schlitten konstruiert hat. Unterwegs nimmt er noch einen Samojeden als Dolmetscher mit. In Korennoje-Filipowskoje, wo die Nomaden ihre Winterhütten haben, schlägt er sein Hauptquartier auf. Seine Begleiter bleiben an diesem Ort, um meteorologische und naturwissenschaftliche Studien zu betreiben. Am 7. Mai 1843 bricht Middendorff mit einem Trupp Nomaden und seinem Dolmetscher auf. Er will die Taimyr-Halbinsel, das nördlichste Stück Sibiriens, bis zum Eismeer durchqueren.

Noch liegt das Land unter Schnee. Mit Rentierschlitten wollen sie den Fluss Taimyra erreichen. Die Augen schmerzen vom Schnee, beginnen zu flimmern, werden durch Luftspiegelungen getäuscht, manchmal läuft Middendorff stundenlang umher und findet sein Zelt nicht mehr. «Nur die Scheu vor halbem Tun» treibt ihn weiter, wie er später schreibt. Anfang Juni ist er mit vier Gefährten am Fluss. Aus den Bodenbrettern der Schlitten bauen sie ein Boot, das sie „Tundra" taufen. Am 27. Juli treibt es in den Taimyrsee. Der Ausfluss des Stroms führt zwischen Hügeln hindurch, dann breitet sich die weite Tundra vor ihnen aus. Kein Baum mehr, kein Strauch, nur Nebel und Wind. Anfang August kündigen Schneegestöber und die ersten Nachtfröste an, dass der kurze Sommer schon wieder zu Ende geht. Middendorff stößt auf ein Mammutskelett, dann stiert er wieder in die Ferne. Noch 50, noch 40, noch 30 Kilometer, das Meer kann nicht mehr weit sein. Am 13. August erreicht er die Küste. Aber ein Nordsturm und hohe Wellen verhindern, dass er das Vorgebirge zu seiner Rechten umfährt.

Middendorff ahnt, dass die Zeit von nun an gegen ihn arbeitet. Er muss so schnell wie möglich zurück, und das gegen die reißenden Fluten des Flusses. Zum Glück haben sie drei Haupt-, ein Lee- und ein Bramsegel, dazu zwei Paar Ruder. Dennoch sitzt die „Tundra" immer wieder auf Schlammbänken fest. Die Männer waten durch eisiges Wasser und Morast, um sie wieder freizulegen. Nachts fertigen sie aus ihren Rudern und Stangen eine Art Windschutz. Nach einer Woche wirft ein Windstoß das Boot an einen Felsen, das Steuer

Ein sibirischer Ureinwohner, den Middendorff oder sein Begleiter, der Däne Thor Branth, auf dem Marsch zum Polarmeer gezeichnet hat (oben). An der Waldgrenze vor der Halbinsel Taimyr stößt der Forscher auf die letzten menschlichen Siedlungsplätze (unten). Die meist nomadischen Einheimischen sind von seinen Heilkünsten beeindruckt, werden zu Freunden und Helfern – und retten ihm schließlich das Leben.

zerbricht. Vier Tage später sind sie dennoch am Taimyrsee. Doch nun schwappt eine riesige Welle in das Boot. Unter vollen Segeln lässt Middendorff es auf eine Sandbank jagen. Dort sehen seine Leute, dass die „Tundra" leck geschlagen ist. Der See beginnt schon zuzufrieren. Mit letzter Kraft rudern sie das Boot ans Westufer. Ein kleiner, angehängter Kahn, in den sie alle Netze, die geodätischen Instrumente und die gesammelten Objekte gepackt haben, kentert mit der ganzen Fracht.

Das Boot und die Ladung sind verloren. Sie bauen wieder einen Schlitten und ziehen damit am Ufer des Taimyra entlang. Drei Tage später ist Middendorff mit seinen Kräften am Ende. Es gibt nur noch eine Hoffnung auf Rettung. Seine Begleiter müssen losziehen, um Nomaden zu finden, die sich vielleicht noch nicht in ihre Winterhütten zurückgezogen haben. Vielleicht hat ja der Assja-Häuptling Toitschum, von dem er sich auf dem Hinweg verabschiedet hat, schon mit der Suche begonnen. Sie teilen die letzten Bouillonwürfel auf, schlachten ihren Hund, bereiten ein Abschiedsmahl aus dessen Blut und Knochenbrühe, trocknen sein Fleisch. Die nächsten Samojedenhütten sind Hunderte von Kilometern entfernt. Der Proviant reicht für zwei bis drei Tage.

Am 31. August ziehen seine Freunde los. Middendorff wankt zum See, nimmt ein paar Schluck Wasser. Dann kriecht er in eine Felsnische. Stürme brechen über ihn herein, «das Peitschen der Schneeteile gestattet gar nicht, die Augen zu öffnen», beschreibt er die Wirkung. «Es braust in den Ohren, ja man kämpft bisweilen mit der Furcht zu ersticken, da der wütende Luftbrei das Atmen bedrängt.» Er streicht die Tage an, um sich an irgendetwas festhalten zu können. Er verzehrt Lederwerk, Holz und Birkenborke. Ein Alpenschneehuhn kann er noch mit der Büchse erlegen, er schlingt es samt Knochen und Federn hinunter. Dann wieder einer dieser furchtbaren Stürme. «Man wird in dem unbegreiflichen, entsetzlichen Gewirre so irr, dass der in das allgemeine Wirbeln hineingerissene Verstand nicht mehr zu unterscheiden vermag.»

Fast 20 Tage verstreichen. Von Rettung keine Spur. «Eine unsägliche Angst vor dem Wahnsinn ergriff mich», schreibt er später. «Fruchtlos suchte ich in dem einseitig gewordenen Hirnkasten nach Hilfe, kein Gedanke wollte haften.» Mit zittrigen Fingern nimmt er eine Nadel aus seinem Besteck, näht sich ein paar Stiefel aus seinem Pelz, hat immer noch Kraft für den Bau eines Handschlittens. Er will Vorräte suchen, die er auf dem Hinweg vergraben hat – und findet schon am ersten Tag seine Gefährten und Toitschum, der sich schon seit einiger Zeit auf den Weg zu ihm aufgemacht hat.

Jeder andere hätte wohl nach einer solchen Erfahrung genug. Middendorff aber will nicht nach Hause. Er geht unmittelbar danach auf eine neue Expedition. Von Jakutsk aus zieht er mit Einheimischen durch das unerforschte Stanowoi-Gebirge des sibirischen Ostens. Er erkundet die südliche Küste des Ochotskischen Meeres. Er zieht zurück durch das Amurland und das Schilka-Gebiet an der chinesischen Grenze. Als er am 5. März 1845 nach St. Petersburg zurückkehrt, wird er wie ein Held empfangen. Ein Jubelfest endet mit dem feierlichen Beschluss, eine Russische Geographische Gesellschaft zu gründen.

Middendorffs Werk, vier mächtige Bände, ist das Ergebnis Abertausender von Messungen. Es quillt über von neuen Erkenntnissen, wird ergänzt durch eine Fülle an Karten und Skizzen. Es kommt in Etappen von 1848 bis 1895 heraus. Niemand vor und nach ihm hat jemals die Tundra so brillant beschrieben.

Ein Jagdausflug der Adelsfamilie Middendorff mit Pferd und Schlitten. Die deutschstämmigen Vorfahren ließen sich im 16. Jahrhundert in Riga nieder. Geplagt von Rheuma als Folge seiner Sibirienexpeditionen, zieht sich der Forscher 1857 auf seine Landgüter zurück. Dort wird er zum Rinder- und Pferdezüchter.

Henri Mouhot

1826–1861

Lebensdaten
1826 Geburt in Montbéliard (Frankreich).
1844–56 Studium in Russland und Polen.
1856 Eheschließung mit einer Verwandten des schottischen Afrikaforschers Mungo Park. Wohnsitz auf Jersey.
1858 Von Bangkok aus durch Siam (heute Thailand).
1859 Expedition nach Kambodscha: Empfang beim König in Udong. Besuch der Ruinen von Angkor. Erste Beschreibung der Tempelstadt.
1860–61 Expedition nach Laos.
1861 Tod in Luang Prabang (Laos).

Im Boot, zu Fuß und auf Elefanten quält sich ein französischer Naturforscher durch die Dschungelwälder Südostasiens. Er berichtet als Erster über die Ruinen von Angkor. Schon mit 35 Jahren stirbt er in Laos an einem Fieber.

Vor dem Tor stehen ein Dutzend Kanonen, in deren Mündungen Spatzen ihre Nester gebaut haben. Hinter dem Tor macht sich eine Schar von Geiern über die Essensreste des Königs und seiner Entourage her. Staunend schreitet Henri Mouhot an diesem Tag des Jahres 1859 in der Residenzstadt Udong (Odongk) zu seiner Audienz. Der König von Kambodscha ist über den Franzosen nicht weniger erstaunt. Mouhot kommandiert keine Truppen, hat keine politische Mission – er will nur Vögel, Käfer und Schmetterlinge sammeln und alles aufschreiben, was er sieht.

Norodom I., der vor kurzem den Thron bestiegen hat, findet Gefallen an dem seltsamen Besucher. Er speist mit ihm in seinen Privatgemächern, zeigt ihm seine Mahagonimöbel und Keramikvasen. «Sie sind der erste Ausländer, dem das erlaubt worden ist», sagt der Herrscher. Und gibt ihm Geleitschreiben für die weitere Reise mit.

Ein paar Wochen später steht Mouhot fassungslos vor dem Zeugnis einer Epoche, in der dieses Land eine kulturelle Blüte erlebt haben muss. Aus dem Dschungel ragen die Ruinen von Angkor, der größten Tempelstadt der Welt, die in Europa noch so gut wie unbekannt ist. «Ein Werk von Giganten!», schreibt er in sein Tagebuch. «Größer als irgendetwas, was Griechen und Römer uns hinterlassen haben.»

Drei Wochen lang sitzt er vor diesen Monumenten, die größtenteils von Urwald überwuchert sind. Zeichnet und zeichnet, was sein Auge erblickt. Und grübelt darüber nach, wie eine so große Zivilisation so tief in ein Elend herabsinken kann, wie er es tagtäglich sieht. Er stellt fest, dass sich die Gesichter der Lebenden denen auf den Skulpturen fast aufs Auge gleichen, ja sogar die Waffen und Musikinstrumente. Aber die Kambodschaner, die er über die Ruinen ausfragt, können ihm kaum etwas über deren Erbauer erzählen. «Sie scheinen», notiert Mouhot, «fast alle ihre Traditionen verloren zu haben.»

Die Skizzen, die Mouhot nach Europa schickt, sind eine Sensation. Nie hätte man dort geglaubt, dass sich in den Urwäldern Südostasiens solche Monumente verbergen. Vor allem in seinem eigenen Land stachelt der Käfer- und Schmetterlingssammler auf diese Weise nicht nur die Neugier, sondern auch die Gier an – ungewollt, aber unvermeidlich.

Letztlich ist es wohl eine Frau gewesen, die ihn hierher getrieben hat. Nach Studienaufenthalten in Russland und Polen heiratete er eine Verwandte des

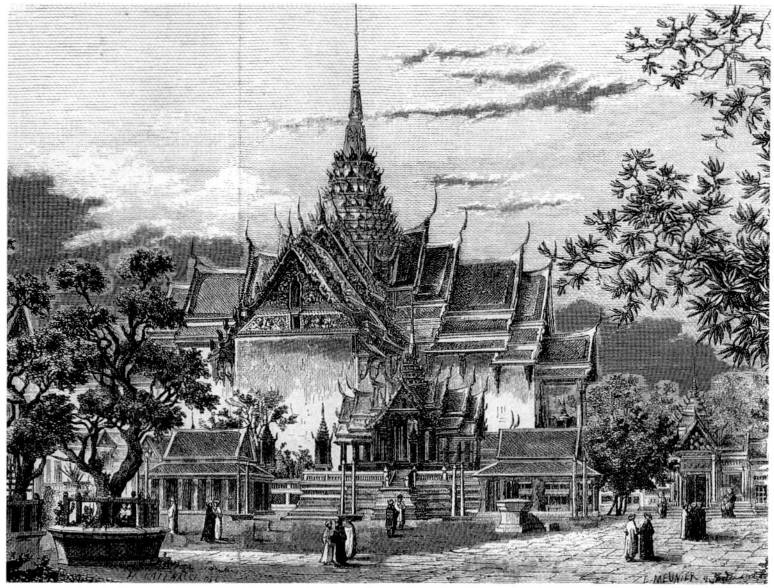

Im Garten des königlichen Palasts in Bangkok steht ein Mausoleum (oben) mit der Asche des verstorbenen Königs von Siam (heute Thailand). Mouhot fertigt hervorragende Zeichnungen von den Stationen seiner dreijährigen Reise. Ein Bild zeigt den nächtlichen Angriff eines Leoparden auf den Naturforscher und dessen Begleiter (unten).

schottischen Afrikaforschers ▶ Mungo Park und ließ sich mit ihr 1856 auf der Kanalinsel Jersey nieder. So muss er sich mit der Sucht angesteckt haben, lange Leidenswege auf sich zu nehmen, um dem Dschungel Geheimnisse zu entlocken. Denn schon 1858 ist er, mit finanzieller Unterstützung der Royal Geographical Society und Royal Zoological Society, nach Südostasien aufgebrochen.

Ein Vertrag zwischen Frankreich und Siam, dem späteren Thailand, hilft ihm bei seinen Vorbereitungen. Die Abmachung verpflichtet den siamesischen König, allen Franzosen, vor allem Missionaren und Forschern, für deren Reisen in seinem Einflussbereich Schutz und Hilfe zu gewähren. Der König in Bangkok ist von all den schwachen Monarchen, die Mitte des 19. Jahrhunderts in dieser Region residieren, noch der mächtigste.

Der Alltag sieht freilich so aus, dass die schönen Geleitbriefe und Empfehlungsschreiben meist doch nicht reichen. Die lokalen Beamten und Häuptlinge fordern zusätzlich Gewehre, Säbel und Schießpulver, Blei- und Farbstifte und sogar das kostbare Papier, auf das Mouhot seine Skizzen macht. Am schlimmsten geht er mit den Zöllnern ins Gericht: «Bitte ein bisschen Salzfisch, ein bisschen Arrak, ein bisschen Betelnuss», so äfft er in seinen Aufzeichnungen die «lizensierten Bettler» nach. «Dieses Theater und diese Nachstellungen», schreibt er, «würde ich meinem schlimmsten Feind nicht wünschen, sofern ich einen hätte.»

Mouhot reist von Bangkok aus durch Siam, Kambodscha und Laos. Sein größter Feind ist die Hitze. Schon morgens um zehn ist der Boden so heiß, dass seine barfüßigen Diener verzweifelt nach Grasflecken suchen und seine Ochsen die Gepäckkarren nicht mehr ziehen wollen. «Die ganze Atmosphäre», notiert er, scheine «in Flammen zu stehen». Sein zweitgrößter Feind ist der Monsunregen, der das Land monatelang überschwemmt, die Wege zu matschigen Furchen macht und die Kleider nicht mehr trocknen lässt. Selbst die Schneestürme in Russland, schreibt er, seien dagegen «eine Kleinigkeit» gewesen. Zu den schlimmsten Feinden zählen auch Mücken, Blutegel und Flöhe, deren Bisse sehr schmerzhaft sind und Hautblasen verursachen. Ohne Elefanten als Reit- und Lasttiere käme Mouhot in vielen Gegenden überhaupt nicht voran. Sie aber marschieren unbeirrt durch Bambusdickicht und über umgestürzte Baumriesen, trampeln Zweige und Gestrüpp flach zu einem Pfad.

Mouhot nimmt kein Blatt vor den Mund,

Der Hafen von Bangkok um 1860. Die Hauptstadt des Königreichs Siam, dem viele lokale Herrscher tributpflichtig sind, ist Ausgangspunkt für alle Expeditionen von Mouhot.

wenn er die Charaktereigenschaften der Menschen beschreibt, deren Dörfer und Städte er durchstreift. Bei den Kambodschanern findet er «Stolz, Frechheit, Betrug, Feigheit, Unterwürfigkeit, exzessive Faulheit». Die Laoten seien «so abergläubisch wie die Kambodschaner», die Siamesen zwar «liberal und gastfreundlich», aber auch «verweichlicht und träge», die Annamiten (Vietnamesen) zwar «lebendig, gewandt, intelligent und mutig», aber auch «starrsinnig und rachsüchtig, Heuchler, Lügner und Diebe». Letztere seien auch, zitiert er zustimmend einen Missionar, bar jeder Sensibilität. «Es gibt so wenig Zuwendung unter ihnen, dass

sogar Menschen mit engsten Beziehungen zueinander sich nie umarmen; selbst ein Kind, das nach zehn Jahren Abwesenheit seine Eltern wieder sieht, käme nicht auf so eine Idee. Zwischen Brüdern und Schwestern käme es fast einem Skandal gleich.»

Mouhot ist sich nicht sicher, wie er die Invasion der Europäer, die zu seiner Zeit beginnt, beurteilen soll. «Wird sie etwas Gutes für diese Länder bringen, dadurch dass wir die Segnungen unserer Zivilisation einführen? Oder werden wir, als blinde Werkzeuge grenzenlosen Ehrgeizes, zu einer Geißel, die das derzeitige Elend nur noch vergrößert?»

Seine erste Expedition hat ihn durch Siam geführt, seine zweite durch Kambodscha. Bei der dritten dringt er 1861, mit Booten, zu Fuß und auf Elefanten, tief nach Laos ein. Die meisten Gebiete, die er durchstreift, hat vor ihm noch nie ein Europäer gesehen. Er zeichnet Bilder und Karten in Hülle und Fülle und notiert penibel alle Strecken: «Von Korat Richtung Ostnordost: Poukiéau, nördlich Chaiyapum; Pouvienne, zehn Grad östlich von Chaiyapum; Dongkaie, nordöstlich bis östlich von Chaiyapum; M. Luang Prabang, nördlich von Chaiyapum.» Und er notiert die Reisedauer: «Mit Elefant von Korat nach Pimai zwei Tage, von Korat nach Thaison zwei, nach Sisapoune zwei, nach Josoutone zwei, nach Ubon vier, nach Bassac vier Tage.»

Ende Juli 1861 erreicht Mouhot die alte Königsstadt Luang Prabang, die an den Ufern des Mekong liegt. Er will auch hier die Wälder erforschen und dann stromabwärts nach Kambodscha weiterreisen. Doch nun fordert das Klima seinen Tribut. Seine Gesundheit verschlechtert sich immer mehr. Die Eintragungen in seinem Tagebuch werden immer seltener und immer kürzer, manchmal bleibt die angefangene Datumszeile völlig leer. Die letzten Einträge stammen vom Oktober 1861. «16. ..., 17. ..., 18. Stopp bei H..., 19. Fieberanfall, 29. Habt Mitleid mit mir, o mein Gott...» Die letzten beiden Einträge sind offensichtlich mit unsicherer, zittriger Hand geschrieben. Mouhot klagt, so berichten später seine Begleiter, über rasende Kopfschmerzen. Er glaubt trotzdem, dass er sich von dem Fieber erholen wird. Schließlich ist er erst 35 Jahre alt. Dann aber fällt er ins Delirium. Seine letzten Worte spricht er auf Englisch, seine zwei Diener am Krankenlager können sie nicht verstehen. Nach drei Tagen Todeskampf stirbt er am 10. November in einem Dorf bei Luang Prabang.

Die Diener sorgen dafür, dass seine Bilder, Notizen und Sammlungen nach Bangkok gebracht werden. Von dort gelangen sie nach Europa zu seiner Witwe. Nach altem Brauch werden in Laos die Toten an Bäumen aufgehängt. Mouhot aber wird von seinen Dienern nach europäischer Sitte beerdigt. Die Teilnehmer der Expedition unter Doudart de Lagrée und ▶ Francis Garnier werden sechs Jahre später an seinem Grab stehen. Mouhot hat sich diesen Teil der Welt mit Papier und Bleistift erobert. Sein Land aber hat beschlossen, dies nun mit Waffen zu tun.

Gustav Nachtigal

1834–1885

Ein Arzt reist als Gesandter des preußischen Königs durch die Sahara. Er verdurstet fast, wird von fanatischen Muslimen angegriffen. Doch er erreicht als erster Europäer das Tibesti-Gebirge und gelangt vom Tschadsee zum Nil.

Lebensdaten
1834 Geburt in Eichstedt (bei Stendal).
1862 Genesungsaufenthalt in Bona (Algerien).
1863–68 Als Arzt in Tunis.
1869–74 Saharareise als Gesandter des preußischen Königs: von Tripolis nach Bornu. Abstecher ins Tibesti-Gebirge. Erkundung der Gebiete um den Tschadsee. Nach Bagirmi und Wadai. Durch Darfur in den Sudan.
1884 Deutscher Reichskommissar für Westafrika.
1885 Tod auf dem Kriegsschiff „Möwe“ vor der Elfenbeinküste.

Was verbirgt die Sahara? Märchenhafte Städte wie Timbuktu? Unwegsame Gebirge wie den Tibesti? Tuareg, die Christen hassen? Seit dem 18. Jahrhundert beschäftigen sich Europäer mit den Rätseln dieser Wüste. Zunächst stehen sie ratlos am Rand des großen Sandmeers, wollen seine Geheimnisse lüften, wissen aber, dass sie für ein Leben darin nicht gemacht sind. Sie sehen die arabischen Karawanen, die seit alters her auf Wüstenrouten von Oase zu Oase ziehen. Im langsamen Strom bringen sie Straußenfedern, Salz und Gummi, Sklaven und Elfenbein aus dem Inneren des Kontinents an die Küste. Und machen sich – oft genug mit europäischen Gütern – wieder auf den Weg zurück.

Auf diesen alten Wüstenstraßen wagen sich die ersten europäischen Entdecker langsam in Richtung Süden, in die größte Wüste der Welt. Sie sind dabei auf einheimische Führer angewiesen oder schließen sich Handelskarawanen an. Wer sich nicht an die Landessitten anpasst, ist verloren. Korruption, Verrat und Überfälle sind dort Kavaliersdelikte. ▶ Alexander G. Laing gelangt 1826 als erster Europäer nach Timbuktu, wird aber auf dem Rückweg ermordet. Eduard Vogel versucht, ins Reich Wadai vorzudringen, auch er wird umgebracht. Andere Europäer haben mehr Glück. ▶ Heinrich Barth, Adolf Overweg und ▶ Gerhard Rohlfs genießen im Reich Bornu die Gastfreundschaft von Scheich Omar. Dieser gibt Rohlfs sogar ein Geschenk für den preußischen König mit. Wilhelm I. möchte sich nun bei dem Scheich für dessen Unterstützung der deutschen Expeditionen erkenntlich zeigen. Rohlfs soll in Nordafrika einen geeigneten Mann finden, der die preußische Geschenksendung durch die Sahara nach Bornu begleitet. Er stößt auf Gustav Nachtigal.

Nachtigal hat Medizin studiert und in Köln als Militärarzt gearbeitet. Dann zwingt ihn eine Tuberkulose, in ein Land mit milderem Klima zu reisen. Im Oktober 1862 fährt er nach Bona (Annaba) in Algerien. Dort nutzt er die Zeit der Genesung. Er lernt Arabisch und liest alle Bücher über Nordafrika, die er kriegen kann. Er legt sich einen kleinen Privatzoo an. 1863 zieht er nach Tunis, wo er eine Arztpraxis eröffnet. Als es ein Jahr später zu einem Aufstand gegen den Bei von Tunesien kommt, schließt sich Nachtigal dessen Heer als Militärarzt an. Bald darauf wird er der Leibarzt des Herrschers. 1868 bricht in Tunis der Hungertyphus aus. Ohne Rücksicht auf sein eigenes Leben hilft Nachtigal den Kranken. Im Dezember desselben Jahres macht Gerhard Rohlfs für eine Nacht Station in Tunis. Er sucht einen Überbringer der königlich-preußischen Geschenke.

Nachtigal ist sich zunächst nicht sicher, ob er der richtige Mann für die diplomatische Mission ist. Er hat

Am 18. Februar 1869 bricht Nachtigal mit seiner kleinen Karawane von Tripolis nach Bornu auf. Vorher ist er noch nach Malta gefahren, um seine Ausrüstung zu vervollständigen. Wichtige Messinstrumente sind ihm von Deutschland auf die Mittelmeerinsel geschickt worden. Die Expedition hat neben dem diplomatischen Ziel von vornherein auch einen wissenschaftlichen Anspruch.

keine Wüstenerfahrung, ist auch kein Saharaforscher wie Rohlfs. Doch er spricht Arabisch, ist mit den Gebräuchen des Landes vertraut – und spürt das Kribbeln im Bauch, das man für den Aufbruch ins Ungewisse braucht. Er ahnt nicht, dass er fünfeinhalb Jahre unterwegs sein wird.

Anfang Januar 1869 reist er nach Tripolis, um das Unternehmen vorzubereiten. Er plant, nach Überbringung der Präsente auf eigene Faust Erkundungsreisen zu unternehmen. Zu seiner Zeit sind die mittleren und westlichen Gebiete der Sahara und des Sudans bereits einigermaßen bekannt. Doch kein Europäer kennt bisher die östlichen Regionen – Tibesti, Wadai, große Teile des Reichs Darfur.

Am 18. Februar bricht der Deutsche von Tripolis auf. Am 27. März erreicht er die Wüstenstadt Mursuk. Aber die nächste Karawane nach Bornu wird erst in fünf Monaten erwartet. In Mursuk trifft Nachtigal die holländische Abenteurerin ▶ Alexandrine Tinné, die mit großem Hofstaat durch Afrika zieht. Abends speisen sie auf der Terrasse ihres Hauses und planen, gemeinsam nach Bornu zu reisen. Doch beide wollen die Wartezeit nutzen. Tinné möchte zu den Tuareg, Nachtigal zum Tibesti, auf das „Dach der Sahara". Das Gebiet gilt als äußerst gefährlich für Reisende. Die Bewohner gehören zum Volk der Tubu. Sie stehen im Ruf, räuberisch und grausam zu sein. Sie sind zäh, können bis zu 1000 Kilometer in der Wüste fast ohne Wasser zurücklegen. Und sie hassen Christen.

Nachtigal findet einen Tubu, der ihn für umgerechnet 300 Mark in das gebirgige Land bringen will. Am 6. Juni 1869 brechen sie auf. Sie erreichen das Tümmo-Gebirge, in zwei Tagen wollen sie in die Hochebene von Afafi gelangen. Doch der Führer verliert die Orientierung. Hilflos irrt die Expedition durch eine Geröllwüste, sucht tagelang nach einem Brunnen. Es ist 44 Grad heiß, nach neun Uhr morgens können die Teilnehmer sich nicht mehr fortbewegen, sie kauern unter Felsvorsprüngen im Schatten. Nach drei Tagen ist der Wasservorrat verbraucht. «Stumm wanderten wir einher, Nase und Mund durch Turbanstoff verhüllt, um die Austrocknung der Schleimhäute und dadurch den Durst zu verringern», schreibt Nachtigal später. Der Tod durch Verdursten ist nicht mehr weit – da entdeckt der Führer doch noch einen kleinen Brunnen.

Sie reisen durch Sand- und Kiesebenen. Gezackte Sandsteinfelsen heben sich schwarz vom gelben Boden ab. Am 13. Juli erreichen sie die Steinhütten von Tao, gelangen bis Enneri Zouar. Tubu verwehren ihnen die Weiterreise nach Süden. Sie sind im Tibesti-Land.

Es geht weiter in Richtung Bardai, so heißt die Hauptstadt der Gegend. Sie schicken einen Boten zum Sultan und quälen sich über das Hauptmassiv. In Bardai empfängt sie ein fanatische Menge, die die Ungläubigen mit Steinen bewirft. Nachtigal steht zwar unter dem Schutz des Sultans, ist sich aber seines Lebens nicht sicher. Einen Monat lang harrt er aus. Täglich berät der Herrscher mit seinem Rat, ob der Deutsche nun weiterziehen dürfe oder nicht. Die Stimmung wird immer bedrohlicher. Anfang September flieht Nachtigal nachts mit seinen Leuten. Auf dem Rückweg entgehen sie wieder nur knapp dem Verdursten. Nachtigal hat keine Schuhe mehr an, als er an den lebensrettenden Brunnen gelangt. Am 8. Oktober erreicht er Mursuk. Die Bewohner dachten, er wäre längst tot.

Im April 1870 reist er weiter nach Bornu. Am 5. Juli kommt er in der Hauptstadt Kukawa an. Der Scheich ist entzückt über die Geschenke Wilhelms I. Nachtigal hat seine Mission erfüllt, die folgenden Reisen muss er mit eigenen Mitteln bestreiten. Viel Geld hat er nicht. Doch der Scheich greift ihm unter die Arme.

Die politische Situation macht es unmöglich, nach Wadai zu ziehen. Also macht Nachtigal sich zunächst an die Erforschung der Gebiete rund um den Tschadsee. Von März 1871 bis Januar 1872 schließt er sich einem Trupp der Aulad Soliman an, der auf Raubzügen das Land durchquert. Nachtigal hat so als erster Europäer Gelegenheit, das Land zwischen dem Tschadsee und Tibesti zu erkunden. Von Februar bis September reist er nach Süden ins Reich Bagirmi, das vor ihm nur Heinrich Barth betreten hat. Er gelangt an den Schari. Die Weiterreise in den Süden wird ihm verwehrt.

Die Rückweg fällt in die Regenzeit. Nachtigal leidet an Fieber, Gelenk- und Knochenhautentzündungen. Er benötigt den ganzen Winter, um sich in Kukawa von den Strapazen der Reise zu erholen.

Im März 1873 erlauben es endlich die politischen Verhältnisse, nach Wadai zu gehen. Nachtigal ist der erste Europäer, der vom Tschadsee nach Osten in Richtung Nil zieht. Von Kukawa nach Abéche, der Hauptstadt Wadais, sind es 1000 Kilometer. Dort herrscht König Ali, der wegen seiner Grausamkeit gefürchtet ist. Nachtigal wird von dem Tyrannen mit der Order empfangen, Pferd und Waffen abzuliefern. Der Deutsche kommt dem Befehl nicht nach, wird aber dennoch vom Herrscher begrüßt. Dieser erlaubt ihm, im Land zu bleiben, sogar Erkundungstouren zu unternehmen. Die Menge aber verachtet den Christen. Stünde er nicht unter Alis Schutz, würde sie ihn umbringen.

Nachtigal bleibt ein drei viertel Jahr in Wadai. Er dringt nach Süden bis Dar Runga vor, in einen Vasallenstaat des Reichs, den auch noch kein Europäer vor ihm betreten hat. Er stößt auf einen Fluss, der von den Einheimischen Bahr Kûta genannt wird. Nachtigal ist sich sicher, dass er am Ufer des von ▶ Georg Schweinfurth entdeckten Uelle steht.

Im Januar 1874 geht es weiter nach Darfur. Das freie Herumreisen wird Nachtigal verwehrt. Doch er zieht Erkundigungen bei der Bevölkerung ein, sammelt historische Schriftstücke, notiert sich alles, was er sieht. Wie immer auf seinen Reisen hält er den genauen Verlauf seiner Routen fest, nimmt Höhenmessungen vor, fertigt Karten an, die teilweise noch ein halbes Jahrhundert später ihre Gültigkeit haben. Im August trifft er in Kordofan ein. Es ist der Schlusspunkt seiner Entdeckungsreise. Über Khartum am Weißen Nil und Kairo reist er zurück nach Deutschland.

Nachtigal hat die östliche Sahara und den Ostteil des Sudans erschlossen. Seine Entdeckungen ergänzen das Material, das die drei anderen großen deutschen Afrikaforscher Barth, Schweinfurth und Rohlfs gesammelt haben. 1884 wird er Reichskommissar für Westafrika. Es gelingt ihm, Togo, Kamerun und Südwestafrika zum deutschen Protektorat zu machen. Krankheiten und die Strapazen seiner Reisen haben ihn jedoch stark geschwächt. Er ist erst 51 Jahre alt, als er – schon auf dem Heimweg – an Bord des Kriegsschiffs „Möwe“ stirbt. Er liegt in Kamerun begraben.

Am 14. Juli 1884 wird in Kamerun die deutsche Flagge gehisst. Die Medaille (oben) wurde für diesen Anlass geprägt. Nachtigal ist mit seinen Verhandlungen den Engländern um fünf Tage zuvorgekommen. Dem Herrscher von Bornu, Scheich Omar, überreicht Nachtigal Geschenke Wilhelms I., darunter ein Porträt des Preußenkönigs und ein vergoldeter Thronsessel mit Samtbezug (links). Alle Gegenstände haben den zweijährigen Transport durch die Wüste gut überstanden. Nur das Harmonium (nicht auf dem Bild) gibt leider keinen Ton mehr von sich.

Fridtjof Nansen

1861–1930

Lebensdaten
1861 Geburt auf Gut Store Frøen bei Oslo (Norwegen).
1888 Erste Durchquerung Grönlands u.a. mit Otto Sverdrup und zwei Samen.
1893–96 Expedition mit der „Fram“. Durch die Jugorstraße in die Karasee. Von dort bis über die Neusibirischen Inseln hinaus. Geplantes Einfrieren im Packeis. Mit der Eisdrift nach Nordwesten.
1895–96 Aufbruch von der „Fram“ Richtung Nordpol, mit Hjalmar Johansen. Umkehr bei 86 Grad nördlicher Breite. Marsch übers Eis bis zum Franz-Joseph-Land. Überwinterung. Rückkehr nach Norwegen mit dem Dampfer einer britischen Expedition.
1908 Professor für Ozeanographie in Kristiania (Oslo).
1918 Vorsitzender des norwegischen Zweigs des Völkerbunds.
1922 Friedensnobelpreis.
1930 Tod in Lysaker (Norwegen).

Er lässt sich im Nordpolarmeer mit seinem Schiff im Packeis einfrieren. Die Eisdrift trägt die „Fram“ nach Norden. Dann will der Norweger zu Fuß bis zum Pol. 15 Monate ist er verschollen – und taucht doch wieder auf.

Norwegen, Land der Berge, der Küsten und des Schnees. Ein bestimmter Männertyp wird dort Seemann, ein anderer Skiläufer. Manche verbinden beides miteinander – ein Beispiel ist ▶ Roald Amundsen, ein zweites Fridtjof Nansen.

Nansen studiert in Oslo Zoologie. 1882 fährt er das erste Mal in die Arktis. Auf einem Schiff norwegischer Robbenjäger gelangt er an die Ostküste Grönlands. Sie ist unzugänglich, unbewohnt. Nansen bestaunt die Berge und die Gletscher dahinter. 24 Tage sitzt er mit den Seeleuten im Packeis fest. Aber seiner Begeisterung für die Arktis tut das keinen Abbruch. «Diese ganze unbekannte Welt zog meine junge Seele zu sich hin und lockte», schreibt er später. Er fasst den Plan, irgendwann ins Innere der Insel vorzudringen.

Von 1882 bis 1886 arbeitet Nansen als Kurator am Naturhistorischen Museum in Bergen, verdient sich erste wissenschaftliche Lorbeeren. 1887 stellt er dem akademischen Kollegium seine Idee vor, im nächsten Sommer Grönland zu durchqueren. Sie halten ihn für verrückt, keiner hat den Weg durchs Eis bisher geschafft. Es ist so gut wie gar nichts über das Innere Grönlands bekannt. Doch Nansen hat Glück und findet einen Förderer. Etatrat Augustin Gamél stellt ihm 5000 Kronen zur Verfügung.

Im Juli 1888 erreicht der angehende Arktisforscher mit fünf Begleitern – darunter Otto Sverdrup und zwei Samen – den Sermilik-Fjord an Grönlands Ostküste. Von Umiivik brechen sie am 17. August ins Binneneis auf. Nansens Parole lautet: «Die Westküste oder der Tod!» Der Schnee ist locker, sie müssen tückische Spalten queren. Schneebrücken brechen ein, vor dem Absturz ins Nichts bewahrt nur ein horizontal gehaltener Skistock. Nansen und Sverdrup seilen sich wie Bergsteiger aneinander. Auf dem Plateau reisen sie nachts, dann ist es kälter, Schlitten und Skier gleiten besser. Sie schlafen tags – drei Männer in einem einzigen Schlafsack, so müssen sie weniger Gepäck transportieren. An manchen Tagen legen sie nur sieben Kilometer zurück. Wenn es zum Beispiel schneit, bremst die Unterlage. An anderen Tagen liegen spiegelglatte Eisflächen vor ihnen, und sie kommen gut voran. Manchmal wird ihr Weg von Mond und Nordlicht beleuchtet, für Nansen eine «Schönheitsoffenbarung».

Die Eisfläche steigt immer höher an. Die Kälte nimmt zu, einmal sind es minus 40 Grad im Zelt. Sie erreichen den höchsten Punkt ihrer Tour, 2716 Meter. Von da ab neigt sich das Land nach Westen. Sie setzen Segel über den Schlitten auf, nun jagen sie mit Windunterstützung dahin. Am 26. September erreichen sie die Westküste und steigen hinab zum Ameralik-Fjord. Nansen hat damit als Erster das grönländische Binneneis durchquert. In 40 Tagen haben er und seine Männer 560 Kilometer zurückgelegt. Sie berichten, dass Grönland unter einem geschlossenen Eisschild

liegt. Das letzte Schiff nach Europa vor dem Winter ist allerdings längst abgefahren. Die Expedition überwintert vor Ort. Nansen studiert die Bräuche der Eskimos, lernt ihre Sprache, wird ein Buch darüber schreiben.

Er hat sich durch seine Leistung in die erste Riege der Arktisforscher gestellt. Doch auch sein nächstes Vorhaben halten alle erst einmal wieder für verrückt. Er hat einen Bericht gehört, dass Wrackteile der 1881 vor den Neusibirischen Inseln gesunkenen „Jeanette" vor der Südwestküste Grönlands aufgetaucht sind. Es muss also eine Strömung geben, die von Ostsibirien über das Nordpolarmeer – vielleicht sogar den Pol – nach Grönland führt. Dann müsste man sich eigentlich mit einem Schiff vor Sibirien im Packeis einfrieren und durch die Eisdrift nach Norden tragen lassen können…

Noch weiß man fast nichts über das innere Polarmeer. Manche Wisssenschaftler vermuten am Nordpol Land, andere ein flaches Meer. Die norwegische Regierung sagt schließlich Mittel zu, um diese Fragen zu klären. Nansen bereitet das Unternehmen drei Jahre lang vor, lässt nach seinen Vorstellungen ein eistaugliches Schiff bauen. Er wählt zwölf Begleiter aus, die meteorologische, astronomische und magnetische Beobachtungen durchführen sollen. Er selber wird die Wassertemperatur messen und die Meeresströmungen erforschen.

Im Juni 1893 stechen sie in See. Sie fahren am Nordkap vorbei in die Jugorstraße. Dort nehmen sie 30 ostjakische Schlittenhunde an Bord. Sie gelangen in die Karasee. Entlang der sibirischen Küste umfahren sie die Samojeden- (Jamal-), dann die Taimyr-Halbinsel. Am Kap Tscheljuskin erreichen sie den nördlichsten Punkt des asiatischen Festlands. Westlich der Belkowski-Insel nehmen sie Kurs auf das Eismeer – und frieren im September planmäßig im Packeis ein.

Doch die Driftfahrt verläuft anders als erhofft. Es geht mal vorwärts, mal rückwärts, mal seitwärts. «Wie wir umhertaumeln, ist grässlich», schreibt Nansen. Die Schollen krachen gegeneinander, das Eis stöhnt. Die Männer können sich manchmal nur brüllend verständigen, so laut ist es draußen. Aber die „Fram" hält der weißen Macht stand. Am 26. Oktober verschwindet die Sonne. Im Dezember lassen sie die Lotleine ins Meer. Sie ist 2100 Meter lang und erreicht keinen Grund, flach kann das Polarmeer also nicht sein. Im Februar 1894 erreicht das Schiff zum ersten Mal 80 Grad nördliche Breite – das wird gefeiert.

Die Sonne kehrt zurück. Ein neuerliches Loten – die Leine erreicht auch bei 3475 Meter keinen Grund. Und noch etwas überrascht: In den mittleren Tiefen hat das Wasser Plusgrade, der Golfstrom scheint bis ins sibirische Polarmeer zu

Niemand weiß, wie lange die Reise dauern wird: Nansen und ein Teil seiner Mannschaft zu Beginn der Fahrt mit der „Fram" (oben). Der Schotte Colin Archer hat sie nach Nansens Vorgaben gebaut: mit einem 220-PS-Motor und 70 bis 80 Zentimeter dicken Schiffswänden. Der robuste Bau zahlt sich im Packeis aus. Am 21. August 1896 kehrt die „Fram" wohlbehalten nach Tromsø zurück (unten).

Der Empfang für die Polarfahrer ist triumphal: Am 9. September 1896 segelt die „Fram“ in den Fjord von Kristiania. Sie hat auf ihrer Driftfahrt im Packeis 85 Grad 55 Minuten nördliche Breite erreicht. Nansen ist inzwischen wieder an Bord. Eine Flotte von Kriegsschiffen gibt den Heimkehrern das Geleit in den Hafen. Die ganze Stadt jubelt ihnen zu. Nansen und seine Besatzung werden vom König empfangen.

reichen. Im Juni sind die Norweger bei 81 Grad 52 Minuten. Es geht nur langsam nach Norden, dafür stetig nach Westen. Der zweite Winter im Eis steht bevor. Nansen fasst den Plan, im Frühjahr zu Fuß zum Pol aufzubrechen. Er wählt Hjalmar Johansen zum Begleiter.

Am 14. März 1895 brechen sie mit drei Schlitten, zwei Kajaks und 28 Hunden auf. Es ist noch früh im Jahr, fast zu früh. Die Hunde frieren nachts, die Männer können vor Kälte nicht schlafen. Es gibt Probleme mit den Schlitten und mit den Skiern. Doch sie kämpfen, quälen sich Schritt für Schritt über Eisrücken und Spalten. Die weiße Fläche, auf der sie laufen, driftet jedoch nach Süden – in die entgegengesetzte Richtung. Sie laufen gegen die Strömung und erreichen dennoch am 8. April 86 Grad. Nur 368 Kilometer sind sie noch vom Pol entfernt, weiter nördlich hat es noch niemand vor ihnen geschafft. Nun aber machen die Bedingungen ein weiteres Vordringen unmöglich.

Und jetzt? Die „Fram“ werden sie nicht wieder finden, sie hat sich inzwischen mit der Drift weit entfernt. Die Männer marschieren nach Westsüdwest. Knapp vier Monate später sichten sie die Inseln von Franz-Joseph-Land. Sie bauen sich eine Hütte aus Steinen, Moos und Treibholz, jagen Eisbären und Walrösser. So überwintern sie von August 1895 bis Mai 1896. Dann ziehen sie an der Ostseite des zugefrorenen Britannienkanals entlang, erreichen den Südrand der Inselgruppe – und treffen, man glaubt es kaum, auf andere Menschen. Der britische Polarforscher Frederick George Jackson hat dort das Hauptlager seiner Expedition aufgeschlagen. Auf seinem Dampfer erreichen Nansen und Johansen am 13. August den Hafen von Vardø in Norwegen. Eine Woche später kommt auch die „Fram“ zurück. Die Drift hat sie in einem weiten Bogen um Franz-Joseph-Land und Spitzbergen getragen, bevor Kapitän Sverdrup sie aus dem Eis befreien konnte.

Eine der unglaublichsten Expeditionen in der Geschichte der Arktis ist nach mehr als 1 000 Tagen im Eis zu einem glücklichen Ende gekommen. Nansen reist danach nie wieder ins Eis.

Artikel in NATIONAL GEOGRAPHIC: „The Nansen Polar Expedition“ (Oktober 1896).

Carsten Niebuhr

1733–1815

Mit einer dänischen Expedition durchstreift ein deutscher Bauernsohn große Teile des Orients. Er bringt brillante Karten von der Reise mit. Das Unternehmen dauert sieben Jahre – er ist der Einzige, der die Strapazen überlebt.

Die Welt seiner Kindheit ist klein. Carsten Niebuhr ist ein Bauernjunge, geboren in Lüdingworth an der Unterelbe. Marschen und Moore, einsames Land, sonntags der Gang zur Messe in der Kirche St. Jacobi, die die Einheimischen mit bemaltem Schnitzwerk liebevoll dekoriert haben. Ansonsten viel Arbeit und wenig Kultur. Die Mutter ist schon früh gestorben. Die Lateinschule zu Otterndorf und Altenbruch muss er verlassen, als auch sein Vater stirbt. Den Wunsch, Organist zu werden, schlägt ihm der Onkel mütterlicherseits aus, der sich um den Jungen kümmert. Niebuhr wird Bauer, wie der Vater. Doch er empfindet die Arbeit so unerträglich leer wie das Land.

Nicht mal einen Landvermesser gibt es hier. Bei einem Rechtsstreit mit einem Nachbarn soll dessen Hoffläche genau ermittelt werden. Man muss, Niebuhr sieht es mit Groll, dafür einen Fachmann von weit her holen. So etwas kann man doch lernen, findet er. Das führt ihn weg vom Hof, hinaus in die große Stadt.

Im Sommer 1755 kommt Niebuhr, nun schon 22 Jahre alt, nach Hamburg. Er hat kaum Bildung, doch einen eisernen Willen. Acht Monate büffelt er Mathematik und Deutsch, um ein Gymnasium besuchen zu können. Dort geht er auch schon wieder nach nur einem Jahr ab. Doch der Direktor der Schule ist auf ihn aufmerksam geworden. Niebuhr schafft es mit seiner Hilfe, 1757 in Göttingen Mathematik studieren zu dürfen. Als Berufsziel schwebt ihm vor, im Hannoveraner Ingenieurscorps angestellt zu werden.

Der berühmte Zufall, der dann doch keiner ist, kommt wie ein Gongschlag in sein Leben. Der Göttinger Orientalist und Theologe Johann David Michaelis schlägt dem dänischen Staatsminister Johann von Bernstorff vor, einen seiner Schüler für philologische und alttestamentliche Studien nach Arabien zu schicken. Doch Dänemarks König Friedrich V., der von dem Projekt weiß, möchte es noch größer anlegen. Die Karte Arabiens hat zu dieser Zeit nur verschwommene Konturen. Es gibt keinen einzigen Punkt, der gesicherte Koordinaten aufweist. Bezeichnungen aus der Antike, Berichte arabischer Reisender aus dem Mittelalter, Namen aus der Gegenwart – nichts passt zusammen. Es herrscht ein topographischer Wirrwar ersten Ranges. Dies, so der Auftrag der Expedition, soll sich endlich ändern.

Der König ruft insgesamt fünf Wissenschaftler zusammen. Zu dem Mathematiker Niebuhr gesellen sich der dänische Linguist Friedrich von Haven, der schwedische Botaniker Per Forskål, der dänische Zoologe

Lebensdaten

1733 Geburt in Lüdingworth (bei Cuxhaven).
1757 Mathematikstudium in Göttingen.
1761 Dänische Arabienexpedition. Aufbruch mit vier anderen Forschern und einem Diener.
1762 Fahrt auf dem Roten Meer, von Suez (Ägypten) bis Al Luhaija (Jemen).
1763 Fahrt auf dem Arabischen Meer, von Mokka (Jemen) nach Bombay (Indien). Tod von vier Expeditionsteilnehmern.
1764 Beginn der Rückreise über Land. Tod des fünften Expeditionsteilnehmers.
1767 Ankunft in Kopenhagen als einziger Überlebender.
1778 Landschreiber in Meldorf (Dithmarschen).
1815 Tod in Meldorf.

Die Große Moschee in Medina, nach einer Zeichnung von Carsten Niebuhr. Um nicht als Christ erkannt zu werden, nähert er sich den heiligen Stätten des Islam in Verkleidung. Er prägt sich, was er sieht, möglichst genau ein – und bringt es in seinem Unterkunftslager zu Papier.

Christian Kramer und der deutsche Maler Georg Baurenfeind. Dazu kommt ein schwedischer Diener namens Berggren. Für Niebuhr ist es die erste große Reise seines Lebens, und es wird auch die letzte sein. Sie wird fast sieben Jahre dauern – und so viel Licht wie nie zuvor ins kartographische Dunkel des Orients bringen.

Mit einem Kriegsschiff fahren die Forscher von Kopenhagen über Konstantinopel nach Ägypten. Schon dort wird Niebuhr von einer Arbeitswut überfallen, als wolle er in einem einzigen Jahr alles Versäumte seiner Jugend nachholen. Mit seinen trigonometrischen Instrumenten vermisst er die Pompejussäule in Alexandria, die Pyramiden am Nil, die Berge auf der Halbinsel Sinai – alles mit einer noch nie da gewesenen Präzision. «Das schwerste dabey war», schreibt er später, «die rechten Namen der Berge und Thäler zu erfahren, weil die Araber sich vorgenommen zu haben schienen, uns allezeit falsche Namen zu sagen; denn sie konnten nicht begreifen, aus was vor Ursachen wir uns darum bekümmerten, da sonst kein Reisender darnach gefragt hatte.»

Zu seiner Vorgehensweise notiert er: «Ich zählte täglich des Morgens und des Abends in der Kühle, und des Nachmittags in der großen Hitze meine eigenen Schritte während einer halben Stunde und fand gemeinglich, dass ich in der Hitze in der erwähnten Zeit 1580, in der Kühle aber 1620 doppelte Schritte machte. Ich nahm das Mittel, nämlich 1600 doppelte Schritte für eine halbe Stunde an… Nun brauchte ich weiter nichts als die Direktion des Weges und die Zeit zu bemerken, welche wir nach einer jeden Gegend reisten. Hiernach berechnete ich die Länge des Weges in Schritten, nämlich 1180 von meinen Schritten auf eine viertel Meile.»

Im Oktober 1762 verkleiden sich die Forscher als Pilger. So gehen sie in Suez auf ein Schiff nach Dschidda. Bei Landgängen sammeln Forskål und Kramer Tiere und Pflanzen und schicken sie packweise nach Europa zurück. Im Schutz der Nacht geht Niebuhr an Land, um astronomische Studien zu betreiben. In Dschidda verwehren ihm fanatische Muslime einen Rundgang um die Stadt. So sitzt er im Hafen und zählt die Schritte der Leute, die an den Teilen der Stadtmauer, die für ihn unzugänglich sind, entlanglaufen. Die Karten der arabischen Küste, die Niebuhr vom Roten Meer aus zeichnet, werden jahrzehntelang wegweisend für die Schifffahrt sein.

Im jemenitischen Hafen Al Luhaija geht die Schiffsreise am 29. Dezember 1762 zu Ende. Auf Eseln reitet die Gruppe durch das legendäre Land, das von einem Imam regiert wird. «Ein solcher mittelmäßig guter Esel», notiert Niebuhr, «geht so stark, dass ein Mensch, der ihm folgen will, in einer halben Stunde 1750 doppelte Schritte zurücklegen muss, und sie gehen ziemlich gleichförmig.» In acht Monaten unternimmt er zehn Exkursionen. Er stößt auf Inschriften der antiken Himjariten, sammelt Nachrichten über den Staudamm von Marib, den „großen Teich der Sabäer". Mit ihm beginnt die Erforschung der Geschichte dieser Region. «Da Arabien uns noch so wenig bekannt ist», schreibt Niebuhr, «so habe ich es für nöthig erachtet, nicht nur alle Dörfer, sondern auch alle Caffeehütten, welche einzeln am Wege liegen, zu bemerken.»

Im Jemen erlebt die Expedition die ersten Schicksalsschläge. Forskål und von Haven sterben an Malaria, die anderen schleppen sich mühsam zum Hafen Mokka. Auf der Schifffahrt ins indische Bombay im August 1763 erliegen Berggren und Baurenfeind der Krankheit, in Bombay stirbt auch noch Kramer. So wird aus dem Unternehmen eine Ein-Mann-Expedition.

Alles liegt nun in Niebuhrs Händen.

Seine Rückreise nach Europa beginnt im Dezember 1764. Im Hafen Maskat fertigt er vom Hörensagen eine Karte über den Oman an, dessen Inneres noch nie ein Europäer betreten hat. Von der persischen Dichterstadt Schiras zeichnet er eine Ansicht und einen Mauerumriss. Persepolis wird zum Höhepunkt seiner asiatischen Landreise. Viereinhalb Wochen lang, bis zur völligen Erschöpfung, fertigt er Zeichnungen, kopiert alte Keilschriften, mit deren Hilfe 1802 die Entschlüsselung des Altpersischen gelingt. Dann zwingt ihn eine gefährliche Augenentzündung zum Abbruch. Sein neuer Diener stirbt in Persien an einer Krankheit.

Ende 1765 fährt Niebuhr den Euphrat bis Lemlun hinauf. Er korrigiert die existierende Karte über diesen Teil des Stroms, «die zuvor gänzlich der Willkür anheim gegeben war», wie der deutsche Geograph Carl Ritter später schreibt. Als erster Europäer betritt Niebuhr, mit einem Turban als Christ unerkannt, die schiitischen Pilgerstädte An-Nadschaf und Kerbela. Nachts spaziert er mit einem Begleiter so dicht wie möglich an den prunkvollen, stets hell erleuchteten Moscheen vorbei, prägt sich die Bilder gut ein und bringt sie nach der Rückkehr ins Lager gleich zu Papier.

Niebuhr lokalisiert das biblische Babylon, dessen genaue Koordinaten noch unbekannt gewesen sind, und gibt damit den Anstoß zu seiner wissenschaftlichen Erforschung. Von Bagdad liefert er den ersten Grundriss und eine umfassende Beschreibung. Über Kirkuk, Erbil und Mosul geht es nach Aleppo, wo er im Juni 1766 ankommt. In Antiochia fertigt er einen verbesserten Grundriss der Stadt. Von Iskenderun setzt er nach Zypern über und kopiert dort Inschriften, die angeblich von den Phöniziern stammen. Er landet in Jaffa, pilgert nach Jerusalem, steigt über das Libanongebirge und kommt nach Damaskus. Von Aleppo tritt er über den Balkan und Polen endgültig die Heimreise an. Am 20. November 1767 ist Niebuhr wieder in Kopenhagen.

Seine erste Publikation, die „Beschreibung von Arabien" (1772), enthält mehr Stoff als alles andere zusammen, was bis dahin in Europa über diese Region veröffentlicht worden ist. Doch sein spröder Stil macht es schwer, ein breites Publikum zu gewinnen. Der erste (1774) und zweite (1778) Band seiner „Reisebeschreibung" – das größte Werk asiatischer Forschungsliteratur im 18. Jahrhundert – bleiben ebenfalls fast unbeachtet. Sein Schlussband über Syrien, Palästina und Kleinasien kommt erst zwölf Jahre nach seinem Tod heraus.

Niebuhr, der Weltreisende, kehrt zurück in die norddeutsche Provinz. 1778 wird er Landschreiber in Meldorf. Im Alter wird es um ihn so still wie in der Jugend. Keine Forschungen mehr, keine großen Bibliotheken. Er stirbt im Land der mächtigen Bauerngeschlechter – wieder umgeben von Marschen und Mooren.

Blick vom Ölberg auf Jerusalem, gezeichnet von Carsten Niebuhr. Nie zuvor hat ein Forscher die Städte und historischen Stätten des Orients so präzise dargestellt. Sein Bericht über die siebenjährige Expedition gilt als das bedeutendste Werk über Asien im 18. Jahrhundert.

Lebensdaten
1832 Geburt in Helsinki (Finnland).
1858–64 Expeditionen nach Spitzbergen.
1868 Mit dem Schiff bis über den 81. Breitengrad hinaus.
1870 Erste Grönlandexpedition.
1872–73 Gescheiterter Vorstoß zum Nordpol. Forschungen in Spitzbergen.
1875–76 Fahrten auf dem Jenissei in Sibirien.
1878–79 Erste Durchfahrung der Nordostpassage: entlang der Nordküste Asiens und durch die Beringstraße nach Japan. Rückkehr durch den Suezkanal.
1882–83 Zweite Grönlandexpedition.
1901 Tod in Dalbyö (Schweden).

Adolf Erik Nordenskiöld

1832–1901

Ein Schwede sucht neue Handelsrouten für Sibirien. Zehn Monate lang ist sein Schiff kurz vor der Beringstraße vom Eis eingeschlossen. Dann aber schafft er als Erster die Durchfahrt durch die Nordostpassage.

Der gerade Weg führt nicht immer zum Ziel. Schon als Student der Naturwissenschaften, mit Schwerpunkt Mineralogie und Geologie, macht der junge Adolf Erik Nordenskiöld in Helsinki diese Erfahrung. Er führt ungezügelte Reden gegen die Russen, die zu dieser Zeit Finnland besetzt halten. Bis die Behörden ihn vor die Alternative stellen, seine Äußerungen zu widerrufen oder das Land zu verlassen. Da nützt es auch nichts, dass sein Vater, ein renommierter Mineraloge, Chef des finnischen Bergwesens ist. Der Sohn muss 1857 ins benachbarte Schweden emigrieren.

Er wird noch einige Umwege gehen, bevor er seinem großen Ziel näher kommt. Als Geograph und Geologe fährt er 1858, 1861 und 1864 mit schwedischen Expeditionen hinauf nach Spitzbergen, dringt mit Booten in unerforschte Fjorde ein. 1868 kämpft er sich von Spitzbergen aus mit der „Sofia" im Zickzackkurs an der Treibeiskante entlang nach Norden – bis 81 Grad 42 Minuten nördliche Breite, so weit wie bis dahin kein anderes Schiff im eurasischen Raum. Und sein Hydrographenteam lotet Rekordtiefen aus: 2650 Faden, mehr als 4800 Meter.

Nordenskiöld steigert seine Ambitionen. Er will mit Schlittenhunden zum Nordpol. Um die Eignung grönländischer Tiere für dieses Unternehmen zu testen, landet er an der Westküste Grönlands, stößt von dort 50 Kilometer über das Inlandeis nach Osten vor.

Nach seinen Forschungen widerspricht er der weit verbreiteten Ansicht, diese Landeismassen seien im Grunde Hochgebirgsgletschern wie denen in der Schweiz vergleichbar. «Der eigentliche Gletscher verhält sich zum Inlandeis wie ein reißender Strom oder Bach zu einem großen, ruhigen See.»

Die Nordpolexpedition wird ein Fehlschlag. Schon drei Wochen nach dem Aufbruch von der Mossel-Bucht auf Spitzbergen türmen sich im Meer solche Eismassen auf, dass es für die drei Hundeschlitten kein Durchkommen gibt. Nordenskiöld kehrt nach Spitzbergen um. Auf der Von-Otter-Insel zieht er 15 Tage durch Nebel und Schneestürme bis zum Wahlenberg-Fjord. Er entdeckt, dass die Insel von einer 600 bis 900 Meter hohen Eiskappe überzogen ist, die seltsame Hohlräume in sich birgt: steilwandige, breite Spalten, die meist parallel verlaufen.

Der Nordpol bleibt unerreichbar, so richtet Nordenskiöld sein Augenmerk auf den Nordosten. Noch immer hat niemand die Umfahrung Asiens geschafft. Der Schwede hält die Nordostpassage für den Schlüssel zur Erschließung Sibiriens. Die großen Ströme Ob, Jenissei und Lena, die alle nach Norden hin münden,

Im August 1878 erreicht Nordenskiöld mit seinem Expeditionsschiff „Vega" das Kap Tscheljuskin, den nördlichsten Punkt Asiens. Seine Leute errichten dort ein steinernes Denkmal.

könnten miteinander verbunden sein und zu Handelswegen werden. 1875 tastet er sich mit einer Schaluppe, 1876 mit einem Frachtdampfer den Jenissei hinauf. Er gründet im Jenissei-Busen einen Hafen, den er nach Oskar Dickson benennt, dem schwedischen Mäzen, der diese wie auch viele andere Arktisexpeditionen finanziell fördert. Er bestimmt die ersten Längengrade an der Küste – die Landkarte Sibiriens bekommt durch ihn wichtige Konturen. Auf dem Landweg kehrt er nach St. Petersburg zurück.

Die anti-russischen Jugendsünden sind vergessen. Nordenskjöld wird nicht nur von Dickson und dem schwedischen König Oskar II. unterstützt, sondern findet auch im Zarenreich einen Mäzen: Alexander Sibiriakow, ein russischer Minen- und Schiffstycoon, ebnet ihm politisch den Weg. Mit dem Walfangdampfer „Vega" – in Bremen aus bester Eiche gebaut, komplette Barktakelage, 60-PS-Motor – sowie drei Begleitschiffen sticht er am 22. Juni 1878 von Nordnorwegen aus in See. Er hat Botaniker und Zoologen, Geophysiker und Ozeanographen an Bord, dazu drei Walrossjäger und 16 Matrosen der schwedischen Marine, die aus 200 Freiwilligen ausgewählt worden sind. Die Expedition hat Proviant für zwei Jahre und reichlich Vitaminvorrat gegen Skorbut dabei: Meerrettich und Pickles, eingemachte Maulbeeren und Zitronensaft.

Die Schiffe passieren Inseln und Sandbänke, die noch auf keiner Karte eingezeichnet sind. Sie fahren eine öde, grau-grüne Küste entlang, deren Vegetation aus Gras, Moos und Flechten besteht. Dichter Nebel erschwert immer wieder die Orientierung, oft können sich die Schiffe gegenseitig nur mit Signalen ihrer Dampfpfeifen lokalisieren. Es gibt wenige Seevögel, ab und zu ein paar Schneehühner, Eulen und Falken – doch unter Wasser, das sehen die Forscher am Inhalt ihrer Schleppnetze, herrscht pralles Leben: eine Fülle von Fischarten und Seesternen.

Zwei Schiffe fahren von der Karasee aus in die Heimat zurück. Die verbleibenden zwei erreichen am 19. August Kap Tscheljuskin, die nördlichste Spitze Asiens. Fünf Salutschüsse, zur Feier des Tages abgefeuert, lassen einen Eisbären die Flucht ergreifen, der am Strand spazieren geht.

Am 27. August erreicht die Expedition die Mündung der Lena. Dort trennt sich das auf den gleichen Namen getaufte Schiff von der „Vega", um als erster europäischer Dampfer den Strom hinaufzufahren. Nach 55 Tagen erreichen sie das mehr als 2000 Kilometer

294 Tage überwintern im Eis: Der „Vega" fehlen im September 1878 nur noch etwas mehr als 200 Kilometer bis zur Beringstraße. Doch erst im Juli 1879 kommt Nordenskiölds Expeditionsschiff wieder frei.

entfernte Jakutsk. Von dort geht am 16. Oktober ein Telegramm ab. Es wird für lange Zeit die letzte Nachricht von Nordenskiöld und seinen Leuten sein.

In Briefen, die vom August datierten, waren die Schweden zuversichtlich, bis Ende September an der Beringstraße einzutreffen, das Asien und Amerika trennt. Nach dem Abschied von der „Lena" versucht die „Vega" zuerst, die nordöstlich gelegenen Neusibirischen Inseln zu erreichen. Elfenbeinsammler, die im Frühjahr vom Festland aus mit Hundeschlitten über das Eis aufbrechen, verbringen dort den Sommer. Sie haben berichtet, die Uferbänke seien mit Mammut-, Nashorn-, Bison-, Pferde- und Auerochsenknochen übersät. Doch das Meer wird so flach, dass das Schiff den Kurs ändern muss. Den Schweden gelingt die Einfahrt in die Koljutschinbucht, bis zur Beringstraße fehlen gerade noch etwas mehr als 200 Kilometer – da aber wird die „Vega" von einem mindestens 30 Kilometer breiten Gürtel zusammengefrorenen Treibeises eingeschlossen. Am 27. September wird sie an einer 40 Meter langen und 25 Meter breiten Scholle für die Überwinterung vertäut. «Dieses Festfrieren so nahe dem Ziel», notiert Nordenskiöld, «ist das Missgeschick gewesen, mit welchem ich mich während aller meiner Eismeerfahrten am schwersten aussöhnen konnte.»

Die Forscher bleiben für Monate verschollen. Heimkehrende amerikanische Walfänger erzählen, die Eisverhältnisse im Norden der Beringstraße seien just in diesem Jahr besonders schlecht. Am 11. Dezember veröffentlicht der „New York Herald" ein Telegramm aus San Francisco, das vom Vortag datiert. Zwei Walfänger berichten, Eingeborene hätten ihnen mitgeteilt, nördlich der Ostspitze Asiens sei ein „russisches Kriegsschiff" im Eis eingeschlossen. In Schweden wächst die Angst, Eisdruck und Skorbut könnten an Bord zu einer Katastrophe führen. Sibiriakow lässt in Malmö ein Rettungsschiff mit Namen „Nordenskiöld" bauen. Es sticht am 13. Mai in See, soll durch den Suezkanal und an Indien vorbei nach Japan fahren, um so von der Pazifikseite aus Hilfe zu bringen.

Die Schweden messen derweil an jedem Ersten eines Monats die Stärke des neu gebildeten Eises: Dezember: 56 Zentimeter, Januar: 92 Zentimeter, Februar: 108 Zentimeter, März: 123 Zentimeter, April: 127 Zentimeter. Sie feiern Weihnachten bei minus 35 Grad. Sie erforschen die Sitten der Ureinwohner, die ab und zu aus Neugier über das Eis an Bord kommen. Stellen fest, dass die Sprache der Tschuktschen von dem Wortschatz der Eskimos grundverschieden ist. Machen einen Landausflug mit Hundeschlitten, die von Einheimischen gelenkt werden.

Am 18. Juli 1879, nach 294 Tagen, gibt das Eis die „Vega" wieder frei. Zwei Tage später fährt sie um Asiens Ostspitze. Die Nordostpassage ist erstmals durchfahren. Anfang September geht vom japanischen Jokohama aus die Triumphmeldung um die Welt. Nach seinen Erfahrungen in Eis und Nebel notiert Nordenskiöld ernüchtert, diese Route werde wohl «schwerlich von wirklicher Bedeutung für den Handel» sein. Dennoch schreibt er feierlich in sein Tagebuch: «Man möge es uns verzeihen, dass wir mit einem gewissen Stolze unsere blaugelbe Flagge am Mast emporsteigen sahen, und die schwedischen Salutschüsse abfeuerten, wo die Alte und die Neue Welt einander die Hände zu reichen suchen.»

In den Jahren 1882 bis 1883 erkundet er noch einmal das Innere von Grönland. Sein Name aber bleibt für immer mit der Asienumrundung verbunden. Die Schweden haben einen neuen Feiertag: Am 24. April ist „Vega-Tag".

Peter Skene Ogden

1794–1854

Fünf Jahre lang führt er im britischen Auftrag Trapper durch den Wilden Westen. Er geht so viele unbekannte Pfade wie keiner vor ihm. Sein Ziel ist, alle Biber auszurotten – nur um den verhassten Amerikanern zu schaden.

Dies ist die Zeit der weichen Pelze. Die Damen der feinen Gesellschaft in Europa verlangen danach. Der Biber, der ihnen lange Zeit das Fell unfreiwillig geliefert hat, ist Anfang des 19. Jahrhunderts in der Alten Welt schon nahezu ausgerottet. Nicht so in der Neuen Welt. Dort gibt es Hunderte von wilden, biberreichen Flüssen, die durch einsame Wälder rauschen. Ein paar Jahrzehnte vor dem Ausbruch des Goldfiebers bedeutet der Nager das große Business. Die Menschen, die an diese Flüsse ziehen, sind keine Liebhaber, sondern Ausbeuter der Natur. Der Biber bringt Geld, viel Geld. Um sein Fell wird mit allen Mitteln gekämpft. So sind die Zeiten des weichen Pelzes zugleich auch die der harten Sitten.

Peter Skene Ogden liebt dieses Jägerleben. Er hätte sicher auch eine Karriere im Namen des Gesetzes machen können, so wie sein Vater, ein angesehener Richter, oder wie zwei seiner Brüder, nicht minder angesehene Rechtsanwälte. Das hätte dem Ruf der Familie deutlich mehr Ehre eingebracht. Stattdessen schlägt er sich mit gesetzlosem Gesindel, das der Wilde Westen in Scharen anlockt.

Seine Familie ist, wie das ganze Land, durch den amerikanischen Unabhängigkeitskrieg gespalten worden. Ein Teil der Ogdens stand auf Seiten der Amerikaner, der andere Teil auf Seiten der Engländer. Ogdens Vater ist wie 40000 andere Loyalisten nach Norden in die Provinzen gezogen, die der britischen Krone untertan bleiben. Peter Skene Ogden wird 1794 in Quebec geboren und danach in Montreal aufgezogen. Von Kindheit an schlägt sein Herz immer dann besonders britisch, wenn es gegen die Amerikaner geht.

Der Kampf um die Biberpelze ist bereits voll entbrannt. Hauptgegner sind zunächst die Hudson Bay Company, gegründet 1670, und die North West Company, gegründet 1783. Ogden schließt sich mit 17 Jahren der letztgenannnten Firma an. Er ist ein Hüne von Gestalt und hat schnell gelernt, dass man in diesem Geschäft nicht nur den Kopf, sondern ab und zu auch die Fäuste gebraucht.

Nach seiner Ankunft am Handelsposten Île-à-la-Crosse in Saskatchewan kommt es schon bald zu den ersten Prügeleien mit der Konkurrenz, die ihren Posten nicht weit entfernt davon hat. 1816 bringt Ogden mit einem Trupp von Leuten einen Indianer um, der ständig nur mit der rivalisierenden Firma gehandelt hat. Der Sohn eines Richters hat wenig Probleme mit Selbstjustiz und ungeschriebenen Gesetzen. «Unsere einzige Orientierung ist die Sitte des Landes oder, wie es rechtlich heißt, das *Lex non scripta*», sagt er. «Manchmal müssen wir halt alles spielen – Richter, Schöffen, Sheriff und Henker.»

Als die Hudson Bay Company 1821 den alten Rivalen schluckt, wird Ogden aus nahe liegenden Gründen zunächst arbeitslos. Sein Glück ist, dass der neue Firmenchef aus ähnlich grobem Holz geschnitzt ist wie

Lebensdaten
1794 Geburt in Quebec.
1811 Eintritt als Pelzhändler in die North West Company.
1824–25 Erste Trapperexpedition: Snake River, Bitterroot Range.
1825–26 Zweite Trapperexpedition: Deschutes River, Blue Mountains.
1826–27 Dritte Trapperexpedition: Upper Klamath Lake, nördliches Kalifornien.
1828–29 Vierte Trapperexpedition: Großer Salzsee, Humboldt River.
1829–30 Fünfte Trapperexpedition: durch die Rocky Mountains bis zum Golf von Kalifornien, über die Sierra Nevada durch die Täler des San Joaquin und Sacramento.
1854 Kommandant von Fort St. James, einem Stützpunkt der Hudson Bay Company.
1854 Tod in Oregon City (Oregon).

Weihnachtsfeier zwischen Fellen und Schlitten – eine Darstellung des harten Lebens der Pelzhändler. Ogdens Expeditionen haben das Ziel, ganze Regionen ihrer Biberbestände zu berauben. Die Engländer wollen nicht, dass diese Schätze in die Hände der Amerikaner fallen.

er. Gouverneur George Simpson, seit der Fusion Direktor der Gesellschaft, sucht Leute vom Schlage Ogden – für einen regelrechten Biberpelzkrieg, den er gegen die Vereinigten Staaten führen will.

Noch gibt es im amerikanischen Westen keine sicheren Grenzen. Der Adams-Onis-Vertrag von 1819 wurde noch mit der spanischen Kolonialmacht geschlossen, doch schon ein paar Jahre später hat es Washington mit dem unabhängig gewordenen Mexiko zu tun. Das nördlich des 42. Breitengrads gelegene Oregon-Gebiet wird seit 1818 von England und den USA gemeinsam verwaltet, doch seit der Expedition unter William Clark und ▶ MERIWETHER LEWIS dringen von amerikanischer Seite her immer mehr Siedler dort ein. Die Briten wollen diesen Druck dadurch verringern, dass sie die Region für Pioniere so unattraktiv wie möglich machen. Und sie wollen, falls das Gebiet eines Tages doch verloren gehen sollte, zuvor herausholen, was herauszuholen ist. Das bedeutet, das Land seiner Schätze zu berauben. Und diese Schätze sind in erster Linie die Biber. Simpson will sie jagen, bis sie ausgerottet sind. Er will das Land beiderseits der Rocky Mountains in eine „Pelzwüste" verwandeln. Dafür braucht er einen Trapperführer, der so wenig Skrupel hat wie er selber.

Simpson holt – vergangen ist vergessen – den Mann zurück, der schon in der Versenkung verschwunden schien. Ogden wird zum Frontkämpfer der Hudson Bay Company, deren Leute er noch bis vor kurzem verprügelt hat. Vom 1824 an unternimmt er mit angeheuerten Trappern fünf Handels-, Erkundungs- und Ausrottungszüge.

Die erste Expedition hat 131 Teilnehmer, darunter 30 Frauen und 35 Kinder, viele Trapper sind mit der ganzen Familie unterwegs. Sie haben 268 Pferde und 352 Biberfallen dabei. Der Verlauf des Zugs zeigt, welchen Wert im Wilden Westen Grenzverläufe haben, die auf Papier festgelegt sind. 1824 führt Ogden seinen Trupp an den Snake River, dann nach Süden über den 42. Breitengrad hinaus. Dort trifft er im Frühjahr 1825 am Weber River auf amerikanische Trapper unter Führung von Johnson Gardner. Beide Gruppen haben hier eigentlich nichts zu suchen. Denn laut Vertrag gehört das Gebiet zu Mexiko, in dessen Auftrag der Franzose Etienne Provost mit einem weiteren Team ganz in der Nähe Biber jagt.

Keine 100 Meter voneinander entfernt schlagen Engländer und Amerikaner ihre Camps auf. Gardner zieht die US-Flagge hoch, fordert Ogden zum Rückzug auf. Als dieser ablehnt, bestechen die Gegner seine nicht gerade gut bezahlten Leute mit so hohen Summen, dass immerhin 23 – und mit ihnen 700 Felle – die Seiten wechseln.

Es werden nicht die einzigen Verluste sein, die Ogden in den folgenden Jahren erleidet. Die einsamen Pfade, die er betritt, sind lang, gefährlich und strapaziös. Die Trapper sterben durch Kälte im Winter, durch Hitze und Fieber im Sommer und durch die Pfeile feindlicher Indianer, die sich gegen die Eindringlinge wehren. Ogden zieht durch viele Gebiete, die auf keiner Karte verzeichnet sind und die noch nie ein Weißer betreten hat. Er macht Aufzeichnungen über Indianervölker und deren Bräuche, die noch völlig unbekannt sind. Sein Tagebuch allerdings ist relativ trocken. Am Anfang einer Eintragung steht meist das Wetter, am Ende das, was am wichtigsten ist. Samstag, 7. Mai: 31 Biber. Sonntag, 8. Mai: 22 Biber. Montag, 9. Mai: 119 Biber…

In der Saison 1824/25 stößt er bis zum Großen Salzsee vor. Von dort zieht er nach Osten zur Dreigabelung des Missouri und an den Marias River. Dann macht er eine große Schleife und marschiert wieder nach Westen, bis er Fort Vancouver erreicht, den Hauptposten der Hudson Bay Company am Columbia River. Von 1825 bis 1826 führt er seine Leute vom

Columbia River aus über den Deschutes River bis zum Snake River. 1826 und 1827 zieht er von Walla Walla zum Upper Klamath Lake und ins nördliche Kalifornien. 1828/29 erreicht er die Nord- und Westseite des Großen Salzsees und beendet damit Spekulationen, dass es sich dabei um einen Arm des Pazifiks handele. Er durchquert Utahs Salzwüste nach Westen und stößt im späteren Bundesstaat Nevada auf einen Fluss, den er Marys River tauft. Fallensteller werden den Strom eine Zeit lang Ogden River nennen, bis ▶ JOHN CHARLES FRÉMONT 1845 den Unterlauf in Humboldt River umtauft.

Seine letzte Expedition von 1829 bis 1830 ist die längste von allen. Vom Columbia River im Nordwesten ziehen seine Leute über die Rocky Mountains nach Südosten. Sie durchqueren das Große Becken, erreichen den Colorado und folgen ihm bis zur Mündung in den Golf von Kalifornien. Dann wenden sie sich nach Westen, überwinden die Sierra Nevada am Walker Pass, ziehen durch die Täler des San Joaquin und des Sacramento wieder nach Norden. Die Tour endet mit einer Tragödie, die den Schlusspunkt unter alle Qualen der vergangenen Jahre setzt. Neun Männer, 500 Felle und Ogdens Papiere versinken an einer Stromschnelle in den Fluten.

«Dies ist ein scheußliches Leben, man kann es wohl ohne Übertreibung sagen», schreibt Ogden an einer Stelle in seinem Tagebuch. Aus der Liebe zum Wilden Westen ist eine Hassliebe geworden. Ogden bleibt bis zu seinem Lebensende im Pelzgeschäft. Auf den Landkarten der USA wird er Spuren hinterlassen: Ogden City, Ogden Valley, Ogden Canyon. Die Spuren der Biber hingegen hat er in den Flüssen für lange Zeit gelöscht.

Ein Handelsposten der englischen Hudson Bay Company (oben), in deren Auftrag Ogden seine Expeditionen unternimmt. Bei Scotts Bluff im Gebiet des heutigen Bundesstaats Nebraska treffen sich einmal im Jahr Trapper aus dem Westen mit Händlern aus dem Osten der Vereinigten Staaten, um Pelzgeschäfte abzuwickeln. Auch viele Indianer nehmen an dem großen Markt teil (unten).

FRANCISCO DE ORELLANA

1511–1546

Lebensdaten
1511 Geburt in Trujillo (Spanien).
1527 Aufbruch nach Westindien.
1533–35 Teilnahme an den Eroberungszügen von Francisco Pizarro in Peru.
1535 Gouverneur der Siedlung Puerto Viejo (Ecuador).
1541 Aufbruch mit Gonzalo Pizarro zur Expedition ins Goldland „El Dorado“. Trennung vom Hauptheer Pizarros.
1542 Weiterfahrt mit 60 Mann. Über den Río Napo in den Amazonas (Februar). Kämpfe mit kriegerischen Indianerinnen (Juni). Ankunft an der Mündung ins Meer (August). Rückkehr nach Spanien.
1545 Neue Expedition an die Amazonas-Mündung.
1546 Aufbruch stromaufwärts mit einer Vorhut. Im Urwald verschollen.

60 Spanier suchen unter seiner Führung am Fuß der Anden nach dem Goldreich „El Dorado“. Mit zwei Schiffen treiben sie auf unbekannten Gewässern durch den Urwald – und entdecken so den größten Strom der Welt.

Fern in den Wäldern, erzählt der Indianer, lebt ein Volk an einem heiligen See. Immer wenn dort ein neuer König gekrönt wird, gießen Priester glänzenden Goldstaub über ihm aus, so dass er leuchtet wie die Sonne. Der Herrscher gleitet zum Klang von Flöten und Muschelhörnern auf einer prunkvollen Barke auf das Wasser hinaus. Starke Männer wuchten eine Schale mit Saphiren und Diamanten, mit Schmuck aus Gold und Silber in die Höhe – und lassen sie in die Fluten des Sees stürzen. Dort ruht das Opfer für die Götter auf ewige Zeiten.

Atemlos lauscht der Offizier Luiz Daza 1537 in der Stadt Latacunga dieser Geschichte, die ihm ein Dolmetscher aus der Ketschua-Sprache in gebrochenes Spanisch übersetzt. Die Indios, das weiß er, sind reich an Legenden. Aber hat ▶ HERNÁN CORTÉS etwa nicht riesige Schätze im Mexiko der Azteken entdeckt? Und ist es nicht gerade erst vier Jahre her, dass sich für ▶ FRANCISCO PIZARRO eine ganze Halle mit Inka-Gold füllte?

Die Geschichte von *El Dorado*, dem sagenhaften Goldland, lässt die Eroberer der Anden nicht ruhen. Nichts verleiht ihnen mehr Kräfte als die Aussicht auf Reichtum durch das glänzende Metall. 1541 lässt Pizarro seinen Bruder Gonzalo eine riesige Expedition zusammenstellen die *El Dorado* finden soll. 350 spanische Lanzenreiter, ein indianischer Tross mit 4000 Mann, eine Herde von Lamas als Lasttiere, 4000 Schweine als lebende Fleischkammer – ein bizarrer Zug wälzt sich von Quito aus über das Hochland nach Osten.

Die Spanier haben keine Ahnung, in welches Inferno sie dieser Marsch führen wird. Von den Anden steigen sie hinunter in einen dampfenden, schwül-heißen Dschungel. Die Hochland-Indianer, die dieses Klima nicht gewohnt sind, sterben wie die Fliegen an tropischem Fieber. Die Schweine verlaufen sich in den Wäldern, die Lamas versinken in sumpfigen Böden. Als die letzten Ausläufer der Anden zurückbleiben, sind die Pferde zur Hälfte, die anderen Tiere gänzlich verloren. Auf die Frage nach dem Gold zeigen Häuptlinge der hier lebenden Omágua-Indianer mit den Fingern flussabwärts – weiter nach Osten.

Auf dem Landweg ist kein Weiterkommen. So bauen die Spanier mit Hilfe der Indianer aus Urwaldstämmen ein Schiff, das sie „Victoria“ nennen. Sie kalfatern die Fugen mit einem dickflüssigen, milchigweißen Saft aus einem Baum, den die Einheimischen *Hevea* nennen. Als erste Europäer lernen sie den Nutzen von Kautschuk kennen. Die Kranken und Lasten kommen auf das Schiff, das Heer zieht am Ufer entlang. Doch als sie sich nach ein paar Wochen immer noch durch nichts als Dickicht kämpfen, wird den Spaniern klar, dass sie so keine Chance haben – die letzten Vorräte gehen zur Neige.

Pizarro beschließt, mit dem Haupttross zu rasten. Eine Vorhut aus 60 Mann soll in den nächstgelegenen Dörfern – drei Tage Flussfahrt, sagen die Indianer – neuen Proviant beschaffen und umgehend damit zurückkehren. Das Kommando über diese Einheit erhält Francisco de Orellana. Er ist vor kurzem mit seiner eigenen Truppe, die aus 23 Mann bestand, zu dem Tross gestoßen. Orellana stammt aus derselben Stadt wie die Pizarros: Trujillo in der Extremadura. Er hat die ganze *conquista* in Peru mitgemacht und dafür den Posten eines Gouverneurs in der neu gegründeten Siedlung Puerto Viejo erhalten. Orellana ist kein derber Haudegen wie Pizarro, sondern ein intelligenter Stratege. Er ist gebildet und von adligem Blut. Er sieht in den Indios kein Freiwild, sondern unschätzbare Helfer, die es gut zu behandeln gilt. Schon in wenigen Tagen wird er spüren, dass seine Stunde gekommen ist.

Mit dem Großteil der Waffen und der Kriegskasse rauschen Orellana und seine Leute den Río Napo hinunter. Sie schlingern durch eine Stromschnelle und fragen sich, wie sie diese jemals wieder hinaufkommen sollen. Im ersten Dorf, an der Einmündung des Río Curaray gelegen, strömen alle Häuptlinge der Umgebung zusammen, um die weißhäutigen Menschen zu bestaunen. Auf die Frage nach Gold deuten sie mit den Fingern flussabwärts, nach Osten. Gleichzeitig sagen sie den Weißen durch deren Dolmetscher, dass sie keine Chance zu einem Rückweg hätten – zu Wasser nicht wegen der Strömung und Schnellen, zu Lande nicht wegen der Sümpfe.

Orellana trifft eine Entscheidung, die vernünftig ist und dennoch Verrat bedeutet. Sein ganzer Trupp – mit Ausnahme eines einzigen Manns – hat ihn dazu gedrängt. Seine kleine Einheit, das haben die vergangenen Wochen bewiesen, ist viel beweglicher als der

Ein Indianer mit prächtigen Fischen aus dem Amazonas. Orellana und seine Truppe sind überwältigt von der Tier- und Pflanzenwelt, durch die sie mit ihren Schiffen fahren. Besonders schmackhaft ist der einem Wels ähnliche Pirarucu-Fisch. Die größten Exemplare werden bis zu vier Meter lang.

Eine Palme, ein Berg, eine Indianerin – Darstellung unberührter Natur und paradiesischer Schönheit in Südamerika. Die Spanier werden bei ihrer Reise auf dem unbekannten Strom aber nicht immer freundlich empfangen. Zu ihrer Überraschung werden sie sogar von kriegerischen Amazonen mit Giftpfeilen angegriffen.

schwerfällige Tross. Er überlässt den wartenden Pizarro und das Heer ihrem Schicksal. Seine Leute bauen noch eine Brigantine, die „San Pedro". So setzt Orellana am 2. Februar 1542 mit zwei Schiffen seine Fahrt auf dem Fluss fort, um *El Dorado* auf eigene Faust zu suchen. Der einzige Opponent, Sánchez de Vargas, bleibt an Land. Er will sich allein zurück zu Pizarro durchschlagen.

Der Río Napo ergießt sich in ein Gewässer, das so riesig ist, dass die Spanier schon glauben, sie seien am Meer. Doch es herrscht eine kräftige Strömung, die sie mit sich fortreißt, mal mehr nach Norden, mal mehr nach Süden, in der Hauptrichtung aber immer nach Osten. Ohne Kompass treiben sie durch ein Gewirr von Sandbänken und Seitenarmen. Der Wald wabert von zirpenden Grillen, brüllenden Affen und krächzenden Papageien. Der Fluss ist voll von schmackhaften Pirarucu-Fischen und gefräßigen Piranhas. Von *El Dorado* ist weit und breit keine Spur. Dafür hagelt es häufig giftige Pfeile, die von kriegerischen Indianern abgeschossen werden.

Dumpfe Trommelschläge hallen durch den Dschungel, kündigen die Ankunft der Weißen mit den seltsamen Wasserfahrzeugen an. Fasziniert lauschen die Indianer dem Chorgesang der Ostermesse, die der Dominikanerpater Gaspar de Carvajal – gleichzeitig Chronist der Expedition – zwischen den Hütten eines Dorfs hält. Die Ureinwohner sind von dem Ritual so angetan, dass sie sich bereitwillig taufen lassen. Die alten Götter geben sie deswegen noch lange nicht auf, und zum Abschied erschrecken sie die Spanier mit einem Beschwörungstanz, bei dem sie Dämonenmasken aus geschnitztem Kürbis tragen, mit flatternden Strohbändern und einem gebleckten Jaguargebiss.

Die Spanier sehen, wie im Gebiet der Manao ein riesiger Fluss mit schwarzen, schlammigen Fluten in den Strom einmündet, und taufen ihn Rio Negro. Sie werden von kriegerischen Frauen angegriffen, von denen die Indianer ihnen bereits erzählt haben. Wütende Amazonen attackieren die Schiffe, schießen Carvajal ein Auge aus und verwunden auch Orellana. Mit Pfeilen bespickt, sehen die Schiffe aus wie riesige, stachelige Igel. Weitere zwei Monate treibt die Flotte auf dem Strom, der einmal den Namen Amazonas tragen wird. Am 26. August 1542 erreichen sie, nach acht Monaten und fast 6000 Kilometer Flussfahrt, das offene Meer. Sie haben *El Dorado* nicht gefunden, stattdessen den größten Strom der Welt.

Während Orellana nach Spanien segelt, kämpft sich Pizarro mit seinem Heer zurück. Er ist Orellana anfangs zu Fuß gefolgt, trifft dabei im Urwald den halb verhungerten Sánchez de Vargas, der ihm die bittere Wahrheit erzählt. Der Weg aus dem Dschungel hoch in die Anden dauert zwei Jahre. Ganze 80 ausgemergelte Gestalten kommen schließlich in Quito an.

Orellana kehrt 1545 im Auftrag des Königs mit einer neuen Expedition an die Amazonas-Mündung zurück. Er will den Strom gründlicher erforschen und an der Mündung des Rio Negro eine Siedlung anlegen. Wieder lässt er den Hauptteil der Truppe warten, wieder geht er mit einer Vorhut voraus. Anfang 1546 bricht er mit 300 Leuten stromaufwärts auf. Er kommt nie mehr zurück.

Die verbliebene Truppe hat bald genug von Dschungel, Giftpfeilen und Moskitos. Sie segelt nach Panama und löst sich dort auf. Scharen von Abenteurern werden von nun an nach *El Dorado* suchen. Das Goldreich aber bleibt, was es wohl immer gewesen ist: eine wunderschöne Legende.

Mungo Park

1771–1806

Moskitos, Malaria, Räuber und Hunger halten den schottischen Arzt nicht davon ab, bis an den Niger vorzudringen. In einem zweiten Anlauf will er den geheimnisvollen Strom bis zur Mündung befahren – koste es, was es wolle.

Europa am Ende des 18. Jahrhunderts: In Frankreich tobt die Revolution, die Wiener Gesellschaft lauscht Beethovens Klavierkonzerten. England hat zwar den Krieg gegen die amerikanischen Unabhängigkeitskämpfer verloren. Aber die Industrialisierung der Insel schreitet unaufhaltsam voran. Es werden mehr Rohstoffe gebraucht, neue Absatzmärkte müssen erschlossen werden. Die Engländer beobachten die Expansion des französischen Rivalen in Afrika mit Argusaugen. Doch noch hat das alles nichts mit Mungo Park zu tun.

Er wird als siebtes von 13 Kindern in Schottland geboren. In Edinburgh studiert er Medizin und Botanik. 1792 bricht er zu seiner ersten großen Reise auf. Als Hilfsarzt auf einem Schiff der Ostindien-Kompanie reist er nach Sumatra, kehrt ein Jahr später nach England zurück. Im Gepäck hat er acht bis dahin unbekannte Fische.

Seine Publikation über die Tiere erweckt die Aufmerksamkeit von Sir Joseph Banks. Der Präsident der Royal Society ist auch Gründungsmitglied der Britischen Afrikagesellschaft, der an einer möglichst schnellen Erschließung des Schwarzen Kontinents gelegen ist. Durch Banks' Empfehlung erhält Mungo Park den Auftrag, dort das größte geographische Geheimnis seiner Zeit zu lösen: die Nigerfrage.

Von dem legendären Fluss ist so gut wie nichts bekannt – weder die Quelle noch der Lauf, noch die Mündung. Bei Herodot, dem antiken griechischen Historiker und Geographen, war schon von dem Strom die Rede. Auch arabische Reisende des Mittelalters, Leo Africanus und ▶ Ibn Battuta, haben von ihm berichtet. Doch das ist 200 Jahre her.

Mungo Park sticht im Frühjahr 1795 von England aus in See. Im Juni erreicht der Schotte an der Westküste Afrikas die Mündung des Gambia. Eine kleine englische Faktorei hat am Ufer des schlammigen Flusses ihren Sitz. Dahinter ist undurchdringlicher Dschungel. Kein Europäer setzt freiwillig seinen Fuß da hinein. Doch arabische Händler schaffen aus dem Wald Elfenbein heran, Goldstaub und Sklaven.

Die Sonne sticht, die Luft ist drückend, der Regenwald dampft. Park fährt den Gambia 150 Kilometer hoch zur Handelsstation Pisania. Der Neuankömmling braucht Zeit, sich an das ungewohnte Klima zu gewöhnen – und erlebt, wie gefährlich es für Europäer ist. Er erkrankt an Malaria. Chinin ist als Heilmittel noch nicht bekannt. Der Erfolg einer Expedition hängt zu dieser Zeit nicht zuletzt davon ab, wie widerstandsfähig der Reisende gegen das tropische Fieber ist.

Lebensdaten

1771 Geburt in Foulshiels (Schottland).
1792 Expedition nach Sumatra auf einem Schiff der Ostindien-Kompanie.
1795–97 Expedition ins Innere Afrikas vom Gambia aus. Als erster Europäer am Niger.
1805 Zweite Expedition zum Niger. Von Sansanding mit einem Boot flussabwärts.
1806 Hinterhalt der Eingeborenen an den Bussa-Fällen. Tod vermutlich durch Ertrinken.

Auf seiner ersten Expedition gelangt Park an viele Flüsse, die nur mühsam zu überqueren sind – hier der Bafing, ein Zufluss des Senegal. Der Kupferstich aus dem Jahr 1799 wurde nach einer Zeichnung des Schotten angefertigt.

Park nutzt die Zeit der Rekonvaleszenz und erlernt die Mandingo-Sprache der Einheimischen. Er lernt den freigelassenen Sklaven Johnson kennen, den er als Dolmetscher verpflichtet, und kauft sich für sieben Pfund und zehn Schilling ein Pferd.

Am 2. Dezember 1795 bricht der Schotte wieder auf, begleitet von Johnson, einem Sklavenjungen und mehreren Dienern. Parks Vorgänger, Major Daniel Houghton, machte sich vor vier Jahren auf die Suche nach dem Niger. Er ist seitdem verschollen. Doch Park ist optimistisch. Anfangs kommt er auf der bekannten Route der arabischen Sklavenkarawanen ganz gut voran. Er zieht durch die kleinen Reiche Wuli, Bondu und Kajaaga. Dann verlässt er die sumpfige Gegend des Gambia, quert den Senegal, gelangt in die Gegend von Kaarta. Die Stämme werden immer feindlicher, die Wegezölle unverschämter, je weiter Park nach Norden kommt.

Am 6. März 1796 wird er in Ludamar in der Sahelzone von Beduinen überfallen. Ihr Zeltlager liegt in der Ebene von Benaum. Sie hassen ihn, weil er in ihren Augen ein Ungläubiger ist. Sie demütigen ihn, halten ihn vier Monate in einer Hütte gefangen. Er hungert, oft bekommt er nicht einmal genug zu trinken. Als er erfährt, dass er umgebracht werden soll, wagt er die Flucht – ohne Habe, ohne Vorräte.

Er ist allein, mehr als 1000 Kilometer von der Küste entfernt. Doch er kehrt auch diesmal nicht um. Sein Ziel ist immer noch der Niger.

Seinen Kompass hat er nach seiner Gefangennahme heimlich im Sand versteckt. Nun weist die Nadel ihm den Weg. Park ist auf Almosen der Eingeborenen angewiesen. Ab und zu versorgen sie ihn mit etwas Hirse oder Datteln.

Am 21. Juli 1796 erreicht er bei Ségou den Niger, der bei den Eingeborenen *Dscholiba*, „der große Fluss“, heißt. Er strömt nach Osten, stellt Mungo Park fest, aber wohin? Ist er, wie manche Geographen seiner Zeit vermuten, der Oberlauf des Nil? Oder, wie Park selber glaubt, der Oberlauf des Kongo, von dem man bis dato nur die Mündung kennt?

Er ist beeindruckt von der Größe Ségous, der Hauptstadt des Königreichs Bambara: Hunderte von Häusern – manche sogar zweistöckig –, das Land rundherum sorgfältig kultiviert. Nie hätte der Schotte im Inneren Afrikas eine solche Zivilisation erwartet. Doch die Enttäuschung folgt auf dem Fuss. Der Zutritt in die Stadt wird ihm verwehrt. Schon am nächsten Morgen muss er weiterziehen. Immerhin lässt ihm der König einen Beutel mit 5000 Kaurimuscheln zukommen, so dass Park künftig wieder Waren eintauschen kann.

Den Schwarzen Fluss hat er als erster Europäer erreicht. Nun heißt sein nächstes Ziel Timbuktu, das irgendwo am Niger liegen soll. Über Sansanding erreicht er nach knapp 500 Kilometern Silla, die letzten sechs Stunden legt er in einem Fischerboot zurück. Die Einwohner raten ihm jedoch davon ab, weiter flussabwärts zu ziehen. Muslimische Fanatiker kontrollierten die Gebiete, sie würden ihn, den Christen, umbringen. Park beschließt erstmals umzukehren, aber nicht ohne vorher noch Erkundungen über den geheimnisvollen Strom einzuziehen. Zwei Tagesreisen weiter im Osten, so wird ihm erzählt, liege die Stadt Djenné auf einer kleinen Insel im Fluss. Noch weiter östlich fließe der *Dscholiba* in einen riesigen See, aus dem er in verschiedenen Strömen wieder hinauslaufe. In Kabara würden sich die Arme des Flusses wieder vereinigen. Und dort befände sich der Hafen von Timbuktu.

Auf dem Rückweg gelangt Park über Land nach Bamako. Inzwischen hat die Regenzeit eingesetzt. Er watet bis zu den Knien durch Morast. Er hat keine Decke, schläft auf der feuchten Erde. Er wird wieder geschüttelt von Malariaanfällen. Mit letzter Kraft erreicht er Kamalia, wo er von einem Eingeborenen gesund gepflegt wird. Hier wartet er auf die nächste Karawane, die zum Gambia zieht – sieben Monate lang.

Am 10. Juni 1797 kommt er in Pisania an. Dort hat man ihn bereits für tot gehalten. Ende Dezember kehrt er nach England zurück. Seine Erkenntnisse werden auf Karten veröffentlicht, sein Buch „Reise in das Innere von Afrika 1795–97" wird ein Bestseller.

Er zieht wieder nach Schottland, heiratet, eröffnet eine Arztpraxis. Einige Jahre lebt er in Ruhe, doch etwas nagt an ihm. Er hat den Oberlauf des Niger erhellt, unerforschtes Gebiet durchreist. Aber er weiß immer noch nicht, wohin der Strom fließt.

Auch die britische Regierung möchte mehr über den Niger erfahren. Sie richtet Parks zweite Expedition aus. Ende Januar 1805 sticht er in See. Die britische Garnison auf der Insel Gorée – in der Nähe des späteren Dakar – stellt ihm ungefähr 30 Soldaten. Park fühlt sich stark, er ist optimistisch. Diesmal werden ihn keine Wegelagerer ausrauben. Er wird genug zu essen haben und sein Ziel erreichen – die Mündung des Niger.

Er wartet das Ende der Regenzeit nicht ab, sondern bricht schon Anfang Mai auf. 900 Kilometer durch den Dschungel liegen vor ihm. Seine Männer erkranken an Malaria und an der Ruhr. Viele sind den Strapazen nicht gewachsen. Als Park am 19. August den Niger erreicht, sind schon 20 Mann gestorben, einer ist verrückt geworden.

Aber der Entdecker ist durch nichts aufzuhalten. Aus zwei einheimischen Kanus lässt er ein neues Boot bauen – lang und flach, damit es Stromschnellen und Wasserfälle passieren kann. Nach zwei Monaten Vorbereitung brechen sie auf: Park, drei Europäer, drei Sklaven, ein einheimischer Führer. «Ich beabsichtige nicht, überhaupt anzuhalten noch irgendwo an Land zu gehen, bevor wir die Küste erreicht haben», schreibt er in seinem letzten Brief an seine Frau.

Danach verschwindet die Expedition – spurlos. Nachforschungen können ihr Schicksal nicht klären. Wahrscheinlich sind Park und seine Leute bei den Bussa-Fällen, 800 Kilometer vor der Niger-Mündung, in einen Hinterhalt der Uferbewohner geraten – und bei dem Versuch, sich schwimmend zu retten, ertrunken.

Der Schotte Hugh Clapperton, der 1827 eine Expedition an den Niger unternimmt, verliert ebenfalls sein Leben. Von ihm stammt der Satz: «Jeder Weiße, der an den Niger kommt, stirbt an diesem Ufer.» Drei Jahre später gelingt es den Brüdern Richard und John Lander, das Geheimnis des Flusses zu lösen: Er ist ein eigenständiger Strom, der in den Golf von Guinea fließt.

Löwen waren nicht die einzige Bedrohung für Parks Expedition durch den Dschungel Afrikas. Auf seiner zweiten Reise zum Niger verliert er im Regenwald zwei Drittel seiner Mannschaft durch Krankheiten – doch die lassen sich nicht so einfach illustrieren wie Raubtiere.

Robert E. Peary

1856–1920

Lebensdaten
1856 Geburt in Cresson Springs, Pennsylvania.
1881 Ingenieur bei der amerikanischen Marine.
1886 Expedition ins grönländische Inlandeis.
1891–92 Durchquerung Grönlands von Westen nach Osten zum Independence-Fjord und zurück.
1895–97 Expeditionen in Nordgrönland.
1900 Als Erster am nördlichsten Punkt Grönlands.
1902 Gescheiterter Vorstoß zum Nordpol mit Hundeschlitten vom Hecla-Kap aus.
1905–06 Gescheiterter Vorstoß zum Nordpol mit dem Schiff.
1909 Ankunft am Nordpol.
1920 Tod in Washington.

Mit eisenhartem Willen und einer Expedition im militärischen Stil bezwingt der Amerikaner Wind, Eis und klirrende Kälte. Nach einem 800-Kilometer-Marsch steht er am Ziel seiner Träume: Er ist der erste Mensch am Nordpol.

Ende des 19. Jahrhunderts ist die Erde zum größten Teil erforscht. Nur noch wenige weiße Flecken sind auf den Karten zu finden. Die Antarktis gehört dazu, aber auch noch die Gebiete im hohen Norden. Keiner der Nordreisenden ist so besessen von der Idee, den Pol zu erreichen wie Robert Edwin Peary.

Er ist Ingenieur in der amerikanischen Marine. 1884 bis 1885 führt er in Nicaragua Vermessungsarbeiten durch. Zurück in Washington liest er ein Werk des schwedischen Polarreisenden ▶ Adolf Erik Nordenskiöld. Von da an steht fest: Er möchte Arktisforscher werden.

Peary ist ein Mann der Tat. So fährt er bereits ein Jahr später das erste Mal nach Grönland. Gemeinsam mit dem Dänen Christian Maigaard versucht er, das Land von Jakobshavn aus nach Osten zu durchqueren. Die beiden Männer brechen an der Diskobucht auf. Sie gelangen 160 Kilometer landeinwärts, bevor sie vom schlechten Wetter zum Umkehren gezwungen werden. Immerhin aber sind sie weiter gekommen als irgendein nicht Einheimischer vor ihnen. Pearys Ehrgeiz muss daher nicht erst geweckt werden. Ihm ist klar, dass er wiederkommen wird.

Im Jahr 1891 reist er gemeinsam mit seiner Frau und vier Begleitern nach Grönland. Bei der Überfahrt bricht er sich ein Bein. Er wird vom Expeditionsarzt ▶ Frederick A. Cook behandelt, der später sein ärgster Konkurrent wird. Das Unternehmen wird von der Akademie für Naturwissenschaften in Philadelphia unterstützt. Peary soll die Nordwestküste Grönlands erforschen. Das Expeditionsteam errichtet ein Fertighaus am Inglefield-Golf und überwintert bei den Inuit.

Peary ist fasziniert davon, wie das Volk in dem extremen Klima überlebt. Er möchte so viel wie möglich über ihre Lebensweise herausfinden. Wie bauen sie ihre Schlitten und Iglus? Wie spannen sie ihre Hunde an? Welche Nahrung liefert in der Kälte am meisten Energie? Er weiß, dass ihm ihr uraltes Wissen auf seinen späteren Expeditionen von Nutzen sein wird.

Im Jahr 1892 startet er einen erneuten Versuch, im Norden das eisige Land zu durchqueren. Dem Norweger ▶ Fridtjof Nansen ist die Passage 1888 weiter südlich gelungen. «Ein harter Schlag», wie Peary zugibt, doch sein Ehrgeiz, der erfolgreichste Entdecker dieses Polargebiets zu werden, ist damit nur noch mehr angestachelt. Am 16. Mai startet er – unter anderem mit Cook und dem Norweger Eivind Astrup – zu seinem „weißen Marsch", wieder vom Inglefield-Golf aus. Mit Hundeschlitten fahren sie nach Nordosten. Sie umgehen die tückischen Eisspalten des Petermann-Fjords, umwandern den St.-George-Fjord, der tiefer ins Land hineinschneidet, als sie dachten. Sie halten sich weiter in nordöstliche Richtung. In der Nähe des Victoria-Fjords biegen sie nach Südosten ab und ziehen weiter, bis sie

Le Petit Journal
ADMINISTRATION
Les manuscrits ne sont pas rendus
5 CENT. SUPPLÉMENT ILLUSTRÉ 5 CENT.
ABONNEMENTS
20me Année Numéro 983
DIMANCHE 19 SEPTEMBRE 1909

LA CONQUÊTE DU PÔLE NORD
Le docteur Cook et le commandant Peary s'en disputent la gloire

eisfreies Land sehen. Im Zickzack steigen sie von der Eiskappe, die das Land bedeckt, hinab. Ein mehr als 1 000 Kilometer langer Marsch durch eine weiße Wüste liegt hinter ihnen. Sie genießen den Anblick von Moschusochsen und arktischem Mohn. Die Bucht, die sie am 4. Juli – dem amerikanischen Unabhängigkeitstag – erreichen, nennt Peary „Independence Bay". Die Expedition befindet sich bei 81 Grad 37 Minuten nördlicher Breite – viereinhalb Grad nördlich vom Bismarck-Kap, das ▶ Carl Koldewey auf der zweiten deutschen Nordpolarfahrt erreicht hat. Die Männer führen ethnographische und meteorologische Beobachtungen durch. Einige der kartografischen Aufzeichnungen, die Peary an der Ostküste vornimmt, erweisen sich später als falsch. Doch der Amerikaner liegt schon jetzt richtig mit seiner Vermutung, dass Grönland eine Insel ist.

Die Männer machen sich auf den Rückweg, überqueren das Binneneis teilweise mit aufgespannten Segeln. Einen Monat später kommen sie in ihrem Ausgangslager an. Die doppelte Querung des Eisschilds – sie sind die Ersten, die das geschafft haben.

Im Herbst 1893 wird Pearys Tochter Marie Ahnighito in Grönland geboren. In den folgenden Jahren unternimmt er weitere Erkundungen. Er erforscht die Eisküste, den Walfisch-Sund und die Inuit, die im Smith-Sund leben. Insgesamt durchquert er den Norden Grönlands noch viermal. 1895 finden dabei alle Expeditionsteilnehmer fast den Tod. Peary startet mit sechs Eskimos, zwei eigenen Männern und 60 Schlittenhunden. Sie entdecken vorher angelegte Proviantlager nicht, weil sie zugeschneit wurden. Auf dem Rückweg kriechen sie zum Teil auf allen vieren. Peary aber versucht ungerührt, immer weiter nach Norden vorzustoßen. Noch im selben Jahr erreicht er seinen bisher nördlichsten Punkt – Pearyland. Er findet riesige Meteoriten, die er in die Vereinigten Staaten schickt. 1898 verliert er durch Erfrierungen acht Zehen. Doch sein Wille, den Pol zu erreichen, bleibt ungebrochen. In demselben Jahr gründen einige reiche Männer in New York den Peary Arctic Club, um seine Polbezwingung zu unterstützen.

Im Jahr 1900 erreicht er den nördlichsten Punkt von Grönland, zieht von dort zum Independence-Fjord. Damit hat Peary endgültig bewiesen, dass Grönland eine Insel ist. Zwei Jahre später wagt er vom Hecla-Kap der Insel Ellesmere mit Hundeschlitten seinen ersten Vorstoß zum Pol – bis 84 Grad 17 Minuten. Doch 500 Kilometer vorm Ziel wird er von der Eisdrift zurückgedrängt.

Im Jahr 1905 bricht er von New York aus zu einer neuen Expediton auf. Die amerikanische Regierung stellt ihm mit

Streit der Entdecker: Peary und Cook beanspruchen beide, zuerst den Nordpol erreicht zu haben. Ihre erbitterte Kontroverse wird weltweit verfolgt und kommentiert – hier von dem Pariser Magazin „Le Petit Journal" (oben). Der Karikaturist nimmt es freilich mit der Wahrheit auch nicht so genau: Am Nordpol gibt es keine Pinguine. Peary brach 1908 mit 49 Inuit und 246 Schlittenhunden an Bord der „Roosevelt" (links) zum Ausgangslager auf.

Von hier aus geht es nur noch nach Süden. Peary fotografiert sein stolzes Team am Pol (von links): Uqueah, Utah, Matthew Henson, Egingwah, Siglu.

der „Theodore Roosevelt" ein eistaugliches Schiff zur Verfügung. Die Eroberung des Pols ist zu einem nationalen Anliegen geworden. Peary versucht, durch den Robeson-Kanal vorzudringen. Er stellt bei 87 Grad 6 Minuten einen neuen Rekord auf. Doch das Schiff wird durch das Eis so stark beschädigt, dass er wiederum umdrehen muss.

Zwei Jahre später ist die „Roosevelt" repariert. Peary durchfährt den Robeson-Kanal. Wieder sind Eis und Strömung gefährlich. Die Sicht ist schlecht. Aber die Expedition erreicht wie geplant Cape Columbia auf der Insel Ellesmere. Dort überwintert das Team. Peary hat mehrere Eskimofamilien und Schlittenhunde aus dem grönländischen Etah mitgebracht. Sie sollen die Expedition unterstützen, zum Teil begleiten. Er ist 800 Kilometer vom Pol entfernt.

Die Vorhut der Truppe bricht am letzten Februartag des Jahres 1909 auf. Sie soll den Weg erkunden und spuren, Vorräte und Ausrüstung transportieren, Lager anlegen. Ohne ihre Arbeit wäre das Unternehmen nicht möglich. Am 1. März folgt der Rest der Mannschaft. Das gesamte Team besteht aus sieben von Pearys Männern, 17 Inuit, 19 Schlitten und 133 Hunden.

Schon bald lassen sie den Festlandsockel hinter sich. Offene Wasserrinnen behindern von nun an das Vorankommen. Das Thermometer zeigt 50 Grad unter null. Das Eis bewegt sich – manchmal hörbar, manchmal fühlbar. Eines Nachts reißt eine Rinne auf, mehrere Iglus drohen auf einer Scholle in Richtung offenes Meer davonzutreiben. Oft liegt diesige Luft über den Eisfeldern, dann sieht alles gleich aus. Tiefer Schnee verdeckt die Vertiefungen im aufgebrochenen Eis. Der Wind treibt die große Scholle, auf der die Männer sich bewegen, nach Süden – in die falsche Richtung. Sie kommen dennoch voran, wie ihre Berechnungen zeigen. Der letzte Hilfstrupp wird zurückgeschickt.

Mit fünf Männern – vier davon Inuit – und den besten Hunden wagt Peary den finalen Vorstoß. Sie haben Vorräte für 40 Tage dabei. Der Plan ist, in fünf Tagesmärschen von je 40 Kilometern den Pol zu erobern. Sie queren eine 100 Meter breite Eisbrücke, die gerade nach dem letzten Schlitten aufbricht. Der raue Wind lässt die Haut in den Gesichtern platzen. Aber das ist jetzt alles egal. Am 6. April 1909 hat Peary sein Lebensziel erreicht. Er steht als erster Mensch am Pol.

Nach seiner Rückkehr in die Vereinigten Staaten entbrennt ein bitterböser Streit zwischen Peary und Cook, der behauptet, den Nordpol bereits ein Jahr vorher erreicht zu haben. Doch von den meisten Wissenschaftlern wird – bis heute – Peary Recht gegeben.

□ **Artikel in NATIONAL GEOGRAPHIC: „First Report by Commander Robert E. Peary", Autor: Robert Peary (Oktober 1909), „Did He Reach the Pole?" (September 1988), „New Evidence Places Peary at the Pole" (Januar 1990).**

Harry St. John Philby

1885–1960

Mal als Agent der Briten, mal als Berater des Königs Ibn Saud, mal als exzentrischer Forscher durchquert er die Wüsten Arabiens. Er konvertiert mit 45 Jahren zum Islam – und verknüpft die Politik mit dem Geschäft.

Mit Harry St. John Philby ist es wie mit der Geschichte von der Henne und dem Ei. Die Politik macht ihn zum Forscher. Als Forscher macht er Politik. Am Ende ist nicht mehr so recht klar, was Ursache und was Wirkung ist. Nur ein Eigenbrötler und Egoist, Extrovertierter und Exzentriker kann all die Händel und Strippenziehereien, in die er gerät, auch noch genießen.

Wie so oft bei großen Briten beginnt das Leben in geordneten Bahnen. Philby wird 1885 als Sohn einer Teepflanzerfamilie auf der Insel Ceylon (Sri Lanka) geboren. Am berühmten Trinity College der Universität Cambridge studiert er klassische und moderne Sprachen, darunter Persisch und Arabisch ebenso wie Hindi und Urdu – zwei der wichtigsten Sprachen, die in Britisch-Indien gesprochen werden. Dort tritt er 1908 in den diplomatischen Dienst der Kolonialmacht ein. Mit dem Beginn des Ersten Weltkriegs wird es spannend in Philbys Leben.

Die Regierung schickt ihn als politischen Agenten in den Nahen Osten. Dort wollen die Briten dem mit Deutschland verbündeten Osmanischen Reich von der asiatischen Seite her den Todesstoß versetzen. Mit Waffen und Geld versucht ihr Geheimdienst, arabische Herrscher zum Aufstand gegen den türkischen Sultan anzustacheln, dessen Truppen noch immer in Arabien und Mesopotamien stehen, Syrien und den Libanon, Palästina und Transjordanien besetzt halten. Das ist das Feld, auf dem sich einer wie Philby bewähren kann.

Um die Türken aus Arabien zu vertreiben, lassen sich die Briten mit den beiden starken Männern der Halbinsel ein, die zwar beide gegen die Osmanen kämpfen, ansonsten aber Rivalen um die Macht für die Zeit danach sind. Scherif Husain I. Ibn Ali ruft sich 1916 zum König von Hedschas mit der Hauptstadt Mekka aus. Der Beduinenfürst Abd al-Asis III. Ibn Saud, der in Riad residiert, vergrößert sein Herrschaftsgebiet schon seit 1902 durch Kriegszüge gegen andere Stämme.

Um den Kontakt zu Ibn Saud zu intensivieren, bricht Philby bricht 1917 von Bagdad aus zum Marsch nach Riad auf. Zu seinem Team gehören Oberst Hamilton und der schottische Adjutant Schofield. Von Bahrain im Persischen Golf segeln sie an die arabische Küste. Zu ihrer Ausrüstung gehören Gewehre und Karten, Funkgeräte, Fotoapparate und 10000 Pfund in Gold. Das dritte Mitglied der Mission, der Orientalist Cunliffe-Owen, schlägt sich von Kuwait auf dem Landweg durch.

Von Ukair aus reiten die Briten auf Kamelen durch die Wüste. Philby lernt schnell, nach Beduinenart Reis und Hammelfleisch mit den Fingern in den Mund

Lebensdaten

1885 Geburt in St. John's (Ceylon).
1915 Britischer Agent in Mesopotamien.
1917–18 Ost-West-Durchquerung Arabiens: von Ukair am Persischen Golf über Riad nach Dschidda am Roten Meer.
1920–22 Durchquerung der Syrischen Wüste von Amman nach Bagdad.
1930 Übertritt zum Islam. Berater des Königs Ibn Saud.
1932 Durchquerung des Westteils der Wüste Rub al-Chali in Saudi-Arabien.
1936 Reise von Mekka nach Mukalla am Golf von Aden.
1960 Tod in Beirut (Libanon).

Philby und seine Begleiter vor der Stadt Dschidda, nach der Ost-West-Durchquerung der Arabischen Halbinsel. Ursprünglich hatte er einen Geheimauftrag der Briten. Nach seiner ersten Begegnung mit dem Wahhabiten-Führer Ibn Saud aber beginnt er, in dem Wüstenstaat seine eigene Politik zu machen.

zu schaufeln, ohne dass sie die Lippen berühren. Er liebt die sternenklaren Nächte und die Geschichten am Lagerfeuer. In Al-Hufuf, der größten Stadt in Ibn Sauds Herrschaftsgebiet, besteht der Gouverneur darauf, dass alle arabische Kleidung tragen. Die Briten wollen aus Angst vor der Sonne auf ihre Tropenhelme nicht verzichten, so ziehen sie die Kopfbedeckung der Einheimischen einfach drüber. Fünf Tage nach ihrer Abreise aus Hufuf kommen sie in Riad an.

Der junge, stolze Herrscher, den Philby dort trifft, fasziniert ihn vom ersten Augenblick an. Ibn Saud und er werden Freunde. Der Beduine beschwert sich, dass ein anderer Agent, der ihn vom Königreich Hedschas aus besuchen sollte, durch Scherif Husain offensichtlich festgehalten werde. Philby bietet an, das in Ibn Sauds Sinn zu regeln, wenn er Kamele und Geleit dorthin bekomme. Am 9. Dezember 1917 bricht er mit 30 Mann Eskorte und einem Vorrat an Chinintabletten, Tabak und Brandy auf. Seinen Vorgesetzten in Kuwait, Jercy Cox, informiert er von seinem Plan. Eine Antwort von ihm wartet er jedoch nicht ab.

Die Briten sind wütend, dass ihr Mann in der Wüste auf eigene Faust Politik betreibt. Seine drei Begleiter haben sich, aus Zorn über den Selbstdarsteller, ohnehin schon wieder auf den Rückweg nach Kuwait gemacht. Aber London ist weit, und mit jedem Tag in diesem wilden Land rückt es noch ein Stück weiter weg. «Fortan», schreibt Philby später, «war ich bei meinen Wanderungen in Arabien allein.»

Die Dünen, die Beduinen, die nächtlichen Feuer – Philby ist der Wüste nun völlig verfallen. Er schreibt von «Erinnerungen, die Worte nicht beschreiben können noch die Zeit wegwischen kann». Als erster Europäer durchquert er die Nefud und die Nedschd und damit die ganze Arabische Halbinsel. Weihnachten 1917 hält er Einzug in der hoch gelegenen Stadt Taif, wo der Scherif in den besonders heißen Monaten residiert. Philby hat – das war seine Absicht – demonstriert, dass man im Auftrag von Ibn Saud durch ganz Arabien kommt.

London aber zögert noch immer, ganz auf Ibn Saud zu setzen. Stattdessen richten die Briten in Hayil ein Emirat als Pufferstaat zwischen dessen Herrschaftsgebiet und dem des Scherifen ein. Philby wettert öffentlich über die Politik, die Araber möglichst klein, schwach und in sich zerstritten zu halten. Was London tue, sei «ein subtiler Verrat des britischen Versprechens an die Araber von einer echten Unabhängigkeit». Er quittiert seinen Dienst und bietet Ibn Saud an, ihm als politischer Berater bei dessen Feldzügen zur Seite zu stehen. Der schätzt ihn zwar, will aber keinen Christen bei seinen Kämpfern haben. So stellt sich Philby erst mal Emir Abdallah, einem Sohn des Scherifen von Hedschas, zur Verfügung, der nach der Kairoer Konferenz 1921 Transjordanien zugesprochen bekommt.

Ibn Saud dehnt derweil Stück um Stück sein Reich aus. 1921 fällt Hail, 1924 Taif. In Mekka bricht Panik aus, Husain flieht nach Dschidda, doch schon die eigenen Leute stellen sich gegen ihn. Er muss abdanken zugunsten seines Sohns Ali, der aber regiert auch nur ein Jahr. 1926 ruft sich Ibn Saud zum König von Hedschas aus. Es dauert noch sechs Jahre, dann hat er alle Wüstenstämme endgültig unterworfen. Es wird die Geburtsstunde des Königreichs Saudi-Arabien sein.

Philby kehrt nach Riad zurück. Er baut dort eine Handelsagentur auf, die die ersten Autos, Radios und Waschmaschinen vom Westen in den Beduinenstaat importiert. Er konvertiert 1930 zum Islam und macht die übliche *hadsch* nach Mekka. Er verwirklicht endlich seinen Traum, Ibn Saud als Berater dienen zu dürfen – der Monarch ist vermutlich der einzige Mensch, den er vollends respektiert.

Sein letzter großer Plan ist ein Kamelritt in die Wüste Rub al-Chali, ins „Leere Viertel", das größte zusammenhängende Sandmeer der Welt. Noch nie hat es vor ihm ein Europäer betreten. Sein Landsmann Bertram Thomas kommt ihm zwar um ein paar Monate zuvor, aber auf einer relativ kurzen und leichten Route, wie Philby immer wieder betont. Er selber stößt 1932 von der Oase Dschabrin aus vor, mit 14 Beduinen und 32 Kamelen, denen oft Wassertropfen in die Nüstern geschüttet werden müssen, um sie zum Weitergehen zu bewegen. Philby lauscht hingerissen den „singenden Sanden", jenem eigenartigen Dröhnen, das durch das Aneinanderreiben von Millionen wehender Sandpartikel entsteht. Er entdeckt fünf Krater, die durch Meteoriteneinschläge verursacht wurden. Nach einer fast 3 000 Kilometer langen Wanderung ist er in der Zivilisation zurück. Dennoch hat er nur den westlichen Abschnitt des „Leeren Viertels" durchquert. Der größte Teil der Wüste, ein paar 1 000 Kilometer mehr, warten nach wie vor auf seine Erforschung. Philbys Landsmann ▶ Wilfred Thesiger wird es 15 Jahre später tun.

Philby erlebt, wie der Ölboom in Saudi-Arabien ausbricht. Wie das Land der stolzen Stämme, das er liebte, sich in ein Land der Luxusprinzen verwandelt. Bald wird Philby in Riad nicht mehr gebraucht. Als der Zweite Weltkrieg ausbricht, geht er nach England. Weil er aber die britische Politik wieder mal so heftig kritisiert hat, dass selbst der Hitler-Freund Mussolini seine Äußerungen in Italien drucken lässt, wird er festgenommen und zusammen mit Nazis und Pazifisten in ein Lager gesteckt.

Das Kriegsende bringt die Freiheit. Ibn Saud lässt ihn wieder als Berater nach Riad kommen. 1953 stirbt der Saudi-Herrscher, Philby sieben Jahre später in Beirut. Auf dem Grab lässt sein Sohn Kim die Inschrift „Größter Entdecker Arabiens" anbringen. Er setzt die Tradition des Vaters, der einen Privatkrieg mit London führte, auf typische Philby-Art fort. Er wird als berühmter Doppelagent in die Geschichte eingehen.

Das Wadi Fatima bei der Siedlung Dschumum. Nach seinem Übertritt zum Islam unternimmt Philby zahlreiche Streifzüge durch Saudi-Arabien. Als Berater des Königs hat er Zugang zu Gebieten, die Ausländern ansonsten streng verschlossen sind.

Francisco Pizarro

1478 (?)–1541

Ein schreibunkundiger Schweinehirte zerstört in den Anden die Hochkultur der Inka. Getrieben von der Gier nach Gold, löst der Spanier riesige Raubzüge aus – und wird am Ende durch Feinde in den eigenen Reihen umgebracht.

Lebensdaten
Um 1478 Geboren in Trujillo (Spanien).
1509–10 Teilnahme an einer Expedition nach Kolumbien.
1513 Teilnahme an einer Expedition nach Panama.
1519–22 Erkundungsfahrten an der Pazifikküste von Panama.
1524–28 Erkundungsfahrten an der südamerikanischen Küste von Kolumbien bis Peru.
1531 Landung an der Küste von Peru.
1532 Gefangennahme des Inkaherrschers Atahualpa.
1533 Einmarsch in die Inka-Hauptstadt Cuzco.
1535 Gründung der neuen Hauptstadt Lima.
1541 Ermordung durch politische Gegner in Lima.

Die Zukunft liegt jenseits des großen Wassers, in den reichen, neu entdeckten Ländern. In der kargen, rauen Extremadura, einer der ärmsten Regionen Spaniens, denken um das Jahr 1500 viele so wie der junge Bauernsohn. Francisco Pizarro ist nie zur Schule gegangen. Er muss des Vaters Schweine hüten, während in der Ferne das große Abenteuer lockt.

Eines Tages rennt er weg nach Sevilla, dem Tor zur Neuen Welt. Von hier brechen Glücksritter in Scharen per Schiff nach Westen auf. Pizarro dient sich dem Gouverneur von Hispaniola als Soldat an. 1509 geht er mit Alonso de Ojeda auf seine erste Entdeckungsfahrt an die südamerikanische Küste. 1513 begleitet er ▶ Vasco Nuñez de Balboa auf dessen Zug über den Isthmus von Darién (Isthmus von Panama). Dabei lernt er die Mechanismen der Machtspiele und Intrigen kennen, die überall in Spaniens neuen Kolonien im Gange sind. Als Balboa in Ungnade fällt, nimmt er ihn im Auftrag von Pedro Arias de Ávila, dem Gouverneur von Panama, gefangen. Und nachdem Balboa hingerichtet worden ist, beginnt sein Aufstieg in der Siedlergesellschaft. Pizarro wird Bürgermeister der 1519 gegründeten Stadt Panama.

Ein kränklicher Akademiker bahnt ihm 1522 den Weg für die ganz große Karriere. Pascual de Andagoya hat auf einer Seefahrt nach Süden von einem mächtigen Reich namens *Birú* oder *Pirú* mit riesigen Goldschätzen gehört. Doch er ist nicht der Mann für große Taten, bei einem Sturz aus dem Boot wäre er beinahe ertrunken. So kehrt er resigniert nach Panama zurück und legt alle weiteren Expeditionen in die Hände eines Mannes, der so etwas anpacken kann. Pizarro verbündet sich mit Diego de Almagro und dem Priester Hernando de Luque, hinter dem der Jurist Gaspar de Espinosa als Finanzier und stiller Teilhaber steckt.

Seine ersten Erkundungsreisen, die er ab 1524 entlang der pazifischen Küste Südamerikas unternimmt, bringen mehr Fehlschläge als Erfolge. Durch Krankheiten und Kämpfe mit Indianern sterben mehr als zwei Drittel seiner Leute, die Verbliebenen sind zerlumpt und durch Hunger bis auf die Knochen abgemagert. Der neue Gouverneur von Panama, Pedro de los Ríos, befiehlt den Abbruch des Unternehmens, weil ihm die Verluste in keinem Verhältnis zum Ertrag zu stehen scheinen. Doch der Hauptmann, der die Truppe zurückbeordern soll, erlebt einen Auftritt, mit dem der Analphabet aus der Extremadura zeigt, dass andere Qualitäten in ihm stecken. Auf der Isla del Gallo, der Hahn-Insel, zieht er mit seinem Schwert einen Strich durch den Sand, deutet erst nach Süden und dann nach Norden und spricht dazu die schicksalhaften Worte, die bald eine Blutspur in der Geschichte hinterlassen werden: «Kameraden und Freunde! Dies ist der Leidensweg, der nach Peru führt, um reich zu werden. Dort geht es zum Ausruhen nach Panama, zur Armut. Wählt!» 13 Verwegene schlagen sich noch auf seine Seite. Mit ihnen landet er in Tumbes, einer Küstenstadt mit Gold- und Silberschmieden, mit Speiseschüsseln aus Gold und Silber, mit Tempeln funkelnd vor Gold und Silber. Sie gibt ihm eine Ahnung von der Kultur, die im Inneren des Landes herrscht.

Pizarro erkennt, dass seine Mittel nicht reichen, um den Staat der Inka in die Knie zu zwingen. Zerknirscht und verschuldet kehrt er Anfang 1528 nach Panama zurück, am allerletzten Tag der Frist, die ihm der neue Statthalter gesetzt hat. Doch noch im selben Jahr bricht er nach Spanien auf, um König Karl V. für seinen Eroberungszug zu gewinnen; Freunde schießen ihm die Reisekosten vor. 1529 schließt er mit dem Hof einen Vertrag, der ihn zum Statthalter und Generalkapitän von Neukastilien macht, wie die Länder nach der Eroberung heißen sollen. Seine Partner Luque und Almagro werden mit den Posten eines Bischofs bzw. Statthalters von Tumbes abgespeist – Klauseln, die den Keim künftiger Katastrophen in sich tragen.

Pizarro ist schon über 50, als er zu seinem großen Schlag ausholt. Im Januar 1531 bricht er von Panama mit drei Schiffen, 37 Pferden und 180 Mann auf, darunter seine Halbbrüder Gonzalo, Hernando, Juan und Martín. Am 11. Mai 1532 landet er wieder in Tumbes. Die Stadt ist gezeichnet von Kämpfen. Ohne es zu ahnen, dringt Pizarro ins Inka-Reich zu einem Zeitpunkt ein, der für ihn am günstigsten ist: Zwischen Huáscar und Atahualpa, den Söhnen des 1527 verstorbenen Inka-Herrschers Huayna Capac, sind Thronstreitigkeiten ausgebrochen. Atahualpa hat sie zu seinen Gunsten entschieden. Der Dynastie aber sind schon Wunden geschlagen.

Auf breiten, gut befestigten Straßen, vorbei an Unterkunftshäusern, die im Abstand von Tagesetappen stehen, zieht Pizarro im Sommer 1532 hoch ins Gebirge. Zwei weitere Konquistadoren, ▶ Hernando de Soto und Sebastián de Belalcázar, bringen Verstärkung. Atahualpa erholt sich zu dieser Zeit an den heißen Quellen bei Cajamarca von seinen Kämpfen. Er hat ein Gefolge von 40000 bis 50000 Kriegern um sich. Doch er lässt die Spanier ohne Gegenwehr nach Cajamarca ziehen, das umrahmt von Bergen auf 2750 Meter Höhe liegt.

„Die Spanier gehen ganz tyrannisch mit den Indianern um" – so betitelt Theodor de Bry diesen Kupferstich. Die Streitmacht der Inka ist den waffentechnisch überlegenen Europäern in keiner Phase gewachsen.

Die Parallelen zur Eroberung Mexikos durch ▶ Hernán Cortés gut zehn Jahre zuvor sind frappierend. Auch hier hinterlassen die Pferde, Waffen und Rüstungen der Spanier einen tiefen Eindruck. Auch hier, so schreibt später der Chronist Garcilaso de la Vega, gab es düstere Vorahnungen. Atahualpas Vater soll auf dem Sterbebett prophezeit haben, vom Meer würden neue, unbekannte Menschen kommen und die Herrschaft über das Reich antreten. «Ich befehle euch, ihnen zu gehorchen und zu dienen, wie man dem in Allem Überlegenen dient, denn ihr Gesetz wird besser sein als das unsere …»

Aber anders als in Mexiko gibt es hier kein langes Geplänkel. Pizarro ist ein Mann des Schwerts, nicht der Diplomatie. Die Spanier sinnen nur auf einen Vorwand, um die Wirkung ihrer Waffen entfalten zu können. Als Atahualpa mit ihnen am 16. November

Pizarros Rivale um die Macht in Cuzco, Diego de Almagro, wird 1538 nach seiner Niederlage in der Schlacht bei Salinas gefangen genommen und knapp zehn Wochen später erdrosselt. Kaum ist das Inka-Reich erobert, stürzen blutige Auseinandersetzungen unter den spanischen Konquistadoren Peru ins Chaos.

1532 zusammentrifft, fordern sie ihn umgehend auf, sich dem spanischen König zu unterwerfen. Der Dominikanerpater Vincente Valverde reicht ihm eine Bibel und sagt, sie enthalte die Worte des einzig wahren Gottes. Der Inka aber kennt keine Schreibschrift und wird von seinem Volk selber als Gott verehrt. Er hält, in seiner Sänfte sitzend, die Bibel ans Ohr, und als er nichts hört, wirft er sie auf den Boden. Gleich darauf kracht die erste Salve, eine halbe Stunde lang dauert das Gemetzel. Atahualpa fällt Pizarro in die Hände. Die Indianer sind fassungslos: Sie haben ihren Gott stürzen sehen.

Um wenigstens sein Leben zu retten, spricht Atahualpa die einzige, aber dafür große Schwäche der Spanier an. Er geht mit Pizarro in eine sieben Meter lange und fünf Meter breite Halle. Für seine Freilassung, so verspricht er, werde er diesen Raum mit Gold füllen, so hoch er mit seiner Hand reichen könne – und er zieht mit dem Arm, gut zwei Meter über dem Boden, eine Linie an den Wänden entlang. Pizarro stimmt zu. In den folgenden Monaten werden auf Befehl des Inka-Königs Schätze aus dem ganzen Reich herbeigeschafft und zu Barren geschmolzen.

Nun hat Pizarro das Gold. Atahualpa ist ihm nur noch im Weg. Der Spanier bricht sein Wort und inszeniert gegen ihn einen Prozess, bei dem Pizarro und Almagro selber als Richter fungieren. Die konstruierte Anklage lautet auf zwölf Delikte, darunter Anstiftung zum Aufstand, die Ermordung Huáscars, Missbrauch von Staatsgeldern, Ehebruch und Götzendienst. Selbst ein Dutzend Leute aus den eigenen Reihen protestieren gegen diese Farce. Doch das vorhersehbare Urteil wird gesprochen: Tod durch Verbrennen. Am 29. August 1533 wird Atahualpa nach Sonnenuntergang bei Fackelschein zum Scheiterhaufen getragen. In letzter Minute ist er bereit, sich auf den Namen Juan de Atahualpa christlich taufen zu lassen – so stirbt er nicht im Feuer, sondern im Würgeisen, wie ein gewöhnlicher Verbrecher.

Am 15. November 1533 zieht Pizarro in die Inka-Hauptstadt Cuzco ein. Sein Bruder Hernando wird zu deren Statthalter ernannt. Von Cuzco aus dringt Belalcázar 1534 in das Gebiet um Quito, Almagro 1535 bis zum Río Maule in Chile vor. Unter dem Inka-Führer Manco Capac II. bricht 1536 ein Aufstand los, bei dem Cuzco von 15000 Indianern belagert wird. Die Brüder Pizarro und Almagro schlagen ihn 1537 noch gemeinsam mit ihren Truppen nieder. Dann aber kämpfen sie, kaum ist der gemeinsame Feind bezwungen, gegeneinander um die Macht.

So wird Peru, kaum von Spanien erobert, zum chaotischen Schauplatz blutiger Fehden unter den Konquistadoren. Pizarro residiert als Vizekönig in der neuen Hauptstadt Ciudad de los Reyes (dem späteren Lima), die er 1535 an der Küste gegründet hat. Seine Brüder schlagen Almagro 1538 in der Schlacht von Las Salinas. Hernando lässt Almagro auf Befehl seines Bruders erdrosseln; er wird dafür später in Spanien mit 20 Jahren Festungshaft bestraft. Und Almagros Anhänger rächen sich 1541 in Lima, indem sie Francisco Pizarro ermorden. Er stirbt in seinem Palast durch einen Degenstich in die Kehle. Sein Tod ist wie der logische Schlusspunkt seines Lebens. Alle Träume, die er hatte, haben stets Zerstörung bedeutet.

Artikel in NATIONAL GEOGRAPHIC: „Pizarro, Conqueror of the Inca“ (Februar 1992).

Marco Polo

1254–1324

Ein Kaufmann aus Venedig reist durch Asiens unbekannte Berge und Wüsten, Steppen und Städte. 17 Jahre dient er dem Herrscher der Mongolen, kommt dabei bis China – und sieht Kulturen, die Europa überlegen sind.

Lebensdaten
1254 Geburt in Venedig.
1271 Mit Vater und Onkel nach Asien.
1275 Ankunft am Hof des Mongolenherrschers Kublai Khan. Reisen bis China als Diplomat und Sonderbeauftragter.
1292 Beginn der Rückreise zur See.
1295 Ankunft in Venedig.
1298 Kriegsgefangener Genuas. Niederschrift des Reiseberichts durch Mithäftling Rustichello.
1299 Freilassung, Heimkehr.
1324 Tod in Venedig.

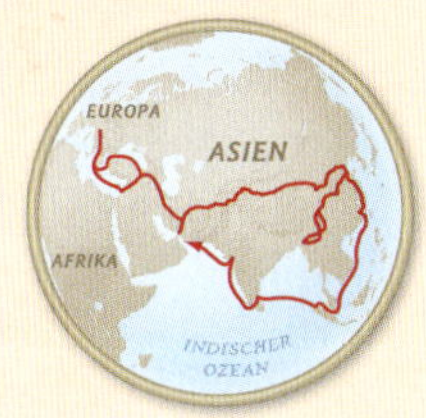

Reisen steckt der Familie Polo im Blut. Im Osten, das wissen sie als venezianische Kaufleute, gibt es kostbare Waren: Edelsteine, Gewürze und Seide. Niccolò und Maffeo Polo, zwei Brüder, brechen um 1260 von Konstantinopel zu einem Abenteuer auf, das ungeahnte Folgen haben wird. Über die Krim ziehen sie ins Zentrum der Goldenen Horde, des mongolischen Westreichs, werden durch Thronwirren weiter nach Osten verschlagen, schließen sich in Buchara einer persischen Gesandtschaft an und gelangen so 1266 an den Hof des Herrschers Kublai Khan. Der hält große Stücke auf das Christentum und gibt den beiden für den Rückweg einen Brief an den Papst mit. Darin bittet er um 100 Gelehrte, die das Evangelium in seinem Reich verbreiten sollen, und um Öl aus der Lampe auf dem Jesusgrab in Jerusalem, das als Balsam für Seele und Körper gilt. Mit vielen Geschenken kehren sie 1269 nach Venedig zurück.

Zwei Jahre später brechen sie erneut auf, um die Bitte des Khans zu erfüllen. Sie nehmen den 17-jährigen Marco, den Sohn von Niccolò, mit auf die Reise. Der Papst ist gerade gestorben, die Neuwahl noch im Gang. Sie schiffen sich nach Akko im Heiligen Land ein. Das Öl zu beschaffen ist kein Problem, wohl aber das zweite Begehr des Khan. Der päpstliche Legat Teobaldi Visconti, den sie in Akko treffen, gibt ihnen ein Schreiben an den Mongolenherrscher mit. Darin bittet er um Verständnis, dass die 100 Missionare erst geschickt werden können, wenn der neue Papst gewählt sei. Kaum sind die Venezianer aufgebrochen, wird Visconti als Gregor X. Kirchenoberhaupt in Rom. Die Polos eilen noch einmal nach Akko zurück, um wenigstens zwei Dominikaner mitzunehmen, die sie nach Asien begleiten sollen. Doch die beiden Patres, Wilhelm von Tripolis und Nikolaus von Vicenza, kapitulieren schon bald vor den Strapazen der Reise – sie kehren zum Mittelmeer zurück, die Venezianer ziehen durch Mesopotamien und Persien nach Osten.

Eigentlich wollen sie diesmal mit dem Schiff nach China gelangen. Doch im Seehafen Hormus (heute Bandar Abbas) finden sie kein geeignetes Boot. So bleibt ihnen kein anderer Weg als die mühsame Reise über Land. 1272 durchqueren sie die Salzwüste Dasht-e Lut, gelangen in Afghanistan in die Städte Herat und Balch – den östlichsten Punkt, den Alexander der Große bei seinen Eroberungszügen vor 1 500 Jahren erreichte. Auf dem Weg zum Handelszentrum Kaschgar wird Marco Polo krank. Er braucht ein Jahr, um sich in der Bergregion Badachschan zu erholen. In den Basaren staunt er, so sein späterer Bericht, über die «blaugrünen Lapislazuli, die feinsten Lapislazuli der Welt», und über rubinrote Spinelle, «die wertvollsten Rubine».

Die Polos ziehen auf der Wachan-Route weiter. Sie wird seltener benutzt als die nördliche Seidenstraße über Buchara und Samarkand. Doch auch sie ist ein alter Handelsweg, durch den sich Buddhismus und Islam verbreitet haben – und nun auch das Christentum einzieht. Auf dem Pamir-Plateau spürt der junge Venezianer, was es heißt, auf 4000 Meter Höhe zu reisen. «Begib dich hinein, und du kommst nicht mehr heraus» bedeutet der Name der Wüste Taklamakan, die dann folgt. «Überall Berge, Sand und Täler, nichts Essbares», notiert Marco, erst «nach Ablauf eines Tages und einer Nacht findet man Trinkwasser». Vermutlich haben sie Kameltreiber gemietet, die die Lage der Wasserlöcher kennen.

Als es noch 40 Tagesreisen bis zum Palast von Kublai Khan sind, kommen ihnen Gesandte des Mongolenherrschers entgegen. Sie geleiten sie zur Sommerresidenz Shangdu, die „Stadt der 108 Tempel", nördlich des heutigen Peking gelegen. Dort knien die Venezianer 1275 vor dem Enkel des großen Dschingis Khan. «Ein Prachtbau aus Marmor und Stein», notiert Marco, «Säle und Zimmer sind vergoldet.» Im Tiergarten befinde sich ein weiterer Palast, ganz aus Bambus gebaut, mit «vergoldeten und lackierten Säulen, auf denen je ein Drache steht, der die Säule mit dem Schwanz umschlingt und das Dach mit ausgestreckten Tatzen trägt... Der Großkhan ließ den Palast so konstruieren, dass er jederzeit nach seinem Wunsch an irgendeinen beliebigen Ort gebracht werden kann. Mit mehr als 200 Seilen aus Seide kann man ihn überall aufstellen.»

Der Aufbruch der Polos aus Venedig im Jahr 1271 – Miniatur aus einer englischen Handschrift des 14. Jahrhunderts. Vater Niccolò und Onkel Maffeo nehmen den 17-jährigen Marco, dessen Mutter schon tot ist, mit auf die Reise.

Kublai Khan ist beeindruckt von dem mittlerweile 21-Jährigen. Während Vater und Onkel ihren Geschäften nachgehen, lernt Marco eine Sprache nach der anderen, die im Mongolenreich gesprochen werden. Der Herrscher betraut ihn mit Sondermissionen. Als Diplomat und Vertrauter des Potentaten reist er in den nächsten 17 Jahren durch Tibet, durch die Regionen am Fluss Jangtse, am Gelben Fluss und am Mekong. Als erster Europäer gelangt er ins Innere von Birma und ins Gebiet der heutigen Staaten Thailand und Vietnam, möglicherweise auch nach Sibirien. Nicht alles, was er später berichtet, hat er mit eigenen Augen gesehen. Oft schreibt er auch nieder, was ihm zugetragen wird. So mischen sich eigene und fremde Beobachtungen in seinen Notizen.

Seine Lieblingsstadt ist Hangzhou in China. Sie war einst die blühende Kapitale der Song-Dynastie und wurde 1276 von den Mongolen erobert. 1282 bis 1285 amtiert Marco Polo hier als Gouverneur. Es sei, so schreibt er später, «die bei weitem glanzvollste Stadt der Welt», mit «1600000 häuslichen Herden». Er schwärmt von «öffentlichen, warmen Bädern», in denen «hundert Männer oder hundert Frauen bequem zur gleichen Zeit miteinander baden können». Er schreibt von 20000 Prostituierten in der Stadt und berichtet fasziniert, wie Kohle zum Heizen verwendet wird.

Gegen Ende der achtziger Jahre verschlechtert sich der Gesundheitszustand des Khans. Der Widerstand der Chinesen gegen die Mongolen wächst. Die Venezianer möchten wieder nach Hause. Nach langem Zögern willigt der Herrscher ein. Als letzten Auftrag sollen sie die 17-jährige Kokejin nach Persien bringen, die Kublai Khans Großneffe Arghun zur Frau nehmen will. Der Landweg ist durch Kämpfe versperrt, daher müssen

Niccolò und Maffeo Polo werden von Kublai Khan empfangen – Miniatur aus dem 15. Jahrhundert. Der Mongolenherrscher ist dem Westen und dem Christentum gegenüber aufgeschlossen. Er nimmt den 17-jährigen Marco, dessen Bildung und Sprachkenntnisse ihn beeindrucken, in seine Dienste.

die Venezianer übers Meer. 14 Schiffe werden ausgerüstet, 600 Passagiere drängen an Bord, dazu kommen noch die Matrosen. 1292 sticht die Flotte vom Hafen Quanzhou aus in See.

Die Reisenden sitzen Monate auf der Insel Samudra (Sumatra) fest, bis günstige Winde kommen. Marco genießt die «besten Fische der Welt», die «riesigen Kokosnüsse» und den *tuak* – einen fermentierten, grünlichen Palmensaft, der etwa so stark wie Bier ist –, einen «wohlschmeckenden Wein». Allerdings schreibt er auch entsetzt: «Ihr könnt mir glauben: Die Eingeborenen in den Bergen verzehren Menschenfleisch.»

Die Fahrt entlang der indischen Küste fordert einen hohen Tribut. Unwetter und Skorbut raffen die Reisenden dahin. Als die Venezianer in Hormus ankommen, sind von den 600 Passagieren ganze 18 noch am Leben. Der Herrscher Arghun ist inzwischen gestorben, so wird die Prinzessin seinem Sohn Casan übergeben. Sie stirbt schon drei Jahre nach ihrer Ankunft, im Alter von ungefähr 22 Jahren.

Über Trapezunt und Konstantinopel schaffen es die Polos nach Hause. Als sie 1295 in Venedig ankommen, erkennt sie niemand mehr; längst wurden sie für tot erklärt. Sie sind in Lumpen gekleidet und verströmen, so der spätere Chronist Giambattista Ramusio, «ein gewisses unbeschreibliches Flair von Tataren, sowohl in ihrer Erscheinung als auch in ihrem Akzent». Doch als das heruntergekommene Trio die Säume seiner Gewänder aufreißt, kommen Rubine, Diamanten und Smaragde zum Vorschein. «Ganz Venedig», so Ramusio, «eilte zu ihrem Haus, um sie zu umarmen.»

Im Krieg zwischen Venedig und Genua wird Marco Polo als Kommandant einer Galeere gefangen genommen. Sein Mithäftling in Genua ist der Schriftsteller Rustichello. Dieser berichtet, es sei dem Venezianer gelungen, sich seine Notizen ins Gefängnis kommen zu lassen. Rustichello schmückt das Werk auf seine Weise aus, rund 150 weitere Versionen werden in den folgenden Jahrzehnten erstellt. 1299 wird Marco Polo aus der Haft entlassen. Was er an Wundern aus dem Osten berichtet, wird von vielen angezweifelt. Doch noch auf dem Sterbebett im Jahr 1324 schwört er: «Ich habe noch nicht einmal die Hälfte dessen niedergeschrieben, was ich gesehen habe.»

□ Artikel in NATIONAL GEOGRAPHIC: „The World's Greatest Overland Explorer" (November 1928), „Auf den Spuren von Marco Polo", „Marco Polo in China", „Marco Polos Heimreise" (Mai–Juli 2001, Deutsche Ausgabe).

John W. Powell

1834–1902

Lebensdaten
1834 Geburt in Mount Morris, New York.
1856–58 Erkundungsfahrten auf dem Mississippi, Ohio und Illinois.
1862 Verlust des rechten Arms im Amerikanischen Bürgerkrieg.
1865 Geologieprofessor.
1867–68 Exkursionen in die Berge am Colorado.
1869 Durchfahrung des Grand Canyon.
1871–72 Zweite Fahrt auf dem Colorado.
1879–94 Direktor des U.S. Geological Survey.
1881–1902 Direktor des Bureau of American Ethnology, eines Zweigs der Smithsonian-Institution.
1888 Mitgründer der National Geographic Society.
1902 Tod in Haven, Maine.

Er hat im Krieg einen Arm verloren. Dennoch durchfährt er mit einem Team von Wagemutigen als erster Forscher den wildesten Teil des Grand Canyon. Auf der Landkarte der USA verschwindet dadurch der letzte weiße Fleck.

Das unstete Leben hat er von Kindesbeinen an im Blut. Sein Vater Joseph Powell, ein methodistischer Wanderprediger, folgt mit Frau und Kindern den Pioniersiedlern, die immer weiter nach Westen vorrücken. 1838 ziehen die Powells ins „Frontdorf" Jackson im südlichen Ohio, 1846 auf eine Farm im südlichen Wisconsin, 1852 nach Wheaton in Illinois.

Der Vater hält leidenschaftliche Reden für die Abschaffung der Sklaverei und macht sich damit nicht nur Freunde. An der Schule werfen Kinder mit Steinen nach seinem Sohn. So bleibt am Ende nur Privatunterricht. Ein Farmer und Autodidakt namens George Crookham, der zum Hauslehrer wird, weckt die Talente des Jungen. Er nimmt ihn auf lange Wanderungen mit und zeigt ihm die Schönheiten der Natur. Schon mit zehn Jahren weiß John, wie Karten gezeichnet, Steine und Felsformationen untersucht, Tiere und Pflanzen beobachtet werden.

Er besucht das Wheaton College und verdient nebenher sein erstes Geld als Lehrer. Kaum aber sind Ferien, zieht es ihn aus der Enge der Schulräume in die Weite des Mittleren Westens. 1856 rudert er den Mississippi hinunter, 1857 den Ohio, 1858 den Illinois bis zur Mündung.

Im Amerikanischen Bürgerkrieg, der 1860 ausbricht, stürmt John W. Powell nach vorn wie auf seinen Märschen durch die Berge. 1861 meldet er sich als Freiwilliger auf der Seite der Nordstaaten. Erst kommt er zur Infanterie, dann zur Artillerie. Nach sechs Wochen ist er Unterleutnant, nach vier Monaten Hauptmann. In der Schlacht von Shiloh im April 1862, einer der blutigsten des Kriegs, erhält er als Kommandeur einen Schuss in den rechten Arm, der daraufhin bis zum Ellbogen amputiert werden muss. Kaum genesen von der Operation, will er zurück zur Artillerie, kämpft unter General Ulysses S. Grant die siegreichen Schlachten bei Vicksburg und Nashville, wird 1964 Major. Sein fehlender Arm ist ein Handicap, das er souverän ignoriert – im Krieg wie im Frieden.

Nach seinem Abschied von der Armee ist er für kurze Zeit Geologieprofessor in Bloomington, Illinois. Doch eine Universitätskarriere findet er auf Dauer langweilig. Powell sucht seine Herausforderung woanders. Er besteigt den Pikes Peak und Longs Peak, betreibt geologische Forschungen in den Bergen von Colorado, studiert die Sprache und Sitten der Ute-Indianer, kann sich schließlich mit ihnen in deren Sprache verständigen. Dann nähert er sich dem letzten weißen

Fleck, den es auf der Landkarte der Vereinigten Staaten noch gibt: der langen, tiefen, unzugänglichen Schlucht, durch die der Colorado rauscht. Noch nie hat ein Forscher gewagt, durch die reißenden Fluten des Grand Canyon zu fahren – zumindest nicht in dessen wildestem Teil, auf dem windungsreichen, mehr als 1600 Flusskilometer langen Stück von der Mündung des Green River bis zum Virgin River.

General Grant, der Freund aus Kriegszeiten, wird 1869 Präsident. Er sorgt dafür, dass ihm Proviant aus Armeebeständen zur Verfügung gestellt wird. Die renommierte Smithsonian-Institution leiht ihm die nötigen Messinstrumente: Sextanten und Kompassgeräte, Chronometer, Barometer und Thermometer. Dann sucht er sich seine Truppe für den Trip.

Am 24. Mai 1869 steigen an der Green-River-Station zehn Männer in vier Boote, die eigens für diese Fahrt gebaut worden sind. Im ersten, „Emma Dean", sitzen Powell sowie die beiden Trapper Jack C. Summer und William Dunn, im zweiten, „Kitty Clyde's Sister", Powells Bruder Walter und George Bradley, ebenfalls zwei Bürgerkriegsveteranen, im dritten, „Maid of the Canyon", der Trapper Andrew Hall und der Expeditionskoch William R. Hawkins, im vierten, das namenlos bleibt, die Brüder Seneca und Oramel G. Howland sowie der englische Abenteurer Frank Goodman.

Sie schießen auf den Schnellen dahin und wissen nicht, was nach der nächsten Kurve kommt. Nach zwei Wochen kracht das namenlose Boot gegen einen Felsen. Die Insassen können sich retten, tags darauf wird ein Teil der Instrumente geborgen, ein Drittel des Proviants aber geht verloren. Am 18. Juni hangelt sich Powell eine der Schluchtwände hoch, hängt irgendwann hilflos in den Felsen. Bradley schafft es, auf einen kleinen Vorsprung daneben zu klettern. Er zieht seine Hose aus, reicht sie Powell als Seil und rettet ihm so das Leben. Am 5. Juli gibt Goodman auf. «Ich habe hier mehr Aufregendes erlebt als gut ist für einen Menschen im ganzen Leben», sagt er. «Ich steige aus.»

Die Wände zu beiden Seiten werden höher und höher. Am 24. Juli misst Powell fast 700 Meter, am 9. August mehr als 800 Meter. Der Fluss rauscht an Redwall Cavern vorbei, einem riesigen Überhang, unter dem sich das Wasser tief in den Fels eingegraben hat. «Wenn hier ein Theater wäre», beschreibt Powell das Szenario in seinem Tagebuch, «hätten darin 50000 Leute Platz.»

Die Stromschnellen nehmen kein Ende. Der Proviant wird knapp. Das Mehl ist muffig geworden, der Schinken verdorben, nur getrocknete Äpfel gibt es noch an Bord. Am 20. August tauchen Ruinen eines verlassenen Dorfs auf, Artefakte liegen auf einer Terrasse über dem Fluss. Am 25. August steigen auf fünf Kilometer Länge mächtige Lavafelsen mitten aus dem Fluss auf. Powell glaubt, dass irgendwann in der Erdgeschichte hier riesige Lavamassen den Canyon wie ein Damm versperrt haben. «Was für ein Konflikt von Feuer und Wasser muss das gewesen sein!», notiert er in sein Tagebuch. «Was für ein Zischen und Kochen im Wasser, was für eine Dampfwolke muss da himmelwärts gestiegen sein!»

Powell mit einem Paiute-Indianer. Der Forscher studiert die Sprachen und Sitten der einheimischen Völker am Colorado. Er engagiert sich, nach dem Vorbild der Ureinwohner, für einen schonenden Umgang mit der Natur. Das bringt ihm nicht nur Freunde ein.

Powell mit einem seiner Boote an einer ruhigeren Stelle im Grand Canyon, wo die Expeditionsteilnehmer anlanden können. Von der anfangs zehnköpfigen Truppe kommen nach 99 Tagen Wildwasser nur noch sechs an. Vier Männer steigen unterwegs aus.

Am Morgen des 28. August haben Dunn und die Brüder Howland genug. Mühsam klettern sie aus dem Canyon heraus und stolpern durch die Wüste. Powell wird sie nie wieder sehen. Denn schon bald fallen sie rachsüchtigen Indianern in die Hände. Die Einheimischen halten sie irrtümlicherweise für die Bergleute, die kurz zuvor ein Mädchen vergewaltigt haben, und bringen sie kurzerhand um. Nur knapp zwei Tage hätten den dreien noch gefehlt – am Abend des 29. August erreicht der Rest der Truppe den Ausgang des Grand Canyon. Es ist die Stelle, an der 1963 der Glen-Canyon-Damm eingeweiht werden wird.

Die Pionierfahrt macht Powell zum Helden. Viele Türen stehen ihm nun offen. Er bekommt die Mittel für eine zweite Colorado-Expedition. Sie führt ihn 1871 bis 1872 von Lees Ferry abwärts bis zur Einmündung des Kanab Creek. 1875 erscheint sein Colorado-Report, das Fazit beider Expeditionen. 1879 wird er Leiter des Geological Survey der USA, 1881 Direktor des Bureau of American Ethnology, das zur Smithsonian-Institution gehört. 1888 sitzt er unter den 33 Männern, die im Washingtoner Cosmos Club die National Geographic Society aus der Taufe heben.

Powell wird zum Anwalt der Indianer, deren Kultur am Aussterben ist. Er fertigt Studien über Farmen in Trockengebieten und deren Bewässerungsprobleme an. Darin kritisiert er die schachbrettartige Anlage solcher Ländereien, weil Wasser sich nicht an gerade Linien halte. Als einer der Ersten erkennt er, wie wichtig Bergwälder als Wasserspeicher für die Täler sind. Er arbeitet Pläne zum Schutz natürlicher Ressourcen aus, warnt vor fortschreitender Zerstörung der Umwelt.

Powell kämpft dagegen, schutzwürdiges Land in private Hände zu geben. Das bringt die Holzfäller gegen ihn auf, die nicht die Kosten einer Wiederaufforstung tragen wollen. Und es macht die Viehzüchter zu seinen Feinden, die Wälder roden und durch Weiden ersetzen möchten. 1889 hat er noch den Präsidenten hinter sich, um einen nationalen Managementplan für die Wasserreserven zu erstellen. Doch noch im selben Jahr beginnt im Kongress eine Kampagne gegen die Realisierung des Projekts, das dem Staat Umweltschutzkontrollen sichern soll. Ab 1891 werden die Mittel dafür drastisch gekürzt. Die wilden Wellen des Colorado hat Powell bezwungen. Die Lobby seiner politischen Gegner aber ist letztlich stärker als er.

Artikel in NATIONAL GEOGRAPHIC: „Retracing John Wesley Powell's Historic Voyage Down the Grand Canyon" (Mai 1969), „John Wesley Powell: Vision for the West" (April 1994).

Nikolai Prschewalski

1839–1888

Ein rastloser Russe entdeckt in Innerasien ein Labyrinth von Bergketten, eine wilde Pferderasse und einen wandernden See. Doch sein ganz großer Traum geht nicht in Erfüllung: Tibets Hauptstadt Lhasa bleibt ihm verschlossen.

Als junger Mensch wird er des Lebens nicht recht froh. Mathematik, Latein, das ewige Auswendiglernen in der Schule – das alles ist für ihn ein ziemlicher Horror. Ein Tag auf der Pirsch mit dem Vater ist zehnmal schöner als mit den verhassten Lehrern, die züchtigend die Stöcke schwingen und dabei zuweilen nicht mal ganz nüchtern sind. Vom Militärdienst, zu dem er sich mit 16 Jahren meldet, ist er genauso angewidert. Seine Kameraden auf der Stube haben nur Saufen und Spielen im Kopf. Nikolai Prschewalski, Sohn eines Kosaken, empfindet sich als „Diamant im Misthaufen".

Das Schöne im Leben, findet er, sind weniger die Menschen als die Natur. An der Generalstabsakademie von St. Petersburg, die ihn 1861 aufnimmt, ist er ein Eigenbrötler. Vorschriften ignoriert er souverän, Ein- oder gar Unterordnung kommt nicht in Frage. Ein Prschewalski tut nur das, was er will. Eingeschlossen in seiner Studierstube stellt er auf eigene Faust eine „Militärische und statistische Übersicht über das Amur-Land" zusammen. Da ziehen sie zum ersten Mal angetan die Augenbrauen hoch, sowohl in der Akademie als auch bei der Russischen Geographischen Gesellschaft. Dieser Trotzkopf, Einzelgänger und Menschenverächter hat offensichtlich Talente, die es freizulegen gilt.

Das Gebiet am Amur, das China laut Verträgen von 1858 und 1860 an Russland abgetreten hat, ist nur eine von vielen Regionen, für die sich der russische Zar ganz besonders interessiert. Seit 1864 sind seine Truppen dabei, auch Turkestan, Taschkent und Samarkand dem Großreich einzuverleiben. Aber die weiten Steppen und Wüsten, in die er seine Macht ausbreitet, sind auf den Militärkarten meist nur große, weiße Flächen mit wenigen Konturen. Es fehlen an allen Ecken und Enden präzise Daten.

Prschewalski wird weit in den Osten an den Ussuri geschickt, den Grenzfluss zur Mandschurei und Korea. Er soll Land- und Wasserrouten erkunden, Karten berichtigen, botanische und zoologische Sammlungen anlegen. Endlich mal ein sinnvoller Einsatz! Prschewalski ist voller Tatendrang. Am Ende will er seinen Reisebericht nicht nur den Behörden, sondern auch der Öffentlichkeit vorlegen. Das Geld für den Druck gewinnt er beim Kartenspiel, 12 000 Rubel in nicht mal einem Jahr – da bleibt sogar noch eine hübsche Summe übrig.

Nun hat er nicht nur die Geographische Gesellschaft, sondern auch den Kriegsminister hinter sich. Prschewalski ist einer mit Wissen und Mumm, finden sie in St. Petersburg, auch wenn mit ihm wohl nicht leicht auszukommen ist. «Wer mit mir losmarschieren will, muss wissen, dass er allein dazu da ist, meine Befehle auszuführen», sagt er in kompromissloser Offenheit.

Lebensdaten

1839 Geburt in Kimborowo (Russland).
1855 Eintritt in die Armee.
1867 Studien am Fluss Ussuri (Grenze zu China).
1870–73 Erste Expedition: durch die Wüste Gobi nach China. Vom See Kuku Nur ins Qaidam-Becken. Durch die Wüste Ordos in die nördliche Mongolei.
1876–77 Zweite Expedition: durch die Wüste Taklamakan ins Tarimbecken. Entdeckung des wandernden Sees Lop Nur.
1879–80 Dritte Expedition: Erforschung der Quellen des Hwangho. Vorstoß nach Tibet. 250 Kilometer vor der Hauptstadt Lhasa Zurückweisung durch tibetische Truppen.
1883–85 Durch das nördliche Tibet. Kartierung zahlreicher Bergketten. Über das Tienschan-Gebirge zum See Issyk-Kul in Kirgisien.
1888 Tod in Karakol (Kirgisien).

Eine Jurte, typisch für die von Prschewalski durchstreiften Gebiete. Häufig muss sich der russische Forscher gegen räuberische Tanguten wehren, die ihren Lebensunterhalt zum großen Teil durch Überfälle sichern. Die Feuerwaffen der Expeditionstruppe aber schlagen die Angreifer stets in die Flucht.

Im Jahr 1870 beginnt seine erste große Expedition. Vom Grenzort Kiachta südlich des Baikalsees zieht er durch die Wüste Gobi nach China. Er stößt zum See Kuku Nur vor, einem tiefblauen, salzhaltigen Gewässer auf 3315 Meter Höhe im Westen des Landes. Für die Umrundung, sagen die Einheimischen, braucht man sieben bis acht Tage zu Pferd und 14 Tage zu Fuß. Prschewalski rammt Stangen in den Uferschlamm und stellt auf diese Weise fest, dass sich der Wasserspiegel nicht hebt und senkt – einer der vielen Irrtümer, die er von nun an dem französischen Missionar Evariste Régis Huc posthum nachweisen wird, der diese Gegend vor gut 30 Jahren bereist und beschrieben hat.

Der Russe dringt über Berge und Flugsanddünen bis ins Qaidam-Becken vor – keine dürre Steppe, wie bei Huc zu lesen, sondern ein Salzsumpf. Er macht sich Mongolenführer und die Mönche im buddhistischen Kloster Tscheibsen zu Freunden und sammelt kistenweise ein, was er an Neuem findet. Nach fast drei Jahren Marsch durch die Einöden Innerasiens ist er so verschmutzt und verwildert, dass die Einheimischen sagen, er sehe schon ganz wie ein Mongole aus. Er bringt außer einem Stapel neuer Karten 130 Felle, 40 große und 100 kleinere Tiere, 1000 Vögel, 3000 Insekten und 4000 Pflanzen mit nach Hause. Die hohen Herren in St. Petersburg haben sich in ihm nicht getäuscht.

Die zweite Expedition von 1876 bis 1877 führt den Russen von Westen her in unbekanntes Land. Nach Durchquerung der Wüste Taklamakan gelangt er auf dem Tarim an Salzmoore und Schilf. Die Einheimischen erzählen von einem seltsamen See namens Lop Nur, der seine Lage immer wieder verändere, dessen Wasserspiegel ein paar Jahre lang steige und dann wieder sinke. Seit ▶ Marco Polo vor 600 Jahren ist kein Europäer mehr in diese Gegend gekommen. Die Entdeckung des wandernden Gewässers wird noch Scharen von Forschern mobilisieren, ehe der Schwede ▶ Sven Hedin das Rätsel endgültig lösen wird.

Auf seiner dritten Expedition von 1879 bis 1880 steigt Prschewalski über hohe, einsame Pässe. Er kartiert die vielen parallel verlaufenden und dennoch verwirrenden Bergketten, die Tibet nach Nordosten abschließen. Prschewalski hat ein ganzes Arsenal von Namen, auf die er die unbekannten Höhenzüge tauft. Einen benennt er nach Marco Polo, einen nach Zar Alexander II., einen nach ▶ Christoph Kolumbus. Der deutsche Naturforscher ▶ Alexander von Humboldt kommt ebenso zu der Ehre wie der Geograph Carl Ritter.

Seine Begleiter mähen mit ihren Feuerwaffen räuberische Tanguten nieder, die hier die Gegend unsicher machen. Tanguten, notiert der Russe, nehmen Kamele mit Proviant auf ihre ausgedehnten Beutezüge mit. Sie bestechen den chinesischen Statthalter, damit er sie in Ruhe rauben lässt. Und nach der Rückkehr bringen sie am See Kuku Nur ihrem Gott ein Sühneopfer dar, indem sie bei Fischern einkaufen und die von ihnen erworbenen Fische in den See zurückwerfen.

Die armen, ungebildeten Mongolen, schreibt Prschewalski, haben unter diesem Räubervolk besonders zu leiden. «Ihre Augen sind matt, geistlos, ihr Charakter düster, melancholisch.» In einem Mongolen stecke keine Energie, «er hat keinen Wunsch und verhält sich mit viehischer Gleichgültigkeit gegen Alles in der Welt, außer gegen das Essen». Seine mongolischen Führer, die ihm an Mut und Zähigkeit nicht das Wasser reichen können, haben es entsprechend schwer mit ihm. Mal droht er ihnen mit Erschießung, wenn sie nicht weitergehen, mal jagt er sie einfach davon.

Legenden beginnen sich um den Russen zu ranken. Er sei ein Wunderheiler, sagen die einen; in einem Dorf knien 200 Menschen vor ihm und bitten darum,

Prschewalski entdeckt in den Steppen Innerasiens nicht nur riesige Landflächen, sondern auch ein bis dahin unbekanntes Wildpferd (oben). Es wird den wissenschaftlichen Namen *Equus przewalskii* erhalten. Der Forscher macht umfangreiche Aufzeichnungen über die Sitten der Einheimischen – hier ein Mongole bei einem Opfergebet (unten).

dass er die Kranken segne und die Zukunft vorhersage. Er sei ein Heiliger, sagen andere, der sich auf dem Weg zum Dalai Lama befinde. Mit dem letzten Teil dieser Aussage liegen sie gar nicht so falsch. Denn wie so viele Forscher vor und nach ihm hat auch Prschewalski einen großen Traum, mit dem er all sein Schaffen krönen möchte: Er will Lhasa sehen, die verbotene Stadt, wo Tibets fremdenfeindliche Mönche regieren.

Prschewalski kommt bis auf 250 Kilometer an sein Ziel heran. Dann wird seine Expedition von tibetischen Truppen gestoppt. Der Russe schwenkt seinen Pass mit dem Visum der Chinesen. Die Tibeter antworten ihm, sie bekämen ihre Anweisungen nicht von China, sondern vom Dalai Lama. Prschewalski diskutiert, gestikuliert, protestiert – doch schließlich muss sogar einer wie er vor diesem Gegner kapitulieren. Deprimiert kehrt er über die Wüste Gobi nach Russland zurück.

Ein viertes Mal bricht er auf in die glitzernden Salzebenen und trostlosen Steppen. Er gelangt an die Seen Gjaring Hu und Ngoring Hu, denen der Hwangho, der „Gelbe Fluss" entspringt. Chinesischen Kartographen war dieses Gebiet schon bekannt, Europäer hingegen sind vor ihm dort noch nie gewesen. Am 1. Juni, bei minus 23 Grad, kämpft er sich durch einen Schneesturm. Vom Oberlauf des Jangtsekiang zieht er am Nordhang des Gebirges Altun Shan entlang. Mit astronomischen Mitteln bestimmt er Dutzende von Bergketten, die sich wie Wellen einer steinernen Brandung vor ihm ausbreiten. Am See von Lop Nur schlägt er zu Studienzwecken noch einmal für 50 Tage ein Lager auf.

Auf dieser Reise sind es 7815 Kilometer gewesen. Mit den drei vorangegangenen Expeditionen summiert sich das auf insgesamt 30000 Kilometer, deren Verlauf Prschewalski fein säuberlich zu Papier gebracht hat. Zurück im kirgisischen Karakol, am Ufer des Sees Issyk-Kul, überzieht er 1885 seine geschlauchte Truppe mit einer schwungvollen Lobeshymne: «Ruhm und Ehre euch allen, Kameraden! Die ganze Welt soll eure Taten kennen lernen. Ich umarme euch und danke jedem von euch im Namen Seiner Majestät des Zaren, der uns ausgesandt hat, im Namen der Wissenschaft, der wir gedient, und im Namen des Vaterlandes, dem wir Ehre gemacht haben.»

Der rastlose Russe hat auf seinen Reisen riesige Gebiete entschleiert. Er hat das asiatische Wildkamel und eine wilde Pferderasse entdeckt, die den wissenschaftlichen Namen *Equus przewalskii* erhalten wird. Nur ein Gedanke wühlt noch in ihm: Lhasa. Die Expedition dorthin ist schon für 1888 geplant. Doch auf dem Weg von St. Petersburg zum Ausgangspunkt Karakol trinkt er trotz Warnungen von einem Wasser, das verseucht ist. Ende Oktober stirbt Russlands größter Asienforscher am Fuß der kirgisischen Berge. Die Stadt Karakol, so befiehlt der Zar, wird ihm zu Ehren in „Prschewalsk" umbenannt.

Knud Rasmussen

1879–1933

Der Grönländer macht die Erforschung der Eskimos zu seiner Lebensaufgabe. Er reist 3000 Kilometer mit dem Hundeschlitten durch die Arktis, schläft in Schneehäusern, jagt Walrosse und lauscht den Sagen der uralten Völker.

Lebensdaten
1879 Geburt in Jakobshavn, (Grönland).
1902–04 Teilnahme an einer dänischen Expedition in den Nordwesten Grönlands.
1906–08 Ethnologische Studien bei den Inuit an der Nordwestküste Grönlands.
1910 Gründung der Handelsstation Thule.
1912 Von Thule aus West-Ost-Durchquerung des grönländischen Inlandeises. Mehrere Folgeexpeditionen.
1921–24 Von der Westküste Grönlands durch die kanadische Arktis bis nach Alaska. Ethnologische Studien bei fast allen Inuit-Völkern.
1931 Expedition nach Süd-Ostgrönland.
1932 Expedition nach Nordwestgrönland.
1933 Tod in Kopenhagen.

Eskimos tragen Sennegras in ihren Stiefeln. Das nimmt die Feuchtigkeit auf und schützt vor Erfrierungen an den Füßen. Sie haben Pelzkrägen an ihrer Anorakkapuze, die ihre Gesichter vor Raureif schützen. Sie bauen Kajaks aus Walrosshaut und Häuser aus Schnee. Sie erfanden die Tranlampe und den Schlitten, fahren Gespanne mit mehr als zehn Hunden. Eskimos – oder Inuit, wie sie später genannt werden – wecken das Interesse vieler Forscher. Entdecker wie ▶ Roald Amundsen, ▶ Fridtjof Nansen und ▶ Robert E. Peary lassen sich von ihnen zeigen, wie man in der Arktis überlebt. Sie brauchen die Eskimos, um ihre eigenen Ziele, die Pole oder das grönländische Inneneis, zu erreichen – im Dienst der Wissenschaft oder des eigenen Ehrgeizes, der oft nicht frei von Patriotismus ist.

Auch Knud Rasmussen ist fasziniert von den Inuit. Aber ihm geht es nur um diese Menschen und sonst nichts. Er muss sich auch keine Fertigkeiten von ihnen abgucken – weil er selber ein halber Inuit ist.

Er ist in Grönland geboren, als Sohn eines Dänen und einer Inuit-Mutter. Seine Kindheit verlebt er unter Eskimos. Mit sieben Jahren bekommt er sein erstes Hundegespann, mit zehn das erste Gewehr. Früh steht für ihn fest, dass er Polarforscher werden will.

Von 1902 bis 1904 nimmt er an einer dänischen Expedition in den Nordwesten Grönlands teil. Er überquert als Erster mit einem Hundeschlitten die Melvillebucht und beginnt seine Inuit-Studien.

Zwei Jahre später führt er dort seine Forschungen fort. Er reist bis zum Smith Sound. 1910 gründet er mit dem Kartographen Peter Freuchen am Inglefield-Fjorg die Handelsstation Thule (Qaanaaq). Sie verschaffen dadurch den Produkten der Inuit einen Markt und verhindern, dass diese von durchreisenden Walfängern betrogen werden. Der Verkauf von Polarfuchsfellen lohnt sich auch für Rasmussen selber. Mit dem Gewinn kann er einen Teil seiner Expeditionen finanzieren.

Im Jahr 1912 bricht er mit Freuchen und zwei Inuit von Thule aus zu seiner ersten Durchquerung des grönländischen Inlandeises auf – von Westen nach Osten, nördlich des 82. Breitengrads. Sie legen 1230 Kilometer zurück, im Durchschnitt 65 Kilometer am Tag. Rasmussen stellt fest, dass Pearyland im Gegensatz zur vorherrschenden Meinung keine Insel ist, dass es daher auch keinen „Peary-Kanal" gibt.

Im Jahr 1916 startet Rasmussen die zweite Thule-Expedition durch Nordgrönland, begleitet von dem dänischen Polarforscher Lauge Koch, dem schwedischen Botaniker Thorild Wulff und vier Inuit. Schneestürme, Eiseskälte, monatelange Dunkelheit sind für den Grönländer Rasmussen nichts Besonderes, er ist damit aufgewachsen – ein erheblicher Vorteil für einen Arktisforscher. Außerdem spricht er die Sprache der Eskimos – es ist seine eigene. 1919 reist er zu den Inuit von Ammassalik an die Ostküste der Insel. Später schreibt er ein Buch über sie.

Im Jahr 1921 startet Rasmussen eine der längsten Arktisexpeditionen, die je unternommen wurden. Das Ziel ist, alle noch existierenden Inuit-Stämme zu besuchen – eine 3000 Kilometer lange Reise von Grönland bis Alaska mit dem Hundeschlitten. Am 7. September sticht er mit einem Schiff in See. Mit an Bord sind Freuchen, der Archäologe Therkel Mathiassen, der Ethnograph Kaj Birket-Smith und einige Inuit.

Nach elf Tagen Fahrt erreicht das Schiff die Hudsonbai. Sie durchqueren die Bucht und landen an einer unbekannten Insel, die sie „Däneninsel" nennen. Sie errichten dort ihr Hauptquartier, sehen Rentiere, Walrösser, Bärenspuren – für Nahrung scheint gesorgt. Im Oktober unternimmt Rasmussen erste Erkundungsfahrten. Er spannt zwölf Hunde vor seinen Schlitten und beginnt mit der Suche nach Eskimos. Es dauert mehrere Wochen, bevor er die ersten in den endlosen Weiten sieht – «eine schwarze Linie, welche sich über das Eis draußen in der Förde hinzog», wie er später schreibt. Er trifft die Akilinermuit – die „Menschen von der anderen Seite des großen Meeres", von denen er in seiner Kindheit gehört hat. Er begrüßt sie in der Eskimosprache, sie verstehen ihn und antworten. Am Ende seiner Reise wird der Ethnologe bestätigen, was er vorher nur vermutet hat: Alle Inuit zwischen Baffin- und Beringmeer sprechen dieselbe Sprache.

Mehr als ein Jahr bleibt Rasmussen auf der „Däneninsel", unternimmt von dort Expeditionen zu mehreren Stämmen der Küsteneskimos. Er lernt den Geisterbeschwörer Aua kennen. Dieser kommt ihm bei der ersten Begegnung auf einem Schlitten entgegen, der

Knud Rasmussen legt seine 3000 Kilometer lange Fahrt mit einem einzigen Gespann zurück. Wie üblich bei den Inuit spannt er die Hunde fächerartig vor den Schlitten. Sie vertragen Temperaturen bis minus 50 Grad ohne äußeren Schutz. Ohne sie wäre die Reise nicht möglich gewesen. «Sie nehmen im Laufen so gewaltigen Abstoß mit den Pfoten, dass ihre Krallen sich durchs Eis wie Messer hindurchstoßen», schreibt Rasmussen über einen Tag, an dem die Schlitten leicht waren.

Ein Denkmal für Rasmussen steht in der Nähe seines Geburtsorts Jakobshavn (Ilulissat) an Grönlands Westküste – hier der Blick über die Disko-Bucht. Zu seiner fünften und größten Thule-Expedition sticht der Polarforscher und Ethnologe etwas weiter nördlich, von Upernavik aus, in See.

von 15 weißen Hunden gezogen wird. Er geht mit ihm zusammen auf Walrossjagd. «Tier und Mensch stehen einander nah», sagt der Schamane, «deswegen glaubten unsere Vorväter, dass man bald Tier, bald Mensch sein könne.» Abends führen sie im Schein der Tranlampe Gespräche über Religion und Tabus. Aua erzählt von der Herrscherin der Seetiere auf dem Meeresgrund, vor der sich sein Volk fürchtet. Rasmussen hat von der Sage auch in seiner Heimat gehört.

Im März 1922 unternimmt er eine Fahrt ins Landesinnere zu den Binneneiseskimos. Sie richten ihr Leben nach den Routen der Rentiere aus – irgendwo in Barren Grounds. Die Fahrt gestaltet sich schwierig. Bei Temperaturen unter minus 20 Grad beginnt der Schnee an den Schlittenkufen zu kleben. Einige der Inuit, auf die sie stoßen, haben noch nie Weiße gesehen.

Sie hatten einen ungewöhnlich harten Winter, viele sind verhungert. Doch nun haben die Rentierwanderungen eingesetzt. Von allen Seiten tauchen Herden auf, «so wirken die äsenden Tiere wie Staubkörner, die ohne Zahl über den weißen Schnee verstreut sind», schreibt Rasmussen. Die Iglus schmelzen Ende Mai, nun werden Zelte aus Rentierfell aufgestellt. Der Grönländer bezieht eines, um die Bräuche dieser Inuit zu studieren, die er für das Urvolk aller Eskimos hält.

Im März 1923 bricht Rasmussen – begleitet von zwei Inuit – nach King William Island vor der Nordküste Kanadas auf, um von dort der zugefrorenen Nordwestpassage bis Alaska zu folgen. Mit zwei sechs Meter langen Schlitten, die von je zwölf Hunden gezogen werden, geht es los. Jedes Gespann transportiert 500 Kilo Gepäck, davon sind zwei Drittel Hundefutter. Die anderen Expeditionsmitglieder setzen in der Zeit ihre Forschungen westlich der Hudsonbai und auf Baffinland fort.

Rasmussen verbringt den Sommer auf King William Island, fischt mit den Seehundeskimos Lachse am Amitsoq. «Niemals in meinem Leben habe ich so ausgelassene und sorglose Menschen, so munter hungernde, so humorvoll frierende, so elend und zerlumpt gekleidete Menschen gesehen wie hier», schreibt er. Doch das täuscht nicht darüber hinweg, dass das Inuit-Leben ein ständiger Kampf ums Dasein ist. Von September bis Juli herrscht bitterer Winter. Dann wird die Nahrung knapp. Alte Leute erhängen sich, weil sie der Gemeinschaft nicht zur Last fallen wollen, Mädchen werden oft bei der Geburt getötet. Sie können den Eltern im Alter nicht helfen, da sie in eine andere Familie heiraten. Rasmussen urteilt nicht. Er sammelt Material, schreibt auf, was er hört und sieht.

Über den Queen Maud Gulf zieht er weiter nach Victoria Island, von dort zur Mündung des Mackenzie River. Er lebt beim Moschusochsenvolk, bevor er zum Point Barrow nach Alaska weiterreist. Dort helfen ihm Inuit beim Bau eines Schneehauses – gerade noch rechtzeitig, bevor ein dreitägiger Schneesturm einsetzt. Seine Bewunderung für die Art, wie sich diese Menschen der Natur anpassen, ist grenzenlos. «Man stelle sich nur vor: Man geht zu einigen Freunden fünf Minuten Wegs vom eigenen Hause auf Besuch; geht man verkehrt, so bedeutet das den Tod; es sei denn, man hat ein Messer und kann sich ein Haus bauen.»

Im August 1924 endet Rasmussens Reise in der Goldgräberstadt Nome an der Beringstraße. Seine ethnologischen Erkenntnisse haben bis heute nichts von ihrem Wert verloren. Er hat gezeigt, dass die Inuit – so weit verstreut sie auch leben – eine gemeinsame Kultur haben. Er wusste, dass der Einbruch der Zivilisation ihre Traditionen zerstören würde. Und er war froh, dass er zu einer Zeit lebte, in der «die Polarforschung mit Hundeschlitten noch nicht veraltet war».

Ferdinand v. Richthofen

1833–1905

Ein Forschungsreisender aus Schlesien sieht die Landschaft mit anderen Augen. Er erfasst nicht nur die Oberfläche, sondern auch die innere Struktur. Seine Arbeiten über China machen ihn zum Vater der modernen Länderkunde.

Der Junge liebt es, durch die Natur zu streifen. Kaum sind die Ferien angebrochen, ist er weg. Wandert irgendwo durch die Sudetenberge. Füllt den Rucksack mit Steinen, die ihm aufgefallen sind. Sieht sich Ackerböden und die Ernten an. Lässt seine Augen weit über die Landschaftsformen schweifen. Als Gymnasiast zieht es ihn über die Alpen bis zur Adria. Die Reise nimmt ihn so gefangen, dass er verspätet zum Schuljahrsbeginn erscheint.

Ferdinand von Richthofen ist Spross einer adeligen Familie. Er verlebt seine Jugend in dem Dorf Carlsruhe nördlich von Oppeln. Nach dem Abitur fühlt er sich in Schlesien immer mehr beengt. Nach vier Jahren Studium flüchtet er 1852 von der Universität Breslau an die Universität Berlin. Dort findet er die Themen und die Menschen, die ihn interessieren. Er hört die Vorlesungen des Geologen Heinrich Ernst Beyrich, des Mineralogen Gustav Rose, des Geographen Carl Ritter. Aber auch Berlin ist nur ein kleiner Teil der Welt.

Der junge Doktor der Geologie drängt nach draußen. 1856 wird er der Geologischen Reichsanstalt in Wien empfohlen. Im Dienst der Habsburger Monarchie fertigt er vier Jahre lang Studien über die Berge Tirols, des Vorarlbergs und Siebenbürgens. Er sieht, das merken die Kollegen schon jetzt, die Welt mit anderen Augen als sie. Er bleibt nicht an der Oberfläche hängen, sondern dringt mit seinem Verstand in die Tiefen des Bodens ein.

Zu dieser Zeit hat Preußen, wie andere Mächte auch, Ambitionen im Fernen Osten. 1854 hat es der amerikanische Kommodore Matthew C. Perry geschafft, den ersten Handelsvertrag mit Japan abzuschließen, das sich bis dahin gegen den Rest der Welt abgeschottet hat. Nun will Berlin das Gleiche erreichen und sich dazu auch noch Siam und das Riesenreich China erschließen. Eine preußische Gesandtschaft unter Leitung von Friedrich Graf Eulenburg sticht 1860 in See. Richthofen gehört als Legationssekretär zu einer Gruppe von Forschern, die das Land erkunden wollen. In China, durch das eine Welle des Ausländerhasses rollt, haben sie aber keine Chance zu reisen. Stattdessen unternehmen sie – während Eulenburg mühsam verhandelt – eine Schiffstour über Formosa, die Philippinen und Celebes nach Java. Richthofen nutzt jede Gelegenheit, um ins Gelände zu gehen und geologische Untersuchungen anzustellen. Ende 1861 finden alle Delegationsmitglieder in Bangkok wieder zusammen und rüsten sich zur Heimreise. Doch Richthofen sondert sich ab und bleibt. «Ich hatte damals das Verlangen, irgendeine Aufgabe von größerer Tragweite auf dem asiatischen Kontinent zu lösen», schreibt er später über seine Motivation.

Alle Wege scheinen zunächst versperrt. Die Idee, von Kaschmir aus nach Zentralasien vorzudringen, wird durch den Aufstand des muslimischen Rebellen Jakub Beg zunichte gemacht. Der Plan, von der Amur-Mündung aus ins sibirisch-mongolische Grenzland zu ziehen, scheitert daran, dass Richthofen in Hongkong

Lebensdaten

1833 Geburt in Carlsruhe (Oberschlesien).
1856 Geologische Forschungen im Alpenraum und Siebenbürgen.
1860 Mitglied der preußischen Gesandtschaft für Ostasien.
1862 Geologische Studien in Kalifornien.
1868–72 Sieben Forschungsreisen durch China.
1872 Rückkehr nach Deutschland.
1877 Publikation des ersten China-Bands.
1883 Geographieprofessor in Leipzig.
1886 Geographieprofessor in Berlin.
1903–04 Rektor der Universität Berlin.
1905 Tod in Berlin.

Seine sieben Reisen durch China unternimmt Richthofen mit Booten, zu Fuß und auf landesüblichen Pferdekarren (oben). Jeden Tag notiert er sich mit Bleistift kurze Stichworte. Abends werden daraus ausführliche Tagebucheintragungen. Der Deutsche fertigt auch zahlreiche Skizzen über landesübliche Sitten an. Eine Szene zeigt, wie Kulis (Lastenschlepper) von Mandarinen (Staatsbeamten) zur Arbeit angetrieben werden (unten).

das letzte Schiff nach Norden für dieses Jahr um ein paar Stunden verpasst. So landet er schließlich in Kalifornien, wo gerade der Goldrausch ausgebrochen ist. Sechs Jahre lang betreibt er Feldstudien in der Sierra Nevada, klassifiziert vulkanisches Gestein, forscht über Goldvorkommen in geologischen Formationen. Aber im Grunde ist er, dem materieller Reichtum nichts bedeutet, in diesem Land fehl am Platz. Nur Gold und Geld haben die Leute im Kopf, das lässt einen «zu gar keiner höheren Regung kommen». In der Neujahrsnacht 1868 geht er mit dem amerikanischen Geologen Josiah D. Whitney der Reihe nach die Weltregionen durch, die sich für einen Wissenschaftler wie Richthofen anbieten. Sie stimmen beide darin überein, «dass China unter allen zivilisierten und ihren allgemeinen Verhältnissen bekannten Ländern das am wenigsten durchforschte» sei. Zwar haben die Chinesen selber und europäische Jesuiten schon eine Reihe von Karten über das Kaiserreich erstellt. Doch es sind eben nur „oberflächliche" Werke; sie sagen nichts über die Bodenbeschaffenheit aus. So ist China für Richthofen «im Sinn der jetzigen Ansprüche der Geographie» ein «unverstandenes, fast möchte man sagen, ein unbekanntes Land».

Richthofen beginnt ein gigantisches Projekt. Von 1868 bis 1872 unternimmt er sieben Reisen durch 13 von 18 Provinzen eines Landes, dessen Sprache er nicht spricht, das von Fremdenfeindlichkeit wabert und von inneren Unruhen geschüttelt ist. Die ersten vier Reisen bestreitet er aus eigenen Mitteln, die folgenden mit Unterstützung der Handelskammer von Schanghai. Nach dem Massaker von Tientsin 1870 muss er für neun Monate nach Japan ausweichen. Doch immer sicherer wird er, der scharfe Beobachter, im Umgang mit Kulis (Trägern) und mit Mandarinen (Beamten). Mit dem Belgier Paul Splingaert hat er einen hervorragenden Dolmetscher. Der hilft ihm zum Beispiel, die üblichen Wirtshäuser – «meist schmutzige Ställe» – zu meiden und stattdessen Priestertempel in eine gemütliche Übernachtungsstätte zu verwandeln. «China fehlen all jene Reize, welche dem Reisenden die Tage in Japan erheitern», schreibt Richthofen. «Die Stimmung wird ernst, das Dasein unbehaglich; aber der Blick erweitert sich, und gewaltige Probleme treten uns entgegen, von gleicher Tragweite für Vergangenheit, Gegenwart und Zukunft.»

Der Deutsche erforscht mit einem Boot die Uferzonen des unteren Jangtsekiang. Studiert den Lößboden, der den Charakter der Landschaft im Norden bestimmt. Holpert im Karren über die völlig unerforschte Halbinsel Liaodong bis zur koreanischen Grenze. Die

Koreaner machen ihm klar, eine Weiterreise werde ihn den Kopf kosten. Aber sie sind beeindruckt, wie schnell er in Plauderrunden an Grenzübergängen ihre Zahlwörter lernt, fehlerlos ausspricht und der Reihe nach von 1 bis 1000 in sein Notizbuch einträgt.

Längst hat Richthofen das Feld der reinen Geologie verlassen. Sie wird für ihn zur Grundlage für das Verständnis von Oberflächenformen. Doch Richthofen forscht auch über die Wechselwirkung von Klima und Bodenbeschaffenheit, über die gewaltigen Erosions-

und Umformungskräfte von Wind, Wasser und Verwitterung, über Chinas Gebirgsaufbau und die Anordnung seiner großen Flüsse. Er studiert Verkehrswege, Besiedelungsdichte und Kulturtraditionen, die sich aus der Landschaft heraus erklären und sie gleichzeitig prägen. Richthofen wird zum ganzheitlichen Denker wie ▶ Alexander von Humboldt. Nur Tiere und Pflanzen interessieren ihn nicht im gleichen Maße.

Im mittleren China bereist Richthofen Gebiete, die selbst Chinesen wegen ihrer Wildheit fürchten. Im berühmten Porzellanort King-tö-schönn (Jingdezhen) den noch nie ein Europäer betreten hat, zwingt ihn eine tobende Menschenmenge zum Rückzug. In der Südwestregion von Tiantaishan brechen seine Kulis in der Hitze vor Erschöpfung zusammen. Richthofen aber zieht unbeirrt weiter durch das Land, «stets einen guten langen Bleistift, an einer Schnur befestigt, um den Hals tragend», wie er später in seinem „Führer für Forschungsreisende" schreiben wird.

Richthofen krönt seine Chinareisen mit einer Tour in die südliche Mongolei. Statt den üblichen Karawanenweg zu benutzen, steigt er quer über die Berge

und beklopft die Felsen mit seinem Geologenhammer. Er zieht auf der alten Reichsstraße nach Szetschuan, studiert das „Rote Becken", kommt bis an die Grenze zu Burma, wendet sich nach Kanton. Erst als eine Räuberbande ihn am 19. März 1872 kurz vor dem Gebirgspass Ta-hfiang ling überfällt, hat er genug. Er reist nach Schanghai und von dort nach Deutschland zurück.

Sein erster China-Band hat 758 Seiten. Er erscheint 1877. In ihm entrollt er die Geschichte der Salzsteppen und Lößlandschaften und die Bedeutung der Kunlun-Shan-Ketten, die er das «Rückgrat der östlichen Hälfte Asiens» nennt. China, so sein Resümee, «kann nur aus seinem Verhältnis zu Zentralasien verstanden werden». Der zweite Band, der 1882 erscheint, gilt als Prototyp der modernen Länderkunde. Den dritten gibt erst sein Schüler Ernst Tiessen 1912 heraus. In Richthofens China-Atlas sind von 27 Gebieten jeweils die orographische und geologische Karte gegenübergestellt. Das Werk gilt als die erste wissenschaftlich fundierte China-Karte.

Richthofen arbeitet bis 1883 an der Universität Bonn. Dann wird er Geographieprofessor in Leipzig, 1886 in Berlin. Dort leitet er 1899 den 7. Internationalen Geographen-Kongress. 1903 wird er zum Rektor der Universität.

Im fernen China fährt seit der Jahrhundertwende ein rollendes Richthofen-Denkmal durch das Land. Studien des Forschers haben zum Bau einer Eisenbahnstrecke in den Hafen Kiautschou beigetragen, den Deutschland 1898 gepachtet hat. Die erste Lokomotive auf der Strecke trägt Richthofens Namen, freilich in Umgehung des Buchstaben „r", den Chinesen nicht aussprechen können. Sie heißt *Li-hau-fen*.

Audienz bei einem hohen Mandarin: Richthofen zeichnet, wie er mit seinem belgischen Dolmetscher Paul Splingaert von dem Beamten empfangen wurde (oben). Der Deutsche ist vor allem ein scharfer Beobachter der natürlichen Formationen und erforscht eingehend deren Entstehungsgeschichte. Eine seiner Tagebuchskizzen zeigt einen Pass am Ostabfall des Gebirges Ngo Schan in der Provinz Schanxi (unten).

Gerhard Rohlfs

1831–1896

Lebensdaten
1831 Geburt in Vegesack (bei Bremen).
1856 Eintritt in die französische Fremdenlegion.
1862 Reise über den Hohen Atlas durch Zentralmarokko zu den Oasen von Tafilalt.
1863 Reise durch die Sahara nach Touat und In-Salah.
1865–66 Durchquerung der Sahara nach Mursuk bis zum Königreich Bornu. Auf dem Benue zum Niger. Von dort zum Golf von Guinea.
1867–68 Reisen im Hochland von Äthiopien.
1874–78 Mehrere Reisen durch die Libysche Wüste. Besuch der Oasen Kufra und Siwa.
1880–81 Erkundung von Massaua (Äthiopien) bis zum Blauen Nil.
1896 Tod in Rüngsdorf bei Bad Godesberg.

Verkleidet als muslimischer Arzt zieht er durch die Sahara. Er schließt sich Handelskarawanen an, wird von Beduinen überfallen, erreicht geheimnisvolle Oasen. Er ist der Erste, der Westafrika von Norden nach Süden durchquert.

Den Hang zum Abenteuer hat Gerhard Rohlfs im Blut. Schon als 15-Jähriger reißt er von der Schule aus und schafft es bis nach Rotterdam, wo er sich als Schiffsjunge anheuern lässt. Mutter und Schwester reisen ihm nach und überzeugen ihn in letzter Minute, wieder mit nach Hause zu kommen. Aber auch diesmal hält er es nicht lange in der Schule aus. Mit knapp 18 geht er zur Armee, ein Jahr später kämpft er in Schleswig-Holstein gegen die Dänen. 1852 beginnt er ein Medizinstudium – nach drei Semestern hat er genug vom akademischen Leben. Er wird in Österreich Soldat, aber auch nur für kurze Zeit. Dann desertiert er.

Im Jahr 1856 tritt er in die französische Fremdenlegion ein. So gelangt er nach Nordafrika, wo er – vermutlich als Feldapotheker – an den Kämpfen gegen die Kabylen teilnimmt. Die Franzosen sind seit 1830 in Algier und versuchen seither, die stolzen Wüstenvölker zu unterwerfen. Vier Jahre lang dient Rohlfs in der Fremdenlegion, später wird er wenig über diese Zeit berichten. Aber er gewöhnt sich an die Hitze, das gleißende Licht, den Staub und den Durst im Norden Afrikas. 1860 verlässt er die Legion.

Der Abenteurer hat von den Reformplänen des Sultans von Marokko gehört. Er möchte ihm seine Dienste anbieten. Der Herrscher will sein Heer und die Verwaltung modernisieren, um das Land besser gegen die Europäer verteidigen zu können. Seit Jahren versuchen Spanien und Frankreich, dort Fuß zu fassen. Marokko, seit dem 17. Jahrhundert von der Alawiden-Dynastie beherrscht, hat sich schon immer gegen alle europäischen Einflüsse abgeschottet. Doch nun schlägt Fremden mehr denn je der erbitterte Hass der muslimischen Bevölkerung entgegen. Außerhalb von Tanger ist man sich als Europäer seines Lebens nicht mehr sicher.

Rohlfs aber schreckt das nicht ab. Im Gegenteil, es macht ihn neugierig. Zu wenig weiß man über das geheimnisvolle Land. Warum sollte es ihm nicht gelingen, den Schleier ein wenig zu lüften?

Der Deutsche lässt sich den Kopf rasieren, zieht die *djellaba* – eine Art langes Hemd – und gelbe Lederpantoffeln an. Er nennt sich von nun an „Mustafa“, tritt – zumindest äußerlich – zum Islam über und lässt sich die wichtigsten Glaubenssätze beibringen. In kritischen Situationen wird er sie künftig herunterbeten.

Sein Bündel Habseligkeiten hängt er an einem Stock über die Schulter. So marschiert er von Tanger nach Fes, in die Hauptstadt. Immer wieder umringen ihn aufgebrachte Menschenmengen, die glauben, er sei ein französischer Spion. Immer wieder muss er betonen, dass er den einzigen wahren Glauben angenommen hat, dass Allah der einzige Gott ist und Mohammed sein Prophet. Oft kommt er nur durch Glück mit dem Leben davon.

In Ouezzane lernt er den Großscherifen Abd-es

Ssalam kennen, der schon einmal in Frankreich gewesen ist. Ihm macht es Spaß, sich mit dem jungen Deutschen zu unterhalten. Er stellt Rohlfs ein Empfehlungsschreiben aus und schenkt ihm ein Maultier, mit dem er weiter nach Fes reisen kann. Dort wird der ehemalige Medizinstudent zum obersten Militärarzt ernannt. Er eröffnet eine Praxis, an der Tür steht „Mustafa der Deutsche, Arzt und Wundarzt". Sein Ruhm wächst schnell. Er wird zum Leibarzt des Harems ernannt, darf die Frauen des Sultans sogar unverschleiert sehen.

Doch Rohlfs ist ein rastloser Geist. Er will mehr von dem Land kennen lernen und weiß, dass er sich gründlich darauf vorbereiten muss. Er kehrt nach Ouezzane zurück, lernt dort ein Jahr lang Arabisch, vertieft seine Kenntnisse über den Islam.

Im Juli 1862 bricht er von Tanger auf. Er reist im Aufzug eines muslimischen Arztes – zunächst nach Casablanca, dann nach Marrakesch. Von hier aus zieht er auf einem Esel weiter. Seine Habe verstaut er in zwei Seitenkörben. Ein zum Islam übergetretener Spanier begleitet ihn als Führer und Dolmetscher, beraubt ihn aber seines Geldes und flieht mit dem Esel.

Völlig mittellos schließt Rohlfs sich in Agadir einer Karawane an, um einen Ausläufer des Hohen Atlas zu überqueren. Es wird eine lebensgefährliche Reise. Die Stämme von Sous befehden sich untereinander. Die Berber leben davon, Karawanen zu überfallen und auszurauben. In diesem Teil der Welt zählt das Recht des Stärkeren. Rohlfs erkrankt schwer an Fieber, ist zu schwach, um seine Reise fortzusetzen.

Nach seiner Genesung in Taroudannt schließt er sich einer anderen Karawane an. Da er immer noch kein Geld hat, verpflichtet er sich als Treiber. Er muss zu Fuß gehen, die störrischen Tiere – Esel und Kamele – mit der Peitsche vorantreiben. Sie verlassen das fruchtbare Land, ziehen durch kahle Berge. Auf den Gipfeln liegt schon Schnee. Sie kämpfen sich durch steinige Schluchten. Rohlfs' Schuhe gehen kaputt, seine Füße sind aufgerissen, er bekommt wieder Fieber. Mit letzter Kraft schleppt er sich weiter. Die Karawane erreicht die Oasen von Draa. Hier leben die Araber und Berber vom Dattelanbau, hier wartet Linderung.

Rohlfs zieht weiter zur Oase Tafilalt. ▶ René Caillié hat sie als einziger Europäer vor ihm gesehen. Auf der Weiterreise wird Rohlfs von Beduinen überfallen. Schwer verwundet überlebt er, Araber pflegen ihn monatelang gesund. Im Jahr 1863 kommt er wieder an die Küste.

In Algier besucht ihn sein Bruder. Er nimmt Rohlfs' Tagebücher mit nach Deutschland, wo sie in „Dr. Petermanns Mitteilungen aus Justus Perthes geographischer Anstalt" veröffentlicht werden. Seine wissenschaftlichen Methoden – zum Beispiel bei den Höhenmessungen – sind zwar noch nicht ausgereift, die Aufzeichnungen stoßen dennoch auf reges Interesse. Gustav Rohlfs gilt nun als der beste Kenner Marokkos.

Später im Jahr bricht er zu seiner zweiten Expedition auf. Er möchte die Sahara durchqueren, das legendäre Timbuktu erreichen. Am 20. Mai 1864 steht Rohlfs auf dem höchsten Berg des Mittleren Atlas. Auf der anderen Seite des Gebirges durchzieht er sonnenverbrannte Steppen. Heiße Windstöße und Sandstaub sind Vorboten der Sahara. Ende Mai kommen sie in der Oasengruppe von Tafilalt an.

Das nächste Ziel ist Touat – 500 Kilometer entfernt. Kamele schleppen die Vorräte und Wasserschläuche. Rohlfs und sein Diener gehen zu Fuß. Sie ziehen im Hochsommer durch Dünen und Geröllfelder, die wüste Unendlichkeit. Die Temperaturen erreichen 40 Grad im Schatten – in der Sonne sind es 65 Grad. Immer haben die Reisenden Durst. Ihr Führer findet, sie verbrauchen zu viel Wasser. Mitte September erreicht Rohlfs als erster Europäer die Oase von Touat.

Hier schließt er sich einer Handelskarawane

Die Sahara – Illustration der Landschaft bei Al Dachal nach einem Foto von Rohlfs (oben). Einmal entgeht der Deutsche dem Tod durch Verdursten nur dadurch, dass unverhofft ein Wolkenbruch niedergeht – dem ersten seit Jahren in der Gegend. Rohlfs ist in seiner Beduinenkleidung wie hier 1863 in Algier (unten) kaum von einem Einheimischen zu unterscheiden.

nach In-Salah an, dem Hauptort der Oasengruppe von Tidikelt. «Wir wollen keine Christen in In-Salah», lässt der Emir Rohlfs bei der Ankunft wissen. Der Deutsche bleibt trotzdem, studiert die Sitten der Tuareg, deren Männer blaue Schleier tragen. Als er erfährt, dass in den nächsten fünf Monaten von hier keine Karawane nach Timbuktu aufbrechen würde, kehrt er nach Tripolis zurück. Von dort reist er nach Deutschland – das erste Mal seit zehn Jahren.

Er ist nun kein bloßer Abenteurer mehr, sondern wird als Saharaforscher ernst genommen. Für seine nächste Expedition erhält er finanzielle Unterstützung von mehreren geographischen Vereinigungen. Immer noch träumt er von Timbuktu. Am 20. Mai 1865 bricht Rohlfs von Tripolis auf. Er reist durch die Sahara nach Ghadames, dann nach Mursuk, ein Zentrum des Sklavenhandels. In beiden Orten findet er keine Führer, die ihn nach Timbuktu bringen wollen. Zu gefährlich, finden alle.

In den siebziger Jahren des 19. Jahrhunderts reist Gerhard Rohlfs mit größerem Gefolge als auf seinen ersten Sahara-expeditionen (auf dem Stuhl). Er ist mittlerweile ein international anerkannter Afrikaforscher. Sogar Bismarck und der belgische König Leopold II. holen manchmal seinen Rat in kolonialen Fragen ein.

Rohlfs bleibt fünf Monate lang in Mursuk. Er übersetzt eine handgeschriebene Geschichte des Fessan – so heißt das Land im Südwesten Libyens. Auf das Angebot des Sultans, seine 15-jährige Tochter zu heiraten, geht er nicht ein. Ende März 1866 bricht er nach Süden auf. Den Plan, Timbuktu zu erreichen, hat er inzwischen aufgegeben. Sklavenkarawanen kommen ihm entgegen. Menschen, die zu geschwächt sind, um weiterzulaufen, fallen in den Sand und sterben.

Am 23. Juli 1866 erreicht Rohlfs Kukawa, die Hauptstadt des Königreichs Bornu. Sultan Omar hat vor 15 Jahren ▶ Heinrich Barth freundlich aufgenommen. Nun empfängt er auch Rohlfs mit offenen Armen. Der Sultan erhebt in seinem Reich keine Steuern. Dafür verkauft er Sklaven – auch aus dem eigenen Land. Rohlfs bleibt fünf Monate in Bornu und erforscht den Tschadsee. Dann fährt er den Benue bis zum Niger hinunter. An der Flusskreuzung haben Engländer die Faktorei Lokoja errichtet. Hier wird Elfenbein gegen Schnaps und Waffen getauscht. Rohlfs erkennt als einer der Ersten die fatalen Folgen, die dieser Handel für die afrikanischen Völker haben wird.

Der Deutsche fährt den Niger bis Rabba hinauf. Marschiert die restlichen 500 Kilometer bis zur Küste durch endlose Sumpfgebiete und Urwälder. Als erster Europäer hat er Westafrika durchquert – vom Atlantik bis zum Golf von Guinea. Auf einem Postdampfer fährt er zurück nach Deutschland. Im Gepäck ein silbernes Pferdegeschirr von Sultan Omar für Wilhelm I. In seiner Heimat ist Rohlfs nun ein berühmter Mann. Er wird von Fürst Otto von Bismarck und dem König von Preußen empfangen.

Im Jahr 1867 nimmt er als offizieller preußischer Beobachter am englischen Feldzug unter General Napier in Äthiopien teil. Danach durchquert er das dortige Hochland. 1874 startet er weitere Expeditionen in die Libysche Wüste, einige davon mit ▶ Georg Schweinfurth. Vier Jahre später erkundet er die Oase Kufra, den letzten weißen Fleck in der riesigen Wüste. 1885 wird er kurzzeitig deutscher Generalkonsul in Sansibar.

Rohlfs brach ohne Ziel nach Afrika auf. Er suchte nur Abenteuer und Ruhm. Beides hat er bekommen.

James C. Ross

1800–1862

Die polaren Gewässer sind sein Element. Auf der Suche nach der Nordwestpassage sammelt er erste Erfahrungen im Eis. Bei seiner ersten eigenen Expedition stößt er das Tor zur Antarktis weiter auf als jeder Seefahrer vor ihm.

Kein Kontinent hat sich seiner Entdeckung so lange widersetzt wie die Antarktis. Aber auf jedem anderen Erdteil lebten auch schon vor der europäischen Erkundung Menschen – dort nicht. James Clark Ross entreißt der Antarktis viele Geheimnisse. Doch seine entdeckerische Meisterleistung hat eine lange Vorgeschichte.

Seit Jahrhunderten vermuteten Seefahrer und Geographen einen großen, fruchtbaren Kontinent am unteren Ende der Welt – schon aus Gründen der Symmetrie. Der Franzose Jean-François-Charles Bouvet segelt 1738 so weit nach Süden, dass er eine erste Ahnung von der *terra australis* bekommt. Am Neujahrstag 1739 stößt er im Nebel auf eisbedecktes Land – eine Insel, wie sich später herausstellt. Er berichtet als Erster von den tafelförmigen Eisbergen der Antarktis. Dennoch hält sich das Gerücht von dem fruchtbaren Kontinent. Der Engländer ▶ James Cook entdeckt 30 Jahre später das Südland vor den Franzosen. Dreimal stößt er bis zur Packeisgrenze vor. Er ist sich ziemlich sicher, dass es dahinter Land gebe. Aber dieses sei «zu ewiger Erstarrung verurteilt», wie er später berichtet.

Französische Revolution, Napoleonische Kriege – die Erforschung der antarktischen Gewässer kommt erst einmal zum Erliegen. Doch im Jahr 1819 wird ein englisches Handelsschiff bei seiner Fahrt um Kap Hoorn zu den Süd-Shetland-Inseln abgetrieben. Ein Jahr später wagt der Brite Edward Bransfield von Chile aus einen Vorstoß ins Polarmeer. Er erreicht die Spitze des heutigen Grahamlands und betritt als erster Mensch die Antarktis.

Auch der Baltendeutsche Fabian Gottlieb von Bellingshausen segelt im Dienst der russischen Marine 1819 bis 1821 in den antarktischen Breiten. Er entdeckt die Peter-I.- und die Alexander-I.-Insel. Auf der Weiterfahrt umkreisen Vögel sein Schiff. Er vermutet Land in der Nähe, aber die Antarktis bekommt er nicht zu Gesicht. Der Kontinent verbirgt sich weiterhin hinter Eis und Nebel.

Walfänger kennen zu dieser Zeit die Gewässer vermutlich am besten. Sie landen auf den Süd-Orkney- und den Süd-Shetland-Inseln. Doch ihre Fanggründe verraten sie nur ungern. Der britische Walfänger James Weddell segelt 1823 bis 74 Grad 15 Minuten. So weit südlich ist vor ihm noch keiner vorgedrungen. Das Meer trägt heute seinen Namen.

Im selben Jahr wird James Ross zum Leutnant befördert. Er ist schon mit zwölf Jahren in die britische Marine eingetreten. 1818 diente er als Seekadett auf dem Schiff seines Onkels John Ross. Die Expedition

Lebensdaten

1800 Geburt in London.
1818 Arktisexpedition unter seinem Onkel John Ross. Baffinmeer und Lancaster Sound auf der Suche nach der Nordwestpassage.
1819–25 Drei Arktisexpeditionen unter William Edward Parry auf der Suche nach der Nordwestpassage. Nordwestliches Melville Island, Hudsonbai, Prince Regent Inlet.
1827 Mit Parry Vorstoß von Spitzbergen bis zum 82. Breitengrad.
1829–33 Zweite Expedition mit John Ross. Boothia Peninsula, King William Island. Entdeckung des magnetischen Nordpols.
1839–43 Expedition in die Antarktis. Entdeckung des Rossmeers, der Vulkane „Mount Erebus" und „Mount Terror", des McMurdo-Sunds, der Ross-Schelfeiskante und der James-Ross-Insel im Weddellmeer.
1848–49 Suchexpedition nach dem verschollenen Forscher John Franklin.
1862 Tod in Aylesbury (England).

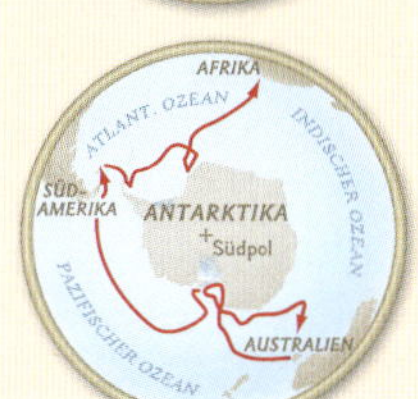

Die zwei Schiffe vor der antarktischen Küste. Ross kommandiert die „Erebus", Francis Rawdon Moira Crozier die „Terror". Nur auf Inseln können die Männer ab und zu an Land gehen. Auf den ersten Blick gibt es dort nichts als Schnee, Eis und Geröll. Doch der Botaniker an Bord, Joseph Dalton Hooker, entdeckt auf einem kahlen Eiland 19 bis dahin unbekannte Algen- und Flechtenarten.

sucht die Nordwestpassage. Zwischen 1819 und 1825 begleitet Ross junior William Edward Parry auf seinen Fahrten in die Arktis. Auch dieser hat das Ziel, im Norden eine Route vom Atlantik zum Pazifik zu finden. Auf der ersten Expedition gelangen sie durch den Lancaster Sound in die arktische Inselwelt Kanadas. James Ross lernt auf den Fahrten mit Parry sämtliche Gefahren der Polarfahrt kennen. Doch der junge Seeoffizier ist begeistert von seiner Arbeit. Er führt magnetische und astronomische Beobachtungen durch, unternimmt Erkundungsfahrten mit Schlittenhunden, widmet sich mit großer Sorgfalt dem Studium von Tieren und Pflanzen. Aber die Nordwestpassage finden sie nicht.

Im Jahr 1827 bricht Parry von Spitzbergen zum Nordpol auf. James Ross ist wieder mit dabei. Sie gelangen bis 82 Grad 43 Minuten, ein Rekord zu dieser Zeit. Dann stecken sie im Packeis fest.

Von 1829 bis 1833 unternimmt Ross eine zweite Arktisreise mit seinem Onkel. Viermal müssen sie im Packeis überwintern. Sie entdecken die Halbinsel Boothia und den magnetischen Nordpol. James Ross kartiert King William Island – als Teil des Festlands. Bei einer geschlossenen Eisdecke ein nachvollziehbarer Fehler. Doch für ▶ John Franklin wird er einige Jahre später fatale Folgen haben.

Im September 1839 sticht James Ross mit seiner ersten eigenen Expedition in See. Im Auftrag der britischen Regierung soll er in der südlichen Hemisphäre erdmagnetische Messungen durchführen und in der Antarktis den magnetischen Südpol lokalisieren. Mit den Schiffen „Erebus" und „Terror" segelt er über das Kap der Guten Hoffnung und die Kerguelen nach Tasmanien. Dort erhält er die Nachricht, dass sich zwei weitere Expeditionen in den antarktischen Gewässern aufhalten: eine unter dem Franzosen ▶ Dumont d'Urville, die andere unter der Leitung des Amerikaners Charles Wilkes. Ross beschließt, weiter östlich zu fahren als die anderen.

Am 1. Januar 1841 überquert er den Polarkreis. Er kämpft sich durchs Packeis und gelangt hinter dem Eisgürtel tatsächlich in ein offenes Meer, das heute seinen Namen trägt. Bei Kap Adare – es wird von ihm so getauft – erreicht er die antarktische Küste. Die Bergketten ragen hoch über die Meeresfläche, Gletscher ziehen sich weit in die See hinein. An eine Landung ist nicht zu denken. Ross lokalisiert den magnetischen Südpol bei 76 Grad. Er segelt entlang der Küste weiter nach Süden, wird den Punkt jedoch nicht erreichen. Bei 71 Grad 56 Minuten südlicher Breite betreten die Männer auf einer kahlen Insel antarktisches Land. Sie nennen die Insel „Possession Island" und nehmen sie für die britische Krone in Besitz. Auf das gegenüberliegende Land erheben sie ebenfalls Anspruch, der Queen zu Ehren nennen sie es Victorialand.

Bei Sturm, Nebel und Schneegestöber folgen sie dem Eissaum. Sie bestaunen Wale und die unberührte

Schöpfung und überlegen, wie sich damit Geld verdienen ließe. «Ein neue Quelle nationalen und individuellen Reichtums tut sich gerade auf», notiert Ross in seinem Reisebericht. Er tauft die Berge, die an ihnen vorüberziehen, doch einen Platz zum Landen finden sie nicht. Am 25. Januar erreichen sie 74 Grad 44 Minuten und brechen den Südrekord von Weddell.

Einige Tage später stößt die Expedition auf ein Phänomen, das zu dieser Zeit noch niemand kennt. Eine steile, bis zu 100 Meter hohe Eiskante ragt über dem Meer auf. Sie zieht sich nach Osten und Westen, so weit das Auge reicht. «Wir könnten mit ebenso viel Aussicht auf Erfolg durch die Klippen von Dover hindurchzusegeln versuchen wie durch eine solche Eismasse», schreibt Ross später. Heute weiß man, dass es sich um die Schelfeiskante handelt. Sie ist nach dem Entdecker benannt. Ross kartiert 500 Kilometer der gigantischen Wand, erreicht dabei 78 Grad südlicher Breite. Im Februar beenden Eisberge und Stürme die Entdeckersaison.

Die Expedition überwintert auf Tasmanien. Am 23. November 1841 macht sie sich auf den Rückweg in die Antarktis. Ende Januar 1842 geraten sie in den schlimmsten Sturm, den sie bis dahin erlebt haben. Das Steuerruder der „Terror" wird zertrümmert. Die Schiffe geraten zwischen die tobenden Eismassen und stoßen dabei zusammen. Dennoch erreichen sie am 22. Februar erneut die Eisbarriere und folgen ihr nach Osten. An einer Stelle gelingt es ihnen, von der Mastspitze einen Blick über die Eiskante zu werfen. «Die Fläche schien ganz glatt zu sein und vermittelt den Eindruck einer unendlich weiten Ebene aus gefrorenem Silber», schreibt Ross. Ende Februar werden sie vom Packeis nach Norden getrieben. Diesmal überwintern sie auf den Falklandinseln.

Im nächsten Antarktissommer stößt Ross zum dritten Mal ins Südpolarmeer vor, diesmal ins Weddellmeer. Er erkundet einen Teil der unbekannten Küste, die Antarktische Halbinsel, und entdeckt die James-Ross-Insel. Anfang März 1843 macht er sich auf die Heimfahrt. Ein halbes Jahr später kommt er in England an.

Er wird für seine Entdeckungen gefeiert und zum Ritter geschlagen. James Ross ist nun ein berühmter Mann. Eine weitere Fahrt ins Polarmeer, diesmal wieder auf der Suche nach der Nordwestpassage, lehnt er ab. Stattdessen sticht John Franklin mit den Schiffen „Erebus" und „Terror" Richtung Norden in See.

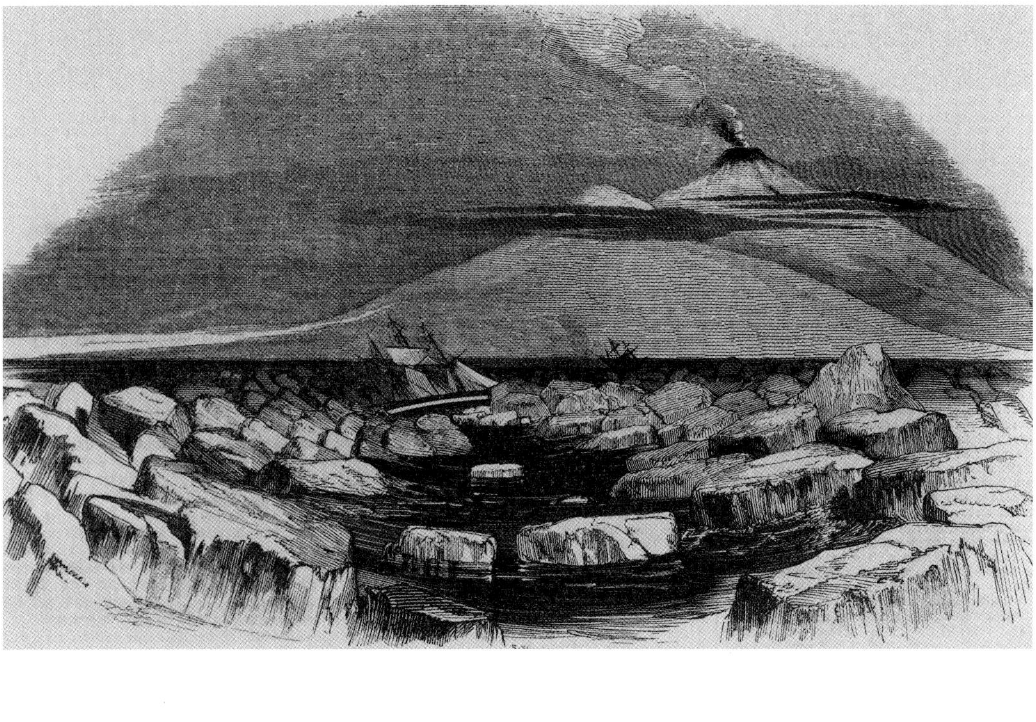

Am 27. Januar 1841 taucht ein großer, rauchender Vulkan vor den Antarktisfahrern auf, ein kleinerer daneben ist nicht aktiv. Ross tauft die Berge „Mount Erebus" und „Mount Terror" und verewigt damit seine beiden Schiffe, die sich bis dahin durchs Packeis gekämpft haben. 67 Jahre später, am 10. März 1908, gelingt es einer Gruppe der Shackleton-Expedition, den 3 794 Meter hohen „Erebus" erstmals zu besteigen.

Wilhelm von Rubruk

1215 (?)–1295 (?)

Lebensdaten
Um 1215 Geburt in Rubrouck (Flandern).
1253 Aufbruch zu einer Reise ins Mongolenreich im Auftrag des französischen Königs Ludwig IX. Von Konstantinopel durch Zentralasien.
1254 Ankunft in Karakorum (Januar). Empfang durch den Herrscher Mangu. Sechs Monate Aufenthalt. Religionsgespräch mit Muslimen und Buddhisten. Rückreise bis zum Kaukasus.
1255 Über Armenien nach Zypern. Vorlesungen in Akko. Abfassung des Reiseberichts.
Um 1295 Tod. Genaues Datum und Ort unbekannt.

Ein Franziskaner aus Flandern soll christlichen Missionaren das Mongolenreich öffnen. Er scheitert am Desinteresse des Herrschers Mangu. Doch sein Reisebericht wird zu einer spannenden Lektüre über eine unbekannte Welt.

Wenigstens eine gute Nachricht ist aus dem Osten gekommen. Der Dominikanermönch Andreas von Longjumeau hat sie von seiner Reise ins Mongolenreich mit nach Hause gebracht. Frankreichs König Ludwig IX., der sich auf einem Kreuzzug im Orient befindet, setzt all seine Hoffnungen auf diese sensationelle Neuigkeit. Prinz Sartak, berichtet Bruder Andreas, sei Christ geworden! Der Sohn von Fürst Batu, dem Herrscher über das Reich der „Goldenen Horde“, im Schoß der katholischen Kirche? Es klingt zu schön, um wahr zu sein. Heißt das etwa, dass der Einbruch des einzig wahren Glaubens ins Reich der Reitervölker doch gelungen ist?

König Ludwig, Beiname „der Heilige“, kann gute Nachrichten brauchen. Der sechste Kreuzzug gegen die Muslime, den er anführt, brachte 1250 in Ägypten ein Desaster. Bei Mansura im Nildelta wurde das christliche Heer besiegt, Ludwig sogar selber gefangen genommen. Er kam nur gegen ein hohes Lösegeld und die Übergabe der Stadt Damiette frei. Und die diplomatische Mission von Bruder Andreas, die 1249 begonnen hatte, war insgesamt gesehen ebenfalls ein Fehlschlag. Sie brachte das Ende der Illusion, die mächtigen Mongolen für ein Bündnis gegen den Islam gewinnen zu können – sie hatten die Anfrage als Geste der Unterwerfung missverstanden.

Nur eben diese eine gute Nachricht ist geblieben. Sie ist zwar nur aus zweiter oder dritter Hand, dennoch klammert sich der König daran. Er will es noch einmal mit einer Gesandtschaft bei den Mongolen versuchen. Sie soll, nach der vorangegangenen Erfahrung, keinen offiziellen Charakter mehr haben. Der christliche Bote, den der König entsenden will, soll einen rein missionarischen Auftrag erhalten.

Der Ruf ergeht an einen Franziskaner, der schon seit einiger Zeit im Heiligen Land tätig ist. Bruder Wilhelm stammt aus dem Ort Rubruk in Flandern. Seine Muttersprache ist Deutsch. Über sein Vorleben ist nichts bekannt, nicht einmal das Jahr seiner Geburt. Doch er steht in einem guten Ruf als Prediger und Reisender, sonst hätte der Herrscher sich nicht für ihn entschieden. 1252 bespricht Ludwig der Heilige mit ihm die große Mission.

Franziskaner gehen barfuß, so schreibt es die Ordensregel vor. Und sie reisen nie allein, sondern stets zu zweit. So wird Wilhelm von Rubruk ein Ordensbruder zur Seite gestellt, Bartholomäus von Cremona. Dazu kommen der Kleriker Gossel, der junge orientalische Sklave Nikolaus und ein Dolmetscher, den Wilhelm in seinem Bericht als *homo dei* (Gottesmann) *Turgomannus* bezeichnen wird. Der byzantinische Kaiser Balduin II. gibt ein Empfehlungsschreiben mit. Die Gruppe bricht im Mai 1253 von Konstantinopel aus in den Osten auf.

Wilhelm erlebt die gleichen Enttäuschungen, die vor sechs Jahren mit der gescheiterten Mission von ▶ Giovanni Carpini begannen, der im Auftrag des Papstes beim Großkhan war. Die Geschichte vom christlichen Prinzen stellt sich als Märchen heraus. Im

Hoflager Sartaks, drei Tagesreisen vor der Wolga, betritt Wihelm feierlich gewandet, die Bibel an ein Kissen auf der Brust gedrückt und ein *Salve Regina* auf den Lippen, die Jurte des Herrschers. Sartak findet das eher lustig und sagt ihm, er sei Mongole und kein Christ. Er scheint die Christen nicht als Religionsgemeinschaft, sondern als Nation zu betrachten. Verwirrt durch das Schreiben, das der Mönch in einer türkischen und arabischen Version überbringt, schickt er die seltsamen Besucher zu seinem Vater. Der wiederum leitet – wie im Fall Carpini – die Sache gleich nach ganz oben weiter. So müssen die Reisenden den langen Weg nach Karakorum, der Hauptstadt des Mongolenreichs, auf sich nehmen.

Aber den zweiten Auftrag, den der Mönch erhalten hat, erledigt er mit wahrer Meisterschaft. Er schreibt alles auf, was er unterwegs erlebt, und zwar so detailliert und objektiv, dass sein Reisebericht selbst einem Forscher zur Ehre gereichen würde. Wilhelm rückt falsche Vorstellungen zurecht, die sich Jahrhunderte lang gehalten haben. Das Kaspische Meer, so erkennt er zum Beispiel, ist keine Ausbuchtung eines Ozeans, sondern ein großer See, «allseitig von Land umgeben». Wilhelm berichtet farbig und doch sachlich, nähert sich fremden Kulturen mit einer für seine Zeit erstaunlichen Unvoreingenommenheit. Er meidet die mittelalterliche Unsitte, Fakten und Fabeln zu vermischen. So entsteht das bis dato genaueste Bild von dem Vielvölkerstaat der Mongolen, das ein Europäer zeichnet. Erst das Werk von ▶ Marco Polo, der 18 Jahre später aufbricht, wird es noch übertreffen.

Für den langen Ritt durch die Steppen bekommen Wilhelm und seine Begleiter Pelzröcke und -kapuzen, Filzstiefel und -socken. Sie sehen, wie Flüsse aus den Bergen im Boden versickern und Sümpfe bilden. Sie erblicken wilde Esel und Bergschafe mit langen Hörnern – Tiere, die es in Europa nicht gibt. Sie übersteigen die Berge des Kirgisischen Alatau, kommen an einer zerstörten Lehmfestung vorbei, machen eine Woche Pause im Marktflecken Kajalik. Wilhelm notiert die Namen exotischer Völker, durch deren Gebiet sie kommen: Uiguren und Serer, Tangut und Tebet, Longa und Solanga. «Es war, als setzte ich den Fuß in eine andere Welt», schreibt Wilhelm später. «Wenn ich doch wenigstens malen könnte! Ich würde alles mit dem Pinsel berichten.»

Er sieht „Götzendiener" von einer Art, die man bisher in Europa nicht kannte. Sie halten immerzu Schnüre mit Kügelchen in den Händen, «so wie wir den Rosenkranz tragen», und murmeln unentwegt, wie es der Mönch notiert, die Worte *on mani battam*. Es ist die erste, wenn auch etwas verballhornte Erwähnung der buddhistischen Gebetsformel *Om mani padme hum*

Wilhelm von Rubruk im Heerlager des Prinzen Sartak, der angeblich zum Christentum übergetreten ist. Hier erlebt der Mönch die erste Enttäuschung auf seiner Reise: Sartak will vom Christentum nichts wissen und leitet die Delegation an seinen Vater weiter.

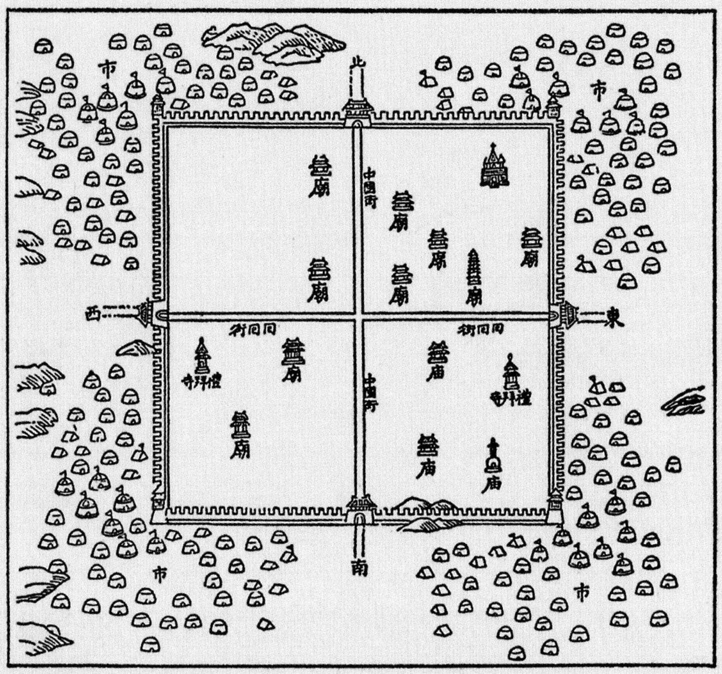

Der Plan von Karakorum

Ringsum die Zeltlager. Vier Tore. Innerhalb der Mauern verschiedene Tempelgebäude. (Nach einer chinesischen Darstellung aus Hubrecht, Grandeur et suprématie de Peking)

Ein Plan von Karakorum, das Wilhelm von Rubruk 1254 besucht. Die Palaststadt, 1220 von Dschingis Khan gegründet, ist bis 1260 Sitz der Mongolenherrscher, ehe sie von Peking abgelöst wird. 1380 wird sie von den Chinesen zerstört.

(„Verehrung dem Juwel im Lotus").

Wilhelm beschreibt Szenen der Wahrsagerei. Je nachdem, wie das Schulterblatt eines Schafs beim Rösten über dem Feuer auseinander bricht, können Aussagen über die Zukunft getroffen werden. Es ist verboten, die Eingangsschwelle eines Wohnraums mit Füßen zu berühren, sei es beim Hinein- oder Hinausgehen. Bruder Bartholomäus, der in Unkenntnis auf sie tritt, wird dafür um ein Haar mit dem Tod bestraft. Wilhelm ist auch der Erste, der über die chinesische Schrift berichtet. «Die Bewohner von Cathay schreiben mit einem Pinsel, wie ihn die Maler haben, und sie setzen in einem einzigen Schriftzeichen mehrere Buchstaben, die ein Wort ausmachen, zusammen.»

Anfang 1254 trifft Wilhelm in Karakorum ein. Die Stadt, schreibt er, sei «umschlossen von einem Lehmwall mit vier Toren», sie habe zwölf Götzentempel, zwei Moscheen, aber auch eine christliche Kirche an ihrem äußersten Ende. Bekehrungswütig stürzt er sich in Glaubensdispute mit Muslimen und Buddhisten, Schamenen und den von ihm verachteten christlichen Nestorianern, die sich im 5. Jahrhundert von der römischen Kirche abgespaltet und sich seither vor allem in Zentralasien ausgebreitet haben. Resigniert erlebt der asketische Franziskaner, wie die religiösen Debatten in einem Trinkgelage enden. Die Mongolen sind in Glaubensfragen tolerant, ja geradezu locker. «Wie Gott der Hand verschiedene Finger gegeben hat», sagt der Herrscher Mangu zu ihm, «so hat er auch den Menschen verschiedene Wege gegeben, selig zu werden.»

Mangu Khan, der Wilhelm mehrmals empfängt, findet den Mönch durchaus sympathisch. Dennoch kommt es ständig zu Missverständnissen. Wilhelm hat seinen Dolmetscher schon lange im Verdacht, die Hauptschuld daran zu tragen. Er ist froh, als er ihn endlich loswird. Für den Rückweg gewinnt er als Übersetzer den Adoptivsohn des Pariser Goldschmieds William Bouchier, der in Karakorum weilt und bei der Religionsdebatte Zeuge wurde, dass Wilhelms *homo dei*, der „Gottesmann", gerade mit dem theologischen Vokabular seine Schwierigkeiten hatte.

Im Juli 1254 macht sich Wilhelm auf den Rückweg. In Sachen Missionsfreiheit hat er nichts erreicht. Seine Bitte, in Karakorum bleiben zu dürfen, hat Mangu Khan freundlich abgelehnt. Von der Wolga aus zieht der Mönch nach Süden in den Kaukasus, beschreibt „Curgia" (Georgien) und das „Land am Ararat" (Armenien), den Oberlauf des Euphrat und die Stadt „Arserum" (Erzurum). Von Kleinasien aus setzt er im Juni 1255 nach Zypern über. Sein Auftraggeber Ludwig der Heilige ist schon wieder nach Frankreich zurückgekehrt. So folgt er der Anordnung des Franziskaner-Provinzials, nach Akko zu gehen und dort Vorlesungen zu halten.

Wilhelm schreibt seinen Reisebericht. Ein Bote bringt ihn nach Paris. Dann aber verstaubt das Manuskript fast ungelesen in Archiven, nur fünf Kopien werden angefertigt. Im Jahr 1598 erscheint eine erste, noch fragmentarische Übersetzung seines Werks ins Englische. Die erste vollständige Textausgabe bringt 1839 Frankreichs Geographische Gesellschaft in Paris heraus. Eine deutsche Version erscheint 1925.

Von Wilhelm verliert sich nach seiner Rückkehr für immer die Spur. Ein halbes Jahrtausend vergeht, bis ausländische Besucher wieder ihre Füße in die nördliche Mongolei setzen, die der Flame durchwandert hat.

Adolph Schlagintweit

1829–1857

Zusammen mit seinen Brüdern Hermann und Robert steigt er auf das Dach der Welt. Im Himalaja und Karakorum vermisst er Bergriesen und Gletscher, entdeckt Asiens Hauptwasserscheide – und findet ein grausames Ende.

Noch Mitte des 19. Jahrhunderts interessiert sich kaum ein Forscher für Berge. Wüster Fels, Schnee und Eis, menschenleere Höhen – weshalb sollte man ihnen zu Leibe rücken? Es ist kaum bekannt, welche Bedeutung Gebirge und die ihnen entspringenden Flüsse für das Leben in den Niederungen haben. Die Höhenmessung mit Hilfe des Barometers steckt erst in den Anfängen. Karten, Profile und Reliefs von Bergen sind Mangelware. Das Herz von Asien zum Beispiel ist noch immer ein Buch mit sieben Siegeln. Im „Allgemeinen Atlas“ von 1812 ist Tibet als Flachland eingezeichnet. Der Mount Everest ist völlig unbekannt, von 14 Achttausendern des Himalaja sind erst ganze drei entdeckt. Als höchste Berge der Erde gelten zu jener Zeit der Sorata und der Chimborazo in den Anden. Deren Gipfelhöhen werden aber um bis zu 1 200 Meter zu hoch angegeben. Sie wurden mit simplen Methoden der Trigonometrie, meist aus großen Entfernungen, ermittelt.

Nichts weiß die Wissenschaft über die mächtigen Gletscher, die sich über Hochgebirgstälern erheben. Kein Forscher hat je die Kräfte gemessen, die in ihnen wirken, die das Eis pressen und spalten und schieben. Noch wissen die Menschen nicht einmal, wo und wie die wichtigsten Gebirgskämme der Welt überhaupt verlaufen. Wie auch sollen sie die ganze Struktur dieser Ketten erfassen? Für Luftaufnahmen, mit denen alles leicht zu klären wäre, ist es noch 100 Jahre zu früh. So bleibt nichts anderes übrig, als sich die Landschaft zu erwandern. Wer den Verlauf von Gebirgen erkunden will, muss seine kostbaren Instrumente durch Wind und Wetter schleppen, jeden Tag neu auf- und abbauen, jeden Bach und Pass, jeden Grat und Gipfel penibel auf Papier notieren, Fixpunkt für Fixpunkt. Es sind nicht viele, die bereit sind, dafür ihre Gesundheit oder gar das Leben zu riskieren.

Da steigt ein Münchner, noch nicht einmal 20 Jahre alt, durch die Ötztaler Alpen und das Großglocknergebiet. Es geht ihm nicht so sehr darum, bei der sportlichen Jagd auf unerstiegene Gipfel mitzumachen, die allenthalben eingesetzt hat. Stattdessen studiert er, wie das Gletschereis aufgebaut ist und wie es oszilliert, welche Temperaturen der Boden und die Quellen haben, wo genau die Grenzen von Bäumen, Sträuchern und Moosen liegen. Er ist von dieser Arbeit so begeistert, dass er dafür am liebsten auch noch das Abitur hinwerfen würde.

Der Hauslehrer Franz Joseph Lauth, ein begabter Ägyptologe, hat die jüngeren der insgesamt fünf Söhne des Augenarzts Joseph Schlagintweit von Kindheit an gründlich unterwiesen. Nun geht seine Saat auf unerwartete Weise auf. Adolph Schlagintweit, geboren 1829, hat mit seinem drei Jahre älteren Bruder Hermann einen Begleiter mit den gleichen Ideen. Mit ihm steigt er 1851 auf den Monte Rosa und 1852 ins Karwendelgebirge, um die ersten Studien zu festigen.

Zwei Brüder, ein Herz und eine Seele – und eine gemeinsame Vision. Das findet man nicht oft. Hermann

Lebensdaten

1829 Geburt in München.
1849 Umzug nach Berlin. Kontakte zu Alexander von Humboldt.
1851 Forschungen in den Alpen.
1854 Beginn der Indienexpedition mit seinen Brüdern Hermann und Robert im Auftrag der englischen Ostindien-Kompanie.
1855 Westlicher Himalaja. Quellgebiete des Ganges, Indus und Sutlej.
1856 Über Ladakh zum Karakorum. Aufstieg zum Mustag-Pass. Entdeckung von Asiens Hauptwasserscheide. Messungen am Nanga Parbat.
1857 Geplante Heimkehr über Turkestan und Russland. Ermordung in Kaschgar.

Ein Gletscher im Gebiet des Nanga Parbat. Adolph Schlagintweit, der dieses Bild 1856 malt, wird ein Jahr später mit nur 28 Jahren von einem Rebellenführer in Turkestan ermordet. Seine Brüder Hermann (unten) und Robert (ganz unten) bringen eine riesige Menge an Forschungsmaterial aus Indien nach Deutschland zurück – darunter 749 Landschaftsskizzen.

habilitiert sich in Geographie, Adolph in Geologie. Das Material, das sie in den Alpen gesammelt haben, schlägt sich in einem gemeinsamen Buch mit einem Titel nieder, der nicht unbedingt Bestseller-verdächtig ist: „Untersuchungen über die physicalische Geographie der Alpen und ihre Beziehungen zu den Phaenomenen der Gletscher, zur Geologie, Meteorologie und Pflanzengeographie". Aber der große Gelehrte ▶ Alexander von Humboldt, dem die beiden das Geschriebene widmen, ist beeindruckt von der Art, wie sie forschen. Sie suchen das Abenteuer nicht im Reisen, sondern im Forschen – wie er. Sie messen und messen, um ein Maximum an vergleichbaren Daten zu erhalten – wie er. Sie sehen die Erscheinungen der Natur in ihren Wechselbeziehungen zueinander – wie er. Sie denken ganzheitlich wie Humboldt. Die Brüder Schlagintweit sind die geistige Frucht seines Schaffens. So führt der inzwischen schon über 80-jährige Vater der Universalbildung sie beim preußischen wie auch bayerischen Hof ein. In einem Brief an König Maximilian II. empfiehlt Humboldt die «zwei noch sehr jungen, gründlich gelehrten und, was jetzt so selten, mit anmutiger Bescheidenheit auftretenden Naturforscher». Und er hilft den jungen Münchnern, die er in Berlin auch persönlich kennen lernt, mit seinen Kontakten.

Adolph und Hermann Schlagintweit erhalten auf diese Weise einen Auftrag der englischen Ostindien-Kompanie. Sie sollen in den Bergketten, die sich im Norden Indiens auftürmen, die Höhenverhältnisse klären, erdmagnetische Messungen durchführen, Quellen, Flora und Fauna aufnehmen, dazu – im Humboldt'schen Sinn – die Kultur der Bergvölker in Verbindung mit den geographischen und klimatischen Verhältnissen erforschen. Und sie sollen Gerüchten auf den Grund gehen, wonach es im Himalaja Gletscher geben soll – das galt bis vor wenigen Jahren noch als ausgeschlossen.

Aus dem Duo Schlagintweit wird nun sogar ein Trio. Der Bruder Robert, geboren 1833, hat sich anstecken lassen und sich mit einer Studie über die Bergwelt des Wilden Kaisers als Assistent empfohlen. Sie brechen alle drei am 20. September 1854 von Southampton nach Bombay auf.

In Indien gehen sie teils gemeinsame, teils getrennte Wege. Nach ein paar Monaten treffen sie immer wieder zusammen. Hermann erkundet zunächst den Nordosten, Sikkim, Darjeeling und Assam, mit einem Abstecher nach Bhutan. Adolph und Robert ziehen zu Pferd Richtung Nordwesten. In Simla beginnt Adolph Märsche, die ihn zum bedeutendsten der drei Schlagintweits machen werden. Er sucht Asiens große Nord-Süd-Wasserscheiden. Nicht überall, so findet er heraus, stellt sie der Himalaja dar. Adolph zieht über Zanskar und Ladakh weiter nach Norden, erkundet den Masherbrum-Gletscher, steigt als erster Europäer über gefährliches Eis den westlichen der beiden Mustag-Pässe hoch – und steht damit an dem Punkt, den er seit langem gesucht hat. Die Wasserscheide in dieser Region ist das Karakorum-Gebirge.

Seine nüchternen Notizen, die er jeden Tag macht, lassen nur ahnen, was es bedeutet, Theodoliten und Sextanten, Barometer, Chronometer und Thermometer ohne Schaden über halsbrecherische Pfade zu schleppen, sie täglich auf- und abzubauen, dabei noch Pflanzen und Steine zu sammeln. Fast nichts schreibt er von Strapazen, nichts von Schmerzen, nichts von Gefahren. Wie seine beiden Brüder verzichtet er darauf, seine Arbeit zu heroisieren und zu popularisieren. Die Bilder, die er vom Nanga Parbat malt, sind eine stimmungsvolle Komposition und zugleich ein Meisterwerk mathematischer Präzision. Überhaupt sind seine Messdaten wie auch die seiner Brüder von einer Genauigkeit, die selbst noch die von Humboldt übertrifft und bis weit ins 20. Jahrhundert hinein unerreicht bleibt.

Im November 1856 treffen die drei Schlagintweits in Rawalpindi noch einmal zusammen. Hermann reitet von dort über Nepal und Bengalen nach Kalkutta, um sich dort Richtung Heimat einzuschiffen. Robert bringt die riesige Ansammlung von Kisten mit einer langen Karawane aus Pferden, Kamelen und Menschen zum Hafen Bombay. Im Juni 1857 sind die beiden wieder in Berlin. Zwei Jahre später wird sie Bayerns König in den Adelsstand erheben.

Adolph will sich nach Turkestan durchschlagen und von dort über Taschkent und Russland nach Hause reisen. Er weiß um die Risiken, verkleidet sich als Einheimischer wie so häufig in den vergangenen Jahren, und hält die Reise geheim. Doch nach Übersteigung des Kunlun-Shan-Gebirges wird er von Reitern ergriffen. Sie schleppen ihn nach Kaschgar zu Vali Khan, ihrem Stammesführer, der gerade eine Rebellion gegen China anführt. Er hält den Deutschen offenbar für einen Spion im Auftrag der Briten oder Chinesen – und lässt ihn kurzerhand erstechen und enthaupten. So stirbt ein großer Forscher mit ganzen 28 Jahren.

Die überlebenden Brüder sichten die wissenschaftliche Ausbeute der fast 30000 Wegkilometer, die die drei Schlagintweits in Asien zurückgelegt haben. 46 Foliobände enthalten Aufzeichnungen, 38 magnetische und meteorologische Daten, 22 Erläuterungen zu den 749 Landschaftsskizzen, unter denen sich Panoramen von vier Meter Länge befinden. Die Sammlung umfasst 14777 Nummern; 9577 sind geologische, 1400 ethnographische Objekte, 1800 Pflanzen, 650 Baumdurchschnitte und Pflanzensamen, 750 geologische Präparate, 400 Menschenskelette und -schädel, 200 tibetische und indische Handschriften. Einen solchen Reichtum an Forschungsmaterial hat es in Europa seit Humboldt nicht mehr gegeben. Allerdings werden nur vier Bände davon publiziert, mehr schaffen die Schlagintweits nicht. Sie spüren die Grenzen eines universellen Forschers. Ihre Arbeit ist wie ein letzter Gongschlag, mit dem die Ära dieses Gelehrtentyps zu Ende geht.

Blick auf den Kunlun-Shan in Turkestan. Dieses Bild aus dem Jahr 1856 stammt von Hermann Schlagintweit. Die drei Brüder sind die ersten Wissenschaftler, die ein wenig Licht in die verwirrenden Landschaftsstrukturen Zentralasiens bringen. Bis dahin gibt es über den Himalaja und die Gebirge nördlich davon so gut wie überhaupt keine Karten.

Georg Schweinfurth

1836–1925

Lebensdaten
1836 Geburt in Riga (heute Lettland).
1862–64 Expedition nilaufwärts bis Khartum. An die Ostküste des Roten Meeres. Durch den Norden Äthiopiens in den Sudan.
1868–71 Erforschung des Bahr-el-Ghasal-Beckens. Entdeckung des Uelle und der Wasserscheide zwischen Weißem Nil und Kongo-Oberlauf.
1873–74 Libysche Wüste, Äthiopien, Libanon.
1875 Gründung der Geographischen Gesellschaft in Kairo.
1888–89 Expedition in den Jemen.
1925 Tod in Berlin.

Ein deutscher Botaniker dringt auf dem Weißen Nil tief ins Innere Afrikas vor. Er zieht mit Sklavenhändlern durch die Gegend am Gazellenfluss, trifft Pygmäen und Kannibalen – und bringt Tausende von Pflanzen mit nach Hause.

Wie passt das zusammen? Die Forscher des 19. Jahrhunderts sind Gelehrte im Elfenbeinturm. Sie recherchieren penibel, schreiben in gestochener Schrift. Sie kleiden sich mit Sorgfalt, haben die besten Manieren. Doch dann treibt sie etwas hinaus aus der heimischen Geborgenheit. Die klassischen Afrikaforscher fahren – oft genug allein – unbekannte Flüsse hinauf, dringen immer weiter in den unerforschten Kontinent. Sie verzichten auf den gelehrten Umgang zu Hause, ein weiches Bett und warmes Wasser. Stattdessen ertragen sie das Tropenklima, unheimliche Krankheiten, noch unheimlichere „Wilde". Sie riskieren ihr Leben – aber für was? Jeder Entdecker hat dafür seine eigenen Gründe. Der eine sucht nach den Quellen des Nil, der andere versucht, den Erdteil zu durchqueren. Und Georg Schweinfurth nimmt alles in Kauf, wenn es um seine Pflanzen geht.

Er stammt aus einer reichen deutschstämmigen Familie in Riga. Schon als Jugendlicher legt er sich ein Herbarium an. Er studiert in Heidelberg, Berlin und München Geologie und Botanik, promoviert über die Pflanzenwelt am Nil. Der junge Wissenschaftler ist fleißig und zielstrebig, weiß ganz genau, was er will: sich einreihen in die Riege der großen Afrikaforscher.

Im Jahr 1862 bricht Schweinfurth zu seiner ersten Expedition nach Nordafrika auf, mit dem ehrgeizigen Ziel, ein umfangreiches botanisches Verzeichnis noch unbekannter Pflanzenarten zu erstellen. Er legt einen hohen Maßstab an seine Arbeit: «Für alle Zeiten muss ein solches Werk als Richtschnur gelten.» Der künftige Entdecker plant seine Reise sehr sorgfältig. Er besucht den damals schon berühmten Afrikaforscher ▶ Heinrich Barth, um von diesem Ratschläge einzuholen. Er stellt sich ein Reiseherbarium zum Nachschlagen zusammen. Das Papier lässt er mit Kautschuk überziehen, damit es vor Wasser geschützt ist.

In Ägypten unternimmt er einen Ausflug nach Suez, reitet das erste Mal auf einem Kamel. Am Mansalasee ist er beeindruckt von der afrikanischen Vogelwelt. Ende Februar 1864 fährt Schweinfurth mit einer Barke den Nil bis Kena hinauf. Von dort aus durchquert er die Arabische Wüste, erkundet die afrikanische Küste des Roten Meeres. Er dringt in die Gebirge der Gegend vor, zieht trockene Wüstentäler – *wadis* – entlang, die sich bei starkem Regen in reißende Ströme verwandeln. Und überall entdeckt er Pflanzen. «Von 200 Arten habe ich Stammstücke und Astteile eingesammelt», schreibt er glücklich. Er stößt auf die Myrrhe, das biblische Gewächs.

Schweinfurth reist meistens zu Fuß. Er zieht durch das nördliche Äthiopien, in Richtung Sudan, überquert den Atbara, einen Zufluss des Nil. Der Pflanzenkundler sieht tausendjährige Affenbrotbäume, bestaunt

Amaryllis. Dann erkrankt er an Malaria. Zwölf Tage kämpft er gegen das Fieber, kaum erholt, bekommt er einen schweren Rückfall. Er bricht die Expedition ab und kehrt nach Hause zurück – mit 2500 Pflanzen. Viele davon sind in Europa noch völlig unbekannt.

Schweinfurth kommt damit seinem Ziel, ein anerkannter Forscher zu werden, einen großen Schritt näher. Die Preußische Akademie der Wissenschaften wird auf den jungen Mann aufmerksam, sie unterstützt sein nächstes großes Vorhaben finanziell – nicht nur aus wissenschaftlichem Interesse. Inzwischen ist so manchem deutschen Industriellen, Bankier und Politiker klar geworden, dass Deutschland in seinen kolonialen Bestrebungen in Afrika weit hinter den anderen Mächten zurückliegt. Nach Vorbild der Royal Geographical Society haben sich in vielen deutschen Städten geographische Vereinigungen gegründet, aus denen später die Kolonialvereine hervorgehen. Sie alle sind an einer raschen Erschließung Afrikas interessiert. Sie haben es damit eiliger als Reichskanzler Otto von Bismarck, der einer kolonialen Expansion noch eher skeptisch gegenübersteht. Die Berliner Akademie erhofft sich nun von Schweinfurth, dass er unbekanntes Gebiet am oberen Nil erforscht. Wer weiß, ob sich daraus nicht später ein politischer Vorteil schlagen lässt.

Schweinfurth interessiert sich nicht für Politik, sondern für Pflanzen. Im Juli 1868 bricht er wieder nach Ägypten auf. Er fährt den Nil nach Khartum hinauf, zu der Zeit das Zentrum des Elfenbein- und Sklavenhandels. Sein Ziel ist das Gebiet am Bahr el-Ghasal – dem Gazellenfluss –, ein wichtiger Zufluss des Weißen Nil. Wie schon bei seiner ersten Expedition ist Schweinfurth exzellent vorbereitet. Er weiß, dass er das Gebiet ohne die Hilfe der arabischen Händler nicht erreichen kann. Sie haben dort das Sagen, durchziehen das Land auf der Jagd nach Sklaven mit bewaffneten Trupps.

Der Menschenhandel in der Provinz Bahr el-Ghasal – auch in Kordofan und Darfur – begann um 1860. Seither wurden 400000 Eingeborene verschleppt und verkauft, unzählige sind dabei gestorben. Schweinfurth wird Zeuge der furchtbaren Verbrechen. Er sieht voraus, dass die Völker völlig vernichtet werden, wenn der Sklaverei kein Einhalt geboten wird. Doch er interessiert sich nur für die Wissenschaft. Er schließt einen Vertrag mit einem der mächtigsten Händler – dem Kopten Ghatta –, erhält von ihm Lebensmittel, Träger, eine bewaffnete Eskorte und die Zusage, dass er seine Leute überall hin begleiten kann.

Am 5. Januar 1869 bricht er auf. Sechs Nubier, zwei gemietete Sklavinnen, die kochen, acht Bootsleute und 15 Söldner begleiten ihn. Schweinfurth hat eine Kajüte am Heck des Schiffs – zusammengezimmert aus ein paar Brettern. Er segelt auf dem menschenleeren Fluss nach Süden, verlässt den Ägyptischen Sudan. An den niedrigen Ufern weiden Angehörige des Schiluk-Volks ihre Rinder. Nilpferde und Krokodile im Wasser, Kraniche und Nilgänse in der Luft – der uralte Strom führt

Häuptling Munsa (oben) herrscht über das Reich Mangbetu im zentralafrikanischen Urwald. Der Forscher verbringt im März 1870 drei Wochen bei dem Volk und führt ethnologische Studien durch. Die Mangbetu legen viel Wert auf ihr Äußeres. Die Männer – auf dem Bild das Stammesoberhaupt – tragen oft einen Strohhut über kunstvollen Frisuren. Schweinfurth fertigte das Porträt selber an. Unten: Seine Expeditionsgruppe zieht in einem weiteren Eingeborenendorf ein. Hier herrscht Häuptling Isingerria.

Königlicher Empfang: 1869 trifft Schweinfurth die Herrscherin der Dinka. Er überreicht ihr Geschenke, unter anderem ein großes Bronzemedaillon und einen Korbsessel. Sie erzählt dem Entdecker, dass sie eine Million Rinder habe und unzählige Male verheiratet gewesen sei.

den Forscher immer tiefer nach Afrika hinein. Schweinfurth unternimmt Exkursionen ans Ufer, sammelt Pflanzen, beobachtet, schreibt auf. Die Besatzung schleppt das Boot zum Teil an langen Seilen gegen die Strömung.

Am 24. Januar erreichen sie Faschoda. Die Graslandschaft der Savanne geht in sumpfiges Gelände über. Die Hitze wird feuchter, drückender. Schon bald können die Reisenden nicht mehr genau zwischen Land, Wasser und Sumpf unterscheiden. Unzählige Nebenflüsse des Nil bilden dort mit Schilfinseln ein Labyrinth. Und weiter geht es nach Süden. Sie sind jetzt im Becken des Bahr el Ghasal. Schweinfurth fragt sich, wo all das Wasser herkommt.

Am 22. Februar 1869 setzt die Expedition ihren Weg auf dem Land fort. Schweinfurth trifft die Königin der Dinka, die ihn nach der holländischen Entdeckerin ▶ Alexandrine Tinné fragt, die einzige Weiße, die sie jemals gesehen hat. In einem Stützpunkt des Kopten Ghatta schlägt er für die nächsten Monate sein Lager auf. Er erforscht die Umgebung, kriecht durchs Unterholz, dringt in jedes Dickicht ein und sammelt und sammelt. Die Eingeborenen nennen ihn „Blattfresser". 500 unbekannte oder seltene Gewächse näht er in Rinderhäute ein und schickt sie über Khartum und Kairo nach Europa.

Mitte November zieht er mit nubischen Elfenbeinhändlern los. Tief im Süden trifft er als erster Europäer auf das Volk der Niam-Niam, die Kannibalen sind. Ende März 1870 erreicht er das «Wunderland der Mangbattus», wie er das Reich von König Mbunza nennt. Hier mischen sich Pomp und Barbarei, eine hoch entwickelte Kunst – und ebenfalls Kannibalismus. Schweinfurth begegnet Pygmäen vom Stamm der Akka. Er porträtiert sie und nimmt ihre Maße. Zu seiner Zeit weiß man in Europa nicht, ob das kleinwüchsige Volk der Sagenwelt entstammt oder wirklich existiert. Nach acht Monaten kehrt er in Ghattas Lager zurück.

Am 1. Dezember kommt es dort zur Katastrophe. Ein Feuer zerstört das gesamte Dorf. Die trockenen Schilfhütten brennen nieder – darin Schweinfurths komplette Pflanzensammlung. Alle Aufzeichnungen, die Arbeit der vergangenen Jahre, sind mit einem Mal vernichtet. Es ist der «unglücklichste Tag meines Lebens», schreibt er später. Er hat kein Papier mehr, keine Medizin, keine Instrumente, nicht einmal eine Uhr. Jeder normale Mensch wäre verzweifelt umgekehrt. Nicht so Schweinfurth, er forscht weiter.

Er möchte noch wissen, welche Flüsse das Bahr-el-Ghasal-Becken speisen. Er zieht nach Westen und steht als erster Europäer am Ufer des Uelle. Er entdeckt die Wasserscheide zwischen dem Weißen Nil und den oberen Kongo-Zuflüssen. Kein Geograph hätte gedacht, dass die beiden Flusssysteme so dicht beieinander liegen. Der Botaniker Schweinfurth zeichnet eine sehr genaue Karte der Region, auf der er bereits richtig vermutet, dass ▶David Livingstones Lualaba nicht zum Nil führt. Anstelle des von ▶ John H. Speke entdeckten Victoriasees trägt er allerdings fünf kleine Seen ein.

Am 4. Juni 1871 macht er sich auf die Heimreise. Er war mehr als drei Jahre unterwegs. Er hat den größten Rückschlag eingesteckt, den sich ein Forscher vorstellen kann. Dennoch hat er 4500 Pflanzen gesammelt, wertvolle ethnologische Beobachtungen und neue geographische Entdeckungen gemacht. In Deutschland ist er nun das, was er immer sein wollte – ein berühmter Wissenschaftler.

Lang hält er es in Europa nicht aus. 1873 kehrt er nach Nordafrika zurück. Er unternimmt Expeditionen in die Wüsten Nordostafrikas, lebt zeitweilig in Kairo, wo er 1875 die Geographische Gesellschaft gründet. Von dort aus reist er mehrmals auf die Arabische Halbinsel.

Zurück in Deutschland forscht er als Privatgelehrter weiter. Er stirbt im Jahr 1925 in Berlin.

Robert F. Scott

1868–1912

Besessen von der Idee, der Erste am Südpol zu sein, treibt er sich und seine Männer zu übermenschlichen Leistungen an. Mit Hunden und Ponys, dann mit eigener Kraft ziehen sie ihre Schlitten zum Pol. Doch Scott ist dort der Zweite.

Lebensdaten
1868 Geburt in Devonport (England).
1881 Eintritt in die britische Marine.
1901–04 Erste Antarktisexpedition. Vorstoß nach Süden bis 82 Grad 17 Minuten südliche Breite.
1910–12 Zweite Antarktisexpedition. Am 18. Januar 1912 als zweiter Mensch am Südpol.
1912 Tod in der Antarktis.

Victorialand und Herzog-Ernst-Bucht, Prinz-Olaf-Küste und Königin-Maud-Land, Ross-Insel, Weddellmeer und Neuschwabenland. Wohl auf keinem anderen Kontinent sind Orte, Inseln, Küsten nach Herrschern und Entdeckern so vieler unterschiedlicher Länder benannt wie in der Antarktis. Vielleicht, weil sie bis heute niemandem gehört. Vielleicht, weil sie sich der Eroberung des Menschen so lange widersetzt hat. Vielleicht, weil immer wieder neue Länder ihre kühnsten Entdecker aussenden mussten, um das ewige Eis Schritt für Schritt zu erkunden.

Ende des 19. Jahrhunderts weiß man immer noch nicht genau, ob die Antarktis ein Kontinent ist oder aus verschiedenen Inseln besteht. Wo die Eisschicht auf dem Festland endet. Wo genau der Südpol liegt. So beschließt der Siebte Internationale Geographenkongress in Berlin, dass mehrere Länder – darunter Schweden und Deutschland – die Antarktis von verschiedenen Seiten wissenschaftlich erforschen sollen. England wird den Vorstoß vom Rossmeer aus unternehmen.

Robert Scott hat zu der Zeit eine behütete Jugend hinter sich. Mit 13 Jahren ist er in die königliche Marineschule eingetreten. Ehrgeizig und fleißig hat er seine Abschlussprüfungen mit sehr guten Noten bestanden. Nun kennt er das strenge Regiment der englischen Marine, Disziplin und strikte Hierarchien. Aber England ist gerade in keinen Krieg verwickelt. Die Möglichkeiten einer Beförderung sind entsprechend gering. Seit den Zeiten von ▶ James Cook aber bieten Expeditionen eine gute Gelegenheit, in Friedenszeiten Karriere zu machen. Scott bewirbt sich um die Leitung der Antarktisexpedition – mit Erfolg.

Sir Clements Markham, der Präsident der Royal Geographical Society, treibt 90 000 Pfund Fördergelder auf, die größte Summe, die bis dahin für eine Südpolarfahrt ausgegeben worden ist. Ein Jahr vor Expeditionsbeginn stellt Scott Wissenschaftler und Besatzung für die große Fahrt zusammen. Er besucht ▶ Fridtjof Nansen im norwegischen Kristiania (heute Oslo), der ihn überredet, Schlittenhunde mitzunehmen, und ▶ Erich von Drygalski in Berlin, der vom Indischen Ozean aus zur Antarktis vordringen will. Scott ist beeindruckt, wie organisiert der Deutsche seine Fahrt vorbereitet. Er selber verlässt sich mehr auf sein Improvisationstalent.

Im August 1901 sticht Scott mit der „Discovery" in See. Im Polarsommer durchdringt das Schiff den Packeisgürtel und gelangt ins Rossmeer, an die Küste von Victorialand. Am 18. Januar 1902 sieht Scott die Antarktis zum ersten Mal. Noch weiß er nicht genau, was auf ihn zukommt. Der Sommer auf der Südhalbkugel

Kein Mensch hat vor Robert Scott seinen Fuß hierher gesetzt. Durch eine gewaltige Kluft ist die Ross-Eisbarriere vom Festland der Antarktis getrennt. Bei seiner ersten Expedition dringt er mehr als 700 Kilometer über das Schelfeis in Richtung Süden vor – ehe ihn eine gewaltige Spalte zur Umkehr zwingt.

ist kurz. Scott folgt der antarktischen Küste entlang der Ross-Eisbarriere nach Osten. Er sichtet neues Land – eine Halbinsel, aus der Felsen ragen – und benennt sie nach König Edward VII. Es ist die erste antarktische Entdeckung im 20. Jahrhundert. Die Männer unternehmen Exkursionen in dem fremden Land. Manche sehen das erste Mal in ihrem Leben Schnee. Sie probieren das Fahren mit Skiern und mit Hundeschlitten aus. Beides erweist sich als nicht so einfach. Ein Matrose stürzt von einer Eisklippe zu Tode. Eis und Schnee verzeihen keine Fehler.

Ende März friert die „Discovery" im Packeis ein, und am 23. April verschwindet die Sonne für 100 Tage. Die Öfen unter Deck qualmen, alles ist feucht, auch die Betten. Scott führt – ganz im Stil der englischen Marine – ein strenges Regiment. Mannschaft und Offiziere sind strikt voneinander getrennt. Als der Koch einmal den Gehorsam verweigert, wird er für acht Stunden in Ketten gelegt. Es ist nicht einfach, in der permanenten Dunkelheit der Polarnacht Disziplin und gute Stimmung aufrechtzuerhalten. Die Männer überstehen den Winter in keiner guten Verfassung. Bei vielen bricht im Frühling Skorbut aus.

Die Expedition gilt offiziell als wissenschaftliches Unternehmen. Aber natürlich spielt auch der Südpol eine Rolle. Scott hat den Plan, im Sommer mit einer kleinen Truppe ins Innere des Ross-Schelfeises vorzudringen – so weit nach Süden wie möglich. Der Arzt Edward Wilson und ► Ernest Shackleton sollen ihn begleiten. Scott ist sich zunächst nicht sicher, ob er Hunde vor die Schlitten spannen soll oder nicht. Dann entscheidet er sich dafür, obwohl keiner von ihnen viel Erfahrung mit dem Führen der Tiere hat. Auch Skier sollen mitgenommen werden.

Am 2. November brechen sie mit fünf Schlitten und 19 Hunden auf. Ein Trupp ist vorausgezogen, um Vorratslager anzulegen. Der Schnee ändert ständig seine Beschaffenheit. Mal gleiten die Skier, mal werden sie gebremst. Schnallen die Männer die Bretter ab, brechen sie bis zu den Knien in der weichen Unterlage ein. Die Kleidung der Engländer ist zu dünn, sie frieren. Und auch die Hunde ziehen nicht, wie sie sollen. Schließlich schleppen die Männer die Schlitten selber. Für so anstrengende körperliche Arbeit haben sie zu wenig Proviant, verlieren immer mehr Energie. Aber am schlimmsten sind die Spannungen zwischen Scott und Shackleton. Zu unterschiedlich sind die beiden Persönlichkeiten, immer wieder kommt es zu offenen Streitereien, die Wilson schlichten muss. An Heiligabend stellt der Arzt bei seinen Expeditionskameraden geschwollenes und entzündetes Zahnfleisch fest – die typischen Symptome für Skorbut. Die Vorräte gehen zur Neige, er drängt zur Rückkehr. Aber für Scott zählt nur eines – weiter nach Süden! Sie erreichen 82 Grad 17 Minuten – kein Mensch kam jemals weiter –, als Scott endlich einwilligt umzukehren. Mit Gelenken, die vom Skorbut geschwollen sind, kämpfen sie sich durch Nebel und Stürme. Shackleton spuckt Blut. Mit letzter Kraft erreichen sie das Ausgangslager.

Die „Discovery" bleibt auch den zweiten Winter eingefroren. Erst 1904 kehrt Scotts Expedition mit zahlreichen Forschungsergebnissen nach England zurück. Unter anderem haben sie Pflanzenfossilien gefunden, die darauf hindeuten, dass es in der Antarktis früher wärmer war. Scott aber hat mit dem Kontinent noch eine Rechnung offen.

Im Jahr 1910 erhält er die Gelegenheit, sie zu begleichen. Für seine zweite Expedition in die Antarktis werden eigens Motorschlitten entwickelt. Aber auch Schlittenhunde und Ponys nimmt er mit. Scott lässt sie in Sibirien kaufen. Er fährt mit der „Terra Nova" von Neuseeland ins Südpolarmeer. Unterwegs erfährt er, dass der Norweger ▶ Roald Amundsen ebenfalls auf dem Weg ist, um als erster Mensch den Südpol zu erreichen. Scott überwintert im McMurdo-Sund an der Südostküste von Victorialand. Beim Entladen des Schiffs versinkt einer der drei Motorschlitten im Eismeer. Im Winter lässt Scott Vorratslager auf dem Weg zum Pol anlegen, damit die Expedition später weniger Gewicht auf den Schlitten mitnehmen muss.

Am 1. November 1911 bricht er mit 16 Mann auf. Darunter sind Hilfstruppen, die Depots anlegen, Ausrüstung transportieren, aber vor Erreichen des Pols wieder umkehren. Die Expedition steht von Anfang an unter keinem guten Stern. Die Hunde kommen nicht richtig ins Laufen, die Ponys brechen bis zum Bauch im Schnee ein. Keines der Tiere überlebt den Weg zum Polarplateau. Es stürmt und ist eisigkalt. Immer wieder behindert Nebel das Vorankommen. Die Jahreszeit ist weiter fortgeschritten als bei Amundsens Aufbruch. In der Antarktis können ein paar Wochen entscheidend sein.

Das Unternehmen ist nicht so perfekt geplant wie bei den Norwegern. So lässt Scott die Vorratslager für den Rückweg in viel zu großen Abständen anlegen. Ein Fehler, der fatale Folgen haben wird. Am 5. Dezember geraten sie in einen Schneesturm – und haben bereits ihren Verpflegungssoll überzogen. Am 8. Dezember spannen sie sich selber vor die Schlitten, die erschöpften Hunde laufen nutzlos nebenher. Über den Beardmore-Gletscher erkämpfen sie sich den Aufstieg zum Hochplateau. Der letzte Hilfstrupp wird zurück zum Basiscamp geschickt. Scott und fünf Männer ziehen weiter gen Südpol, langsam quälen sie sich voran. Scott leidet an Schneeblindheit. Und dann der Schock, sie können es nicht fassen: Fremde Schlittenspuren tauchen im Schnee auf. Als sie am 18. Januar 1912 den Pol erreichen, steckt dort bereits die norwegische Flagge. «Das Schlimmste war passiert», schreibt Scott in sein Tagebuch, «alle Träume sind zunichte.»

Aber das Schlimmste steht noch bevor, Scott ahnt es. «Großer Gott, was für ein fürchterlicher Ort!», schreibt er. «Jetzt der Rückweg. Es wird ein verzweifelter Kampf.» Schon am nächsten Tag brechen sie auf. Zwei Männer sterben unterwegs an Erfrierungen, Hunger und totaler Erschöpfung. Scott und zwei Begleiter schaffen es bis 18 Kilometer vor das letzte Vorratslager. Dort geraten sie in einen Schneesturm, haben nicht mehr die Kraft, ihr Zelt zu verlassen. «Hätten wir überlebt, hätte ich eine Geschichte der Tapferkeit, der Ausdauer und des Mutes meiner Gefährten erzählt, die das Herz jedes Engländers berührt hätte. So müssen diese groben Notizen und unsere Leichen von dieser Geschichte zeugen.» Scotts letzter Tagebucheintrag stammt vom 29. März. Acht Monate später findet ein Suchtrupp ihn und seine Gefährten.

In England werden seine Tagebücher veröffentlicht. Scott, der tragische Held, wird zum Mythos. Mit ihm endet das „heroische Zeitalter" der Antarktisentdecker, vielleicht der Entdecker überhaupt.

Artikel in NATIONAL GEOGRAPHIC: „An Ice Wrapped Continent" (Februar 1907).

Scotts zweite Expedition zum Südpol ist mit einer Sonnenuhr (oben) ausgerüstet – sie lässt sich nicht vom Erdmagnetismus irritieren. Mit Büchern hat sich der Engländer auf die Polartour vorbereitet (unten). Immer wieder las er Shackletons „Das Herz der Antarktis". Der Ire war schon bis 88 Grad 23 Minuten südlicher Breite gekommen.

JUNÍPERO SERRA

1713–1784

Lebensdaten
1713 Geburt in Petra (Mallorca).
1731 Aufnahme in den Franziskanerorden.
1749 Ankunft in Mexiko.
1750 Missionar bei Indianern in der Sierra Gorda.
1769 Landexpedition nach Kalifornien. Gründung der Missionsstation San Diego, der ersten Siedlung von Weißen.
1770 Mit dem Schiff in die Monterey Bay. Gründung der Missionsstation San Carlos Borromeo.
1772–74 4000-Kilometer-Marsch nach Mexiko-Stadt und zurück. Besuch beim Vizekönig. Danach Bau der ersten Straße nach und durch Kalifornien („Camino Real").
1784 Tod in San Carlos Borromeo (Kalifornien).

Der spanische Franziskaner betreibt religiöse Bußrituale bis zur Selbstzerfleischung. Unter seiner Führung dringen die ersten Weißen von Mexiko nach Kalifornien ein. Die Missionare behandeln die Indianer wie Kinder.

Das Leben ist für ihn eine einzige Buße. «Ich bin ein Sünder», pflegt er zu sagen. Tag für Tag ist sein Streben darauf gerichtet, die Seele reinzuwaschen von Schuld. Er kennt kein Vergnügen, weder beim Essen noch beim Lesen, noch gar mit dem anderen Geschlecht. Demütig, arm und bescheiden wandelt er in seiner Kutte durch das Leben – nie lachend, immer todernst.

Der Bauernsohn aus Petra auf Mallorca ist klein von Gestalt, erreicht kaum 1,60 Meter. Seine Hand reicht nicht einmal hoch genug, um als Altardiener die Seiten des schweren Messbuchs zu wenden. Doch schon mit 18 Jahren spürt er den Auftrag Gottes. Er macht die Profess als Mönch und ersetzt seinen Geburtsnamen Miguel José durch „Junípero" – so hieß einer der engsten Vertrauten des Heiligen Franziskus.

Im Franziskanerkloster von Palma studiert er fünf Jahre Philosophie. Doch er bleibt völlig unberührt vom Geist der Aufklärung, der fast überall durch Europa weht. Unberührt vom Gedanken des Immanuel Kant, dem Menschen mit Hilfe der Vernunft zum «Ausgang aus seiner selbstverschuldeten Unmündigkeit» zu verhelfen. Für ihn gibt es nur Schuld und Sühne und ein Leben streng nach Gottes Plan.

Das Schicksal hält viel Leid für ihn bereit. 1749 wird er von seinem Orden nach Mexiko geschickt. Nach seiner Ankunft im Hafen Veracruz besteht er darauf, den mehr als 600 Kilometer langen Weg hinauf in die Hauptstadt zu Fuss zurückzulegen. Auf dem 24-Tage-Marsch in Sandalen verletzt ihn ein Insekt so schwer am Bein, dass er für den Rest seines Lebens Schwellungen und Schmerzen haben wird.

Sein Geist aber verleiht dem Körper ständig neue Kräfte. Neun Jahre lang missioniert er Indianer in der Sierra Gorda. Dann wird er in Mexiko-Stadt zu einem glühenden Prediger, den der religiöse Eifer bis zum Masochismus treibt. Auf der Kanzel des Konvents San Fernando reißt er sich oft die Kutte auf und hämmert, in der anderen Hand das Kreuz, mit einem schweren Stein auf die entblößte Brust. Oder reißt mit einer Geißel seine Haut in Fetzen. «Ich bin ein Sünder», schreit er dazu in die schluchzende Menge. Bei einem dieser Auftritte reißt ihm ein fanatisierter Zuhörer das Marterinstrument aus der Hand – und geißelt sich damit selber, bis er zusammenbricht.

Profane Dinge scheinen weit weg von ihm. Doch die Interessen von Krone und Kirche sind im katholischen Spanien und dessen Kolonien oft eng verwoben. So wächst Junípero Serra, den keine Härte des Lebens schreckt, eine Aufgabe zu, bei der er sich nicht nur in den Dienst Gottes, sondern zugleich des Staates stellt.

Spaniens König Karl III. erfüllen Meldungen mit Sorge, die das weite, großenteils öde, noch unerforschte Land an Amerikas Westküste betreffen. Die Spanier nennen es *Alta California*, im Gegensatz zu *Baja California*, der lang gezogenen Halbinsel im Norden von Mexiko, wo die Jesuiten schon 13 Missionsstationen errichtet haben. José de Gálvez, Generalinspektor des

Königs in Neuspanien, füttert diesen ständig mit Gerüchten, wonach Engländer und Holländer dabei seien, ihre Hand nach dem Gebiet auszustrecken. Und nun trifft auch noch ein Bericht des spanischen Botschafters in Russland ein, dass der Zar sein Imperium von Alaska aus an der Küste hinunter bis zur Monterey Bay ausdehnen wolle, bei deren Ansicht der Seefahrer Sebastián Viscaíno 1602 angeblich in Entzücken ausgebrochen ist.

Die Spanier wollen nicht tatenlos bleiben. Schließlich liegt Kalifornien, zum Osten des Kontinents abgeriegelt durch die Rocky Mountains, sozusagen vor der Haustür ihres Kolonialreichs. Sie haben den nächsten Zugang, obwohl es selbst von ihren Gebieten durch weite, wüstenartige Landstriche getrennt ist. Nun gilt es, diesen riesigen Raum, den noch nie ein Weißer besiedelt hat, auf Dauer in Besitz zu nehmen

Die dortigen Indianer werden noch für lange Zeit die Bevölkerungsmehrheit bilden. Das sehen die Spanier ganz realistisch. Mit einer Hand voll Soldaten allein lässt sich so ein Gebiet nicht regieren. Kein Siedler aber ist bereit, sich in dieser endlosen Weite niederzulassen – 2000 Kilometer und mehr von Mexiko-Stadt entfernt, ohne Landweg zur Versorgung. So bleiben nur die Missionare. Sie sollen die Indianer zu treuen Untertanen machen.

Die Jesuiten, die bislang den Norden Neuspaniens erschlossen haben, sind soeben mit dem Bann belegt worden. Die Krone fürchtet ihre scharfen Denker, ihren Reformgeist, ihre demokratischen Experimente mit den Indianern. 1767 hat Spanien den Orden im Mutterland und in allen Kolonien verboten. So braucht Generalinspektor Gálvez für die erste Expedition, mit der er Kalifornien an sich reißen will, einen anderen Orden. Er benötigt Männer, die mutig und hoch motiviert, zäh und ausdauernd sind. Er ruft Junípero Serra und die Franziskaner.

Diesmal ist es ein Marsch von fast 1500 Kilometern. Den ersten Trupp kommandiert Fernando de Rivera y Moncado: fast 400 Pferde und Maultiere mit Proviant, 25 Soldaten mit Lederwesten zum Schutz gegen indianische Pfeile, 42 getaufte Indianer als Arbeitskräfte, Dolmetscher und Katecheten, drei Maultiertreiber und Pater Juan Crespi, ein enger Freund von Serra. Der zweite Trupp, der bald darauf folgt, steht unter dem Befehl von Gaspar de Portolá: zehn Soldaten, zwei Diener, 44 Indianer. Dazu Serra

Ein Museum (oben) steht heute in San Diego nahe der Stelle, wo spanische Soldaten 1769 ein Kreuz errichteten (unten). Mit diesem Akt gründete Serra damals die erste Missionsstation in Kalifornien. Acht weitere folgten zu seinen Lebzeiten, zwölf weitere nach seinem Tod. Wegen der Behandlung der Indianer kam es ständig zu Spannungen zwischen Soldaten und Mönchen.

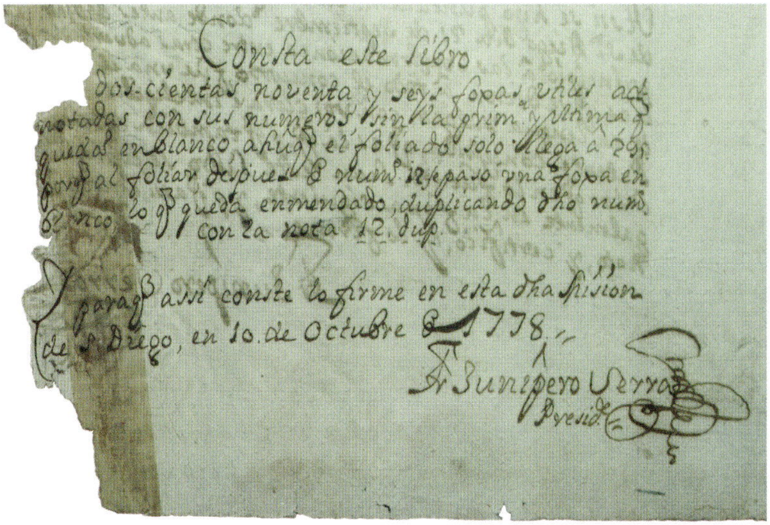
Consta este libro
dos cientas noventa y seys fojas utiles
con sus numeros
queda en blanco
enmendado, duplicando
con la nota 12. dup.
y para q assi conste lo firme en esta dha Mision
de S. Diego, en 10. de Octubre de 1778.
Fr. Junipero Serra
Presid.

Über seine Arbeit führte Pater Junípero stets gewissenhaft Buch. Dieser Eintrag aus dem Jahr 1778 betrifft die Missionsstation San Diego.

mit seinem geschwollenen Bein, mal humpelnd, mal auf dem Maultier sitzend. Zwei Schiffe begleiten zu Wasser den Zug. Sie haben noch ein paar Dutzend Soldaten an Bord, dazu einen Zimmermann, einen Bäcker, einen Werkzeugspezialisten, mehrere Schmiede, Saatgut und landwirtschaftliche Geräte und sakrale Gegenstände für die ersten christlichen Messen. Von Loreto aus ziehen sie monatelang durch Sand und Steppe, wo kaum etwas außer Kaktus wächst. Die Hälfte der Landexpeditionsteilnehmer stirbt auf dem Weg. Doch im Juli 1769 gründet Serra seine erste Missionsstation: die spätere Stadt San Diego. Sie wird zum Ausgangspunkt für die Kolonisierung Kaliforniens.

Serra hält die erste Messe. Verwirrt und etwas bang verfolgen die Indianer das Ritual von den umliegenden Hügeln aus. Keiner von ihnen wagt sich näher heran. Im ersten Jahr der Mission San Diego wird nur ein einziger Einheimischer die christliche Taufe empfangen.

Portolá will weiter nach Norden, noch mal 600 Kilometer, bis zur Monterey Bay. Mit 63 Leuten zieht er die Küste entlang. Nackte, von Kopf bis Fuß bemalte Ureinwohner stehen staunend am Weg. Erdstöße lassen den Boden und die Menschen erzittern. Ende September 1769 erreicht die ausgemergelte Schar Monterey, ohne die Bucht als solche zu erkennen. Denn sie ist weit weniger schön, als Viscaíno sie beschrieben hat. 17 Expeditionsteilnehmer können nicht mehr laufen, werden auf Tragen geschleppt, die jeweils zwischen zwei Maultiere gespannt sind. So ziehen die Spanier zur Erkundung noch ein Stück weiter nach Norden – bis zu der Bucht, die einmal von der Golden Gate Bridge überspannt werden wird. Erschöpft und halb verhungert kehrt die Truppe im November nach San Diego zurück.

Im April 1770 nehmen die Spanier wieder Anlauf, diesmal zu Wasser. Das Schiff „San Antonio" sticht mit Serra und Crespi in See. Nach 38 Tagen sehen sie an der Küste ein Kreuz, das ihre Landsleute im Vorjahr errichtet haben. Indianer haben sich von ihm magische Wirkungen versprochen und daher am Fuß des christlichen Symbols Fische und Beeren als Opfergaben hingelegt. Im Juni 1770 gründet Serra hier die zweite Missionsstation, San Carlos Borromeo. Sieben weitere werden zu seinen Lebzeiten folgen, darunter 1776 eine mit Namen San Francisco.

Fernab vom Rest der Welt wächst in Kalifornien ein bizarres Staatsgebilde heran. Die Indianer verstehen wenig von dem, was die Mönche predigen. Sie werden, wenn sie folgsam zur Messe gehen, getätschelt und gelobt. Aber sie werden ausgepeitscht, wenn sie stehlen oder aufsässig sind. Von indianischer Selbstverwaltung, wie die Jesuiten es versuchten, halten die Franziskaner nichts. Die Indianer sind nicht nur Gottes, sondern auch der Missionare Kinder.

Die Soldaten haben weniger die Bibel als Frauen im Sinn. Immer wieder gibt es Vergewaltigungen. Der Zorn der Indianer wächst. Die Missionare wollen, dass die Uniformierten sich von ihren Schützlingen fern halten. So bricht Serra, mit geschwollenem Bein, zu seinem längsten Marsch auf: nach Mexiko-Stadt und zurück, fast 4000 Kilometer. Er will vom Vizekönig mehr Vollmachten bekommen und den Bau einer ersten Straße in das Gebiet am Ende der Welt anregen. Er bekommt beides – und merkt doch am Ende seines Lebens, dass er die profanen Geister, die ihn riefen, nicht mehr loswerden wird.

Junípero Serra stirbt 1784 auf San Carlos Borromeo. Er hat alles gegeben. Doch nicht mal 6000 Seelen hat er in Kalifornien gewinnen können. Sein enger Freund Crespi zieht die ernüchternde Bilanz: «Die Indianer lassen sich nur von denen etwas sagen, die ihnen Geschenke machen.»

Ernest Shackleton

1874–1922

Er gelangt vor Scott und Amundsen näher an den Südpol als je ein Mensch vor ihm. Auf seiner dritten Antarktisexpedition steckt er im Packeis fest – und startet die spektakulärste Rettungsaktion in der Geschichte des Südpolarmeers.

Lebensdaten
1874 Geburt in Kilkee (Irland).
1901–04 Teilnahme an Robert F. Scotts erster Antarktisexpedition.
1907–09 Antarktisexpedition mit der „Nimrod". Vorstoß bis 88 Grad 23 Minuten südliche Breite.
1914–17 Expedition mit der „Endurance" in das Weddellmeer.
1915 Verlust des Schiffs im Packeis. Rettende Bootsfahrt zur Elephant-Insel.
1916 Bootsfahrt von der Elephant-Insel nach Südgeorgien. Hilfe durch chilenisches Schiff.
1921 Letzte Expedition ins Südpolarmeer.
1922 Tod in Südgeorgien.

Der Erfolg einer Expedition – wovon hängt er ab? Es gab Unternehmen, die brachen auf, und niemand hörte jemals wieder etwas von ihnen. Andere erreichten zwar ihr hoch gestecktes Ziel, aber auf dem Rückweg kamen alle Teilnehmer um. Für viele Expeditionsleiter zählte ein einzelnes Leben nicht viel, wenn es darum ging, ihre Vision zu verwirklichen. Doch manche hätten ihr eigenes Leben gegeben, um alle Mitglieder wieder heil nach Hause zu bringen. Vielleicht sind das die größten Entdeckerpersönlichkeiten – auch wenn sie ihr eigentliches Ziel gar nicht erreicht haben. Ernest Shackleton ist so ein Fall.

Der gebürtige Ire ist Anfang 20 und Offizier der englischen Handelsmarine, als er an ▶ Robert F. Scotts erster Antarktisexpedition teilnimmt. Schon bei der ersten Überwinterung im Packeis zeigen sich die Unterschiede der beiden Männer. Scott, ganz englischer Marineoffizier, legt mehr Wert auf Hierarchien als auf gute Kommunikation zu seinen Leuten. Shackleton dagegen findet zu jedem guten Kontakt und wird so zum psychologischen Führer der Expedition.

Shackleton begleitet Scott gemeinsam mit Edward Wilson auf dessen erster Fahrt Richtung Südpol. Auf dem Rückweg ist er so geschwächt, dass er zeitweise von den anderen beiden auf einem Schlitten gezogen werden muss. Scott, mit dem er sich verkracht hat, schickt ihn als dienstuntauglich nach Hause. Doch in England wird Shackleton als Held gefeiert – immerhin ist er einer der Männer, die bisher am weitesten nach Süden vorgedrungen sind.

Durch den Beifall ermutigt, treibt er das Geld für eine eigene Antarktisexpedition auf und kauft die „Nimrod". Mit zehn Ponys und neun Hunden geht es 1907 abermals zum südlichsten Kontinent. Die Expedition errichtet ihr Lager auf der Ross-Insel.

Shackleton teilt das Unternehmen in mehrere Gruppen auf. Einer Mannschaft gelingt die Erstbesteigung des 3795 Meter hohen Vulkans „Erebus". Ein zweites Team erreicht am 16. Januar 1909 als erstes den magnetischen Pol der Südhalbkugel auf Victorialand. Shackleton selber bereitet unterdessen seinen Marsch zum geographischen Südpol vor.

Am 29. Oktober 1908 bricht er, begleitet von Jameson Adams, Eric Marshall und Frank Wild, mit vier Ponys auf. Es wird ein unbarmherziger Gewaltmarsch. Die Ponys sinken im Schnee ein, fallen in Gletscherspalten. Alle müssen getötet werden, die Männer ziehen ihre Schlitten nun selber. Shackleton entdeckt den Beardmore-Gletscher. Ohne Steigeisen kämpfen

«Was das Eis zu fassen bekommt, das behält es auch», sagt Shackleton. Sein Stellvertreter Frank Wild nimmt Abschied von der schon fast vom Eis zerquetschten „Endurance“. Am 21. November 1915 – das Foto entstand wahrscheinlich eine Woche vorher – versinkt sie endgültig im Meer. Die Eisdecke schließt sich danach wieder über ihr.

er und seine Männer sich die gewaltige Eiszunge hinauf. Ende Dezember erreichen sie als erste Menschen das antarktische Hochplateau. Von hier aus strömen die Gletscher Richtung Küste.

Shackleton und seine Männer leiden an Schneeblindheit, Hunger und Erfrierungen. Aber sie ziehen weiter nach Süden. Am 9. Januar erreichen sie 88 Grad 23 Minuten. Die Vorräte gehen zur Neige, sie sind am Ende ihrer Kräfte, aber nur noch 185 Kilometer vom Pol entfernt. Kein Mensch war jemals so nah am südlichsten Punkt der Erde. Doch Shackleton opfert seine Männer nicht. Er dreht um. Adams wird auf dem Rückweg so krank, dass er nicht mehr laufen kann. Die anderen ziehen ihn auf einem Schlitten. Die letzten 36 Stunden marschieren sie ohne Pause – und retten ihm dadurch das Leben. Die Expedition hat den Pol nicht erreicht. Sie ist dennoch ein großer Erfolg. In England wird Shackleton dafür in den Adelsstand erhoben.

▶ Roald Amundsen erreicht 1911 als Erster den Südpol. Peary hat zwei Jahre vorher den Nordpol erobert. Doch eine Trophäe ist für Shackleton noch zu holen: die Durchquerung der Antarktis. Am 1. August 1914 sticht er mit der „Endurance“ in See. Die Expedition ist überschattet vom Ausbruch des Ersten Weltkriegs. In Buenos Aires kommen 69 kanadische Schlittenhunde an Bord. Am 5. November 1914 erreichen die Männer Südgeorgien, einen Monat später segeln sie mit frischen Vorräten weiter ins Südpolarmeer.

Das Weddellmeer – es liegt zwischen der ostantarktischen Küste, der Antarktischen Halbinsel und den Süd-Sandwich-Inseln – ist eines der gefährlichsten Meere der Welt. Hier toben Orkane und haushohe Wellen. Eisschollen werden von der Strömung nach Westen vorangetrieben. Wenn sie sich schließen, spricht man von Eisdrift. Sechs Wochen bahnt sich die „Endurance“ einen Weg durch das Packeis. Immer wieder kann sie sich in offene Wasserrinnen retten. Doch am 20. Januar 1915 sitzt sie fest – eine Tagesreise von dem geplanten Landeplatz an der antarktischen Küste entfernt. Fußballspielen auf dem Eis, Training mit den Hunden, sonntags Gesangsabende – der Winter ist lang. Am 1. Mai verschwindet die Sonne – die Eisdrift

treibt das Schiff immer weiter von der Küste weg. Im September – Frühling auf der Südhalbkugel – rührt sich das Eis. Schollen schieben sich krachend übereinander, verkeilen sich, bäumen sich auf. Die „Endurance" führt einen zähen Todeskampf. Die Männer müssen tatenlos zusehen. Am 27. Oktober zerbirst ihr Schiff – und sinkt.

Die Truppe rettet sich aufs Eis, gründet das „Patience Camp". Schlafsäcke werden verlost. Shackleton dreht es so, dass die Offiziere die dünneren bekommen. Sie schleppen drei offene Boote mit, um sich darin zu retten, sobald sich die Eisfläche öffnet. Ein Mann darf sein Banjo mitnehmen, um die Truppe abends aufzuheitern. Shackleton weiß, wie wichtig die Stimmung fürs Überleben ist. Die tierlieben Engländer müssen ihre Hunde erschießen, damit sie selber nicht verhungern. «Ich habe viele Männer gekannt, die ich lieber erschießen würde als den schlechtesten dieser Hunde», schreibt der Offizier Frank Wild in sein Tagebuch.

Das Eis wird dünner. Jede Nacht bangen die Männer in den Zelten um ihr Leben. Ob die Scholle hält, die sich da unter ihnen bewegt? Dann endlich, am 9. April, können sie in die Boote. Sie nehmen Kurs auf die Elephant-Insel. Sieben Tage in offenen Booten über das stürmische Eismeer – als sie auf dem kargen Eiland ankommen, sind sie mehr tot als lebendig. «Eine so wilde und ungastliche Küste habe ich noch nie gesehen», notiert Frank Hurley, der Fotograf. Kein Mensch weiß, wo sie sind. Südgeorgien mit seiner Walfangstation liegt fast 1 500 Kilometer entfernt.

Doch Shackleton wagt das schier Unmögliche. Mit fünf Männern sticht er am 24. April 1916 in einem siebeneinhalb Meter langen, offenen Boot in See, um von dort Rettung zu holen. Sie nehmen Proviant für vier Wochen mit. Wenn sie die Insel bis dahin nicht erreicht hätten, meint Shackleton, wären sie sowieso untergegangen. Das Südpolarmeer kocht, immer wieder überzieht Eis die Taue des Boots. Ihre nasse Kleidung trocknet während der ganzen Fahrt nicht. Wenn bei einem der Männer die Lebensgeister nachzulassen drohen, lässt Shackleton heiße Pulvermilch zubereiten. Schneetreiben und Stürme behindern die Navigation. Es ist schwer, die Sonne mit dem Sextanten anzuvisieren. Ein Wunder, dass sie nach 16 Tagen Südgeorgien erreichen. Es dauert vier Monate – noch ist Krieg –, bis Shackleton ein chilenisches Schiff auftreibt, um seine Männer von der Elephant-Insel zu retten, doch am Ende hat er keinen einzigen Mann verloren.

1921 bricht der große Polarfahrer noch einmal in die antarktischen Gewässer auf. Doch in Südgeorgien stirbt er an Herzversagen. Er liegt dort zwischen norwegischen Walfängern begraben.

Artikel in NATIONAL GEOGRAPHIC: „The Heart of the Antarctic", Autor: Ernest Shackleton (November 1909), „The Race for the South Pole" (März 1910), „Shackleton: Epic of Survival" (November 1998).

Das Expeditionsschiff im Packeis (oben). Kapitän Frank Worsley nennt das Bild «Die ‚Endurance' im Stolz ihrer Jugend». Die Exklusivrechte an den Bildern verkaufte Shackleton bereits vor der Abreise an den „Daily Chronicle". Sein 27-köpfiges Team (unten) ist ein bunt gemischter Haufen von Wissenschaftlern, Offizieren und Seeleuten. Auf dem Bild steht Shackleton in der Vorderreihe (Dritter von links). 5 000 Leute hatten sich für die Fahrt beworben, darunter auch drei Frauen.

Jedediah Smith

1798–1831

Kein Trapper kennt den Wilden Westen so gut wie er. Als erster Amerikaner findet er einen Weg über die Berge nach Kalifornien und zurück. Zwei Überfälle von Indianern überlebt er mit Glück. Dem dritten aber fällt er zum Opfer.

Lebensdaten
1798 Geburt in Bainbridge, New York.
1822 Erste Expedition als Trapper in den amerikanischen Westen.
1826 Aufbruch vom Großen Salzsee. Durchquerung der Mojave-Wüste. Als erster Amerikaner auf dem Landweg nach Kalifornien.
1827 Rückweg nach Osten. Als erster Amerikaner über die Sierra Nevada. Durchquerung des Großen Beckens.
1828 Eröffnung einer Handelsroute entlang der Pazifikküste von Kalifornien zum Columbia River in Oregon.
1831 Expedition auf dem Santa Fé Trail. Ermordung durch Kommantsche-Indianer.

Eine Anzeige bringt die Wende im Leben des Jedediah Smith. Sie erscheint 1822 in dem Blättchen „Gazette and Public Adviser", der Zeitung von St. Louis. «Unternehmungslustige junge Männer gesucht», heißt es da. «Missouri flussaufwärts bis zur Quelle, dort Job für ein, zwei oder drei Jahre.» Die Amerikaner William Ashley und Andrew Henry stellen mit Hilfe dieses Inserats eine Trappertruppe zusammen, aus der sich die Rocky Mountains Fur Company entwickelt. Smith gehört zu denen, die sich melden. So eine Chance hat er seit langem gesucht.

Er ist eines von 14 Kindern. Seine Kindheit und Jugend war wie ein Mikrokosmos, in dem sich der Aufbruch der Vereinigten Staaten spiegelte. Immer weiter nach Westen hieß die Devise. Als er 1799 geboren wurde, lebten die Eltern noch im Mohawk Valley des Bundesstaats New York. Dann zogen sie nach Erie in Pennsylvania, schließlich nach Ashtabula in Ohio. Der junge Smith ist nie richtig sesshaft gewesen, sondern immer ein Wanderer.

Dieser Mann sieht eigentlich gar nicht so aus, als sei er einer dieser Typen, die alle Barrieren niederreißen. Kein Bart wuchert in seinem Gesicht, sein Äußeres wirkt ungewöhnlich gepflegt. Er trinkt nicht und hat keine Frauengeschichten, stattdessen liest er oft in der Bibel. Dies soll ein richtiger *mountain man* sein? Die rauen Gesellen um ihn herum haben da wirklich ihre Zweifel.

Aber drei Jahre später hat Smith einen Rekord vorzuweisen, der sie alle mit einem Schlag verstummen lässt. Er hat 1825, in einem einzigen Jahr, 668 Biberfelle erbeutet. Kein anderer Fallensteller im Wilden Westen hat das bisher geschafft. Mit 26 ist er schon geworden, was man eine Führerfigur nennt. Ein Jahr später steht er an einem Punkt, der die nächste große Wende in seinem Leben bedeutet.

Die Rocky Mountains Fur Company, eine der zwei großen amerikanischen Pelzhandelsfirmen, hat bisher vorwiegend im Osten des großen Felsengebirges operiert. Die Trapper, die bei ihr unter Vertrag stehen, haben einmal im Jahr ihr großes *rendezvous*. Sie bringen ihre Felle in ein riesiges Zeltlager, wo sich die Käufer mit Maultieren und Ochsenkarren einfinden. Wenn die Geschäfte getätigt sind, ziehen die Händler wieder nach Osten und die Trapper wieder in die Berge. Was aber wäre, wenn es diesen Handel auch nach Westen hin gäbe? Dort gibt es Häfen und Schiffe und vielleicht noch mehr Business. Trapper sind nicht nur Abenteurer. Sie müssen auch von der Biberjagd leben.

Das Land, das sich bis zum Pazifik erstreckt, ist endlos weit. ▶ Meriwether Lewis und William Clark haben 1805 zwar schon eine Route entdeckt, allerdings ziemlich weit im Norden. Die Leute um John Jacob Astor, den Gründer der ersten amerikanischen Pelzhandelsfirma, stiegen 1812 über den etwas weiter südlich gelegenen South Pass. Die „Ashley Men" nahmen

1824 den gleichen Weg. Aber diese Wege führen alle nach Oregon. Was ist mit dem Land weiter im Süden? Wie weit ist es eigentlich noch bis Kalifornien?

Ein paar Trapper der britischen Hudson Company haben Gruselgeschichten erzählt: Wüste, nichts als Wüste, statt Biber nur Steppe, Steine und Sand. Aber man weiß ja, was man davon zu halten hat. Die Engländer tun immer alles, um die Amerikaner aus einer Gegend herauszuhalten. Smith beschließt, mit 17 Leuten die Gegend westlich und südlich des Großen Salzsees zu erkunden. «Ich wollte als Erster ein Land erblicken, das noch nie ein Weißer gesehen hatte», schreibt er später. «Ich wollte dem Lauf von Flüssen folgen, die durch neues Land fließen.»

Im August 1826 ist es so weit. Von Utah aus ziehen sie an den Colorado, wenden sich nach Westen. Der Boden unter ihren Füßen besteht aus feinem, weißem Salz. Sie schleppen sich durch die Mojave-Wüste, 15 Tage durch totes Land. Dann erreichen sie abgemagert die Missionsstation San Gabriel, in der Nähe der Siedlung Los Angeles. Als erste Amerikaner sind sie zu Fuß nach Kalifornien gekommen. Weil das Gebiet aber zu Mexiko gehört, kriegen sie wegen illegaler Einreise Ärger mit den Behörden. Monatelang werden sie festgehalten, ehe die Mexikaner ihnen den Heimweg erlauben.

Im Frühjahr 1827 zieht Smith mit seiner Truppe in den Osten zurück. Am Reed's Creek wird Harrison G. Rogers von einem Bären angefallen und schwer verletzt. Trotzdem schleppt er sich mit den anderen weiter. Als erste Amerikaner überwinden sie die Sierra Nevada. Dann stolpern sie wieder durch Wüsten, diesmal durch das Große Becken. Die Geschichten, die ihnen erzählt wurden, sind harmlos im Vergleich zur Wirklichkeit. Jedes Mal, wenn Smith auf einen Hügel steigt, blickt er in die gleiche triste Öde. «Ich darf gar nicht sagen, wie es aussieht», notiert er in sein Tagebuch. «Ich drehe meine Sätze immer so hin, dass ich die Leute so wenig wie möglich entmutige.» Einer der Männer, Robert Evans, bleibt eines Tages halbtot unter einer Zeder liegen. Die anderen ziehen verzweifelt weiter, stoßen zum Glück nach ein paar Kilometern auf Wasser. Sie finden den Weg zu Evans zurück, weil er mit letzter Kraft noch ein Feuer entfacht hat, dessen Rauch ihnen die Stelle anzeigt. Das große Geschäft hat dieser mörderische Marsch nicht gebracht. Aber dafür steht Smith nun in einer Reihe mit den großen Pionieren der Nation.

Nach dem *rendezvous* am Bärensee geht er im Juli

Jenez-Indianer bei einem zeremoniellen Tanz. Sie haben festliche Kleider, Kopfschmuck und bemalte Beine. Als streng gläubiger Christ versucht Smith, mit den Ureinwohnern friedlich auszukommen. Es gelingt ihm fast immer – aber eben nur fast.

Smith und seine Leute auf dem Weg nach Kalifornien. Halb verhungert erreicht er 1826 die Missionsstation San Gabriel. Weil das Gebiet noch zu Mexiko gehört, bekommt er dort Schwierigkeiten mit den Behörden. Ein Jahr darauf kehrt er über die Sierra Nevada in die USA zurück – auch dies ein mörderischer Weg.

1827 wieder auf Erkundungstour. Diesmal wird sein Trupp von Mojave-Indianern angegriffen, als er den Colorado mit einem Floß überquert. Von 19 Trappern sterben zehn, der Rest hat alle Pferde verloren. Smith fürchtet, dass die Indianer sie verfolgen werden. Er schüttet all den Kleinkram, den er normalerweise mit den Einheimischen tauscht, auf einen Haufen. Seine Erfahrung lehrt, dass die Indianer sich erst einmal über die Sachen streiten werden und sich dadurch ein Weile aufhalten lassen. Aber nach einem knappen Kilometer sind die Verfolger schon da. Die Weißen haben ihre Messer an Holzstöcke gebunden und sich so ein paar Lanzen gefertigt. Sie haben Glück, dass die Angreifer fliehen, als die ersten zwei Indianer unter Gewehrkugeln sterben. Wieder haben die Männer keine andere Chance, als sich nach Kalifornien durchzuschlagen. Wieder gibt es Scherereien mit den Mexikanern. Die Trapper müssen in der Nähe von San Francisco überwintern. Dann dürfen sie nach Norden, Richtung Oregon, ziehen.

Bis auf die Ausnahme am Colorado ist es Smith bisher stets gelungen, mit den Indianern gut auszukommen. Er braucht ihre Felle, ihre Ortskenntnis und nur zu oft auch etwas zu essen. Er kann, wie die meisten Trapper, in etlichen ihrer Sprachen radebrechen, die Zeichensprache wird ohnehin von beiden Seiten gut beherrscht. So tauscht er mit den Ureinwohnern Waren und Tipps. Doch seit immer mehr Weiße in ihren Gebieten auftauchen, reagieren die Ureinwohner zunehmend aggressiv. Der Überfall der Mojave war für Smith die erste Warnung. In Oregon folgt im Juli 1828 die zweite.

Was am Umpqua River passiert, ist ein Musterbeispiel dafür, wie eine Situation eskalieren kann. Bei einem Treffen mit Kelawatset-Indianern wird den Trappern ein Beil gestohlen. Smith schnappt den Verdächtigen und bindet ihm einen Strick um den Hals. Er löst ihn erst, als die Axt wieder auftaucht. Zwei Tage nach dieser Demütigung zerrt Harrison G. Rogers bei einer erneuten Begegnung eine Einheimische in sein Zelt. Der Bruder will ihre Ehre verteidigen, der Weiße schlägt ihn nieder. Daraufhin richten die Ureinwohner unter der Truppe ein Massaker an. Elf Trapper sterben, nur Smith und drei andere bleiben am Leben.

Smith hat genug vom Trapperleben. Die Biber sind schon fast ausgerottet und bringen nicht mehr viel. Dafür wird der Santa Fé Trail immer attraktiver, eine 1827 fertig gestellte Handelsstraße, auf der Güter nach New Mexico transportiert werden. Smith verkauft 1829 seine Anteile an der Pelzfirma. 1830 erwirbt er mit dem Geld eine Farm und ein Stadthaus in St. Louis. 1831 geht er auf den Santa Fé Trail. In diesem Geschäft, so glaubt er, geht es ziviler zu als in den Bergen.

Seine Karawane besteht anfangs aus 85 Leuten. Nach ein paar Tagen teilen sie sich in kleinere Gruppen. Smith eilt voraus, um ein Wasserloch im fast ausgetrockneten Cimarron River zu finden. Eine Weile behält ihn einer seiner Leute mit dem Fernglas im Auge. Dann ist Smith verschwunden. Stunden vergehen, er kehrt nicht zurück. Die Gruppe gibt ihn verloren und setzt ihren Weg nach Santa Fé fort.

In der Stadt sieht sein Bruder Peter Smith bei mexikanischen Händlern plötzlich ein Gewehr und Pistolen mit Silberbeschlag. Es sind Waffen, die seinem Bruder gehörten. Die Händler sagen, sie hätten sie von Kommantschen gekauft. Und die hätten freimütig gestanden, den Weißen mit Pfeilen getötet zu haben. Die Waffen wollten sie dann aber doch nicht behalten. Vielleicht wollten sie, wie die Weißen, Geld damit machen. Vielleicht waren sie ihnen aber auch unheimlich. Denn Smith hatte noch im Todeskampf ihren Anführer damit erschossen.

Hernando de Soto

1496 (?)–1542

Ein Konquistador will sich ein Denkmal setzen. Er landet in Florida, um den neuen Kontinent nach Gold zu durchsuchen. Drei Jahre lang rauben und morden seine Leute unter den Indianern – und sind am Ende ärmer als zuvor.

Lebensdaten
Um 1496 Geburt in Barcarrota (Spanien).
1514 Teilnahme an der Expedition nach Panama.
1516–20 Kartierung der Küste von Mittelamerika.
1523 Teilnahme an der Expedition nach Nicaragua.
1531–35 Militärische Unterstützung für Pizarro bei der Eroberung des Inka-Reichs in Peru.
1539 Landung in Florida. In drei Jahren Vorstoß bis über den Mississippi hinaus.
1541 Als erster Europäer am Mississippi.
1542 Tod am Mississippi.

Es scheint, als werde eine Fiesta auf See gefeiert. Adlige Männer und Frauen in geschlitzten Seidengewändern und mit Dienergefolge mischen sich unter alte Haudegen in zerschlissenen Kleidern. Bauern und Buchhalter sind an Bord, Schneider und Zimmerleute, Händler, Priester und Soldaten. Einige haben ihre Häuser verkauft, andere ihre Weinberge, alle sind sie wie im Rausch. Diese Fahrt ist der Aufbruch ins Paradies. Jubelnde Massen stehen am Kai, Fanfaren erklingen und eine Kanone feuert zum Abschied Salut.

Sieben Galeonen, zwei Brigantinen und eine Karavelle laufen Anfang April 1538 aus dem spanischen Hafen San Lucar de Barrameda aus. 26 Handelsschiffe, deren Ziel Neuspanien (Mexiko) ist, geben ihnen bis Kuba Geleit. Der König und ein reicher Herr von Rang haben diese gewaltige Expedition ausgestattet. Die Galeonen quellen über von Schilden und Schießpulver, Armbrüsten und Gewehren, aber auch Werkzeugen und Nägeln, Pflügen und Saatgut. In Kuba werden noch Hunde, Maultiere und Schweine dazukommen.

Der Magnat, der hier die Investition seines Lebens tätigt, heißt Hernando de Soto. Er hat schon reichlich Erfahrung in den spanischen Kolonien gesammelt. Ab 1514 diente er in Panama als Offizier. Von 1516 bis 1520 kartierte er die noch unbekannte Küste Mittelamerikas. 1523 machte er als Hauptmann den Eroberungszug von Francisco Fernández de Córdoba nach Nicaragua mit. 1531 bis 1535 half er als Truppenkommandant bei der Zerschlagung des Inka-Reichs in den Anden. Die 18000 Unzen Gold, die er als Lohn für seine Dienste erhielt, haben den Sohn eines Edelmanns auch in den Geldadel erhoben. 1537 hat er Isabella de Bobadilla geheiratet, eine Schönheit aus einer angesehenen kastilischen Familie. Nur eines fehlt ihm noch: Er möchte in der Geschichte neben den größten Konquistadoren, ▶ Hernán Cortés und ▶ Francisco Pizarro, stehen.

Nördlich von Kuba, davon ist er überzeugt, gibt es noch mehr Gold als in Mexiko und Peru. Zwar haben seine Vorgänger, die in Florida an Land gingen, nichts dergleichen gefunden. Aber Legenden sterben nicht so schnell; schließlich haben die Berichte über die Schätze der Azteken und Inka am Ende ja auch gestimmt. So legt er, zum Gouverneur von Kuba ernannt, die Verwaltung der Insel in die Hände seiner Frau und des Leutnants Gonzalo de Guzmán, um noch einmal auf große Fahrt zu gehen – sie wird, davon ist er überzeugt, die Fahrt seines Lebens werden.

Der Glaube ans Gold macht sie alle stark. 570 Soldaten mit 223 Pferden, die militärische Vorhut des Unternehmens, segeln im Mai 1539 von Havanna aus in eine Bucht von Florida. Sie haben wie üblich Halseisen, Ketten und Handschellen für den zu erwartenden Sklavenfang dabei. Sie kidnappen wie üblich ein paar Indianer, die ihnen als Führer dienen sollen.

Bei einer ihrer Exkursionen aber kommt ihnen plötzlich ein Weißer auf einem Pferd entgegen. «Bringt mich nicht um!», schreit er auf Spanisch, «ich bin ein Christ!» Es ist Juan Ortíz, ein Teilnehmer der Expedition von Pánfilo de Narváez im Jahr 1528. Er geriet damals in die Gefangenschaft des Häuptlings Hirrihigua, entkam dann mit Hilfe von dessen Tochter, die ihm bei Häuptling Mococo, ihrem späteren Mann, Zuflucht verschaffte. Ortíz wird zum wichtigsten Dolmetscher für Soto.

Die Spanier ziehen durch Dschungel und Sümpfe nach Norden bis zum Fuß der Appalachen. Überall stoßen sie auf offene Feindschaft – kein Wunder nach den Erfahrungen, die die Ureinwohner mit den Konquistadoren gemacht haben. Die Worte des Häuptlings Acuera, den Soto bei einem Gespräch freundlich stimmen will, beschreiben prägnant, was die weißen Invasoren anrichten: «Was ist denn eure Beschäftigung? Von Land zu Land zu vagabundieren, die Armen auszurauben, Menschen zu verraten, die euch vertrauen, und Menschen kaltblütig umzubringen, die sich nicht verteidigen können. Nein! Mit solchen Leuten will ich weder Frieden noch Freundschaft. Krieg für immer, Krieg bis zum Ende, das ist alles, was ich will. Ihr brüstet euch eurer Tapferkeit – meinetwegen. Aber meine Krieger sind nicht weniger tapfer. Eines Tages werdet ihr den Beweis dafür sehen. Denn ich habe schonungslosen Kampf geschworen, solange der weiße Mann auf meinem Land bleibt. Nicht in offener Schlacht werden wir kämpfen, obwohl wir selbst da euch nicht fürchten, sondern mit List und aus dem Hinterhalt und mit Überraschungsattacken um Mitternacht.»

Wie üblich fordern ihn die Weißen auf, die

„Ferdinandus Sotto treibt grosse Wueterey in der Landschafft Florida“ – so betitelt der Kupferstecher Theodor de Bry seine Darstellung der Grausamkeiten, mit denen die Spanier bei ihrer dreijährigen Expedition gegen aufsässige Indianer vorgingen. Die Ureinwohner sind für die Europäer nichts als wertlose Wilde.

In Peru hat Soto schon reichlich Erfahrung mit Eroberungszügen gesammelt. Dort verstärkte er die Truppen von Francisco Pizarro. Wie die Inka in den Anden fürchten auch die Indianer zwischen Florida und dem Mississippi die Pferde und die Feuerkraft der Spanier.

Hoheit des spanischen Königs anzuerkennen. Als Antwort darauf sagt Acuera stolz: «Ich bin König in meinem eigenen Land, nie werde ich Untertan eines anderen Sterblichen sein. Elend und feige ist, wer seine Freiheit gegen ein Joch eintauscht. Mein Volk will lieber sterben, als seine Freiheit verlieren und sich von eurem Land unterwerfen lassen.»

Auch für Hernando de Soto sind Indianer nichts anderes als Wilde, die wie Tiere gejagt oder bestenfalls für die eigenen Zwecke ausgenutzt werden. Nach der ersten Überwinterung in der Küstenebene zieht er über die Berge nach Norden, wo eine reiche Prinzessin herrschen soll. Auf dem Savannah River kommt ihm die ahnungslose Herrscherin in einem Kanu entgegen, das mit Schultertüchern, Häuten und anderen Geschenken gefüllt ist. Sie nimmt lächelnd eine Perlenkette von ihrem Hals und hängt sie Soto um. In ihrem Dorf werden die Spanier mit Truthähnen und Wild bewirtet.

Soto genießt die Gastfreundschaft, solange er sie braucht. Dann nimmt er die Herrscherin als Geisel. Sie entkommt nach einiger Zeit – auch sie, die den Weißen vertrauen wollte, ist jetzt zu einem Todfeind geworden. Im Dorf Mauvila, im heutigen Alabama gelegen, liefern die Indianer den Eindringlingen die blutigste Schlacht. Nach neun Stunden Kampf sind 82 Weiße und 11 000 Ureinwohner gefallen.

Der Expeditionsleiter hat den Hauptmann Diego Maldonado nach Havanna zurückgeschickt. Er soll im Oktober 1540 an die Bucht von Achusi (Mobile Bay) mit Schiffen für die Rückfahrt kommen. Im Herbst erhält Soto die Nachricht, die bestellten Schiffe seien da. Der Konquistador aber will nicht zur Küste, denn er hat noch immer kein Gold gefunden. Unter seinen Leuten kommt es fast zur Meuterei, eine Gruppe will sich heimlich fortstehlen, um nach Mexiko oder Peru zu segeln. De Soto aber zwingt seine Truppe noch tiefer ins Landesinnere. Am 8. Mai 1541 steht er als erster Europäer am Mississippi. Am 18. Juni setzen die Spanier mit selbst gebauten Booten über. Sie dringen nach Westen bis an die Caddoan Mounds (Hügelland von Caddo) vor. Dann gibt Soto endgültig auf. Am Quachita River überwintert er zum dritten Mal, dann lässt er am Mississippi Schiffe für einen Rückweg an die Küste bauen. Im Frühjahr 1542 packt auch ihn, wie schon so viele seiner Leute, das Fieber. Er stirbt am 21. Mai. Seine Leute wollen den Tod vor den Indianern geheim halten, denn sie haben ihnen immer von der Unsterblichkeit der Weißen erzählt. So legen sie seine Leiche in einen ausgehöhlten Baumstamm, füllen den Natursarg mit Sand und versenken ihn nachts im Fluss.

Die Resttruppe unter Führung von Luis de Moscoso versucht vergeblich, sich durch Texas zum Meer durchzuschlagen. Die Spanier überwintern noch einmal am Mississippi. Sie bauen sieben Boote, mit denen sie am 18. Juli 1543 den Golf von Mexiko erreichen. Dort fahren sie die Küste entlang, bis sie in Pánuco (dem späteren Tampico) in Neuspanien ankommen. 311 Mann, gerade noch die Hälfte der ursprünglichen Truppe, haben diese Expedition überstanden. Sie haben viel geraubt – und sind doch ärmer als je zuvor.

□ **Artikel in NATIONAL GEOGRAPHIC: „Indians of the Southeastern United States“ (Januar 1946), „Arkansas Rolls Up Its Sleeves“ (September 1946), „Exploring our Forgotten Century“ (März 1988).**

Lebensdaten
1827 Geburt in Jordans bei Bath (England).
1844 Als britischer Offizier in Indien. Expeditionen in den Himalaja.
1855 Gescheiterte Expedition mit Richard Burton ins Somaliland am Horn von Afrika.
1856 Als Freiwilliger im Krimkrieg.
1858 Mit Richard Burton als erster Europäer am Tanganjikasee.
1858 Entdeckung des Victoriasees.
1860–63 Zweite Expedition zum Victoriasee mit James August Grant. Reise den Nil abwärts.
1864 Tod in Neston Park bei Bath.

John H. Speke

1827–1864

Mit Richard F. Burton entdeckt er den Tanganjikasee. Als erster Europäer steht er am Ufer des Victoriasees. Nach seiner Theorie entspringt dort der Nil. Um sie zu beweisen, zieht er ein zweites Mal durch Afrika – und wird fündig.

C*aput Nili quaerere»* – nach den Quellen des Nil fragen – so lautete ein römisches Sprichwort, wenn jemand etwas wissen wollte, auf das es beim besten Willen keine Antwort gab. John Hanning Speke hört nicht auf, diese Frage zu stellen – bis er ein Ergebnis hat.

Er wird in Bath, im Südwesten Englands, als Kind einer *Upper-Class*-Familie geboren. Mit 17 entscheidet er sich für eine Offizierskarriere. So kommt er nach Indien in die Region von Pandschab. Der Engländer unternimmt Expeditionen in entlegene Winkel des Himalajas, die vor ihm noch kein Europäer betreten hat. Er führt Vermessungen durch, zeichnet die ersten modernen Karten der Region.

1854 trifft er in Aden ▶ Richard F. Burton, der gerade eine Expedition ins Somaliland am Horn von Afrika plant. Er schließt sich seinem Landsmann an. Doch die Reise im darauf folgenden Jahr scheitert nach einem Überfall durch Eingeborene, noch bevor sie richtig angefangen hat. Danach nimmt Speke als Freiwilliger am Krimkrieg 1853 bis 1856 teil.

Im Jahr 1857 begleitet er Burton auf einer neuen Expedition. Sie soll den Ursprung der Nilquellen klären. Die Reise startet von Bagamoyo am Indischen Ozean und zieht nach Westen in den afrikanischen Kontinent. Speke, schwer an Malaria erkrankt, ist fast blind, als sie im Februar 1858 das Ostufer des Tanganjikasees erreichen. Doch er erholt sich schneller als sein ebenfalls schwerkranker Partner – und beginnt, mit einem Kanu den See zu erkunden.

Im Himalaja hat er einige Berge vermessen. Hier ermittelt er nun, dass der See auf einer Höhe von rund 700 Metern liegt. Der südlichste bis dahin bekannte Ort am Nil – Gondokoro im Sudan – liegt aber schon auf 600 Meter Höhe. Der Tanganjikasee, da ist sich Speke sicher, kann also schon von daher gar nicht die Quelle des großen Stroms sein. Er ist der Meinung – damit hat er vom heutigen Stand der Wissenschaft aus gesehen Recht –, dass der Tanganjikasee vulkanischen Ursprungs ist.

Burton aber will von all dem nichts hören. Für ihn entspringt der Nil im Tanganjikasee. Als Eingeborene erzählen, am Nordufer gebe es einen großen Strom, sieht er sich bestätigt. Auf ihrer gemeinsamen Erkundungstour gelangen Speke und Burton jedoch nicht ganz in den Norden des Sees. Denn die Afrikaner, die dort leben, sind mit dem Volk, aus dem ihre Bootsleute stammen, verfeindet. Daher weigern die sich, weiter in diese Richtung zu paddeln. Immerhin erfahren die Engländer, dass der Fluss Rusisi in den See hineinfließt –

und nicht hinaus. Burton ist schwer enttäuscht.

Auf dem Rückweg halten sich die Forscher ein paar Wochen in der arabischen Handelsstation Kase (Tabora) auf, die sie schon auf dem Hinweg passiert haben. Dort hört Speke das Gerücht von einem noch größeren See im Norden. Er beschließt, diesem nachzugehen. Am 3. August 1858 steht er am Südufer der riesigen Wasserfläche, die die Eingeborenen *Ukerewe* nennen. Er tauft sie auf den Namen seiner Queen Victoria. «Ich zweifelte nicht länger daran», schreibt er später, «dass der See hier zu meinen Füßen den interessanten Strom hervorbringt.»

Er hat keinen Beweis für seine Theorie, doch einiges bestärkt ihn. Er ermittelt eine Höhe von 1 120 Metern – dieser Höhenunterschied zum südlichen Nil würde in der Tat ausreichen. Araber erzählen ihm, dass aus den Bergen im Westen mehr als 100 Flüsse den gigantischen See speisen. Also hat er auch genug Wasser für einen so langen Strom wie den Nil. Speke hört von Bergen nördlich des Tanganjikasees und wann dort Regenzeit herrscht. So stellt er einen Zusammenhang her mit dem sommerlichen Hochwasser des Weißen Nil. Begeistert macht er sich auf den Rückweg nach Kase.

Doch von Burton erntet er nur Spott. Er habe den See nicht umfahren, weder einen großen Zu- noch einen Abfluss gesehen. Er habe keine Kenntnis der Eingeborenensprachen und sie deshalb vielleicht falsch verstanden. Die Männer meiden fortan das Thema, und machen sich auf den Rückweg zur Küste.

Speke kommt zwei Wochen vor seinem Begleiter in London an. Gleich nach der Ankunft teilt er der Royal Geographic Society seine Entdeckung des Victoriasees mit und dass dieser sehr wahrscheinlich die Hauptquelle des Weißen Nil sei. Die Gesellschaft ist beeindruckt. Sie unterstützt eine Folgeexpedition, in der Speke den endgültigen Beweis seiner Vermutung erbringen soll. Burton tobt. Er hält Spekes Vorgehensweise für unwissenschaftlich. Und was noch schlimmer ist: Niemand ist an seiner Entdeckung des Tanganjikasees interessiert.

Diesmal ist Speke der Leiter der Expedition. Er wird von James A. Grant begleitet, einem englischen Offizier, den er aus ihrer gemeinsamen Zeit in Indien kennt. Sie brechen im Oktober 1860 von Bagamoyo auf – mit 176 Mann. Die Zeiten haben sich seit der letzten Reise geändert. Die Völker der Gebiete, durch die sie marschieren, sind oft in kriegerische Auseinandersetzungen verwickelt. Die Geschenkforderungen der Häuptlinge an die Weißen werden immer höher. Was sie von den Europäern nicht bekommen, holen sie sich notfalls mit Gewalt. Oft bedarf es langwieriger Verhandlungen, bevor Speke weiterziehen kann.

Endlich – nach einem Jahr – gelangen sie ins Reich Karagwe am Westufer des Victoriasees. Dessen Häuptling Rumanika – er hat noch nie zuvor einen Europäer gesehen – nimmt sie gastfreundlich auf. Die Frauen des Königs seien so dick, berichtet Speke später in London, dass sie nicht mehr aufrecht gehen könnten.

Er zieht weiter nach Norden, überquert den Kagera, der sich später als Hauptquellfluss des Nil erweisen wird. Sechs Wochen benötigt der Engländer, um zum Herrscher des nächsten Volks zu gelangen, der Mutesa heißt. Speke darf zu seinem ersten Empfang bei ihm einen eigenen Stuhl zum Sitzen mitbringen – ein großes Privileg. Alle anderen müssen sich ihm gebückt nähern. Aus nichtigsten Anlässen lässt Mutesa Untertanen köpfen. Speke aber kommt mit ihm aus.

Eingeborene haben ihm von einem großen Strom berichtet, der im Norden aus dem See fließt. Sie weisen ihm den Weg. Am 21. Juli 1862 wähnt sich Speke am Ziel: «Hier stand ich endlich am Ufer des Nil: Das Bild war so herrlich schön, wie es nicht schöner hätte sein können.» Der Fluss ist 600 Meter breit. Die Expedition

König Mutesa inspiziert seine Truppen, der Engländer Speke sieht dem Aufmarsch zu. Mutesa herrscht seit 1860 über das Königreich Buganda. An den Armen trägt er Schnüre mit farbigen Perlen. Sein Speer und sein weißer Hund sind Zeichen seiner Würde. Er ist bekannt für willkürliche Grausamkeit gegen seine Untertanen.

Sie haben die Nilquelle für England entdeckt: John Speke und James A. Grant erläutern vor der Royal Geographical Society im Londoner Burlington House die Ergebnisse ihrer Expedition. Die Mitglieder der ehrwürdigen Institution bejubeln die Forscher. Die Gesellschaft hat die Afrikareise mit 2500 Pfund unterstützt.

zieht stromaufwärts, über schlüpfrige Steine, morastige Pfade. Eine Woche später erreichen sie das Ufer des Victoriasees. Sie sehen Flusspferde und Krokodile. Über einen mächtigen Wasserfall donnert der Fluss in die Tiefe. Speke nennt die Kaskaden Ripon-Fälle nach dem Präsidenten der Royal Geographic Society. Dann muss er an den Heimweg denken.

Sie sind geschwächt, haben nicht mehr viele Vorräte. Wohl hören sie von einem anderen großen See weiter im Westen. Auch der Nil biegt nach Westen ab. Aber die Gebiete, durch die er fließt, sind von feindlichen Stämmen bewohnt. Speke zieht daher nach Norden, stößt in einiger Entfernung wieder auf den Fluss. Später wird Samuel Baker den Albertsee entdecken, und feststellen, dass der Nil durch diesen hindurchfließt.

Spekes Expedition muss den Strom immer wieder verlassen. Er lässt sich nur schwer befahren, die Ufer sind undurchdringlich. Am Ende ihrer Kräfte erreichen sie Faloro, den südlichsten Handelsplatz der Ägypter. Das erste Mal seit zwei Jahren schlafen sie in einem Bett, waschen sich mit Seife. Sie werden nach Gondokoro im Sudan geleitet, wo sie Samuel Baker treffen, der mit seiner Frau den Nil hinauffährt. Sie tauschen Reiseinformationen aus, erhalten neue Vorräte. Von Khartum schickt Speke sein berühmtes Telegramm nach London: «*The Nile is settled!*» – Die Nilfrage ist gelöst.

Aber sie ist es nicht. Zurück in London, werden seine Ergebnisse von Burton und anderen Wissenschaftlern scharf angegriffen. Er habe den Victoriasee nicht umfahren, um festzustellen, ob er ein einzelner großer See sei oder sich aus mehreren kleineren zusammensetze; ob im Süden ein großer Strom hineinfließe, der dann als eigentliche Hauptquelle zu gelten habe. Er sei außerdem nicht dem ganzen Lauf des Nil gefolgt. So und ähnlich lauteten die Vorwürfe, denen Speke sich ausgesetzt sieht. Als die hitzige Debatte ihren Höhepunkt erreicht, stirbt er am 15. September 1864 bei einem Jagdunfall. Manche vermuten Selbstmord. Es dauert noch Jahre, bis die Nilfrage endgültig geklärt ist. Letztlich wird Speke mit seiner Theorie Recht behalten.

□ **Artikel in NATIONAL GEOGRAPHIC: „Uganda, Land of Something New“ (Januar 1937), „Uganda, Africa's Uneasy Heartland“ (November 1971).**

Henry M. Stanley

1841–1904

Er ist zielstrebig, hart gegen andere und sich selber. Der in Wales geborene Afrikaforscher klärt endgültig das Geheimnis der Nilquellen. Er fährt den letzten noch unbekannten Strom des Kontinents hinunter – den Kongo.

Lebensdaten
1841 Geburt in Denbigh (Wales).
1861–65 Teilnahme am Amerikanischen Bürgerkrieg.
1865 Journalist.
1867 Reporter bei Englands Abessinien-Feldzug.
1871 Suche in Ostafrika nach dem verschollenen Livingstone. Treffen mit dem englischen Forscher am Tanganjikasee. Gemeinsame Erkundung des Nordufers.
1874–77 Umfahrung des Victoria- und Tanganjikasees. Entdeckung des Eduardsees. Fahrt auf dem Lualaba und Kongo bis zum Atlantik.
1879–84 Erkundung des Kongo und des Kongobeckens. Entdeckung des Leopold-II.-Sees.
1887–89 Hilfsaktion für Emin Pascha: den Kongo hinauf, Durchquerung Zentralafrikas.
1895–1901 Abgeordneter im englischen Unterhaus.
1904 Tod in London.

„Wie ich David Livingstone fand" – so heißt das Buch, in dem Henry Morton Stanley sein denkwürdiges Zusammentreffen mit dem schon tot geglaubten großen Afrikaforscher am Tanganjikasee beschreibt. Es macht ihn mit einem Schlag in der ganzen Welt berühmt. Doch der Weg dahin war weit.

Stanley heißt eigentlich John Rowlands. Er wird als uneheliches Kind geboren. Früh Vollwaise, wächst er in einem Armenhaus auf. Mit 17 Jahren macht er sich als Schiffsjunge nach Amerika davon. In New Orleans hat er das erste Mal Glück in seinem Leben. Bei dem Baumwollhändler Stanley findet er Arbeit und ein Zuhause. Der Amerikaner adoptiert den Jungen. Dieser nimmt seinen Namen und die amerikanische Staatsbürgerschaft an. Im Sezessionskrieg (1861 bis 1865) kämpft er auf beiden Seiten. Danach wird er Journalist.

Im Jahr 1867 fährt er das erste Mal nach Afrika. Für den „New York Herald" berichtet er vom englischen Feldzug gegen den abessinischen Kaiser. Zwei Jahre später erhält er von der Zeitung den Auftrag, der sein Leben verändern wird. ▶ David Livingstone gilt seit 1866 als verschollen. Stanley soll nach Ostafrika reisen und den Entdecker finden. Was für eine Story!

Zunächst berichtet der Journalist über die Eröffnung des Suezkanals. Dann fährt er für seine Zeitung auf die Halbinsel Krim, zum Kaspischen Meer, nach Persien, in den Irak und nach Indien. Im Januar 1871 erreicht er Sansibar, den Ausgangspunkt seiner Expedition nach Afrika. Die Insel ist ein großer Umschlagplatz für Waren – auch für Sklaven. Arabische Menschenhändler berichten, dass sich Livingstone womöglich in Ujiji am Tanganjikasee aufhalte. Stanley stellt seine Expedition zusammen, organisiert Träger und Vorräte. Im März bricht er von Bagamoyo aus auf. Acht Monate später kommt er in Ujiji an. «Dr. Livingstone, wie ich vermute?» – Die Worte seiner Begrüßung sind legendär.

Ging es dem Journalisten bei Anbruch der Reise vor allem um den Erfolg seiner Geschichte, so ist er nun beeindruckt von der Persönlichkeit des Älteren. Die beiden Männer verstehen sich, erkunden gemeinsam das Nordufer des Tanganjikasees. Stanley gelingt es nicht, Livingstone zur Rückkehr nach England zu überreden. So macht er sich allein zur Küste auf, die er im Mai 1872 erreicht. Die Nachricht, dass Livingstone gefunden und am Leben ist, erreicht London und New York drei Monate später. In der englischen Hauptstadt wird Stanley gefeiert. Die Royal Geographical Society verleiht ihm ihre Goldmedaille. Aber eigentlich mögen die Engländer ihn nicht. Er vermarkte sich zu sehr, finden sie.

In den Jahren 1873/74 berichtet Stanley über die englische Strafexpedition gegen die Ashanti, ein Volk in Südghana. Aber schon ein Jahr vorher – als er von Livingstones Tod erfährt – hat er beschlossen, dessen Arbeit zu Ende zu führen. Noch immer ist das Rätsel der Nilquelle nicht endgültig gelöst. Und was hat es mit dem Lualaba auf sich? Und ist der Victoriasee wirklich ein einziges riesiges Gewässer, wie ▶ John H. Speke behauptet hat? Oder handelt es sich um fünf

Auf seinem Weg zum Tanganjikasee – Stanley hofft, dort David Livingstone zu treffen – lässt er acht Monate ein Holzboot durch den Urwald mitschleppen. Von den einheimischen Trägern fliehen mehrere wegen der großen Strapazen. Es ist jedes Mal schwierig, unterwegs neue Leute aus den umliegenden Dörfern zu rekrutieren.

einzelne Seen? Stanley besorgt sich mehr als 100 Bücher, um sich auf seine Expedition vorzubereiten. Finanzielle Unterstützung kommt vom „New York Herald" und dem englischen „Daily Telegraph".

Im November 1874 verlässt die größte und bestausgerüstete Expediton, die es bisher gab, die Ostküste Afrikas. 365 Männer – Träger, Führer, Bewaffnete – ziehen in die Wälder, ins immer noch kaum erforschte Innere des Kontinents. Die Karawane transportiert ein zerlegbares Boot, die „Lady Alice". Es ist ein Höllenmarsch. Dreieinhalb Monate später erreicht Stanley den Victoriasee. 100 Mann hat er verloren. Typhus und andere Krankheiten, Kämpfe mit Eingeborenen, Flucht der Träger – Afrika fordert seinen Tribut. Aber Stanley kennt kein Mitgefühl, keine Rücksicht gegen sich und andere. Für ihn gibt es nur vorwärts. So ist es auf dieser Expedition wie auf allen anderen, die folgen.

Am 5. März 1875 schifft er sich mit elf Afrikanern auf dem riesigen Victoriasee ein. Stanley umfährt ihn in 58 Tagen. Speke hatte Recht: Es ist ein zusammenhängendes Gewässer mit einem Zufluss im Westen und einem großen Abfluss bei den Ripon-Fällen.

Er macht einen Abstecher ins Königreich Buganda, dessen Häuptling Mutesa nicht mehr so grausam scheint wie zu Spekes Zeiten. Das Oberhaupt eines Drei-Millionen-Volks ist an guten Beziehungen zur Außenwelt interessiert. Er hat gemerkt, dass fremde Mächte in Afrika Fuss fassen und dass er – wenn er es geschickt anstellt – an ihnen verdienen kann. Stanley hat sogar die Hoffnung, ihn zum Christentum zu bekehren.

Auf dem See aber kommt es zu einer gewaltsamen Auseinandersetzung zwischen Stanley und den Bewohnern der Insel Bumbireh. Der Europäer und seine Hilfstruppen richten ein Blutbad an. «Der Wilde achtet nur Gewalt, Macht, Kühnheit und Entschlossenheit», notiert er. Weiter kann er sich nicht von seinem Vorbild David Livingstone entfernen.

Stanley zieht nach Westen, entdeckt den Eduardsee. Im Juni 1876 gelangt er zum Tanganjikasee, den er in 51 Tagen ebenfalls umfährt. Er beweist endgültig, dass kein Fluss aus ihm strömt, der die Nilquelle sein könnte. Es geht weiter nach Westen, bis nach Njangwe (Maniema) am oberen Lualaba. Hier knüpft Stanley an Livingstone an, der den Strom für den Oberlauf des Nil gehalten hat. Er beschafft 18 Boote von den arabischen Sklavenhändlern und startet ein unglaubliches Unternehmen: Monatelang wird er nicht wissen, wohin der Fluss ihn trägt. Biegt er ab nach Süden oder plötzlich nach Norden? Gibt es an seinem Endpunkt einen Weg zurück? Viele Männer sterben vor Erschöpfung oder Hunger, ertrinken in Stromschnellen und Wasserfällen, werden bei Angriffen der Eingeborenen getötet. Einmal vertreibt Stanley 50 Kanus mit seinem Schnellfeuergewehr. Irgendwann wird dem Entdecker klar, dass der Fluss auf jeden Fall nicht zum Nil führt. Am 9. August 1877 erreicht er schließlich bei Boma die Mündung. Er ist auf dem Kongo gefahren. Von den ursprünglich 365 Männern sind nur noch 114 bei ihm. Der Rest ist geflohen oder tot. Stanley ist für seinen Erfolg über Leichen gegangen. Aber er hat sich eingereiht in die Gruppe der großen Afrika-Entdecker.

England ist nicht daran interessiert, ein Kolonialreich am Kongo zu errichten. Dafür aber Belgien. Der riesige Strom – endlich ein Weg ins undurchdringliche Afrika. Elfenbein und Rohstoffe warten nur darauf, auf dem Fluss an die Küste transportiert zu werden. König Leopold II. erteilt Stanley den Auftrag, das Kongobecken genauer zu erforschen. Stanley bleibt fünf Jahre. Er entdeckt den König-Leopold-II.-See (Mai-Ndombe-See), gründet Handelsniederlassungen, erwirbt Land durch geschicktes Verhandeln mit den Häuptlingen, verdient selber viel daran. Er leistet die Vorarbeit für den „Unabhängigen Kongostaat" unter Belgien, der auf der internationalen Kongo-Konferenz in Berlin (1884 bis 1885) anerkannt wird. So gelangt das kleine Königreich zu einem Kolonialstaat, der 80-mal größer ist als es selber.

Im Jahr 1887 startet Stanley seine letzte Afrikaexpedition, diesmal wieder für England. Der deutsche Emin Pascha, Gouverneur in der ägyptischen Äquatorialprovinz, ist durch muslimische Aufstände seit sechs Jahren von der Außenwelt abgeschnitten. Stanley wird beauftragt, ihm zur Hilfe zu kommen. Er rüstet die Expedition in Sansibar aus. Doch auf den Weg macht er sich von der Kongo-Mündung an der Atlantikküste aus – ein Riesenumweg, vermutlich aus politischen Gründen.

Mit 620 Mann, bis an die Zähne bewaffnet, fährt er den Strom aufwärts bis zur Mündung des Aruwimi. Es sind so viele Träger geflohen – und er bekommt keine neuen –, dass er 257 Mann unter dem Kommando von Major Bartelott zurücklassen muss. Die Expedition wird ein einziger Kampf. Gegen das Klima und die Natur. Gegen die Pygmäen, die vergiftete Pfeile am Boden verstecken. Gegen den Hunger. Es ist dunkel, kaum ein Sonnenstrahl dringt durch den Urwald. Mehr als 100 Mann sterben. Am 29. April 1888 trifft er am Albertsee mit Emin Pascha zusammen. Stanley braucht nun selber Hilfe.

Wieder bei Kräften, marschiert er zurück zur Aruwimi-Mündung, um seine Nachhut zu holen. Bartelott ist getötet, die Gruppe zerstreut. Auf dem Rückweg zum Albertsee kommt es zu neuen Verlusten. Am 18. Januar 1889 ist Stanley wieder bei Emin. Er kann ihn nur mühsam überzeugen, mit ihm zur ostafrikanischen Küste zu kommen. In Uganda entdeckt er das Ruwenzori-Gebirge. Schon Ptolemäus hat die geheimnisvollen, bis 5130 Meter hohen „Mond-Berge" beschrieben. „Im dunkelsten Afrika" nennt Stanley das Buch, das er über diese Reise schreibt.

Der Amerikaner lässt sich in London nieder, nimmt wieder seine ursprüngliche, britische Staatsbürgerschaft an. Von 1895 bis 1901 ist er Abgeordneter im Unterhaus, 1899 wird er geadelt. Er widmet sich kolonialen Fragen. Was war er nun? Journalist, Entdecker, Kolonialist? Zu jener Zeit ließ sich das oft nicht mehr trennen. Denn alle wollten Afrika.

□ **Artikel in NATIONAL GEOGRAPHIC: „A Great African Lake", Autor: Henry M. Stanley (Mai 1902).**

Bei Stanleys zweiter Afrikareise kommt es auf der Insel Bumbireh vor der Westküste des Victoriasees zu einem blutigen Streit zwischen Eingeborenen und Europäern. 2000 bis 3000 Speerwerfer haben keine Chance gegen die Gewehre der Weißen. Stanleys Truppen werden zudem von afrikanischen Verbündeten unter Häuptling Mutesa unterstützt.

Abel Tasman

1603–1659

Lebensdaten
1603 Geburt in Lutjegast (Niederlande).
1642–43 Erste Pazifikreise: Erkundungsfahrt zum „Unbekannten Südland". Entdeckung von Van-Diemens-Land (Tasmanien) und der Südinsel Neuseelands. Erste Umrundung Australiens.
1644 Zweite Pazifikreise: Kartierung der Küsten des Carpentariagolfs.
1659 Tod in Batavia.

Ohne es zu bemerken, umrundet er als erster Europäer das in seiner Ausdehnung noch unbestimmte Australien. Auf seiner zweiten Reise gewinnt der Norden des Kontinents erste Konturen, auch wenn nicht alles klappt.

Immer häufiger sind die Schiffe der Ostindien-Kompanie, vom Kap der Guten Hoffnung auf dem Breitengrad segelnd, den Passat im Rücken, auf ihrem Weg nach Batavia in die Sichtweite von Küstenstreifen gestoßen, deren Zugehörigkeit sich nicht aufklären ließ. Das soll sich jetzt ändern.

Den Brief, den Abel Janszoon Tasman 1642 in Händen hält, hat der Generalgouverneur der Holländisch-Ostindischen Kompanie in Batavia, Anton van Diemen, an ihn abgeschickt. Tasman möge sich, heißt es in dem Schreiben, auf die Suche nach dem noch unbekannten Südland begeben, das an seiner Nord- und Westküste bereits berührt worden sei. Hessel Gerritzs, Hollands Kartographiekoryphäe, zu dem Zeitpunkt 14 Jahre alte Karte zeigt am genauesten den Süden dieses den Niederländern regelrecht in die Quere gekommenen Terrains. Inzwischen wird es aber nicht mehr als Störfaktor auf der Reise nach Batavia, sondern als ein weiteres ostindisches Glücksversprechen gesehen. Was die Verheißungen angeht, die Abel Tasman für den Fall einer erfolgreichen Suche erwarten, zeigt sich der Generalgouverneur nicht kleinlich. Der Kapitän, stellt er in Aussicht, werde «mit gewissen Früchten materiellen Profits und unsterblichem Ruhm belohnt werden».

Unter Hollands Calvinisten gilt als ausgemacht, dass Gott die Untätigen mit Armut straft und den Tätigen ihren Einsatz mit Reichtümern lohnt. Abel Tasman, der aus Lutjegast in der Provinz Groningen stammt, ist mit diesen Prinzipien vertraut.

Mit zwei Schiffen, der „Heemskerck" und der „Zeehaen", bricht er 1642 in die südöstlichen Breiten auf. In seinen Diensten steht, als Lotse und prominentestes Besatzungsmitglied nach dem Kapitän, der mit den Verhältnissen in Südostasien bestens vertraute Franchoys Jacobszoon Visscher. Von ihm stammt ein Anfang des Jahres für den Generalgouverneur erstelltes Memorandum, das die Grundlage für dessen Instruktionen an die Expeditionsleitung bildet. Die Schiffe laufen im Oktober 1642 von Batavia vor dem Südostpassat zur Inselgruppe der Maskarenen im Indischen Ozean. Sie wenden vor Mauritius, steuern in die Westwinddrift der Roaring Fortys und halten südöstlichen Kurs. Am 17. November stehen die „Heemskerck" und die „Zeehaen" nach Tasmans Angaben auf 44 Grad 15 Minuten südlicher Breite und 147 Grad 3 Minuten östlicher Länge. Bezugsgröße für die Längenmessung ist zu der Zeit noch der bereits in der Antike definierte Nullmeridian, der durch die Kanareninsel Hierro verläuft. Bei klarer Sicht, von einer sanften

Begegnung von Holländern mit Booten der Fidschi-Insulaner (oben). Auf dem Weg nach Batavia treibt es die Schiffe der niederländischen Ostindienfahrer bis weit in den Pazifik.

westlichen Brise auf Ostkurs gehalten, passieren die Schiffe Seetang, der Tasman auf in der Nähe liegendes Land schließen lässt. Es könne aber, notiert er, unmöglich im Süden liegen, weil von dort eine beständige, raue Dünung auflaufe. Er geht davon aus, dass die 1627 von Pieter Nuyts gesichtete und auf einer Länge von 1600 Kilometern aufgenommene Küste bereits hinter ihm liegt. Nach sieben Tagen auf östlichem Kurs, bei südwestlichem Wind, vermerkt Tasman als Standort seiner Schiffe 42 Grad 25 Minuten südliche Breite und 163 Grad 31 Minuten östliche Länge. Um vier Uhr zeigt sich, 40 Meilen entfernt, im Nordosten eine zerklüftete Hügelkette. Am Abend erscheinen auch im Südosten drei markante, den Horizont überragende Berge. Der Kapitän nähert sich den Ufern mit äußerster Vorsicht, bestimmt ein ums andere Mal Position und Wassertiefe, registriert den Wechsel von auf- und ablandigen Winden. Am 25. November legt er sich in zwei Dingen fest: Position 163 Grad 50 Minuten östliche Länge, ein Kompromiss und Mittelwert, wie er gesteht, weil er sich, was die Beschaffenheit der von ihm gefundenen Küsten angeht, noch nicht näher festlegen will. Zu Ehren des Auftraggebers und Generalgouverneurs von Batavia wird das erste auf dieser Reise erreichte Land nach ihm benannt. Bis zu dem Tag, an dem ihr Entdecker, Abel Tasman, auf Geheiß von ▶ Matthew Flinders das Namensrecht für das jetzt noch recht obskur erscheinende Stück Erde beanspruchen darf, erscheinen die in ihrer Ausdehnung noch strittigen mutmaßlichen Inseln als Van-Diemens-Land auf den Karten.

Tasmans Auftrag ist durchwirkt vom pragmatischen Kaufmannsgeist der Ostindien-Kompanie: erst die Beweise, dann die Entscheidung darüber, wie man sich der erwarteten Schätze annehmen soll. Hollands Kartographen haben, weil sie vor alle Spekulationen unverrückbare, überprüfbare Maßstäbe setzen, Weltgeltung erlangt. Tasman ist, wie sein Begleiter Visscher, einer von ihrem Geist. Die materiellen Reichtümer, die ihm zugesagt sind, werden andere, die sich auf seine Fährte setzen, beibringen müssen. Sein Auftrag besteht nur darin, Küstenverlauf, Wassertiefen und Strömungen zu kartieren. Landpartien, die er aussendet, dienen vor allem der Suche nach Frischwasser, Gemüse und für den Verzehr geeigneten Tieren. Tasmans Beobachtungen sind praktischer Natur. Sie sind aber so abgefasst, dass sie für eine Beurteilung durch solche Materialien sichtende und ordnende Fachleute taugen.

Nach seinen Untersuchungen vor Van-Diemens-Land segelt Tasman weiter nach Osten. Die Charakteristik des Südlands ist noch nicht deutlicher, aber die Wahrscheinlichkeit, dass es sich um mehr als ein weiteres pazifisches Inselreich handelt, wesentlich größer geworden. In den folgenden Wochen verdichtet sich die Erkenntnis, dass man an ein weiteres Stück des gesuchten Südlands geraten sein könnte. Es scheint sich um eine von Pieter Nuyts Land nach Süden vordringende Halbinsel zu handeln. Tatsächlich umrunden die „Heemskerck" und die „Zeehaen" vom 30. November auf den 1. Dezember 1642 als erste europäische Schiffe das tasmanische Südostkap. Sie segeln die Küste hinauf und passieren Maria Island auf der zur See offenen Ostseite der Insel. Weiter nördlich, im

Landesinnern, registriert Tasman einen alles überragenden Berg, bei dem es sich um den 1573 Meter hohen Ben Lomond oder Legge Paek gehandelt haben dürfte. Als die Küste sich nach Nordwesten wendet, lässt er seine Schiffe von ihr abfallen und steuert vor dem Westwind, gegen den er nicht aufkreuzen kann, in Richtung Pazifik. Er gerät in die Cookstraße zwischen der Nord- und der Südinsel Neuseelands, hält nach dieser Zufallsentdeckung, deren Tragweite ihm entgeht, nordwärts auf Tonga und Fidschi, passiert die Nordküste von Neuguinea und trifft im Frühjahr 1643 wieder in Batavia ein. Ohne es zu wissen und ohne zu ahnen, dass man sich noch nach Jahrhunderten an ihn erinnern wird, hat er mit Visscher und seinen Gefolgsleuten als Erster Australien umrundet.

Auf den Karten der Ostindien-Kompanie wächst zunächst die Ungewissheit, die Tasman eigentlich beseitigen sollte. Der Westen des von ihm gefundenen Van-Diemens-Lands steht dort jetzt in direkter Verbindung mit der Südküste Australiens, und von der Ostküste Tasmaniens führt eine hypothetische Küstenlinie bis zur melanesischen Insel Neuirland. Die 1606 von ▶ Luis Vaez de Torres erstmals durchquerte Torresstraße zwischen Australien und Neuguinea wäre nach dieser kartographischen Lesart verschlossen.

In Batavia, wo Seefahrer aus aller Herren Länder ihre Erfahrungen austauschen, ahnt man wohl, dass dieses Bild nicht stimmig sein kann. Im Dezember 1643 geht ein Ersuchen der Kolonialverwaltung an die Ostindien-Kompanie in den Niederlanden. Tasman und Visscher erhalten von ihr nunmehr den Auftrag, Neuguinea westlich und danach südlich zu umfahren. Sollten die von Hessel Gerritzs dokumentierten Küstenabschnitte, Endragts-Land und de Wits landt, in eine Durchfahrt zwischen Neuguinea und dem Südland führen, haben sie Anweisung, diese zu erkunden und aus ihr nach Van-Diemens-Land weiterzusegeln. Mit den Schiffen „Limmen", „Zeemeeuw" und „Bracq" brechen sie auf. Am Kap York verfehlen sie die Einfahrt in die Torresstraße und laufen in den Carpentariagolf ein. Von dort nimmt Tasman die gesamte Nordküste bis Port Hedland auf, den östlichen Endpunkt von Hessel Gerritzs de Wits landt. Obwohl der kartographische Ertrag dieser zweiten Entdeckungsreise Tasmans durchaus dem der ersten entspricht, zeigen sich seine Auftraggeber nach seiner Rückkehr verhalten enttäuscht. Man verfügt jetzt zwar über Anschauungen von der Nordküste eines Kontinents, von dessen kontinentalen Eigenschaften man allerdings noch nichts weiß, aber den von Tasman vermessenen Küsten fehlt es an nahezu allem. Den Kartenzeichnern in den Niederlanden hat Tasman mit seiner Exkursion an die australische Nordküste trotz einiger Fehler bei der Aufnahme von vorgelagerten Inselgruppen zu unschätzbaren Erkenntnissen verholfen. Dass er auf seinen zwei Reisen mit der Bass-Straße im Süden und der Torresstraße im Norden gleich zwei markante Passagen verfehlte, gehört zum ironischen Anteil dieses Kapitels der Entdeckungsgeschichte. Die Gründe hierfür sind, wie sich schon aus dem Verlauf seiner ersten, über Mauritius geführten Reise ablesen lässt, auch in der Manövrierfähigkeit damaliger Schiffe zu suchen.

Auf der Suche nach dem geheimnisvollen Südkontinent stößt Abel Tasman auf die Doppelinsel Neuseeland. Kriegerische Auseinandersetzung des Entdeckers mit Ureinwohnern in der Massacre Bay (rechts).

Wilfred Thesiger

1910-2003

Fünf Jahre lang zieht der Engländer mit Beduinen durch die unzugänglichsten Wüsten auf der Arabischen Halbinsel. Gequält von Hunger und Durst durchquert er zweimal das „Leere Viertel" – das größte Sandmeer der Welt.

Heuschrecken sind eine fürchterliche Plage. Sie fressen in Stunden weg, was der Mensch in Monaten angebaut hat, und stürzen so ganze Regionen in Hungersnöte. Wilfred Thesiger hat die unheimlichen Schwärme, die daherkommen «wie Rauchwolken am Horizont», oft in seinem Geburtsland Äthiopien gesehen. Er hat erlebt, wie ganze Äste unter dem Gewicht der Insekten abbrachen, wie grüne Felder sich binnen kurzer Zeit in lebloses, trostloses Land verwandelten. Nie hätte er gedacht, dass Heuschrecken für ihn einmal etwas Gutes haben würden.

Nun aber eröffnen sich, im Rahmen der internationalen Heuschreckenbekämpfung, ungeahnte Möglichkeiten. Die Arabische Halbinsel gilt als Brutstätte der Wüstenheuschrecke, die zur Zeit des Zweiten Weltkriegs den Nahen Osten an den Rand einer Katastrophe brachte. Einen der wichtigsten Ursprungsherde vermuten Forscher an der fruchtbaren Küste im Süden, wo jährlich Monsunregen fällt. Um die Heuschrecken zu lokalisieren, lassen König Ibn Saud von Saudi-Arabien und Sultan Sir Said Ibn Taimur von Oman ausnahmsweise Ausländer in ihre Länder, die für sie – zumal für Christen – ansonsten so gut wie tabu sind. Die Heuschrecken interessieren Thesiger im Grunde überhaupt nicht. Umso mehr aber die Gegend, die er im Rahmen des Forschungsprogramms erkunden soll.

Thesiger gehört zu der Sorte von Menschen, die jede Mission erledigen, die immer und überall zurechtkommen. Geboren in Äthiopien als Sohn eines britischen Staatsdieners, haben ihn von Kindheit an die Länder und Völker fasziniert, die sich möglichst stark vom guten alten Mutterland unterscheiden. Er hat die klassische Elite-Schulbildung auf der Insel genossen, erst Eton, dann Oxford. Doch sein wahrer Wissensdurst ist auf Dinge gerichtet, die sich fern der Hörsäle und Bibliotheken abspielen. Thesiger liebt die Wüste und die Menschen, die in ihr ums Überleben kämpfen.

Das britische Empire hat genügend Außenposten, wo Typen wie er gebraucht werden. 1934 hat er auf eigene Faust das öde Hochland Danakil am Roten Meer durchstreift. 1935 wird er Beamter im Sudan, bald darauf ist er für die Eliteeinheit Special Air Service und in politischer Mission unterwegs: 1936 in Syrien und Palästina, 1937 in Marokko, 1938 im Tibesti-Gebirge. 1941 kämpft er mit britischen Truppen für die Befreiung Abessiniens von den italienischen Invasoren, 1942 ist er in Libyen, 1943 wieder in Palästina.

Nun also Arabien. Auf diese Wüstengegend dort

Lebensdaten

1910 Geburt in Addis Abeba (Äthiopien).
1933–34 Erforschung der Wüste Danakil in Äthiopien.
1935 Britischer Kolonialbeamter im Sudan.
1942 Geheimdienstmissionen in Libyen und Palästina.
1946 Erste Durchquerung des „Leeren Viertels" auf der Arabischen Halbinsel.
1948 Zweite Durchquerung des „Leeren Viertels".
1949–50 Erkundungsreisen im Oman.
1950–58 In den Sümpfen des Irak.
1959–60 Mit Maultieren durch Äthiopien.
1963 Auf Eseln durch das Land der Massai in Tansania.
1977 Letzter Besuch der Arabischen Halbinsel.
1995 Erhebung in den Adelsstand.
2003 Tod in London.

Thesiger mit Beduinen bei seiner ersten Durchquerung des „Leeren Viertels“ 1946. Insgesamt fünf Jahre zieht der Engländer mit den Nomaden durch die Wüste Rub al-Chali, das größte zusammenhängende Sandmeer der Welt.

hat er schon lange ein Auge geworfen. Sie reizt ihn viel mehr als die Sahara, die schon bis in den letzten Winkel erforscht, kartographiert und von Pisten durchzogen ist. Arabien aber ist noch immer verschlossenes Land. Die Karten, die es über das Innere der Halbinsel gibt, enthalten riesige Flächen, wo kein einziger Strich eingezeichnet ist.

Die größte arabische Wüste heißt Rub al-Chali, „Leeres Viertel“. Sie hat die größte zusammenhängende Sandfläche der Erde, in Nord-Süd-Richtung 500 Kilometer, in Ost-West-Richtung 1 300 Kilometer lang. Die furchterregenden Geschichten, die über sie erzählt werden, könnten Bücher füllen. Als bislang einzige Europäer sind zwei Landsleute von Thesiger, Bertram Thomas (1931) und ▶ Harry St. John Philby (1932), in sie eingedrungen. Doch Thesiger will nicht nur einfach hindurchreisen. Er will mit den Beduinenstämmen leben. Wie ein Sohn der Wüste. Wie ein Nomade.

Er fliegt nach Salala, wo die britische Luftwaffe ein Lager errichten durfte – unter der Bedingung, dass kein Ausländer mit Einheimischen sprechen und ohne Begleitung einer Wache des Sultans die Stadt besuchen darf. Die Daten in Sachen Heuschrecken sind schnell erfasst. Dann bespricht Thesiger seine privaten Pläne mit dem Statthalter vor Ort und dem britischen Konsul in Maskat. Tatsächlich erhält er die Genehmigungen, die er braucht. Und eine Truppe verwegener Wanderhirten, die mit ihm ins „Leere Viertel“ ziehen will. Für ein schönes Gewehr und 50 Schuss Munition lässt sich ein Beduine schon auf einiges ein.

Vier Männer vom Stamm der Raschid brechen mit ihm auf. Sie haben noch nie zuvor einen Engländer gesehen. Sein treuester Begleiter heißt Salim bin Kabina. Er ist gerade 16 und wird den seltsamen Weißen für die nächsten fünf Jahre begleiten. Der erfahrenste Führer, Mohammed al-Auf, geht mit ausgestreckten Armen, die Handflächen nach oben gedreht, und zitiert dabei Koranverse. Die Salzkruste des Bodens knirscht unter den Hufen der Kamele. Die Tagesration pro Kopf ist ein halbes Pfund Mehl, aus dem abends ein Brei gerührt wird, und ein knapper Liter Wasser aus Ziegenlederbehältern. Die Kamele halten es maximal 20 Tage ohne Wasser aus. Wenn die Tiere sterben, das wissen sie, bedeutet das auch für den Menschen den sicheren Tod.

Die Dünen des Sandgebirges Uruk al-Schaiba haben auf ihren Kämmen dunklen und schweren, in den Vertiefungen hellen und feinkörnigen Sand. Die Nomaden erkennen die Hügel an ihren Formen, die sich im Lauf der Jahre nur wenig ändern. Sie locken, zerren und schieben die brüllenden Tiere in der stechenden Sonne über die sandigen Steilhänge, sinken dabei bis zu den Knien ein. Hunger und Durst zehren die Gruppe aus. Wenn es zum Äußersten kommt, sagen sie zu Thesiger, stecken sie einem Kamel einen langen Halm in die Kehle und saugen dessen Mageninhalt aus. «Dieses grausame Land», schreibt er später, «übt einen Zauber aus, den keine der gemäßigten Zonen je erreicht.»

1946 schafft Thesiger seine erste Durchquerung der Rub al-Chali. 1948, bei der zweiten Durchquerung, legt er 600 Kilometer zurück, ohne an eine Wasserstelle zu kommen. Wieder zieht er durch Gebiete, die noch nie ein Europäer gesehen hat. Sie erreichen nach qualvollen Märschen die Oase As Sulaijil. Dort schlägt ihnen offener Hass entgegen – dem Engländer, weil er Christ ist, und seinen Führern, weil sie vom Stamm der Mishqa sind. Die Älteren spucken aus, wenn sie an der

Gruppe vorbeigehen. König Ibn Saud, so erfahren sie, hat offizielle Erlaubnis zu Überfällen auf die Mishqa gegeben. Von Thesigers Trip wusste er nichts. Als er nun davon erfährt, schäumt er vor Wut, will ein für alle Mal ein Exempel statuieren. Der Engländer wird wegen unbefugter Einreise verhaftet. Er kommt durch einen glücklichen Zufall wieder frei. Sein in Saudi-Arabien weilender Landsmann Philby erfährt von der Verhaftung und stimmt Ibn Saud wieder um.

So zieht der Engländer weiter durch die Wüste, Hunderte von Kilometern, nun in Richtung Abu Dhabi. In der Oase Laila werden die Beduinen wieder beschimpft, weil sie einen Ungläubigen in die Stadt gebracht haben. Als Thesiger etwas kaufen will, sagen sie, das Geld müsse erst gewaschen werden. Niemand ist bereit, als Führer bis zur nächsten Oase mitzugehen. «Geht in die Wüste und sterbt!», rufen die Leute. «Kommt bloß nicht zurück!» Die Gruppe zieht nochmals durch das „Leere Viertel" und überlebt auch den zweiten Horrormarsch.

Ein Jahr später reitet Thesiger durch die Wüsten des Oman. In knapp 70 Tagen legt er mit seinen Begleitern 1 700 Kilometer zurück. Wenn sie Araber treffen, geben ihn seine Leute als Belutschen aus, der sich Sklaven kaufen wolle. Je länger Thesiger mit seinen Beduinen umherzieht, umso größer wird seine Bewunderung für sie. «Ich werde nie vergessen», schreibt er später, «wie meine des Lesens und Schreibens unkundigen Begleiter mich beschämten, da sie so viel großzügiger, mutiger, ausdauernder, geduldiger, fröhlicher, unbeschwerter und tapferer waren als ich. Kein anderes Volk machte mir meine persönliche Minderwertigkeit so sehr bewusst.»

Von 1950 bis 1958 lebt der Brite mehrmals bei den Madan, den Bewohnern der irakischen Sümpfe am Zusammenfluss von Euphrat und Tigris. 1959 bis 1960 reist er mit Maultieren wieder durch Äthiopien, 1963 auf Eseln durch das Land der Massai in Tansania. Er zieht durch die Berge Kurdistans und Afghanistans, 1966 ist er bei den royalistischen Rebellen im Jemen, die für eine Rückkehr des gestürzten Imam kämpfen. Er geht jahrelang zu Fuß auf Safari in Kenia, dann führt ihn der Weg nach Indonesien und Indien. Die fünf Jahre in den arabischen Wüsten aber haben in ihm die tiefsten Spuren hinterlassen.

Thesiger ist der letzte große Exzentriker unter den britischen Entdeckern. Als er 1977 zu seinen Beduinen zurückkehrt, fahren sie mit Autos durch die Wüste, verladen ihr Vieh und ihre Zelte in Lastwagen. «In ganz Arabien», schreibt der Engländer schockiert, «hat das Transistorradio den Geschichtenerzähler ersetzt.»

In einer einzigen Generation ist die Welt, die er liebte, zuammengebrochen. Die Kultur der Beduinen ist durch die Entdeckung des Öls für immer ausgelöscht worden. «Ich bin ein Beduine!» – das war früher ein stolzes Bekenntnis. Nun erlebt Thesiger, dass „Beduine" ein Schimpfwort ist, das Fußgänger rücksichtslosen Fahrern zurufen.

Thesiger schreibt über seine Abenteuer viele Bücher, die Bestseller werden. Und trauert den harten, herrlichen Zeiten nach. «Alles, was bei den Arabern zum Besten zählt, kam aus der Wüste.» Ohne Autos, Luxus und Kreditkarten, davon ist er überzeugt, seien sie glücklicher gewesen. «Nie habe ich unter ihnen einen depressiven oder neurotischen Menschen gesehen. Nun, da sie zu den Spitzenverdienern der Welt gehören, befürchte ich, dass viele die Langeweile ihres Reichtums nicht ertragen.»

Bin Ghabaischa und Bin Kabina, zwei von Thesigers Begleitern in der Wüste (oben). Barfuß, Gewehr und wehende Gewänder – kurz vor Ausbruch des Ölbooms in Saudi-Arabien lernt der Engländer die Beduinen noch als stolzes Wüstenvolk kennen. Bei den Madan in den Sümpfen des Iraks ist er in einem aus Schilfrohr erbauten Gästehaus untergebracht (links). Zwei Jahrzehnte später ist der Forscher schockiert, wie schnell die traditionelle Kultur der Araber durch den neuen Reichtum vernichtet wird.

Alexandrine Tinné

1835–1869

Lebensdaten
1835 Geburt in Den Haag (Niederlande).
1856 Reiche Erbschaft nach dem Tod des Vaters.
1862 Expedition nilaufwärts bis Gondokoro. Erkundung des Gebiets am Gazellenfluss. Bis zur Nil-Kongo-Wasserscheide.
1862–66 Aufenthalt in Kairo.
1867 Mit eigener Segelyacht die nordafrikanische Mittelmeerküste entlang (Tunis, Algier, Tripolis).
1869 Expedition durch die Sahara nach Mursuk. Ermordung auf dem Weg nach Ghat.

Ihr Mut und Tatendrang stehen denen der männlichen Entdecker in nichts nach. Sie fährt den Nil bis Gondokoro hoch, durchstreift unerforschte Gebiete am Gazellenfluss. Dann will sie als erste Europäerin die Sahara durchqueren.

Ein Entdecker in Röcken? Eine Frau, die sich allein durch den Urwald schlägt? Im 19. Jahrhundert? Geht denn das? Es geht. Aber ladylike ist das nicht. Ein Entdeckerleben verspricht Abenteuer, die es für die weiblichen Mitglieder der guten europäischen Gesellschaft nicht geben darf. Sklavenhandel, nackte Eingeborene, Kriege und Tod – es ist besser, wenn Damen bestimmte Dinge nicht zu Gesicht bekommen. Als Forscherin überhaupt ernst genommen zu werden ist schwer für sie.

So heißt es über Alexandrine Tinné, sie sei nach Afrika aufgebrochen, weil sie zu Hause Liebeskummer gehabt habe. Dabei ist sie schon als junges Mädchen monatelang mit ihrer Mutter durch Europa und den Nahen Osten gereist. Ihr Vater, ein reicher holländischer Zuckerhändler, hinterlässt ihr ein beträchtliches Erbe, das sie mit 21 Jahren antritt.

Wie viele ihrer zeitgenössischen männlichen Entdecker hat auch sie den Traum, die weißen Flecken auf der afrikanischen Landkarte zu füllen. Wie so viele will auch sie die Quellen des Nil finden. Und sie möchte gegen den Sklavenhandel kämpfen. Für diese Vorhaben lernt sie Arabisch, zieht 1861 mit ihrer Mutter nach Kairo, wo sie ihre Expedition vorbereitet. Anfang des folgenden Jahres fährt sie den Nil hinauf. Sie plant, ▶ John H. Speke und James August Grant entgegenzufahren und ihnen ihre Hilfe anzubieten. Die beiden Entdecker sind zwei Jahre vorher von Ostafrika aufgebrochen, um den Ursprung des Nil zu suchen.

Tinné – sie nennt sich nun Alexine – eilt ein Ruf wie Donnerhall voraus. Sie sei, so heißt es, die Tochter des Sultans von Konstantinopel. Ihr selbstbewusstes Auftreten macht ihrem Ruf alle Ehre. Im sudanesischen Khartum, zu dieser Zeit Zentrum des Menschenhandels, kauft sie 100 Sklaven frei. Dann rüstet sie ihre Expedition so aus, dass sie den Nil weiter hochfahren kann. Geld spielt keine Rolle. Sie mietet einen Dampfer sowie drei kleinere Beiboote und heuert 500 Träger und 65 Soldaten an. Außerdem kauft sie eine Tonne Glasmurmeln und 12 000 bemalte Muscheln als Zahlungsmittel bei den Eingeborenen. 30 Maultiere, vier Kamele und ein Reitpferd werden ebenfalls angeschafft. Auf dem Dampfschiff steht ein Klavier, auf dem die junge Holländerin abends Chopin und Beethoven spielt. Sie und ihre Mutter sind immer tadellos im viktorianischen Stil gekleidet. Jede von ihnen hat eine Zofe dabei.

Nicht alle sind begeistert von dem Aufwand, den Tinné treibt. Der englische Forscher Samuel Baker zum Beispiel wartet in Khartum auf Geld von zu Hause, um seine Expedition fortführen zu können. Auch er möchte die Nilquelle finden. «Hier sind zwei holländische Damen ohne Ehemänner. Sie sind sehr reich und haben das einzige Dampfschiff für 1 000 Pfund gechar-

tert. Sie müssen geisteskrank sein. Eine junge Dame allein bei den Dinka ... Die Eingeborenen sind so nackt, wie Gott sie schuf», schreibt er in sein Tagebuch.

Zwei Wissenschaftler, der Ornithologe Theodor von Heuglin und der Botaniker Dr. Streudner, schließen sich Tinné an. Die Expedition kämpft sich weiter den Nil hoch. Das Dampfboot macht in den Sümpfen manchmal nur ein paar Meter am Tag. Die Hitze ist unerträglich, 45 Grad und feucht. Die Mückenschwärme sind eine Plage. Als sie in dem südsudanesischen Ort Gondokoro ankommen, fehlt von Speke und Grant noch jede Spur. Der Nil oberhalb der Garnison ist jedoch nicht schiffbar. Tinné beschließt, in der Zwischenzeit auf dem Landweg den Bahr el-Ghasal, den Gazellenfluss, zu erkunden.

Sie beherrscht das Forscherhandwerk, bestimmt mit dem Sextanten ihre Positionen, ermittelt mit Hilfe des Wassersiedepunkts ihre Höhe über dem Meeresspiegel, fertigt Karten des Flussverlaufs an. Bei jeder längeren Rast sitzt sie mit ihrer Mutter im Schatten, zeichnet die Dinge, die sie sieht, presst und beschreibt die Pflanzen, die sie findet. Ihre Pflanzensammlung wird später in Wien veröffentlicht werden. Sie durchstreift Gebiete, die vor ihr noch kein Europäer betreten hat. Sie gelangt ins Reich der Dinka. Deren Königin ist entsetzt darüber, dass die Weiße nicht verheiratet ist. Tinné jedoch hat gelernt, mit solchen Reaktionen zu leben. Sie dringt bis zur Wasserscheide zwischen Nil und Kongo vor.

Das afrikanische Klima fordert seinen Tribut. Die Hälfte der Truppe leidet an Malaria. Dann sterben Streudner, die beiden Zofen und Tinnés Mutter. Die junge Entdeckerin bricht die Expedition ab und kehrt im September 1862 nach Gondokoro zurück. Speke und Grant sind dort immer noch nicht angekommen. Es wird noch ein halbes Jahr dauern, bis sie sich so weit nilabwärts gekämpft haben. Tinnés Rückkehr nach Khartum und Kairo wird wochenlang durch Kämpfe zwischen den Shilluk-Völkern blockiert.

Die nächsten Jahre lebt sie in der ägyptischen Hauptstadt, studiert die arabische Geschichte und den Koran. Dann fährt sie mit ihrer Yacht die nordafrikanische Mittelmeerküste entlang. Ihren Traum von der Erforschung des dunklen Kontinents hat sie noch nicht aufgegeben. Nur hat sich ihr Interesse nach Nordafrika verlagert. Sie will herausfinden, ob es eine Wasserverbindung zwischen Tschadsee und Nil gibt. Ganz nebenbei wäre sie dann die erste europäische Frau, die die Sahara durchquert hat. In Tripolis beginnt sie mit

Alexandrine Tinné reist stets mit großem Gefolge. Ein Heer arabischer Diener begleitet die Holländerin, als sie 1869 von Tripolis aufbricht, um die Sahara zu durchqueren (links). Auf ihrer ersten Expedition 1862 im Gebiet des Gazellenflusses erreicht die Entdeckerin manche Eingeborenenreiche als erste weiße Frau (unten).

Anfang 1869 besucht Alexandrine Tinné den deutschen Afrikaforscher Gerhard Rohlfs in seinem Lager bei Tripolis. Gustav Nachtigal, der sich zu der Zeit ebenfalls in der libyschen Hauptstadt aufhält, schreibt später über ihr erstes Zusammentreffen: «Eine Dame, die schon so viele Proben hohen Strebens und festen Willens abgelegt hatte, erfüllte sie mich zunächst nur mit scheuer Ehrfurcht.»

den Expeditionsvorbereitungen, wie immer mit großer Sorgfalt. Sie lässt Eisentonnen herstellen, um darin Wasser zu transportieren. In der Wüste verbreitet sich das Gerücht, darin befänden sich Perlen und Gold. Sie nimmt Geschenke für den Sultan von Bornu mit – unter anderem ein Mikroskop und eine Nähmaschine.

1869 bricht sie mit großem Gefolge auf – darunter zwei holländische Matrosen. Sie durchqueren die Wüste bis Mursuk. Dort trifft sie den deutschen Entdecker ▶ Gustav Nachtigal, der ebenfalls nach Bornu will. Sie beschließen, die Reise gemeinsam zu unternehmen. Doch es kann noch Monate dauern, bis die nächste Karawane dorthin aufbricht.

Mittlerweile sorgt die junge Frau in Mursuk für Aufsehen. «Unter anderen unsinnigen Gerüchten fand den meisten Anklang die Beschuldigung, sie führe einen verzauberten Mann in Gestalt ihres riesigen Lieblingshundes mit sich, der nur unter dem Dunkel der Nacht menschliche Gestalt annehme. Als das Tier an Altersschwäche starb und seine Herrin einen in Mursuk unbegreiflichen Schmerz über seinen Tod zur Schau trug, zweifelten nur wenige mehr an der Richtigkeit dieser Annahme», schreibt Nachtigal in seinem Reisebericht.

Die beiden Europäer haben für die Zeit bis zum Aufbruch der nächsten Karawane verschiedene Pläne. Nachtigal reist ins Tibesti-Gebirge. Tinné möchte in die 400 Kilometer entfernte Saharastadt Ghat. Der Tuareghäuptling Ichnuchen verspricht ihr Sicherheit, acht Männer aus seinem Volk begleiten die Karawane der Holländerin. Mit dabei ist auch ein großer Tross freigelassener oder von ihr freigekaufter Sklaven, die unter ihrem Schutz den Sudan erreichen wollen.

Nach einigen Tagen erreichen sie die Oase Wadi Aber Jong. Am 1. August 1869 gibt Tinné dort das Kommando zur Weiterreise. Da kommt es zu einer Auseinandersetzung zwischen zwei Kameltreibern, die Araber oder Tuareg sind. Vermutlich ist sie nur vorgetäuscht, denn als die zwei holländischen Begleiter versuchen, den Streit zu schlichten, werden sie von den beiden umgebracht. Dann ermorden diese auch die angehende Wüstenforscherin und plündern das ganze Lager. Sie sind sehr enttäuscht, als aus den Eisenfässern nur Wasser fließt.

Alexine Tinné ist 33 Jahre alt, als sie in der Sahara stirbt. Nachtigal ist schockiert, als er bei seiner Rückkehr aus dem Tibesti von ihrem Tod erfährt. Dem Deutschen gelingt später der Weg vom Tschadsee zum Nil. Vielleicht hätten sie ihn sonst gemeinsam zurückgelegt.

Luis Vaez de Torres

1565 (?)–1610 (?)

Sein nachweisbares Leben ist so lang wie die Reise, durch die er berühmt wird. Woher er kommt, liegt im Dunkeln, wohin er geht, ist nirgends bezeugt. Doch er bleibt unsterblich – durch eine Passage, die er ahnungslos als Erster durchquert.

Lebensdaten
Um 1565 Geburtsort unbekannt.
1605 Reise mit Pedro Fernandez de Quiróz von Callao (Peru) zur von ihnen entdeckten Insel Espiritu Santo. Gründung einer spanischen Kolonie.
1606–07 Erkundung der Südküste von Neuguinea. Entdeckung und erste Durchquerung der Torresstraße.
1607 Eintreffen in Manila.
Um 1610 Umstände seines Todes unbekannt.

Das neue Jerusalem soll auf dieser Insel entstehen, am Ufer des Flusses, den sie den Jordan nennen, obwohl nichts in dieser Landschaft biblische Züge aufweist. Ihre Schiffe liegen in einer weiten, pazifisch-blauen Bucht, deren Schönheit nicht darüber hinwegzutäuschen vermag, dass sie für ihre Zwecke nicht sehr viel taugt. Nur im Südosten, dort, wo der Jordan sich in sie ergießt, ist das Wasser flach genug, um halbwegs sicher zu ankern. Schaut einer hinüber an Land, kann er, wenn er über ausreichend Fantasie und Gottvertrauen verfügt, das neue Jerusalem schon heranwachsen sehen. Ganz aus weißem Marmor wird es gebaut werden, mit einer Kathedrale im Zentrum, die den Petersdom von Rom weit überragt. Noch braucht man für einen solchen Blick in die Zukunft all seine Vorstellungskraft. Noch stecken all diese Visionen nur im Namen der Insel, die Pedro Fernandez de Quiróz, der Bauherr des neuen Jerusalem, auf den Namen „La Australia del Espíritu Santo“ tauft.

Man schreibt den 14. Mai 1606. Der Schiffskapitän, der Rom aus eigener Anschauung kennt, gründet mit seinen Offizieren und Mannschaften einen Orden, der den Namen des Heiligen Geistes in seinem Wappenschild führt. Philipp III. von Spanien, in dessen Auftrag er segelt, ahnt nichts von den Ritterspielen, die an diesem Tag auf einer stattlichen, aber sehr entlegenen Insel der Neuen Hebriden aufgeführt werden. Dessen Interesse richtet sich, seit Papst Alexander VI. mit seinem Schiedsspruch von Tordesillas die Erde im Jahr 1494 in eine spanische und eine portugiesische Hemisphäre aufgeteilt hat, auf die ihm zugefallenen pazifischen Reichtümer. Besonders angetan hat es ihm die *terra australis incognita*. Über dieses Gebilde von unbekannter Beschaffenheit und Ausdehnung, dessen Existenz aber unstrittig scheint, kann er noch nicht verfügen. Um dem abzuhelfen, hat er Quiróz von Callao, an der Westküste Perus, in den Pazifik geschickt.

Zu den Rittern, die auf Espiritu Santo eine von ihrem Kapitän angeordnete Komödie aufführen müssen, gehört auch der Kapitän der „Almirante“, Luis Vaez de Torres. Er ist ein tüchtiger Nautiker, der alle in ihn gesetzten Erwartungen erfüllt.

Über das Leben von Luis Vaez de Torres vor seiner Abreise aus Callao ist wenig bekannt. Wahrscheinlich ist er auf den Goldkaravellen gefahren, die die Schätze Perus an den Isthmus von Panama brachten, oder von dort auf den Landweg nach Lima gelangt. In den 17 Monaten seiner Reise nach Manila hat es auf seinem Schiff nicht einen Todesfall gegeben. Dies spricht dafür, dass er und seine Männer über in den Tropen erworbene Widerstandskräfte verfügten. Man munkelt, er sei bretonischer Abstammung, in seinen Adern fließe keltisches Blut. Letztlich bleibt auch dies eine Vermutung. Torres' Leben ist einzig durch die Reise, die ihn berühmt machen sollte, bezeugt. Es existiert kein Hinweis auf den Tag und den Ort seiner Geburt, es gibt keine Nachrichten über seine Familie und Herkunft, keine Papiere, in denen sich Hinweise auf seine Laufbahn als Schiffsoffizier finden. Selbst sein Tod liegt im Dunkeln. Luis Vaez de Torres ist so wirklich wie das Kielwasser des Schiffs, das ihn nach Neu Jerusalem trägt, und er bleibt, jenseits seiner Entdeckungen, so schemenhaft wie diese spanische Kolonie, an der ihr Urheber, Pedro Fernando de Quiróz, bald wieder das Interesse verlieren wird.

Selbst daran, ob Torres all die Orte, an denen er gewesen sein soll, tatsächlich erreicht hat, wird häufig gezweifelt. Die einzigen halbwegs authentischen Quellen, die seine Anwesenheit im Pazifik und in Südostasien dokumentieren, sind ein in Abschrift erhaltener Brief an seinen Kommandanten Quiróz, ein Brief von Torres an den König von Spanien, ein Memorandum eines Luis Arias de Loyola aus der Zeit um 1630, das sich auf Auskünfte von Quiróz stützt, die erst 1930 erstmals publizierte Reisebeschreibung seines Begleiters Don Diego de Prado und ein 1762 während der britischen Besatzung der Stadt in Manila gefundener Reisebericht. Mit diesem Dokument beschäftigt sich, kaum dass es aufgetaucht ist, der damals bei der Ostindien-Kompanie in London beschäftigte Alexander Dalrymple. Durch ihn gelangen Torres' Name und seine Entdeckungen wieder an die Öffentlichkeit. Die wichtigste aller Informationen aus Torres' Hinterlassenschaft, die Nachricht von der Existenz einer Durchfahrt zwischen Neuguinea und der Nordküste Australiens, erreicht über Dalrymple ▶ James Cook. Cook bestätigt, auf den Spuren von Torres, dem der Charakter der von ihm befahrenen Meerenge verborgen geblieben war, das Vorhandensein dieser überaus gefahrvollen und schwer aufzufindenden Durchfahrt.

Ein neues Jerusalem auf den Neuen Hebriden: Ureinwohner auf der von Torres und Quiróz für Spanien annektierten Insel Espiritu Santo.

Vor Espiritu Santo trennen sich, als das Ritterspiel um Neu Jerusalem ein Ende gefunden hat, die Wege von Quiróz und Torres. Unter nicht aufzuklärenden Umständen – in manchen Quellen ist von widrigen Winden und schwerem Wetter die Rede, in anderen davon, dass Quiróz die Lage nutzte, um entgegen bestehender Verabredungen nach Südamerika zurückzukehren – trennt sich die Expedition. Torres vermutet eine Havarie der von Quiróz geführten Schiffe. Die Suche nach den Wracks bricht er ergebnislos ab. Nach einer Wartezeit von 15 Tagen entnimmt er den für den Fall einer Trennung des Verbands gegebenen Anweisungen, dass es seine Aufgabe ist, auf Westkurs bekannte Länder genauer zu positionieren und nach neuen Ausschau zu halten. Wäre er der mit dieser Weisung verbundenen Kursvorgabe gefolgt, hätte ihn dies direkt in die Passage zwischen Neuguinea und Neuholland geführt.

Bevor dieses imaginäre Ziel erreicht wird, muss er eine Enttäuschung protokollieren. Espiritu Santo, von dem Quiróz gehofft hatte, es sei Teil der *terra australis incognita*, erweist sich als recht unbedeutende Insel. Eine von vielen, die man schon kennt und auf die man noch treffen wird in einem Meer, dessen Weite durch jedes Eiland, auf das die Seefahrer dieser Zeit stoßen, ein wenig erträglicher wird. Am 26. Juni 1606 endet die Episode auf Espiritu Santo. Torres nimmt Kurs auf die Ostküste von Neuguinea, um – nicht ganz seinen Instruktionen gemäß – nach Manila zu laufen. Die nächste Enttäuschung, mit der sie konfrontiert werden, besteht aus Meilen von schierem, durch keine Brandung und keinen Streifen Land aufgelockertem Wasser. Kein Südland weit und breit, obwohl sie sich in seiner Reichweite befinden.

All seine Navigationskünste hätten Torres nur wenig genutzt, wäre er am 14. Juli 1606 in die sich vor seinen zwei Schiffen an einer lang gezogenen Rifflinie auftürmenden Brecher geraten. Hinter ihr lag unübersehbar gebirgiges Land. Mit Wind auf Strom von Backbord entgeht Torres nach einem halsbrecherischen Wechsel auf einen westlichen Kurs der Gefahr. Die beiden Inseln, die vor ihm liegen, Tagula und Rossel Island, gehören zu der Inselgruppe, die ▶ L. A. de

Spaniens Herrlichkeit an den Küsten des noch unwirklichen Südkontinents: Torres und Quiróz, deren Reise über den Pazifik im peruanischen Callao begonnen hat, stehen in der Tradition der Konquistadoren, die große Teile Amerikas unterworfen haben.

Bougainville 1768 nach seinem König als das Louisiaden-Archipel in die Geographie einführen wird. Torres und seine Mannschaften erhalten durch sie einen Vorgeschmack auf das, was vor ihnen liegt: Landfetzen ohne Zahl, von ausgedehnten Riffen gesäumt, über Kreuz laufende Strömungen und Gezeitenwechsel, die scheinbar sichere Passagen in tödlich flaches Wasser verwandeln. Nach fünf Tagen auf Westkurs südlich des Louisiaden-Archipels verwandelt sich die Riffbarriere. An ihre Stelle tritt flaches, grünes Wasser, das sich deutlich vom Blau des tieferen Ozeans abhebt. Torres lässt ein Boot aussetzen, entschlossen, in dem Gewirr von Felsen, Erhebungen und bewohntem Land eine nördliche Passage nach Manila zu finden. Diejenige, auf die sie tatsächlich stoßen, erweist sich als zu eng und risikoreich.

Torres bleibt, notgedrungen, auf westlichem Kurs. Er passiert die gesamte Südküste von Neuguinea. Von den zahlreichen Entdeckungen, die er dort macht, haben nur wenige Bestand. Die spärlichen Überlieferungen von seiner Expedition kommen zu spät in den Handel mit geographischen Namen. Seinen Beobachtungen fehlt der systematische Zug, mit denen seine Nachfolger ans Werk gehen werden. Die Beschaffenheit von Pflanzen und Tieren, Begegnungen mit Eingeborenen und die Charakteristik von Landschaften werden von Torres und Prado so beschrieben, wie der Zufall es will, anschaulich, aber ohne wissenschaftliches Interesse. Die Expedition durchquert den Papuagolf, tritt in intensiven Kontakt mit den dortigen Küstenbewohnern, studiert deren Sitten und Gebräuche und bewundert ihre navigatorischen Künste. Die eigenen werden überlebenswichtig, als sie den Kontinentalschelf zwischen der australischen Nordküste und der Südküste von Neuguinea erreichen. In dieser Region, die sie am 5. September 1606 anlaufen, ist nichts wirklich sicher. Der in der Seefahrt geläufige Begriff des Lügens auf über den Daumen gepeiltem Kurs beschreibt wohl am besten, was in den nächsten 35 Tagen vor ihnen liegt: Riffe, bei niedriger Tide offen liegende Untiefen, Inseln, die keine Sicherheit bieten, falsche Passagen. In ein fataleres Revier ist vor ihnen, außer ▶ Fernando Magellan im Jahr 1520, wohl kaum ein Seefahrer vorgedrungen. Irgendwie schaffen sie es, und irgendwie gelingt es ihnen sogar, einige wenige überprüfbare Angaben zu hinterlassen. Letztlich dringt aber nichts davon an die Öffentlichkeit. Spanien hält seine Entdeckungen auch dann, wenn sie von solcher Natur sind, unter Verschluss. So verlieren sich Torres' Leistung und Torres' Namen, kaum dass er am 22. Mai 1607 in Manila eintrifft. Wahrscheinlich ist er, den man 150 Jahre vergessen wird, nicht einmal der Erste gewesen. Auf einer Weltkarte von Abraham Ortelius aus dem Jahr 1570 ist die von Torres gefundene Passage schon vorhanden.

Tscheng Ho

1371–1433

Lebensdaten
1371 Geburt in Kunjang Provinz Yunnan (China).
1384 Eunuch im kaiserlichen Dienst.
1405–07 Erste Seereise: Vietnam, Java, Sumatra, Indien.
1407–11 Zweite Seereise: Siam, Java, Indien. Unterwerfung von Ceylon und Sumatra.
1413–15 Dritte Seereise: Persischer Golf, arabische Küsten.
1417–19 Vierte Seereise: Überbringung von Geschenken für 19 vorderindische Herrscher.
1421–22 Fünfte Seereise: Arabien, Ostafrika.
1424 Sechste Seereise: Palembang an der Straße von Malakka.
1431–33 Siebte Seereise: Arabien.
1433 Tod auf See oder in Indien.

Er führt die gewaltigsten Flotten aller Zeiten. An seinen sieben Expeditionen nehmen pro Fahrt bis zu 27 000 Menschen teil. China wird unter ihm zur größten Seemacht der Welt – und fällt kurz darauf in den Isolationismus zurück.

Eine Generation lang reckt sich noch einmal der Riese, nur für eine einzige Generation. Als wolle er der Welt all das Wissen, all das Können und all die Kräfte zeigen, die in ihm stecken. Es wirkt wie ein herkulisches Muskelspiel, bevor der Gigant beginnt sich einzuigeln.

Das Wort *ming* bedeutet „hell". Die Ming-Dynastie wurde 1368, nach der Abschüttelung der Mongolenherrschaft, begründet. 1403 kommt der Ming-Kaiser Yung Lo an die Macht. Er will sich und der Welt beweisen, dass China neuen Glanz bekommen hat. Er hat Ideen, die ganz Asien die Sprache verschlagen.

Zwei geistige Strömungen ringen in seinem Land miteinander. Die Isolationisten glauben, das Reich der Mitte brauche den Rest der Welt nicht. Sie sind geprägt durch konfuzianisches Denken und möchten, dass das Imperium in sich selber ruht. Die Expansionisten hingegen wollen die Öffnung nach außen, den Austausch von Waren und Gedanken, die Demonstration von Macht. Dies haben sie nicht zuletzt von den Mongolen geerbt.

Kaiser Yung Lo macht vom ersten Tag seiner Herrschaft an klar, welche der beiden Denkweisen sein Handeln bestimmt. Er ist nicht damit zufrieden, dass der Große (Kaiser-)Kanal nach Peking wieder schiffbar gemacht, das Netz an Straßen und Brücken ausgebaut, Stadtmauern, Tempel und Schreine restauriert werden. Er lässt auch Schiffe für die Ozeane bauen – Ungetüme, wie sie die Welt noch nicht gesehen hat. Sie haben neun Masten, 13 Segel und bis zu 1 000 Mann Besatzung. Die größten sind mehr als 140 Meter lang und gut 60 Meter breit. Die fünfmal kleineren Karavellen, mit denen die Europäer ein Jahrhundert später die Weltmeere erobern werden, wirken dagegen wie Nussschalen. Es ist noch ein halbes Jahrhundert vor der Geburt von ▶ Christoph Kolumbus. Und noch fast ein ganzes Jahrhundert, bis Spanier und Portugiesen ihre großen Expeditionen starten. Da schlägt im Fernen Osten die Stunde eines Seefahrers, wie es ihn nie zuvor gab und danach nie wieder geben wird.

Im Städtchen Kunjang, im abgelegenen Süden der Provinz Yunnan, wird der zweite Sohn der muslimischen Familie Ma geboren. Der junge Ma He beginnt schon mit zehn Jahren eine Karriere in den Diensten der Ming, die ihn zu ungeahnten Ufern führen wird. Drei Jahre später wird er kastriert – die Voraussetzung, um in die Elite der Eunuchen aufgenommen zu werden, die eine immer größere Rolle im kaiserlichen Beamtenapparat spielen. Mit Tsiu Di, dem Onkel des zweiten Ming-Herrschers Chien Wen, zieht er gegen die Mongolen zu Felde, mit denen es an der Nordgrenze des Reichs noch immer Kämpfe gibt. Als Tsiu Di die Macht ergreift, führt auch der Weg des erprobten Eunuchen in den Palast von Nanking. Der neue Herrscher ändert seinen eigenen Namen in Yung

Lo und den seines Getreuen in Tscheng Ho. Denn das Wort *ma*, sein Familienname, bedeutet „Pferd", und ein altes chinesisches Sprichwort besagt: «Pferde dürfen nicht den Palast betreten.»

Es ist fast unbegreiflich, wie ein Beamter, noch dazu einer aus dem Binnenland, die Fähigkeit erwerben kann, die größten Flotten zu kommandieren, die jemals auf den Weltmeeren fuhren. Der Nachwelt werden keine Dokumente erhalten, die Aufschluss geben, wie Tscheng Ho die Kunst des Segelns und der Navigation erlernt hat. Es werden nur ein paar Aufzeichnungen bleiben, die ahnen lassen, was sich abspielt, wenn er im Auftrag des Kaisers zu einer seiner insgesamt sieben Expeditionen aufbricht. Es sind bis zu 27 000 Menschen, die ihn auf einer solchen Reise begleiten.

Forscher werden Jahrhunderte lang darüber rätseln, welche Motivationen ihn und den Kaiser zu solchen Unternehmen treibt. Wilde Legenden ranken sich zum Beispiel um den Tod des von Yung Lo entmachteten Kaisers Chien Wen. Es gibt Leute, die sagen, er sei in einem Feuer gestorben. Es gibt andere, die behaupten, er sei lebend entkommen und habe sich als Mönch verkleidet. Wieder andere sind der Meinung, er sei ins Ausland geflüchtet und bereite von dort aus die Rückkehr vor – Tscheng Ho solle ihn vorher zur Strecke zu bringen.

Vermutlich aber liegen die Gründe in der strategischen und wirtschaftlichen Situation des Reichs. Die Mongolen, die noch immer Zentralasien beherrschen, blockieren die Handelswege über Land, auf denen die Chinesen traditionell ihre Produkte nach Europa exportieren. Als starke Seemacht hat China die Chance, sich neue Routen zu erschließen, andere Länder zu unterwerfen und Luxusgüter zu importieren, die den Glanz des Palasts mehren.

Kaiser Yung Lo hat wenig Interesse an Europa. Es ist weit entfernt und zudem in ein paar hundert Kleinstaaten zersplittert. Umso wichtiger sind ihm die süd- und südostasiatischen Küsten, Länder wie Indien, Persien und Arabien. Für diese Gebiete ist ein Mann wie Tscheng Ho der Richtige. Er ist Muslim und spricht leidlich Arabisch, sein Vater war als Pilger in Mekka – und er selber hat keinen größeren Wunsch, als ebenfalls einmal im Leben die große *hadsch* anzutreten.

Die erste Expedition, die 1405 die Mündung des Jangtsekiang verlässt, besteht aus 62 großen und 225 kleineren Schiffen. Tscheng Ho fährt bis Sumatra und nimmt auf See den chinesischen Piraten Tschen Tsu-i gefangen; dieser wird in der Hauptstadt hingerichtet. Die zweite Reise seiner Flotte geht 1407 nach Siam (Thailand), Java und Calicut an der indischen Malabarküste, wo Handelskontakte geknüpft werden. 1409 bis 1411 werden Ceylon und Sumatra unterworfen. Die dritte Reise führt Tscheng Ho von 1413 an nach Hormus am Persischen Golf und an die Küste Arabiens, die vierte 1417 bis 1419 nach Indien, die fünfte 1421 bis 1422 an die Küsten Ostafrikas bis nach Sansibar. Die sechste Reise, die 1424 zum Herrscher von Palembang zur Straße von Malakka führt, wird überschattet vom Tod des Kaisers.

Thronfolger Hong Hi stirbt schon nach wenigen Monaten Herrschaft. Der neue Kaiser Süan Tö scheint zunächst kein Interesse daran zu haben, die großen Expeditionen fortzusetzen. Dann aber vermisst er doch die reichen Tribute, die Tscheng Hos Fahrten in den Jahren zuvor eingebracht haben. So geht der Seefahrer noch einmal auf große Reise. 1431 segelt er bis ins Rote Meer nach Dschidda. Von dort bricht Tscheng Ho mit einem Dolmetscher und einer siebenköpfigen Gesandtschaft nach Mekka auf. «Die Sitten des Volkes sind mild und freundlich, und es gibt keine hilflosen Familien», notiert der Chronist Ma Huan, der die Reise mitmacht. «Getreu befolgen sie die Vorschriften ihrer Religion und verstoßen nur selten gegen die Gesetze. Sicherlich ist es ein glückliches Land.» Tscheng Ho ist am Ziel seiner Träume. Er umschreitet die Kaaba, küsst den heiligen Stein und ruft unter Tränen aus:

Ein chinesisches Hochseeschiff (oben), wie es schon vor Tscheng Ho in Gebrauch war. Unter seinem Kommando werden in China noch viel größere Schiffe gebaut. Eine schematische Darstellung (unten) zeigt einen Vergleich zur „Santa María", mit der Kolumbus sechs Jahrzehnte später nach Amerika segelt.

Schiff von Tscheng Ho (1431), 140 Meter lang

Schiff von Kolumbus (1492), 30 Meter lang

«*Allah-u akbar!*» – Gott ist groß!

In Medina besuchen die Chinesen das Mausoleum Mohammeds. «Täglich umschwebt die Spitze des Grabs ein breites Licht, das Tag und Nacht brennt und bis in die Wolken strahlt», schreibt der Chronist. «Hinter dem Grabe fließt eine Quelle, deren Wasser rein und süß ist … Seefahrer nehmen etwas von diesem Wasser mit und bewahren es an Bord auf, und wenn sie auf See in einen Sturm geraten, sprengen sie dies Wasser aus, und Wind und Wellen werden ruhig.» Als Geschenke der lokalen Herrscher bringen die Schiffe Strauße, Löwen und sogar eine Giraffe nach China.

Tscheng Ho jedoch erlebt das Ende dieser Reise nicht mehr. Er stirbt 1433 auf hoher See oder in Calicut. Es gibt niemand, der seine Nachfolge antritt. Mit seinem Tod geht auch die Epoche zu Ende, in der China das Tor zur Welt aufstieß. Die Isolationisten gewinnen im Reich der Mitte wieder die Oberhand. 1474 zählt die chinesische Flotte noch ein Drittel, 1503 noch ein Zehntel der 3500 Schiffe, die sie zu Zeiten von Tscheng Ho hatte. Nun ist es bei Todesstrafe verboten, Boote mit mehr als zwei Masten zu bauen. Und 1525, als Spanien und Portugal mit Hilfe ihrer Seefahrer zu Weltmächten geworden sind, werden in China durch kaiserlichen Erlass alle seetüchtigen Schiffe zerstört. Das Kaiserreich schottet sich ab vom Rest der Welt. Es wird nie wieder eine Seemacht werden. Hier liegt der Keim seines späteren Niedergangs.

Fast alle Dokumente über die Reisen von Tscheng Ho werden zerstört. Was von ihm bleibt, sind 20 nautische Karten mit rund 500 Namen. Sie sind nicht nach Norden ausgerichtet, sondern länglich je nach Region angeordnet. Die ersten neun Blatt zeigen Chinas Küste, Blatt 11: Kambodscha, Blatt 12: Java und Thailand, Blatt 18: Ceylon und Teile von Indien, Blatt 19: Aden, Blatt 20: Hormus. Die Karten zeigen auch Korallenriffe und Sandbänke, seichte Stellen. Die Wassertiefe maß Tscheng Ho mit einem eingefetteten Hammer, der an einem Seil hinabgelassen wurde. Er war einer, der den Dingen auf den Grund ging.

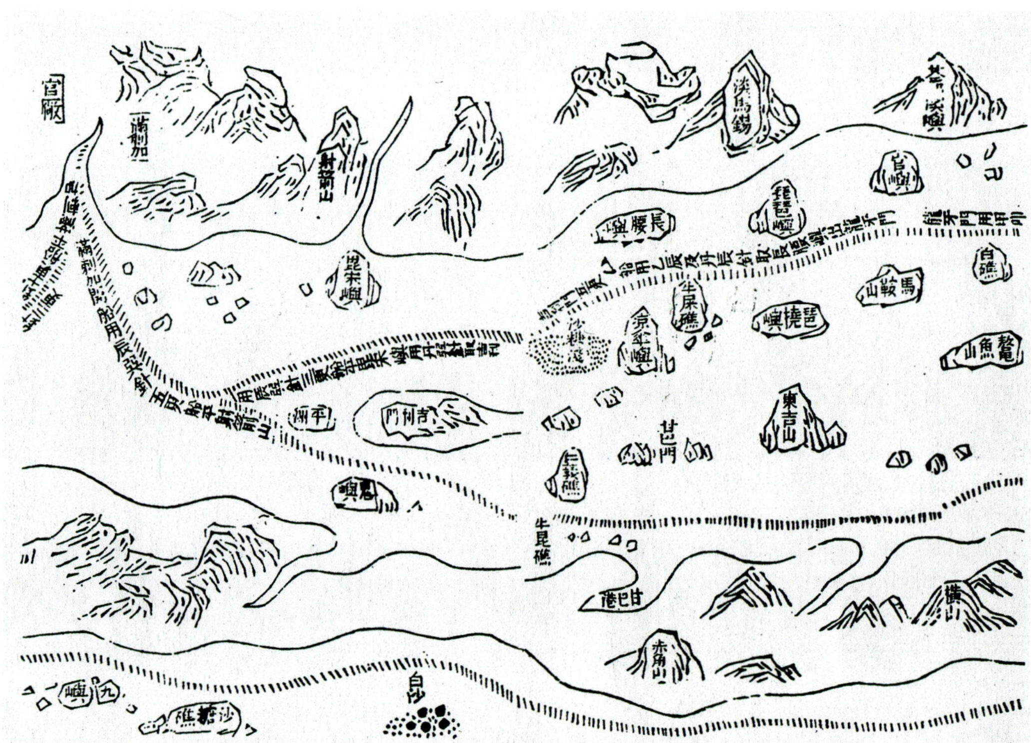

Die Straße von Malakka – eine Seekarte von Tscheng Ho. Die Schriftzeichen geben Hinweise für die Passage. 20 nautische Karten gehören zu den wenigen Dokumenten, die aus der Zeit seiner großen Fahrten erhalten bleiben. Die meisten anderen Aufzeichnungen werden nach seinem Tod vernichtet. Ab 1500 ist es in China sogar verboten, Schiffe mit mehr als zwei Masten zu bauen.

George Vancouver

1757–1798

Der Engländer erforscht Nordamerikas Pazifikküste von Kalifornien bis Alaska. Seine Crew rudert mehr als 15 000 Kilometer durch enge Fjorde. Er zeichnet Karten in Hülle und Fülle – und hat dennoch nicht nur Freunde.

Es gibt gute Gründe, sich um eine Küste zu streiten. Diesmal sind es die Seeotter, die vor Nordamerika in Scharen durch den Pazifik schwimmen. Ihre prächtigen Pelze bringen viel Geld. Die Mannschaft des großen ▶ James Cook hat auf der letzten seiner drei Weltumsegelungen 1780 mit dieser Ware in Macao ein Riesengeschäft gemacht. Seither reißen sich drei Nationen in dieser noch kaum erforschten Gegend um die besten Handelsplätze. Die Engländer haben gerade ihre 13 Kolonien an die nach Unabhängigkeit strebenden Amerikaner verloren und sind auf der Suche nach neuen Erfolgen, um die erlittene Schmach zu verschmerzen. Die Russen drängen von Alaska her südwärts in die verlockenden Gewässer. Die Spanier erheben den Anspruch, hier als Erste gewesen zu sein; sie haben in Kalifornien das Sagen und dort erst vor kurzem die Kolonialstädte San Francisco und Los Angeles gegründet.

George Vancouver hat schon ein wenig von diesem Seeotterfieber mitbekommen. Er gehörte zu den Glücklichen, die ausgewählt wurden, Cook auf seinen Expeditionen zu begleiten. Von 1772 bis 1775 fuhr er mit ihm bis über den südlichen Polarkreis hinaus, von 1776 bis 1780 an die Küste von Nordamerika. Nun scheint es fast, als stagniere seine Karriere, die so schnell und steil begonnen hat. Jahrelang dümpelt er auf englischen Kriegsschiffen in der Karibik. Zwar war sein Vater 22 Jahre lang ein angesehener Zollinspektor in King's Lynn am Fluss Great Ouse. Aber dessen Beziehungen nutzten dem Sohn offenbar nicht.

Da kommt ihm das Schicksal zu Hilfe. Auf Nootka, einer kleinen Insel vor der nordamerikanischen Pazifikküste, geraten einmal wieder die alten Rivalen England und Spanien aneinander. Nach Cooks Landung an diesem Fleck errichtet die Britische Ostindien-Kompanie dort einen Handelsposten. Denn der Nootka Sound eignet sich hervorragend als Hafen. 1789 aber beschlagnahmt Estéban José Martínez das Gebäude samt Land für Spanien, nimmt die anwesenden Engländer gefangen und bringt sie auf seinem Schiff nach Mexiko-Stadt. Fünf Monate rangeln die beiden Parteien danach um eine Lösung des Konflikts. Am 29. Oktober 1790 unterzeichnen sie in Madrid einen Vertrag, der die Spanier auf Nootka zu Rückgabe, Reparatur und Schadenersatz verpflichtet und den Engländern freie Fahrt zu Amerikas Nordwestküste gewährt.

Nun will London wissen, ob die Spanier sich auch wirklich daran halten. Sie rüsten dafür eine kleine Flotte aus. Als Kommandant brauchen sie einen Mann, der sich nicht nur dort auskennt, sondern auch viel Erfahrung im Navigieren und Kartieren hat. Denn England will mit dieser Expedition gleichzeitig die ganze Küste erkunden – und ein für allemal klären, ob es quer

Lebensdaten

1757 Geburt in King's Lynn (England).

1772–75 Teilnahme an James Cooks zweiter Weltreise.

1776–80 Teilnahme an Cooks dritter Weltreise.

1791–92 Fahrt über Australien, Neuseeland, Tahiti und Hawaii nach Nordamerika.

1792–94 Kartierung der Pazifikküste von Kalifornien bis Alaska. Verhandlungen mit den Spaniern über Gebietsansprüche. Zwei Überwinterungen auf Hawaii.

1794–95 Rückreise über Kap Hoorn und St. Helena nach England.

1798 Tod in Richmond (England).

Eines der zwei Schiffe Vancouvers läuft im Queen Charlotte Sound auf Grund, kann aber bald wieder flott gemacht werden. Um die engen Fjorde genau zu kartieren, müssen die Engländer in Ruderboote umsteigen. Auf diese Weise legen sie insgesamt mehr als 15 000 Kilometer zurück.

durch Kanada eine Nordwestpassage gibt. Das ist die Stunde, in der sie einen wie Vancouver brauchen. Am 1. April 1791 sticht er mit zwei Schiffen in See. Die „Discovery", nach Cooks berühmten Segler benannt, hat 100 Mann, die „Chatham" 45 Mann Besatzung.

Seine Reise nach Nordamerika führt um mehr als die halbe Welt. Fünf Wochen rasten sie am Kap der Guten Hoffnung, drei in Neuseeland, drei in Tahiti. Auf Hawaii sind die bösen Ereignisse vergessen, die in der Ermordung Cooks gipfelten. Vancouver beschließt, die Inselgruppe zum Überwintern zu nutzen. Denn in einer Sommersaison lässt sich das, was er vorhat, nie und nimmer machen.

Erst einmal tastet er sich in das Labyrinth von Fjorden und Inseln, die diese Pazifikküste zu einer der verwirrendsten der Welt machen. Ihm reicht kaum sein Vorrat an Namen, um all diese Winkel gebührend zu bezeichnen. Admiralty Inlet, Hood Canal, Puget Sound – jede Woche wird die Liste länger. Er verewigt Expeditionsteilnehmer auf seinen Karten, dann seine Familie, dann seinen Heimatort. Seine Leute müssen in Ruderboote steigen, um in die vielen engen Fjorde einzudringen und die Küstenformen aufzunehmen.

Von Angesicht zu Angesicht lässt sich manches leichter regeln als in der hohen Politik. Die Engländer treffen zwei Spanier, Antonio Galiano und Cayetano Valdés, die mit ihren Schiffen ebenfalls Erkundungen anstellen. Statt aufeinander loszugehen, schließen sie Freundschaft und setzen die Expedition für ein paar Wochen gemeinsam fort. Sie finden heraus, dass es sich bei dem großen Stück Land, dem Nootka vorgelagert ist, ebenfalls um eine Insel handelt.

Die britisch-spanische Entspannung hält an. Auch mit dem Kommandeur auf Nootka, Juan Francisco de la Bodega y Quadra, lässt sich reden. Sechs Wochen lang plaudert und speist Vancouver mit ihm und schlägt ihm im Überschwang sogar vor, die große, gerade kartierte Insel nach ihnen beiden gemeinsam zu benennen. Die Verhandlungen kommen allerdings nicht voran. Der Spanier zögert, die beschlagnahmten Güter zurückzugeben. Er hat noch keine Instruktionen dafür. So vergehen die Zeit und dann auch die Lust, noch länger zu warten. Es wird Winter, und Vancouver segelt erst einmal nach Hawaii.

Im folgenden Sommer sucht Vancouver monatelang weiter im Norden nach der erhofften Passage zum Atlantik. Immer wieder ein Meeresarm, der tief ins Land reicht – immer wieder die Enttäuschung, als das Wasser plötzlich zu Ende ist. Auch der Fall Nootka ist noch keineswegs abgeschlossen – im Gegenteil, der neue spanische Gouverneur von Kalifornien, José Joaquín de Arrillaga, weigert sich, mit den Engländern zu kooperieren. Vancouver braucht ein weiteres Jahr. Er überwintert ein zweites Mal auf Hawaii.

Wenigstens dort hat er aufrichtige Freunde. Kamehameha, der Häuptling von Hilo, zeigt sich von seiner liebenswürdigsten Seite. Er schwört, für immer ein treuer Untertan der Queen zu sein. Die Engländer bauen ihm dafür einen zwölf Meter langen Schoner.

Archibald Menzies, der Botaniker, besteigt die Berge Hualalai und Mauna Loa.

Im Sommer 1794 klärt sich zumindest eine Frage. Vancouver hat von Alaska aus die ganze Küste Richtung Süden erforscht. Nun kann er mit absoluter Sicherheit melden, dass es bis hoch zum 65. Breitengrad eine Nordwestpassage nicht gibt. Die Nootka-Affäre hingegen schleppt sich ewig dahin. Sein Freund Bodega y Quadra ist gestorben, dessen Nachfolger José Manuel de Alava hat wie immer keine Instruktionen. Aber auch zu Hause in London hat man den Fall offenbar schon wieder vergessen – das revolutionäre Frankreich, nicht Nootka, hält England in Atem.

Das Murren in der Mannschaft wird lauter. Allmählich reicht es ihnen, sie wollen nach Hause. Zwei Randalierer hat Vancouver schon von Hawaii aus mit einem Versorgungsschiff zurückgeschickt. Nun muss er aufpassen, dass ihm nicht das Gleiche passiert wie Kapitän ▶ William Bligh, der vor fünf Jahren die berühmte Meuterei auf der „Bounty" erlebte. Er macht sich auf die Heimreise.

Auf dem Weg um Kap Hoorn verlieren sich die Schiffe im Nebel. Beide Segler geraten an der Spitze Südamerikas in schwere Stürme, auf der „Chatham" bricht Skorbut aus. Doch beide kommen im Herbst 1794 in England an – nach dreieinhalb Jahren fern der Heimat.

Vancouver steht nun in einer Reihe mit den ersten Weltumfahrern. Mit seinen Leuten ist er 140000 Kilometer gesegelt, mehr als 15000 Kilometer gerudert. Er hat das strategisch wichtige Hawaii für die britische Krone gewonnen und Klarheit in Sachen Nordwestpassage – zumindest vom Pazifik aus – geschaffen. Trotzdem kann er sich nicht recht im Glanz seiner Taten sonnen.

Während der Reise gab es Ärger mit dem Botaniker Menzies. Er war von Sir Joseph Banks, Direktor der Royal Society und Schlüsselfigur für die Entsendung von Expeditionen, in sein Team geboxt worden. Menzies weigerte sich, am Ende der Reise wie üblich seine Notizen abzuliefern; er wollte sie nur Banks übergeben. Vancouver will ihn deshalb vor ein Kriegsgericht zerren. Er lässt erst davon ab, als Menzies sich offiziell entschuldigt.

Bis 1797 muss Vancouver mit der Admiralität um die Auszahlung seines Lohns für die lange Reise kämpfen. Dann fordert ihn auch noch Thomas Pitt – einer der Rabauken, die er vorzeitig nach Hause schickte – aus Rache zum Duell. Als Vancouver ablehnt, lauert sein Feind ihm auf offener Straße auf. Die Prügelei, die sich dann abspielt, findet genüsslichen Niederschlag in einer Zeitungskarikatur. Darin ist der große Seefahrer auf einmal – ein Feigling.

Vancouver stirbt bereits mit 41 Jahren, vermutlich an Nierenversagen. Vier Monate nach dem Tod erscheint sein Reisebericht. Der große Ruhm wird ihm erst posthum zu teil. Eine Stadt und eine Insel werden in Kanada nach ihm benannt.

Port Dick nahe Cook Inlet an der Küste von Alaska. Vancouver ist der letzte von mehr als 50 Seefahrern, die nach einer Handelsschiffstraße quer durch Nordamerika gesucht haben. Nach seinen dreijährigen Erkundungen steht fest, dass es die ersehnte Nordwestpassage nicht gibt – zumindest nicht in eisfreien Gewässern.

Giovanni da Verrazzano

1485–1528

Lebensdaten
1485 Geburt in Greve (Italien).
Um 1506 Umzug nach Dieppe (Frankreich).
1524 Erste Atlantikreise. Erfolglose Suche nach einem Seeweg zu den Küsten Asiens. Fahrt entlang der amerikanischen Ostküste. Landung in der Bucht von New York. Rückkehr nach Frankreich.
1527 Zweite Atlantikreise. Ankunft in Brasilien. Rückkehr mit Holzfracht.
1528 Dritte Atlantikreise. Ermordung in der Karibik, vermutlich auf Guadeloupe.

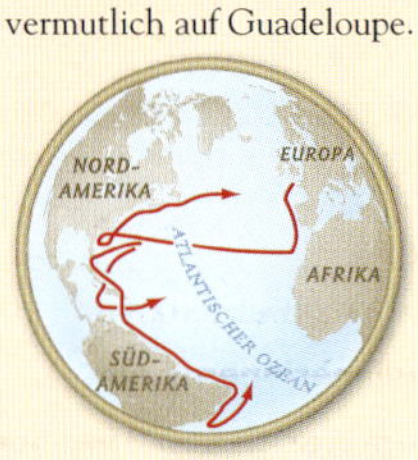

Ein Italiener will für Frankreich den Seeweg nach Asien finden. Er wählt eine nördlichere Atlantikroute als Kolumbus. Wochenlang fährt er an der amerikanischen Ostküste entlang – und an der wichtigsten Bucht vorbei.

Jeder König möchte etwas tun, das ihm einen Ehrenplatz in der Geschichte sichert. Franz I. von Frankreich, seit 1515 an der Macht, ist da nicht anders als andere Regenten seiner Zeit. Als typischer Renaissance-Herrscher ist er besonders darauf erpicht, Glanz aus einem Land der klassischen Antike an seinen Hof zu bringen. Er umgibt sich mit italienischen Künstlern wie den Malern Leonardo da Vinci, Andrea Solario und Francesco Primaticcio, dem Goldschmied und Bildhauer Benvenuto Cellini. Er hat italienische Minister und Banker, Köche und Geliebte.

Seine Konkurrenten in den Nachbarländern haben nicht gezögert, italienische Seefahrer in ihre Dienste zu stellen, wenn sie sich einen Nutzen davon versprachen. Spaniens Königspaar Ferdinand und Isabela haben einen Vertrag mit ▶ Christoph Kolumbus geschlossen, der englische Herrscher Heinrich VII. mit ▶ Giovanni Caboto. Beiden ist es nicht gelungen, den erhofften Seeweg zu den Küsten Asiens zu finden. Aber vielleicht gibt es noch einen dritten Weg?

Die Stadt Lyon ist im 16. Jahrhundert das Zentrum der französischen Seidenindustrie. Die italienischen Geschäftsleute, die hier residieren, wären glücklich, einen direkten Handelsweg nach Asien zu haben und auf diese Weise die Frachtkosten senken zu können. In ihren Diensten steht ein seefahrender Landsmann, dem sie einiges zutrauen.

Giovanni da Verrazzano wurde 1485 in der Toskana geboren. Seine Eltern, eine alteingesessene Adelsfamilie, hat beim Städtchen Greve eine prächtige Residenz mit zwei Bergfrieden und einer eigenen Kapelle. Der Junge hat in Florenz eine standesgemäße Erziehung erhalten, die Mathematik war wohl von Anfang an seine besondere Stärke. Um 1506 ist er ins französische Dieppe gezogen und seither als Seefahrer schon weit herumgekommen.

Der französische Monarch und die italienischen Banker ziehen an einem Strang. Die königliche Marine stellt Verrazzano die „Dauphine“, die italienischen Kaufleute die „Normande“ zur Verfügung. Aus unbekannten Gründen geht nur das erste Schiff auf die große Reise. In seinem Testament, das er vor der Fahrt vorsichtshalber abfasst, schreibt Verrazzano sein Ziel deutlich nieder: Cathay (China) und «die östlichste Küste von Asien“.

Er bricht am 15. Januar 1524 von der portugiesischen Inselgruppe Madeira auf, vermutlich um „Feindberührung“ mit spanischen Schiffen zu vermeiden. Er wählt eine nördlichere Route als Kolumbus, segelt auf

Höhe des 34. Breitengrads. Am 1. März sieht er zum ersten Mal Land. Vermutlich ist es Cape Fear, ein Vorgebirge an der Küste des späteren amerikanischen Bundesstaats North Carolina. Der Italiener zieht es vor, draußen auf See zu ankern. Er schickt ein Boot an Land, wo Eingeborene freudig winken. Sie sind nackt bis auf Lendenschurze, wohlgestaltet, breitbrüstig, schnellfüßig und mit starken Armen, wie der Seefahrer notiert.

Die Europäer machen nur eine Stippvisite an zwei verschiedenen Stellen. Nach China sieht es dort nicht unbedingt aus. Sie fahren auf Nordnordostkurs weiter die Küste entlang. Beim nächsten Landungsversuch ist die Brandung zu stark, um sie mit dem Boot zu durchfahren. Ein einzelner Matrose, der es schwimmend versucht, wird von mächtigen Wogen an den Strand geworfen. Als Indianer den halb Benommenen vom Wasser wegziehen, schreit er um sein Leben. Die Einheimischen wollen jedoch nur seine weiße Haut betasten. Und sie machen ein Feuer, damit er sich aufwärmen kann. Dann verabschieden sie ihn mit freundschaftlichen Klapsen und lassen ihn zurück auf das Schiff.

Verrazzano lässt seine Fantasie spielen, wenn es um Namensbezeichnungen für die neu entdeckten Landschaften geht. *Selva di Lauri* (Lorbeerwald) und *Campo di Cedri* (Zedernland) hat er die beiden ersten Landepunkte getauft. *Annunziata* nennt er das dritte Gestade, weil er am kirchlichen Festtag „Mariä Verkündigung" dorthin kommt, *Archadia* das vierte, vermutlich in Anklang an den Titel eines Romans von Iacopo Sannazaro. Die Eingeborenen verstecken sich in den dichten Wäldern, nur zwei Frauen mit kleinen Kindern sitzen ängstlich am Strand. Die Europäer nehmen eines der Kinder kurzerhand mit an Bord – ein exotisches

Zeremonientanz von Indianerinnen – ein Kupferstich von Theodor de Bry. Verrazzanos Leute werden an der amerikanischen Ostküste meist freundlich empfangen. Gegenseitige Unkenntnis der Sitten und Gebräuche führt aber auch bei seiner Expedition zu Missverständnissen und Spannungen – bis zum tragischen Ende des Seefahrers.

Fundstück, das sie nach Frankreich mitnehmen wollen.

Drei Tage bleibt die „Dauphine“ dort vor Anker. Es kommt zu unvermeidlichen Missverständnissen. Ein Indianer nähert sich zögernd den Franzosen und hat, wie Verrazzano später schreibt, «einen brennenden Stock» in der Hand, «so, als wollte er uns Feuer anbieten». Offensichtlich ist es eine Friedenspfeife. Die Weißen aber haben so etwas noch nie gesehen, fühlen sich bedroht und geben einen Musketenschuss in die Luft ab. Die Indianer, so der Kapitän, sind «wie vom Donner gerührt». Sie deuten mit den Fingern zum Himmel, zum Schiff und zur See, «als wollten sie einen Segen auf uns herabrufen».

Der Seefahrer und seine Mannschaft bleiben gegenüber der Küste auf seltsamer Distanz. Am 17. April erreichen sie «eine sehr hübsche Stelle». Der Italiener nennt sie Santa Margarita, zu Ehren von Marguerite, der Herzogin von Alençon, einer Schwester des französischen Königs. Es ist die Bucht, an der einmal die Stadt New York entstehen wird. Rund 30 voll besetzte Boote kommen auf die Europäer zu. Die Indianer zeigen ihnen mit Gesten den Weg zur Landung. Doch wegen widriger Winde beschließt Verrazzano die Weiterfahrt – «zu unserem großen Ärger», wie er notiert, denn «wir vermuten, das Land ist nicht ganz ohne Schätze». Er erhascht nur einen kurzen Blick auf die Mündungen zweier Flüsse und eine Halbinsel, die sie umschließen. So entgeht der französischen Krone ein Stück Land, das einmal den Namen Manhattan tragen wird.

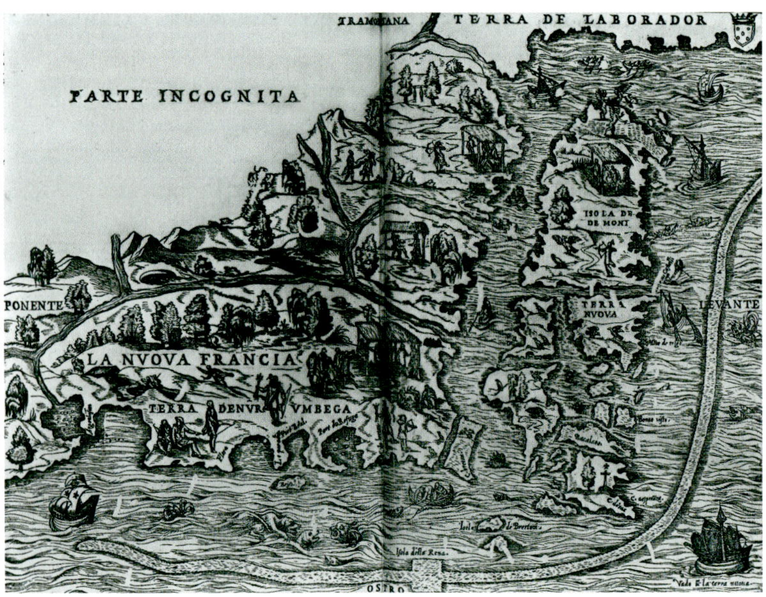

Eine Landkarte des St.-Lorenz-Stroms mit Neufundland und Neuschottland zeigt den europäischen Kenntnisstand nach Verrazzanos Atlantikfahrt 1524. Die Karte stammt aus dem dreibändigen Werk „Navigationi e Viaggi“ des italienischen Chronisten Ramusio.

Auf einer Insel ein Stück weiter nördlich sind die Indianer «so freundlich», dass Verrazzano sich ausnahmsweise von ihnen an Land geleiten lässt. 15 Tage lang bleibt er in der Narragansett Bay, lässt die Einheimischen wie üblich mit Glas, Glöckchen und Spielzeug beschenken. Deren Häuptling kommt in vollem Ornat an Bord, um das Schiff zu bestaunen. Die «armen Frauen» allerdings, notiert der Italiener, müssen drunten in den Kanus bleiben.

Noch ein Stück weiter, vor der Küste des späteren amerikanischen Bundesstaats Maine, werden die Europäer mit Pfeilen und Kriegsgeheul empfangen. Offensichtlich haben die Abnaki, die dort leben, schon unangenehme Erfahrungen mit Weißen gemacht. Nach langem Gestikulieren findet nur ein kurzer, kühler Warenaustausch statt – mit Hilfe eines Korbs, den die Einheimischen von einem steilen Felsen herunterlassen. *Terra Onde di Mala Gente* tauft Verrazzano dieses Gebiet, „Land der bösen Leute“. Er segelt noch bis Neufundland, dann nach Hause. Die Durchfahrt nach Asien hat auch er nicht gefunden.

Drei Jahre später, 1527, bricht er nach Südamerika auf. Er kommt mit *brasil*-Holz zurück, das gern zum Färben von Kleidern genommen wird, so war die Fahrt wenigstens ein geschäftlicher Erfolg. 1528 macht der Italiener einen letzten Versuch, einen Weg nach Asien zu finden. Er kreuzt in der Karibik, von den Bahamas bis zum Isthmus von Panama. Doch nirgends gibt es eine Passage.

An einer Insel, vermutlich Guadeloupe, schwimmt Verrazzano – ganz gegen seine Gewohnheit – als Erster und allein durch die Brandung an den Strand. Sein Bruder Girolamo wartet mit anderen Seeleuten weiter draußen in einem Boot. Am Strand fallen Kariben sofort über den Weißen her. Sie bringen ihn um und essen ihn, zum Entsetzen seiner Leute, auch gleich auf. Die Weißen im Boot sind zu weit weg, um ihre Schusswaffen einsetzen zu können. Das Kapitel „Amerika“ ist um eine blutige Episode reicher.

Amerigo Vespucci

1451–1512

Ein Buchhalter aus Florenz macht mit 50 noch eine Karriere als Seefahrer. Er fährt über den Atlantik und spricht als Erster von einer „Neuen Welt". Ihm zu Ehren wird sie von einem deutschen Kartographen „America" getauft.

In seiner Freizeit, aber nur dann, kann er sich über den Alltag erheben. Da studiert er Seekarten, brütet über Zahlenkolonnen des Astronomen Regiomontanus, schmökert im Reisebericht des großen ▶ Marco Polo, der zwei Jahrhunderte zuvor in die Ferne Asiens aufgebrochen ist und von dort wahre Wunderdinge berichtet hat.

Seine Arbeit nimmt ihn weitaus weniger gefangen. Zinsen ausrechnen, Belege prüfen, säumige Schuldner mahnen – tagaus, tagein kritzelt er mit dem Gänsekiel Dinge aufs Papier, die ihn eigentlich nicht interessieren. Doch wie seinem Schicksal entrinnen? Amerigo Vespucci, 1451 als Sohn eines Kaufmanns geboren, steht als Buchhalter im Dienst des Handelshauses der Medici, der mächtigsten Familie von Florenz.

Das große Abenteuer kommt erst auf ihn zu, als er an den Schläfen schon grau zu werden beginnt. Sein Chef Piero de' Medici bietet ihm einen Platz in der Filiale des Hauses in Sevilla an. Unregelmäßigkeiten sind dort vorgekommen, man braucht einen verlässlichen Mann. Der spanische Binnenhafen am Guadalquivir wird immer wichtiger. Hier laufen sie aus und ein, die großen und kleinen Entdecker, Farbholz-, Seidenstoff- und Gewürzhändler. Vespuccis Aufgabe ist, Warenballen auszupacken, nachzuwiegen, Einträge zu machen. Doch in Sevilla spürt auch ein Kontorist das Flair der weiten Welt.

Im Alter von schon fast 50 Jahren öffnet sich für Vespucci das Tor zur Welt. Er verdankt das vermutlich den Rivalitäten und Intrigen, die zwischen den spanischen Konquistadoren ausgebrochen sind. Alonso de Ojeda erhält von dem für die „Indien-Angelegenheiten" zuständigen Bischof Rodríguez de Fonseca die Unterschrift zur Ausrüstung einer neuen Expedition – ein Affront gegen ▶ Christoph Kolumbus, den der Bischof noch nie leiden konnte. Zwar fehlt auf der Urkunde das Staatssiegel des Königs. Doch auf der Basis dieses Dokuments kann der angeheuerte Vespucci, der viel Erfahrung hat, den Kauf und die Ausrüstung von vier Schiffen betreiben. Ojeda wirbt aus der einstigen Mannschaft des Kolumbus Juan de la Cosa und Bartolomé Roldán an. Er zeigt ihnen die Kopie einer Karte, die Kolumbus an den Hof geschickt hat – der Bischof hat sie ihm zugespielt. So bricht am 16. Mai 1499 eine Flotte nach Westen auf, die offensichtlich den Auftrag hat, Kolumbus die vertraglich zugesicherten Privilegien streitig zu machen.

Die drei Schiffe fahren getrennte Routen und wollen sich in Santo Domingo auf der Insel Hispaniola treffen. Vespucci stößt, wie er berichtet, nach 43 Tagen auf Land. Es ist die nordöstliche Küste von Südamerika, er aber hält es wieder für Asien. Auf einer vorgelagerten Insel, so notiert er, gebe es «die viehischste und wildeste Gattung von Menschen, die man jemals finden

Lebensdaten

1451 Geburt in Florenz.
1499–1500 Nach Südamerika bis zur Amazonas-Mündung.
1501–02 Zusammen mit Gonçalo Coelho entlang der Küste Südamerikas bis zum Río de la Plata, möglicherweise bis kurz vor den südlichen Polarkreis.
1507 Erstmalige Verwendung des Namens „America" durch den deutschen Kartographen Martin Waldseemüller – nach Vespuccis lateinischem Vornamen Americus.
1508 Direktor des neu gegründeten Amts für Entdeckungsreisen in Spanien.
1512 Tod in Sevilla.

kann. Sie schauten von Angesichte und Gebärden grässlich aus und hatten allesamt die Backen inwendig voll von einem grünen Kraute, das sie beständig, wie das Vieh, kauten, so dass sie kaum ein Wort herausbrachten.»

Vespucci fährt vermutlich Richtung Süden weiter, entdeckt die Mündung des Amazonas, fährt diesen Strom ein kurzes Stück hinauf, wendet sich dann aber wieder zum Meer, nimmt Kurs auf Hispaniola. Kolumbus, der dort als Gouverneur residiert, ist wütend, als er von der Konkurrenzflotte erfährt. Nach heftigem Streit mit seinen Beamten segeln Ojeda und Vespucci nach Cádiz zurück.

Doch einen Weg zurück in die enge Welt der Buchhalterei gibt es trotz allem für Vespucci nicht mehr. Portugals König Emanuel I. stellt ihn nun in seine Dienste. Verstärkung soll an einen Landstrich geschickt werden, den ▶ Pedro Cabral durch Zufall entdeckte, als er auf dem Weg um Afrika nach Indien zu weit nach Westen abgetrieben wurde. Der König will einen Expeditionsleiter, der große Erfahrung mit Navigationsgeräten hat. So segelt Vespucci an Südamerika entlang, von Kap São Roque nach Süden. Am 1. Januar 1502 läuft er vermutlich in die Bucht von Rio de Janeiro ein. «Wenn in der Welt ein irdisches Paradies zu finden ist», notiert er, «dann muss es ohne Zweifel nicht weit von dieser Gegend sein.»

Vespucci kommt an Patagonien vorbei. Er stößt, so jedenfalls sein Bericht, bis ungefähr zum 50. Breitengrad vor. Die kahle, unbewohnte Insel kurz vor dem südlichen Polarkreis, auf die er trifft, könnte das Eiland sein, das später Südgeorgien getauft wird. Gebeutelt von Kälte und Stürmen, fahren die Seeleute wieder nach Norden. Am 12. Mai 1502 sind sie in Sierra Leone an der afrikanischen Küste, am 7. September wieder in Lissabon. Nun steht für Vespucci fest: Die endlos lange Küste, an der er nach Süden fuhr, kann nicht Asien sein. Man müsse «in der Tat einen anderen Teil der Erde ausmachen, welchem gebührt, eine ‚Neue Welt' genannt zu werden».

Auf einer Karte von Martin Waldseemüller aus dem Jahr 1513 erscheint Amerika als eigener Kontinent – mit den Landmassen, die in Europa bis zu dieser Zeit bekannt sind. Schon 1507 hat der deutsche Kartograph den neu entdeckten Erdteil „America" genannt – in Anlehnung an Vespuccis lateinischen Vornamen Americus.

Vespucci ist kein Meisterautor, wie er später selber zugeben wird. Er zweifelt, ob er je ein Publikum für seine Berichte finden wird, «weil ich an dem, was ich geschrieben, keinen Geschmack finde, sonderlich wegen der unreinen Schreibart, die von aller zierlichen Ordnung entblößt ist».

Vespucci lässt sich möglicherweise sogar zum Schwindeln hinreißen. Oder andere spannen ihn mit frei erfundenen Expeditionen für ihre eigenen Zwecke ein. Die Echtheit von Briefen und anderen Dokumenten, die über seine Reisen kursieren, ist oft mehr als zweifelhaft.

Dieser Kupferstich ist eine allegorische Verherrlichung der Reisen Vespuccis. Viele Angaben über solche Expeditionen aber werden durch andere Quellen nicht bestätigt. Die meisten Historiker sind heute der Meinung, dass Vespucci allenfalls zwei von vier großen Reisen, die ihm zugeschrieben werden, wirklich unternommen hat.

Erfolge und Misserfolge von Entdeckungsreisen sind für Italiens wichtigste Handelsstädte Genua, Venedig und Florenz von größtem Interesse. Sie alle haben intensive Geschäftsbeziehungen zur Iberischen Halbinsel. Sie gehören zu den großen Kreditgebern, sie investieren ihr Geld in der Hoffnung auf eindrucksvolle Renditen. Florenz, die Heimatstadt Vespuccis, ist zum Beispiel an Farbstoffen aus der Neuen Welt für seine Textilindustrie interessiert. 1494 wurde es von Truppen des französischen Königs Karl VIII., einem der Hauptfeinde Spaniens, besetzt. Seit deren Abzug hat sich die Stadt deutlich von Spanien ab- und den Portugiesen zugewandt. Ist es Zufall, dass die Vespucci zugeschriebenen Briefe, die Portugals Erfolge preisen, just zu dieser Zeit von Florenz aus nach Paris gelangen, von wo aus sie seit 1503 gedruckt und auf diese Weise in ganz Europa propagiert werden?

Wenn all diese Berichte der Wahrheit entsprächen, dann hätte der Italiener insgesamt sogar vier Atlantikreisen unternommen, davon nicht weniger als drei an der südamerikanischen Küste entlang. Es tauchen vermeintliche Briefe von ihm auf, aus denen beispielsweise hervorgeht, dass er schon am 30. Juni 1497, auf seiner angeblich ersten Reise, das amerikanische Festland betreten habe. Er soll von der Halbinsel Yucatán die mexikanische Küste entlanggefahren sein, dann durch den Golf von Mexiko um Florida herum an die Ostküste Nordamerikas.

All diese Dokumente haben den Nachteil, dass niemand anders sie bestätigen kann. Die meisten Forscher, die sich in den folgenden Jahrhunderten damit beschäftigen werden, kommen zu dem Schluss, dass es sich bei zwei dieser vier erwähnten Reisen um reine Fantasieprodukte handelt.

Unzweifelhaft freilich ist, dass sich Vespucci im Dienst der Portugiesen einen Namen gemacht hat. So wird er am Ende seiner Karriere noch einmal vom spanischen Hof abgeworben. Um dem Kartenchaos ein Ende zu bereiten, das auf hoher See ständig zu Streitereien führt, wird 1508 ein Amt für Entdeckungen eingerichtet. Es soll alle geographischen und navigatorischen Kenntnisse zusammenfassen und einheitliche Atlanten erstellen. Der Italiener wird sein Direktor und erhält die kastilische Staatsbürgerschaft. Ein königlicher Erlass bestimmt, «dass alle Steuerleute Unseres Reiches… in der Kunst, den Quadranten und das Astrolabium zu gebrauchen… unterrichtet werden sollen».

Trotz seiner geringen literarischen Fähigkeiten plant Vespucci ein Buch über seine Abenteuer. Ein cleverer Florentiner Geschäftsmann aber kommt ihm zuvor. Er verschafft sich eine ausführliche Schilderung, die Vespucci an Lorenzo de Medici geschickt hat, und schmückt sie unter dem Pseudonym „Jocundus" noch ein wenig mit Erzählungen aus, die Cabrals Steuermann nach Hause brachte. Für das gebildete Publikum verfasst er eine Ausgabe in Latein, der Titel lautet: *Mundus novus* – Neue Welt.

Auf diese Weise aber wird *Americus*, so sein lateinischer Name, in der Geschichte verewigt. Der deutsche Kartograph Martin Waldseemüller hat 1507 eine große Weltkarte, eine Karte, die zum Aufkleben auf einen Globus gefertigt ist, und eine Schrift mit dem Titel *Cosmosgraphia introductio* veröffentlicht. In diesen Werken taucht erstmals der Name auf, den der neu entdeckte Kontinent in Zukunft haben wird: *America*.

Alfred R. Wallace

1823–1913

Lebensdaten
1823 Geburt in Usk (England).
1837 Ausbildung zum Landvermesser.
1848 Erste Reise ins Amazonasgebiet.
1852 Havarie auf der Rückreise nach England.
1854 Zweite Reise nach Singapur. Acht Jahre lang Erkundungsfahrten im Malaiischen Archipel.
1858 Abhandlung über Evolutionstheorie.
1862 Rückkehr nach England.
1886 Vortragsreise in den Vereinigten Staaten und Kanada.
1913 Tod in Broadstone bei Bournemouth (England).

Ohne es zu wollen, wird er zum Rivalen Charles Darwins bei der Entstehung der Evolutionstheorie. Den Ruf des ewigen Zweiten kompensiert er mit Fleiß bei der Bestimmung der tropischen Artenvielfalt.

Alfred Russell Wallace sitzt, umgeben von anderen Havaristen, in einem offenen Boot. Ihr Schiff, mit dem sie eben noch auf der Reise von Brasilien nach England waren, ist verloren. Er ist, ungeachtet seiner Rettung, kein besonders glücklicher Mensch. Drüben verbrennen vor seinen Augen seine Tagebücher, Aufzeichnungen, Sammlungen, Hunderte von Fischarten, Insektenpopulationen, Vögel, Schmetterlinge, Pflanzen und sogar Säugetiere aus dem Amazonasgebiet. Vier Jahre hat er gebraucht, um all die Präparate zu sammeln, die sich in Rauch auflösen. 500 Pfund Sterling, das war seine Hoffnung gewesen, hätte er aus ihrem Verkauf einnehmen können. Kapital, das ihm eine weitere Reise in die tropischen Regionen mit ihrer unendlichen Vielfalt von Arten möglich gemacht hätte. Als er in London eintrifft, besitzt er noch fünf Pfund und einen billigen Anzug aus Baumwolle. Er veröffentlicht einen Bericht über seine Forschungen am Amazonas. Schon der Titel, „Travels on the Amazon and Rio Negro", zeigt die Verluste an, die er hinnehmen musste. Es handelt sich weniger um einen Forschungs- als mehr um einen Reisebericht. Seine Ambitionen, als er aufbrach, sind ganz andere gewesen.

Alfred R. Wallace ist ein Kind des 19. Jahrhunderts. Er wächst mit Büchern auf, im Haus eines wirtschaftlich erfolglosen, aber gebildeten Geschäftsmanns, der ihm die Ausbildung zum Ingenieur ermöglicht. Er beschäftigt sich ausdauernd mit Technik und Naturwissenschaften. Sein Brot verdient er mit Vermessungsarbeiten. Jeden Schilling, den er nicht wirklich benötigt, legt er zurück, um sich gemeinsam mit seinem Freund Henry Walter Bates einen Traum zu erfüllen: Erkundungsreisen im Amazonasgebiet mit dem Ziel, im Buch der Natur neue Seiten zu füllen. Im April 1848 segeln die Freunde von Liverpool nach Belém. Wallace bricht zum Oberlauf des Amazonas auf. Er befährt den Rio Negro und den Rio Uaupés, sammelt, bestimmt und präpariert Tierarten, führt gewissenhaft Buch.

Wallace, der Brasilien schon 1852 verließ, befindet sich schon im Malaiischen Archipel. Die Fülle der Tropen hat es ihm angetan. Er spürt, dass diese einzigartige Vielfalt auf bestimmten Gesetzmäßigkeiten fußt. Schon am Amazonas hat er über die Anpassungsfähigkeit bestimmter Arten in einer ihnen eigentlich feindlichen Umgebung gestaunt. Als er im April 1854 in Singapur eintrifft, liegt eine achtjährige Reise in die Schöpfungsgeschichte vor ihm. Alles, was zwei Jahre

zuvor auf dem Atlantik verbrannte, entsteht wieder neu. Es ist diese geheimnisvolle Widerstandskraft, dieses Behauptungsvermögen in Ausnahmesituationen, das es ihm angetan hat. Er forscht sechs Monate in der Umgebung von Singapur. Dann geht er auf die Inseln. Deren äußere Beschaffenheit ist seit dem 16. Jahrhundert einigermaßen bekannt. Von ihrem Inneren gibt es, Java ausgenommen, nur dürftige Kenntnisse. Wallace ist entschlossen, dieses zu ändern.

Als er im April 1862 wieder in London eintrifft, ist er 125 000 Tieren begegnet. Sie alle befinden sich, auf unterschiedliche Weise, in seinem Marschgepäck, das er an das British Museum und andere zoologische Sammlungen ausliefern lässt. Wallace hat mit kaum überbietbarem Eifer eine der größten zoologischen Sammlungen in der Geschichte der Entdeckungsreisen zusammengetragen. 1869 erscheint sein Reisebericht „The Malay Archipelago". Das Buch erlangt ungeahnte Popularität. Wallaces akribische Beobachtungen tragen allerdings am wenigsten dazu bei. Die Fantasie des Publikums entzünden vielmehr seine Ausführungen über das Leben der Menschenaffen in Sarawak und die Darstellung der im malaiischen Dschungel verbreiteten Paradiesvögel. Im einen Fall ist es die Nähe der Affen zum Menschen, die gewisse, in der Wissenschaft bereits verhandelte Ahnungen weckt, und im anderen die Exotik des Paradieses, das die Tropen in gewisser Weise auch in den Augen der Menschen des 19. Jahrhunderts immer noch waren. Ohne es wirklich zu wollen, geriet Wallace damit in die Rolle des populären Sachbuchautors.

Seine eigentliche und wesentliche Entdeckung bringt ihm, dem Autodidakten, auf Umwegen die wissenschaftliche Anerkennung, nach der er sich sehnt. In der tropischen Inselwelt von Malaya stößt er auf signifikante Unterschiede zwischen den Arten im Westen und denen im Osten der Region. Ganze Tiergruppen, so scheint es, haben sich diesseits und jenseits einer von ihm präzise bestimmten Linie vollkommen anders entwickelt. Auf der einen Seite liegen die Philippinen, Borneo und Java, auf der anderen Celebes, die Molukken, Timor und Neuguinea. Außer der unübersehbaren Entwicklungsgeschichte der Tierarten aus sich heraus, folgert er, muss es einen geographischen Faktor geben, der die Evolution maßgeblich beeinflusst. Diese mittlerweile nach ihm benannte Wallacelinie beschreibt er in seinem

Dramatik beim Kampf mit einer Würgeschlange, gelassener Gang der Dinge auf dem Markt von Dobbo. Alfred R. Wallace dokumentiert als Autor und Zeichner das Leben auf den Inseln des Malaiischen Archipels.

Menschen und Affen: Eingeborene vom Stamm der Dyaks im Kampf mit einem Orang-Utan.

1876 veröffentlichten Standardwerk „The Geographical Distribution of Animals". Das Buch macht ihn zum Vater der eigenständigen wissenschaftlichen Disziplin der Tiergeographie.

Das Unglück, das Wallace beim Brand seiner „Arche Noah" auf dem Atlantik hinnehmen musste, bleibt ihm treu, als er die Bilanz seiner Forschungsarbeiten im Februar 1858 auf der Gewürzinsel Ternate aufzeichnet. Er leidet an der Malaria, lebt in fiebrigen Träumen, hin und hergerissen zwischen Schüben von Hitze und Frost. In den wenigen Stunden, in denen es ihm gelingt, klare Gedanken zu fassen, entsteht eine Idee, von deren Tragweite er, schweißnass in einer Hütte zwischen Präparaten, Papieren und allgegenwärtiger Verwesung liegend, noch kaum etwas ahnt. Die ungeheure Vielfalt, durch die sich die Natur in den Tropen auszeichnet, wird von einem unsichtbaren, nur im zeitlichen Ablauf über Jahrhunderte und Jahrtausende nachweisbaren Mechanismus gesteuert. Es sind, folgert er, stets die am besten an ihre äußeren Lebensumstände angepassten Arten, die im gnadenlosen Konkurrenzkampf der Dschungelwelt auf Dauer überleben. Das Prinzip der natürlichen Auslese regelt den Fortgang des Geschehens, das später Evolution genannt werden wird. Survival of the fittest: ein kranker, seiner selbst nicht sicherer Mann, für den es ums eigene Überleben geht, skizziert in einer von Palmblättern gedeckten Hütte, durch die Heerscharen von Ameisen spazieren, das neue Bild einer die biblische Überlieferung außer Kraft setzenden Schöpfungsgeschichte.

Wallace schickt seine mit letzter Kraft aufgezeichnete Abhandlung zu diesem Problem an einen Naturforscher, mit dem er sich seit Jahren austauscht. Das Konvolut erreicht nach einer Seereise von drei Monaten Charles Darwin in Kent. Der ist, nach eigenen Forschungsarbeiten über mehr als 20 Jahre, zu ganz ähnlichen Ansichten gelangt. Als er Wallaces Beobachtungen studiert, begreift er, dass deren Veröffentlichung ihn um den eigenen Ruhm bringen würde. Zwei Freunde, Darwin wie Wallace gleichermaßen verbunden, regen einen fairen Wettbewerb an. Die Thesen beider Konkurrenten werden am 1. Juli 1858 in London der dort tagenden Linné-Gesellschaft vorgestellt. Sie finden, weil vermeintlich wenig spektakulär, kaum Resonanz. Eine direkte Auseinandersetzung mit den Urhebern ist unmöglich, weil Wallace sich noch auf Neuguinea befindet und Darwin wegen des Todes eines seiner Kinder nicht abkömmlich ist.

Als Wallace 1862 in England eintrifft, ist die Sache zu seinem Nachteil entschieden. Darwins epochales Werk „Die Entstehung der Arten durch natürliche Zuchtwahl" ist bereits 1859 erschienen. Wallaces gleichwertige Abhandlung beschäftigt die Fachwelt erst noch. Danach wird sie als Fußnote zu Darwin gehandelt, bevor sich ihre Spur über eine lange Zeit fast vollständig verliert. Das Prinzip der natürlichen Auswahl, von beiden nach eigenen Beobachtungen proklamiert, hat sich auf eine ganz eigentümliche Weise Geltung verschafft.

Die wissenschaftlichen Zirkel Englands ehren ihn auf vielfältige Weise, mit Ehrentiteln, die er ablehnt, und mit Medaillen, die er trägt, ohne übermäßigen Stolz. 1886 propagiert er den Darwinismus auf einer Vortragsreise durch die Vereinigten Staaten. 1892 wird er, gegen seinen Willen, in die Royal Society gewählt.

Alfred Wegener

1880–1930

Der Deutsche ist ein besessener Forscher. Er erkundet die Nordostküste Grönlands und durchquert das Binneneis. Noch einmal bricht er auf, um im Landesinnern eine Forschungsstation zu errichten – und kehrt nie mehr zurück

Zu Beginn des 20. Jahrhunderts sind alle Länder der Erde entdeckt, nur Nord- und Südpol noch zu erobern. Es geht es nicht mehr darum, an fremden Gestaden eine Flagge zu hissen oder unbekanntes Terrain zu durchqueren. Ein anderer Entdeckertyp ist nun gefragt. Immer noch muss er Abenteurer sein, mit einer Portion Mut und Draufgängertum. Doch nun braucht es auch eine Liebe zum Detail, einen Hang zur Wissenschaft. Selbst wenn alle Länder entdeckt sind, so sind auf den Karten noch eine Menge weiße Flecken zu tilgen. Sie liegen in den unwegsamsten Gebieten der Welt.

In Grönland zum Beispiel fehlt noch ein ganzer Küstenabschnitt im Nordosten. ▶ Carl Koldewey ist 1870 bis zum Kap Bismarck, auf 77 Grad nördlicher Breite, vorgedrungen. ▶ Robert E. Peary erreichte Kap Bridgman über Land bei 83 Grad. Am 24. Juni 1906 sticht eine dänische Expedition in See, um das Gebiet zu erforschen, das dazwischen liegt. Der Schriftsteller Ludwig Mylius-Erichsen leitet das Unternehmen. Mit an Bord sind zwei Kunstmaler und sechs Wissenschaftler – darunter der deutsche Meteorologe Alfred Lothar Wegener.

Wegener hat in Berlin und Heidelberg Astronomie, Geophysik und Meteorologie studiert. Ein Semester war er in Innsbruck. Dort zog er mit Seil, Pickel und Steigeisen in die Alpen, um die Flora und das Gestein zu erforschen. Nach seiner Promotion 1904 ging er an das aeronautische Observatorium in Lindberg, wo bereits sein Bruder Kurt arbeitete. Er studierte die Physik der Wolken, erforschte die höheren Luftschichten mit Drachen und Fesselballons. Als Wegener von der dänischen Expedition hörte, bewarb er sich sofort – und wurde als einziger Ausländer genommen.

Das Expeditionsschiff „Danmark" dringt durch das Eis der Grönlandsee zum Kap Bismarck vor. Die Männer gehen auf der Koldewey-Insel an Land, finden jede Menge Versteinerungen: Ammoniten in Sandstein, Muscheln in Kalk, versteinertes Holz. Sie gehen in der Dove-Bai vor Anker und errichten ihr Basislager an Land. Später bauen sie dort eine wissenschaftliche Station auf. Nachts hören sie das Geheul von Wölfen, das dem ihrer Hunde verblüffend ähnlich ist. Sie fahren mit Schlitten zur Sabine-Insel, wo einst Koldeweys „Germania" überwintert hat. Auch in der Polarnacht unternehmen sie Fahrten, bestaunen das Nordlicht. «Sieht man dies prächtige Lichtphänomen zum ersten Male, so steht man der Erscheinung, wenn auch bezaubert von ihrer Schönheit,

Lebensdaten

1880 Geburt in Berlin.
1900–04 Studium der Astronomie, Geophysik und Meteorologie in Heidelberg, Innsbruck, Berlin.
1906–08 Mit der dänischen Expedition unter Ludwig Mylius-Erichsen an die Nordostküste Grönlands.
1912–13 Mit der dänischen Expedition unter Johann Peter Koch Überwinterung an der grönländischen Ostküste. Durchquerung des Inlandeises.
1929 Vorexpedition an die Westküste Grönlands.
1930 Hauptexpedition nach Grönland. Errichtung von zwei Forschungsstationen. Tod bei der Rückreise von der Station „Eismitte" im Landesinneren.

hoffnungslos gegenüber», schreibt Wegener in sein Tagebuch. «Was soll ich hier messen an dieser unsteten, über den ganzen Himmel hinspielenden Lichterscheinung?»

Im Frühjahr fahren sie mit Hundeschlitten die Fjorde entlang, kartographieren die gewundene Küstenlinie. Wegener erlegt seinen ersten Bären, führt luftelektrische Messungen durch. 1907 kommen Mylius-Erichsen und zwei Begleiter bei einer Exkursion nach Norden ums Leben. Doch als die Expedition im Juli 1908 zurück nach Dänemark fährt, weiß Wegener, dass Grönland ihn nie wieder loslassen wird.

Zu Hause entwickelt er seine Theorie der Kontinentalverschiebung. «Sehen Sie sich doch bitte mal die Weltkarte an: Passt nicht die Ostküste Südamerikas genau an die Westküste Afrikas, als ob sie früher zusammengehangen hätten?», schreibt er 1911 an seine spätere Frau. Er ist sicher, dass die Ozeane und Kontinente dadurch entstanden sind, dass sich die Erdkruste eines Urkontinents verschoben hat. Als Wissenschaftler weiß er, dass seine Vermutung durch paläontologische und geologische Untersuchungen belegt werden muss. Doch das Fachpublikum hält zunächst nicht viel von seinen Ansichten, als er sie das erste Mal öffentlich präsentiert. Erst nach dem Zweiten Weltkrieg wird die Theorie, angereichert durch neue Erkenntnisse, als Modell der Plattentektonik anerkannt.

Am 22. Juli 1912 bricht Wegener mit einer dänischen Expedition unter Johann Peter Koch erneut nach Grönland auf. Sie wollen zu viert die Insel von Osten nach Westen durchqueren und dabei das Inlandeis erforschen. Sie steigen vom Bag-Fjord aufs Inlandeis. Islandponys, die sie auf dem Schiff nach Grönland transportiert haben, schleppen die Ausrüstung von der Küste bis zum Rand des Binneneises, dann auf das Eisschild hinauf. Eine unsägliche Plackerei. Oben errichten die Männer ein kleines Fertighaus, in dem sie überwintern. Sie legen Proviantdepots im Inland an, führen Eisbohrungen bis in 24 Meter Tiefe durch, studieren die Mechanik der Gletscherbewegungen.

Anfang Mai 1913 ist das Wetter immer noch so schlecht, dass sie nicht aufbrechen können. Als sie endlich loskommen, bremst Treibschnee das Vorankommen. Die Pferde sind bald so erschöpft, dass zwei erschossen werden müssen. Auch die anderen drei überleben die Eisquerung nicht. Am 9. Juni messen die Forscher minus 34 Grad, sie sind auf 2853 Meter Höhe. Wegener hat sich die Nase erfroren, es bilden sich große Hautfetzen. Ende Juni fängt es an zu schneien, der Winter naht. Sie sind noch 63 Kilometer von der Westküste entfernt. «Spalten, Oberflächenbäche, Schmelzknollen, Mittagslöcher von einem halben Meter Breite und einem Meter Tiefe, alle diese bekannten Dinge, die den Glaziologen so begeistern, aber das Fort-

Eines von 20 Islandponys wird im April 1930 vor der Westküste Grönlands vom Handelsschiff „Disko" auf die „Gustav Holm" umgeladen (oben). Doch auch dieses kleinere, eisgängige Schiff kann die grönländische Küste zunächst nicht erreichen. Wegeners Expedition muss noch sechs Wochen warten, bis das Eis aufbricht – kostbare Zeit im kurzen grönländischen Sommer. Erst am 17. Juni kann das Ausladen beginnen. 100 000 Kilogramm Ausrüstung müssen von Ponys und Männern auf rund 1 000 Meter Höhe geschleppt werden – darunter zwei schwere Motorschlitten (rechts und folgende Seite rechts oben).

kommen mit Schlitten fast unmöglich machen, erwarten uns hier», schreibt Wegener. Dann endlich begrüßen Vogelgezwitscher und Schmetterlinge – fast vergessene Boten einer Welt ohne Eis – die zu Tode erschöpften Polarforscher an der Westküste. Wegeners Buch „Durch die weiße Wüste" erscheint erst 1919, nach dem Ersten Weltkrieg.

Im Jahr 1924 erhält er eine Professur in Graz. Vier Jahre später unterbreitet er der deutschen „Notgemeinschaft der Wissenschaft" – es ist die Zeit der Weltwirtschaftskrise – einen Plan für weitere Forschungen auf der größten Insel der Welt. Er möchte die Eisdicke mit verbesserten Methoden messen und zwei feste Stationen einrichten, auf denen ein Jahr lang meteorologische Beobachtungen aufgezeichnet werden sollen. Die Wissenschaftsgemeinschaft stimmt zu.

Wegener fährt 1929 mit einer Vorexpedition an die grönländische Westküste. Er findet am Kamarujukgletscher eine geeignete Stelle, um aufs Binneneis zu gelangen. Dort legen er und seine Männer Depots für die Hauptexpedition an. Wegener führt erste Messungen durch. Oberhalb des Gletschers beträgt die Eisdicke 300 Meter. Im Inland, auf 1 500 Meter Höhe, misst sie 1 200 Meter. Das Land selber ist dort nur 300 Meter hoch.

Die Hauptexpedition startet am 1. April 1930 von Kopenhagen. 20 Mann nehmen an ihr teil. In Grönland müssen zwei Motorschlitten und 2 500 Kisten vom Kamarujuk-Fjord aufs Inlandeis geschafft werden. 32 Grönländer, 143 Hunde, 20 Packpferde schleppen über Wochen, wenn nicht Monate, die tonnenschwere Ausrüstung hinauf. Ein Teil der Truppe fährt 400 Kilometer ins Landesinnere und errichtet dort die Station „Eismitte". Zwei Männer, Johannes Georgi und Ernst Sorge, bleiben, um dort zu überwintern. Gleichzeitig beginnen an der Küste die Forschungen. Die Glaziologen bringen Teerstriche über der Randzone des Gletschers an, um dessen Bewegung zu messen. Andere Männer setzen die Motorschlitten „Schneespatz" und „Eisbär" in Gang – sie fahren allerdings sehr langsam.

Im September setzt starker Schneefall ein. Doch ein Transport mit Petroleum muss noch nach „Eismitte", sonst kommen die beiden Männer dort nicht über den Winter. Wegener bricht mit Fritz Loewe und zwölf Grönländern am 22. September – sehr spät im Jahr – ins Herz des Eisschilds auf. «Schon die Reise hierher war sehr hart, und was uns bevorsteht, ist jedenfalls keine Vergnügungsfahrt», schreibt er in einem Brief, den er bei Kilometer 62 Personen aus seiner Truppe mitgibt, die umkehren. Zum Schluss sind sie nur noch zu dritt: die beiden Deutschen und der Grönländer Rasmus Willemsen. Es ist bis zu minus 54 Grad kalt, der Wind weht von vorn. Es ist die weiße Hölle. Am 30. Oktober erreichen sie die Inlandstation. Loewe sind mehrere Zehen erfroren, und er kann die Rückreise zur Küste nicht antreten. Wegener und Rasmus brechen am 1. November 1930 auf – sie kommen nie an.

Die Männer im Basislager vermuten, dass sie alle in „Eismitte" überwintern. Die Männer in „Eismitte" denken, Wegener und Rasmus seien heil am Basislager angekommen. Alfred Wegener wird erst im Mai 1931 gefunden – einen Meter unter dem Schnee. Zwei Skier stecken neben ihm. Er hat keine Erfrierungen, vermutlich ist er vor Erschöpfung an einem Herzschlag gestorben. Die Männer begraben ihn im ewigen Eis. Rasmus Willemsen hat seinen Weg zur Küste allein fortgesetzt. Sein Leichnam wurde nie gefunden.

Bei der Vorexpedition 1929 überquert Ernst Sorge eine Gletscherspalte (unten). Einmal müssen die Männer auf neun Kilometer Strecke 100 Spalten überwinden. Links: Das letzte Foto von Wegener (im Bild links) und Rasmus Willemsen entsteht, bevor sie im November 1930 die Station „Eismitte" in Richtung Küste verlassen.

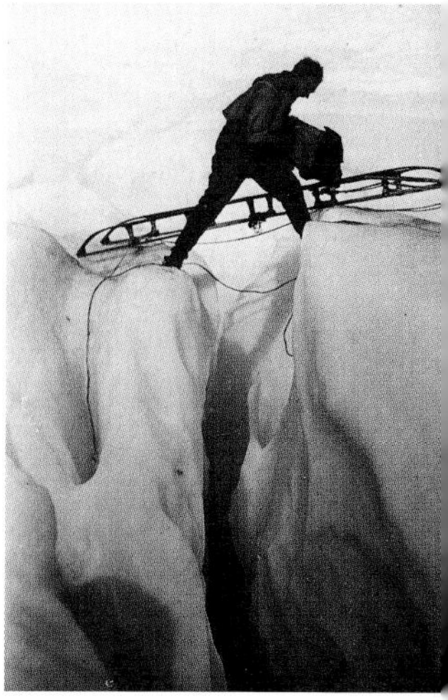

Hermann von Wissmann

1853–1905

„Deutschlands größter Afrikaner“ durchquert zweimal den ganzen Kontinent von Westen nach Osten. Für den belgischen König erforscht er das Stromland des Kongo. Später wird er Gouverneur von Deutsch-Ostafrika.

Lebensdaten
1853 Geburt in Frankfurt/Oder.
1880–82 Erste Afrikaexpedition, im Auftrag der Deutschen Afrika-Gesellschaft: Luanda, Njangwe, Sansibar.
1883–85 Zweite Afrikaexpedition: Erforschung des Kasai und des Kongo-Stromlands für König Leopold II. von Belgien.
1886–87 Dritte Afrikaexpedition: vergeblicher Vorstoß zum Lomami-Fluss; Njangwe, Sambesi, Quelimane am Indischen Ozean.
1888–90 Niederschlagung des Aufstands der Araber in Deutsch-Ostafrika.
1895–96 Gouverneur von Deutsch-Ostafrika.
15. Juni 1905 Tod in Weißenbach (Österreich).

Wie stets, seit dem Jahre 1880, so bin ich auch jetzt nur in Deutschland anwesend, um mich so schnell als möglich von den Strapazen meiner afrikanischen Arbeit zu erholen und neue Kräfte zu sammeln für weitere Aufgaben im dunklen Kontinent.» So schreibt Hermann von Wissmann im Vorwort seines Buchs über seine zweite Afrikadurchquerung. Dabei hat sein Leben ganz bürgerlich begonnen.

Er wird in Frankfurt/Oder geboren. Den Sohn eines Regierungsrats zieht es schon früh zur Armee. 1874 wird er Offizier. In Rostock lernt er den Afrikaforscher Paul Pogge kennen und ist fasziniert von dessen Erzählungen. Sein Entschluss steht fest: Er muss nach Afrika.

An der Seemannsschule erwirbt er nautische und meteorologische Kenntnisse. Nach Dienstschluss eignet er sich geographische und botanische Kenntnisse an. In Werkstätten lässt er sich handwerkliche Fähigkeiten beibringen. Er wird sie gut gebrauchen können. Die Deutsche Afrika-Gesellschaft beauftragt Paul Pogge mit einer Expedition ins Innere des Kontinents. Noch immer sind riesige Gebiete südlich des Äquators nicht erforscht – und gehören keiner europäischen Kolonialmacht. Der Kongo beschreibt in seinem Lauf einen Bogen nach Norden. Das Land im Süden davon soll nun bereist werden. Pogge wünscht sich Wissmann als Begleiter. Er soll den Weg geodätisch aufnehmen und das durchquerte Gebiet kartographieren. Für diese Aufgabe wird er für zwei Jahre vom Militär freigestellt. Viel Geld steht nicht zur Verfügung: gerade mal 20000 Mark. Die erste Expedition von ▶ Henry M. Stanley zum Tanganjikasee hat zehnmal so viel gekostet. Die Männer werden Sümpfe durchwaten, Ströme überqueren, an Fieber erkranken. Um Geld zu sparen, verzichten sie auf alles, was eine Reise in den Tropen erleichtert: Reisebetten, Zelte, Moskitonetze.

Sie starten 1880 in Luanda, an Angolas Atlantikküste. In Malange heuern sie 88 Träger an und besorgen sich Reitstiere – in dem Klima das geeignetste Fortbewegungsmittel. Hinter Sanza, dem letzten portugiesischen Vorposten, liegt das unbekannte Afrika. Sie gelangen ins Stromgebiet des Kongo, sehen tief eingeschnittene Flüsse, deren Zusammenhang noch niemand kennt.

Sie stoßen auf den Kasai. 300 Meter breit fließt er dahin, obwohl noch weit von der Mündung entfernt. Abends bauen sich die beiden Forscher Hütten aus Zweigen. Pogge leidet an einer Kieferentzündung, die ihn sehr schwächt. Wissmann führt den Trupp an, bahnt seinem Partner den Weg. Einmal zieht ihm ein Häuptling mit 1000 Mann in vollem Kriegsschmuck entgegen. Die eingeborenen Teilnehmer der Expedition wollen zu den Waffen greifen. Doch Wissmann bewahrt die Ruhe. Das Stammesoberhaupt will ihn nur begrüßen. Es zeigt sich eine hervorstechende Eigenschaft des jungen Deutschen, die ihm auch auf künftigen Afrikareisen sehr nützlich sein soll: Er hat eine

große Gabe, sich in die Einheimischen hineinzuversetzen, egal ob Träger oder Häuptling. Geduldig führt er Verhandlungen. Waffen gebraucht er nur im äußersten Notfall.

Er entdeckt den Sankuru, quert den Lomami. Sümpfe und dornige Vegetation behindern das Vorankommen. Am 15. April 1882 erreichen sie Njangwe (Maniema) am Lualaba, von dem man seit Stanley weiß, dass sein Unterlauf der Kongo ist. Pogge kehrt von hier aus zurück zur Westküste, Wissmann zieht weiter nach Osten. Er folgt den Karawanenrouten der arabischen Sklaven- und Elfenbeinhändler bis zum Tanganjikasee. Dort führt er wissenschaftliche Arbeiten durch. Er erkennt als Erster, dass der See die meteorologische Grenze zwischen West- und Ostafrika bildet, dass sich daher die Tierwelt an beiden Seiten unterscheidet. Am 14. November 1882 erreicht er bei Sadani die ostafrikanische Küste. «Abgerissen, fast zerlumpt, mit langen Haaren, so bin ich in Sansibar eingezogen», erzählt Wissmann später. Er hat Zentralafrika von Westen nach Osten durchquert. In der Heimat ist man stolz auf seine Heldentat. Doch für eine zweite Expedition kann er in Deutschland kein Geld auftreiben.

Aber Belgiens König Leopold II. ist an dem Afrikaerprobten Leutnant interessiert. Der deutsche Kronprinz gibt seine Zustimmung. 1883 bricht Wissmann an den Kongo auf. Er soll klären, wie dessen Zuflüsse zusammenhängen. Und er soll den Verlauf des Kasai erkunden. Alle ethnographischen Funde seiner Expedition darf er den Königlichen Museen in Berlin vermachen. Diesmal leitet Wissmann die Reise von Anfang an. Es ist eine reiche Expedition: 500 Gewehre, ein Stahlboot und beliebig viele Träger. Doch es ist wie immer schwierig, sie zusammenzustellen. Sie sollen zuverlässig sein, nicht bei den ersten Schwierigkeiten fliehen.

Er gelangt zum Kasai und dessen Nebenfluss Lulua, wo er die Station Luluaburg (Kananga) gründet. Er bewegt sich im Gebiet des Volks der Baschilangen, die er später genau beschreibt. Er lässt Kanus bauen, am 28. Mai 1885 besteigen sie am Luala die Boote. Eine Woche später erreichen sie den geheimnisvollen Kasai. Wie so mancher Forscher vor ihm, weiß auch Wissmann

Um den Aufstand der Araber in Ostafrika niederzuschlagen, erhält Wissmann eine Truppe von 1 000 Bewaffneten: 40 deutsche Offiziere, 200 Matrosen, fünf Kompanien Sudanesen und eine Kompanie Zulus aus Südafrika. Am 8. Mai 1889 lässt er sie auf dem Exerzierplatz von Bagamoyo antreten (oben). Wissmann (unten, im Bild Zweiter von links) wird 1883 auf seiner Kasai-Expedition von einheimischen Trägern und Dolmetschern sowie einigen Deutschen begleitet. Diese unternehmen Teilexpeditionen an die Nebenläufe des Kasai und tragen damit zum Gesamterfolg des Unternehmens bei.

Rebellenführer Buschiri kann zunächst vor den deutschen Truppen fliehen. Seine Männer richten im Landesinneren Massaker unter den Afrikanern an. Ein Häuptling verrät ihn schließlich an die Deutschen. Sie richten ihn im Dezember 1889 hin.

nicht, wohin der Strom fließt. Schon der erste Tag wird eine Katastrophe. Ein Boot kentert in den Stromschnellen. Mehrere Männer ertrinken, darunter der Dolmetscher und ein Häuptling. Es kostet Wissmann Mühe, die Eingeborenen zum Weiterfahren zu bewegen. Die Strömung beträgt 50 Meter in der Minute. Der Fluss ist ein Labyrinth aus Sandbänken und Inseln.

Sie erreichen das Gebiet der Bassongo-Mino. Eingeborene haben sie vor dem Volk gewarnt. Es soll alle Fremden töten und verspeisen. Mitglieder des Stamms verfolgen die Expedition mit Booten, schießen Pfeile vom Fluss und vom Ufer aus und können nur durch gezielte Schüsse abgewehrt werden. Im Juli 1885 kommt Wissmann an eine große Wasserfläche, in die der Kasai mündet. Es ist der Kongo. Wissmann, mittlerweile schwer asthmakrank, schreibt in seinem offiziellen Bericht an den belgischen König: «Der Kasai ist eine Straße, in reicheres Gebiet führend als die des Kongo oder Lualaba… eine Straße, die auf sechs bis zehn Jahre das Elfenbein des größten Teiles des südlichen Kongobeckens liefern muss, deren Gummireichtum großartig ist.»

Im Frühjahr 1886 tritt Wissmann seine dritte Afrikareise an. Er fährt zunächst den Kongo, dann den Kasai hinauf und möchte den Lomami erreichen. Doch ganze Landstriche sind entvölkert, Dörfer zerstört, unzählige Menschen verschleppt und umgebracht – das Werk arabischer Sklavenhändler. Der berüchtigste von ihnen heißt Tibbu Tibb. «Unheimliche Stille» macht Wissmann in einem einst befreundeten, nun verlassenen Dorf aus. «Mich überkam heiß das Gefühl des Zornes, der innersten Empörung gegen die mörderische Brut habsüchtiger Sklavenhändler.»

Die Feindseligkeit der verbliebenen Völker ist so groß, dass die Expedition keine Vorräte eintauschen kann. Geschwächt von Krankheit und Hunger müssen Wissmann und seine Männer umkehren. Sie ziehen nach Njangwe. Doch hier benehmen sich die Araber feindselig. Sie fürchten, dass das Vordringen der Europäer ihren Menschenhandel behindern wird. Wissmann muss weit nach Süden ziehen, um ihre Routen zu umgehen. Schließlich erreicht er über den Njassasee den Sambesi. Im August 1887 kommt er am Indischen Ozean an. Er hat Afrika ein zweites Mal durchquert.

Ein Jahr später kehrt Wissmann nach Afrika zurück – diesmal nicht als Entdecker. Inzwischen ist auch Deutschland zur Kolonialmacht geworden. Carl Peters hat 1884 die Gesellschaft für deutsche Kolonisation gegründet. Wissmann führt gegenüber von Sansibar eine Expedition ins ostafrikanische Festland. Er überredet einige Häuptlinge, ihm ihr Land abzutreten. Ein Jahr später stellt Kaiser Wilhelm I. dem neu erworbenen Gebiet einen Schutzbrief aus. Es kommt zur Auseinandersetzung mit dem Regenten von Sansibar, Sultan Said Bargasch. Doch als im August 1885 deutsche Kanonenboote vor der Insel auftauchen, erkennt er die deutschen Ansprüche an. 1889 flammt in der Kolonie ein Aufstand der Araber auf. Ihr Anführer Buschiri fordert die Unabhängigkeit. Reichskanzler Bismarck beauftragt den Mann, der zweimal Afrika durchquert hat, die Revolte niederzuschlagen – was diesem auch gelingt. Die „Wissmann-Truppe" ist die Keimzelle der späteren Kolonialarmee.

Von 1895 bis 1896 ist Hermann von Wissmann Gouverneur von Deutsch-Ostafrika. Dann zieht er sich auf sein Gut in der österreichischen Steiermark zurück. Er kommt bei einem Jagdunfall ums Leben.

Francis Younghusband

1863–1942

Er ist Asienforscher, aber auch britischer Offizier. Mit Waffengewalt erzwingt er den Zutritt zur „verbotenen Stadt“ Lhasa. Die nach außen abgeschottete Republik der buddhistischen Mönche verliert dadurch ihr großes Geheimnis.

Lebensdaten
1863 Geburt in Murree (Britisch-Indien).
1882 Eintritt in die britischen Kolonialtruppen.
1886–87 Ost-West-Durchquerung Chinas. Entdeckung des Mustag-Passes im Karakorum-Gebirge.
1889 Erkundung des Hunza-Reichs. Durchquerung des Karakorum-Gebirges.
1890–91 Vermessungen im Hindukusch, Karakorum- und Pamir-Gebirge.
1892 Erforschung des nördlichen Afghanistans.
1903–04 Führung der britischen Militärexpedition nach Tibet. Erster Europäer seit 58 Jahren in der Hauptstadt Lhasa.
1908 Abschied von der Armee.
1942 Tod in Lytchett Minster (England).

Clifton College ist eine Schule, in der Führerfiguren geschmiedet werden. Was hier zählt, sind Rugby, Kricket und harter Dauerlauf, vielleicht noch Geographie und Militärgeschichte, nicht aber intellektuelle Spielereien. Disziplin, Durchsetzungskraft – das ist es, worauf es ankommt. Der junge Francis Younghusband, Sohn eines britischen Kolonialoffiziers, soll in dem Jungeninternat bei Bristol lernen, was britische Tugenden sind.

Sein Vater hat seine festen Ansichten über die Rolle Englands in der Welt. Es müsse Völker zivilisieren, die es noch nicht so weit gebracht haben. Eine Hand voll guter Leute reiche aus, um ein paar hundert Millionen Inder zu regieren, mal mit Zuckerbrot, mal mit Peitsche. Sportsgeist, Organisationstalent, ab und zu ein Schuss Härte – so hat er auf dem Subkontinent Karriere gemacht, vom Söldner im Dienst der Ostindien-Kompanie bis zum Generalinspektor der Polizei im Pandschab. Keine Frage, auch Francis wird in seine Fußstapfen treten.

Auf das Clifton College folgt Sandhurst, die Militärakademie. Abschluss mit Auszeichnung, dann ab zu den königlichen Dragonern, Standort Meerut bei Delhi, später Rawalpindi, schon fast zu Füßen des Himalaja. Es sind aufregende Zeiten für den jungen Offizier. Im April 1884, als er den ersten langen Urlaub bekommt, begibt er sich auf die Spuren seines Onkels Robert Shaw, den er von Kindesbeinen an bewundert hat. Shaw, der mit nur 39 Jahren starb, war Teepflanzer in Dharamsala und trieb sich als Forscher in wilden Gebirgsregionen jenseits von Britisch-Indien herum. Er trug die Trachten kriegerischer Stämme und konnte märchenhafte Geschichten von exotischen Potentaten erzählen. Younghusband setzt sich in einen Zug Richtung Berge. Von der Endstation Pathankot marschiert er drei Tage zu Fuß, dann steht er vor dem Haus des Onkels. Shaw ist schon fünf Jahre tot, doch drinnen sieht es aus, als sei er gestern gestorben. «Ich brütete über Büchern und Karten», schreibt Younghusband später. «Ich redete stundenlang mit den alten Dienern – allmählich packte der Forschergeist meine Seele…»

Als Diener des Empire kann er schon bald die britischen Tugenden mit seine Sehnsüchten vereinen. Der große russische Bär, so sieht es die Regierung in London, greift sich mit seinen Pranken immer größere Stücke des asiatischen Kontinents. Truppen des Zaren bewegen sich auf Afghanistan zu, ein Turkvolk nach dem anderen schwört St. Petersburg die Treue, immer

Abgesandte der regierenden Lama versuchen erfolglos, Younghusband und die britischen Truppen zum Rückzug aus Tibet zu bewegen. Nach blutigen Kämpfen müssen sie die waffentechnische Überlegenheit der Invasoren anerkennen.

näher rückt diese Front an die Grenzen des britischen Kolonialreichs heran. Chinas jahrtausendealte Dynastie liegt in den letzten Zügen; immer weniger haben der schwächelnde Kaiser und dessen korrupte Beamte, immer mehr die europäischen Mächte im Reich der Mitte das Sagen. Was wird aus den riesigen, großenteils noch unerschlossenen Räumen auf dem Dach der Welt, um die Russland, England und China ringen?

Dies ist die Zeit der geheimen, getarnten Missionen, bei denen Forscherdrang und politische Ziele ineinander fließen. Angebliche Zeitungskorrespondenten, Mitglieder der Royal Geographical Society oder einer privaten Jagdgesellschaft reisen im Auftrag des britischen Geheimdiensts. Indische *pandits*, meist Angehörige von Himalaja-Völkern, stehlen sich als britische Spione in die Gegenden hinter den hohen Bergen. Younghusband erhält in Kaschmir Zugang zu Militärarchiven. Was er dort findet, bestärkt seinen Glauben an die russsische Gefahr. Der Zar, schreibt er in einer Analyse, wolle nun auch ein Protektorat in Korea errichten, die ganze Mandschurei sei ihm dann ausgeliefert… Er kriegt Urlaub, dazu einen Dolmetscher, dann darf er auf seine erste Expedition. Nachrichten sind wichtig, dazu gute Karten, alles hat seine strategische Bedeutung.

Der Reise in die Mandschurei 1886 weitet sich zu einer gewaltigen Expedition aus. 1887 zieht Younghusband als erster Europäer seit den Zeiten des Venezianers ▶ MARCO POLO von Ost nach West quer durch ganz China: von Peking durch die Wüste Gobi, über Hami und Turfan am Nordrand des Tarimbeckens entlang bis nach Kaschgar, dann über den Mustag-Pass nach Kaschmir.

Younghusband hat Blut geleckt. Der Armeealltag beginnt ihn zu langweilen. 1889 durchstreift er das Bergreich der Hunza. 1890 zieht er über das Pamir-Plateau, fertigt Studien über mögliche Verkehrswege zwischen Kaschmir und Ostturkestan an, trifft dabei den großen Asienforscher ▶ SVEN HEDIN. 1891 ist er wieder im Pamir, die Russen aber versperren ihm den Weg. Nur mit Mühe schafft er den Rückmarsch nach Gilgit über einen gefährlichen Gletscher. Von 1892 bis 1894 forscht er am Fluss Amudarja, der Nordgrenze von Afghanistan.

Am meisten aber schlägt ihn das „verbotene Land“ Tibet in seinen Bann. Formell wird es von einem chinesischen Administrator regiert, de facto aber von fanatischen buddhistischen Mönchen, deren Außenpolitik in nichts anderem besteht, als jeden Ausländer am Betreten des Landes zu hindern. Ihre Ängste vor einem Einbruch des Christentums haben ihre Fremdenfeindlichkeit bis zur Hysterie gesteigert. Als es dem *pandit* Sarat Chandra Das 1879 und 1881 gelang, als buddhistischer Gelehrter verkleidet in das Land einzudringen, ließen die Diener des Dalai Lama einen Beamten, der ihm unwissentlich dabei geholfen hatte, auspeitschen und gefesselt in den Tsangpo werfen; seinen Dienern wurden die Augen ausgestochen, Hände und Füße abgehackt. Seit 1846, als die französischen Missionare Evariste Régis Huc und Joseph Gabet in Lhasa waren, darf kein Europäer mehr die Hauptstadt der Tibeter betreten.

Younghusband hat schon im Jahr 1889 die Idee

gehabt, als türkischer Händler verkleidet sein Glück in Tibet zu versuchen. Damals hat ihm sein Kommandeur das Abenteuer strikt verboten. Nun aber spitzt sich die Lage in seinem Sinne zu. Ein Chinese, aus politischen Gründen nach Darjeeling geflüchtet, schreibt 1902 in schwer verständlichem Englisch einen Brief an den Vizegouverneur von Bengalen: «Chinesische Regierung sehen seine Truppen sehr schwach und nicht so aktiv, darum er übergeben Tibet an russische Regierung und verlangen von ihm Hilfe… Die Russisch dürfen ein Fort errichten in Tibet und auch Eisenbahn, aber sie dürfen nicht zerstören das Kloster von Tibet…» Das kuriose Kauderwelsch ist Wasser auf die Mühlen all derer, die britenfreundliche Pufferstaaten zum Schutz vor dem landhungrigen Zar fordern. Bei Lord Curzon, dem britischen Vizekönig in Indien, schrillen die Alarmglocken – zumal gleichzeitig ein Zeitungsbericht kursiert, in dem von einem angeblichen Geheimvertrag zwischen Russland und China die Rede ist. Curzon überzeugt London, dass sofort eine Mission mit militärischer Macht nach Tibet geschickt werden müsse, um mit den dortigen Herrschern über den Status des Landes zu verhandeln. Derjenige, dem er das kühne Unternehmen am ehesten zutraut, ist sein alter Freund Younghusband.

Am 12. Dezember 1903 quält sich eine riesige Kolonne am 4300 Meter hohen Jelap-Pass über die tibetische Grenze: vorweg ein Kavallerist mit der britischen Flagge, dahinter 1000 Soldaten, zwei Schnellfeuer- und vier Artilleriegeschütze, sechs Kamele, 4000 Yaks, 7000 Maultiere, 10000 Kulis und eine Nachrichteneinheit, die eine Leitung zu legen hat. Die Lamas schicken Younghusband Delegationen entgegen, die ihn zur Umkehr auffordern. Er lässt ihnen ausrichten, wenn die Regierungsbeamten nicht zu ihm kämen, so würde er sich eben zu ihnen begeben.

Fünf Kilometer vor dem Dorf Guru kommt es im Frühjahr 1904 zur ersten Schlacht. Tibetische Truppen liegen hinter einem Erdwall, ausgerüstet mit Schwertern, Musketen und ein paar alten Gewehren. Jeder von ihnen hat einen Talisman bekommen, ein Stück Papier mit dem Siegel des Dalai Lama, das sie angeblich vor Kugeln schützen würde. Nach vier Minuten liegen 700 von ihnen tot oder sterbend am Boden. In vier Minuten lässt eine imperialistische Großmacht eine mittelalterliche Gedankenwelt zusammenbrechen. Die verwundeten Tibeter können es nicht fassen, dass die Briten sie nun in ein Lazarett bringen, wo die Sanitäter alles tun, um dem Gegner das Leben zu retten.

Die zweite Schlacht tobt um die Festung der Stadt Gyangtzê. Als auch die gefallen ist, bricht der Widerstand der Tibeter zusammen. Am 2. August 1904 zieht Younghusband in Lhasa ein. Er zwingt den Tibetern einen Knebelvertrag auf. Sie müssen alle Festungen zwischen Gyangtzê und der indischen Grenze schleifen. Sie räumen den Briten das Recht auf zwei Handelsvertretungen in Gyangtzê und Gartok ein. Und sie dürfen mit keiner anderen Macht außer China ohne britische Zustimmung Beziehungen pflegen. Der Dalai Lama ist in die Mongolei geflüchtet. Sieben Jahre später, als das chinesische Kaiserreich zusammenbricht, wird er mit britischer Hilfe nach Lhasa zurückkehren – die Politik geht oft wundersame Wege.

Younghusband verlässt Lhasa im September 1904. Der Lohn für seinen Sieg ist der Adelstitel „Sir“. Die Briten wissen trotzdem nicht so recht, ob sie feiern oder sich schämen sollen. Tibet, das „verbotene Land“, hat seinen Mythos verloren.

Der Dalai Lama flieht vor den Briten aus dem Potala-Palast. In einer von einem Yak gezogenen Kutsche setzt er sich in die Mongolei ab. Doch schon in wenigen Jahren wird er nach Lhasa zurückkehren – mit Hilfe der Briten.

Zeittafel

7. Jahrhundert

629 Der chinesische Mönch Hsüan Tsang unternimmt eine 16 Jahre währende Pilgerreise nach Indien, um die Ursprünge des Buddhismus zu studieren.

um 670 Irische Mönche entdecken die Faröerinseln.

8. Jahrhundert

um 795 Irische Mönche landen auf Island.

9. Jahrhundert

um 870 Der norwegische Wikinger Ottar umschifft das Nordkap.

876 Der isländische Wikinger Gunnbjörn landet an der Südspitze Grönlands.

10. Jahrhundert

953 Ibn Haukal, ein arabischer Reisender, durchwandert das Indus-Tal.

982 Erik der Rote erreicht Grönland. Vier Jahre später bringt er 300 Siedler auf die Insel.

11. Jahrhundert

1000 Chinesische Seefahrer und Reisende entwickeln die magnetische Kompassnadel.

1001 Der Wikinger Leif Eriksson landet als erster Weißer an der Nordostküste Amerikas.

1003 Der Norweger Karlsemme Torfinn gründet eine Wikingersiedlung im „Markland", wahrscheinlich Labrador.

12. Jahrhundert

1165 Der spanische Rabbi Benjamin de Tudela reist durch Syrien, Mesopotamien, Persien, Arabien und Ägypten.

13. Jahrhundert

1246 Giovanni Carpini besucht den mongolischen Großkhan in dessen Heerlager nahe der Hauptstadt Karakorum.

1254 Wilhelm von Rubruk besucht Karakorum. Er scheitert als Missionar, liefert aber einen detaillierten Reisebericht über den mongolischen Vielvölkerstaat.

1271 Marco Polo reist durch Asien. Erst 24 Jahre später kehrt er nach Italien zurück.

14. Jahrhundert

1300 Die ersten Seekarten („Portolane") sind im Umlauf. Sie verzeichnen die Küstenstädte des Mittelmeers.

1325 Ibn Battuta bricht nach Nordafrika, den Nahen Osten und Asien auf. 29 Jahre lang ist er unterwegs.

1375 Der mallorquinische Geograph Abraham Cresques zeichnet eine der berühmtesten Weltkartensammlungen, den „Katalanischen Atlas".

15. Jahrhundert

1402 Der Normanne Jean Bétancourt gründet die erste europäische Siedlung auf den Kanarischen Inseln.

1405 Tscheng Ho unternimmt die erste von sieben See-expeditionen im Indischen Ozean, Persischen Golf und Roten Meer.

1418 Portugiesen entdecken die Inselgruppe Madeira im Atlantik.

1419 Heinrich der Seefahrer, König von Portugal, gründet vermutlich die Kapitänsschule „Nautische Akademie" in Sagres am Kap São Vicente.

1440 Portugiesen entwickeln die schnelle und robuste Karavelle, die Atlantikfahrten ermöglicht.

1488 In portugiesischem Auftrag umsegelt Bartolomeu Diaz das Kap der Guten Hoffnung.

1491 Martin Behaim, erster Weltreisender aus Deutschland, stellt den heute ältesten erhaltenen Globus, den „Erdapfel", her.

1492 Christoph Kolumbus entdeckt die Bahamainsel San Salvador, danach Kuba und Hispaniola.

1493 Kolumbus entdeckt weitere Inseln in der Karibik.

1494 Im „Vertrag von Tordesillas" teilen Spanier und Portugiesen alle neu entdeckten Länder unter sich auf.

1497 Giovanni Caboto landet als erster Europäer nach den Wikingern in Nordamerika.
Vasco da Gama findet einen östlichen Seeweg nach Indien.

1498 Kolumbus landet in Südamerika nahe der Orinoko-Mündung.

1499 Amerigo Vespucci erkundet die Nord- und Ostküste Südamerikas.

16. Jahrhundert

1500 Pedro Álvares Cabral kommandiert die erste portugiesische Handelsexpedition nach Indien und landet, vom Wind abgetrieben, in Südamerika.
Der Portugiese Diego Diaz entdeckt Madagaskar.

1502 Kolumbus' letzte Reise führt ihn an die mittelamerikanische Küste von Honduras bis Panama.
Da Gama errichtet portugiesische Handelsstützpunkte in Ostafrika und Südwestindien.

1507 Der deutsche Kartograph Martin Waldseemüller nennt den neuen Kontinent nach Vespuccis Vornamen: „America".
Kolonisten aus Portugal gründen auf der Insel Mosambik die erste europäische Siedlung in Schwarzafrika.

1508 Der maurische Geograph Al-Hassan Ibn Mohammed al-Wassan (genannt „Leo Africanus") bereist Nordafrika. Seine Schriften, 1805 ins Deutsche übersetzt, sind bis zum 19. Jahrhundert die wichtigste Quelle über die Region.

1513 Vasco Nuñez de Balboa durchquert die Landenge von Panama und erblickt als erster Europäer den Pazifik.

1519 Bei seiner zweijährigen Weltumsegelung entdeckt Fernando Magellan die nach ihm benannte Wasserstraße zwischen Feuerland und dem südamerikanischen Festland (Magellanstraße). Hernán Cortés landet in Mexiko.

1521 Cortés zerstört die aztekische Hauptstadt Tenochtitlán und erobert Mexiko.

1524 Francisco Pizarro erkundet die pazifische Küste Südamerikas, gelangt nach Kolumbien und Peru.
Giovanni da Verrazzano erreicht Amerika auf einem nördlicheren Kurs als Kolumbus. Er segelt an der Bucht von New York vorbei, erreicht Neufundland und Neuschottland.

1530 Cabeza de Vaca lebt sechs Jahre lang bei den Indianern im Süden der heutigen USA.

1533 Pizarro lässt den Inka-Herrscher Atahualpa ermorden.

1534 Cortés unternimmt eine Expedition zur Halbinsel Niederkalifornien.
Jacques Cartier erkundet Kanada und befährt ein Jahr später den St.-Lorenz-Strom.

1537 Die Spanier unter Pizarro unterwerfen das gesamte Reich der Inka.

1540 Francisco Vázquez de Coronado sucht legendäre Städte im Norden von Mexiko. Die Spanier stoßen bis zum Arkansas River vor und erreichen ein Jahr später den Grand Canyon.

1541 Zwei Jahre nach der Landung in Florida entdeckt Hernando de Soto den Mississippi.

1542 Auf der Suche nach dem sagenhaften Goldland „El Dorado" in Südamerika durchfährt Francisco de Orellana den Amazonas.

1549 Der spanische Missionar Francisco de Javier gelangt nach Japan.

1577 Francis Drake bricht zu einer dreijährigen Erkundungs- und Kaperfahrt um die Welt auf.

1596 Willem Barents entdeckt die Bäreninsel und Spitzbergen. Zwei Jahre zuvor hat er die ersten Karten der russischen Insel Nowaja Semlja gezeichnet.

17. Jahrhundert

1605 Luis Vaez de Torres gründet eine spanische Kolonie auf der von ihm entdeckten Pazifikinsel Espiritu Santo, dem größten Eiland der Vanuatu-Gruppe.

1606 Torres entdeckt die nach ihm benannte Durchfahrt zwischen Australien und Neuguinea (Torresstraße).

1610 Auf der Suche nach der Nordwestpassage entdeckt Henry Hudson das später nach ihm benannte Binnenmeer.

1613 Samuel de Champlain veröffentlicht detaillierte Karten über Kanada. Sie zeigen den Großteil der Ostküste, Neufundland, den Süden Labradors und das Gebiet um den St.-Lorenz-Strom.

1642 Der Holländer Abel Tasman entdeckt Tasmanien und umsegelt Australien.

1661 Der österreichische Jesuit Johann Grueber und sein belgischer Ordensbruder Albert d'Orville erreichen als erste Europäer Lhasa, die Hauptstadt Tibets.

1682 Sieur de la Salle reist von den Großen Seen zur Mündung des Mississippi. Das Stromland tauft er „Louisiana".

18. Jahrhundert

1702 Eusebio Kino entdeckt die Landverbindung vom Golf von Mexiko nach Kalifornien.

1722 Auf der Suche nach dem legendären „Südkontinent" findet der holländische Seefahrer Jakob Roggeveen am Ostersonntag die Osterinsel.

1725 Vitus Bering entdeckt die Meerenge zwischen Sibirien und Alaska (Beringstraße) und die Aleuten.

1761 Carsten Niebuhr bereist sieben Jahre lang – meist verkleidet – den Nahen Osten und Arabien.

1766 Louis Antoine de Bougainville erforscht als erster französischer Weltumsegler die pazifische Inselwelt. Er entdeckt die Salomoninseln und kartiert Melanesien.

1767 James Cook unternimmt die erste von drei Weltumsegelungen. Er erforscht Tahiti sowie die Küsten von Neuseeland und Australien.

1769 Junípero Serra gründet die ersten Missionsstationen in Kalifornien.

1770 James Bruce entdeckt die Quellen des Blauen Nil im äthiopischen Bergland.

1772 Cook stößt bis zur Antarktis vor. Er beweist endgültig, dass der große „Südkontinent" nicht existiert, und entdeckt auf dem Rückweg Neukaledonien und die Norfolkinsel.

1776 Seine dritte Pazifikexpedition führt Cook nach Westalaska und zur Halbinsel Kamtschatka.

1785 Jean-François G. de la Pérouse bricht zu einer Forschungsreise in den Pazifik auf. Seine Messungen im Japanischen Meer und vor den Kurilen gewinnen große Bedeutung.

1787 William Bligh segelt mit einem Handelsauftrag nach Tahiti. Auf dem Rückweg kommt es zur berühmten Meuterei auf der „Bounty".

1792 Auf der Suche nach einer Nordwestpassage durch Kanada kartiert George Vancouver zwei Jahre lang die pazifische Küste von Alaska bis Kalifornien.

1793 Alexander Mackenzie findet einen Landweg über die Rocky Mountains zum Pazifik.

1796 Mungo Park erreicht als erster Europäer den Niger.

1799 Alexander von Humboldt bereist fünf Jahre lang Südamerika.
Matthew Flinders umsegelt Tasmanien und beweist, dass es eine Insel ist.

19. Jahrhundert

1801 Flinders umrundet Australien, kartiert die Küstenlinien und gibt dem Kontinent seinen Namen.

1805 Meriwether Lewis und William Clark finden eine leichtere Landroute durch die Rocky Mountains zum Pazifik.

1812 Johann L. Burckhardt entdeckt die antike Ruinenstadt Petra im heutigen Jordanien und die Tempel von Abu Simbel in Ägypten.

1814 Burckhardt besucht als erster Europäer die heiligen Stätten des Islam in Mekka und Medina.

1820 Auf der Suche nach den Quellen des Red River und des Arkansas River zieht Stephen H. Long durch unbe kannte Prärien im Mittleren Westen der USA.

1822 Jules Dumont d'Urville unternimmt in sieben Jahren zwei Weltumsegelungen. Er kartiert die pazifische Inselwelt mit einer bisher nicht gekannten Präzision.

1824 Sechs Jahre lang führt Peter Skene Ogden Trapperexpeditionen durch den größtenteils unbekannten Westen Amerikas.

1826 Alexander G. Laing erreicht als erster Europäer die für Ausländer verbotene Stadt Timbuktu am Niger. Er wird auf dem Rückweg ermordet, sein Reisebericht geht verloren.
Fjodor P. Litke führt eine dreijährige russische Forschungsreise durch den Pazifik. Er kartiert die Insel gruppe der Karolinen.

1828 René Caillié berichtet als erster Europäer über seinen Aufenthalt in Timbuktu.

1829 Humboldt überquert das Altai-Gebirge und kehrt über die Wolga und das Kaspische Meer nach Moskau zurück.
James C. Ross bestimmt den magnetischen Nordpol und entdeckt die Halbinsel Boothia.

1839 Ross leitet eine vierjährige Expedition in die Antarktis. Er entdeckt das Rossmeer, die Vulkane „Mount Erebus" und „Mount Terror", den McMurdo-Sund, die Ross-Schelfeiskante und die James-Ross-Insel im Weddellmeer.

1840 Edward-John Eyre durchquert Australien von Ost nach West.
Dumont d'Urville reist in die Antarktis. Er entdeckt Louis-Philippe- und Adélie-Land.

1843 John Charles Frémont erforscht den Großen Salzsee und kartiert das Große Becken.
Alexander Th. von Middendorff durchquert die Halbinsel Taimyr im Norden Sibiriens und stößt bis zum Polarmeer vor.

1847 Alfred Brehm reist fünf Jahre durch Nordafrika und den Nahen Osten. Seine zoologischen und biologischen Erkenntnisse fließen in sein Werk „Brehms illustriertes Tierleben" ein.

1848 Die Rettungsexpeditionen für den in der Arktis verschollenen John Franklin erbringen wichtige Erkenntnisse über die Polarregion.

1850 Heinrich Barth durchquert die Sahara, erforscht den Tschadsee, entdeckt den Fluss Benue und gelangt nach Timbuktu.

1851 David Livingstone entdeckt den Sambesi, den größten Fluss im südlichen Afrika.

1854 Alfred R. Wallace bricht zu einer achtjährigen Reise durch die Tropenwelt des Malaiischen Archipels auf. Er formuliert eine biologische Theorie der „natürlichen Auslese", die in ihrer Tragweite Darwins Evolutionstheorie gleichkommt.
Adolph Schlagintweit erforscht mit seinen Brüdern Hermann und Robert die Gebirge nördlich von Indien.

1855 Livingstone beginnt seine dreijährige Erkundungsreise durch Zentralafrika. Er durchquert den Kontinent von Osten nach Westen, entdeckt dabei die Victoriafälle des Sambesi.

1858 Auf der Suche nach den Nilquellen erreichen Richard F. Burton und John H. Speke als erste Europäer den Tanganjikasee in Zentralafrika. Speke entdeckt den Victoriasee.

1859 Henri Mouhot besucht die in Europa unbekannten Ruinen von Angkor in Kambodscha, die größte Tempelanlage der Welt.

1861 Robert O'Hara Burke verfehlt knapp die erste Durchquerung Australiens von Süden nach Norden.

1862 Alexandrine Tinné erreicht die Nil-Kongo-Wasserscheide.

1865 Gerhard Rohlfs durchquert Westafrika vom Atlantik bis zum Golf von Guinea.

1866 Auf der Suche nach den Quellen des Nil entdeckt Livingstone den Mwerusee und den Njassasee (Malawisee)
Der Franzose Doudart de Lagrée reist mit einem Dampfschiff auf dem Mekong flussaufwärts bis nach China.
Sein Landsmann Francis Garnier kartiert auf der Expedition 5000 Kilometer unbekanntes Land.

1868 Georg Schweinfurth macht bedeutende botanische Entdeckungen in Nordafrika. Er erreicht als erster Europäer den Fluss Uelle und entdeckt die Wasserscheide zwischen dem Weißen Nil und den oberen Kongo-Zuflüssen.
Ferdinand von Richthofen tritt die erste von sieben Chinaexpeditionen an. Seine Arbeiten begründen die moderne Länderkunde.
Carl Koldewey leitet die erste deutsche Arktisexpedition.

1869 Gustav Nachtigal erreicht als erster Europäer das 3400 Meter hohe Tibesti-Gebirge im Norden des heutigen Tschad.
John W. Powell durchfährt auf dem Colorado den Grand Canyon.

1870 Henry M. Stanley findet den verschollenen Forscher Livingstone am Tanganjikasee in Zentralafrika.
Nikolai Prschewalski startet zur ersten von vier Expeditionen durch Innerasien. In den folgenden 15 Jahren entdeckt er den wandernden See Lop Nur und gelangt als erster Europäer in das Quellgebiet des Hwangho.

1871 Karl Mauch entdeckt die Ruinen der Königsstadt Simbabwe im südlichen Afrika.

1875 Bei einer Expedition durch das Kongo-Becken entdeckt Pierre de Brazza den Fluss Alima.

1878 Stanley beweist, dass der Victoriasee ein zusammenhängendes Gewässer ist.

1879 Adolf Erik Nordenskiöld umrundet die Ostspitze Asiens und durchfährt damit als Erster die Nordostpassage entlang der sibirischen Küste.
Stanley erkundet den Kongo und das Kongo-Becken.
De Brazza gründet die Städte Franceville (im heutigen Gabun) und Brazzaville (in der heutigen Republik Kongo).

1882 Hermann von Wissmann erreicht nach zweijährigem Marsch durch Zentralafrika die Westküste des Kontinents. Er entdeckt den Fluss Sankuru und erkennt, dass der Tanganjikasee die meteorologische Grenze zwischen West- und Ostafrika darstellt.

1887 Francis Younghusband zieht als erster Europäer seit Polo durch ganz China: von Peking bis nach Kaschmir.

1893 Der norwegische Zoologe Fridtjof Nansen lässt sein Schiff „Fram" im Eis einfrieren und driftet bis 400 Kilometer vor den Nordpol.

1894 Mary Kingsley erforscht Westafrika. Sie stellt eine zoologische Sammlung der heimischen Fischarten zusammen und studiert die Religionen der Stämme.

20. Jahrhundert

1900 Robert E. Peary erreicht den nördlichsten Punkt Grönlands und beweist damit, dass es eine Insel ist.

1902 Robert F. Scott entdeckt bei einer Antarktisexpedition das „King-Edward-VII.-Land“.

1903 Erich von Drygalski entdeckt das „Kaiser-Wilhelm-II.-Land“ in der Antarktis.

1904 Younghusband dringt gewaltsam in die tibetische Hauptstadt Lhasa ein.

1905 Roald Amundsen durchfährt als Erster die Nordwestpassage vom Pazifik zum Atlantik.
Sven Hedin reist durch Tibet. Er kartiert den Transhimalaja, entdeckt die Quellen des Indus, Brahmaputra und Sutlej.

1908 Frederick A. Cook erreicht nach eigenen Angaben im April als erster Mensch den Nordpol. Er kann die Pioniertat aber nicht ausreichend beweisen.

1909 Ernest Shackletons Expedition kehrt 185 Kilometer vor dem Südpol um. Nie zuvor sind Menschen so weit in die Antarktis vorgedrungen.
Peary steht am 6. April als erster Mensch am Nordpol.

1911 Amundsen erreicht am 14. Dezember als erster Mensch den Südpol.
Wilhelm Filchner leitet die zweite deutsche Südpolarexpedition. Er entdeckt „Prinzregent-Luitpold-Land“ im Weddellmeer und den östlichen Teil des Filchner-Ronne-Schelfeises.

1912 Vier Wochen nach Amundsen gelangt Scott zum Südpol. Er und seine Mannschaft sterben auf dem Rückweg.
Alfred Wegener durchquert das grönländische Inlandeis von Ost nach West.

1916 Shackleton friert mit seiner Expedition im Weddellmeer ein. Er rettet seine gesamte Mannschaft, indem er in einem offenen Sieben-Meter-Boot von der Elephant-Insel nach Südgeorgien segelt, um Hilfe zu holen.

1921 Knud Rasmussen reist im Hundeschlitten von Grönland durch die kanadische Arktis bis nach Alaska. Seine ethnologischen Studien beweisen, dass alle Inuit-Völker eine gemeinsame Sprache und Kultur haben.

1924 Die französische Journalistin Alexandra David-Neel gelangt als erste europäische Frau nach Lhasa.

1926 Der amerikanische Polarforscher Richard E. Byrd überfliegt nach eigenen Angaben mit einer Fokker-Maschine als Erster den Nordpol. Drei Jahre später gelingt ihm der Flug zum Südpol.

1928 Louise Arner Boyd nimmt an der Rettungsaktion für den in der Arktis verschollenen Amundsen teil.
In den folgenden Jahrzehnten leitet sie zahlreiche wissenschaftlich bedeutsame Expeditionen zum Nordpol.

1930 Wegener führt eine Expedition nach Grönland und errichtet dort zwei Forschungsstationen.

1931 Der französische Autohersteller André Citroën rüstet eine wissenschaftliche Asienexpedition aus. Unter Führung von Georges-Marie Haardt reist die Gruppe per Auto 24140 Kilometer von Beirut nach Peking.

1932 Harry St. John Philby durchquert als erster Europäer die Arabische Halbinsel von Osten nach Westen.

1946 Wilfred Thesiger durchquert die arabische Wüste Rub al-Chali („Leeres Viertel“), die größte zusammenhängende Sandfläche der Welt. Kurz vor Ausbruch des Ölbooms lebt er fünf Jahre lang bei den noch nomadischen Beduinen.

1955 Boyd überfliegt als erste Frau den Nordpol.

1960 Der Schweizer Jacques Piccard und der Amerikaner Donald Walsh tauchen mit dem U-Boot „Trieste“ zum tiefsten Punkt der Weltmeere: zur Challengertiefe im Marianengraben, 10916 Meter unter der Wasseroberfläche.

Alphabetisches Register

Das Register umfasst alle Einträge der 100 Entdecker.
*Der jeweilige Haupteintrag ist **fett** markiert.*

Geographisches Register

Hinweis: Einige Entdecker werden mehrfach genannt.

Arktis

Antarktis

Afrika

Amerika

Asien

Australien und Ozeanien

Bildnachweis

Titel: Vorderseite: v.l.n.r.: © Digitalstock/ Stephie S.; Det Kongelige Bibliotek København; Robert E.Peary Collection;
Rückseite: v.l.n.r.: John Webber/National Art Gallery, Wellington; Bildarchiv Preußischer Kulturbesitz Berlin; Mary Evans Picture Library; Scott Polar Research Institute;
Innenseiten: Bridgeman Art Library; Royal Geographical Society, London

Alfred-Wegener-Institut für Polar- und Meeresforschung: 107–108, 146–147, 299–301. **akg-images:** 8, 12–17, 28, 42, 50, 58, 60–62, 68–69, 72, 78–79, 84–85, 92, 95–97, 100, 102 o.l., 114, 116, 119–121, 124, 134, 136 u.r., 139 u.l., 148 u., 151, 153, 171–172, 182, 192, 193 o.r., 194–196, 201, 210, 213, 219–221, 227, 231–233, 236, 237 o., 239–241, 245, 249 o.r., 251, 253, 263–265, 269, 273, 278–279, 292–293, 295, 304, 306–307. **American Geographical Society Library, University of Wisconsin-Milwaukee Libraries:** 30–31. **Archiv Klas Lackschewitz:** 185, 187. **Bibliothek Museum für Völkerkunde Hamburg:** 186. **Bildarchiv Preußischer Kulturbesitz, Berlin:** 5, 9–10, 18–19, 32–34, 44 M., 74, 83, 113, 115, 125–127, 135, 136 o.l., 149–150, 152, 159 o.r., 170, 179, 181, 183–184, 191, 193 u.l., 197, 199–200, 202, 218, 222–223, 237 u.r., 238, 246 u.l., 248, 249 u.r., 250, 266, 271, 280, 294, 302–303. **Björn Landström:** 180. **Brehm-Gedenkstätte Renthendorf:** 35–37. **Bridgeman Art Library:** 27 o.r., 63–64, 86–87, 110, 123 o.l., 128, 142, 156, 169, 198, 207–208, 262. **Bruce Dale:** 225. **Byrd Antarctic Expedition:** 51. **Cary Sol Wolinsky:** 259 u.r. **Corbis:** 11, 23–26, 29, 41, 47, 54–57, 59, 71, 73 u.l., 76, 81–82, 89, 98, 99 o.l., 103, 117, 122, 123 u.r., 144, 155, 159 u.l., 160, 178, 204–205, 230, 254, 256, 261, 267–268, 270, 272, 290–291, 296, 305. **Dixon Library, State Library of New South Wales / Fritz Finger Verlag:** 163. **Gavin Maxwell:** 277 u.l. **George C. Wharton Edwards, Foto: Charles Martin:** 131. **George Goebel:** 53, 188, 284. **Hillers Collection, National Archives:** 226. **Independence National Historical Park, Philadelphia:** 164. **In Privatbesitz:** 246 o.r., 247. **James L. Amos:** 255 o. **James L. Stanfield:** 137, 138, 139 o.r. **Jean-Leon Huens:** 90–91. **J.L.G. Ferris:** 132. **John E. Fletcher:** 52. **John F. Clymer:** 165. **John Webber/National Art Gallery, Wellington:** 77. **La Trobe Collection, State Library of Victoria:** 44 u.l., 45. **Lloyd Harting:** 255 u. **Mansell/Timepix:** 211. **Mary Evans Picture Library:** 4, 6 M.r., 21, 27 u.l., 38, 40, 48, 66–67, 70, 73 o., 88, 99 u.r., 104–106, 109 u.r., 111, 118, 129–130, 140, 141 u., 148 o.l., 154, 157, 158, 168, 209, 243, 274, 282–283. **Mary Kingsley:** 141. **Mira Wallraven Art & Design:** 65, 80, 101, 173, 203, 206, 260, 281, 285 u.r. **Missouri Historical Society, St. Louis:** 166 o.r. **Mitchell Library, State Library of New South Wales / Fritz Finger Verlag:** 162. **National Portrait Gallery, London:** 287. **Robert E. Peary Collection:** 75, 212, 213 u.l., 214. **Royal Geographical Society, London:** 167, 216–217, 258. **Scott Polar Research Institute:** 257. **© Sir Wilfred Thesiger. Mit freundlicher Genehmigung von Curtis Brown Group, LTD./ Pitt Rivers Museum:** 275–276, 277 o.r. **Staats- und Universitätsbibliothek Hamburg Carl von Ossietzky:** 43, 145, 161, 174–176. **Staats- und Universitätsbibliothek Hamburg Carl von Ossietzky, Linga Bibliothek:** 288–289. **State Library of New South Wales:** 259 o. **The Granger Collection:** 46. **The Jesuits Fathers of Southern Arizona:** 143. **The Natural History Museum, London:** 112. **ullstein bild:** 20, 22, 93–94, 109 o.l., 215. **Ullstein Heyne List GmbH:** 102 u.r., 242. **Universität Hamburg, Asien-Afrika-Institut, Abteilung für Sprache und Kultur Chinas:** 285 o.r., 286. **W.E. Meayers:** 133. **William N. Palstrom:** 177.

Deutsche Ausgabe veröffentlicht von NATIONAL GEOGRAPHIC DEUTSCHLAND
(G+J/ RBA GmbH & Co KG), Hamburg 2009

Konzeption: Jan Scherping

Text: Hans-Joachim Löwer, Gerald Sammet, Alexandra Schlüter
Bildredaktion: Alexandra Carsten
Kartographie: Klaus Kühner
Zeittafel: Helen Bömelburg
Dokumentation: Henrik Gehrig, Cornelia Haller, Sabine Löhr
Schlusskorrektorat: Birte Kaiser
Koordination: Michael Giß, Hélène Vasseur

Gestaltung: Lutz Jahrmarkt
Titelgestaltung: Groothuis, Lohfert, Consorten
Herstellung: G+J Druckzentrale / Herstellung
Druck: Druckerei Himmer, Augsburg

ISBN 978-3-86690-101-8